REVISTA TRIMESTRAL DE DIREITO PÚBLICO

51-52

MALHEIROS EDITORES

Revista Trimestral de Direito Público

Órgão do

INSTITUTO GERALDO ATALIBA
IDEPE — INSTITUTO INTERNACIONAL
DE DIREITO PÚBLICO E EMPRESARIAL

RTDP
Publicação trimestral de
MALHEIROS EDITORES LTDA.
Rua Paes de Araújo, 29, cj. 171
CEP 04531-940 - São Paulo, SP - Brasil
Tel.: (011) 3078-7205 - Fax.: (011) 3168-5495
Diretor responsável: Álvaro Malheiros
Diretora: Suzana Fleury Malheiros

Assinaturas e comercialização:
CATAVENTO DISTRIBUIDORA DE
LIVROS S.A.
Rua Conselheiro Ramalho, 928
CEP 01325-000 - São Paulo, SP - Brasil
Tel.: (011) 3289-0811 - Fax.: (011) 3251-3756
Supervisão Gráfica: Vânia Lúcia Amato
Editoração Eletrônica: Letra por Letra Studio

SUMÁRIO

DOUTRINA

SEGURANÇA JURÍDICA, BOA-FÉ E CONFIANÇA LEGÍTIMA 5
– Celso Antônio Bandeira de Mello
INOVAÇÕES NO DIREITO ADMINISTRATIVO BRASILEIRO 12
– Maria Sylvia Zanella Di Pietro
A QUEM COMPETE O DEVER DE SAÚDE NO DIREITO BRASILEIRO? Esgotamento de um modelo institucional 26
– Rogério Leal
O RESPEITO À DIGNIDADE HUMANA E A EUTANÁSIA. BREVES NOTAS 40
– Marcelo Figueiredo
COMPETÊNCIA REGULAMENTAR NA CRIAÇÃO E EXTINÇÃO DE ÓRGÃOS DA ADMINISTRAÇÃO PÚBLICA FEDERAL 47
– Vladimir da Rocha França
PROCESSO ADMINISTRATIVO INQUISITORIAL. Eficiência investigativa e garantias constitucionais 55
– Floriano de Azevedo Marques Neto
A VOLTA DA CENSURA 75
– Sérgio Sérvulo da Cunha
O PRINCÍPIO CONSTITUCIONAL DA PUBLICIDADE DA ADMINISTRAÇÃO PÚBLICA: O DEVER DE INFORMAR E O DIREITO DE PROTEÇÃO À IMAGEM E À INTIMIDADE À LUZ DA TEORIA DOS PAPÉIS SOCIAIS 86
– Luis Manuel Fonseca Pires
DIREITO (PODER) DE PROPRIEDADE E SUBSTITUIÇÃO TRIBUTÁRIA: LIMITES IMPOSTOS À SUA CRIAÇÃO PELO DIREITO ADMINISTRATIVO 100
– Maurício Zockun
URGÊNCIA E RELEVÂNCIA. DISCRICIONARIEDADE. A CONTRIBUIÇÃO DO STF PARA A PERMANÊNCIA DO “CAVALO DE TRÓIA” DENTRO DO ESTADO DE DIREITO 112
– José Sérgio Monte Alegre
APLICAÇÃO DA LC 123/2006 ÀS LICITAÇÕES EM CONTRATOS DE SERVIÇOS CONTINUADOS 124
– Fábio de Medeiros

PARECERES

LICITAÇÃO. AUSÊNCIA DE PRESSUPOSTOS DE ÚTIL APLICAÇÃO DO INSTITUTO. INEXIGIBILIDADE. CABIMENTO DE ADITAMENTO CONTRATUAL 134
– Celso Antônio Bandeira de Mello

DESAPROPRIAÇÃO. IMISSÃO PROVISÓRIA NA POSSE. EXTENSÃO OU AMPLIAÇÃO DA DESAPROPRIAÇÃO 147
– LÚCIA VALLE FIGUEIREDO

APOSSAMENTO ADMINISTRATIVO. SENTENÇA TRANSITADA EM JULGADO. EXECUÇÃO COM PAGAMENTO DE PRECATÓRIOS. ATUAÇÃO DO MP E DA FAZENDA PÚBLICA VISANDO ANULAÇÃO DAS PERÍCIAS EFETUADAS. RELATIVIZAÇÃO DA COISA JULGADA. HIERARQUIA E COMPATIBILIZAÇÃO DE PRINCÍPIOS CONSTITUCIONAIS. SUPREMACIA DO PRINCÍPIO DA SEGURANÇA JURÍDICA 156
– ADILSON ABREU DALLARI

CONTROLE DE PREÇOS DE MEDICAMENTOS PELA CMED. OBRIGATORIEDADE DE SEUS FABRICANTES E DISTRIBUIDORES APLICAREM, NA SUA VENDA, DESCONTO COMPULSÓRIO (CAP) SOBRE O DENOMINADO "PREÇO FÁBRICA". A FORMAÇÃO DO "PREÇO FÁBRICA" E O USUFRUTO FACULTATIVO DE ISENÇÕES TRIBUTÁRIAS CONDICIONADAS 179
– MAURÍCIO ZOCKUN

OS DOIS ÚLTIMOS QUADRIMESTRES DO MANDATO E A CORRETA APLICAÇÃO DAS NORMAS DE DIREITO FINANCEIRO 194
– GEORGHIO TOMELIN

RECOMPOSIÇÃO DA EQUAÇÃO ECONÔMICO-FINANCEIRA DO CONTRATO ADMINISTRATIVO EM FACE DE REAJUSTE SALARIAL DOS TRABALHADORES DA CONSTRUÇÃO CIVIL 204
– FERNANDO VERNALHA GUIMARÃES

ESTUDOS E COMENTÁRIOS

DO ATENDIMENTO MÉDICO-HOSPITALAR AOS EX-COMBATENTES: UMA SUCESSÃO DE EQUÍVOCOS 227
– REIS FRIEDE

PANORAMA BRASILEIRO DA TUTELA DE URGÊNCIA CONTRA O ESTADO 242
– BRUNO FRANCISCO CABRAL AURÉLIO e RAFAEL RAMIRES ARAUJO VALIM

A APLICAÇÃO DA TEORIA DA DESCONSIDERAÇÃO DA PESSOA JURÍDICA ÀS SANÇÕES ADMINISTRATIVAS 259
– ANGÉLICA PETIAN

DA NECESSIDADE DE MOTIVAÇÃO NA DISPENSA DOS EMPREGADOS PÚBLICOS DAS EMPRESAS PÚBLICAS E SOCIEDADES DE ECONOMIA MISTA EXPLORADORAS DE ATIVIDADE ECONÔMICA 273
– DÉBORA DE BRITO LOUSANO

JURISPRUDÊNCIA COMENTADA

STF, ADI 173-6-DF (e 394) – A PROIBIÇÃO DE IMPOSIÇÃO DE SANÇÕES POLÍTICAS E A REGULARIDADE FISCAL COMO REQUISITOS DE HABILITAÇÃO PARA PARTICIPAR DE LICITAÇÕES – MAURÍCIO ZOCKUN 303

STF, MC em Rcl 6.207.4(865)-AM – RAFAEL VALIM 320

JURISPRUDÊNCIA

STJ, AgR no REsp 1.090.695-MS (2008/0209122-1) 328

STJ, REsp 383.196-RS (2001/0152037-3) 334

STJ, REsp 707.623-RS (2004/0171269-2) 336

STJ, REsp 729.485-SC (2005/0033031-6) 338

STJ, AgR no AgR no REsp 1.080.670-RJ (2008/0173722-6) 340

DOUTRINA

SEGURANÇA JURÍDICA, BOA-FÉ E CONFIANÇA LEGÍTIMA

Celso Antônio Bandeira de Mello

Professor Titular de Direito Administrativo da Faculdade de Direito da PUC/SP e Professor Emérito da mesma Universidade.

1. Ninguém duvida que a função nuclear do Direito é o estabelecimento de uma ordem. Vale dizer: o objetivo essencial por ele buscado é a fixação de pautas de comportamento, graças ao que tanto a sociedade como seus membros têm por definido *o que pode e o que não pode ser feito*. Sem isto, haveria o caos, a incerteza, a insegurança completa.

A organizada convivência entre os homens só é possível porque os liames travados sob a égide do Direito protegem a todos contra a álea total que equivaleria à instabilidade, à insegurança absolutas. Ordem e estabilidade formam um binômio indissociável. Uma não existe sem outra e ambas proporcionam a segurança nas relações humanas, aí incluído o social e dentro dele o Direito. É a ordem jurídica que, por corresponder a um quadro diretivo, enseja às pessoas a possibilidade de se orientarem, graças à ciência que, de antemão, lhes é dada sobre as conseqüências, isto é, os efeitos, dos atos e relações jurídicas de que participam ou venham a participar.

Assim, o Direito é *per definitionem* um esquema de ordem e por isso se fala em ordenação jurídica, em ordenamento jurídico. A surpresa, o imprevisível, a instabilidade, são, precisamente, noções antitéticas ao Direito, que com elas não poderia conviver, nem seria exeqüível, tanto mais porque tem como função eliminá-las. Deveras, se os homens não tivessem perante si este paradigma balizador, que lhes outorga uma dada presumível *certeza* quanto ao que ocorrerá como fruto de sua atuação, não haveria como direcioná-los em sentido algum.

2. De toda sorte, vale anotar que por ser uma disciplina da conduta humana, o Direito não teria como se estruturar senão mantendo um mínimo de afinamento, de compatibilidade ao menos, com o que há de básico, de fundamental, no ser humano. Ora bem, uma das mais entranhadas características do Homem é um anseio de "segurança", da certeza possível em relação ao que o cerca. Esta procura de segurança é uma busca permanente do ser humano. Coincide com uma de suas mais profundas aspirações.

Sem embargo, independentemente da segurança como um anseio, como aspiração, há liminarmente uma inafastável necessidade de o homem poder assentar-se sobre algo reconhecido como previsível, logo, algo *estável* ou relativamente estável, pois é isto – e só isto – o que lhe permite determinar-se em um ou outro sentido; *de outra sorte, suas condutas não poderiam ser senão puramente aleatórias*. A previsibilidade é o que condiciona a ação humana. É ela que enseja projetar e iniciar, conseqüentemente – e não ao mero sabor do acaso, do fortuito, do azar ou da fortuna –, comportamentos cujos frutos são esperáveis a médio e longo prazo. Esta é a normalidade das coisas.

Posto que a maior parte das relações compostas pelos sujeitos de direito constitui-se em vista do porvir e não apenas da imediatidade das situações, cumpre, como inafastável requisito de um ordenado convívio social, isto é, livre de abalos repentinos ou surpresas desconcertantes, que haja algum teor de estabilidade nas situações destarte constituídas.

Portanto, é a segurança, a estabilidade, o que norteia a conduta dos homens. Daí que o Direito não poderia alhear-se disto. Não teria sequer como existir a não ser apoiado sobre esta base estrutural. Eis porque o ***princípio da segurança jurídica*** *é, provavelmente, o maior de todos os princípios fundamentais do Direito*, já que se encontra na base dele, em seu ponto de partida. A irretroatividade da lei nova, os institutos da prescrição, da decadência, da preclusão, da coisa julgada, do ato jurídico perfeito e do direito adquirido, são, *entre outros*, manifestações explícitas e concretas deste sumo princípio.

3. Tudo o que se disse sobre a necessária estabilidade do Direito não contende com o fato óbvio de que este (como tudo o mais, de resto), está em constante mutação, justamente para ajustar-se a novas realidades, para adequar-se às alterações da vida social, para absorver as concepções emergentes que terminam por se impor. Em suma: o Direito muda e necessita mudar constantemente para melhor satisfazer interesses públicos. *Inclusive, a própria interpretação do Direito muda.*

Assim, o que o Direito faz e não tem como deixar de fazer é um contemperamento entre a exigência de segurança e a exigência de mutabilidade, estabelecendo uma forma de convívio entre estes dois valores, que é o que bem se traduz em alguns dos supra mencionados institutos. É por isto que o Direito se precata para prevenir alterações inopinadas, surpreendentes e irrestritamente cortantes que instabilizem de modo radical a situação dos administrados, buscando efetuá-las de maneira a que as modificações aportadas pelas leis novas ou, *a fortiori*, *por interpretações novas sobre o alcance das leis preexistentes*, se façam causando o menor trauma possível, a menor comoção às relações jurídicas passadas ou que se perlongaram no tempo ou que dependem da superveniência de eventos futuros previstos quando da constituição delas. Aliás, a ser de outra sorte, ***não haveria segurança jurídica alguma***, que é o mesmo que proclamar-se a inanidade do Direito e a supina fragilidade de suas disposições.

4. Ora bem, a ordem jurídica pública é formada pela Constituição, pelas leis, pelos atos administrativos e pelas decisões jurisdicionais, as quais compõem uma totalidade em cujo ambiente operam os cidadãos. É com base nesta totalidade íntegra que os sujeitos de direito podem ter a aludida *segurança* em relação ao *futuro*, o qual se lhes apresenta, então, com alguma *estabilidade* no que atina aos efeitos que terão amanhã os comportamentos e situações que existam no presente. Ou seja: as pautas que fornecem aos cidadãos os parâmetros em função dos quais poderão decidir sobre suas condutas não advêm tão-somente da lei, *mas de todos os atos jurídicos estatais que têm o condão de influir sobre suas ações futuras*. Assim também os atos administrativos e, mais que eles, *as decisões judiciais* – já que estas são justamente a última e definitivamente relevante intelecção sobre o sentido das normas – têm decisiva importância na fixação do quadro jurídico em cujo interior têm de se mover os cidadãos.

Importa, já neste passo, salientar que as decisões jurisdicionais têm, na intimidade da composição do que se entende por Direito, uma importância peculiar e toda especial, pois são elas que produzem a intelecção autêntica do Direito.

Deveras, é a intelecção da norma que determina e especifica seu conteúdo. Já houve quem dissesse, em frase conhecida, que o que se aplica não é a norma, mas a interpretação que dela se faz. Entretanto, talvez se pudesse dizer com maior razão: o que se aplica, sim, é a própria norma, porque *o conteúdo dela é pura e simplesmente o que lhe resulta da interpretação*. Esta, quando feita pelo Judiciário em vista de aplicar ao caso *sub judice* o direito cabível, é que confere o sentido, o alcance exato, a significação precisa e incontendível seja às disposições constitucionais, seja às normas legais, seja aos atos administrativos. A óbvia razão disto é que a da intelecção jurisdicional há de ser irrefragavelmente reconhecida como sendo o Direito no caso concreto. *Assim, é a interpretação que especifica o conteúdo da norma.*

Donde, a fixação do entendimento jurisprudencial sobre certa matéria cumpre com a força máxima a função de determinar a conduta consciente dos cidadãos. Conseqüentemente, seria injusto e inaceitável, sobreposse em um autonominado Estado Democrático de Direito, que este, no exercício da função jurisdicional, ao detectar um "erro", uma "interpretação incorreta" da ordem jurídica, dantes por ele mesmo efetuada, permitisse que esta sua proclamada falha deflagrasse um prejuízo patrimonial para quem não falhou e agiu sob o pálio do que precedentemente ele próprio, Judiciário, proclamara ser o Direito vigorante naquela matéria.

Como a jurisprudência do Supremo Tribunal Federal goza do atributo jurídico da derradeira dicção do Direito, algo, pois, muito mais forte do que a chamada *presunção de legitimidade* dos atos administrativos, há de se entender, *a fortiori*, que os cidadãos devem presumir que a Corte Suprema ao formular intelecções e dicções que de direito estava obrigado a exprimir, o faz de modo juridicamente correto e que, então, os cidadãos nos comportamentos de sua vida pessoal ou empresarial que com base neles assumem, estão a proceder sob o conforto e *proteção do Direito*.

5. Eis, pois, que uma segunda ordem de fatores concorre para a estabilidade dos atos estatais, trazendo reforço ao valor segurança jurídica quando presentes certas circunstâncias: o princípio da confiança legítima, da lealdade e da boa-fé.

Em quaisquer de seus atos, o Estado – tanto mais porque cumpre a função de ordenador da vida social – tem de emergir como interlocutor sério, veraz, responsável, leal e obrigado aos ditames da boa-fé. De seu turno, os administrados *podem agir fiados na seriedade, responsabilidade, lealdade e boa-fé do Poder Público*, maiormente porque a situação dos particulares é, em larguíssima medida, condicionada por decisões estatais, ora genéricas, ora provenientes de atos concretos.

O eminente Jesus Gonzales Perez, em monografia preciosa sobre o princípio da boa-fé anota que tal princípio independe de consagração legal, aclara-lhe o conteúdo e indica o âmbito de sua aplicação, nas seguintes passagens que merecem cita literal:

"El de buena fe aparece como uno de los principios generales que sirven de fundamento al Ordenamiento, informan la labor interpretativa y constituyen decisivo instrumento de integración."[1]

"Como dice Guasp 'todos los campos del derecho estatal son clima propicio, como cualquier otro, al desarrollo de esta verdadera patología de lo jurídico. Y es más, ella se da en el seno de los principales elementos que conjuga la relación jurídica estatal: la Autoridad y el súbdito'.[2]

"La buena fe, a cuyas exigencias han de ajustar su actuación todos los miembros de la comunidad, sólo puede predicarse, en sus recíprocas relaciones, de la actitud de uno en relación con otro. Significa – dice Lacruz – que este otro, según la estimación habitual de la gente, puede esperar determinada conducta del uno, o determinadas consecuencias de su conducta, o que no ha de tener otras

1. *El Principio General de la Buena Fe en el Derecho Administrativo*, Madri, Editorial Civitas, 1983, pp. 19 e 20.

2. Ob. cit., p. 37.

distintas o perjudiciales. La jurisprudencia civil ha delimitado correctamente su ámbito de aplicación. Como en la sentencia de 24 de junio de 1969 (Ponente: Bonet), al decir que la buena fe *'significa confianza, seguridad y honorabilidad basadas en ella*, por lo que se refieren sobre todo al cumplimiento de la palabra dada; especialmente, la palabra fe, fidelidad, *quiere decir que una de las partes se entrega confiadamente a la conducta leal de otra en el comportamiento de sus obligaciones, fiado en que ésta no le engañara'*."[3]

6. Os princípios da boa-fé, da lealdade e o da confiança legítima, tanto como o da segurança jurídica, têm aplicação em todos os ramos do Direito e são invocáveis perante as condutas estatais em quaisquer de suas esferas: legislativa, administrativa ou jurisdicional.

Na órbita do Legislativo, a pacífica aceitação da *irretroatividade das leis*, tanto como a consagração constitucional da proteção ao direito adquirido, ao ato jurídico perfeito e à coisa julgada, garantem a vigência da segurança jurídica, da boa-fé e da proteção à confiança legítima contra eventuais indevidos descomedimentos que pudessem provir de leis.

Na esfera administrativa, a vigência destes mesmos cânones de um lado está, também ela, resguardada pelo direito adquirido, ato jurídico perfeito e coisa julgada e de outro pelo reconhecimento de que mudanças de orientação administrativa, *novas interpretações, não afetam o que já se passou*, de sorte que só produzem efeitos para os casos futuros.

Sergio Ferraz e Adilson Dallari, em pitoresca observação anotaram que: "A Administração não pode ser volúvel, errática em suas opiniões. *La donna è móbile* – canta a ópera; à Administração não se confere, porém, o atributo da leviandade. A estabilidade da decisão administrativa é uma qualidade do agir administrativo, que os princípios da Administração Pública impõem".[4]

Cogitando da modificação de interpretação jurídica por parte da Administração, tendo em mira o princípio da segurança jurídica, em obra teórica, deixamos averbado que: "Por força mesmo deste princípio, conjugadamente com os princípios da presunção de legitimidade dos atos administrativos e da lealdade e boa-fé, firmou-se o correto entendimento de que orientações firmadas pela Administração em dada matéria não podem, sem prévia e pública notícia, ser modificadas em casos concretos para fins de sancionar, agravar a situação dos administrados ou denegar-lhes pretensões, de tal sorte que só se aplicam aos casos ocorridos depois de tal notícia".[5]

Muitos anos antes, o consagrado mestre Caio Tácito, senhor de lições serenas, reportando-se a um precioso trabalho do ex-ministro do Supremo Tribunal Federal, Carlos Medeiros Silva (*Revista de Direito Administrativo*, vol. 109, p. 278) averbou em parecer de grande fôlego: "A doutrina tradicional do direito administrativo brasileiro, expressa em mais de 20 anos de iterativo entendimento, como documentou Carlos Medeiros Silva, é igualmente no sentido de que as modificações da jurisprudência administrativa não podem abalar os atos consumados, geradores de direito subjetivos com desrespeito a situações definitivamente estabelecidas".[6]

Em artigo recentíssimo, Eduardo de Souza Coelho[7] reporta-se a acórdão da lavra do desembargador Sergio Pitombo em que este assinala: "De fato o ordenamento jurídico impõe limites à prerrogativa da Administração Pública rever e modificar ou invalidar seus atos. Um desses limites, fundado no *princípio da boa-fé e da segurança jurídica*, reside na mudança da orientação normativa interna ou jurisprudencial. Assim é que a alteração da

3. Ob. cit., p. 44.

4. *Processo Administrativo*, Malheiros Editores, 2001, p. 44.

5. *Curso de Direito Administrativo*, 20ª ed., Malheiros Editores, 2006, p. 112.

6. Parecer, in *Revista de Direito Administrativo*, vol. 114/469-470.

7. "Ordem jurídica – Administração Pública e o princípio da segurança jurídica", in *Revista Consultor Jurídico*, 29.3.2005.

orientação da Administração, no âmbito interno ou em decorrência de jurisprudência, não autoriza a revisão e invalidação dos atos que, *de boa-fé*, tenham sido praticados sob a égide de orientação então vigente, os quais, por assim dizer, geram *direitos adquiridos*".

7. Em rigor, já hoje, *diante de disposição legislativa explícita*, nem mais há necessidade de invocação da doutrina ou mesmo da jurisprudência, ainda que a menção a uma ou a outra sejam certamente prestantes para exibir que a obrigatoriedade de respeito, nos casos concretos, às orientações administrativas precedentes responde a uma orientação antiga e sólida, confortada pelos melhores ensinamentos os quais, por certo, inspiraram a consagração normativa reconhecedora da necessária salvaguarda de situações constituídas à sombra do precedente entendimento.

Deveras, a Lei n. 9.784, de 29 de janeiro de 1999, que regula o processo administrativo no âmbito da Administração Pública Federal, estabelece em seu art. 2º:

> Art. 2º. A Administração Pública obedecerá, dentre outros, aos princípios da legalidade, finalidade, motivação, razoabilidade, proporcionalidade, moralidade, ampla defesa, contraditório, segurança jurídica, interesse público e eficiência.
>
> Parágrafo único. Nos processos administrativos serão observados, entre outros, os critérios de: (...)
>
> XIII – interpretação da norma administrativa da forma que melhor garanta o atendimento do fim público a que se dirige, *vedada aplicação retroativa de nova interpretação*.

Aliás, já muitos anos antes, o Código Tributário Nacional (Lei n. 5.172, de 25.10.1966) expressamente estabeleceu em seu art. 146 que: "A modificação introduzida, de ofício ou em conseqüência de decisão administrativa ou judicial, nos critérios jurídicos adotados pela autoridade administrativa no exercício do lançamento somente pode ser efetivada, em relação a um mesmo sujeito passivo, quanto a fato gerador ocorrido posteriormente à sua introdução".

8. Estes fundamentais princípios jurídicos a que se vêm aludindo são igualmente aplicáveis perante decisões do Supremo Tribunal Federal, sem prejuízo de ser certo e indiscutível que este obviamente deve modificar intelecção anterior, seja em razão de fatos novos, evolução sócio-cultural ou mesmo se os seus Ministros entenderem que não era confortada pelo Direito a interpretação que dantes fora dada a fatos da mesma compostura.

Advirta-se que não milita contra a vigência dos mencionados princípios jurídicos a circunstância de que o normal das decisões judiciais é volverem para o passado, para a época das relações *sub judice*, diversamente do que ocorre em relação aos demais atos estatais (os expedidos no exercício das funções legislativa e administrativa) que hão de se voltar tão-só para o futuro.

Deveras, por força desta índole própria das decisões jurisdicionais elas não causam, na quase totalidade dos casos, nem insegurança jurídica, nem desrespeitam a lealdade, a boa-fé e a confiança legítima. Isto não ocorre desde logo (embora não apenas por isto), ante o fato de que é de sua própria natureza, como é de todos sabido, retornar em seus efeitos à época em que se produziram os eventos postos sob questionamento judicial. *Daí que ninguém é surpreendido*.

Sucede que, em despeito disto, poderão vir a se produzir situações nas quais esta mesma generalizada ciência a que se aludiu é rigorosamente incapaz de elidir a insegurança jurídica resultante da mudança de orientação jurisdicional. Ou seja, poder-se-ão produzir, por força de mudança jurisprudencial no STF, resultados nos quais, para além de qualquer dúvida ou entredúvida, o conhecimento desta índole das decisões judiciais é insuficiente para impedir que seja burlada a confiança legítima que os jurisdicionados teriam que depositar em uma orientação jurisdicional e para elidir a violação da boa-fé com que travaram relações assentadas nela.

É certo que isto não é comum. Sem embargo, ocorre, o que, de resto é sabido e ressabido. Por isto, quando ocorra, ou seja, nas raras hipóteses da eclosão de tais efeitos danosos, emergem naturalmente os princípios de que se vem cogitando ao longo deste estudo. Logo, tudo se resume a verificar se, deveras, veio ou não a se propor *in concreto* hipótese na qual seja reconhecível a irrupção de um abalo sério aos magnos princípios jurídicos em questão. Se ocorreu, não pode haver dúvida de que dita mudança jurisdicional haverá de ter seus efeitos adaptados à peculiaridade da situação, de sorte a respeitar as situações passadas, limitando-se, então ao desencadeamento de efeitos prospectivos ou quando menos modulados.

Deveras, ao lume de princípios jurídicos fundamentais seria teratológico, em tais casos, que situações constituídas à sombra de entendimento firmado do Supremo Tribunal Federal e logicamente confirmadas por numerosas decisões dos Tribunais em geral pudessem ser, ao depois, afetadas pelo fato deste, anos mais tarde, sem a ocorrência de fato novo, vir a modificar sua intelecção sobre a tese jurídica que dantes merecera seu agasalho. Não apenas o princípio da segurança jurídica, como visto, mas também o princípio da lealdade e da boa-fé e da confiança legítima se oporiam e do modo mais cabal possível a que uma mudança de orientação do Poder Judiciário na matéria viesse a ter tão gravosos efeitos.

9. Em rigor, o princípio da segurança jurídica, tanto como o da lealdade e boa-fé ou o da proteção à confiança legítima, são da própria essência do Direito e sobretudo no Estado Democrático de Direito sua vigência é irrefragável. Enquadram-se entre os chamados princípios gerais de Direito dos quais o nunca assaz citado Eduardo García de Enterría disse, com irretocável perfeição: "Conviene recordar a este propósito que los principios generales del Derecho son una condensación de los grandes valores jurídicos materiales que constituyen el *substractum* del ordenamiento y de la experiencia reiterada de la vida jurídica. No consisten, pues, en una abstracta e indeterminada invocación de la justicia o de la conciencia moral o de la discreción del juez, sino, más bien, en la expresión de una justicia material especificada técnicamente en función de los problemas jurídicos concretos y objetivada en la lógica misma de las instituciones".[8]

Deveras, princípios gerais de Direito são vetores normativos *subjacentes* ao sistema jurídico-positivo, não porém como um dado externo, mas como *uma inerência da construção em que se corporifica o ordenamento*. É que os diversos institutos nele compreendidos – quando menos considerados em sua complexidade íntegra – revelam, nas respectivas composturas, a absorção dos valores substanciados nos sobreditos princípios.

Nas palavras de O. A. Bandeira de Mello, tais princípios "*se infiltram no ordenamento jurídico de dado momento histórico*" ou traduzem "*o mínimo de moralidade que circunda o preceito legal, latente na fórmula escrita ou costumeira*", são "*as teses jurídicas genéricas que informam o ordenamento jurídico-positivo do Estado*".[9]

Sua aplicabilidade, não é algo restrito a alguma função do Estado, mas diz respeito a todas elas. Por outro lado, a incidência destes princípios não implica o uso de um recurso externo ao Direito ao qual se pudesse recorrer ou não. Pelo contrário, sua força obrigatória é incontendível.

10. Não corresponde à novidade alguma o fato da decisão jurisdicional definitiva necessitar cingir-se, em alguns casos, a efeitos meramente prospectivos, quando expressa intelecção firmada, notadamente se resulta de pronunciamento do Supremo Tribunal Federal. Pelo contrário, é simples confirmação de uma linha de intelecção prestigiada naquela Corte nos casos em que corresponde a um procedimento substancialmente obsequioso ao Direito. Esta várias vezes adotou tal orientação levando em conta a necessidade de preservar o respeito à segurança jurídica e impedir incidência no "summum jus summa injuria".

8. *Curso de Derecho Administrativo*, obra conjunta com Tomás-Ramón Fernández, v. I, reimpr. da 3ª ed., Madri, Civitas, 1981, p. 400.

9. *Princípios Gerais de Direito Administrativo*, v. I, 3ª ed., Malheiros Editores, 2007, p. 420.

Desde logo, relembre-se que em matéria de controle concentrado de inconstitucionalidade o art. 27 da Lei n. 9.768, de 11.11.1999, estabelece que:

> Ao declarar a inconstitucionalidade de lei ou ato normativo, e tendo em vista razões de segurança jurídica ou de excepcional interesse social, poderá o Supremo Tribunal Federal, por maioria de dois terços de seus membros, restringir os efeitos daquela declaração ou decidir que ela só tenha eficácia a partir de seu trânsito em julgado ou de outro momento que venha a ser fixado.

Aí está o expresso reconhecimento normativo, conquanto restrito à declaração de inconstitucionalidade, quanto à conveniência de evitar efeitos danosos que poderiam advir da comum retroação do que haja sido decidido jurisdicionalmente. Aliás, a Lei n. 9.882, de 3.12.1999, que cuida da argüição de descumprimento de preceito fundamental, em seu art. 11 reproduz a mesma diretriz.

É relevante notar que o STF adotou o mesmo procedimento contemplado nos referidos preceptivos *fora da hipótese de controle concentrado*, isto é, em alguns casos, embora raros, de declarações de inconstitucionalidade no exercício do controle difuso. Vale dizer, em nome dos mesmos fundamentos foi além da hipótese referida nas aludidas leis, no que tornou claro que ele mesmo, em sendo necessário, construiria suas balizas perante situações que demandassem igual tratamento, por certo animado pela notória parêmia: "ubi eadem ratio ibi idem legis dispositio". De resto, é multissecular a lição de Celsus, de acordo com a qual: "Scire leges non est verba earum tenere sed vim ac potestatem" (*Digesto*, Livro I, Tít. III, frag. 17).

DOUTRINA

INOVAÇÕES NO DIREITO ADMINISTRATIVO BRASILEIRO

Maria Sylvia Zanella Di Pietro

Professora Titular de Direito Administrativo
da Faculdade de Direito da Universidade de São Paulo.

1. Origem do direito administrativo: o direito francês e seus paradoxos. 2. Uma palavra sobre o sistema da "common law" e seus paradoxos. 3. O direito administrativo brasileiro sob influência dos sistemas de base romanística e da "common law". 4. Principais inovações no direito administrativo: ainda a influência do direito estrangeiro: 4.1 Alterações no princípio da legalidade; 4.2 O princípio da participação popular; 4.3 Alterações na idéia de discricionariedade; 4.4 Alterações no conceito de serviço público; 4.5 Outra inovação: movimento de agencificação e introdução da atividade de regulação; 4.6 Adoção do princípio da subsidiariedade; 4.7 Fuga do direito administrativo.

1. Origem do direito administrativo: o direito francês e seus paradoxos

Antes de entrar na análise do tema proposto, impõem-se algumas considerações sobre as origens do direito administrativo e sobre as influências que o direito estrangeiro exerceu sobre a formação do direito administrativo brasileiro e ainda exerce em sua evolução.

Sabe-se que o direito administrativo, como ramo autônomo do direito, teve origem na França, sendo de elaboração pretoriana, em decorrência do trabalho do Conselho de Estado, que é o órgão de cúpula da jurisdição administrativa que se constituiu naquele país.

O direito administrativo nasceu referido a um sujeito – a Administração Pública. Por isso mesmo se entendeu que devia ser constituído por normas próprias, derrogatórias do direito privado que rege as relações entre particulares.

Segundo Georges Vedel, em seu *Droit Administratif* (Presses Universitaires de France, 1964, p. 53), o direito administrativo francês é, em grande parte, *não legislativo*, porque formulado pelo juiz. Diz ele que "nesse ramo do Direito, o repúdio ao Código Civil e ao direito privado e à imensidão de lacunas legislativas levaram o juiz a *fazer* verdadeiramente o direito". A função do juiz administrativo não era só a de interpretar o direito positivo, como o fazia o juiz comum, mas também preencher, por suas decisões, as lacunas da lei.

O direito administrativo francês se elaborou com base em determinados conceitos, como o de serviço público, de autoridade, de poder público, de especialidade de jurisdição, nenhum deles inspirado no direito privado. Conforme ensinamento de Georges Vedel (ob. cit., p. 57), quatro princípios essenciais informam o direito administrativo francês: o da *separação das autoridades administrativa e judiciária*, que determina as matérias para as quais os tribunais judiciais são incompetentes; o das *decisões executórias*, que reconhece à Administração a prerrogativa de emitir unilateralmente atos jurídicos que criam obrigações para o particular, independentemente de sua concordância; o da *legalidade*, que obriga a Administração a respeitar a lei; e o da *responsabilidade do poder público*, em virtude do qual as pessoas públicas devem reparar os danos causados aos particulares.

O fato de ter-se criado um ramo autônomo para reger as relações de que a Administração Pública é parte não significa que o Conselho de Estado nunca utilizasse o direito privado. Pelo contrário, ainda uma vez lembrando a lição de Georges Vedel (ob. cit., p. 48), "*o que permanece verdadeiro da tese clássica é que, ao contrário do juiz judiciário, o juiz administrativo é senhor de decidir se os Códigos e as leis de direito privado se aplicam a tal ou tal matéria dependente de sua competência. Conforme os casos, ele próprio forjará as regras aplicáveis ou considerará inútil a derrogação das regras do direito privado*".

Um dado relevante sobre o direito administrativo é a fácil constatação de inúmeras *contradições* e *paradoxos* presentes nesse ramo do direito desde as suas origens até os dias atuais.

Em primeiro lugar, releva notar o fato de que o direito administrativo surgiu em pleno período do Estado liberal, em cujo seio se desenvolveram os princípios do individualismo em todos os aspectos, inclusive o jurídico. A grande preocupação era a de proteger as liberdades do cidadão; daí a elaboração do *princípio da legalidade*. No entanto, paradoxalmente, o direito administrativo nasceu sob o signo do autoritarismo, já que reconheceu uma série de prerrogativas (potestades públicas) à Administração Pública. Daí a afirmação de que o regime jurídico administrativo compreende o binômio: *liberdade* e *autoridade*. A liberdade é garantida por princípios como os da legalidade, isonomia, separação de poderes. A autoridade é protegida por prerrogativas públicas que garantam a supremacia do poder público sobre o particular.

Outro paradoxo ainda relacionado com o princípio da legalidade: sob inspiração dos princípios revolucionários, o direito francês elaborou o princípio da legalidade (que, na França, corresponde à expressão Estado de Direito, criada pelo direito alemão), com o objetivo de proteger os direitos individuais. No entanto, paradoxalmente, na França a lei não é a principal fonte do direito administrativo. A principal fonte é a jurisprudência elaborada pela jurisdição administrativa, especialmente o Conselho de Estado. Na França, falar em princípio da legalidade significa falar primordialmente em submissão à jurisprudência elaborada pelos órgãos de jurisdição administrativa.

2. *Uma palavra sobre o sistema da "common law" e seus paradoxos*

O sistema da *common law*, em que se enquadram, entre outros, o direito inglês e o direito norte-americano, demorou a reconhecer a existência do direito administrativo, por repudiar duas idéias fundamentais do direito administrativo francês: a sujeição da Administração Pública a um regime jurídico próprio, diverso do aplicável aos particulares (daí a expressão *common law*, a designar a existência de um regime único para poder público e particulares) e a existência de uma jurisdição administrativa própria para decidir os litígios da Administração Pública (daí o sistema da unidade de jurisdição).

Paradoxalmente, o sistema da *common law* levou à formação de um direito administrativo com características muito semelhantes às do direito administrativo francês (com o reconhecimento de prerrogativas públicas para a Administração) e, o que é mais contraditório, outorgou às agências reguladoras *funções quase legislativas* e *quase judiciais*.

Quase legislativas, porque as agências (que, em conjunto, formam a Administração Pública) têm o poder de baixar normas com força de lei, obrigatórias para os cidadãos, mas que se colocam hierarquicamente abaixo da lei. Uma norma posta por uma agência não pode contrariar a lei. Para compatibilizar essa função normativa com o princípio da separação de poderes, criou-se uma sistemática: a agência só pode baixar normas se essa atribuição for atribuída por lei específica; as normas devem observar os *standards* (conceitos indeterminados, diretrizes, princípios), contidos na lei ou na Constituição; cabe ao Judiciário examinar a validade das normas das agência diante desses *standards* contidos na lei, podendo invalidar as normas que os contrariem; para esse fim, elaborou-se o *princípio do devido processo legal substantivo*, pelo qual a norma da agência só é válida na medida em que seja razoável, adequada, racional, em relação aos *standards* contidos na lei; para garantir o aspecto democrático, submeteu-se a elaboração de normas pelas agências a um procedimento, definido na Lei de Procedimentos Administrativos, em que a participação é fundamental, sob pena de ilegalidade. Vale dizer que a elaboração legislativa pelas agências baseia-se num tripé: a delegação legislativa, o controle judicial do conteúdo das normas com base no princípio do devido processo legal substantivo e a imposição de observância de procedimento administrativo com a participação do cidadão (devido processo legal adjetivo).

Quase judicial, porque as agências têm o poder de resolver conflitos na esfera administrativa, inicialmente com exclusão da apreciação judicial quanto à matéria de fato e às questões técnicas (a chamada discricionariedade técnica). Com o tempo, o controle judicial cresceu e o Judiciário passou a apreciar a motivação, a razoabilidade, a relação custo benefício, a matéria de fato.

Paradoxo: criticou-se o direito francês por causa da existência do direito administrativo e da jurisdição administrativa, mas criou-se um *direito administrativo posto pelas agências reguladoras*, portanto, muito mais autoritário do que o direito francês, e outorgou-se a órgãos administrativos função quase judicial, com subtração de algumas matérias à apreciação judicial. Na jurisdição administrativa, os conselheiros gozam da mesma independência que os membros do Poder Judiciário, o que não ocorre em relação às agências, cuja independência se apoiou, de início, apenas na idéia de neutralidade em relação aos três Poderes do Estado, mito que aos poucos se desfez, pela crescente submissão das agências a controles exercidos pelos três Poderes do Estado e a diretrizes impostas pelo Poder Executivo. O autoritarismo reduziu-se apenas com a previsão da participação dos interessados no processo de elaboração das normas e com a ampliação do controle judicial.

No sistema da *common law* não se fala em ato administrativo, em decisão executória, em serviço público (e sim em serviço de utilidade pública), em contrato administrativo (embora os poderes da Administração sejam muito semelhantes aos reconhecidos no direito administrativo de base romanística); mesmo a responsabilidade civil do Estado demorou a ser reconhecida, só ocorrendo isto em meados do século XX, assim mesmo não abrangendo todas as hipóteses de danos causados aos particulares.

3. O direito administrativo brasileiro sob influência dos sistemas de base romanística e da "common law"

Embora sob influência do direito francês e de outros direitos enquadrados no sistema de base romanística (direito italiano, alemão, espanhol, português etc.), o regime jurídico administrativo, no Brasil, também sofreu alguma influência do sistema da *common law*, especialmente do direito norte-americano.

No Brasil-Colônia, aplicavam-se as leis portuguesas, especialmente as Ordenações do Reino.

No período do Império, adotaram-se os princípios do Estado do Liberal, sob influência do direito francês, inclusive com a criação do Conselho de Estado. Só que este não exercia função jurisdicional e sim função consultiva. Também nesse aspecto o direito francês serviu de modelo, porque na fase inicial do Conselho de Estado francês, o órgão não tinha independência, sendo suas manifestações sujeitas à aprovação do Imperador.

No primeiro período da República, suprime-se o Poder Moderador e o Conselho de Estado. Isto ocorreu porque se abandonou a influência francesa da dualidade de jurisdição e se acolheu o modelo anglo-americano da unidade de jurisdição. No Decreto n. 848, de 11.10.1898, inseriu-se dispositivo (art. 387) determinando que "os estatutos dos povos cultos e especialmente os que regem as relações jurídicas da República dos Estados Unidos da América, os casos de *common law* e *equity* serão também subsidiários da jurisprudência e processo federal".

Com isso, passou a Administração Pública a submeter-se ao controle jurisdicional. E também, em matéria de direito administrativo e ainda sob influência do direito norte-americano, a jurisprudência passou a ocupar papel de destaque como fonte do direito. Ou seja, a jurisprudência passou a desempenhar importante papel na criação do direito.

Conforme demonstramos em artigo sobre "500 Anos de Direito Administrativo Brasileiro" (in *Cadernos de Direito e Cidadania II*, publicado pelo Instituto de Estudos de Direito e Cidadania, São Paulo, Artchip Editora, 2000, pp. 39-69), com base nos ensinamentos de Lafayette Pondé (in *RDA* 178, pp. 24-37), existem vários exemplos de criação jurisprudencial de institutos consagrados no direito administrativo brasileiro, alguns temporariamente e outros em caráter duradouro, até os dias atuais; alguns foram aplicados como institutos não previstos no direito positivo e, outros, contrariamente à letra da lei: ampliação do instituto do *habeas corpus* para proteção de outros direitos individuais que não a proteção da liberdade de locomoção; criação do instituto da *desapropriação indireta*; ao arrepio do art. 547 do Código Civil, que exigia indenização prévia e o requisito de decreto explícito; aplicação do contrato de *concessão de uso* e não de contratos de direito privado para a ocupação de boxes ou bancas de mercado público ou de locais em logradouros públicos; submissão das *servidões administrativas* a regime jurídico próprio; a adoção de uma *teoria dos contratos administrativos*, com características diversas do direito privado; afastamento da *exceptio non adimpleti contractus* nos contratos administrativos; aplicação da *teoria da imprevisão* e da *teoria do fato do príncipe* segundo regras especiais; tese de que os funcionários públicos se regem por um *status* e não por contrato, sendo suas vantagens e deveres iguais para uma mesma categoria; reconhecimento e qualificação da *autarquia*, como pessoa jurídica de direito público não prevista no art. 14 do Código Civil de 1916; reconhecimento da *teoria do risco*, em termos de responsabilidade civil do Estado, contrariamente à norma do art. 15 do Código Civil.

Pode-se afirmar que o direito administrativo brasileiro sofreu, nessa fase, influência do direito norte-americano, no que diz respeito ao sistema de unidade de jurisdição, à jurisprudência como fonte do direito, à submissão da Administração Pública ao controle jurisdicional. Mas, no que diz respeito às teorias e aos princípios, ficou evidente que a influência predominante foi a do direito francês criado pela jurisdição administrativa que, aos poucos, pela decisão de casos concretos, foi derrogando o direito privado antes aplicado à Administração e criando regime jurídico próprio que acabou por dar autonomia ao direito administrativo. Nisto afastou-se do sistema da *common law*, que repudiava a existência de um regime jurídico especial para a Administração Pública, como também repudiava a existência de tribunais administrativos para decidir os litígios em que ela fosse parte interessada.

Do direito francês, o direito administrativo brasileiro acolheu a idéia de ato administrativo, com o atributo da auto-executoriedade, as sucessivas teorias sobre responsabilidade civil do Estado, o conceito de serviço público, as prerrogativas da Administração Pública, a teoria dos contratos administrativos, o princípio da legalidade.

Na realidade, a influência da doutrina na formação do direito administrativo brasileiro foi muito grande. O direito positivo previu a unidade de jurisdição e o princípio da legalidade. Mas, pelo trabalho da doutrina, fortemente inspirada no direito europeu continental, os tribunais foram acatando e aplicando teorias e princípios não consagrados no direito positivo, senão em fase bem mais adiantada da evolução do direito administrativo brasileiro. Veja-se, por exemplo, que, em termos de contratos administrativos, de teoria dos atos administrativos, seus vícios, nulidades, revogação, convalidação, discricionariedade, responsabilidade objetiva do Estado, tivemos todo um regime jurídico construído e elaborado muito antes de sua previsão legal. Muito antes de haver uma lei disciplinando os contratos administrativos (o que só foi feito de forma mais completa pelo Decreto-lei n. 2.300, de 1986), nós já aplicávamos tudo o que hoje está no direito positivo.

Se for analisada a fundo a evolução do direito administrativo brasileiro, poder-se-á caminhar no seguinte sentido: trabalho da doutrina (fortemente inspirada no direito francês), acolhido pela jurisprudência e consagrado no direito positivo. Doutrina, jurisprudência e direito positivo. Esse foi o sentido da evolução.

Quanto ao princípio da legalidade, embora adotando o sistema de jurisdição una próprio da *common law*, o direito brasileiro não adotou o mesmo princípio do *stare decisis*, que dá força obrigatória aos precedentes judiciais. E, embora adotando o princípio da legalidade herdado do direito francês, o mesmo foi aceito em sua pureza, tal como apregoado pelos ideais revolucionários: a lei, como ato do parlamento, representante da vontade geral do povo, é a principal fonte do direito. E esse postulado foi inserido, com ressalva para a Constituição de 1937, em todas as Constituições brasileiras, inclusive na do Império (art. 179, I). Vale dizer que todas as Constituições, com a ressalva já apontada, sempre contiveram a norma segundo a qual ninguém é obrigado a fazer ou deixar de fazer alguma coisa senão em virtude de lei.

É curioso que, embora o direito francês considerasse o princípio da legalidade como uma das bases do direito administrativo, na prática, afastou-se desse postulado, na medida em que a jurisprudência adotada pela jurisdição administrativa transformou-se, aos poucos, na principal fonte do direito administrativo. No direito francês, falar em princípio da legalidade significa falar na força obrigatória das decisões do Conselho de Estado, órgão de cúpula da jurisdição administrativa.

Em decorrência da adoção do princípio da legalidade, o direito administrativo brasileiro, à semelhança de outros direitos, como o espanhol, o português, o dos países sul-americanos, colocou no direito positivo aquilo que no direito francês constituíam teorias e princípios de elaboração jurisprudencial. Aquilo que na França é alterado pela jurisdição administrativa, no Brasil depende de alteração legislativa. E com uma agravante: as bases do direito administrativo estão na Constituição: as intervenções do Estado na propriedade privada, o regime estatutário do servidor público, os princípios da Administração Pública, a regra sobre responsabilidade civil do Estado, o princípio da licitação, as normas sobre orçamento e contabilidade pública, as competências normativas, a proteção do patrimônio público, os direitos e garantias do cidadão perante a

Administração Pública, o controle interno, o judicial e o legislativo.

A conseqüência é que a evolução do direito administrativo depende, em grande parte, de reformas constitucionais, o que conduz a dois caminhos: (a) um, lícito, que é a reforma pelos instrumentos que a própria Constituição prevê; (b) outro, que é feito ao arrepio da Constituição, que vai sendo atropelada pelas leis ordinárias, por atos normativos da Administração Pública e, às vezes, sem qualquer previsão normativa; a Administração Pública, com muita freqüência, coloca-se na frente do legislador. Daí o desprestígio da Constituição e do princípio da legalidade.

Este é talvez o maior paradoxo: afastamo-nos do direito francês e do sistema da *common law*, quando colocamos a lei como principal fonte do direito. Mas, na prática, colocamos uma distância grande entre o que está na lei e o que se aplica na prática, pelo afã de copiar modelos estrangeiros nem sempre adaptáveis ao direito positivo brasileiro, em especial à Constituição.

O certo é que aquele direito administrativo que está hoje nos manuais (já chamado de direito administrativo tradicional ou conservador) foi estruturado com base em determinados institutos e princípios que constituem ainda hoje objeto de estudo desse ramo do direito e que recebeu influência de diferentes direitos, o que pode ser resumido pela forma a seguir exposta.

Do *direito francês*, herdou o conceito de serviço público, a teoria dos atos administrativos com o atributo da executoriedade, as teorias sobre responsabilidade civil do Estado, o princípio da legalidade, a teoria dos contratos administrativos, as formas de delegação da execução de serviços públicos, a idéia de que a Administração Pública se submete a um regime jurídico de direito público, derrogatório e exorbitante do direito comum, e que abrange o binômio autoridade/liberdade.

Do *direito italiano*, recebeu o conceito de mérito, o de autarquia e entidade paraestatal (dois vocábulos criados no direito italiano), a noção de interesse público, e o próprio método de elaboração e estudo do direito administrativo, mais técnico-científico do que o método pragmático do direito francês. Com efeito, ao lado dos alemães, os autores italianos muito contribuíram, não só aqui, mas em outros países, para a mudança do próprio método de estudo do direito administrativo; este, sendo de formação jurisprudencial, era elaborado a partir de casos concretos, sem muita preocupação com a sistematização; a doutrina alemã e a italiana contribuíram para a adoção de um método técnico-científico.

No *direito alemão* parece ter encontrado inspiração o tema dos conceitos jurídicos indeterminados e do princípio da razoabilidade (relacionados com a matéria de interpretação e discricionariedade administrativa). Sob esse aspecto também foi grande a contribuição da doutrina portuguesa e espanhola, que, como o direito brasileiro, caminharam para a positivação do direito administrativo.

Do sistema da *common law*, o direito administrativo brasileiro herdou o princípio da unidade de jurisdição, o mandado de segurança e o mandado de injunção, o princípio do devido processo legal, inclusive, mais recentemente, em sua feição substantiva, e que praticamente se confunde com o princípio da razoabilidade, hoje já aplicado no direito brasileiro.

Até na doutrina social da Igreja foi-se procurar inspiração para instituir o princípio da função social da propriedade, que deu origem às desapropriações sancionatórias; e também o princípio da subsidiariedade, pelo qual o Estado só deve atuar quando o particular não tiver condições de atuar sozinho, hipótese em que deve estimular, ajudar, subsidiar a iniciativa privada.

Talvez em matéria de bens públicos é que se encontra alguma coisa de peculiar ao direito brasileiro, quer na classificação tripartite dos bens, quer nos institutos ligados à regularização das terras públicas, como os conceitos de terras devolutas, de legitimação de posse e o processo de discriminação; quer nos conceitos de terras indígenas, terrenos reservados, terrenos de marinha.

Também é inegável que a legislação portuguesa sobre terras públicas, especialmente sobre sesmarias e concessão, influenciou grandemente o direito brasileiro.

Outra coisa que se fez no Brasil e também em outros países, foi passar para o direito positivo grande parte dos institutos trazidos do direito francês, como a matéria dos contratos, com todas as teorias do fato do príncipe e da imprevisão; e, mais recentemente, a teoria dos atos administrativos, em parte positivada pela lei que disciplina os processos administrativos na órbita federal. Por outras palavras, enquanto, no direito francês, o direito administrativo era de formação pretoriana, jurisprudencial, adaptável de forma mais flexível ao interesse público sempre cambiante, pelo trabalho criativo da jurisdição administrativa, no Brasil essas mesmas teorias e princípios foram incorporados ao direito positivo.

Além de passar para o direito positivo, às vezes para a própria Constituição, determinados institutos do direito administrativo, ainda se fez legislação que, pelo excesso de formalismo, contribuiu para emperrar o funcionamento da Administração Pública; tal ocorreu especialmente em matéria de licitação e contrato, de regime jurídico do servidor público, de controle administrativo e financeiro, de administração indireta, pois a estas se atribuiu regime jurídico praticamente igual ao das entidades públicas, tirando muito de sua flexibilidade e da sua própria razão de existir.

4. Principais inovações no direito administrativo: ainda a influência do direito estrangeiro

As principais inovações foram introduzidas após a Constituição de 1988, seja com a adoção dos princípios do Estado Democrático de Direito, seja sob inspiração do neoliberalismo e da globalização, do sistema da *common law* e do direito comunitário, que levaram à chamada Reforma do Estado, na qual se insere a Reforma da Administração Pública e, em conseqüência, a introdução de novidades no âmbito do direito administrativo. Não se pode deixar de mencionar a influência de princípios da ciência econômica e da ciência da administração no direito administrativo, com duas conseqüências: de um lado, a formação do chamado *direito administrativo econômico* (em relação ao qual o direito administrativo tradicional é chamado, pejorativamente, de conservador ou, mesmo ultrapassado) e, de outro lado, a preocupação com princípios técnicos, mais próprios da ciência da administração, significando um retorno a uma fase anterior em que já houve a confusão entre os institutos e princípios jurídicos, próprios do direito, e os aspectos puramente técnicos, mais ligados à ciência da administração.

4.1 Alterações no princípio da legalidade

Desde que formulado, o princípio da legalidade passou por toda uma evolução, que não é oportuno examinar em profundidade neste trabalho. Apenas fazemos remissão ao que foi analisado no livro *Discricionariedade Administrativa na Constituição de 1988* (2ª ed., São Paulo, Atlas, 2001, pp. 17-65).

A partir da Constituição de 1891 instaurou-se o Estado Liberal de Direito preocupado com as liberdades do cidadão. Em decorrência dessa preocupação, o princípio da legalidade tinha sentido restrito: a Administração pode fazer tudo o que a lei não proíbe (era o princípio da vinculação negativa, que praticamente se identifica com o princípio da autonomia da vontade).

A partir da Constituição de 1934 pôde-se falar em Estado Social de Direito, um Estado prestador de serviços, que foi ampliando a sua atuação para abranger as áreas econômica e social, com o conseqüente fortalecimento do Poder Executivo. O princípio da legalidade ampliou-se para abranger os atos normativos baixados pelo Poder Executivo, com força de lei, e estendeu-se a todo o âmbito de atuação administrativa. O princípio da legalidade passou a significar que a Administração só pode fazer o que a lei permite (princípio da vinculação positiva).

Com a Constituição de 1988, optou-se pelos princípios próprios do *Estado Democrático de Direito*.

Duas idéias são inerentes a esse tipo de Estado: *uma concepção mais ampla do princípio da legalidade* e a idéia de *participação do cidadão* na gestão e no controle da Administração Pública.

No que diz respeito ao primeiro aspecto, o Estado Democrático de Direito pretende vincular a lei aos ideais de justiça, ou seja, submeter o Estado não apenas à lei em sentido puramente formal, mas ao Direito, abrangendo todos os valores inseridos expressa ou implicitamente na Constituição.

Nesse sentido, o art. 20, § 3º, da Lei Fundamental da Alemanha, de 8.5.1949, estabelece que "o poder legislativo está vinculado à ordem constitucional; os poderes executivo e judicial obedecem à lei e ao direito". Idéias semelhantes foram inseridas nas Constituições espanhola e portuguesa.

No Brasil, embora não se repita norma com o mesmo conteúdo, não há dúvida de que se adotou igual concepção, já a partir do Preâmbulo da Constituição, rico na menção a valores, como segurança, bem-estar, desenvolvimento, igualdade e justiça. Além disso, os arts. 1º a 4º e outros dispositivos esparsos contemplam inúmeros princípios e valores, como os da dignidade da pessoa humana, os valores sociais do trabalho e da livre iniciativa, o da erradicação da pobreza, o da prevalência dos direitos humanos, o da moralidade, publicidade, impessoalidade, economicidade, dentre outros. Todos esses princípios e valores são dirigidos aos três Poderes do Estado: a lei que os contrarie será inconstitucional; a discricionariedade administrativa está limitada pelos mesmos, o que significa a ampliação do controle judicial que deverá abranger não só a validade dos atos administrativos diante da lei, mas também perante o Direito, no sentido assinalado.

Vale dizer que, hoje, o princípio da legalidade tem uma abrangência muito maior porque exige submissão ao *Direito*.

4.2 O princípio da participação popular

Inerente também ao conceito de Estado Democrático é a idéia de *participação do cidadão* na gestão e no controle da Administração Pública, no processo político, econômico, social e cultural; essa idéia está incorporada na Constituição não só pela introdução da fórmula do Estado Democrático de Direito – permitindo falar em democracia participativa – como também com a previsão de vários instrumentos de participação, podendo-se mencionar, exemplificativamente, o direito à informação (art. 5º, XXX), o direito de denunciar irregularidades perante o Tribunal de Contas (art. 74, § 2º), a gestão democrática da seguridade social (art. 194, VII), da saúde (art. 198, III), do ensino público (art. 206, VI), sem falar em inúmeras normas contidas na legislação ordinária prevendo também essa participação, como ocorre na Lei Geral de Telecomunicações, na Lei de Licitações e Contratos, na Lei de Processo Administrativo.

A idéia é reforçada com a introdução do § 3º ao art. 37 da Constituição pela Emenda Constitucional 19/1998, que prevê lei que discipline as formas de participação do usuário na administração direta e indireta.

Intimamente relacionada com a idéia de participação ocorreu a *processualização do direito administrativo*, especialmente com a exigência constitucional do devido processo legal, que exige, entre outras coisas, a observância de formalidades essenciais à proteção dos direitos individuais, como a ampla defesa, o contraditório, o direito de recorrer, a publicidade.

4.3 Alterações na idéia de discricionariedade

A discricionariedade pode ser definida como a faculdade que a lei confere à Administração para apreciar o caso concreto, segundo critérios de oportunidade e conveniência, e escolher uma dentre duas ou mais soluções, todas válidas perante o direito (cf. Di Pietro, ob. cit., p. 67).

O conceito de discricionariedade não permaneceu estático no tempo. Sua evolução acompanhou a evolução do princípio da legalidade, conforme expusemos na obra citada. Quanto mais se amplia o conceito de legalidade, mais se reduz a discricionariedade administrativa.

No período do Estado Liberal de Direito, a legalidade somente se aplicava a uma esfera restrita de atuação administrativa, naquilo que dissesse respeito às restrições aos direitos individuais; em tudo o mais, a Administração Pública era livre para agir; ela dispunha de ampla margem de discricionariedade. Nesse período, a legalidade significava a sujeição à lei editada pelo Parlamento, que era visto como o único ente que representa a vontade geral do povo.

Com o Estado Social de Direito, houve um fortalecimento do Poder Executivo, com a outorga de novas funções na área social e econômica e, paralelamente, com a atribuição de competência normativa, envolvendo a possibilidade de editar normas com força de lei (medidas provisórias, regulamentos autônomos, decretos-leis, leis delegadas ou outras modalidades). Conforme visto no item anterior, o princípio da legalidade ampliou-se para abranger as leis e os atos normativos baixados no âmbito do Poder Executivo. Além disso, passou a abranger toda a esfera de atuação da Administração Pública, dando origem ao postulado segundo o qual a Administração Pública só pode fazer o que a lei permite.

Com o Estado Democrático de Direito, conforme assinalado, a legalidade passou a significar a sujeição ao Direito (lei, valores, princípios).

Além disso, verifica-se nova ampliação da função normativa, agora não do Poder Executivo, encarnado pelo Presidente da República, mas da Administração Pública, com a chamada função reguladora exercida pelas agências.

Hoje, pode-se dizer que existem duas tendências opostas, revelando mais um paradoxo do direito administrativo:

a) de um lado, os neoliberais, sob inspiração do direito estrangeiro, propugnam pela ampliação da discricionariedade: a idéia de substituir a Administração burocrática pela Administração gerencial depende, em grande parte, do reconhecimento de maior liberdade decisória aos dirigentes; por isso se diz que o direito administrativo atrapalha as reformas, porque ele se apóia no princípio da legalidade, que exige lei para dar fundamento a decisões administrativas; o princípio da legalidade também "atrapalha" a função normativa das agências reguladoras;

b) de outro lado, há a tendência também bastante forte dos chamados "conservadores", calcada no direito positivo e na Constituição, que defende maiores limites à discricionariedade administrativa, exatamente pelo fato de que a sua atuação tem que ter fundamento na lei, mas também tem que observar os limites impostos pelos princípios e valores adotados explícita ou implicitamente pela Constituição. Hoje a discricionariedade é limitada por princípios como os da razoabilidade, proporcionalidade, moralidade, interesse público, impessoalidade, segurança jurídica, sem mencionar os valores inseridos nos arts. 1º a 4º da Constituição. A tal ponto vai a importância dos princípios, que a sua inobservância caracteriza ato de improbidade definido no art. 11 da Lei n. 8.429, de 25.2.1993. São princípios e valores que devem ser observados pelo legislador e pela autoridade administrativa e que, em conseqüência, podem ser apreciados pelo Poder Judiciário, seja para decretar a inconstitucionalidade de leis, seja para declarar a nulidade de atos administrativos.

Essa mesma dualidade de tendências verifica-se com relação à chamada *discricionariedade técnica*: os da primeira corrente defendem a impossibilidade de apreciação judicial, exatamente por envolver aspecto técnico que compete à Administração Pública definir; os da segunda corrente defendem, com razão, a possibilidade de apreciação judicial, já que não se trata de verdadeira discricionariedade; se é técnica, pode levar a uma solução única com o auxílio de peritos. Onde não existe possibilidade de opção para a Administração Pública entre duas ou mais soluções válidas perante o direito, não se pode falar em discricionariedade. Em conseqüência, a apreciação judicial é sempre possível.

4.4 Alterações no conceito de serviço público

O serviço público é uma das atividades administrativas do Estado, podendo ser definido como a atividade material, concreta, que a lei outorga ao Estado, para atender a necessidades coletivas, sob um regime jurídico total ou parcialmente público.

No conceito existem três elementos: (a) o *subjetivo*, que corresponde à idéia de que o serviço público é atribuído, por lei, ao Estado; este decide sobre a forma de gestão, direta ou indireta, que vai adotar; (b) o elemento *objetivo*, que corresponde à prestação de atividades que atende a necessidades coletivas; (c) o *formal*, que diz respeito ao regime jurídico, que é total ou parcialmente público. É parcialmente público quando o serviço é prestado por pessoas jurídicas de direito privado (empresas públicas, sociedades de economia mista, concessionárias e permissionárias de serviços públicos, parceiros privados), que se regem por normas semelhantes às das empresas privadas, mas que se submetem ao direito público no que diz respeito aos princípios, como os da universalidade, continuidade, isonomia entre usuários etc., bem como à responsabilidade civil (regida pelo art. 37, § 6º, da Constituição) e ao regime jurídico aplicável aos bens afetados à prestação do serviço.

Segundo boa parte da doutrina, estaríamos passando por uma crise na noção de serviço público. Na realidade, o conceito não está sendo alterado; o que existe é uma pressão no sentido de diminuir o rol de serviços públicos ou mesmo acabar com esse tipo de atividade, especialmente quanto às de natureza econômica.

No seio da União Européia (como também no direito brasileiro, conforme art. 170 da Constituição) adota-se como postulados da ordem econômica a liberdade de iniciativa e a livre competição. Em decorrência disso, a Corte de Justiça da União Européia entende que a idéia de que existam serviços públicos exclusivos do Estado é contrária à idéia de livre iniciativa; e a idéia de que serviços públicos possam ser prestados por empresas estatais contraria a livre concorrência.

Daí ter-se adotado e imposto aos países membros a substituição do conceito de serviço público por *serviço de interesse econômico geral*. A conseqüência foi a privatização de empresas estatais, a privatização de serviços públicos (não da forma de gestão, mas das atividades, que passaram a ser consideradas de natureza privada), com a devolução das mesmas à livre iniciativa, a liberação de preços etc.

No direito francês, onde nasceu e se desenvolveu o conceito de serviço público, houve séria oposição a essa mudança; porém, adotou-se o conceito de serviço de interesse econômico geral para as atividades econômicas exercidas pelo Estado, mas manteve-se o conceito de serviço público para as atividades sociais do Estado.

A conseqüência de privatizar uma atividade, colocando-a na livre iniciativa é que o particular não tem o *dever* de prestá-la; quando o direito francês elaborou o conceito de serviço público foi exatamente pela idéia de que somente o Estado tem o dever de assumir atividades essenciais, ainda que com prejuízo ou inteiramente às custas do dinheiro público. Além disso, sendo o serviço prestado pelo particular, como atividade privada, não se aplicam princípios como os da continuidade, universalidade, isonomia e outros inerentes à prestação de serviços públicos. Daí a Corte Européia ter retrocedido um pouco e passado a permitir, em determinadas atividades econômicas consideradas essenciais (como telecomunicações, energia elétrica e outras) a imposição de obrigações de serviço público.

No direito brasileiro, a doutrina adepta do neoliberalismo força a adoção das mesmas inovações, mas a dificuldade é grande porque é a própria Constituição que prevê expressamente a competência exclusiva do Estado para a execução de várias atividades, como ocorre no art. 21, XI e XII.

O que vem ocorrendo é uma privatização parcial, feita pela legislação ordinária, ao arrepio da Constituição, como na legislação de telecomunicações, energia elétrica, correios, portos.

4.5 Outra inovação: movimento de agencificação e introdução da atividade de regulação

Paralelamente à privatização de empresas estatais, surgiu o movimento já chamado de agencificação, com a criação de agências reguladoras com a natureza de autarquias de regime especial, a que a lei atribui função de regulação. Segundo alguns, como Marçal Justen Filho, trata-se de mais uma função administrativa, ao lado das quatro tradicionais: serviço público, polícia administrativa, fomento e intervenção.

Aqui se nota a influência do sistema da *common law*.

Nos Estados Unidos, a Administração Pública é composta por *agências* com função *quase legislativa* e *quase judicial*. E o direito administrativo é o conjunto de normas postas pelas agências.

A função é *quase legislativa* porque as agências recebem, por lei, quando criadas, o poder de baixar normas com força obrigatória. Mas a função é *quase* legislativa, porque as normas das agências estão colocadas abaixo das leis na escala hierárquica, podendo ser invalidadas por decisão judicial, quando contrariem as leis, seja por infringência dos *standards*, princípios, diretrizes contidos na lei (princípio do devido processo legal substantivo), seja por inobservância do processo de elaboração das normas, em que a participação do cidadão constitui exigência obrigatória em várias fases.

Função *quase judicial*, porque as agências resolvem conflitos entre prestadores de serviço entre si ou com os usuários. E suas decisões são passíveis de apreciação judicial.

Conforme mencionada no item 2, a justificativa para a delegação de função normativa às agências baseou-se em verdadeiro tripé construído pela Corte Suprema:

a) a lei delega essa função à agência, mas o faz limitadamente, na medida em que os regulamentos por elas baixado devem obediência aos conceitos indeterminados contidos na lei; quer dizer que se adotou o sistema da chamada lei-quadro; os regulamentos baixados pelas agências são obrigatórios, têm força de lei e podem inovar na ordem jurídica; mas têm que sujeitar-se aos *standards* contidos na lei; daí falar-se em função quase-legislativa;

b) para dar legitimidade a essa função, instituiu-se um procedimento a ser obrigatoriamente observado, seja nas decisões dos casos concretos, seja na elaboração dos regulamentos; e esse procedimento exige obrigatoriamente a participação dos interessados, em maior ou menor escala, nas várias fases de elaboração da norma, com obrigatoriedade de divulgação dos projetos, realização de audiências públicas, recebimento de sugestões, obrigatoriedade de motivação quanto à aceitação ou não dessas sugestões, obrigatoriedade de motivação quanto à aceitação ou não dessas sugestões pela agência; vale dizer, impôs-se o devido processo legal, em sua feição adjetiva, para elaboração dos regulamentos pelas agências;

c) para aperfeiçoar o controle judicial, construiu-se a doutrina do *devido processo legal substantivo*, que permite ao Judiciário examinar, além da observância do procedimento pela agência, também a razoabilidade de suas decisões diante dos conceitos jurídicos indeterminados contidos na lei; quer dizer que a evolução do princípio do devido processo legal deu-se no sentido de tornar cada vez mais rigoroso o formalismo do procedimento, com exigências feitas pela Corte Suprema quanto à motivação, à racionalidade das decisões diante dos dados colhidos pelas agências, à relação custo-benefício das medidas e normas adotadas.

Mesmo no direito europeu, onde se adota o nome de *autoridades administrativas independentes*, ao invés de agências (França, Itália, Portugal, Espanha), também se fala de um *direito negociado* como nova forma de regulação jurídica. Ao lado do direito posto pelo Estado (que continua como principal fonte de produção do direito), surge outra forma de regulação, que resulta do consenso dos interessados. E esse direito negociado passa a integrar o ordenamento jurídico, dentro da hierarquia das normas.

No direito brasileiro, o modelo norte-americano construído pelo Judiciário enfrenta algumas dificuldades. A delegação legislativa não encontra fundamento na Constituição, a não ser nas hipóteses expressamente previstas. A participação ou não é prevista para o processo de elaboração de normas pelas agências ou é prevista sem caráter de obrigatoriedade, o que retira grande parte da legitimidade democrática da atuação das agências. E o princípio do devido processo legal em sua feição substantiva é de aplicação recente e muito restrita no direito brasileiro, sem falar nas restrições impostas pelo Supremo Tribunal Federal ao cabimento das ações diretas de inconstitucionalidade contra atos normativos da Administração Pública.

De qualquer forma, as agências vêm sendo instituídas em grande quantidade e vêm exercendo função reguladora, o que abrange competência normativa (limitada pelo princípio da legalidade), polícia administrativa, resolução de conflitos, embora sem força de coisa julgada.

Essa função normativa das agências reguladoras não constitui propriamente novidade no direito brasileiro, porque desde longa data existem autarquias de regime especial no direito brasileiro, como existem órgãos e entidades autárquicas com esse tipo de função.

4.6 Adoção do princípio da subsidiariedade

O princípio da subsidiariedade, embora bem anterior à nova concepção de Estado de Direito Democrático, assume agora importância fundamental na definição do Estado. Ele foi formulado em fins do século XIX e começo do século XX, dentro da Doutrina Social da Igreja, principalmente pelas Encíclicas *Rerum Novarum* (1891), de Leão XIII, *Quadragesimo Anno* (1931), do Papa Pio XI, *Mater et Magistra* (1961), de João XXIII, e, mais recentemente, a *Centesimus Annus* (1991), de João Paulo II.

Duas idéias fundamentais são inerentes ao princípio: de um lado, a de respeito aos direitos individuais, pelo reconhecimento de que a iniciativa privada, seja através dos indivíduos, seja através das associações, tem primazia sobre a iniciativa estatal; em consonância com essa idéia, o Estado deve abster-se de exercer atividades que o particular tem condições de exercer por sua própria iniciativa e com seus próprios recursos; em conseqüência, sob esse aspecto, o princípio implica uma limitação à intervenção estatal. De outro lado, o Estado deve fomentar, coordenar, fiscalizar a iniciativa privada, de tal modo a permitir aos particulares, sempre que possível, o sucesso na condução de seus empreendimentos.

Esse princípio foi adotado na Constituição de 1967, com a regra de que o Estado somente deve exercer atividade econômica para subsidiar a iniciativa privada, quando ela seja deficiente. Na Constituição atual, contem-se, em termos um pouco diversos, no art. 173, *caput*, em que está determinado que a atividade econômica só deve ser exercida pelo Estado por motivo de segurança ou interesse coletivo relevante, conforme definido em lei. Embora previsto apenas com relação às atividades econômicas, o princípio vem sendo aplicado com relação aos serviços sociais não exclusivos do Estado.

Da aplicação desse princípio resultam algumas conseqüências: (a) a privatização de empresas estatais, para que as atividades assumidas pelo Estado sejam devolvidas à iniciativa privada; (b) a ampliação da atividade de fomento, seja na área econômica, seja na área social, com o ressurgimento de fórmulas não tão novas, como a concessão de serviços públicos (agora sob nova versão – concessão patrocinada, como uma das formas de parceria público-privada instituída na Lei n. 11.079/2004), o surgimento de novas formas de parceria com a iniciativa privada, como os contratos de gestão com as organizações sociais, os termos de parceria com as Organizações da Sociedade Civil de Interesse Público (OSCIP); como conseqüência, há um crescimento considerável do chamado *terceiro setor*, que abrange entidades que ficam a meio caminho entre o público e o privado, por desempenharem atividades de interesse público, muitas delas com incentivos do Estado; nova concepção do interesse público, já que a sua tutela deixa de ser vista como de titularidade do Estado, para ser assumida também pelo particular; diminuição do aparelhamento administrativo do Estado, como conseqüência da diminuição de suas atividades.

4.7 Fuga do direito administrativo

Uma das tendências que se nota atualmente, com relação a inúmeros institutos tradicionais do direito administrativo, é a de caminhar para uma privatização do próprio regime jurídico a que se submete a Administração Pública, para escapar às normas sobre licitação, contrato administrativo, concurso público e outras normas constitucionais sobre servidores públicos, controles formais, regras sobre orçamento e contabilidade pública.

Evidentemente, a fuga do direito administrativo não pode e não será total. Em primeiro lugar, porque os próprios instrumentos utilizados pela Administração Pública para transferir a gestão de serviços públicos aos particulares são regidos pelo direito administrativo, como ocorre com os contratos de concessão, os contratos de gestão, os convênios, os termos de parceria, tendo de sujeitar-se aos controles da Administração Pública, inclusive do Tribunal de Contas. Em segundo lugar, porque o regime jurídico a que se submete o particular que exerce atividade estatal é híbrido: se é verdade que a entidade atua sob o regime do direito privado, não é menos verdade que são de direito público as normas sobre os bens utilizados na prestação dos serviços, sobre responsabilidade civil perante os usuários, sobre os princípios aplicáveis à prestação do serviço, sobre os poderes exercidos pelo poder público, sobre as prerrogativas públicas outorgadas ao particular. No caso das atividades sujeitas a regulação por agências reguladoras, as normas postas pelas mesmas compõem um direito administrativo de natureza talvez um pouco diversa (pela origem do órgão de que emanam) e que imprimem menos segurança jurídica (porque não sujeitas a qualquer processo de elaboração normativa, seja para sua formulação, seja para sua alteração e revogação) e com a desvantagem de serem baixadas sem a observância do princípio democrático presente no processo previsto constitucionalmente para o Poder Legislativo

Na realidade, a Administração Pública nunca deixou de aplicar o direito privado em inúmeras hipóteses. No direito brasileiro, por exemplo, ela celebra contratos de direito, cria empresas sujeitas ao regime das empresas privadas, contrata servidores sob regime da CLT.

Por isso mesmo, muitos autores, desde longa data, falam na existência de um direito *administrativo em sentido amplo*, que abrange o regime jurídico de direito público e o direito privado a que se submete a Administração Pública; e em *direito administrativo em sentido estrito*, correspondente a um regime jurídico de direito público, derrogatório e exorbitante do direito comum, com restrições e prerrogativas destinadas a garantir, de um lado, a autoridade do poder público e, de outro, respeitar os direitos dos cidadãos.

Por mais que se idealize a fuga do direito administrativo, ela nunca poderá ser integral, porque, mesmo quando se socorre de institutos do direito privado, tais normas são parcialmente derrogadas pelo direito público.

A QUEM COMPETE O DEVER DE SAÚDE NO DIREITO BRASILEIRO? Esgotamento de um modelo institucional

ROGÉRIO LEAL

Doutor em Direito. Desembargador do Tribunal de Justiça do Estado do Rio Grande do Sul.
Professor Titular da Universidade de Santa Cruz do Sul.
Professor Colaborador da Universidade Estácio de Sá.
Professor Visitante da *Università Tullio Ascarelli – Roma Trè*,
Universidad de La Coruña – Espanha, e *Universidad de Buenos Aires*.

I – Notas introdutórias. II – A matriz normativa do Direito à Saúde no Brasil: uma perspectiva à luz da Teoria da Constituição. III – Possibilidades de compartilhamento familiar do dever de sustento à saúde. IV – Considerações finais.

I – Notas introdutórias

O presente ensaio pretende abordar o tema do direito à saúde como direito social fundamental, e os limites esgotados do modelo estatal de sua prestação, ao menos no âmbito exclusivo da responsabilidade institucional da Fazenda Pública. Para tanto, mister é que se faça uma avaliação da estrutura normativa do direito à saúde no Brasil, a partir de algumas matrizes teóricas da Teoria da Constituição, para em seguida avaliar as condições e possibilidades de ser compartilhado tal direito com outros sujeitos de direito, notadamente os familiares, haja vista o espectro ampliado que se tem hoje do conceito de obrigação alimentar. Neste ponto, impor-se-á o diálogo necessário e construtivo de institutos do direito privado (constitucionalizados) com institutos do direito público (projetados ao âmbito dos direitos subjetivos).

II – A matriz normativa do Direito à Saúde no Brasil: uma perspectiva à luz da Teoria da Constituição

Reiteradamente tenho dito que o tema da saúde pública constitucionalmente vem definido como direito de todos e dever do Estado (aqui entendido em todas as suas dimensões federativas, ou seja, União Federal, Estados-membros, Municípios, etc.) – art. 196 –, devendo ser garantida mediante políticas públicas sociais e econômicas comprometidas à redução do risco de enfermidades e de outros agravos.[1]

1. Rogério Gesta Leal, "A Efetivação do Direito à Saúde – Por uma Jurisdição Serafim: Limites e Possibilidades", in Rogério Gesta Leal e Jorge Renato dos Reis, *Direitos Sociais e Políticas Públicas: Desafios Contemporâneos*, vol. 6, p. 1.525.

O que está em debate aqui, pelos termos do prisma constitucional, é o que posso chamar de *uma das dimensões do mínimo existencial à dignidade da vida humana*: a saúde. Enquanto princípio fundante de todo o sistema jurídico – a iniciar pelo constitucional –, tenho que a vida humana digna espelha e se vincula ao ideário político, social e jurídico predominante no país, ao mesmo tempo em que, na condição de princípio fundamental, em face de sua característica de aderência, ele opera sobre os comportamentos estatais ou particulares de forma cogente e necessária. Por tais razões tenho sustentado que: (a) todas as normas do sistema jurídico devem ser interpretadas no sentido mais concordante com este princípio; (b) as normas de direito ordinárias desconformes à Constituição e seus princípios fundacionais (dentre os quais destaco o sob comento), não são válidas.[2]

Justifica-se tal postura em face de que a saúde como condição de possibilidade da dignidade da pessoa humana, em verdade, passa a constituir o que chamo de *indicador constitucional parametrizante do mínimo existencial*,[3] porque se afigura como uma das condições indispensáveis à construção de uma Sociedade livre, justa e solidária; à garantia do desenvolvimento nacional; à erradicação da pobreza e da marginalização, bem como à redução das desigualdades sociais e regionais; à promoção do bem de todos, sem preconceitos de origem, raça, sexo, cor, idade e quaisquer outras formas de discriminação.

Na verdade, estes postulados estão dispersos ao longo de todo o Texto Político, consubstanciando-se nos direitos e garantias fundamentais, individuais e coletivos, nos direitos sociais, nos direitos à educação, à saúde, à previdência, etc. Por sua vez, os Poderes Estatais e a própria Sociedade Civil (através da cidadania ou mesmo de representações institucionais dela) estão vinculados a estes indicadores norteadores da República, eis que eles vinculam todos os atos praticados pelos agentes públicos e pela comunidade, no sentido de vê-los comprometidos efetivamente com a implementação daquelas garantias.

Se isto é verdade, quero sustentar que qualquer política pública no Brasil tem como função nuclear a de servir como esfera de intermediação entre o sistema jurídico constitucional (e infraconstitucional) e o mundo da vida Republicano, Democrático e Social que se pretende instituir no país. Em outras palavras, é através de ações estatais absolutamente vinculadas/comprometidas com os indicadores parametrizantes de mínimo existencial previamente delimitados, que vai se tentar diminuir a tensão entre validade e faticidade que envolve o Estado e a Sociedade Constitucional e o Estado e a Sociedade Real no Brasil.[4]

Isto me leva a crer na existência daquilo que vou chamar de *políticas públicas constitucionais vinculantes*, aqui entendidas como aquelas ações que o Texto Político atribui aos Poderes Estatais e à comunidade como um todo como efetivadoras de direitos e garantias fundamentais, e todas as decorrentes delas, haja vista os níveis compartidos de responsabilidades entre as entidades federativas brasileiras e a cidadania envolvendo a matéria. Considerando ainda crer, no particular, não existirem normas constitucionais despossuídas de concreção no sistema jurídico pátrio,[5] resulta claro que a responsabilidade de que estamos falando aqui é, diferenciadamente, pró-ativa dos que têm tal responsabilidade, merecendo imediata implementação.

De outro lado, as ações públicas voltadas à densificação material deste direito de todos

2. Neste sentido v. o texto de Konrad Hesse, *A Força Normativa da Constituição*, p. 39.

3. Desenvolvo este argumento no livro *Estado, Sociedade e Administração Pública: Novos Paradigmas*, 2005.

4. Há uma reflexão bastante interessante sobre as incoerências da operacionalidade do sistema capitalista, notadamente em economias demasiadamente dependentes, em Roberto Mangabeira Unger, *Democracy Realized*, 1998.

5. Direção em que caminha a melhor doutrina constitucional do país, *ex vi* o percuciente trabalho de Lênio Luis Streck, *Jurisdição Constitucional*, 2004.

(saúde) integram um sistema único em todo o país (art. 198, CF/1988), financiado com recursos do orçamento da seguridade social, da União, dos Estados, do Distrito Federal e dos Municípios, bem como de outras fontes.

No âmbito do dever público para alcançar os meios necessários à preservação da saúde, o que temos de ter em conta, a uma, são os critérios utilizados para determinar quem efetivamente necessita do auxílio do Estado para prover suas demandas a este título e quem não precisa, o que de plano se sabe não existir ao menos em *numerus clausulus*, porque impossível a matematização desta questão em face de sua natureza complexa e mutável. A duas, quem é responsável por tal mister. Assim é que cada caso envolvendo prestação de saúde pública submetido ao Estado é merecedor de uma apreciação e ponderação em face de, no mínimo, duas variáveis necessárias: (a) a variável normativa-constitucional e infraconstitucional, enquanto direito fundamental assegurado à sociedade brasileira; (b) a variável responsabilidade institucional e familiar dispostas na estrutura normativa constitucional e infraconstitucional brasileira.

Daí porque aferir, primeiro, a natureza axiológico-constitucional do mandamento normativo sob comento, tendo ciência que ele se dirige a toda a comunidade, e não uma parcela dela (os mais doentes, ou somente aqueles que possuem enfermidades letais, ou somente os que necessitam de farmacológicos curativos, etc.). Em segundo, de que forma o sistema jurídico atribui responsabilidades envolvendo esta matéria.

Significa dizer que, quando se fala em saúde pública e em mecanismos e instrumentos de atendê-la, mister é que se visualize a demanda social e universal existente, não somente a contingencial submetida à aferição administrativa ou jurisdicional, isto porque, atendendo-se somente aqueles que acorrem de pronto ao Poder Público (Executivo ou Judicial), pode-se correr o risco de esvaziar a possibilidade de atendimento de todos aqueles que ainda não tomaram a iniciativa de procurar o socorro público, por absoluta falta de recursos para fazê-lo.[6]

Se a Administração Pública não construiu critérios razoáveis e ponderados para escalonar minimamente o atendimento cada vez mais massivo de perquirições envolvendo o oferecimento de medicamentos, internações hospitalares, tratamentos médico-ambulatoriais e cirurgias à população carente, então isto deverá ser feito na esfera da judicialização do debate, ao menos naqueles casos em que a periclitação da vida é tal que se impõe esta intervenção, pois, caso contrário, a satisfação de um problema imediato poderá inviabilizar centenas de outros tão importantes e legítimos quanto este, haja vista que os recursos financeiros e materiais para tanto, é inexorável, são finitos – e ainda sem falar dos demais responsáveis por tal mister.

Para tal raciocínio, estou a utilizar aqui o que Konrad Hesse chama de *princípio da concordância prática ou da harmonização*, o qual impõe ao intérprete do sistema jurídico que os bens constitucionalmente protegidos, em caso de conflito ou concorrência, devem ser tratados de maneira que a afirmação de um não implique o sacrifício do outro, o que só se alcança na aplicação ou na prática do texto.[7] Tal princípio parte exatamente da noção de que não há diferença hierárquica ou de valor entre os bens constitucionais; destarte, o resultado do ato interpretativo não pode ser o sacrifício

6. Além disto, é preciso lembrar que "the Courts are not well positioned to oversee the tricky process of efficient resource allocation conducted, with more or less skill, by executive agencies, nor are they readily able to rectify past misallocations. Judges do not have the proper training to perform such functions and they necessarily operate with inadequate and biased sources of information" (T. Alexander Aleinikoff, "Constitutional Law in the Age of Balancing", *Yale Law Journal* 96/982, 1987).

7. Konrad Hesse, *A Força Normativa da Constituição*, p. 119. Fala o autor, aqui e na verdade, da tese de que, na interpretação constitucional, deve-se dar primazia às soluções ou pontos de vista que, levando em conta os limites e pressupostos do texto constitucional, possibilitem a atualização de suas normas, garantindo-lhes eficácia e permanência constante.

total de uns em detrimento dos outros. Deve-se, na interpretação, procurar uma harmonização ou concordância prática entre os bens constitucionalmente tutelados.

Numa perspectiva integrada do sistema jurídico, estou a dizer, ainda com Hesse, que na resolução dos problemas jurídico-constitucionais, deve-se dar prioridade às interpretações ou pontos de vista que favoreçam a integração política e social e possibilitem o reforço da unidade política, porquanto essas são as finalidades precípuas da Constituição.

A partir de tais considerações é que a matéria vertente precisa ser enfrentada, ponderando os bens jurídicos que estão em jogo e que demandam abordagem à solução do caso: o bem jurídico vida do cidadão, envolvendo a moléstia de que está acoimado, correlato ao dever do Estado e da família para com a saúde pública; o bem jurídico saúde pública de toda a Sociedade para com quem este mesmo Estado possui o dever de tutela.

Há que se estabelecer, aqui, um juízo de ponderação destes bens, valores, interesses e competências, para se chegar a alguma conclusão. Para tanto, pretendo me valer de critérios constitucionalmente consagrados para a delimitação dos índices de fundamentalidade desses direitos, a saber, os que densificam o princípio da proporcionalidade dentre eles.

Na dicção de Robert Alexy, o *princípio da proporcionalidade* desdobra-se em três aspectos fundamentais: (a) *adequação*; (b) *necessidade* (ou *exigibilidade*); (c) *proporcionalidade em sentido estrito*. A *adequação* significa que o intérprete deve identificar o meio adequado para a consecução dos objetivos pretendidos. A *necessidade* (ou exigibilidade) significa que o meio escolhido não deve exceder os limites indispensáveis à conservação dos fins desejados. A *proporcionalidade em sentido estrito* significa que o meio escolhido, no caso específico, deve se mostrar como o mais vantajoso para a promoção do conjunto de valores, bens e interesses em jogo.[8]

A partir de tais elementos de interpretação dos possíveis sentidos e significados do direito à saúde no Brasil, mister é que se perquira se efetivamente é o Estado o único garantidor/concretizante destas prerrogativas.

É preciso, para tanto, chamar à colação aqui a Teoria da Constituição, para que se possa compreender, por óbvio, que a partir de uma eleita matriz teórica fundante, o que implica reconhecer o Direito à Saúde como direito fundamental no sistema jurídico brasileiro. Neste ponto quero afirmar, com Alexy, que tal direito se apresenta com posição de tal modo importante que a sua garantia ou não garantia não pode ser deixada à simples maioria parlamentar contingencial.[9] Ademais disto, afigura-se também como uma *posição jurídico-prestacional*, já que envolve ações concretas para viabilizar o acesso e a concretização de seus comandos normativos.

Todavia, na dicção de Canotilho, é preciso sobre tais direitos nos dar conta de que: "Acresce que o facto de se reconhecer um direito à vida como direito positivo a prestações existenciais mínimas, tendo como destinatário os poderes públicos, não significa impor *como* o Estado deve, *prima facie*, densificar este direito. Diferente do que acontece no direito à vida na sua dimensão negativa – não matar –, e na sua dimensão positiva – impedir de matar –, aqui, na segunda dimensão, positiva, existe um relativo *espaço de discricionariedade* do legislador (dos poderes públicos) quanto à escolha do meio (ou meios) para tornar efectivo

8. Robert Alexy, *Teoría de los Derechos Fundamentales*, p. 126. Mais adiante, o autor alemão vai fazer questão de frisar que há algumas circunstâncias fáticas que devem informar as possibilidades das ações estatais prestacionais em nível de direitos sociais, como o da saúde, a saber: quando imprescindíveis ao princípio da liberdade fática (*lato sensu* entendida); quando o princípio da separação dos Poderes, bem como outros princípios atinentes aos direitos fundamentais de terceiros forem atingidos de forma relativamente diminuta (ob. cit., p. 469). V. tb., o excelente trabalho de Ana Paula de Barcellos, *Ponderação, Racionalidade e Atividade Jurisdicional*, 2005. Da mesma forma, v. o conjunto de artigos postos no livro Luis Roberto Barroso, *A Nova Interpretação Constitucional*, 2003.

9. Idem, pp. 406 e ss.

o direito à vida na sua dimensão existencial mínima".[10]

Adverte o autor português, com acerto, que aquele espaço de discricionariedade não é, todavia, total, haja vista que existem *determinantes constitucionais heterônomas* que estão a vincular os poderes instituídos (como a dignidade da vida humana, por exemplo).

De qualquer sorte, quero sustentar que o Direito à Saúde, enquanto direito fundamental constitucionalizado, dever do Estado, em primeiro plano, que é a todos garantido, configura-se como verdadeiro direito subjetivo, outorgando fundamento para justificar o direito a prestações, mas que não tem obrigatoriedade como resultado de uma decisão individual.[11] Diz-se direito subjetivo *prima facie* pelo fato de que, conforme ainda Canotilho, não é possível resolvê-lo em termos de tudo ou nada,[12] e também pelo fato de constituírem, numa certa medida e na dicção de Dworkin, direitos abstratos, isto porque representam: "Finalidades políticas generales cuyo enunciado no indica de qué manera se ha de comparar el peso de esa finalidad general con el de otras finalidades políticas, en determinadas circunstancias, o qué compromisos se han de establecer entre ellas. Los grandes derechos de la retórica política son abstractos en este sentido. Los políticos hablan de derecho a la libertad de expresión, a la dignidad o a la igualdad, sin dar a entender que tales derechos sean absolutos, y sin aludir tampoco a su incidencia sobre determinadas situaciones sociales complejas".[13]

E por que não se pode resolver tal matéria em termos de tudo ou nada? Pelo fato de que ela envolve um outro universo de variáveis múltiplas e complexas, a saber: disponibilidade de recursos financeiros alocados preventivamente, políticas públicas integradas em planos plurianuais e em diretrizes orçamentárias, medidas legislativas ordenadoras das receitas e despesas públicas, etc. Todas estes condicionantes, por sua vez, encontram-se dispersos em diferentes atores institucionais, com competências e autonomias reguladas também pela Constituição.

Decorre daqui a tese de que a garantia de um padrão mínimo de segurança social não pode afetar de forma substancial outros princípios ou interesses constitucionais igualmente relevantes, assim que, somente quando

10. José Joaquim Gomes Canotilho, *Estudos sobre Direitos Fundamentais*, p. 58.

11. Nossos Tribunais ainda não conseguiram uniformidade sobre tal percepção do Direito à Saúde, todavia, o STF já teve oportunidade de afirmar que se trata este direito de direito público subjetivo, não podendo ser reduzido à promessa constitucional inconseqüente – Agravo Regimental no RE 271.286-8-RS. De igual sorte a decisão do STJ que asseverou que os direitos fundamentais à vida e à saúde são direitos subjetivos inalienáveis, constitucionalmente consagrados, cujo primado, em um Estado Democrático de Direito como o nosso, que reserva especial proteção à dignidade da pessoa humana, há de superar quaisquer espécies de restrições legais – REsp 836.913-RS; REsp 2006/0067408-0, 1ª T., Rel. Ministro Luiz Fux, j. 8.5.2007, *DJ* 31.5.2007, p. 371.

12. Aduz Canotilho que: "A questão da reserva do possível (*Vorbehalt des Möglichen*), da ponderação necessária a efectuar pelos poderes públicos (*Abwägung*) relativamente ao modo como garantir, com efectividade, esse direito (optimização das capacidades existentes, alargamento da capacidade, subvenções a estabelecimentos alternativos) conduz-nos a um tipo de direito *prima facie* a que corresponde, por parte dos poderes públicos, um dever *prima facie*" (ob. cit., p. 66). V., neste sentido, a reflexão de Ingo Sarlet, *Eficácia dos Direitos Fundamentais*, notadamente na p. 304, em que o autor sustenta estar esta reserva do possível parametrizada por três variáveis, a saber: (a) dizendo com a efetiva disponibilidade fática dos recursos à efetivação dos direitos fundamentais; (b) dizendo com a disponibilidade jurídica dos recursos materiais e humanos, que guarda íntima conexão à distribuição das receitas e competências federativas (tributárias, orçamentárias, legislativas e administrativas); (c) dizendo com a proporcionalidade da prestação, em especial no tocante à sua exigibilidade e razoabilidade.

13. Ronald Dworkin, *Tomando los Derechos en Serio*, p. 162. Denomina o autor de direitos concretos: "son finalidades políticas definidas con mayor precisión de manera que expresan más claramente el peso que tienen contra otras finalidades en determinadas ocasiones". Num texto mais recente (Ronald Dworkin, *Justice in Robes*, 2006), o autor americano ratifica esta sua assertiva.

a garantia material do padrão mínimo em direito social (previamente delimitada como prioritária em termos de sociedade) estiver efetivamente sendo ameaçada no caso concreto, é que se poderá levar a cabo uma necessária ponderação de interesses em face da potencial restrição de bens jurídicos – fundamentais ou não – colidentes com tais demandas ou pretensões. Caso contrário, dever-se-á buscar a plena integração mantenedora da incolumidade normativa e concretização de todos os bens jurídicos tuteladas pelo sistema jurídico.[14]

Ocorre que, como referiu o Superior Tribunal de Justiça no Brasil, a realização dos direitos econômicos, sociais e culturais – além de caracterizar-se pela gradualidade de seu processo de concretização – depende, em grande medida, de um inescapável vínculo financeiro subordinado às possibilidades orçamentárias do Estado, *de tal modo que, comprovada, objetivamente, a incapacidade econômico-financeira da pessoa estatal, desta não se poderá razoavelmente exigir, considerada a limitação material referida, a imediata efetivação do comando fundado no texto da Carta Política.*[15]

É por esta razão que doutrinadores como Ingo Sarlet são incisivos ao afirmar que o Estado dispõe apenas de limitada capacidade de dispor sobre o objeto das prestações reconhecidas pelas normas definidoras de direitos fundamentais sociais, de tal sorte que a questão da limitação dos recursos constitui um certo limite fático à efetivação desses direitos. De outro lado, o Estado também deve ter a capacidade de dispor destes recursos para o cumprimento daqueles direitos.[16]

O problema é que, historicamente, no Brasil, até em face das particularidades de exclusão social, miserabilidade e fragilização de sua cidadania, o Estado fora chamando para si, de forma concentrada, um universo de atribuições com caráter protecionista, paternalista e assistencialista, promovendo ações públicas de sobrevivência social no âmbito notadamente da saúde, com poucas políticas preventivas, educativas e de co-gestão com a sociedade dos desafios daqui decorrentes, induzindo a comunidade a uma postura letárgica e de simples consumidora do que lhe era graciosamente presenteado, sem nenhuma reserva crítica ou constitutiva de alternativas das mazelas pelas quais passava e ainda vive.

O cenário hoje é, todavia, diferente, a uma, pelos níveis de inclusão social construídos no país nos últimos 15 (quinze) anos, propiciando cenários materiais e formais de

14. V. o texto de Ingo Sarlet, *Eficácia dos Direitos Fundamentais*, ob. cit., p. 371, oportunidade em que adverte acertadamente o autor que, "com isso, traçou-se um claro limite ao reconhecimento de direitos originários a prestações sociais, de tal sorte que, mesmo em se tratando da garantia de um padrão mínimo (no qual a perda absoluta da funcionalidade do direito fundamental está em jogo), o sacrifício de outros direitos não parece ser tolerável".

15. É bem verdade que, nesta mesma decisão, manifestou-se o STJ no sentido de reconhecer que "não se mostrará lícito, no entanto, ao Poder Público, em tal hipótese – mediante indevida manipulação de sua atividade financeira e/ou político-administrativa – criar obstáculo artificial que revele o ilegítimo, arbitrário e censurável propósito de fraudar, de frustrar e de inviabilizar o estabelecimento e a preservação, em favor da pessoa e dos cidadãos, de condições materiais mínimas de existência. Cumpre advertir, desse modo, que a cláusula da 'reserva do possível' – ressalvada a ocorrência de justo motivo objetivamente aferível – não pode ser invocada, pelo Estado, com a finalidade de exonerar-se do cumprimento de suas obrigações constitucionais, notadamente quando, dessa conduta governamental negativa, puder resultar nulificação ou, até mesmo, aniquilação de direitos constitucionais impregnados de um sentido de essencial fundamentalidade" (REsp 811.608-RS; REsp 2006/0012352-8, 1ª T., rel. Ministro Luis Fux, j. 15.5.2007, *DJ* 4.6.2007, p. 314).

16. Ingo Sarlet, *Eficácia dos Direitos Fundamentais*, ob. cit., p. 303. Mais tarde, vai afirmar Ingo que: "o que a Constituição assegura é que todos tenham, em princípio, as mesmas condições de acessar o sistema público de saúde, mas não que qualquer pessoa, em qualquer circunstância, tenha um direito subjetivo definitivo a qualquer prestação oferecida pelo Estado ou mesmo a qualquer prestação que envolva a proteção de sua saúde" (p. 347 – da mesma forma na p. 376). Na mesma direção v. o texto de Brian Boynton, *Democracy and Distrust after Twenty Years: Ely's Process Theory and Constitutional Law from 1990 to 2000*, pp. 51 e ss.

maior participação da cidadania na gestão de seu cotidiano; a duas, em face do processo descentralizador da governança institucional que nestes últimos tempos vem ocorrendo, ensejando a abertura gradativa dos poderes instituídos e da administração pública dos interesses coletivos.[17]

Mesmo em tal quadro, a relação Estado *x* Sociedade é ainda marcado significativamente por graus de dependência hierárquica e alienada da segunda para com o primeiro, provocando o que Canotilho chama de *introversão estatal da socialidade*, ou seja: "1. os direitos sociais implicam o dever de o Estado fornecer as prestações correlativas ao objeto destes direitos; 2. os direitos sociais postulam esquemas de unilateralidade, sendo que o Estado garante e paga determinadas prestações a alguns cidadãos; 3. os direitos sociais eliminam a reciprocidade, ou seja, o esquema de troca entre os cidadãos que pagam e os cidadãos que recebem, pois a mediação estatal dissolve na burocracia prestacional a visibilidade dos actores e a eventual reciprocidade da troca".[18]

Sustenta o autor, e com ele concordo, que é tempo já de se descobrir os contornos da reciprocidade concreta e do balanceamento dos direitos sociais, até porque tais direitos envolvem patrimônio de todos quando de sua operacionalidade e concreção, e já que a todos são dirigidos tais prerrogativas, deve-se perquirir sobre a quota parte de cada um neste mister, sob pena de constituirmos o que o jurista lusitano denomina de uma *aproximação absolutista ao significado jurídico dos direitos sociais*, ou seja, confiar na simples interpretação de normas consagradoras de direitos sociais para, através de procedimentos hermenêuticos, deduzir a afetividade dos mesmos direitos, produzindo resultados pouco razoáveis e racionais.

Quero dizer que é preciso levar em conta que todo e qualquer exercício de direito social como a saúde, em tese, custa dinheiro – e não é pouco em nenhuma parte do mundo. Assim é que Peter Häberle, na primeira metade da década de 1970, já formulava a idéia da reserva das caixas financeiras para o atendimento de direitos sociais prestacionais, para exatamente evidenciar o fato de que estes direitos estão também vinculados às reservas financeiras do Estado, na medida em que devessem ser custeados pelo Erário.[19]

É claro que o simples argumento da escassez de recursos dos cofres públicos não pode autorizar o esvaziamento de direitos fundamentais, muito menos os relacionados à saúde, eis que diretamente impactantes em face da vida humana e sua dignidade mínima,

17. Trato disto em meu livro *Estado, Administração Pública e Sociedade: Novos Paradigmas*, 2007. Talvez se possa dizer que, em verdade, é toda uma concepção de Estado que entra em mutação a partir daquele período histórico, caracterizado por seus matizes mais sociais e compromissados com o restabelecimento de equilíbrios necessários em face das diferenças gritantes e desestabilizadoras de uma ordem mínima de civilidade. Isto não implica um único modelo de Estado Social, mas vários, eis que se formam ora com viés mais paternalista e assistencialista (tal qual o modelo de Estado getulista no Brasil), ora com feições mais curativas e compensatórias (tal qual o *Welfare State* e o *L'État d'Providence*), ora com natureza de classe social (tal qual o Estado Soviético). V., tb., o texto *O Estado-Juiz na Democracia Contemporânea: uma Perspectiva Procedimentalista* (de Rogério Gesta Leal, 2007), e também o texto de Armando Mantinni Sandulli, *Stato di Diritto e Stato Sociale*, 2004.

18. José Joaquim Gomes Canotilho, *Estudos sobre Direitos Fundamentais*, ob. cit., p. 102.

19. Peter Häberle, "Grunderecht im Leistungsstaat", in *VVDSTRL*, 30 (1972). Neste ponto concorda Canotilho, quando assevera que: "Parece inequívoco que a realização dos direitos econômicos, sociais e culturais se caracteriza: (1) pela gradualidade da realização; (2) pela dependência financeira relativamente ao orçamento do Estado; (3) pela tendencial liberdade de conformação do legislador quanto às políticas de realização destes direitos; (4) pela insusceptibilidade de controlo jurisdicional dos programas político-legislativos a não ser quando se manifestem em clara contradição com as normas constitucionais, ou transportem dimensões manifestamente desrazoáveis. Reconhecer estes aspectos não significa a aceitação acrítica de alguns dogmas contra os direitos sociais" (ob. cit., p. 108). V. o texto de Flávio Galdino, *Introdução à Teoria dos Custos dos Direitos: Direitos Não Nascem em Árvores*, 2005.

e por isto estarão sujeitos ao controle jurisdicional para fins de se aferir a razoabilidade dos comportamentos institucionais neste sentido, devendo inclusive ser aprimorados os parâmetros, variáveis, fundamentos e a própria dosimetria concretizante do direito em xeque.

Não se afigura simples, pois, trazer-se à colação argumentos do tipo *princípio da não reversibilidade das prestações sociais*, ou o *princípio da proibição da evolução reacionária*, como fórmulas retóricas e mágicas para poder garantir, a qualquer preço – que nem se sabe o qual –, tudo o que for postulado por segmentos da comunidade (indivíduos) em termos de saúde, pelo simples fato de que o Estado está obrigado a tanto, isto porque *o desafio da bancarrota da previdência social, o desemprego duradouro, parecem apontar para a insustentabilidade do princípio da não reversibilidade social.*[20]

É verdade que este estado de coisas tem como um dos fundamentos o fato de que o catálogo de diretos econômicos, sociais e culturais, forjado nos dois pós-guerras do século XX, compromissados com a reconstrução do próprio tecido social, elevou à máxima exaustão as expectativas de poder e ação dos poderes instituídos em prol de tais demandas, acreditando que poderiam dar concreção a tudo isto sozinhos, causando o que Arthur chama de *vitimização do Estado por seu próprio sucesso.*[21]

Todas estas crises identificadas, ainda no plano do diagnóstico, não me fazem propugnar pela descrença total no Estado como espaço público de gestão de interesses coletivos, mas, tão-somente, no Estado instituição tradicional, concebido a partir e exclusivamente de seu *locus* insulado e tecno-burocrático de fala oficial, unilateral e arbitrariamente imposto a uma cidadania ainda mais expectadora dos acontecimentos.

Mas então, qual a saída para um cenário como este em que as forças prestacionais do Estado de Bem-Estar se esmorecem em face de crises globais de recursos naturais e econômicos (ora concentrados demasiadamente, ora fragilizados demasiadamente)?

Concordando com Sunstein, tenho que "the mainly issues here involve the matter of the competence limits of the State in front off the rights, and if that State could involve itself in privates relations, as well as which the limits of that State performance",[22] e tais questões precisar ser bem apreendidas, sob pena de se inviabilizar de vez quaisquer políticas públicas de gerenciamento de demandas sociais coletivas.

III – Possibilidades de compartilhamento familiar do dever de sustento à saúde

No momento em que a Constituição Federal de 1988 dispõe, em seu art. 196, que a saúde é direito de todos e dever do Estado,

20. José Joaquim Gomes Canotilho, *Estudos sobre Direitos Fundamentais*, ob. cit., p. 112. V. no Brasil, uma boa abordagem do tema em Felipe Derbli, "Proibição de Retrocesso Social: uma Proposta de Sistematização à Luz da Constituição de 1988", in *A Reconstrução Democrática do Direito Público no Brasil*, pp. 433 e ss.

21. John Arthur, *The Unfinished Constitution: Philosophy and Constitutional Practice*, pp. 118 e ss. Com base nesta crítica, adverte o autor que uma cidadania social se conquista não através da estatização da socialidade, mas através da civilização da política (*a social citizenship is not conquered through the nationalization of the sociality, but through the civilization of the politics*). Ao lado disto, para não conhecer de sua ineficiência ou fracasso, o Estado prefere, em algumas oportunidades, negar a existência de inúmeras tensões sociais que se avolumam sem respostas satisfativas, ou ainda, lançá-las à clandestinidade ou ilicitude, tratando-as como anomalias comportamentais que precisam ser severamente coagidas, tais como os movimentos dos sem-terra, dos sem-teto, a questão dos parcelamentos clandestinos do solo urbano, a violência generalizada, a prostituição, o narcotráfico, etc.

22. C. Sunstein e S. Holmes, *The Cost of Rights: Why Liberties Depends on Taxes*, p. 90. V., igualmente, o texto de Oren Ben-Dor, *Constitutional Limits and the Public Sphere*, em especial a partir da p. 95 (*The Role of the People in Determining Constitutional Limits*).

garantindo mediante políticas sociais e econômicas que visem à redução do risco de doença e de outros agravos e ao acesso universal e igualitário às ações e serviços para sua promoção, proteção e recuperação, não há como negar que tal dever é relacional e condicionado a garantia de acesso universal e igualitário (a todos) das ações consectárias nesta direção. Isto significa, salvo melhor juízo, que qualquer política pública, ou ação preventiva e curativa, necessitam levar em conta a demanda global que envolve tais interesses, sob pena de atender uns e desatender muitos.

Daí que proponho uma leitura mais integrada deste dever estatal para com o universo que ele alcança, ou seja, direito social da população como um todo que envolve, inclusive, co-responsabilidades societais importantes (constitucionais e infraconstitucionais). Estou falando, por exemplo: (a) do dever da família (da Sociedade e do Estado) em assegurar à criança e ao adolescente, com absoluta prioridade, o direito à vida, *à saúde*, à alimentação, à educação, ao lazer, à profissionalização, à cultura, a dignidade, ao respeito, à liberdade e à convivência familiar e comunitária, além de colocá-los a salvo de toda a forma de negligência, discriminação, exploração, violência, crueldade e opressão;[23] (b) os pais têm o dever de assistir, criar e educar os filhos menores, e os filhos maiores têm o dever de ajudar e amparar os pais na velhice, *carência ou enfermidade*;[24] (c) a família (a Sociedade e o Estado) tem o dever de amparar as pessoas idosas, assegurando sua participação na comunidade, defendendo sua dignidade e bem-estar e garantindo-lhes o *direito à vida*.[25]

Com tal perspectiva já se pôde asseverar que a prestação alimentar não deva subsistir até os 21 anos, mas estender-se, com base no princípio da solidariedade familiar, além da maioridade.[26] Como o novo Código Civil brasileiro reduziu para dezoito anos o começo da maioridade, com maior razão este entendimento se justifica.[27]

Mesmo no plano da infraconstitucionalidade, temos como deveres familiares (notadamente entre os cônjuges), dentre outros, a mútua assistência e o sustento dos filhos, sendo que eles são obrigados a concorrer, na proporção de seus bens e dos rendimentos do trabalho, para o sustento da família e a educação dos filhos, qualquer que seja o regime patrimonial.[28] Ao lado disto, ainda é de se ressaltar que podem os parentes, os cônjuges ou companheiros, pedir uns aos outros os alimentos de que necessitem para viver de modo compatível com a sua condição social, nos termos do art. 1.694, do novo Código Civil brasileiro.[29] Veja-se que, quando faltam neste dever, os familiares podem ser enquadrados inclusive nas disposições do art. 244, do Código Penal, que disciplina:

23. Art. 227, da CF/1988.

24. Art. 229, da CF/1988.

25. Art. 230, da CF/1988.

26. In *RT* 698/156, 727/262.

27. Neste sentido, v. o texto de Luiz Felipe Brasil Santos, "Os Alimentos no Novo Código Civil", *Revista Brasileira de Direito de Família* 16/12. Neste texto, o autor lembra que "a extensão e a característica da reciprocidade da obrigação alimentar encontram-se previstas nos arts. 1.696 e 1.697, que repetem, *ipsis litteris*, o que já dispunham os arts. 397 e 398, do Código de 1916. Assim, a obrigação alimentar, pela ordem, fica limitada, em primeiro lugar, aos ascendentes, depois aos descendentes e, por fim, aos irmãos, assim germanos como unilaterais (art. 1.697). Observe-se que na linha reta, seja ascendente ou descendente, não há limitação de grau, ao passo que na colateral resta limitada ao grau mais próximo (irmão). Em cada linha, sempre os mais próximos em grau devem ser chamados em primeiro lugar, sendo a obrigação alimentar dos parentes mais remotos subsidiária e complementar. Isto é, vem depois da dos mais próximos e limita-se a completar o valor que por estes possa ser prestado".

28. Consoante as disposições dos arts. 1.566 e 1.568, ambos do novo Código Civil brasileiro. V. o texto de José Lamartine Oliveira e Francisco José Ferreira Muniz, *Direito de Família (Direito Matrimonial)*, 1990.

29. Uma discussão mais ampla desta perspectiva pode ser encontrada em: Silvio de Salvo Venosa, *Direito Civil: Direito de Família*, p. 365; Silvio Rodrigues, *Direito Civil*, vol. 6, p. 427; Carlos Roberto Gonçalves, *Direito Civil: Direito de Família*, vol. 2, p. 139.

> Deixar, sem justa causa, de prover a subsistência do cônjuge, ou de filho menor de 18 (dezoito) anos ou inapto para o trabalho, ou de ascendente inválido ou maior de 60 (sessenta) anos, não lhes proporcionando os recursos necessários ou faltando ao pagamento de pensão alimentícia judicialmente acordada, fixada ou majorada; deixar, sem justa causa, de socorrer descendente ou ascendente, gravemente enfermo.[30]

Mesmo nas situações em que as famílias se desconstituem, fenômeno acelerado em nossa época, a legislação infraconstitucional confirma o disposto no Texto Político de 1988, ao assegurar que o cônjuge responsável pela separação judicial prestará ao outro, se dela necessitar, a pensão que o juiz fixar, sendo que para manutenção dos filhos, os cônjuges, separados judicialmente, contribuirão na proporção de seus recursos. Para assegurar o pagamento da pensão alimentícia, o juiz poderá ainda determinar a constituição de garantia real ou fidejussória, ou mesmo que a pensão consista no usufruto de determinados bens do cônjuge devedor. Ainda, a obrigação de prestar alimentos transmite-se aos herdeiros do devedor.[31]

Dentre outras questões que poderiam causar espécie nesta reflexão é a que diz com a ampliação cada vez maior do conceito de obrigação alimentar e seus liames de responsabilidade parental.

De certa forma a doutrina e jurisprudência brasileiras têm operado muito bem na direção de demarcar um conceito de alimentos conforme à Constituição, ou seja, atenta para o fato de que *o direito a alimentos deve corresponder não somente ao indispensável para a subsistência, mas também ao que for necessário para o alimentando viver de modo compatível com sua condição social.*[32]

Mesmo na processualística a definição dos contornos conceituais de alimentos vem sofrendo profunda ampliação, exatamente para cumprir com que designa a norma civil (art. 1.694, e ss., do NCCB), no sentido de que sejam fixados na proporção das necessidades do reclamante e dos recursos da pessoa obrigada, conforme disciplina Talamini: "O sentido constitucional de 'alimentos', portanto, vai necessariamente além do direito de família: abrange indenizações, pensões, salários e outras verbas – desde que essencialmente destinadas ao sustento do titular do crédito".[33]

Por esta razão é que o Tribunal de Justiça do Estado do Rio Grande do Sul já teve oportunidade de asseverar que *deve a obrigação alimentar ser fixada de modo a incluir, também, valores gastos pela alimentada com saúde, não se mostrando possível a escolha do plano de saúde que será pago pelo alimentante, bem como devendo ser retirada a condenação do alimentante ao pagamento de multa pela sua não inclusão em referido plano.*[34]

Nos termos da responsabilidade dos avós paternos ou maternos, a jurisprudência é itera-

30. Redação dada pela Lei n. 10.741, de 1.10.2003, *DOU* 3.10.2003, com efeitos a partir de 90 dias da publicação. A pena prevista aqui é detenção, de 1 (um) a 4 (quatro) anos, e multa, de uma a dez vezes o maior salário mínimo vigente no País, consoante a redação dada pela Lei n. 5.478, de 25.7.1968.

31. Consoante disposições dos arts. 19, 20, 21 e 23, da Lei n. 6.515/1977.

32. TJPE, AgRg 93939-5/01, Rel. Desembargador Leopoldo de Arruda Raposo, *DJPE* 29.10.2003. Na mesma direção os trabalhos clássicos de Luiz da Cunha Gonçalves, *Princípios de Direito Civil Luso-Brasileiro*, São Paulo, Max Limonad, 1951, p. 1.287; Guilhermo A. Borda, *Manual de Derecho de Família*, Buenos Aires, Abeledo-Perrot, 2002, p. 403. De igual forma as decisões jurisprudenciais antigas e recentes no país: STF, 2ª T., RE 102.877, Rel. Ministro Djaci Falcão, j. 14.9.1984; STJ, 4ª T., REsp 184.807-SP, Rel. Ministro Barros Monteiro, j. 24.9.2001.

33. Eduardo Talamini, "Prisão Civil e Penal e 'Execução Indireta' – A Garantia do Art. 5º, LXVII, da Constituição Federal", *Revista de Processo* 23(92)37-51. Nesta direção reforça Fabiana Marion Spengler (*Alimentos – Da Ação à Execução*, Porto Alegre, Livraria do Advogado, 2002), que quando se discute a verba alimentar, é sempre imprescindível atentar para o fato de que não se trata de uma obrigação simples, mas uma obrigação com peculiaridades, pois diz respeito à manutenção do ser humano.

34. TJRS, 8ª CCív, ACi 70007665268, Rel. Antônio Carlos Stangler Pereira, j. 20.5.2004.

tiva no sentido de que a obrigação alimentar (art. 1.696, do CCB), somente se justifica se restar comprovado que os genitores não possuem condições financeiras de suprir as necessidades do alimentando, dada a natureza subsidiária e complementar de tal obrigação. Vale dizer, o ordenamento jurídico pátrio impõe aos parentes o encargo alimentar de forma supletiva, uma vez esgotada a possibilidade dos principais obrigados em prestá-los.

Para facilitar o cumprimento de tais obrigações alimentares, o Código Civil brasileiro de 2002, reitera o princípio da divisibilidade da obrigação alimentar, carreando a cada devedor, de mesmo grau de parentesco, a responsabilidade pelo pagamento de sua quota-parte da dívida, que será fixada previamente, segundo as suas possibilidades financeiras (art. 1.698).

Sequer a maioridade do alimentando, repito, tem sido razão de afastamento do dever alimentar, eis que "O instituto dos alimentos entre parentes compreende a prestação do que é necessário à educação independentemente da condição de menoridade, como princípio de solidariedade familiar. Pacificou-se na jurisprudência o princípio de que a cessação da menoridade não é causa excludente do dever alimentar. Com a maioridade, embora cesse o dever de sustento dos pais para com os filhos, pela extinção do poder familiar (art. 1.635, III), persiste a obrigação alimentar se comprovado que os filhos não têm meios próprios de subsistência e necessitam de recursos para a educação".[35]

Em face disto, se se toma que o dever alimentar não é solidário, mas divisível, em caso de ação judicial para concretizá-lo, a ação deve, em tese, ser proposta contra todos os co-responsáveis, visando, com isso, a delimitar a parcela de responsabilidade de cada qual na dívida. Diz a doutrina especializada que, em tese, a ação deverá ser ajuizada contra todos os co-responsáveis pela obrigação alimentar, porque, do contexto extraído do art. 1.698, este suposto dever é, na realidade, uma faculdade do credor de alimentos.[36]

Está-se falando, em verdade, também do dever de solidariedade que a Constituição brasileira de 1988 impõe a estas relações, chamando à responsabilidade de cada qual para que contribuam na constituição de uma sociedade justa e democrática, condição de possibilidade de uma República e Estado de Direito.

Impõe-se, agora, a volta ao tema da natureza constitucional dos deveres da família para com seus pares, em especial no âmbito da saúde, objeto desta abordagem, em especial no que tange à Constituição Estadual do Rio Grande do Sul de 1989, no seu art. 241, que dispõe sobre a saúde em seu território, a partir, por certo, da dicção da Constituição Federal de 1988, asseverando que:

> Art. 241. A saúde é direito de *todos* e dever do Estado e do Município, através de sua promoção, proteção e recuperação.
>
> Parágrafo único. O dever do Estado, garantido por adequada política social e econômica, *não exclui o do indivíduo, da família e de instituições e empresas que produzam riscos ou danos à saúde do indivíduo ou da coletividade.*

O Estado do Rio Grande do Sul introduziu em sua Constituição a participação do indivíduo e de sua família no custeio da saúde pública, sendo que, com base nestes pressupostos, foi editada a Lei-RS n. 9.908/1993, determinando que o Poder Público estadual deve fornecer medicamentos especiais ou excepcionais aos seus cidadãos, desde que comprovem o seu estado de carência e também de sua família:

> Art. 2º. O beneficiário deverá comprovar a necessidade do uso de medicamentos excepcionais mediante atestado médico.
>
> Parágrafo único. Além do disposto no *caput* deste artigo, o beneficiário deverá comprovar por escrito e de forma

35. Comentário ao art. 1.694, do novo Código Civil, feito por Regina Beatriz Tavares da Silva, in *Novo Código Civil Comentado*, p. 1.503.

36. Belmiro Pedro Welter, *Alimentos no Código Civil*, pp. 240-241.

documentada, os seus rendimentos, bem como os *encargos próprios e de sua família*, de forma que atestem sua *condição de pobre*.

Este parâmetro normativo apresenta-se como condição de possibilidade da prestação de medicamentos excepcionais, mas pode servir para regulamentar o fornecimento de medicamentos normais? E o que distingue um fármaco normal em face de um excepcional?

Penso que a Constituição Estadual do Rio Grande do Sul precisa ser interpretada conforme à Constituição Federal, no sentido de ratificar este sentido solidarístico que chama à responsabilidade a família para contribuir na mantença do sistema republicano e federativo de saúde, dando sua quota-parte, seja ela qual for, na medida de sua possibilidade e diante da necessidade do parente enfermo.

Como se fará isto em nível de demandas judiciais que envolvem a prestação de medicamentos, internações hospitalares, etc.? Por via simétrica – respeitada sempre a urgência e especificidades da matéria – à forma e prova judiciária que instrumentalizam os feitos que envolvem a efetivação de obrigações alimentares, oportunizando e reivindicando a demonstração da necessidade do enfermo e a possibilidade de contribuição para o atendimento da demanda dos seus familiares, tomando aqui como referência os vínculos parentais estatuídos pelo próprio sistema jurídico, a saber: "A extensão e a característica da reciprocidade da obrigação alimentar encontram-se previstas nos arts. 1.696 e 1.697, que repetem, *ipsis litteris*, o que já dispunham os arts. 397 e 398, do Código de 1916. Assim, a obrigação alimentar, pela ordem, fica limitada, em primeiro lugar, aos ascendentes, depois aos descendentes e, por fim, aos irmãos, assim germanos como unilaterais (art. 1.697). Observe-se que na linha reta, seja ascendente ou descendente, não há limitação de grau, ao passo que na colateral resta limitada ao grau mais próximo (irmão). Em cada linha, sempre os mais próximos em grau devem ser chamados em primeiro lugar, sendo a obrigação alimentar dos parentes mais remotos subsidiária e complementar. Isto é, vem depois da dos mais próximos e limita-se a completar o valor que por estes possa ser prestado".[37]

IV – Considerações finais

Com Canotilho, tenho que efetivamente é chegada a hora dos constitucionalistas se darem conta dos limites da jurisdição e reconhecer, com humildade, que a Constituição já não é o lugar do *superdiscurso social*, levando em conta que a eventual colisão de discursos reais de aplicação da Constituição terão de ser supervisionados a partir de colisões de valores ideais (a vida, a segurança, a integridade física, a liberdade, a saúde de todos e não de alguns) que integram o *justo* de uma comunidade bem – ou mal – ordenada.[38]

Assim, o direito à saúde não pode se concretizar, ou pelo menos não se concretiza somente através de uma política constitucional, eis que esta é, *prima facie*, uma projeção imperativa sobre órgãos constitucionais do Estado das contingências de várias esferas da sociedade.

Partindo do pressuposto de Boaventura de Souza Santos,[39] que tanto a Sociedade Democrática como o Estado Democrático só se justificam a partir do reconhecimento de suas naturezas multiformes e abertas, constituindo-se ambos num campo de experimentação política emancipadora, permitindo que diferentes soluções institucionais e não-institucionais coexistam e compitam durante algum tempo, com caráter de experiências-piloto, sujeitas à monitorização permanente de organizações sociais, com vista a proceder a avaliação comparada dos seus desempenhos,[40]

37. Luiz Felipe Brasil Santos, *Os Alimentos no Novo Código Civil*, ob. cit.

38. Idem, p. 129. V., igualmente, o excelente texto de Robert A. Burt, *The Constitution in Conflict*, pp. 81 e ss.

39. Boaventura de Sousa Santos, "Reivindicar a Democracia: entre o Pré-Contratualismo e o Pós-Contratualismo", in *Os Sentidos da Democracia*, p. 126.

40. Criando, p. ex., mecanismos de acompanhamento e avaliação permanente das instituições

tenho que, levando em conta aquelas políticas constitucionais, o envolvimento de toda a comunidade se faz necessário à concreção dos direitos em geral, e do direito prestacional à saúde em especial.

Esta nova forma de um possível Estado e Sociedade democráticos deve se assentar em dois princípios de experimentação laboratorial: "O primeiro é de que o Estado só é genuinamente experimental na medida em que às diferentes soluções institucionais são dadas iguais condições para se desenvolverem segundo a sua lógica própria. Ou seja, o Estado experimental é democrático na medida em que confere igualdade de oportunidades às diferentes propostas de institucionalidade democrática. Só assim a luta democrática se converte verdadeiramente em luta por alternativas democráticas. Só assim é possível lutar democraticamente contra o dogmatismo democrático. Esta experimentação institucional que ocorre no interior do campo democrático não pode deixar de causar alguma instabilidade e incoerência na ação estatal e pela fragmentação estatal que dela eventualmente resulte podem sub-repticiamente gerar-se novas exclusões".[41]

O segundo princípio adotado pelo pensador português, com o qual concordo e aqui quero aplicar, deixa muito clara a importância que o Estado tem ainda na constituição de uma gestão pública compartida do direito à saúde (e dos direitos fundamentais em geral), pois que deve servir de garante não só da igualdade de oportunidades aos diferentes projetos de institucionalidade democrática, mas também garantir padrões mínimos de inclusão, que tornem possível a cidadania ativa participar, monitorar, acompanhar e avaliar o desempenho dos projetos alternativos. Esses padrões mínimos de inclusão são indispensáveis para transformar a instabilidade institucional em campo de deliberação democrática.

Neste ponto está certo Tribe,[42] ao afirmar que "la Costituzione non è uno specchio in cui ognuno vede quello che vuole, né un documento affidato alle sempre mutevoli suelte politiche dei suoi interpreti. È suo compito creare una nazione attraverso le parole e, pertanto, debe godere del più ampio consenso fra i cittadini consociati".

Em face de tudo isto, precisa-se urgentemente encontrar uma forma de contemporizar tão diferentes desafios no âmbito do direito à saúde, partindo do pressuposto de que tal mister incumbe a todos e não somente a alguns.

V – Bibliografia referencial

ALEINIKOFF, T. Alexander. "Constitutional Law in the Age of Balancing", *Yale Law Journal* 96/982, 1987.

ALEXY, Robert. *Teoría de los Derechos Fundamentales*. Madri, Centro de Estudios Constitucionales, 2000 (em port. *Teoria dos Direitos Fundamentais*, trad. de Virgílio Afonso da Silva, São Paulo, Malheiros Editores, 2008).

ALFORD, Robert R., e FRIEDLAND, Roger. *Powers of Theory: Capitalism, the State, and Democracy*. Nova York, Cambridge University Press, 2004.

ARTHUR, John. *The Unfinished Constitution: Philosophy and Constitutional Practice*. Belmont, Wadsworth Publishing Company, 1989.

BARCELLOS, Ana Paula de. *Ponderação, Racionalidade e Atividade Jurisdicional*. Rio de Janeiro, Renovar, 2005.

BARROSO, Luis Roberto. *A Nova Interpretação Constitucional*. Rio de Janeiro, Renovar, 2003.

BEN-DOR, Oren. *Constitutional Limits and the Public Sphere*. Oxford, Hart Publishing, 2007.

BOYNTON, Brian. *Democracy and Distrust after Twenty Years: Ely's Process Theory and Constitutional Law from 1990 to 2000*. Stanford, Stanford University Press, 2005.

BURT, Robert A. *The Constitution in Conflict*. Cambridge, Harvard University Press, 2002.

(Executivo, Judiciário, Legislativo), tanto no âmbito do controle interno (a ser maximizado com estratégias e instrumentos de visibilidade plena de suas ações), como do externo (com conselhos corporativos e populares, mais os tradicionais já existentes).

41. Ob. cit., p. 127.

42. Laurence H. Tribe e Michael C. Dorf, *Leggere la Costituzione*, 2005.

CANOTILHO, José Joaquim Gomes. *Estudos sobre Direitos Fundamentais*. Coimbra, Coimbra Editora, 2004.

DERBLI, Felipe. "Proibição de Retrocesso Social: uma Proposta de Sistematização à Luz da Constituição de 1988", in *A Reconstrução Democrática do Direito Público no Brasil*. Rio de Janeiro, Renovar, 2007.

DWORKIN, Ronald. *Justice in Robes*. Massachusetts, Harvard University Press, 2006.

______. *Tomando los Derechos en Serio*. Barcelona, Ariel, 1989.

FARBER, Daniel A., e FRICKEY, Philip P. *Law and Public Choice: a Critical Introduction*. Chicago, University of Chicago Press, 1991.

GALDINO, Flávio. *Introdução à Teoria dos Custos dos Direitos: Direitos Não Nascem em Árvores*. Rio de Janeiro, Lumen Juris, 2005.

GONÇALVES, Carlos Roberto. *Direito Civil: Direito de Família*. vol. 2, São Paulo, Saraiva, 2002.

HÄBERLE, Peter. "Grundrecht im Leistungstaat", in *VVDSTRL*, 30 (1972).

HESSE, Konrad. *A Força Normativa da Constituição*. Porto Alegre, Fabris, 2001.

LEAL, Rogério Gesta. "A Efetivação do Direito à Saúde – Por uma Jurisdição Serafim: Limites e Possibilidades", in LEAL, Rogério Gesta, e REIS, Jorge Renato dos. *Direitos Sociais e Políticas Públicas: Desafios Contemporâneos*. vol. 6, Santa Cruz do Sul, Edunisc, 2006.

______. *Estado, Administração Pública e Sociedade: Novos Paradigmas*. Porto Alegre, Livraria do Advogado, 2007.

______. *O Estado-Juiz na Democracia Contemporânea: uma Perspectiva Procedimentalista*. Porto Alegre, Livraria do Advogado, 2007.

OLIVEIRA, José Lamartine, e MUNIZ, Francisco José Ferreira. *Direito de Família (Direito Matrimonial)*. Porto Alegre, Sérgio Antônio Fabris, 1990.

RODRIGUES, Silvio. *Direito Civil*. vol. 6, São Paulo, Saraiva, 2002.

SANDULLI, Armando Mantinni. *Stato di Diritto e Stato Sociale*. Nápoles, Giappichelli, 2004.

SANTOS, Boaventura de Sousa. "Reivindicar a Democracia: entre o Pré-Contratualismo e o Pós-Contratrualismo", in *Os Sentidos da Democracia*. Petrópolis, Rio de Janeiro, Vozes, 1999.

SANTOS, Luiz Felipe Brasil. "Os Alimentos no Novo Código Civil", *Revista Brasileira de Direito de Família* 16, jan.-mar./2003.

SARLET, Ingo. *Eficácia dos Direitos Fundamentais*. Porto Alegre, Livraria do Advogado, 2007.

STRECK, Lênio Luis. *Jurisdição Constitucional*. Rio de Janeiro, Forense, 2004.

SUNSTEIN, C., e HOLMES, S. *The Cost of Rights: Why Liberties Depends on Taxes*. Nova York, Macmilann, 2004.

TALAMINI, Eduardo. "Prisão Civil e Penal e 'Execução Indireta' – A Garantia do Art. 5º, LXVII, da Constituição Federal", *Revista de Processo* 23(92)37-51, São Paulo, out.-dez./1998.

TAVARES DA SILVA, Regina Beatriz. In *Novo Código Civil Comentado*. São Paulo, Saraiva, 2002.

TRIBE, Laurence H., e DORF, Michael C. *Leggere la Costituzione*. Roma, Il Mulino, 2005.

UNGER, Roberto Mangabeira. *Democracy Realized*. Nova York, Verso, 1998.

VENOSA, Silvio de Salvo. *Direito Civil: Direito de Família*. São Paulo, Atlas, 2002.

WELTER, Belmiro Pedro. *Alimentos no Código Civil*. São Paulo, Saraiva, 2004.

DOUTRINA

O RESPEITO À DIGNIDADE HUMANA E A EUTANÁSIA. BREVES NOTAS

MARCELO FIGUEIREDO

Advogado e Professor de Direito Constitucional nos Cursos de Graduação e Pós-Graduação da Faculdade de Direito da PUC/SP. É também Diretor desta Faculdade e Presidente da Associação Brasileira de Constitucionalistas Democratas – ABCD, Capítulo brasileiro do *Instituto Ibero-Americano de Derecho Constitucional*, com sede no México. Integra o *Executive Committee* da AIDC – *Association Internacional de Droit Constitutionnel.*

"A prática médica não pode estabelecer como finalidade uma busca de um recorde de sobrevivência o que estaria acima de qualquer outra consideração. Por exemplo, não existe nada mais razoável que afastar uma dolorosa intervenção no paciente ou tratamento, que tem nulas ou poucas possibilidades de favorecer a cura, que não melhora a condição terminal do paciente, mas que pode prolongar em semanas ou meses o processo da morte" (José Miguel Serrano Ruiz-Calderón).

Nosso objetivo com o presente artigo é modesto. Queremos trazer alguns cenários acerca do princípio da dignidade humana e sua inexorável conexão com o tema da eutanásia.

O *respeito à dignidade da pessoa humana*,[1] todos sabemos, aparece hoje como um princípio jurídico de cunho universal. Todo ser humano, independentemente da situação e das circunstâncias em que se encontre, tem direito à dignidade.

Não resta dúvida que contribuiu para essa noção generalizada do respeito à dignidade humana o notável esforço de todos aqueles que defendem os direitos humanos como uma conquista universal estampada em vários e importantes textos como, por exemplo, na Declaração Universal de 1948[2] (desde seu Preâmbulo).

Como bem ressalta Antônio Augusto Cançado Trindade:[3] "Os direitos humanos

1. Sobre a dignidade humana e sua presença nos diversos ordenamentos jurídicos, veja-se por todos Francisco Fernández Segado, "La dignidad de la persona como valor supremo del ordenamiento jurídico español y como fuente de todos los derechos", *Rivista JUS di Scienze Giuridiche*, Anno L, Milão, Università Cattolica del Sacro Cuore, mai.-ago./2003, Estratto. V. também, "La dignité de l'homme en droit", de Hugues Moutouh, *Revue du Droit Public et de la Science Politique en France et a L'Étranger*, t. 115, n. 1, 1999.

2. Muito antes, em 1789, a Declaração dos Direitos do Homem e dos Cidadãos proclamava em seu art. 1º: "Les hommes naissent et demeurent libres et égaux en droits".

3. "A consolidação da personalidade e da capacidade jurídicas do indivíduo como sujeito de Direito

universais, superiores e anteriores ao Estado e a qualquer forma de organização político-social, e inerentes ao ser humano, afirmaram-se como oponíveis ao próprio poder público. A personalidade jurídica internacional do ser humano se cristalizou como um limite ao arbítrio do poder estatal. Os direitos humanos liberaram a concepção do direito subjetivo das amarras do positivismo jurídico. Se, por um lado, a categoria jurídica da personalidade jurídica internacional do ser humano contribuiu a instrumentalizar a vindicação dos direitos da pessoa humana, emanados do Direito Internacional, por outro lado, o *corpus juris* dos direitos humanos universais proporcionou à personalidade jurídica do indivíduo uma dimensão muito mais ampla, já não mais condicionada ao direito emanado do poder público estatal".

Nessa temática surgem inúmeros questionamentos. Um deles diz respeito à possível contraposição entre os valores da dignidade e vida. Estaria a eutanásia (morte sem sofrimento) admitida pelo direito brasileiro?

Ressalte-se que a doutrina no mundo em geral distingue eutanásia ativa e eutanásia passiva. Distinção que para alguns busca reduzir o conceito de eutanásia, somente à modalidade ativa. A eutanásia evidentemente tem seu conceito variado consoante o regime jurídico do País em que aplicada. De um modo geral podemos dizer que a eutanásia ativa caracteriza-se com o fato de provocar deliberadamente a morte de uma pessoa, mediante sua solicitação.

Já nesse ponto podemos encontrar alguns problemas. Será que existiria verdadeira diferença entre matar e deixar determinada pessoa morrer? Moralmente a resposta, cremos que é negativa. Juridicamente toda distinção, desde que justificada e racional pode ser em princípio aceita e, portanto, nessa medida tida como válida.

A doutrina brasileira, especialmente constitucional, pouco cuidou do tema.[4] José Afonso da Silva[5] aparece como uma exceção. Ouçamos suas lições:

"Este termo (refere-se à eutanásia) tem vários sentidos: 'morte bela', 'morte suave, tranqüila', sem dor, sem padecimento. Hoje, contudo, de *eutanásia* se fala quando se quer referir à morte que alguém provoca em outra pessoa já em estado agônico ou pré-agônico, com o fim de liberá-la de gravíssimo sofrimento, em conseqüência de doença tida como incurável, ou muito penosa, ou tormentosa. Chama-se, por esse motivo, *homicídio piedoso*. É, assim mesmo, uma forma não espontânea de interrupção do processo vital, pelo que implicitamente está vedada pelo direito à vida consagrado na Constituição, que não significa que o indivíduo possa dispor da vida, mesmo em situação dramática. Por isso, nem o consentimento lúcido do doente exclui o sentido delituoso da eutanásia em nosso Direito. É que – como lembra Aníbal Bruno – a 'vida é um bem jurídico que não importa proteger só do ponto de vista individual; tem importância para a comunidade. O desinteresse do indivíduo pela própria vida não exclui esta da tutela penal. O Estado continua a protegê-la como valor social e este interesse superior torna inválido o consentimento ao particular para que dela o privem. Nem sequer quando ocorrem as circunstâncias que incluíram o fato na categoria da eutanásia, ou homicídio piedoso'.

Internacional", *16 Anuario del Instituto Hispano-Luso-Americano de Derecho Internacional*, Madri, 2003, pp. 280 e ss.

4. Já as Constituições, ao contrário, estão repletas de normas concernentes à proteção e inviolabilidade da dignidade humana em maior ou menor intensidade. A Constituição alemã, nesse particular é sempre lembrada em cujo art. 1º estabelece: "A dignidade humana é inviolável". Diversas Constituições no mundo também apresentam normas similares. A Constituição belga (art. 23), a da Suíça (art. 119), a da Irlanda, da República Tcheca, da Espanha, da Suécia, da Finlândia, da Grécia, da Polônia, da Lituânia, da Eslovênia, da Rússia, da África do Sul, a do Brasil, do México, de Israel, dentre outras.

5. *Curso de Direito Constitucional Positivo*, 29ª ed., São Paulo, Malheiros Editores, 2007, pp. 202-203.

"Dá-se o caso, ainda, que a eutanásia geralmente tem aplicação sem o consentimento do doente, que nem sempre está em condições de outorgá-lo validamente. Há muita discussão em torno do tema, que sempre se aguça, emocionalmente, quando algum caso de doloroso padecimento atrai a compaixão pública. No entanto, as palavras de Remo Pannain sobre a razão de punibilidade da eutanásia são de ponderar devidamente, quando ele diz que, além dos motivos religiosos, opõem-se à impunidade da eutanásia: (a) motivos científicos e de conveniência, tais como a possibilidade de um erro de diagnóstico, da descoberta de um remédio, bem como a eventualidade de pretexto e de abusos; (b) motivos morais (e mesmo jurídicos), pois que, dado o valor atribuído à vida humana pela consciência comum e pelo ordenamento jurídico, não se pode privar a criatura humana nem de um só átimo de existência; (c) de resto, a prevalência do motivo de piedade sobre a natural aversão à supressão de um semelhante revela, em quem pratica a eutanásia, uma personalidade sanguinária ou, pelo menos, propensa ao delito. A eutanásia não mereceu maior atenção na Constituinte.

"Cumpre observar que *não nos parece caracterizar eutanásia* a consumação da morte pelo desligamento de aparelhos que, artificialmente, mantenham vivo o paciente, já clinicamente morto. Pois, em verdade, a vida já não existiria mais, senão vegetação mecânica. Ressalte-se, é evidente, culpa ou dolo na apreciação do estado do paciente" (nossos os últimos destaques).

Ainda no que toca a distinção entre eutanásia ativa e passiva, parece haver muita confusão, sobretudo entre os assim chamados operadores do direito. Fala-se de *eutanásia passiva,* nos casos em que, com o intuito de aliviar os sofrimentos de um doente, se utiliza doses cada vez mais altas de analgésicos, até o ponto de que seu uso poderia ser considerado letal.

Há ainda outros exemplos, como os casos de suspensão de toda medicação, especialmente de tratamento quimioterápico em pacientes com câncer terminal.

Nessas duas hipóteses, não se decide intencionalmente "*matar*" determinada pessoa que sofre, mas ao contrário, aliviar seu sofrimento provocado por doença e, por que não, também pelo seu tratamento médico, mesmo quando se sabe que a interrupção desse tratamento levará, mais cedo (supõe-se mais cedo), ou mais tarde à morte.

A eutanásia propriamente dita é uma decisão ("ativa") de provocar a morte de forma intencional. De um modo geral podemos dizer que a eutanásia é considerada como uma interrupção abrupta e voluntária da vida humana. Ela é em geral considerada como uma prática *ilegal e não raro inconstitucional*.

A eutanásia contrapõe-se a distanásia, definida como a pretensão de prolongar ao máximo o momento da morte, utilizando-se para tanto de todos os meios que a tecnologia moderna dispõe a seu alcance, mesmo que não exista esperança alguma de cura.

Na Europa, consoante nos informa Michel Hautecouverture,[6] existem dois países que legalizaram a eutanásia sob determinadas condições: os Países Baixos, a partir de abril de 2001 e Bélgica, a partir de maio de 2002. Nos Estados Unidos a eutanásia está proibida por lei federal; somente no Estado do Óregon, existe uma lei de 1997 autorizando o suicídio assistido.

O mesmo autor nos informa que recentemente, os meios de comunicação noticiaram o caso de uma senhora inglesa, Diane Pretty, que padecia de uma doença neurológica degenerativa em fase terminal, solicitando a seu marido que pudesse ajudá-la a pôr fim à sua vida. Seu apelo foi denegado na Inglaterra. Inconformada, recorreu ao *Tribunal Europeu dos Direitos Humanos*.

Os sete juízes daquele Tribunal, de diferentes culturas e nacionalidades afastaram o pedido da Sra. Pretty, aduzindo que, se um tribunal era garante dos direitos humanos, o "*direito de morrer*" realmente não fazia parte dele.

6. *Faut-Il Légaliser l'Euthanasie?*, Le Pommier, 2002.

A Corte sustentou no caso *Pretty vs. Reino Unido*, que a proibição – sancionada criminalmente – de prestar auxílio ao suicídio desejado por um doente em fase terminal não vulnera a proibição de tortura, ou o direito à intimidade, contido nos arts. 3º e 8º do Convênio EDH.

Para os juízes de Estrasburgo, não se pode considerar que no direito à vida cada pessoa entenda tal direito a terminar com sua vida segundo seus próprios desejos: "el derecho a la vida no puede ser interpretado, sin distorsión de lenguaje, como un derecho que otorga un derecho absolutamente opuesto, es decir *el derecho de morir*". Nesse contexto, o Reino Unido não foi condenado no caso pela Corte EDH.[7]

De outro lado, nos Estados Unidos, no ano de 1994, um conjunto de razões e recomendações integrou um informe do *New York State Task Force on Life and the Law*, a fim de que não se modificasse as leis daquele Estado (Nova York), que proibiam o auxílio médico ao suicídio e a eutanásia. O informe se resumia a *oito* conclusões, essencialmente *contrárias* à eutanásia. São elas:

1. A primeira é que a norma proibitiva se justifica pelo interesse que deve ter o Estado para prevenir erros e abusos que sucedem de forma necessária se se autorizasse os médicos e outras pessoas a ajudar a morrer.

2. A segunda é que a carga que impõem as leis que proíbem a eutanásia se refere a alguns indivíduos que estão em pleno uso de suas faculdades mentais e que, como são bem informados, decidem encurtar a vida de forma artificial com apoio externo. Mas essa legalização supõe uma ameaça para um número maior de pessoas que poderiam escolher essa opção, acometidas de depressão, coação ou a uma dor intensa e insuportável.

3. A terceira é que as leis que proíbem o auxílio ao suicídio servem a objetivos sociais valiosos como são a proteção de indivíduos vulneráveis, o fomento do cuidado ativo e o tratamento dos doentes terminais e impedem que se dê morte a doentes incompetentes (sem condições de avaliar seus atos).

4. A quarta é que, mesmo diante de uma petição do paciente, os médicos poderiam exercer coações ilegítimas. Por outro lado, com o aumento dos custos hospitalares resultaria muito mais barato administrar uma injeção letal que manter a um paciente em sua fase terminal.

5. A quinta é que a política não pode basear-se em uma situação ideal quando a realidade muitas vezes é muito distinta.

6. A sexta é que, ao legalizar essas práticas, embotamos nossas percepções morais, enquanto a proibição da eutanásia reforça a noção de limites nas relações humanas.

7. A sétima é a dificuldade de trazer um limite para a eutanásia uma vez que não se aceita que a enfermidade terminal seja um critério definidor e, portanto, um critério de avaliação que tende a ser subjetivo e a ampliar-se.

8. Finalmente a oitava é que, constituída a eutanásia em um critério terapêutico, parecerá arbitrário privar esse benefício aos pacientes incapacitados.[8]

Já Carlos Roberto Siqueira Castro[9] ensina que não obstante a inflexibilidade da legisla-

7. Conforme Miguel Revenga Sánchez e Andrée Viana Garcés, *Tendencias Jurisprudenciales de la Corte Interamericana y el Tribunal Europeo de Derechos Humanos*, Valencia, Tirant Lo Blanch, 2008, p. 79.

8. Traduzimos, "When Death Is Sought: Assisted Suicide and Euthanasia in Medical Context", Albany, Nova York, 1994.

9. Na obra *Nos Limites da Vida: Aborto, Clonagem Humana e Eutanásia sob a Perspectiva dos Direitos Humanos*, coord. por Daniel Sarmento e Flávia Piovesan (Rio de Janeiro, Lumen Juris, 2007, p. 290), em artigo intitulado, "A Constituição e o direito ao corpo humano". Neste trabalho o autor nos informa que "a juíza federal Bárbara Rothstein, de Seattle, em Washington, nos Estados Unidos da América, em decisão inédita proferida em agosto de 1994, suspendeu os efeitos da lei penal que proíbe a prática da eutanásia, ao decidir que um doente de 69 anos, vítima de enfisema pulmonar em estado agônico, tinha direito de pedir a um médico que pudesse

ção penal brasileira, cada vez mais médicos e famílias de doentes terminais e agonizantes reivindicam a faculdade de abreviação do sofrimento mediante a interrupção do uso de aparelhos e tratamentos de vultoso custo econômico que podem prolongar indefinidamente a vida vegetativa do paciente.

De outra parte, é possível haver uma contraposição dos valores dignidade e vida?

Em princípio e do ponto de vista lógico a dor e a morte não deveriam servir como "medida" da (de) dignidade humana. Não são controles de qualidade para esse efeito. A vida humana é sempre uma vida pessoal, individual na dimensão de determinada pessoa "x" ou "y", e deve gozar de dignidade até, e, inclusive, no momento da morte. A questão é reconhecemos de supina dificuldade e extremamente controvertida, pois penetra na filosofia, na moral e nas concepções religiosas do Homem.

Ingo Wolfgang Sarlet,[10] no Brasil, enfrenta a questão nos seguintes termos: "Com efeito, pressuposta a existência de um direito à vida com dignidade e se tomando o caso de um doente em fase terminal, vítima de sofrimentos atrozes e sem qualquer esperança de recuperação, sempre se poderá indagar a respeito da legitimidade da prática da eutanásia ou do suicídio assistido, justificando-a com base no argumento de que mais vale morrer com dignidade, ou então fazer prevalecer (mesmo contrariamente à vontade expressa do doente ou mesmo em flagrante violação de sua dignidade) o direito (e, nesta quadra, também dever) à vida, ou mesmo, na esteira do exemplo já referido, considerar que a dignidade engloba a necessidade de preservar e respeitar a vida humana, por mais sofrimento que se esteja a causar com tal medida. Em verdade, em se admitindo uma prioridade da vida (e não são poucos os que assim o sustentam), no âmbito de uma hierarquização axiológica, estar-se-á fatalmente dando margem à eventual relativização e, neste passo, também admitindo (como decorrência lógica) uma ponderação da dignidade, de tal sorte que desde logo (embora não apenas por este motivo) merece ser encarada com certa reserva a assertiva de que a dignidade não se encontra sujeita, em hipótese alguma, a juízos de ponderação de interesses. No mínimo parece-nos que a realidade da vida (e da dignidade) oferece situações-limite, diante das quais dificilmente não se haverá de pelo menos questionar determinados entendimentos". (...) "Com efeito, não há como deixar de reconhecer – acompanhando Kloepfer – que mesmo em se tendo a dignidade como o valor supremo do ordenamento jurídico, daí não segue, por si só e necessariamente, o postulado de sua absoluta intangibilidade".

Em linha de princípio concordamos com o ilustre jurista gaúcho. Vejamos agora uma visão mais "liberal" do tema, se comparada às correntes contrárias a qualquer tipo de eutanásia.

Flávia Piovesan e Roberto Baptista Dias da Silva, diletos colegas de Universidade e Departamento, em artigo ainda inédito, intitulado "O direito à morte digna", enfrentam o tema da seguinte forma:

"Diante da certeza da finitude da vida, como compreender a morte? Qual é o alcance do direito à autodeterminação individual nesta

fim ao seu sofrimento. Para tanto, considerou que tal faculdade igualava-se ao direito de abortar e ao de recusar a manutenção da vida por meios artificiais. Também um júri de Detroit, no Estado de Michigan, naquele país, absolveu o médico Jack Kevorkian, conhecido como Doutor Suicídio, acusado de haver ajudado vários doentes moribundos a morrer. Em que pese as agudas dificuldades e contradições que a questão desperta, esses e inúmeros outros casos ocorrentes em todo o mundo estão a demonstrar que a visão humanitarista começa a temperar o rigor da regência penal em matéria de eutanásia, gerando o sentimento, quiçá a convicção de que o homem deve possuir aptidão para governar, sob o critério do livre arbítrio, até mesmo os instantes finais de sua vida, considerando que suplanta a tolerância quanto à aceitação passiva do destino humano o sujeitar-se alguém a um prolongado e inútil sofrimento" (ob. cit., p. 290).

10. *Dignidade da Pessoa Humana e Direitos Fundamentais na Constituição de 1988*, 6ª ed., Porto Alegre, Livraria do Advogado, 2008, p. 135.

experiência profundamente solitária? Qual é o espaço de autonomia e liberdade no exercício da morte? Como conceber o próprio direito à vida – um direito ou dever? Qual é o alcance do direito à vida – a vida como qualidade ou como quantidade? Neste contexto, haveria o direito à morte digna? Como repensar a morte não como algo a ser evitado, mas, em determinadas circunstâncias, como um direito a ser perseguido?

"Na grande maioria dos países, a eutanásia tem sido punida, com certas nuanças, como um crime contra a vida. Em alguns, como Alemanha, Itália, Áustria, Colômbia, Grécia, Portugal, Noruega e Dinamarca, há previsões legais que permitem atenuantes da pena de homicídio em razão do consentimento do paciente ou da motivação humanitária do ato. Já na Holanda, Uruguai e Bolívia, por exemplo, há a permissão de formas de eutanásia ativa, caracterizada por condutas médicas tendentes a antecipar a morte. E há, ainda, os países que não estabelecem regulação específica acerca da eutanásia, sendo que, em parte deles, a jurisprudência ou a doutrina se mostram flexíveis, admitindo alguns elementos da eutanásia, como no Reino Unido, na França, no Canadá, no Japão, no Chile e no México.

"No Brasil, em 2006, foi publicada a Resolução n. 1.805 do Conselho Federal de Medicina, permitindo que os médicos limitassem ou suspendessem procedimentos e tratamentos que prolongassem a vida do doente em fase terminal de enfermidade grave e incurável, 'respeitada a vontade da pessoa ou de seu representante legal'. Lamentavelmente, em outubro de 2007, o juiz federal substituto da 14ª Vara do Distrito Federal, deferiu liminar em ação civil pública movida pelo Ministério Público Federal para suspender os efeitos da referida resolução, aguardando ainda o caso decisão final da Justiça.

"Anteriormente, a Lei paulista 10.241, de 1999, já dispunha sobre o direito de o paciente, depois de devidamente informado, poder consentir ou recusar procedimentos diagnósticos ou terapêuticos, bem como impedir tratamentos dolorosos ou extraordinários para tentar prolongar a vida, além de escolher o local de sua morte.

"Não há motivo para impedir que a pessoa capaz manifeste sua vontade em relação aos procedimentos médicos que não aceitará quando, por qualquer motivo, se tornar inábil para expressar os desejos sobre as intervenções médicas que afetem sua saúde, seu corpo, sua vida e sua morte. O documento com essas características é conhecido entre os norte-americanos como *living will* ('testamento vital') e tem grande utilidade para preservar a autonomia e a dignidade da pessoa no momento em que ela não puder expressar sua vontade acerca dos procedimentos médicos sugeridos ou sobre o prolongamento de sua vida.

"No Brasil, ainda que inexista qualquer referência legal expressa ao 'testamento vital', não há razão para rejeitar sua validade. Também não há nada que impeça a nomeação de procurador de saúde, porque, neste caso, não é o mandatário que está a dispor da vida do mandante, pois o procurador somente exporá à equipe médica quais os desejos do paciente que o nomeou, explicitando os procedimentos a adotar e os caminhos que o enfermo não pretende percorrer para a preservação de sua vida. Importa exigir o respeito à dignidade e à autonomia do doente, por intermédio de uma pessoa que ele indicou, quando o próprio enfermo não puder fazê-lo por si.

"O avanço da medicina, nas últimas décadas, tem trazido inúmeros benefícios à saúde das pessoas, reduzindo o sofrimento humano e pondo a salvo muitas vidas. A respeito, merecem destaque as recentes descobertas tecnológicas que facilitam e antecipam diagnósticos das mais variadas moléstias, nas inovadoras técnicas cirúrgicas, nos transplantes de órgãos e no desenvolvimento de medicamentos mais eficazes e menos tóxicos para combater enfermidades como o câncer ou a AIDS. Todavia, o progresso da ciência tem suscitado relevantes questionamentos, especialmente em relação às obstinadas tentativas de prolongamento do ciclo vital e à postergação do processo de morte. E isso, muitas vezes, afeta terrivelmente a dignidade da pessoa, bem como a autonomia do paciente e a concepção que ele tem acerca da própria vida.

"A dignidade é consagrada na Constituição como um dos fundamentos da República Federativa do Brasil e, na formulação kantiana, está intrinsecamente relacionada à noção de respeito e autonomia. Assim, as pessoas, por serem sujeitos de direitos, não podem ser reduzidas a meros objetos. Ao tratar da 'inviolabilidade' do direito à vida, a Constituição brasileira explicita que ninguém pode ser privado dela arbitrariamente. Todavia, não significa que tal direito seja indisponível e irrenunciável, de modo a impedir que as pessoas possam escolher seus próprios caminhos no que diz respeito à vida e à morte.

"A liberdade pressupõe mais do que a ausência de impedimento e constrição. Como explica Berlin, a pessoa é livre se sua vida e suas decisões não dependem dos outros, mas apenas dela própria. Tem autonomia, portanto, na medida em que pode dar a si mesma as normas que regerão seus interesses. E esse direito também é contemplado pela Constituição brasileira.

"O reconhecimento do direito à morte digna decorre dos direitos à liberdade, à autonomia, ao respeito e à vida, no marco de um Estado laico, em que impere a razão pública e secular. Negá-lo é aceitar o paternalismo despótico ou, como diz Dworkin, 'levar alguém a morrer de uma maneira que outros aprovam, mas que para ele representa uma terrível contradição de sua própria vida, é uma devastadora e odiosa forma de tirania'."

Entendemos que morrer com dignidade é um direito inalienável do Homem, que não pode confundir-se com a eutanásia.

A dignidade humana é um cânone valorativo de transcendental importância em todos os sistemas constitucionais. O princípio pode e deve atuar como um vetor interpretativo central em temas como os aqui tratados – proteção ao ser humano durante sua existência em todas as suas dimensões – inclusive na doença.

Não há como afastar o princípio da autonomia da vontade do ser humano ou sua liberdade para decidir sobre uma "*boa morte*", quando haja essa possibilidade. Sob outro enfoque, parece que modernamente houve o desaparecimento do "ritual da morte".

As famílias em geral já não presenciam os momentos finais nem sequer experimentam a dor da perda de um ente querido junto a ele (ela). Parece que a morte deve vir cercada de certa assepsia. Morremos em hospitais ou em casas de saúde, em geral isolados, após várias intervenções da tecnologia médica, muitas delas verdadeiramente *desumanas*.

O tema da *dignidade humana*, assim, deve aparecer em conjunto (junto) ao notável avanço da biologia molecular. Não para estancar qualquer avanço encontrável na medicina, mas para humanizá-lo, onde quer que a técnica esteja presente.

Diz muito que a "Declaração Universal dos Genomas e Direitos Humanos" (*Universal Declaration of the Human Genome and Human Rights*), aprovada pela UNESCO em 1997. O documento tem um papel central no que toca o *princípio da dignidade humana.*

Como bem recorda Roberto Andorno:[11]

"The notion is employed fifteen times in the whole document. The Preamble alones invokes this principle four times. One of these references stresses the facts that 'genetic diversity of humanity must not give rise to any interpretation of a social or political nature which could call into question the inherent dignity (...) of all members of the human family'.

"(...).

"The European Convention on human rights and biomedicine also reaffirms the need to respect every human being both as an individual and as a member of humankind over biomedical developments. It reminds us that the misuse of biology and medicine may lead to acts which could endanger human dignity."

Com essas breves notas, esperamos ter contribuído para a difusão e o debate acerca de tema tão polêmico.

11. "The paradoxical notion of human dignity", *Rivista Internationale di Filosofia del Diritto*, n. 2, jun./2001, Giuffrè.

COMPETÊNCIA REGULAMENTAR NA CRIAÇÃO E EXTINÇÃO DE ÓRGÃOS DA ADMINISTRAÇÃO PÚBLICA FEDERAL

VLADIMIR DA ROCHA FRANÇA

Mestre em Direito Público pela UFPE.
Doutor em Direito Administrativo pela PUC/SP.
Professor Adjunto do Departamento de Direito Público da UFRN.

1. Introdução. 2. Previsão da competência regulamentar na Constituição Federal. 3. Limites constitucionais à criação e extinção de órgãos públicos por decreto regulamentar. 4. Conclusão.

1. Introdução

Na implantação ou mudança de modelos para a gestão pública federal, é freqüente a demanda pela criação e extinção de órgãos e cargos de provimento em comissão no âmbito da Administração. Por diversas razões, os compromissos partidários e as reivindicações legítimas dos grupos que partilham o poder político esbarram nos limites jurídicos impostos pelo sistema do direito positivo.

Como nem sempre o regime constitucional do processo legislativo é compatível com a celeridade que se deseja impor nesse escopo organizacional, o Presidente da República pode se sentir tentado dispor sobre a matéria mediante a expedição de decretos.

O objetivo do presente ensaio é justamente aferir que limites devem ser observados pelo Presidente da República no uso de decretos para a criação e extinção de órgãos públicos, à luz da Constituição Federal de 1988.

2. Previsão da competência regulamentar na Constituição Federal

A Administração, por injunção do princípio da legalidade administrativa, encontra-se subordinada à lei. Enquanto o particular pode realizar tudo o que lei não proíbe, o gestor público somente tem legitimidade para agir quando a lei lhe autoriza (Meirelles, 2001, pp. 82-83).

O princípio da legalidade administrativa constitui um dos alicerces fundamentais do regime jurídico-administrativo. Não há como se conceber um Estado de Direito sem essa noção crucial. Entretanto, além de garantia do cidadão contra eventuais arbítrios do Estado, a legalidade serve como instrumento de ação da Administração na concretização do interesse público.

Não obstante, a expedição de normas gerais não é atributo exclusivo do legislador. Dentre os instrumentos introdutores de normas gerais no ordenamento jurídico, há os *decretos*. Eles se encontram previstos na Constituição Federal, no art. 84, IV, nos seguintes termos:

> Art. 84. Compete privativamente ao Presidente da República:
>
> (...).
>
> IV – sancionar, promulgar e fazer publicar as leis, bem como expedir *decretos e regulamentos para a sua fiel execução*;

Os decretos são os veículos previstos pelo direito positivo para as manifestações do Chefe do Poder Executivo (cf. Di Pietro, 2002, p. 222). Podem introduzir normas individuais (como um decreto de desapropriação) ou normas gerais (quando dão forma aos regulamentos) no ordenamento jurídico.

Os regulamentos são atos jurídicos expedidos pelo Chefe do Executivo que inserem, no sistema do direito positivo, normas gerais que têm por finalidade complementar a lei (ou a própria Constituição), quando exigido o desenvolvimento de atividade administrativa para a sua efetivação (cf. Ataliba, 1998, p. 135). Observe-se que damos ao regulamento uma acepção bem restrita, ao retirar de sua abrangência os demais atos normativos da Administração, como aqueles expedidos pelas agências reguladoras.[1]

Para a compreensão do sentido e do alcance do regulamento, perante o ordenamento jurídico brasileiro, é imprescindível entender a sua relação com a legalidade e com a teoria da "separação dos poderes".

O direito positivo brasileiro consagrou, como próprio de qualquer ordenamento jurídico de base republicana e democrática, o princípio da separação funcional do poder. No art. 2º, da Constituição Federal, temos o seguinte enunciado:

> Art. 2º. São Poderes do Estado, independentes e harmônicos entre si, o Legislativo, o Executivo e o Judiciário.

Nos dias atuais, não há rigor na expressão "separação dos poderes", haja vista a divisão de trabalho que os ordenamentos jurídicos modernos adotam para as funções jurídicas do Estado, identificando no povo a legitimidade do poder do Estado.[2] É evidente que, consoante a dogmática jurídica, o perfil do princípio da separação funcional do poder será delineado pelo direito positivo.

Tal delineamento é identificado mediante a compreensão do regime jurídico que orienta a estática e a dinâmica de cada função estatal. As funções do Estado, no direito positivo brasileiro, são essencialmente três: a função legislativa, a função administrativa e a função jurisdicional.

A função legislativa corresponde à atividade de expedição de normas jurídicas que inovam originariamente o direito positivo, uma vez que goza de fundamento direto na Constituição. Esses preceitos jurídicos devem se subordinar às normas constitucionais e, somente podem ser validamente expedidos segundo os imperativos regentes do processo legislativo.

No art. 5º, inciso II, da Constituição Federal, enuncia-se que ninguém será obrigado a fazer ou deixar de fazer alguma coisa senão em virtude de lei. E, nos termos do art. 37, *caput*, da Constituição Federal, a Administração Federal se encontra subordinada ao princípio da legalidade.

A função administrativa compreende a expedição de normas complementares à lei e sujeitas ao controle jurisdicional, que são expedidas por quem esteja numa posição de autoridade e supremacia com a finalidade de concretizar o interesse público. A atividade administrativa, como toda a atividade estatal, encontra-se subordinada ao ordenamento jurídico como um todo. Daí a existência de acertada opinião doutrinária que prefere denominar juridicidade administrativa essa necessária sujeição entre a Administração e o direito positivo (cf. França, 2000, pp. 52-68).

Outra característica própria da função administrativa é o princípio da hierarquia, inexistente nas demais funções do Estado.

1. V. os arts. 21, XI, 174, *caput*, e 177, § 2º, III, todos da CF.

2. V. art. 1º, parágrafo único, da CF.

Todavia, conforme o perfil constitucional da legalidade no direito positivo brasileiro, a atividade administrativa é uma atividade infralegal, que se encontra especialmente subordinada a lei. Lei, aqui e no texto constitucional, deve ser entendida como o veículo introdutor, a espécie normativa, que compõe o processo legislativo, nos termos do art. 59 da Constituição Federal.

Sobre o assunto, calha transcrever o seguinte ensinamento de Celso Antônio Bandeira de Mello (2006, p. 323):

"(...) é livre de qualquer dúvida ou entredúvida que, entre nós, por força dos arts. 5º, II, 84, IV e 37 da Constituição, *só por lei se regula liberdade e propriedade; só por lei se impõem obrigações de fazer ou não fazer.* Vale dizer: *restrição alguma à liberdade ou à propriedade pode ser imposta se não estiver previamente delineada, configurada e estabelecida em alguma lei*, e só para cumprir dispositivos legais é que o Executivo pode expedir decretos e regulamentos.

"Este último traço é que faz do regulamento, além de regra de menor força jurídica que a lei, norma *dependente dela*, pois forçosamente a pressupõe, sem o quê nada poderia dispor. No Direito pátrio, sem a lei não haveria espaço jurídico para o regulamento" (grifo no original).

A Constituição Federal, em seu art. 84, VI, *a*, confere ao Chefe do Poder Executivo a competência para expedir normas gerais para disciplina da organização e o funcionamento da Administração da União, quando não implicar aumento de despesa nem criação de órgãos públicos.

Diante do enunciado do art. 5º, inciso II, da Lei Maior, há duas situações que devem ser levadas em consideração (Grau, 1996, p. 183): a vinculação da Administração às definições da lei; e a vinculação da Administração às definições fixadas em virtude da lei. No primeiro caso, está-se diante da reserva da lei; no segundo, da reserva da norma geral.

Segundo Eros Roberto Grau (1996, p. 184), não há ofensa ao princípio da legalidade quando a lei confere ao Poder Executivo a competência para expedir normas gerais, desde que não envolvam matérias que a Constituição Federal submeteu à reserva da lei.

Entretanto, não se deve olvidar que os regulamentos existem justamente para dar concreção às leis administrativas, ou seja, àqueles diplomas legais que demandam a ação administrativa para a materialização de suas finalidades. Cabe ao regulamento estabelecer que órgãos, em que condições e quais os instrumentos que deverão ser utilizados pela Administração na concretização da lei (Ataliba, 1996, p. 139). Ademais, a responsabilidade última pela fiel observância das leis administrativas é do Chefe do Poder Executivo e, portanto, as responsabilidades dos servidores públicos a ele subordinados se coordenam com a responsabilidade daquele (Ataliba, 1996, p. 140).[3]

Nesse diapasão, os regulamentos podem criar deveres para os subordinados ao seu editor ou para os órgãos e entidades sujeitos à sua tutela, desde que, pondera Geraldo Ataliba (1996, p. 140), sejam instrumentos indispensáveis ao fiel cumprimento das leis.

Diante dos preceitos constitucionais expostos, visualizam-se duas espécies de regulamento no direito positivo pátrio: os (i) *regulamentos de execução*; e, os (ii) *regulamentos autorizados*. Ambos são veiculados mediante *decretos regulamentares*.

Os regulamentos de execução são aqueles que viabilizam a aplicação de normas veiculadas pela lei pela Administração. Mediante os regulamentos de execução há: (i) o estabelecimento de aspectos procedimentais relevantes para a implementação dos mandamentos legais; (ii) a disciplina do exercício das competências discricionárias que a lei reconhece à Administração; e (iii) a outorga de uma maior densidade aos termos jurídicos fluidos empregados no texto legal.

Esta espécie de regulamentos destina-se à regulação das relações de supremacia geral

3. V. os arts. 84, II, e 85, ambos da CF.

da Administração. São vínculos jurídico-administrativos que envolvem a generalidade dos administrados, por disciplinarem diretamente a liberdade e a propriedade dos mesmos. Impõe o princípio da legalidade que toda e qualquer restrição à liberdade e à propriedade do cidadão somente têm legitimidade se instituída e regulada por lei.

Celso Antônio Bandeira de Mello (2006, p. 329) explica que o regulamento não pode inserir, no sistema do direito positivo, qualquer direito ou dever desprovido de previsão em lei: "Há inovação proibida sempre que seja impossível afirmar-se que *aquele específico* direito, dever, obrigação, limitação ou restrição já estavam estatuídos e identificados na lei regulamentada. Ou reversamente: há inovação proibida quando se possa afirmar que *aquele específico* direito, dever, obrigação, limitação ou restrição incidentes sobre alguém não estavam já estatuídos e *identificados* na lei regulamentada. A identificação não necessita ser absoluta, mas deve ser suficiente para que se reconheçam as *condições básicas de sua existência em vista de seus pressupostos, estabelecidos na lei e nas finalidades que ela protege*".

O ensinamento de Celso Antônio Bandeira de Mello tem plena aplicabilidade, *desde que se trate de relação de supremacia geral da Administração*. Realmente, haveria uma delegação legislativa disfarçada se a lei autorizasse ao Chefe do Poder Executivo a expedição de regulamentos instituidores de restrições ou benefícios à liberdade e à propriedade do administrado. Sem sombra de dúvida, uma séria violação à juridicidade.

Entretanto, tal postura não pode se estender a toda a relação jurídica mantida pela Administração.

Em nosso ponto-de-vista, os regulamentos autorizados decorrem da atribuição legal expressa ou implícita de competência para expedir normas gerais que envolvam relações de supremacia especial da Administração.

As relações de supremacia especial da Administração são vínculos específicos entre o Estado e os administrados. São laços que não envolvem a generalidade dos cidadãos, seja porque escolheram o regime de sujeição especial, seja porque se exige uma regulação interna mais detalhada. Elas demandam prerrogativas especiais para a Administração, que exorbitam os limites tradicionalmente identificados na supremacia geral. São exemplos clássicos: os convocados pelo serviço militar obrigatório; os servidores públicos; os contratados pela Administração sob o regime dos contratos administrativos; os matriculados em instituições públicas de ensino; os internados em hospitais públicos, entre outros.

Como bem afirma Celso Antônio Bandeira de Mello (2006, pp. 775-777) essas interações demandam uma disciplina interna que atenda a necessidade da instituição de restrições e benefícios aos administrados, bem como que viabilize o bom desenvolvimento das atividades delas decorrentes. E adverte ainda que seria impossível, impróprio e inadequado que a lei seja considerada o único instrumento para regular as relações de sujeição especial, sob pena de se criarem disposições legislativas excessivamente minuciosas ou de se paralisar atividades administrativas essenciais diante da ausência da norma legal.

No que diz respeito ao regulamento incidente sobre as relações de supremacia especial, *é imprescindível que haja previsão expressa de sua admissibilidade na lei*. Bem como de que seja expedido *na medida do que for razoável e proporcional ao interesse público que justifica a existência do vínculo de sujeição especial*. Também parece claro que esse regulamento *deverá se restringir ao âmbito da relação de supremacia especial, sendo vedado ao Chefe do Poder Executivo empregar tal ato para atingir a liberdade e a propriedade de terceiros*. E, por fim, *é inadmissível que o regulamento autorizado afronte norma legal ou constitucional*, ou que *prevaleça diante da superveniência destes comandos*.

Em tempo, é importante destacar que os regulamentos autorizados mantêm uma relação de dependência com a lei e a ela se encontram subordinados. E, de modo algum, apresentam uma quebra da juridicidade administrativa.

Merece registro que não reconhecemos aqui a existência de *regulamentos autônomos* e, por conseguinte, de *decretos autônomos*, no sistema constitucional brasileiro.[4] A aceitação de tal modalidade somente seria possível, caso a Lei Maior reconhecesse a possibilidade jurídica da expedição de regulamento sem qualquer relação de dependência e de subordinação em relação à lei. Ademais, os regulamentos existem para a *fiel execução da lei*, como se prescreve no art. 84, IV, da Constituição Federal.

Na questão central do presente ensaio, impõe-se o exame do art. 84, VI, *a*, da Lei Maior (com a redação que lhe deu a Emenda Constitucional n. 32, de 11.9.2001):

> Art. 84. Compete privativamente ao Presidente da República:
>
> (...).
>
> VI – dispor, mediante decreto, sobre:
>
> *a*) organização e funcionamento da administração federal, quando não implicar aumento de despesa nem criação ou extinção de órgãos públicos;

Em princípio, a Constituição Federal estaria admitindo uma hipótese de regulamento autônomo no sistema do direito positivo (cf. Di Pietro, 2002, p. 89). Contudo, o exercício dessa competência somente se apresenta lícita quando ela segue os parâmetros instituídos pela lei que institui a estrutura da administração pública federal. Logo, seria mais apropriado reconhecer a competência para expedição de regulamento autorizado sobre a matéria no enunciado constitucional em apreço.

3. Limites constitucionais à criação e extinção de órgãos públicos por decreto regulamentar

Guiando-se pela definição jurídico-positiva posta no art. 1º, § 2º, da Lei Federal n. 9.784, de 29.1.1999, os órgãos públicos compreendem as unidades de atuação que integram a estrutura da Administração Direta e da estrutura da Administração Indireta. São compostos de atribuições do Estado que devem ser exercidas pelos agentes que o integram, dentro de uma pessoa jurídica.

Os órgãos públicos são desprovidos de personalidade jurídica (cf. Bandeira de Mello, 2006, p. 128; e Di Pietro, 2002, p. 426). Na verdade, são simples repartições de competências na intimidade da pessoa jurídica estatal. Consoante a precisa lição de Celso Antônio Bandeira de Mello (2006, p. 128): "Então, para que tais atribuições se concretizem e ingressem no mundo natural é necessário o concurso de seres físicos, prepostos à condição de *agentes*. O querer e o agir destes sujeitos é que são, pelo Direito, *diretamente* imputados ao Estado (manifestando-se por seus órgãos), de tal sorte que, enquanto atuam nesta qualidade de agentes, seu querer e seu agir são recebidos como o querer e o agir dos órgãos componentes do Estado; logo, do próprio Estado. Em suma, a vontade e ação do Estado (manifestada por seus órgãos, repita-se) são constituídas *na* e *pela* vontade e ação dos agentes; ou seja: o Estado e órgãos que o compõem se exprimem através dos agentes, na medida em que ditas pessoas físicas atuam nesta posição como veículos da expressão do Estado".

Quanto à posição no Estado, os órgãos públicos se classificam em: (i) órgãos independentes; (ii) órgãos autônomos; (iii) órgãos superiores; e, (iv) órgãos subalternos (cf. Meirelles, 2001, pp. 65-69).

Os órgãos independentes são aqueles previstos diretamente pela Constituição e que representam os três Poderes do Estado. Não se submetem à subordinação hierárquica ou funcional e têm como titulares os agentes políticos. A Câmara dos Deputados é um bom exemplo de órgão independente.

Os órgãos autônomos localizam-se na cúpula da Administração, estando diretamente subordinados aos órgãos independentes. Esses órgãos dispõem de autonomias administrativa, financeira e técnica e participam das decisões governamentais. Os Ministérios são órgãos autônomos.

4. Em sentido contrário, v. Grau, 1996.

Os órgãos superiores são órgãos de direção, controle e comando, mas que se encontram subordinados e sob o controle de uma chefia, carecendo de autonomia administrativa e financeira. Como exemplo, as coordenadorias e secretarias que não possuem *status* de Ministério.

E, por fim, os órgãos subalternos estão subordinados aos órgãos superiores e se limitam a funções de execução. As unidades instrumentais de planejamento e finanças são exemplos precisos desses entes.

Vários dispositivos constitucionais tratam da criação e extinção de órgãos públicos.

O art. 61, § 1º, II, *e*, da Constituição Federal, determina que seja de iniciativa do Presidente da República a lei que disponha sobre a criação e extinção de Ministérios e órgãos da administração pública, observado o disposto no art. 84, VI.

No art. 48, X, da Lei Maior, prescreve-se que cabe ao Congresso Nacional, com a sanção do Chefe do Poder Executivo, dispor sobre a criação e extinção dos Ministérios e órgãos da administração pública.

Por fim, no art. 87 da Constituição Federal, há previsão de que a lei deve dispor sobre a criação e extinção de Ministérios e órgãos da administração pública.

Como compatibilizá-los com o preceito constante do art. 84, VI, *a*?

Numa interpretação literal, o direito positivo pátrio aparentemente colocaria sob a reserva da lei, a criação e extinção de todo e qualquer órgão da Administração Federal. Todavia, tal posicionamento fere os princípios que regem a atividade administrativa.

Dentre as técnicas jurídico-administrativas previstas no ordenamento jurídico brasileiro, há a desconcentração. Mediante a desconcentração, as pessoas jurídicas estatais fazem uma redistribuição de competências administrativas em sua intimidade, estando relacionada à hierarquia (cf. Bandeira de Mello, 2006, p. 138; e Di Pietro, 2002, p. 349).

A hierarquia constitui um complexo de relações de coordenação e subordinação que orientam a ação dos órgãos e agentes públicos. O agente hierarquicamente superior encontra-se investido dos seguintes poderes: (i) o poder de comando, que lhe autoriza expedir normas gerais ou individuais para os subalternos no interesse da ação administrativa; (ii) o poder de fiscalização das atividades dos subordinados; (iii) o poder de revisão, abrangendo as competências de invalidação e de revogação; (iv) o poder disciplinar sobre a conduta dos subordinados; (v) o poder de resolver conflitos de competência entre os subordinados; (vi) o poder de delegar ou avocar competências nos termos da lei (Bandeira de Mello, 2006, p. 138).

A palavra "órgãos" nos dispositivos constitucionais citados abrange apenas os *órgãos autônomos* da Administração, que gozam, ao lado dos órgãos independentes, de individualidade própria. Em outras palavras, a criação e a extinção desses órgãos públicos é matéria subordinada à reserva da lei.

Em princípio, somente a lei ordinária poderia criar e conferir atribuições aos órgãos autônomos da Administração Direta, consoante os preceitos constitucionais citados. Afinal, as autonomias administrativa, financeira e técnica de que gozam precisam ser predeterminadas pela lei, até por exigência da responsabilidade fiscal.

Todavia, fica difícil afastar a possibilidade de, perante uma situação de urgência, a possibilidade do uso de medida provisória para tratar da matéria.[5] Ou mesmo, a viabilidade do emprego de lei delegada, o que seria muito improvável em virtude da força e do processo legislativo das medidas provisórias no ordenamento jurídico vigente.

Mesmo raciocínio, por simetria, deve ser aplicado à extinção desses órgãos.

Entretanto, esses órgãos administrativos podem sofrer, sem maiores riscos para a liberdade e a propriedade do administrado, um processo de desconcentração, *por força do art. 84, VI, "a", da Constituição*. Em outras

5. V. o art. 62 da CF.

palavras, a Lei Maior já remete a estruturação dos Ministérios e demais órgãos autônomos para o regulamento sem qualquer prejuízo à juridicidade administrativa.

Lembra Maria Sylvia Zanella Di Pietro (2002, p. 196), ao se referir aos órgãos que detêm individualidade própria e, após comentar os enunciados dos arts. 61, § 1º, II, e 84, VI, da Constituição Federal: "Embora a competência do Poder Executivo tenha sido reduzida a quase nada, em decorrência dos já citados dispositivos constitucionais, isso não impede que se faça, internamente, subdivisão dos órgãos criados e estruturados por lei, como também não impede a criação de órgãos como comissões, conselhos e grupos de trabalho".

O regulamento instituído com base no art. 84, VI, *a*, da Lei Maior, permitiria justamente ao Presidente da República redistribuir as atribuições legais dos Ministérios e reordenar a sua estrutura, transpondo órgãos superiores ou subalternos de uma unidade orgânica para outra. Contudo, o exercício dessa competência não deve resultar na extinção informal do órgão autônomo, pelo esvaziamento completo de suas prerrogativas, pois isso violaria o preceito constitucional que lhe rege (cf. Bandeira de Mello, 2006, p. 316).

Essa posição deve ser admitida com algumas ponderações adicionais. Parece-nos que o emprego de tal competência não teria legitimidade para ampliar ou eliminar a esfera de competência do Ministério que foi demarcada pela lei que o instituiu. *Entender o contrário geraria um confronto direto com o processo legislativo previsto na Constituição Federal, ao ensejar um decreto poderia alterar a lei na situação sob exame.* Recordamos que o decreto presidencial não se encontra previsto no rol de espécies normativas constante do art. 59 da Lei Maior.

No caso das pessoas administrativas – autarquias e fundações públicas[6] – os regulamentos poderão ser utilizados para disciplinar a sua organização e funcionamento, aprovando os respectivos estatutos (cf. Bandeira de Mello, 1979, pp. 66-67; Meirelles, 2001, p. 327; e Gasparini, 2002, pp. 283-284). Mas é preciso advertir que a criação (e a extinção, por simetria) das autarquias compreende matéria subordinada à reserva da lei, por injunção do art. 37, XIX, da Constituição Federal.

O que se veda é a previsão legal de regulamento que crie ou extinga um órgão autônomo, bem como que estabeleça ou amplie o respectivo rol de atribuições. A desconcentração realizada na intimidade dessa espécie de órgão, desde que obedecidos os pertinentes limites constitucionais e legais, não atenta contra a liberdade e propriedade do cidadão nem viola o princípio da legalidade.

E se a lei que cria o Ministério for omissa ao lhe definir competências, poderia o Chefe do Poder Executivo suprir-lhe a lacuna com a expedição de decreto? Entendemos que não, pois isso representaria a remessa indevida para o regulamento de um assunto subordinado à reserva da lei.

Outro limite importante reside na vedação constitucional expressa no uso da competência prevista no art. 84, VI, *a*, da Lei Maior, quando esta implicar em aumento de despesa. Trata-se, sem sombra de dúvida, de uma limitação que protege preceitos constitucionais como a gestão fiscal responsável e a moralidade administrativa.

4. Conclusão

Diante do exposto, verifica-se que, na administração pública federal, são válidos os decretos que regulamentem a estrutura e o funcionamento das unidades da Administração Direta. Podem ser empregados para a criação e extinção de órgãos que irão compor a intimidade dos Ministérios e órgãos de estatura similar, desde que respeitadas as respectivas atribuições constitucionais e legais.

6. As fundações públicas se encontram subordinadas ao mesmo regime jurídico das autarquias, sem muitas peculiaridades (art. 5º, II, e § 3º, do Decreto-lei n. 200, de 25.2.1967), como bem leciona Celso Antônio Bandeira de Mello (2006, pp. 168-171).

Também serão válidos os decretos que regulamentem a estrutura e o funcionamento das autarquias e fundações publicas, observados os preceitos constitucionais e legais que as regem. Contudo, é proibida a extinção de autarquia ou de fundação pública por decreto.

É importante salientar que a criação e extinção de órgãos públicos com amparo direto no art. 84, VI, *a*, da Constituição Federal, não pode ensejar aumento de despesa.

Referências bibliográficas

ATALIBA, Geraldo (1998). *República e Constituição*. 2ª ed., atual. por Rosoléa Miranda Folgosi. São Paulo, Malheiros Editores (2ª ed., 4ª tir., 2007).

BANDEIRA DE MELLO, Celso Antônio (1979). *Prestação de Serviços Públicos e Administração Indireta*. 2ª ed., São Paulo, Ed. RT.

______ (2006). *Curso de Direito Administrativo*. 20ª ed., São Paulo, Malheiros Editores (26ª ed., 2009).

DI PIETRO, Maria Sylvia Zanella (2002). *Direito Administrativo*. 14ª ed., São Paulo, , Atlas.

FRANÇA, Vladimir da Rocha (2000). *Invalidação Judicial da Discricionariedade Administrativa no Regime Jurídico-Administrativo Brasileiro*. Rio de Janeiro, Forense.

GASPARINI, Diógenes (2002). *Direito Administrativo*. 7ª ed., São Paulo, Saraiva.

GRAU, Eros Roberto (1996). *O Direito Posto e o Direito Pressuposto*. São Paulo, Malheiros Editores (6ª ed., 2005).

MEIRELLES, Hely Lopes (2001). *Direito Administrativo Brasileiro*. 26ª ed., atual. por Eurico de Andrade Azevedo *et at.* São Paulo, Malheiros Editores (35ª ed., 2009).

PROCESSO ADMINISTRATIVO INQUISITORIAL
Eficiência investigativa e garantias constitucionais

FLORIANO DE AZEVEDO MARQUES NETO

Professor Doutor de Direito Administrativo da Faculdade de Direito da USP.

I. Introdução. II. Sindicância e processo administrativo. III. Competências correicionais e competências disciplinares da atividade policial. IV. Efeitos da falta de competência: a imprestabilidade da sindicância. V. Procedimento sigiloso e ampla defesa. VI. Conclusão.

O processo administrativo e as questões afetas ao direito de defesa e ao contraditório de há muito vêm merecendo a atenção dos estudiosos do Direito. Desafortunadamente, nos últimos tempos, as autoridades se arvoram competentes para dizer quando aplicáveis as regras constitucionais, quando não, como se os princípios constitucionais estivessem à mercê do *nomen juris* adrede escolhido pela autoridade de plantão para batizar o procedimento que pretende conduzir.

I. Introdução

I.1 É incrível, surpreendente, a capacidade que certos agentes públicos têm de agir ao arrepio da Constituição da República, imaginando que os preceitos constitucionais estão ao livre dispor de quem maneja o poder extroverso estatal. Ora em nome da eficiência da investigação, ora sob o pálio da funcionalidade, vez por outra sob os arroubos da missão de depurar os desvios de conduta percebidos na Administração ou na sociedade (acabando com a tal "*impunidade*"), têm sido comum a postergação, a preterição, e mesmo o aniquilamento de direitos e garantias tão sofridamente conquistados e tão sabiamente inseridos em nossa Carta Fundamental.

I.2 Imbuídos muita vez dos melhores propósitos, alguns pela sanha de "*passar o país a limpo*", outros embalados por sanhas não tão elevadas, não se apercebem que o benefício do resultado embute o malefício do retrocesso. Pondo a perder garantias muito caras, tornam sem sentido a punição. A gradativa adstrição do poder ao Direito (onde avulta importante à limitação da atuação do agente público à regra de competência), a conquista histórica de garantias fundamentais (entre elas a ampla defesa), a censura à inquisição feita à sorrelfa, tudo isso não se fez para consagrar a impunidade ou proteger a delinqüência. Fez-se (e muitos pagaram por isso alto preço) para evitar a delinqüência maior, aquela que se perfaz pela manipulação dos instrumentos conferidos ao Estado para proteger a sociedade, aquela que é tanto mais grave porque amesquinha a função pública, colocando-a a mercê das vontades individuais.

I.3 Muitos (e tristes) foram os momentos na história em que barbaridades foram perpetradas contra indivíduos por coletividades enebriadas pela perseguição de objetivos aparentemente redentores. O combate aos hereges no medievo, o terror jacobino, o caso Dreyfus, são apenas algumas oportunidades em que pessoas de bem apoiavam o desatino daqueles que, investidos do poder estatal, fizeram tábula rasa das garantias individuais porque o importante era "*dotar-se à autoridade de instrumentos eficazes a proporcionar a efetiva investigação*" e, objetivo maior, a exemplar punição daquele acusado da conduta desregrada. No calor destes processos, na comoção coletiva em torno da punição, não é dado perceber que essa tal eficácia investigativa e punitiva embute o alto preço da derrogação de garantias fundamentais. Traz o risco do arbítrio. Por trás de um investigador movido pela busca da eficácia sempre espreita um Torquemada, um Robespierre ou um Major Henry.

I.4 Para evitar isso é que a civilização sedimentou garantias, impôs limites ao poder, aceitou uma menor "*eficácia*" do poder estatal, preferiu correr o risco de empecer (nunca impedir) uma "*efetiva investigação*" em prol da sujeição do poder ao Direito, em favor da disciplina da atuação dos agentes do Estado.

A tentação do manejo dos poderes estatais à margem dos limites garantidores é sempre presente. Afinal, a estrita observância da regra de competência tolhe, por vezes, uma atuação mais célere; mas evita a concentração do poder. O respeito ao direito à ampla defesa às vezes atravanca o procedimento; mas, por outro lado, interdita que se pratiquem injustiças, que se impute o equívoco, que se constranja o inocente. A garantia de defesa técnica entrava o procedimento, obriga a permanente fundamentação dos atos, dificulta por vezes a surpresa; mas impede a manipulação e o abuso de poder.

No equilíbrio entre eficácia e garantia a Constituição não titubeia em arbitrar em favor da segunda. Basta uma passada d'olhos no texto constitucional para percebê-lo. Não se admite relativizações e temperamentos quando se trata de observar as garantias individuais. Isso não se coadunaria com a locução do Estado Democrático de Direito inscrito logo no art. 1º da Constituição de 1988.

I.5 Este intróito faz todo sentido para o presente estudo. As questões que serão abordadas aqui cuidam basicamente do respeito a pressupostos do Estado Democrático de Direito. Ampla defesa, princípio da função (respeito à regra de competência), limites ao poder inquisitorial, respeito à publicidade em favor da parte e observância das prerrogativas da advocacia (que integra o direito à defesa técnica) são essenciais a um regime garantístico.

I.6 Não se pressupõe que as autoridades que ora e vez inobservam estes preceitos o façam por má-fé ou por irrefreável inclinação totalitária. A exacerbação no denodo ou um desabrido empenho no cumprimento dos seus deveres pode ensejar, aqui e ali, alguma escorregadela. Tais inobservâncias não podem ser toleradas sob pena de perecerem os direitos e garantias asseguradas na Constituição. Maior intolerância, contudo, se deve reservar às teses, às formulações pretensamente doutrinárias que servem de ponta-de-lança para derrogar direitos e lassear garantias.

É nestes quadrantes, de cautela e respeito aos direitos e garantias do administrado (seja ele servidor, contribuinte, fornecedor, postulante de direitos, parceiro) perante o Estado e particularmente perante a Administração, que se há de analisar a regularidade e a validade do processo administrativo. Disso é que pretendo cuidar a seguir.

II. Sindicância e processo administrativo

II.1 Há ainda muita dificuldade entre nós de entender a abrangência do conceito de processo administrativo. Durante muitos anos a doutrina rejeitou o conceito de *processo* no âmbito da atividade administrativa pelas mais variadas razões. A principal delas era o entendimento de que o termo se referia apenas a atividade jurisdicional, na qual haveria propriamente oposição de interesses.[1] De minha parte, entendo descabida esta distinção. Do ponto de vista doutrinário é absolutamente sustentável a existência de processo administrativo, a par do processo judicial (espécies distintas do mesmo gênero). Perfilho com o lúcido entendimento de Odete Medauar para quem "o procedimento consiste na sucessão necessária de atos encadeados entre si que antecede e prepara um ato final. O procedimento se expressa como processo se for prevista também a cooperação de sujeitos, sob prisma contraditório".[2] Ou como entende Romeu Felipe Bacellar Filho "nem o procedimento é sinônimo de função administrativa, nem o processo, de função judicial".[3]

II.2 Muita controvérsia houve sobre o tema. Hoje, porém, creio ser absolutamente ociosa esta discussão. É que o texto constitucional definiu claramente (*i*) a existência de processo administrativo e (*ii*) sua equiparação ao processo judicial para fins de aplicação do regime de ampla defesa e contraditório (acoplados todos os meios e recursos inerentes). O texto constitucional fala por si:

> Art. 5º. (...).
>
> LV – aos litigantes, em processo judicial ou administrativo e aos acusados em geral são assegurados o contraditório e ampla defesa, com os meios e recursos a ela inerentes;

II.3 Lendo a prescrição constitucional salta aos olhos que (*i*) para a Constituição existe relação processual na esfera judicial ou administrativa, desde que nela esteja envolvida relação litigiosa (a idéia de litigante pressupõe, por óbvio, a noção de lide, contraposição de interesses em suma); (*ii*) as garantias da ampla defesa e do contraditório (e dos instrumentos a eles relacionados) abrangem qualquer situação de manejo de competências estatais quando, ao menos potencialmente, haja interesses dos administrados passíveis de serem afetados; (*iii*) a processualidade – e as garantias inerentes – abrange qualquer relação em que haja situação de ameaça de restrição ou sacrifício de direito (hipótese de litígio) e mais ainda quando se imputa a alguém uma conduta punível (hipótese de haver um acusado).

II.4 Não pode haver dúvida que o princípio da ampla defesa e do contraditório assegurado na Constituição é abrangente, não admitindo relativizações quanto mais aquelas ditadas meramente pela designação formal que o agente público dê ao procedimento por ele conduzido. Em outra oportunidade, pude afirmar:[4]

"É conhecido de todos o dispositivo constitucional que está no art. 5º, inciso LV, que diz: 'aos litigantes, em processo judicial ou administrativo, e aos acusados em geral são assegurados o contraditório e ampla defesa, com os meios e recursos a ela inerentes', de modo que interpreto esse dispositivo no sentido de que sempre que a movimentação da função pública envolver ou contrariedade de interesses entre particulares e interesses da Administração ou a imputação de alguma conduta passível de sanção na esfera administrativa, essa função, a competência do agente público só poderá se dar no âmbito de processo administrativo. E nesse processo administrativo, conseqüência constitucional, deverão ser asseguradas à ampla defesa e o contraditório. A meu ver, é absolutamente inconstitucional, odiosa à criação de outros expedientes a que apenas se dê outro nome para fugir da obrigação constitucional de contraditório e ampla defesa; protocolados, procedimento inquisitorial, qualquer outro nome que se dê a um procedimento administrativo, a lei mesmo

1. Para um apanhado das linhas doutrinárias defensoras da utilização do termo procedimento em vez de processo para o âmbito da Administração Pública v. Egon Bockmann Moreira, *Processo Administrativo*, São Paulo, Malheiros Editores, 2000, pp. 38 a 53.

2. Odete Medauar, *Processualidade no Direito Administrativo*, São Paulo, Ed. RT, 1993, p. 40.

3. Romeu Felipe Bacellar, *Princípios Constitucionais do Procedimento Administrativo Disciplinar*, São Paulo, Max Limonad, 1998.

4. V. meu "Processo Disciplinar e Sindicância", in *BDA – Boletim de Direito Administrativo*, n. 3, ano XX, mar./2004, São Paulo, NDJ, p. 234.

dá vários nomes, mas serão espécies do gênero processo administrativo, dentro do qual, contraditório e ampla defesa sempre que presentes uma ou outra daquelas características. Relação de litígio, de lide administrativa ou de potencial imputação, portanto, acusação, deve-se observar o contraditório e ampla defesa. Isso é muito importante porque, por vezes, se distorce um processo meramente apuratório, um processo meramente burocrático para se dar a ele uma conotação que o caracteriza como processo administrativo, mas se tenta blindar, proteger ou afastar a ampla defesa e o contraditório dizendo que não se trata de processo administrativo, mas de mero protocolo.

"Isso não é só comum na Administração Pública, é contumaz principalmente no âmbito do Ministério Público. Isso, para mim, é absolutamente inconstitucional. Porque quando vamos analisar a questão do processo administrativo, como, de forma, qualquer processo apenador, vamos viver na tensão entre o interesse geral da coletividade de reprimir condutas desregradas, que é absolutamente um valor da moralidade administrativa, de um lado, e de outro lado os princípios maiores da ampla defesa e do contraditório. Embora talvez remando contra a corrente, no momento que nós vivemos, um momento Jacobino, enfim acho que a ampla defesa e o contraditório devem prevalecer até sobre a teleologia do processo, ou seja, contraditório e ampla defesa estorvam a apuração, não há dúvida, mas são princípios tão mais densos que podem, inclusive, ou devem inclusive prevalecer sobre a necessidade de punição, sobre a necessidade de moralização, sobre a necessidade de depuração dos quadros da Administração Pública."

II.5 É certo que o princípio do formalismo e a vinculação à legalidade estrita a que está sujeita a Administração Pública obriga que a edição de qualquer ato administrativo seja precedida de um procedimento formal. Muita vez a edição de um ato prescinde que este procedimento assuma a característica de um processo. Isso ocorrerá nas hipóteses em que a atividade administrativa e o ato que lhe dá conformidade jurídica não envolvam contraposição de interesses nem impliquem em restrição ou sacrifício de direito de administrado. Assim é, por exemplo, com o procedimento de empenho ou de liquidação de despesas previsto nos arts. 58 e ss. da Lei n. 4.320/1964. Não havendo que se falar em contraposição de interesses (embora, por exemplo, no ato de empenho haja interessados – *v.g.* o particular que prestou o serviço ou forneceu o bem que lastreará a despesa objeto do empenho), o procedimento – entendido como encadeamento formal de atos – não se afigurará como processo. Contudo, seguindo no exemplo, caso se trate de cancelamento do empenho, será obrigatório falar-se de processo administrativo, inclusive com o amplo contraditório e a participação do interessado (o que faria jus ao recebimento de verbas antes empenhadas).

II.6 A natureza processual (e não meramente procedimental), para sermos fiéis à Constituição, surge no momento em que a atividade da Administração resvala a contrariedade, a contraposição de interesses de administrados seja no entrechoque de interesses de dois ou mais particulares, seja na potencial contrariedade do possível resultado da atividade administrativa específica com o interesse de um administrado. É nesta contrariedade de interesses que reside o dever de seguir os cânones do processo administrativo, com todas as homenagens ao contraditório e à ampla defesa. Não será incomum assim que no exercício de uma atividade administrativa (disciplinar, ablatória, adjudicatória, fiscalizadora, ordenadora, fiscal, ou qualquer outra) um dado procedimento passe a ter caráter de processo administrativo com a emergência de potencial risco de ser afetado interesse do administrado.

II.7 O núcleo prescritivo do art. 5º, LV, é incontendivelmente de proteção do indivíduo (administrado) contra o manejo do poder estatal (na esfera judicial ou administrativa). Portanto, nenhum prurido deve causar a afirmação que ora faço de que a natureza de processo administrativo a que se sujeita a atividade da Administração decorrerá diretamente da caracterização (e eventualmente da demonstração) de situação de contrariedade de interesses (efetiva ou potencial) em face de algum administrado. Tendo lugar tal potencial contrariedade (mesmo que em face de um potencial resultado ao final do procedimento), caberá falar em litigante. Como nos ensinou Ada Pellegrini Grinover, em magistral artigo que há mais de década fincou o marco doutrinário da processualidade administrativa: "Litigantes existem sempre que, num procedimento qualquer, surja um conflito de interesses. Não é preciso que o conflito seja qualificado pela pretensão resistida, pois neste caso surgirão a lide e o processo jurisdicional. Basta que os partícipes do processo administrativo se anteponham face a face, numa posição contraposta. Litígio equivale à controvérsia, a contenda, e não a lide. Pode haver litigantes – e os há – sem acusação alguma, em qualquer lide. Assim, por exemplo, no processo administrativo de menores, mesmo não-punitivo, podem surgir conflitos (...). E assim também nos processos administrativos punitivos (...), mesmo antes da acusação, surgindo o conflito de interesses, as garantias do contraditório e da ampla defesa serão imediatamente aplicáveis".[5]

II.7.1 E se litigante há, processo administrativo com contraditório e ampla defesa deve haver. Como ensina Manoel de Oliveira Franco Sobrinho "de procedimentos administrativos podem resultar processos administrativos. As impugnações e os recursos, formando relação jurídica, criam o contraditório, obrigando a Administração como parte a aceitar o conflito, a admitir o fato contencioso".[6]

II.8 Nestes quadrantes é que se põe a questão dos procedimentos ditos investigativos, inquisitoriais. Freqüentes têm sido os rompantes de parte da doutrina e da jurisprudência em sustentar que o regime constitucionalmente reservado aos processos administrativos não seria aplicável aos procedimentos ditos inquisitoriais. Basicamente para três espécies colhemos manifestações neste sentido: os inquéritos policiais (que servem de parâmetro para as demais construções), os inquéritos civis públicos (art. 8º, § 1º, da Lei n. 7.347/1985) e ainda objeto da presente reflexão, os procedimentos de sindicância. É fato que estes entendimentos seguem a orientação antiga, anterior à Constituição de 1988 e não se apercebem da mudança significativa que foi trazida pelo novo Texto Constitucional.

II.8.1 Já tive a oportunidade de ver invocada, em respaldo a esse entendimento, formulação um tanto estranha segundo a qual no choque entre o direito individual ao contraditório e à defesa ampla e o interesse público subjacente a uma investigação eficaz, esta última deve prevalecer. A formulação era aproximadamente assim: em face do interesse da eficaz atuação estatal de preparação de um processo administrativo ou judicial sancionador, o interesse particular do devido processo cede.

Esse raciocínio, apesar de causar um certo susto em quem nutre alguma consideração pela Constituição, não se sustenta. Qualquer garantia individual (direitos fundamentais de primeira geração) só faz sentido se afirmada em face do Estado, mesmo quando o poder público se move na perseguição do interesse público ou coletivo. Ora, se se admite que a existência de um interesse público (da sociedade, da coletividade, da humanidade) basta para fazer ceder as garantias individuais, então estaremos caminhando a passos largos para a derrogação de qualquer direito fundamental desta ordem. Afinal, a atividade administrativa ou persegue um interesse público ou constitui desvio de finalidade e de nada serve. Se só a existência de interesse público justifica a derrogação da ampla defesa e do contraditório, decrete-se a inaplicabilidade destas garantias no processo administrativo!

II.8.2 A mim não parece haver diferença entre a relativização da garantia individual do contraditório e da ampla defesa presentes no art. 5º, LV, e eventual "*flexibilização*", por exemplo, da cláusula de devido processo

5. Ada Pellegrini Grinover, "Do Direito de Defesa em Inquérito Administrativo", in *RDA – Revista de Direito Administrativo*, n. 183, jan.-mar./1991.

6. In *Curso de Direito Administrativo*, São Paulo, Saraiva, 1979, p. 281.

legal presente no art. 5º, LIV, na hipótese do Estado se apropriar da propriedade alheia para, suponhamos, dar de comer aos famintos ou dar abrigo aos sem-teto. Afinal, estas medidas se prestam a assegurar interesses públicos relevantes como o direito à vida (art. 5º, *caput*) e à dignidade da pessoa humana (art. 1º, III, CF). Ninguém sustentaria que nem mesmo tão relevantes interesses públicos (princípios constitucionais angulares, de densidade infinita) são bastantes para derrogar a garantia processual do devido processo. Por que então a eficiência da investigação pode servir para afastar, sabe-se lá com que lastro constitucional, o devido processo e o contraditório nos processos administrativos (já que envolvem interesses litigantes) ditos *inquisitoriais*?

II.8.3 Dir-se-á que nestas hipóteses não há derrogação, pois o corolário da defesa e o pálio do contraditório poderão ser posteriormente respeitados no âmbito do processo judicial (penal, civil público ou declaratório de improbidade) ou administrativo (disciplinar ou sancionador em sentido estrito). Ora, quem o diz desconhece – ou foge de conhecer – que a simples imputação, a mera atribuição da conduta punível criminal ou administrativamente já importa em afligir a esfera de direitos individuais (à honra, para dizer o mínimo). Quem essa tese abraça certamente não gostaria de ser acusado de crime, ser indiciado, ser sindicado ou processado. O exercício do direito de defesa se presta justamente a permitir que, trazidas as razões, provas e elementos pelo interessado se possa, eventualmente, afastar uma imputação equívoca.

II.9 Não é por outra razão que a Carta alude à proteção do art. 5º, LV, *aos acusados em geral*. Não fez uso o constituinte do termo denunciado, processado (o que seria uma tautologia). Referiu-se a acusado exatamente para abranger (com reforço ao conceito já amplo de *litigante*) qualquer um a quem seja imputada uma conduta potencialmente passível de acarretar punição, sanção, responsabilização. Acusar importa singelamente em indicar (*i*) responsabilidade subjetiva e (*ii*) tipificação de conduta desregrada. A partir do momento em que há uma atribuição subjetiva, potencial até, de eventual falta, surge a contraposição de interesse uma vez que o imputado (acusado) certamente não haverá de concordar com que se lhe inculque culpa.

II.10 Evidentemente, enquanto num procedimento o agente público está averiguando fatos e checando autoria de eventos potencialmente puníveis, não haveria que se falar em litigantes ou acusados.[7] Porém, a partir do momento em que surge no procedimento a imputação, a indicação de potencial falta e de responsabilidade, o eventual enquadramento da conduta do indivíduo como punível, então passa a ser presente a relação de contrariedade, de parte, de litigante ou no mínimo o *status* de "*acusados em geral*".[8] Havendo representados,

7. Acerca da razão da Constituição fazer a distinção entre litigantes e acusados em geral, contida no art. 5º, LV, vale trazer a lição de Romeu Felipe Bacellar Filho: "Em segundo lugar, litigantes e acusados não são termos sinônimos. Perceba-se a redação do dispositivo dando realce à partícula 'e' que, ao invés de configurar sinonímia, expressa conjunção aditiva. (...) As garantias do contraditório e da ampla defesa já eram reconhecidas aos acusados no plano do processo judicial e administrativo, por força de interpretação doutrinária e jurisprudencial da Constituição de 1967. (...) Ora, se há litigantes no processo administrativo é porque, logicamente, pode haver o desencadeamento de um litígio ou lide na função administrativa. É verdade que a noção de lide tem suscitado múltiplas controvérsias e não se acha até hoje devidamente delimitada pela doutrina do direito processual, onde foi concebida" (cf. Romeu Felipe Bacellar Filho, *Princípios Constitucionais do Processo Administrativo Disciplinar*, Max Limonad, São Paulo, 1998, pp. 67 e 68).

8. "Não há forma, portanto, para excluir da condição de litigante, quem mediante um ato administrativo unilateral, autua e notifica da penalidade, assim como da situação de acusado em geral, aquele que sofre os efeitos desta acusação. (...) Nossa Suprema Corte, fiel aos postulados constitucionais que delimitam, nitidamente o círculo de atuação das instituições estatais, salientou que qualquer indivíduo que figure como objeto de procedimento investigatório, *verbis*: 'tem, dentre as várias prerrogativas que lhe são constitucionalmente asseguradas, o direito de permanecer calado'" (cf. Edson Jacinto da Silva,

há necessariamente acusados. Se, portanto, num dado momento de um procedimento, o ato decisório *in fieri* em que colimará o procedimento atingir ou puder contrariar o interesse do particular, ou ainda necessitar da participação do administrado, então estarão presentes as condições para que sobre ele recaia a processualidade, com as garantias a ela inerentes.[9]

Lúcia Valle Figueiredo não deixa margem para dúvidas ao afirmar que "A Constituição de 1988 utilizou-se dos termos 'acusados' e 'litigantes' no inciso LV do art. 5º, pré-mencionado. Quanto ao primeiro – 'acusados em geral' –, há de se dar larga amplitude ao termo, para abrigar todas as situações em que haja imputação a alguém de falta ou conduta ilícita, e não apenas no sentido mais restrito, da possibilidade de já haver acusação formal (ou denúncia no processo penal) a deflagrar o inquérito administrativo ou a ação penal".[10]

II.11 Tenhamos em mente que a aplicação da regra do art. 5º, LV, da Constituição independe de haver acusação formal ou da declaração do agente público de que se trata de um processo administrativo. Fosse aceita esta tese e chegaríamos ao absurdo de submeter a aplicação de uma garantia constitucional (o direito individual ao contraditório e à ampla defesa) ao alvedrio do agente estatal exatamente contra o qual se volta a garantia. Seria o mesmo que dizer que uma garantia fundamental que não pode ser suprimida sequer por Emenda Constitucional (art. 60, § 4º, IV) poderia ser afastada meramente (*i*) pela declaração da autoridade (afirmando tratar-se de mero procedimento inquisitorial ou dando nomes criativos ao procedimento – expediente, protocolado, apartado, etc.) ou (*ii*) pela omissão em nomear o indivíduo como *formalmente acusado ou investigado*. O absurdo da construção dispensa maiores comentários.

II.12 Não é por outras razões que a Lei de Processo Administrativo (Lei Federal n. 9.784/1999) estabelece ser legitimado para atuar no processo administrativo todo aquele que "tem direitos ou interesses que possam ser afetados pela decisão a ser adotada" ao fim e ao cabo do processo (art. 9º, II). Essa concepção ampla de interessado aponta, certamente, para a afirmação da abrangência integral da regra do art. 5º, LV, CF, a todos os procedimentos administrativos cuja decisão final traga, *in fieri*, risco de afetar direito ou interesse individual.

II.13 Lembremos que, consoante prediz o art. 1º, § 1º, da citada Lei Federal, o regramento do processo administrativo nela contido é aplicável aos órgãos dos Poderes Legislativo e Judiciário quando no desempenho de função administrativa.[11] Já a Lei paulista de Processo Administrativo (Lei estadual n. 10.177/1998), embora não se referindo expressamente à atividade administrativa dos outros Poderes, tem incidência ainda mais ampla. Isso porque, como se lê do próprio art. 1º, suas disposições regem "*os atos e procedimentos administrativos*", deixando até num segundo plano a discussão sobre a necessidade ou não de se tratar de processo administrativo para que as garantias processuais sejam aplicáveis.

II.14 Para fins de instrução do presente, vamos trazer um exemplo. Pois bem, estamos

Sindicância e Processo Administrativo Disciplinar, 3ª ed., Leme, Habermann, 2004, pp. 98 e 99).

9. Neste sentido a lição de Odete Medauar: "Essa evolução culmina, principalmente, na concepção do procedimento-gênero, como representação da passagem do poder em ato. Nesse enfoque, o procedimento consiste na sucessão necessária de atos encadeados entre si que antecede e prepara um ato final. O procedimento se expressa como processo se for prevista também a cooperação de sujeitos, sob prisma contraditório" (*Processo ou Procedimento Administrativo*, São Paulo, Ed. RT, 1993, p. 40).

10. Cf. *Curso de Direito Administrativo*, 6ª ed., São Paulo, Malheiros Editores, p. 419.

11. Verdade que a Lei n. 9.784/1999, sendo lei federal, rege apenas o processo administrativo no âmbito da União. Porém a prescrição pode ser transposta para Estados e Municípios, pois a Constituição alude a processo administrativo querendo abranger toda a atividade administrativa do Estado o que, como sabemos, envolve as funções administrativas de todos os poderes. Neste sentido v. Maria Sylvia Zanella Di Pietro, *Curso de Direito Administrativo*, 14ª ed., São Paulo, Atlas, p. 61.

diante de um procedimento instaurado sob o nome de "*Sindicância*", e tendo por apuração de eventual exorbitância de funções ou da prática de abuso de autoridade quando da detenção de um policial. Haveria na sobredita "*Sindicância*" a figura de um *Representante* que seria exatamente o policial cuja detenção constituiria no fato a ser sindicado.

II.14.1 Na hipótese, as autoridades participantes do ato de detenção estão enredadas em nítida condição de litigantes ou, no mínimo, de acusados de prática infracional-disciplinar e mesmo de crime, algo mais do que suficiente para caracterizar a existência de um processo administrativo e para fazer incidir todas as garantias constitucionais; e, por conseqüência, que o procedimento está a caracterizar verdadeira aberração jurídica, sem qualquer previsão legal. Vejamos.

II.15 É verdade que a doutrina define sindicância como uma espécie de procedimento voltado a apurar eventuais práticas infracionais por servidor público. O sempre citado Hely Lopes Meirelles ainda é presente para lembrar – como alhures citado foi – que "sindicância administrativa é meio sumário de elucidação de irregularidades no serviço para subseqüente instauração de processo e punição do infrator".[12] Emerge já o problema da competência para instaurar sindicância, o que será abordado no próximo tópico. Porém, desde já posso dizer que de sindicância não se trata, pois o objeto da representação seria investigar fatos caracterizadores de "*abuso de autoridade*".

Ora, se assim foi, dever-se-ia aplicar o regramento constante da Lei n. 4.898/1965 que (art. 2º) determina que a representação será exercida mediante petição dirigida "à autoridade superior que tiver competência legal para aplicar a respectiva sanção". Pelo art. 7º desta lei, o procedimento (inquérito administrativo) para apurar o fato "obedecerá às normas estabelecidas nas leis municipais, estaduais ou federais, civis ou militares, que estabeleçam o respectivo processo" (art. 7º, *caput*, e § 1º).

No que se refere ao caso em estudo, não só há legislação estadual regente do processo disciplinar do servidor público estadual (Lei estadual n. 10.261/1968, alterada pela Lei Complementar estadual n. 942/2003), como há lei específica versante sobre o regime funcional especial da Polícia Civil (Lei Complementar estadual n. 207/1979 com a redação dada pela Lei Complementar estadual n. 922/2002). Portanto, ainda que imaginássemos o D. Juízo competente, o rito deveria ser aquele constante da legislação estatutária estadual.

E no Estado de São Paulo, tanto para o regime jurídico geral dos servidores, quanto para os integrantes da Polícia Civil o procedimento de sindicância não tem natureza inquisitorial, sendo na verdade processo administrativo disciplinar célere para aplicação de penalidades mais brandas. Deveras, o art. 269 do Estatuto do Servidor Público Estadual (Lei n. 10.261/1968, com redação dada pela Lei Complementar estadual n. 942/2003) prescreve:

> Art. 269. Será instaurada sindicância quando a falta disciplinar, por sua natureza, possa determinar as penas de repreensão, suspensão ou multa.

No mesmo sentido vai a Lei Orgânica da Polícia Civil (Lei Complementar estadual n. 207/1979 com a redação dada pela Lei Complementar estadual n. 922/2002):

> Art. 88. Será instaurada sindicância quando a falta disciplinar, por sua natureza, possa determinar as penas de advertência, repressão, multa ou suspensão.

Verifica-se, portanto, que no âmbito do Estado de São Paulo, sindicância não se trata de procedimento inquisitorial e sim de processo disciplinar para aplicação de penas que não a demissão, a demissão a bem do serviço público, a cassação de aposentadoria ou disponibilidade (cf. art. 89 da Lei Complementar estadual n. 922/2002).[13] A menos

12. Cf. *Direito Administrativo Brasileiro*, 28ª ed., São Paulo, Malheiros Editores, p. 668.

13. No mesmo sentido o art. 270 do Estatuto do Servidor Público Estadual.

que se arvore a opinião da doutrina ao *status* de lei (o que faria nosso Direito se aproximar do sistema islâmico, transformando as lições de Hely em verdadeiro *Idjmâ*), de sindicância não se pode tratar.

Tanto assim é que a Lei Orgânica da Polícia Civil paulista prevê um procedimento investigatório específico, denominado *Apuração Preliminar* (art. 85, Lei Complementar n. 922/2002[14]). Porém, este procedimento só pode ter lugar quando não caracterizada a infração, nem delimitada a autoria.

II.16 Portanto, não há que se falar em sindicância. Porém, se estivéssemos diante de uma sindicância, então seria absolutamente incontroversa sua submissão ao disposto no art. 5º, LV, submetendo-se o procedimento às garantias processuais do contraditório e da ampla defesa.

II.16.1 Por primeiro, porque são patentes (*i*) a existência de controvérsia apta a caracterizar a situação das citadas autoridades como litigantes e (*ii*) no mínimo a sua situação de acusados (representados, talvez) por abuso de autoridade. Numa e noutra circunstância, temos que reconhecer o caráter de processo administrativo de que se reveste o procedimento.

Certamente os representados acreditam ter exercido seu dever funcional ao deter o representante. Este enxerga na conduta abuso de autoridade. Ora, dizer que em torno dos fatos não há controvérsia é querer negar ao sol a claridade. E afirmar que no quanto sindicado não resulta, *in fieri*, afronta a interesse e direito dos sindicados menos não é.

Como mais uma vez nos ensina Ada Pellegrini Grinover, "embora não tendo, em geral, caráter punitivo, a sindicância não deixa de ser processo administrativo".[15] Havendo, como há, confronto de interesse e imputação aos representados de condutas puníveis, está presente a condição de litigantes (e de acusados) impondo-se o dever constitucional de tratar este procedimento como processo administrativo.

Assim, se no procedimento estão presentes representados (e representado é parte) impossível sustentar a inexistência de litigantes, nos termos do que acima expus.

II.16.2 Por segundo, é a própria Lei federal n. 4.898/1965 que determina (art. 7º, § 3º) que a apuração da prática de abuso de autoridade na esfera administrativa terá natureza de processo administrativo, não sobrestável por força do andamento da ação penal ou civil.

II.16.3 Por terceiro, na medida em que, mesmo se considerássemos como sindicância o procedimento, teríamos que obedecer à legislação estadual, como determina – já vimos – o art. 7º, § 1º, da Lei federal n. 4.898/1965. Vamos então à Lei Orgânica da Polícia Civil (redação dada pela Lei Complementar estadual n. 922/2002) e lá veremos:

> Art. 87. A apuração das infrações será feita mediante sindicância ou processo administrativo, assegurados o contraditório e a ampla defesa.

II.17 Disso resulta que o procedimento engendrado, acaba por caracterizar uma aberração jurídica. Não consigo imaginar qual a base legal adotada para respaldar tal procedimento. A Lei Orgânica da Polícia Civil do Estado de São Paulo não é, como vimos. Igualmente não seria o Estatuto do Servidor Público. Tampouco haveria de ser a Lei federal n. 4.898/1965, pois esta remeteria àquelas. A Lei de Processo Administrativo da União também não é, pois suas disposições estão *in caso* veementemente sendo desatendidas.

Ainda dentro do exemplo aqui trazido, sendo o processo conduzido por um Magistrado (o juiz corregedor da polícia judiciária), poder-se-ia cogitar da aplicação da Lei Orgânica da Magistratura (Lei Complementar federal n. 35/1979), mas então os representados teriam já sido intimados a apresentar defesa prévia e recebido o inteiro teor da acusação e das provas

14. É o texto: "Art. 85. A autoridade corregedora realizará apuração preliminar, de natureza simplesmente investigativa, quando a infração não estiver suficientemente caracterizada ou definida autoria".

15. Ob. cit., p. 14.

existentes (art. 27, § 1º) o que, é cediço, não ocorreu. Bem, poderia estar o procedimento embasado no Regimento Interno do E. Tribunal de Justiça do Estado. Mas, se assim fosse, também teriam sido os representados instados a apresentar defesa com amplo acesso à cópia da representação e dos documentos oferecidos (art. 295, § 1º, e art. 301, RI-TJSP).

Enfim, poderia ser a Lei estadual de Processo Administrativo (Lei Paulista n. 10.177/1998) o diploma regente do procedimento. Mas desconfio que também ela não seja, pois, se fosse, também já estariam os representados intimados a oferecer defesa, com acesso à cópia do ato de instauração (art. 62, II).

Fica-se, então, com a impressão de que estamos diante de um procedimento atípico e inusitado, mal chamado de sindicância, e processado sem qualquer base legal, ao alvedrio da autoridade condutora. Ora, se é assim, nem de procedimento inquisitorial se trata. Cuida-se na verdade de um expediente sem rito, sem objetivo, sem respaldo legal. Algo tão amalucado que faz aguçar desvarios de toda ordem. Como, por exemplo, a estonteante auto-atribuição do representante à condição de "*assistente litisconsorcial nos autos da Sindicância*" para postular a cassação de liminar concedida pelo E. Tribunal de Justiça para obstar prática de atos no indigitado procedimento. Se há assistência litisconsorcial, deve haver litisconsorte ativo. Porém, não consigo imaginar outrem a integrar o procedimento que não o representante (agora travestido de assistente litisconsorcial) e a autoridade condutora do procedimento. Seria possível haver um consórcio (deixemos de lado o prefixo que reforça a idéia de lide) entre o representante e o juízo? Não se pode crer.

II.18 Arremate-se dizendo que, na situação concreta, emerge a hipótese mais acirrada de processualidade administrativa, aquela em que no processo embatem-se interesses de administrados. Com efeito, na situação vertente vislumbra-se não oposição entre o interesse do administrado em face do devir da função pública. Vê-se sim a oposição de interesses de administrados a serem arbitrados pelo agente da Administração (esqueçamos por ora a usurpação de competências administrativas pela autoridade judicial).

Posta assim a questão, a obrigatoriedade do contraditório se afirma não apenas como conseqüência do direito individual do interessado (aquele que pode ser afetado pela decisão final, conforme a Lei de Processo Administrativo), mas também por força do próprio princípio da isonomia. Tal como conduzido o processo, é evidente a desobediência ao princípio da isonomia e à imparcialidade na medida em que dá ao representante (sobre quem pesa também a imputação de conduta delituosa) a condição de interessado, oficiante até, no processo, negando tal prerrogativa aos acusados.

II.19 Concluo este tópico afirmando que o procedimento inaugurado não pode ser tratado como sindicância. E, ainda que o fosse, por expressa disposição legal, nela dever-se-ia observar o contraditório e a ampla defesa. De resto, em qualquer circunstância, a presença de irrefutável e incontendível condição de litigante e de acusados dos representados faz imediatamente aplicável a garantia constante do art. 5º, LV, da Constituição. Por fim, a absoluta ausência de qualquer base legal a respaldar o rito adotado indica que todos os atos praticados são nulos por absoluta falta de amparo legal.

III. Competências correicionais e competências disciplinares da atividade policial

III.1 O acima exposto torna mais fácil a tarefa doravante. Nula e imprestável é, por si, a denominada *sindicância*. Porém, há um problema a mais. No exemplo formulado, o D. juiz corregedor não possui nem resquício de competência para promover sindicância, averiguação, inquérito, apuração, sondagem ou qualquer procedimento preparatório de processo disciplinar sobre membros da polícia civil. Não é preciso muito para demonstrá-lo.

III.2 A realização de averiguações de fatos e autoria de supostas infrações administrativas (o que inclui neste particular o abuso de autoridade) constitui atividade administrativa exercida dentro dos poderes disciplinares que os superiores hierárquicos detêm sobre seus subordinados. Os servidores da polícia civil são vinculados ao Poder Executivo. No nosso sistema constitucional, não se admite que um membro do Poder Judiciário tenha ascendência hierárquica em matéria disciplinar sobre servidor do Executivo.

III.3 D'outra feita, a Lei Orgânica da Polícia Civil define precisamente o regime disciplinar dos delegados de polícia. A aplicação de sanções disciplinares aos Delegados da Polícia Civil cabe (art. 70) apenas ao Governador do Estado, ao Secretário de Segurança Pública, ao Delegado-Geral de Polícia, aos Diretores-Gerais de Polícia e Assistentes Técnicos que integrem os quadros da Corregedoria de Polícia ou ainda aos titulares de unidades diretamente subordinadas às Diretorias-Gerais de Polícia. Ou seja, há expressa prescrição acerca das autoridades competentes para aplicar sanções disciplinares em delegados de polícia. Em nenhum caso prevê a lei competência similar para autoridade judicial, nem mesmo as Corregedorias da Polícia Judiciária.

III.4 A regra de competência é central no direito administrativo. O poder estatal é exercido por órgãos e agentes a quem a lei distribui atribuições e aloca poderes. Como ensina Carlos Ari Sundfeld:

"Ao desempenhar o poder, os governantes exercitam competências, não direitos subjetivos. O juiz, o legislador, o administrador, não têm o direito de, respectivamente, julgar, legislar ou administrar, mas sim competência de fazê-lo.

"A expressão competência é usada no Direito com intenção muito definida. Significa-se com ela o poder, conferido pelo ordenamento, cujo exercício só é lícito se realizado: a) pelo sujeito previsto; b) sobre o território sob sua jurisdição; c) em relação às matérias indicadas na norma; d) no momento adequado; e) à vista da ocorrência dos fatos indicados na norma; e, especialmente, f) para atingir a finalidade que levou à outorga do poder. Em outras palavras, a competência é um poder intensamente condicionado."

A competência decorre de lei, "não podendo o próprio órgão estabelecer, por si, suas atribuições".[16] O poder extroverso não está disponível para que os agentes públicos se sirvam do quanto de atribuição sacie sua vontade de atuar em face do administrado. Justamente para evitar a afoiteza de um agente público é que o Direito atribui a cada órgão ou agente parcela das funções públicas e define limites organizacionais (horizontais) ou hierárquicos (verticais) para seu exercício.

III.5 Não se cogite, por absurdo, que a prescrição contida na Lei Orgânica da Polícia Civil conteria um rol meramente exemplificativo. A norma que prescreve competência cumpre um duplo papel: ela contempla um preceito positivo, indicando quem pode (e deve, haja vista o princípio da função) praticar um ato ou manejar uma atribuição estatal; e contempla uma prescrição negativa, pois, uma vez definida a competência de um órgão ou agente, resta suprimida essa competência de todos os demais entes ou sujeitos da Administração. Daí por que a norma prescritora de competência sempre é fechada. Se assim não for não teria serventia, pois permaneceria a incerteza quanto ao titular da competência.

Quando se quer que uma competência seja concorrente é necessário que se preveja para mais de um ente, agente ou órgão a mesma atribuição. Ai sim se estará diante de competência concorrente. Dizer que um artigo, que fixa uma dada competência para um número fechado de pessoas, não interdita que outros a exerçam pelo simples fato da norma não fazer referência à competência exclusiva, é contrariar a própria noção de competência no direito administrativo.

A título de exemplo, se a ausência do termo *exclusivo* num rol de sujeitos que detêm uma competência (ou legitimação) implicasse

16. Maria Sylvia Zanella Di Pietro, ob. cit., p. 197.

admitir outros agentes detendo competência, então teríamos descoberto que há outros legitimados para mover o controle concentrado de constitucionalidade, enxergando aberto o rol dos legitimados pelo art. 103 da CF para ajuizar Ações Diretas de Inconstitucionalidade. Uma exegese que nunca houvera visto antes.

III.6 A competência para mover procedimento inquisitorial preparatório de processo administrativo disciplinar é exclusiva daqueles agentes ou órgãos que possuem competência em matéria disciplinar. No regime da Lei Orgânica da Polícia Civil, a competência para determinar a instauração de sindicância é exclusiva das autoridades arroladas no art. 70 (cf. art. 90).

III.7 Poder-se-ia argumentar que o juiz corregedor teria competência para realizar apuração preliminar lastreado no art. 85 da Lei Complementar n. 922/2002. Só que para isso ter-se-ia que confundir atividade correicional com atividade disciplinar de corregedoria. E são coisas bem distintas.

III.7.1 A atividade correicional é exercida sobre os serviços com vistas a verificar sua regularidade, presteza e eficiência. Permite como conseqüência adotar medidas de recomendação (por exemplo, aconselhar um novo procedimento), medidas normativas (alterar regras de funcionamento do serviço) ou mesmo medidas coercitivas (exigir a devolução de autos, obrigar a concessão de vistas). Não se confunda, contudo, atividade correicional (sobre os serviços) com competências disciplinares (consistentes na aplicação de penas ao servidor). Embora muita vez possam estar as competências correicionais e de corregedoria alocadas num mesmo órgão ou atribuídas a um mesmo agente, elas não são idênticas.

III.7.2 A atividade disciplinar de corregedoria se desenvolve sobre a atuação funcional dos servidores e inclui competências sancionatórias. E a atividade disciplinar pressupõe superioridade hierárquica. O objetivo da atividade de corregedoria é coibir condutas desregradas e punir os desvios. Nela não se busca diretamente disciplinar os serviços (a atividade), mas a atuação dos servidores. A atividade pode ser bem prestada pela polícia judiciária, embora um policial tenha conduta incompatível com o cargo. Nesta situação, nada compete fazer ao juiz corregedor além de eventualmente comunicar ao superior hierárquico do servidor (no caso a Corregedoria de Polícia).

III.8 Bom exemplo é o que ocorre na atividade prisional. Ao juiz corregedor de presídios cabe inspecionar as condições carcerárias, determinar providências com vistas a preservar as condições de salubridade, sociabilidade e dignidade da população carcerária, participar do processo de normatização das rotinas prisionais, etc. Não é por isso que o regime disciplinar dos servidores públicos envolvidos com a atividade penitenciária fique a cargo do juízo correicional e que este tenha poderes disciplinares sobre aqueles.

III.9 No âmbito da polícia judiciária ocorre o mesmo. Como ensina Octávio Augusto Machado de Barros Filho, com a autoridade de quem exerce a função de Corregedor de Presídios do Estado de São Paulo, "não é demais salientar que as funções correicionais recaem apenas sobre os serviços e os funcionários subordinados diretamente ao juízo monocrático. (...) A fiscalização dos atos praticados por agentes da Polícia Militar e da Polícia Civil cabe às autoridades sob as quais estejam hierarquicamente subordinados às suas respectivas Corregedorias, ressalvado o controle externo a cargo do Ministério Público".[17]

III.10 A Lei de Organização do Judiciário paulista não traz regra distinta. Se formos ao art. 51, parágrafo único, veremos expressamente consignado que a competência disciplinar dos membros do Judiciário investidos de competências correicionais se referem apenas aos "*serventuários, escreventes, fiéis, porteiros e oficiais de justiça*". E no art. 33 da mesma lei não vemos dada aos Juizes das Varas de Execuções Criminais competência disciplinar

17. "Corregedorias da Polícia Judiciária e dos Presídios", in Vladimir Passos de Freitas, *Corregedorias do Poder Judiciário*, São Paulo, Ed. RT, 2003, p. 316.

(sancionatória) sobre os membros das carreiras policiais, mas tão-somente a atribuição da função de correição permanente sobre a atividade de polícia judiciária.

III.11 Esse ponto emerge importante. A correição cabente ao juízo se desenvolve sobre a polícia judiciária, que constitui função e não carreira. Sim, pois no âmbito estadual só existem duas carreiras: a polícia civil e a polícia militar (além do Corpo de Bombeiros), conforme o art. 144, IV e V, da CF. Polícia judiciária não é carreira, mas atividade específica exercida pela polícia civil no âmbito estadual (cf. art. 144, § 4º). Portanto, a atividade de correição exercida pela Vara da Corregedoria da Polícia Judiciária da Comarca se refere apenas às atividades de polícia judiciária e não aos aspectos funcionais e disciplinares que, no âmbito da carreira de polícia civil, regem-se por Lei própria (Lei Complementar estadual n. 207, com redação dada pela Lei Complementar estadual n. 922) e competem à Corregedoria de Polícia.

III.12 E nem se diga que o juízo corregedor da Polícia Judiciária seria competente para promover a averiguação preliminar (vimos já que de sindicância não se há de falar) pois tal procedimento seria preparatório para o futuro encaminhamento de elementos aptos a subsidiar um processo administrativo disciplinar a tramitar na Corregedoria de Polícia. Tal raciocínio, um tanto pueril, sucumbe diante do fato que a competência para promover averiguações preliminares sobre (supostas) faltas funcionais é do órgão que detém competências disciplinares. Como ensina Jesús Gonzáles Pérez, "La competencia para acordar este trámite *[de actuaciones previas]* corresponde al mismo órgano que la ostenta para incoar el procedimiento. Una elemental medida de prudencia aconseja acudir a é, lo que evitará procedimientos innecesarios, con las lamentables consecuencias para el funcionario supuestamente responsable".[18]

III.12.1 E, como já demonstrei, consoante reza a Lei Orgânica da Polícia (art. 70 com redação dada pela Lei Complementar estadual n. 92/2002), detêm competência para aplicar sanções disciplinares apenas o Governador, o Secretário de Segurança, o Delegado-Geral de Polícia, o Delegado de Polícia Diretor da Corregedoria e os Delegados de Polícia Corregedores Auxiliares, estes dois últimos integrantes da Corregedoria-Geral da Polícia Civil (cf. Decreto n. 47.236/2002).

III.12.2 Na Polícia Civil, a atividade de corregedoria disciplinar é disciplinada pelo Decreto n. 47.236/2002. Lá vemos arroladas as competências da Corregedoria nos seguintes termos:

> Art. 5ª. A Corregedoria-Geral da Polícia Civil tem as seguintes atribuições básicas, a serem exercidas em todo o território estadual:
>
> I – promover, privativamente, a apuração das infrações penais e administrativas atribuídas a policial civil;
>
> II – realizar visitas de inspeção e correições extraordinárias em qualquer unidade policial, cientificado o Delegado-Geral de Polícia;
>
> III – apreciar as representações que lhe forem dirigidas relativamente à atuação irregular de policiais civis;
>
> IV – promover investigação sobre o comportamento ético, social e funcional dos candidatos a cargos policiais civis, bem como dos ocupantes de tais cargos em estágio probatório e dos indicados para o exercício de chefias e encarregaturas, observadas as normas legais e regulamentares aplicáveis;
>
> V – avocar procedimentos de polícia judiciária, quando conveniente aos interesses da Administração Policial.

Dúvida não pode haver que apenas a Corregedoria da Polícia Civil pode realizar apurações preliminares. Se dúvida houvesse, bastaria verificar que no âmbito da Corregedoria existe uma Divisão de Apuração Preliminar com competências estritas para promover este tipo de investigação (cf. art. 8º do Decreto n. 47.236/2002).

III.13 Fora de dúvidas, portanto, que no exemplo trazido o MM. Juiz não reúne competências para aplicar sanções disciplinares

18. *Manual de Procedimiento Administrativo*, Madri, Civitas, p. 479.

aos delegados da polícia civil (e tampouco para averiguar eventual falta funcional por eles cometida), podendo nesta seara, no máximo, oficiar à Corregedoria-Geral de Polícia.

IV. Efeitos da falta de competência: a imprestabilidade da sindicância

IV.1 A esta altura, creio não ser mais dubitável que a autoridade judiciária não possui competência para instaurar sindicância ou mesmo procedimento de averiguação preliminar em face de Delegados da Polícia Civil. Menos ainda o tem para dar curso a ela, intimar tais servidores a depor, colher testemunhos ou documentos. A ausência de competência condena o procedimento à invalidade, à imprestabilidade absoluta. Diz-nos Celso Antônio Bandeira de Mello que "o *plus* no uso da competência, seja em extensão, seja em intensidade, acaso ocorrido, significará, em última instância, um extravasamento, uma ultrapassagem de seus limites naturais, ensejando fulminação tanto pela autoridade administrativa superior, de ofício ou sob provocação, quanto pelo Judiciário, a instâncias da parte titulada para insurgir-se".[19]

IV.2 A Lei de Processo Administrativo do Estado de São Paulo (Lei estadual n. 10.177/1998) estabelece, sem entrementes, a invalidade dos atos praticados com vício de incompetência:

> Art. 8º. São inválidos os atos administrativos que desatendam os pressupostos legais e regulamentares de sua edição, ou os princípios da Administração, especialmente nos casos de:
>
> I – incompetência da pessoa jurídica, órgão ou agente de que emane;

A Lei n. 4.717/1965 (Lei de Ação Popular), por seu turno, nos dá a precisa definição do vício em apreço prescrevendo que "*a incompetência fica caracterizada quando o ato não se incluir nas atribuições legais do agente que o praticou*" (art. 2º, parágrafo único, *a*).

IV.3 Na jurisprudência encontramos julgados à basta consagrando a invalidade de todos os atos de processo conduzido por autoridade incompetente. Dentre eles, pela sua proximidade com o caso vertente, cite-se a seguinte decisão do TRF da 2ª Região:

> Incompetência subjetivo-objetiva do Juiz da Vara que instaurou a sindicância: (...).
>
> A autoridade que é apenas parcialmente competente, é incompetente. Nulidade *ex radice* de todo o processado, pelo vício maior de incompetência, a macular a sindicância e o processo administrativo *stricto sensu*. Invalidade, igualmente *ab ovo*, do processado, por violação do princípio da ampla defesa, na fase da sindicância. (...).
>
> Agora, a sindicância, é fase preliminar do processo administrativo disciplinar em sentido largo, e de que resulta, se positiva, a fase, subseqüente, e conseqüente, do processo administrativo disciplinar *stricto sensu*. Arts. 144 e ss. da Lei n. 8.112/1990. Garantia constitucional (art. 5º, IV, da CF) e legal (art. 144 da Lei n. 8.112/1990) da ampla defesa na sindicância, fundamental, eis que dela decorre, em relação de causa e efeito, o processo administrativo disciplinar *stricto sensu*. Sindicância que não assegurou aquela garantia, tanto que se encerrou em 48 horas. (...).
>
> A sindicância já é parte do processo administrativo disciplinar, e a falta de higidez de seus atos contamina, como é próprio do Direito Processual, todos os atos subseqüentes. Direito do acusado de, defendendo-se amplamente na sindicância, não se ver submetido à segunda fase, nem de ser punido, com penas menos graves, na própria sindicância.[20]

IV.4 Há que se reconhecer, pois, a nulidade da sobredita "sindicância" e de todos os atos no seu âmbito praticados. E tal invalidação há de ser reconhecida de pronto. Afinal fere os princípios constitucionais da eficiência e da moralidade (art. 37) deixar prosseguir procedimento sabidamente inválido e imprestável

19. *Curso de Direito Administrativo*, 17ª ed., São Paulo, Malheiros Editores, 2004, p. 134.

20. Cf. Mandado de Segurança n. 5.161-RJ, proc. 9302042804, *DJ* 19.4.1994, Rel. Des. D'Andrea Ferreira.

– ensejando que no seu âmbito sejam constrangidos os representados – quando desde pronto se sabe que nenhum efeito dele poderá ser produzido. Neste sentido calha trazer o pensamento de Hely Lopes Meirelles, aduzido justamente na seqüência de trecho citado numa decisão do juízo em apreço (e estranhamente dela omitido): "a sindicância tem sido desvirtuada e promovida como instrumento de punição de pequenas faltas de servidores (...)".[21]

V. Procedimento sigiloso e ampla defesa

V.1 Voltando ao exemplo, resta enfrentar a questão da vedação do acesso dos representados aos autos e, por conseqüência, a alegação de que o procedimento deve correr em sigilo. A rigor seria desnecessária tal análise, pois nulo que é todo o procedimento, resta ocioso o acesso aos autos. Mas, para complemento deste estudo, vou enfrentá-lo.

V.2 O princípio da publicidade é aplicável a toda atividade da Administração Pública. Assim é por expressa determinação constitucional (cf. art. 37, *caput*). É bem verdade que em sede de processo administrativo o princípio da publicidade recebe tratamento especial. Tanto é assim que o art. 2º da Lei de Processo Administrativo federal (Lei n. 9.784/1999) não lista o princípio da publicidade entre os princípios de regência. Já a Lei paulista de processo administrativo, Lei n. 10.177/1998, arrola (art. 4º) a publicidade entre os princípios a serem observados pela Administração Pública estadual em sede de processos administrativos. Ninguém poderia sustentar que a atividade administrativa se desenvolva ao arrepio da publicidade. Sendo o processo um instrumento relevante (em alguns casos, essencial) para o desempenho da Administração, haveria a publicidade de ser-lhe intrínseca. Assim sendo, em que consistiria essa especialidade?

V.2.1 A resposta é simples: o processo é mecanismo de garantia dos direitos dos administrados (os tais litigantes). Segue daí que a publicidade em processo administrativo obedece a um duplo regime: admite-se alguma restrição à publicidade para proteger a intimidade, para resguardar direitos ou para assegurar confidencialidade de informações sensíveis; como regra não se admite, porém, a restrição à publicidade contra o administrado, para obstar-lhe as garantias do contraditório e da ampla defesa.

V.2.2 Ou seja, a restrição à publicidade no processo administrativo se manifesta em mitigação ao amplo acesso de qualquer administrado ao quanto ventilado nos autos (restrição à publicidade enquanto diminuição do caráter amplamente público do expediente administrativo). Não é tal restrição admissível em face daquele diretamente interessado, seja o imputado, seja o representante. Quando se restringe o acesso de qualquer um aos autos ou a publicação dos atos restringe-se apenas a aplicação do princípio da publicidade dos atos administrativos. Quando se veda que o diretamente interessado tenha acesso ao processo, fere-se também o direito à ampla defesa e ao devido processo, algo constitucionalmente inadmissível.[22]

V.2.3 Diferente não é, vale dizer, no processo judicial. É conhecido de todos o instituto do *segredo de justiça* no processo civil, que tem conformação juspositiva no art. 155 do CPC.[23] Semelhante ocorre no âmbito penal

21. *Direito Administrativo Brasileiro*, cit., p. 669.

22. "O princípio da ampla defesa acopla várias garantias. O interessado tem o direito de conhecer o quanto se afirma contra os seus interesses e de ser ouvido, diretamente e/ou com patrocínio profissional sobre as afirmações, de tal maneira que as sua razões sejam coerentes com o quanto previsto no Direito. Na primeira parte se tem, então, o direito de ser informado de quanto se passa sobre a sua situação jurídica, o direito de ser comunicado, eficiente e tempestivamente, sobre tudo o que concerne à sua condição no Direito. (...) há de receber o interessado todos os elementos e dados sobre o quanto se ponha contra ele (...)" (Cármen Lúcia Antunes Rocha, *Princípios Constitucionais dos Servidores Públicos*, cit., p. 482).

23. É o texto: "Art. 155. Os atos processuais são públicos. Correm, todavia, em segredo de justiça

com o disposto no art. 792 do CPP.[24] Em ambos os casos o que se tem é a restrição à publicidade ampla, consubstanciada no livre acesso de qualquer um ao inteiro teor dos autos. Em nenhum momento se diz que o segredo de justiça se prestaria a interditar o acesso das partes (ou mesmo dos legitimamente interessados) aos atos e termos do processo.

Tanto assim é que o parágrafo único do art. 155 do CPC deixa claro que, mesmo nas hipóteses de segredo de justiça, é assegurado "O direito de consultar os autos e de pedir certidões de seus atos é restrito às partes e a seus procuradores".

V.3 Há que se estabelecer, portanto, a diferença entre publicidade restrita e processo sigiloso. A restrição à publicidade (em regra ampla, como determinam os diplomas processuais) é admissível para evitar constrangimentos, violação de direitos individuais ou para impedir que os atos do processo aflijam a intimidade ou a confidencialidade de informações sensíveis. Já o sigilo (entendido como o enclausuramento do processo nas mãos exclusivas da autoridade que o conduz ou daqueles que gozam de sua confiança) mostra-se írrito ao Estado Democrático de Direito. Ele serviria para liberar a autoridade do dever de conduzir o processo (judicial ou administrativo) sob a legalidade, aceitando o desrespeito aos cânones do devido processo legal. Admitir a condução de um processo administrativo à sorrelfa seria admitir a derrogação do direito de defesa, algo que não se admite. O processo administrativo deve ser conduzido sob o manto da legalidade e não sob a bruma do sigilo!

Trocando em miúdos, situações há em que se justifica a restrição à ampla publicidade, estabelecendo-se sobre o processo uma cláusula de segredo (entendido como restrição ao amplo acesso de qualquer administrado aos autos ou a acompanhar os atos do processo). Estas situações são suficientes para afastar a aplicação absoluta do princípio da publicidade. Contudo, tal relativização encontra paradeiro quando ela implicar em restrição ao direito à ampla defesa e ao contraditório.

Se a autoridade – imaginando haver respaldo legal para tanto – decreta segredo de justiça sobre um processo, isso implicará em restrição ao acesso de terceiros aos autos, nunca vedação de que a parte ou seus procuradores possam exercitar seu direito de conhecer o andamento e o conteúdo do processo. Dizer em sentido contrário seria consagrar o segredo de justiça em desfavor da parte, inaugurando entre nós o processo secreto que até os regimes de sombras tinham pudor em instituir.

V.4 Alguém mais inclinado às lides inquisitoriais ou bafejado pela tentação da "*eficiência investigatória*" se apressaria em dizer que a Constituição, no art. 5º, LX, prevê a hipótese de restrição à publicidade dos atos processuais. Não me toca negar o texto constitucional (como, ora e vez, algumas autoridades tentam fazer com a cristalina prescrição do art. 5º, LV). Porém, há que se atentar para a sábia formulação adotada, neste dispositivo, pelo constituinte.

V.4.1 O texto constitucional fala em *restrição à publicidade dos atos processuais* (ou seja, à publicidade que lhes é intrínseca). Não alude a supressão da publicidade ou a vedação desta, apenas a sua restrição em favor do direito à intimidade ou ao interesse social.

Restrição à publicidade, em regra ampla, é muito diferente da admissão do sigilo como óbice a que o interessado (e, pior, o acusado) te-

os processos: I – em que exigir o interesse público; II – que dizem respeito a casamento, filiação, separação dos cônjuges, conversão desta em divórcio, alimentos e guarda de menores".

24. "Art. 792. As audiências, sessões e os atos processuais serão, em regra, públicos e se realizarão nas sedes dos juízos e tribunais, com assistência dos escrivães, do secretário, do oficial de justiça que servir de porteiro, em dia e hora certos, ou previamente designados.

"§ 1º. Se da publicidade da audiência, da sessão ou do ato processual, puder resultar escândalo, inconveniente grave ou perigo de perturbação da ordem, o juiz, ou o tribunal, câmara, ou turma, poderá, de ofício ou a requerimento da parte ou do Ministério Público, determinar que o ato seja realizado a portas fechadas, limitando o número de pessoas que possam estar presentes."

nha conhecimento dos atos e autos do processo administrativo que, em tese e ao final, poderá colimar em decisão que atinja seus interesses ou direitos. Se se admite aplicar com temperos o princípio da publicidade, essa mitigação não pode ser de tal ordem que implique em negá-lo. Publicidade restrita não significa publicidade nenhuma. Segredo de justiça é coisa distinta de procedimento sigiloso, levado sob o pálio da confidencialidade, escamoteado do conhecimento até mesmo daquele que figura como acusado (representado, sindicado, indiciado, apontado, nomeado, indicado ou o nome que se queira dar, pois não será com recursos semânticos que se logrará descaracterizar a condição de *acusados em geral*).

E a prevalência do direito à ampla defesa sobre a possibilidade de restrição à publicidade (que não se nega) não decorre apenas do fato de aquele princípio ser mais denso do que qualquer outro. Deriva sim do fato de que, se admitida a obstrução da publicidade ao acusado em geral – em qualquer processo administrativo ou judicial – estar-se-ia não apenas obstando a defesa (que deixaria de ser ampla como a Constituição manda ser), mas simplesmente derrogando-a. Sim, pois não é possível exercitar o contraditório ou o direito de defesa sem sequer conhecer, a tempo e modo, o inteiro teor da peça acusatória e dos elementos em seu respaldo colhidos.[25]

Não teria o constituinte consagrado de forma tão ampla os princípios do contraditório e da ampla defesa no inciso LV do art. 5º da CF para, logo depois, no inciso LX, permitir sua absoluta derrogação haja vista a incompatibilidade absoluta entre defesa e sigilo. E tenha-se em mente que a ampla defesa é assegurada constitucionalmente *com todos os meios e recursos a ela inerentes*. Ora, como então negar a amplitude do mais básico e singelo meio de defesa: o conhecimento pleno das imputações e dos atos do processo em que o particular litigue ou seja acusado?[26]

V.4.2 Mas não é só. O constituinte, sabedor da tentação, sempre presente, que alguns têm pelo segredo, pelo obscurantismo, conferiu à lei, e apenas a ela, a possibilidade de restringir a publicidade. É dizer, ainda que constitucionalmente fosse aceitável a restrição à publicidade de forma tão ampla a ponto de permitir o sigilo mesmo contra o litigante ou acusado em geral, ela só poderia ter lugar por prescrição legal. E em sede de processo administrativo não há previsão legal para que tal sigilo seja decretado.

Como vimos, no caso em estudo trata-se de procedimento atípico instaurado no âmbito do juízo corregedor da polícia judiciária. Cuida-se, pois, do exercício de atividade administrativa por parte de membro do Poder Judiciário. Sendo procedimento atípico, é óbvio não ser ele regido por lei específica. Aplicam-se, pois, as regras gerais de processo administrativo previstas na legislação estadual.

25. Ensina Carlos Ari Sundfeld que "o acusado tem a garantia de ampla participação no procedimento, como modo de exercer eficazmente sua defesa. Para que essa oportunidade de participação não seja apenas uma formalidade sem conteúdo e sentido, a publicidade toma aqui feições especiais, assegurando que o acusado seja efetivamente inteirado dos atos do procedimento. Assim, nesse caso, não basta facultar-se ao interessado o exame dos autos a qualquer momento, coisa que, como visto, é direito de toda pessoa, independentemente de sua situação jurídica estar envolvida na questão tratada" (in "Princípio da Publicidade Administrativa – Direito de Certidão, Vista e Intimação", in *Revista de Direito Administrativo* 199/106, Renovar, FGV, jan.-mar./1995).

26. "Convém insistir em que a garantia constitucional do direito à ampla defesa exige que seja dada ao acusado – ou a qualquer pessoa contra a qual se faça uma irrogação, na qual se estabeleça uma apreciação desfavorável (ainda que implícita), ou que esteja sujeita a alguma espécie de sanção ou restrição de direitos – a possibilidade de apresentação de defesa prévia à decisão administrativa. Sempre que o patrimônio jurídico e moral de alguém puder ser afetado por uma decisão administrativa deve a ele ser proporcionada a possibilidade de exercitar a ampla defesa, que só tem sentido em sua plenitude se for produzida previamente à decisão, para que possa ser conhecida e efetivamente considerada pela autoridade competente para decidir" (Sérgio Ferraz e Adilson Abreu Dallari, *Processo Administrativo*, São Paulo, Malheiros Editores, pp. 70 e 71).

A Lei estadual n. 10.177/1998 não só não contém dispositivo autorizando a decretação de sigilo em face do interessado, como contempla vários dispositivos em sentido contrário. O seu art. 35 estabelece que "durante a instrução, será concedida vista dos autos, mediante simples solicitação, sempre que não prejudicar o curso do procedimento" e por prejuízo ao curso do procedimento não se há de entender a vedação permanente de vista aos autos. No parágrafo único deste mesmo artigo vemos previsto que "a concessão de vista será obrigatória no prazo de manifestação do interessado". Já no art. 36 vê-se que "ao advogado é assegurado o direito de retirar os autos da repartição, mediante recibo, durante o prazo para manifestação do seu constituinte". Já no art. 63, tratando do procedimento sancionatório (gênero no qual se enquadra o procedimento em apreço, pois que não se apura a prática de abuso de autoridade para outorgar título ou láurea ao acusado) constata-se ser requisito de validade do processo (em sentido amplo) que o acusado seja intimado da instauração recebendo na oportunidade "cópia do ato de instauração".

Como se fosse pouco esse conjunto de prescrições, no art. 64 encontramos regra que corrobora plenamente a linha aqui defendida. Diz a Lei paulista com rigor tal que dispensa comentários:

> Art. 64. O procedimento sancionatório será sigiloso até decisão final, salvo em relação ao acusado, seu procurador ou terceiro que demonstre legítimo interesse.

Ou seja, na lei paulista de processo administrativo vale a regra de que a restrição à publicidade não atingirá, jamais, o direito do acusado a conhecer os autos e atos do processo (ou procedimento, se assim o queira).

V.5 Temos, então, que a restrição do acesso aos autos de processo administrativo (tomado em sentido largo, como acima se esclareceu) àquele que dele é parte é absolutamente inadmissível à luz da Constituição e das leis de regência. Em sede de processo administrativo – e vimos que o expediente em apreço nada mais é do que uma espécie de processo da Administração – não existe a possibilidade de se decretar sigilo em face da parte interessada. "Para que um interessado possa inteirar-se do que está acontecendo em relação a ele em face de uma postura administrativo-estatal, imprescindível que seja garantido seu acesso, ou a quem o representa, aos elementos do processo. É tanto o seu interesse obter o conhecimento adequado do que está acontecendo como também é, neste sentido, o interesse da Administração, que tem a obrigação de atuar".[27]

V.6 Neste passo, cumpre dizer ser absolutamente inaplicável o paralelo entre o processo administrativo em geral e o inquérito policial, como se a regra do art. 20 do CPP se prestasse a permitir a restrição da parte aos autos do procedimento em apreço. Não serve por dois motivos.

V.6.1 Primeiro, porque no caso dos processos administrativos disciplinares envolvendo policial civil existe legislação específica (Lei Complementar n. 207/1979 com redação dada pela Lei Complementar n. 922/2002), que não prescreve regra autorizadora do sigilo em favor de averiguações preliminares. Existindo lei específica, não há que se falar em aplicação por analogia.

V.6.2 Ainda que assim não fosse, caso se quisesse emprestar regime legal outro, então teríamos que aplicar o disposto na Lei estadual n. 10.177/1998, pois, consoante prescreve seu art. 2º, as suas normas "aplicam-se subsidiariamente aos atos e procedimentos administrativos com disciplina legal específica". Portanto, se se há de falar de aplicação subsidiária, somente poderá ser para considerar o procedimento atípico submetido às regras da lei paulista de processo administrativo, inclusive no tocante à vedação do sigilo em face da parte.

V.7 Imprestável, portanto, o art. 20 do CPP para respaldar a vedação de que o acusado tenha acesso aos autos em que figura como

27. Marcos Porta, *Processo Administrativo e o Devido Processo Legal*, São Paulo, Quartier Latin, 2003, p. 121.

representado por suposta prática de abuso de autoridade. Porém, ainda que fosse empregável aqui a regra própria aos inquéritos policiais, ainda assim o decreto de sigilo em relação à parte não seria lícito. Nem mesmo em sede de inquérito policial é admissível impedir que o representante do indiciado ou acusado possa ter acesso aos autos. A Lei federal n. 8.906/1994 estabelece:

> Art. 7º. São direitos do advogado:
>
> (...).
>
> XIV – examinar em qualquer repartição policial, mesmo sem procuração, autos de flagrante e de inquérito, findos ou em andamento, ainda que conclusos à autoridade, podendo copiar peças e tomar apontamentos;
>
> XV – ter vista dos processos judiciais ou administrativos de qualquer natureza, em cartório ou na repartição competente, ou retirá-los pelos prazos legais;

Se mesmo em sede de inquérito policial é assegurado ao patrono do acusado vista aos autos e conhecimento de seu conteúdo, temos que a obstrução do acesso do advogado aos autos do processo administrativo (procedimento, inquérito, averiguação, dê-se o nome que a criatividade semântica permitir) mostra-se inarredavelmente ilegal, qualquer que seja seu suposto fundamento.

Neste sentido, colhe-se na melhor doutrina que, mesmo quando prevista em lei, a vedação do acusado (sindicado) aos autos põe-se inadmissível: "Parece-nos afrontar a Constituição disposições estatutárias que consideram sigilosa a sindicância. De fato, com relação aos princípios envolvidos, não se lhes pode negar vista dos autos e acompanhamento por advogados, justamente em obediência aos princípios da ampla defesa e do contraditório".[28]

Diverso não é, nem poderia ser, o entendimento do E. Supremo Tribunal Federal sobre a matéria. No Mandado de Segurança n. 22.921-1-São Paulo, colhe-se:

> *Constitucional. Administrativo, servidor público. Processo administrativo disciplinar, advogado: vista dos autos.*
>
> I. Ao servidor sujeito a processo administrativo disciplinar é assegurado o direito de defesa, que há de ser amplo. Lei n. 8.112/1990, art. 153.
>
> II. O advogado regularmente constituído tem direito a ter vista do processo administrativo disciplinar, na repartição competente, ou retirá-lo pelo prazo legal. Lei n. 8.906/1994, art. 7º, XV.[29]

A *seletividade no regime de sigilo* caracteriza verdadeira afronta à isonomia. É certo e seguro que no processo administrativo em estudo controvertem duas partes: o representante – que entende terem agido os representados com abuso de autoridade – e os representados, que obviamente não vêem em sua conduta qualquer abuso, sustentando que o representante, sim, é que praticou ilícitos ensejadores de sua detenção. Ora, se está diante de procedimento administrativo em que particulares em alguma medida controvertem (litigam, para usar o termo da Constituição), a autoridade condutora deste processo há que atuar com absoluto respeito à imparcialidade.

Para além de se constituir como vício autônomo, apto a invalidar por si só o procedimento, a afronta ao princípio da isonomia e ao dever de conferir tratamento imparcial torna ainda mais insustentável a restrição do acesso dos representados aos autos. Se admitido o amplo acesso do representante não há como se negar que os representados e seus patronos tenham o mesmo direito.

VI. Conclusão

Chegada a hora de concluir. Muito se avançou desde a Constituição de 1988 no tema processo administrativo e nas garantias dele decorrentes. O advento das leis de processo é referência neste avenço. Muito mais se há que andar. Talvez a principal conquista do Estado

28. Livia Maria Armentano K. Zago, "Processo Administrativo Disciplinar", in Odete Medauar (coord.), *Processo Administrativo – Aspectos Atuais*, São Paulo, Cultural Paulista, 1998, p. 393.

29. Rel. Ministro Carlos Velloso, *DJ* 28.6.2002.

Democrático de Direito seja impedir que se siga esvaziando a garantia do art. 5º, LV, da CF, mediante o inaceitável expediente de se batizar os processos administrativos com nomes esquisitos (sindicriminais, protocolados, expedientes, apartados), como se a Constituição fosse um repositório de garantias a servir apenas por livre escolha do agente público. Ou bem entendemos que a ampla defesa e o contraditório servem de proteção ao particular sempre que tenha interesse enredado na atividade administrativa (lide administrativa) ou lhe seja imputada alguma conduta punível, ou então, em nome de se fugir da impunidade estaremos consagrando a volta ao Estado Absoluto e Inquisitorial.

A VOLTA DA CENSURA

Sérgio Sérvulo da Cunha
Advogado.

1. Ao enumerar os direitos fundamentais, em seu art. 5º, a Constituição brasileira proclama: "é livre a manifestação do pensamento, sendo vedado o anonimato" (inc. IV).

Esse enunciado se complementa com o do inciso IX: "é livre a expressão da atividade intelectual, artística, científica e de comunicação, independentemente de censura ou licença".

Essas disposições, inscritas no cerne constitucional (o núcleo imodificável da Constituição) são explicitadas no capítulo correspondente à comunicação social:

> Art. 220. A manifestação do pensamento, a criação, a expressão e a informação, sob qualquer forma, processo ou veículo não sofrerão qualquer restrição, observado o disposto nesta Constituição.

Trata-se, como se vê, de uma garantia peremptória, que considera o direito de manifestação com a maior amplitude possível. Mas tendo bem presentes as lições da história, dois parágrafos desse artigo a reforçam:

> § 1º. Nenhuma lei conterá dispositivo que possa constituir embaraço à plena liberdade de informação jornalística em qualquer veículo de comunicação social, observado o disposto no art. 5º, IV, V, X, XIII e XIV.
>
> § 2º. É vedada toda e qualquer censura de natureza política, ideológica e artística.

A Constituição brasileira, portanto, não impede a manifestação do pensamento. A única exceção a essa regra está nos §§ 3º e 4º desse mesmo artigo, que admite algumas "restrições legais" quanto a diversões e espetáculos públicos, assim como na propaganda comercial de tabaco, bebidas alcoólicas, agrotóxicos, medicamentos e terapias.

Como em todo debate jurídico, seria possível discutir se essa é a melhor disciplina para tão delicada matéria. Objetivo deste artigo, porém, é examinar, *de lege lata*, alguns recentes atos de autoridade que podem haver caracterizado censura.

2. Tenho recolhido aleatoriamente, na imprensa, notícias sobre atos dessa natureza; passo a referi-las por ordem cronológica, e nos termos em que foram divulgadas:

• proibição, pela justiça federal, de se executar o rock "Luiz Inácio (300 picaretas)" em show dos Paralamas do Sucesso, em Brasília (*Folha de S. Paulo*, 28.6.1995).

• determinação, pela Juíza Daise Fajardo Nogueira Jacot (36ª Vara Civil de São Paulo), de apreensão do livro *Nos Bastidores do Reino*, de Mário Justino, ex-pastor da Igreja Universal do Reino de Deus (*Folha de S. Paulo*, 16.12.1995).

• liminar concedida pelo Juiz Gilberto Dutra Moreira, proibindo a exibição, pela TV Globo, de cenas da novela *Explode Coração* (*Folha de S. Paulo*, 11.1.1996).

• proibição pelo Juiz José Zoega Coelho (37ª Vara Civil de São Paulo), da circulação do livro *Psicopata*, do jornalista José Luiz Tavares, sobre a vida do presidiário Vilmar Nascimento (*Folha de S. Paulo*, 11.1.1996).

• apreensão do livro *Estrela Solitária*, biografia de Garrincha escrita por Ruy Castro (*Folha de S. Paulo*, 11.1.1996).

• determinação pela Juíza Flávia Viveiros de Castro (Corregedoria de Justiça do Rio de Janeiro) de recolhimento do disco *Tiririca*, por se considerar racista a música "Olha os cabelos dela" (*O Estado de S. Paulo*, 30.7.1996).

• apreensão do *Jornal do Brasil*, no município de Resende (Rio de Janeiro), por determinação do Juiz Eleitoral Ednardo Gusmão Neto (*Tribuna de Santos*, 3.10.1996).

• carta enviada pela Delegacia de Tóxicos e Entorpecentes de Brasília, a rádios e boates, informando que, por decisão do Juiz Vilmar José Barreto (1ª Vara de Entorpecentes), é proibida a execução de músicas do Planet Hemp (*Folha de S. Paulo*, 18.12.1997).

• apreensão, por determinação do Juiz Siro Darlan (1ª Vara da Infância e da Juventude do Rio de Janeiro), de 35 quadros do artista plástico Nelson Lerner, que faziam parte do 16º Salão Nacional de Artes Plásticas, promovido pela Funarte – Fundação Nacional de Arte (*Folha de S. Paulo*, 12.2.1998).

• proibição imposta à TV Globo, pelo Tribunal de Justiça de São Paulo, de veicular imagens de agressão policial na favela Naval, em Diadema (*Folha de S. Paulo*, 11.3.1998).

• indiciamento pelo delegado Marco Antonio Fogolin, de Presidente Prudente, da diretora de escola Elza Maria da Silva, acusada de fazer "lavagem cerebral e pregar a legalidade da ilegalidade", por haver promovido a mostra "Terra", de Sebastião Salgado, contendo fotos de sem-terra e do massacre de Eldorado do Carajás (*Folha de S. Paulo*, 18.6.1998).

• liminar do Tribunal Superior Eleitoral, proibindo propaganda gratuita do PT (rádio e televisão), por conter frases consideradas ofensivas à imagem e reputação do Presidente Fernando Henrique Cardoso (*Folha de S. Paulo*, 12.5.1999).

• proibição, pela Justiça Federal de São Paulo, da publicação de fotos de uma modelo usando adereços com os quais se apresenta no mundo artístico como a "Enfermeira do funk" (*Folha de S. Paulo*, 13.4.2001, artigo assinado por Lourival José dos Santos).

• decisão de Tribunal Regional Federal, suspendendo a impressão e circulação no Estado de Goiás, até o fim da eleição, do livro *Dossiê K*, do jornalista Jorge Cajuru (*Folha de S. Paulo*, 3.10.2002).

• liminar do Juiz Reinaldo Cintra Torres de Carvalho, da Vara Central da Infância e Juventude de São Paulo, em ação civil pública promovida pelo Ministério Público, proibindo o SBT de exibir imagens de nudez em que aparecem órgãos genitais ou cenas de insinuação de sexo, sem a prévia classificação indicativa do Ministério da Justiça (*Folha de S. Paulo*, 11.10.2002).

• decisão do Tribunal Regional Eleitoral-DF, proibindo a divulgação de fitas envolvendo o governador Joaquim Roriz, candidato à reeleição (*Folha de S. Paulo*, 26.10.2002).

• liminar da Justiça Federal de São Paulo proibindo a exibição do programa de TV "Domingo Legal", de Gugu Liberato, por haver forjado uma entrevista bombástica com dois supostos membros do PCC (*Folha de S. Paulo*, 27.9.2003, artigo assinado por Luiz Flávio Gomes).

• proibição, pelo Juiz José Antonio Lavouras Haicki, da 8ª Vara Civil de São Paulo, da exibição, pela TV Globo, do programa "Linha Direta", que expõe foragidos da Justiça (*Folha de S. Paulo*, 15.8.2005).

• liminar concedida pelo Juiz José Alonso Beltrame Júnior, da 10ª Vara Civil de Santos, proibindo o jornal *A Tribuna* de divulgar o teor de um processo administrativo por suposto desvio de dinheiro (*A Tribuna*, 2.9.2005).

• decisão do Juiz Sílvio Luis Ferreira da Rocha, da 5ª Vara Federal Criminal de São Paulo, determinando à *Folha Online* que não divulgue reportagens da *Folha* sobre o processo criminal que apura a contratação da empresa

Kroll, pela Brasil Telecom, para investigar a concorrente Telecom Itália (*Consultor Jurídico*, 10.12.2005).

• decisão da Juíza Márcia Helena Bosch, da 11ª Vara Civil de São Paulo, condenando a Editora Rickam a retirar das bancas os exemplares do mês de março da revista *Sexy*, por publicar um ensaio fotográfico da modelo Denise Assis ligando seu nome ao de Caetano Veloso; a mesma decisão proibiu essa revista de fazer qualquer menção àquele cantor, nas próximas edições (*Consultor Jurídico*, 2.3.2006).

• liminar concedida pelo Ministro Marcelo Ribeiro, do TSE, suspendendo a distribuição da edição março-abril do *Jornal CUT* (*Folha de S. Paulo*, 18.4.2006).

• liminar do Ministro Ari Pargendler (TSE), proibindo a veiculação, na propaganda televisiva, de quatro inserções do PT (*Folha de S. Paulo*, 21.4.2006).

• decisão da 8ª Câmara de Direito Privado do Tribunal de Justiça de São Paulo, determinando que a TV Record e o humorista Tom Cavalcanti se abstenham de produzir e difundir o quadro "Qual é a música?" (*Consultor Jurídico*, 11.2.2006).

• liminar do Ministro Marcelo Ribeiro, do TSE, proibindo a distribuição da edição 264 do jornal *Sindilerta Unificado*, do Sindicato Unificado dos Químicos e Plásticos de São Paulo (*Consultor Jurídico*, 12.7.2006).

• prisão em flagrante, no município de Cubatão (SP), de Guilherme Fábio de Souza Valeriano, por incitamento à subversão, pelo fato de distribuir panfletos com mensagens alusivas ao PCC (*A Tribuna*, 8.9.2006).

• prisão em flagrante em São Paulo, sob acusação de racismo, de três jovens que colavam panfletos com críticas ao programa de cotas para afro-descendentes nas universidades públicas (*Folha de S. Paulo*, 24.10.2006).

• decisão do Tribunal de Justiça do Estado de Tocantins, proibindo o Tribunal de Contas do Estado de publicar em seu *site* as decisões tomadas pelos seus conselheiros (*Consultor Jurídico*, 7.2.2007).

• proibição pelo Juiz Maurício Lima, da 20ª Vara Civil do Rio de Janeiro, do livro *Roberto Carlos em Detalhes* (*A Tribuna*, 24.2.2007).

• decisão da Juíza Ana Lúcia Xavier Goldman, da 1ª Vara Civil de Jundiaí, proibindo o semanário *Folha de Vinhedo* de publicar uma entrevista que envolveria empresários e autoridades (*Folha de S. Paulo*, 16.6.2007).

• decisão da Juíza Sílvia Lúcia Bonifácio Andrade Carvalho, da 2ª Vara Civil de Salvador, determinando o recolhimento dos exemplares da revista *Metrópole*, e proibindo, a rádio do mesmo nome, de fazer referências depreciativas ao prefeito municipal (*Folha de S. Paulo*, 21.6.2007).

• liminar da Juíza Maria Valéria Lins Calheiros, da 5ª Vara Civil de Maceió, impedindo o jornal *Novo Extra* de aludir, em suas reportagens, ao deputado federal Olavo Calheiros (*Folha de S. Paulo*, 10.11.2007).

• liminar da Juíza Tonia Yuka Kôroko, da 13ª Vara Civil de São Paulo, proibindo o jornalista Juca Kfouri de escrever textos ofensivos ao deputado estadual Fernando Capez, sob pena de multa (*Folha de S. Paulo*, 22.12.2007).

• decisão do Juiz Joaquim Domingos de Almeida Neto, do 9º Juizado Especial Criminal do Rio de Janeiro, proibindo dez veículos de comunicação de exibir imagens e citar os nomes de três estudantes condenados por agressão a uma prostituta (*Folha de S. Paulo*, 11.1.2008).

• decisão do Juiz Leandro de Paula Martins Constant, da 34ª Vara Civil de São Paulo, condenando o Google Brasil a retirar do Orkut as páginas que veiculem ofensa ao bispo Edir Macedo ou à Igreja Universal do Reino de Deus (*Folha de S. Paulo*, 14.1.2008).

• decisão do Desembargador Edgar Lippmann Júnior, do Tribunal Regional Federal da 4ª Região, proibindo o governador do Estado do Paraná, Roberto Requião, de atacar adversários pela TV Educativa do Paraná (*Folha de S. Paulo*, 16.1.2008).

• decisão da Juíza Juliana Kalichzstein, do Rio de Janeiro, proibindo a escola de samba Viradouro de exibir um carro alegórico sobre o assassinato de judeus pelo regime nazista (*Folha de S. Paulo*, 1.2.2008).

• liminar concedida pela Juíza Fernanda Benevides Dias, de Águas de Lindóia, proibindo o jornal *Tribuna das Águas* de divulgar notícias relacionando a realização de obras à pessoa do prefeito e de vereadores (*Folha de S. Paulo*, 11.4.2008).

• decisão do Juiz Ricardo Schmitt, de Salvador, determinando o recolhimento do livro *Sim, Sim! Não, Não! Reflexões de Cura e Libertação*, do padre Jonas Abib (*Folha de S. Paulo*, 17.5.2008).

3. Trata-se, como se vê, de decisões judiciais, o que revela um deslocamento da censura, desde o fim do regime de exceção, do Poder Executivo para o Poder Judiciário. Reproduzidas tal como publicadas, essas notícias não nos esclarecem suficientemente sobre o conteúdo e circunstâncias de tais decisões, de modo que, em alguns desses casos, é possível que não se tenha caracterizado censura.

Também não ficamos sabendo, a partir simplesmente dessas notícias, se as liminares nelas referidas foram ratificadas por sentença ou se, tratando-se de sentenças, vieram a ser reformadas mediante recurso. Esta é uma informação relevante para detectar se a censura provém majoritariamente de primeira instância – logo, de atos individuais de juízes – ou se encontra respaldo no funcionamento rotineiro do Judiciário como um todo. Isso aponta para a necessidade de uma pesquisa mediante consulta aos respectivos autos judiciais, assim como a outros assemelhados.

Entretanto, elas ensejam desde logo algumas observações:

• Em todos esses casos nota-se inconformismo com algo que aparece como liberdade exagerada ou abuso inadmissível. Atos de censura têm sempre algum apoio no senso comum ou em setores da opinião. De fato, todos nos apegamos às nossas convicções, que mantemos exatamente por entendê-las melhores. Assim, temos dificuldade em aceitar opiniões contrárias e comportamentos que julgamos inadequados, chocantes ou escandalosos. Admitir esses comportamentos exige mais do que uma adesão da inteligência ao princípio liberal, e a resistência nessas hipóteses se acentua na medida em que temos, no Brasil, uma tradição política e social autoritária.

• Dada a ancianidade do Direito privado, sua maior proximidade e efetividade, ele está mais incorporado ao senso comum do que o Direito constitucional; a isto se acrescenta a imediatidade da jurisdição ordinária, mais pronta e descomplicada do que a jurisdição constitucional. Mesmo para quem possui formação jurídica, a defesa do direito de opinião pode aparecer, no caso concreto, como uma descabida proteção do ofensor.

• Nota-se também um aumento do nível de arbítrio nos juízos de primeira instância. Na medida em que se suprime a possibilidade de pronta correção de decisões do juiz singular (o que acontece com a dificultação do acesso ao Judiciário, a diminuição do número de recursos, a demora dos tribunais, a restrição crescente ao controle difuso de constitucionalidade), tem-se a maior submissão da parte ao seu poder, sem os benefícios do duplo grau de jurisdição. Uma coisa é a independência do juiz e outra o ativismo judicial, quando, na busca de soluções para problemas sociais e políticos, o juiz desborda claramente da lei. A impaciência com a impunidade leva alguns policiais a serem justiceiros, e alguns juízes a serem ativistas. Se o ativismo ocorre nas instâncias inferiores, há sempre possibilidade de sua correção por via de recurso, mas se provém das instâncias superiores, espalha-se por toda a magistratura, como um modelo malsão de prática judiciária.

Atos de censura podem encobrir (a) a falta de uma compreensão melhor sobre a proteção constitucional conferida à liberdade de pensamento, ou (b) um problema de interpretação jurídica. É o que passamos a examinar.

4. Para o estudo daquelas notícias, ajuda-nos classificá-las conforme a natureza dos atos praticados. Vemos que eles correspondem a quatro tipos distintos:

• apreensão (ou proibição de distribuição) de livros, panfletos ou jornais;

• proibição de apresentação de músicas, e apreensão dos respectivos suportes, como disco, CD ou DVD.

• proibição da realização de mostras ou espetáculos;

• proibição de transmissões em rádio, TV ou internet.

Todos esses são casos de censura, praticados por autoridades que leram e conhecem a Constituição. Se temos o honesto propósito de aplicá-la, podemos ser tentados, a partir desses episódios, a estabelecer por indução um roteiro prático centrado em algumas regras simples, como por exemplo: sendo vedada a censura, é juridicamente impossível, em qualquer caso, determinar a apreensão de veículos materiais do pensamento, ou impedir qualquer veiculação de idéias. Com efeito, censura é a "interdição do direito de expressão" (*Dicionário Compacto do Direito*).

Quem o fizesse, entretanto, se precipitaria. Pode eventualmente o legislador, sem que ressalte inconstitucionalidade, autorizar a apreensão de veículos do pensamento. Dou exemplo colhido no Direito autoral: "O titular cuja obra seja fraudulentamente reproduzida, divulgada ou de qualquer forma utilizada, poderá requerer a apreensão dos exemplares reproduzidos ou a suspensão da divulgação, sem prejuízo da indenização cabível" (Lei 9.610/1998, art. 102). Nessa hipótese, a apreensão é protetiva da liberdade de manifestação. E a partir dela poderíamos ser tentados a formular uma regra prática conseqüente: o autor da manifestação tem a pretensão quanto ao seu conteúdo, modo e tempo.

Talvez estivéssemos, ainda aí, nos precipitando ao apresentar soluções antes de examinar suficientemente a questão teórica. Voltando àquelas notícias, notamos que os atos nelas referidos, em sua maioria, possuem uma motivação, uma referência a valores universais que, segundo o entendimento comum, devem ser protegidos. Com efeito, eles tratam de preservar a moral pública e os bons costumes, a inocência de crianças e adolescentes, direitos da personalidade, a reputação das pessoas, o sigilo legal; e de reprimir a propaganda ilegal e práticas criminosas, entre as quais o racismo.

Tem início, aqui, o problema de interpretação jurídica: é que esses valores, além de abraçados pelas convicções comuns, são também assegurados em disposições legais, constitucionais ou infraconstitucionais.

5. São muitas em nossa legislação infraconstitucional – seria difícil enumerar todas – as disposições que consideram como ilícitos, e mesmo como crimes, atos de manifestação do pensamento, ou de simples transmissão de informações.

Tomemos como exemplo o caso mais simples de expressão, consistente na mera enunciação de palavras; todos nós temos, como certo, que ela deve ser reprimida quando representa incitamento à prática de um crime (como, aliás, se vê no Código Penal brasileiro, art. 286).

Mais ofensivas, entretanto, do que as palavras que incitam ao crime são aquelas cujo uso, em si mesmo, consubstancia a prática de um crime. É o que acontece com a calúnia (imputar falsamente, a alguém, fato definido como crime), com a injúria (ofender a dignidade ou o decoro de alguém) e com a difamação (imputar a alguém fato ofensivo à sua reputação), que o Código Penal brasileiro considera como crimes contra a honra (arts. 138 a 145).

Podemos então nos perguntar: há conflito entre as disposições constitucionais – que consideram livre a manifestação do pensamento, a expressão da atividade intelectual, artística, científica e de comunicação – e as disposições infraconstitucionais que, em alguns casos, as apontam como civil ou criminalmente ilícitas?

Uma saída relativamente fácil seria rejeitar, como incompatíveis com a Constituição, todas as disposições infraconstitucionais restritivas à liberdade de manifestação de pensamento, anteriores a outubro de 1988.

Seria igualmente fácil afirmar, de plano, a existência de um conflito de normas, afastando-se automaticamente a incidência da disposição infraconstitucional, em tal caso, por ser hierarquicamente inferior. É isso que acontece, aliás, com algumas disposições francamente inconstitucionais, tal como as dos §§ 1º e 3º do art. 20 da Lei 7.716, na redação dada pela Lei 9.459, de 13.5.1997,[1] e a do art. 20 do Código Civil.

Diz o art. 20 do Código Civil, cuja técnica defeituosa denuncia sua dúbia concepção:

> Salvo se autorizadas, ou se necessárias à administração da justiça ou à manutenção da ordem pública, a divulgação de escritos, a transmissão da palavra, ou a publicação, a exposição ou a utilização da imagem de uma pessoa poderão ser proibidas, a seu requerimento e sem prejuízo da indenização que lhe couber, se lhe atingirem a honra, a boa fama ou a respeitabilidade, ou se destinarem a fins comerciais.

Não se sabe, a partir dessa redação, se é algo que a própria pessoa disse, e de que hoje se arrepende, que lhe ofende a própria honra; ou se a ofensa reside no modo pelo qual se divulga o que a própria pessoa disse; ou se o que pode ser proibido é a divulgação de algo que alguém disse a respeito dela. O fato é que, misturando figuras de ordens distintas – como o direito à própria imagem e a circulação das palavras – o legislador criou confusão suficiente a que um juiz desatento proíba a publicação de uma biografia, em que se aluda àquilo que o biografado, aqui e ali, tenha dito ou escrito. Quem pretenda fundar, nessa disposição maliciosa, a proibição da divulgação de escritos ou a transmissão da palavra, em qualquer hipótese estará agindo contra a Constituição.

Na maioria dos casos, porém, é possível harmonizar, com a Lei Magna, disposições infraconstitucionais ilicitantes da expressão. É o que se percebe a partir do art. 1º da chamada Lei de Imprensa (Lei 5.250/1967):

> É livre a manifestação do pensamento e a procura, o recebimento e a difusão de informações ou idéias, por qualquer meio, e sem dependência de censura, respondendo cada um, nos termos da lei, pelos abusos que cometer.

Aperfeiçoando essa fórmula, podemos dizer: segundo o ordenamento jurídico brasileiro, qualquer pessoa pode livremente transmitir informações e manifestar seu pensamento. Responderá, entretanto, pelos abusos que cometer. Abusar desse direito significa, com seu exercício, ofender direitos alheios que também sejam constitucionalmente assegurados. O modelo dessa síntese se encontra no art. 5º, X, da Constituição: "são invioláveis a intimidade, a vida privada, a honra e a imagem das pessoas, assegurado o direito a indenização pelo dano material ou moral decorrente de sua violação".[2]

Seria errôneo, portanto, situar o problema da livre expressão em um conflito, que não existe, entre normas ou princípios constitucionais; e buscar por conseqüência a sua solução na fórmula tão incerta quanto subjetiva da assim chamada "ponderação". Nos termos da Constituição brasileira (ressalvada a exceção

1. A Lei 7.716, de 5.1.1989, em vários dos seus artigos descreve os tipos penais de discriminação por motivo de raça. A eles se acrescentou, entretanto, em seu art. 20, por força da Lei 9.459, de 13.5.1997, um tipo genérico, aberto a interpretações subjetivas: "Praticar, induzir ou incitar a discriminação ou preconceito de raça, cor, etnia, religião ou procedência nacional". Se a aplicação dessa norma pode ensejar, ela sim, práticas discriminatórias, a discriminação se espelha claramente em seu § 1º: "Fabricar, comercializar, distribuir ou veicular símbolos, emblemas, ornamentos, distintivos ou propaganda que utilizem a cruz suástica ou gamada, para fins de divulgação do nazismo". O § 3º, por sua vez, permite o recolhimento imediato e a busca e apreensão dos exemplares do material considerado afrontoso. Isso faz lembrar um comentário de Bertrand Russell sobre a palavra de ordem "nenhuma liberdade para os inimigos da liberdade": "odiamos os comunistas porque eles não concedem liberdade; isso nós sentimos de maneira tão forte que resolvemos imitá-los".

2. Diz ainda o inciso V do mesmo art. 5º da Constituição: "é assegurado o direito de resposta, proporcional ao agravo, além da indenização por dano material, moral ou à imagem".

acima referida), ninguém pode ser impedido de falar e de escrever o que quiser, a respeito do que e de quem quiser; sua elocução, falada ou escrita, não pode ser cerceada. Isto significa que ninguém pode ser submetido a censura. Mas pode, não obstante, ser responsabilizado na forma da lei – isto é, ser punido civil ou criminalmente – se, ao fazê-lo, agrediu direitos de particulares ou da coletividade.

Errou por isso o Supremo Tribunal Federal quando assim grafou na ementa de acórdão correspondente ao *habeas corpus* n. 82.424, impetrado em favor de Siegfried Ellwanger: "Liberdade de expressão. Garantia constitucional que não se tem como absoluta. Limites morais e jurídicos. O direito à livre expressão não pode abrigar, em sua abrangência, manifestações de conteúdo imoral que implicam ilicitude penal".[3]

Diz ainda essa ementa: "A edição e publicação de obras escritas veiculando idéias anti-semitas, que buscam resgatar e dar credibilidade à concepção racial definida pelo regime nazista, negadoras e subversoras de fatos históricos incontroversos como o holocausto, consubstanciadas na pretensa inferioridade e desqualificação do povo judeu, equivalem à incitação ao discrímen com acentuado conteúdo racista, reforçadas pelas conseqüências históricas dos atos em que se baseiam".

São dois os erros incluídos nessas proposições: (a) o primeiro porque, ao relativizar a garantia de livre expressão, na verdade o que fez o STF foi riscá-la do texto constitucional; esse enunciado poderá ser utilizado, por qualquer juiz, para justificar a apreensão de um livro, sempre que entender que a manifestação de pensamento, nele inscrita, consubstancia uma ofensa legalmente interditada; (b) o segundo por reputar, como crime de incitação ao racismo, a manifestação de idéias historicamente equivocadas, reveladoras de preconceito racial.[4]

De fato, tendo estabelecido que "todos são iguais perante a lei, sem distinção de qualquer natureza" (art. 5º, *caput*), a Constituição brasileira, no inciso XLI desse mesmo artigo, determina que a lei puna "qualquer discriminação atentatória dos direitos e liberdades fundamentais". E, no inciso imediatamente seguinte, considera a prática do racismo como "crime inafiançável e imprescritível, sujeito à pena de reclusão, nos termos da lei".

Entretanto, o crime de racismo não se confunde com o preconceito racial. Se o preconceito racial fosse punível, poucas pessoas, ou ninguém, escaparia. Só há crime de racismo quando existe discriminação fundada em preconceito racial. A discriminação – que é ação preconceituosa – não se confunde com o preconceito. Este, assim como a ideologia, é uma armadilha do entendimento; ambos são racionalizações: o primeiro, dos nossos sentimentos, e o segundo dos nossos interesses. O que demonstra que o preconceito – ao contrário da ação preconceituosa – não pode ser criminalizado; ainda que possa influenciar mentes vulneráveis (como acontece correntemente com a propaganda), a manifestação preconceituosa, desacompanhada de ação discriminatória, ou de induzimento ao crime, deve ser tolerada como exercício da liberdade de expressão.[5]

3. *RTJ* 188/858.

4. Induzir ou incitar significa impelir à ação, o que é bem diverso de manifestar-se uma crença ou um sentimento, ainda que socialmente nocivo. Em *R. A. V. vs. City of St. Paul*, 112 Ct. 2538 (1992) a Suprema Corte norte-americana sublinhou que a Constituição daquele país protege a disseminação de qualquer tipo de idéias, inclusive as baseadas no preconceito e no ódio racial; de modo que a manifestação de preconceito por meio impresso ou mediante transmissão radiofônica ou televisiva, de per si, não enseja a apreensão do material impresso ou a interrupção da transmissão. Em *Political Liberalism* (Columbia Un. Press, 1996, p. 340; na ed. brasileira, São Paulo, Ática, 2000, p. 397), Rawls examina as posições assumidas pela Suprema Corte desde o caso *Schenck vs. United States* (249 U.S. 47, 1919) até o caso *Brandenburg vs. Ohio* (395 U.S. 444, 1969), mostrando que o Estado não pode proibir inclusive manifestações que defendam o uso da força ou a violação da lei.

5. Na linha do decidido pelo STF no caso Ellwanger, vejam-se os pareceres dos conceituados

6. Proibir a censura é uma escolha difícil. Para o cidadão comum, admitir a liberdade de expressão significa ter de levar sua paciência, em alguns casos, além dos limites da revolta e da indignação. Para a autoridade significa, às vezes, ser obrigada a assistir passivamente à prática de um crime. Algumas situações-limite são elucidativas: pode (ou deve) o policial, durante um espetáculo público, com grande aglomeração de pessoas, impedir que alguém grite alucinadamente "fogo! fogo!"? Pode (ou deve) a autoridade impedir que um *hacker* transmita, pela internet, a fórmula de um vírus eletrônico?

É importante, por isso, perguntar ao constituinte por que ele fez essa escolha. E talvez não haja nenhuma outra pergunta, a lhe ser feita, mais importante do que essa. Porque ela diz respeito à liberdade do homem, ao que pode ser definido como delito, e aos limites do poder do Estado. Mais do que isso – se é possível – à fórmula da coexistência humana, às diferenças, ao pluralismo e à tolerância, ou seja, a uma longa história de violências, de perseguições e de tirania.

Se formos buscar, dentre os inúmeros fatores históricos, o principal responsável pelos êxitos do Renascimento, do Iluminismo, e pelas instituições políticas da sociedade moderna, sem dúvida encontraremos a liberdade de imprensa. Igualmente, se tentássemos deduzir *a priori* os direitos fundamentais, o direito de opinião seria o primeiro, a expressão primária da liberdade pessoal. "De todas as liberdades" – disse Ruy Barbosa – "a do pensamento é a maior, a mais alta. Dela decorrem todas as demais".

Quem diz direito de opinião diz, ao mesmo tempo, direito à manifestação do pensamento, do conhecimento, do sentimento, da volição. Nele se inscrevem o direito à informação, à liberdade de crença, à liberdade de consciência, os direitos de defesa, de oposição e de resistência. Embora a ordem estatal repouse sobre um universo cognitivo formado por percepções, sentimentos, idéias, crenças, informações, os direitos de opinião não são apenas direitos políticos – confinados ao plano da participação na formação e atuação do Estado – são liberdades anteriores ao Estado, que se espraiam por todo o campo da atuação individual, social e estatal.

A censura supõe sempre o infantilismo, a incapacidade, o erro ou o desregramento do outro. Isso autoriza o censor – que é capaz, adulto, virtuoso e sábio – a fixar o que o outro pode ou não saber. O gosto, o sentimento, ou a convicção do censor torna-se o padrão universal de comportamento, que deve ser imposto aos demais, se preciso com violência. Mas o que, dentro da história e da experiência humana, autoriza essa orgulhosa presunção? Não têm, o dogmatismo e o fanatismo, sido mais daninhos do que o ceticismo e a tolerância?

Por isso, quer se erre ou acerte ao falar, não se impeça ninguém, por mais inculto, malintencionado, ou pecador, de dizer o que pensa. Censurar é como tapar a boca de alguém, impedi-lo de falar ou de gritar – mesmo quando eu não o ouvisse, ou pudesse fechar meus próprios ouvidos – e negar a liberdade àquele de quem discordo. Nada mais imoral, e bem dizia, por isso, o dramaturgo inglês Bernard Shaw: "o assassinato é a forma extrema de censura".

7. À base desses atos judiciais de censura existe o desejo de um procedimento preventivo, que impeça a prática do ilícito ao invés de sancioná-lo *a posteriori*. Esse desejo (a) alinha-se à evolução recente do processo civil brasileiro, o qual, a par de liminares, contempla a concessão de medidas cautelares e antecipações de tutela; (b) nutre-se de que, em geral, são imperfeitas (isto é, carentes de sanção específica) as leis ilicitantes da expressão.

A velha ação cominatória, prevista nos arts. 302 a 310 do anterior Código de Processo Civil (Decreto-lei 1.608, de 18.9.1939), deixou de existir, como tal, no Código de

juristas Celso Lafer e Miguel Reale Júnior (respectivamente, *Revista de Informação Legislativa* 162/75, abr.-jun./2004, e *Revista Brasileira de Ciências Criminais* 43/323, abr.-jun./2003). Naquele julgamento do STF apenas o Ministro Carlos Ayres Britto concedeu o *habeas corpus* por não ver tipicidade no comportamento do paciente.

Processo Civil atualmente em vigor (Lei 5.869, de 11.1.1973). Juízes desejosos de coibir, previamente, atos de expressão que a seu ver configuram ilícitos, acolheram como um achado os artigos desse código relativos à execução das obrigações de fazer, notadamente o seu art. 461 e respectivo § 4º.

Esse artigo, que até 1994 estava subutilizado, foi a principal ferramenta brandida, pelo governo Fernando Henrique Cardoso, para cercear as greves de trabalhadores; suas principais vítimas foram as entidades sindicais de petroleiros.[6] Para dissuadir um sindicato ou federação sindical de fazer greve, basta cominar-lhe uma multa diária de valor tão elevado que, a ser confirmada, quebre a entidade. Com esse instrumento a magistratura do trabalho riscou, da Constituição, o direito de greve.

Diz o art. 461: "Na ação que tenha por objeto o cumprimento da obrigação de fazer ou não fazer, o juiz concederá a tutela específica da obrigação ou, se procedente o pedido, determinará providências que assegurem o resultado prático equivalente ao adimplemento". Diz por sua vez seu § 4º – combinado com o § 3º – que sendo relevante o fundamento da demanda, e havendo justificado receio de ineficácia do provimento final, o juiz poderá conceder a tutela liminarmente, e "*impor multa diária ao réu* (...) *se for suficiente ou compatível com a obrigação*".

Na doutrina clássica do Direito material brasileiro, multas jamais podem superar o valor da obrigação principal. Se o fizerem deixarão de ser meramente persuasivas – como devem – transformando-se em dissuasórias, isto é, substitutivas da obrigação principal; e, com mais razão, se forem de trato sucessivo. A lei não fixa o valor da multa diária do art. 461, § 4º, CPC, cabendo então ao juiz arbitrá-lo, nos limites do razoável. Se o faz em quantia exorbitante, dissuade o réu de se defender.

Alguns processualistas, ao sustentar que a multa do art. 461, § 4º, representa uma verdadeira "astreinte" – isto é, que seu objetivo é exatamente dobrar a vontade do réu à vontade estatal[7] – não se aperceberam, quiçá, da licença que concedem ao arbítrio, e dos extremos políticos a que pode levar, em tal caso, a inobservância do princípio da razoabilidade. Em matéria de expressão do pensamento essa posição pode legitimar a censura sempre que o ato censurado pareça criminoso ao juiz, mesmo que não tenha ocorrido denúncia; tendo ocorrido denúncia, mesmo que não tenha ocorrido sentença condenatória; e, tendo ocorrido sentença condenatória, mesmo que não tenha ela transitado em julgado. É clara, em tal caso, a ofensa à presunção de inocência, protegida pela Constituição no inciso LVII do seu art. 5º.[8]

Com isso, dois outros importantes princípios constitucionais são agredidos: o princípio da possibilitação de defesa e o princípio da insubordinabilidade. Já está suficientemente difundido hoje, na cultura jurídica, o princípio da razoabilidade, sendo desnecessário estender-se a seu respeito. Por sua vez, o princípio da possibilitação de defesa, assim chamado por Pontes de Miranda, encontra guarida no art. 5º, LV, da Constituição, que garante a todo acusado a mais ampla defesa.

Entretanto, pouco se conhece sobre o princípio da insubordinabilidade. Ele significa que toda norma jurídica – à diferença das regras da moralidade – abriga uma obrigação alternativa: representa para seu destinatário a faculdade de escolher entre o cumprimento da norma e a sujeição à respectiva sanção. E, assim sendo, impede a imposição de sanções absolutas, tais como multas dissuasórias e penas de caráter perpétuo (art. 5º, XLVII).

6. V. Sérgio S. da Cunha, *O Falso Direito de Greve* (Anais da 16ª Conferência Nacional da OAB, Brasília, 1996, p. 807).

7. Assim Luiz Guilherme Marinoni, *Tutela Inibitória* (São Paulo, Ed. RT, 1998, especialmente pp. 166 e ss.).

8. A presunção de inocência não tem fundamento ético (a dignidade da pessoa humana) nem sociológico (a forma comum de comportamento), mas político: a presunção individual de inocência do investigado não é presunção *facti* mas presunção *legis*: a projeção, no plano individual, da presunção

Sei que, ao dizer isso, estou afrontando uma das crenças mais difundidas a partir do 1º ano das Faculdades de Direito: a de que a característica específica do Direito é a coercitividade. Tenho sustentado, há longo tempo, que a coercitividade é característica da moralidade, e a liberdade a nota que, no processo civilizador, coloca o Direito à frente da moralidade.[9]

A esse princípio fundante do Direito chamei "princípio da insubordinabilidade".[10] Ele não significa que no conceito de imperativo – à diferença do que acontece com a lei física – inclui-se um elemento de indeterminação;[11] também não significa que a infração dá ao imperativo a oportunidade de o ser, de tal modo que a experiência das normas consistisse em pôr à prova sua função reguladora:[12] significa que uma norma só é jurídica quando, de alguma forma, admite a possibilidade de sua transgressão; logo, que não é absoluta a obrigação de obedecer à lei, e que a coercibilidade estatal encontra limites na liberdade da pessoa humana, como primeiro se verificou na doutrina do Direito penal,[13] e se intuiu tanto na sociologia jurídica[14] quanto na filosofia do Direito.[15]

8. Deixei para o final algumas considerações sobre excessos contra a livre manifestação do pensamento, praticados por juízes eleitorais. Aqui, mais do que em outros ramos do Direito, é presente e atuante a tradição autoritária; mesmo porque parece natural que o juiz apreenda material de propaganda, impeça previamente ou mesmo suspenda em pleno ar a transmissão de programas de rádio ou TV.

Em junho de 2008, ressoaram na imprensa inúmeros protestos contra decisões de juízes que, mesmo antes do início oficial da campanha eleitoral, restringiram a publicação de entrevistas de pré-candidatos.

Os protestos eram justos: não é concebível que qualquer do povo possa manifestar-se em ano eleitoral sobre temas de interesse político-administrativo, menos aqueles cuja opinião desperta maior interesse e que, por exercerem liderança política, estejam cotados como pré-candidatos.

Em resposta a tais protestos, de ofício e por seis votos contra um, o Tribunal Superior Eleitoral providenciou a imediata substituição da resolução com que disciplinava essa matéria.[16] A resolução inconstitucional estava lá, no repertório normativo do TSE, tal como o leão que, fugindo do zoológico, escondeu-se no prédio de uma repartição pública e todo dia almoçava um funcionário, até que engoliu

generalizada de inocência do povo. E essa é diferença básica entre o Estado democrático e o Estado policial.

9. "A relação jurídica é entre pessoas. Entre o senhor e o servo não há relação jurídica, porque o servo aí figura como objeto: existe mera relação de arbítrio. Paradoxalmente, só há Direito onde existe (ou pode existir) insubordinabilidade" ("O Direito como fundamento da liberdade", *Revista Leopoldianum* 14/35, Santos, dez./1978, p. 35).

10. Sérgio Sérvulo da Cunha, *Fundamentos de Direito Constitucional*, 2º vol., São Paulo, Saraiva, 2008.

11. V. Kant, *Fundamentação à Metafísica dos Costumes*, São Paulo, Cia. Ed. Nacional, 1964, p. 29.

12. V. Georges Canguilhem, *Le Normal et le Pathologique*, cit. (cf. ed. brasileira: *O Normal e o Patológico*, Rio de Janeiro, Forense-Universitária, 1978, p. 214).

13. V. Nilo Batista, *Introdução Crítica ao Direito Penal Brasileiro*, 4ª ed., Rio de Janeiro, Revan, 1999, p. 108.

14. V. Jean Carbonnier, *Sociologie Juridique*, cit. (cf. trad. de Diogo Leite Campos, *Sociologia Jurídica*, Coimbra, Almedina, 1979, pp. 198-199).

15. V. Eduardo Garcia Maynez, *Filosofía del Derecho* (México, Porrúa, 1989, pp. 43-44); *Ética* (México, Porrúa, 1989, p. 21); Jürgen Habermas (*Die Einbeziehung des Anderen – Studien zur politischen Theorie*, na ed. brasileira *A Inclusão do Outro – Estudos de Teoria Política*, São Paulo, Loyola, 2002, p. 287); e Joseph Raz, "Autoridad y consentimiento", in *El Lenguaje del Derecho*, Eugenio Bulygin *et alii* (Buenos Aires, Abeledo Perrot, s/d, pp. 391-424).

16. "O presidente do TSE, Ministro Carlos Ayres Britto, disse ontem que pretende colocar em discussão, em no máximo 15 dias, a revisão da resolução do próprio TSE, de 2006, que restringe a

o encarregado de servir o cafezinho. Não se sabe o que é mais surpreendente: que o TSE dê como inconstitucional uma resolução sua, por seis votos a um, ou que ela – inocentemente, ou quiçá irresponsavelmente – estivesse abrigada no rol dos seus atos normativos.

Para a praxe eleitoral é como se não existisse Constituição, e em nenhum campo do Direito brasileiro é tão escasso, quanto aí, o controle de constitucionalidade. Dentre outros, concorrem para isso três fatores: (a) o processo eleitoral é geralmente sumário, sujeito a prazos extremamente abreviados; (b) os mesmos órgãos da Justiça Eleitoral cumulam competência normativa, competência administrativa e competência jurisdicional; (c) somente em hipóteses estritíssimas é possível recorrer, para o Supremo Tribunal Federal, de decisões proferidas pelo Tribunal Superior Eleitoral.

O objeto do contencioso eleitoral – a solução de controvérsias pertinentes ao processo eleitoral – consiste em grande parte em atos praticados pelos próprios órgãos ou agentes da Justiça Eleitoral, o que representa uma contradição em termos, e uma ameaça à objetividade e juridicidade do processo eleitoral em concreto. Esse é nódulo que reclama solução: trata-se de uma ampla área de atividade do governo – num dos setores mais sensíveis para a caracterização do Estado Democrático de Direito – que praticamente se subtrai ao controle jurisdicional.

Tendo em vista os parâmetros da intervenção estatal (necessidade, adequação e proporcionalidade), que não pode ferir o direito fundamental na sua essência, são admissíveis à liberdade de propaganda eleitoral apenas restrições genéricas, consideradas as circunstâncias em que ela se exerce (tempo, modo, lugar). É claro que a existência dessa liberdade não forra o candidato e o partido contra as legítimas pretensões, exercitáveis *a posteriori*, daqueles cujos direitos tenham sido atingidos por uma propaganda abusiva.

9. Na sexta-feira, dia 11 de julho de 2008, a edição do jornal *Valor Econômico* incluiu uma página informativa sob o título "Censura judicial, uma ameaça às biografias". Quero interpretá-lo não apenas no seu sentido original – como uma ameaça a esse importantíssimo gênero literário, talvez o mais útil ao nosso autoconhecimento como povo – mas acima de tudo como uma sombra sobre as pulsantes biografias dos vivos e dos vindouros.

publicação de entrevistas de pré-candidatos. Ayres Britto reafirmou que é favorável que veículos da mídia impressa tenham total liberdade para publicar entrevistas com pré-candidatos, inclusive com a possibilidade de abordar plataformas eleitorais dos candidatos. Para o Ministro, a resolução é inconstitucional" (*Folha de S. Paulo*, 21.6.2008). De fato, já no dia 26, foi alterada aquela resolução, e liberadas as entrevistas de pré-candidatos a jornais, revistas, TVs e rádios para tratar das propostas de campanha.

DOUTRINA

O PRINCÍPIO CONSTITUCIONAL DA PUBLICIDADE DA ADMINISTRAÇÃO PÚBLICA: O DEVER DE INFORMAR E O DIREITO DE PROTEÇÃO À IMAGEM E À INTIMIDADE À LUZ DA TEORIA DOS PAPÉIS SOCIAIS

LUIS MANUEL FONSECA PIRES

Mestre e Doutor em Direito Administrativo pela PUC/SP.
Juiz de Direito em São Paulo.

Introdução. I – Noções do princípio constitucional da publicidade da Administração Pública. II – A teoria dos papéis sociais e o princípio constitucional da publicidade da Administração Pública. III – Os contornos e os limites do princípio constitucional da publicidade da Administração Pública: III.1 O dever de informar: a sociedade da informação e do risco; III.2 O direito de proteção à imagem e à intimidade; III.3 Casos práticos e soluções possíveis diante da teoria dos papéis sociais. Bibliografia.

Introdução

O princípio constitucional da publicidade da Administração Pública representa inequívoca conquista que cumpre – ao menos no plano hipotético – os anseios de um regime democrático que deve primar e conduzir-se pela *transparência*.

Mas neste início de terceiro milênio, em meio ao evolver da revolução dos meios de comunicação principiada nas últimas décadas do século passado, acreditamos oportuno refletir sobre a escorreita conformação que esta norma jurídica – o princípio da publicidade – deve externar.

Pois a escalada da tecnologia da comunicação tem proporcionado o que se convencionou denominar de *sociedade da informação e do risco*.[1]

Em outras palavras, se a ordem constitucional da República Federativa do Brasil inaugurou com a Constituição Federal uma nova era que transpôs a obscuridade e o descaso com a informação e a transparência, por outro lado é necessário não deixar que a norma assecuratória desta conquista – o princípio da publicidade – transmute-se em algoz do

1. É o jurista português, José Eduardo Figueiredo Dias, quem utiliza esta expressão em invocação ao termo "sociedade do risco" do sociólogo alemão Ulrich Beck (*Direito à Informação, Protecção da Intimidade e Autoridades Administrativas Independentes*, p. 615). Retornaremos ao tema, explicando-o com mais vagar, no tópico III.1.

direito fundamental de proteção à imagem e à intimidade.

Desde logo, portanto, convém destacarmos que o objeto deste estudo não será outro senão analisarmos algumas referências que devem ser consideradas em busca da concretização do princípio constitucional da publicidade da Administração. Isto é, pretendemos propor a reflexão de alguns informes que contribuem à lídima definição da ansiada transparência da Administração Pública – com outros termos: como atender à publicidade a ser observada pelo Poder Público sem a violação a outros direitos fundamentais, sobretudo o direito de proteção à imagem e à intimidade.

Para isto anotaremos, com brevidade, noções que são fundamentais para posteriormente trabalharmos com o nosso tema central. Iniciaremos, então, com a consignação das premissas necessárias: algumas noções do princípio constitucional da publicidade da Administração Pública (I) e proporemos a adoção da teoria dos papéis sociais na seara das relações do Poder Público (II).

Por fim, cuidaremos do tema central deste nosso estudo: os contornos e os limites do princípio constitucional da publicidade da Administração Pública (III), o que pretendemos fazê-lo com a consideração do dever de informar, corolário do princípio constitucional da publicidade (III.1), e ainda do direito de proteção à imagem e à intimidade (III.2). Diante do conflito possível que pode existir entre o princípio constitucional da publicidade da Administração Pública e o direito de proteção à imagem e à intimidade – o que caracteriza a contemporânea *sociedade da informação e do risco* – formularemos algumas propostas de soluções possíveis, o que para tanto laboraremos com alguns breves exemplos a ilustrar o tema.

Iniciemos, então, o estudo.

I – Noções do princípio constitucional da publicidade da Administração Pública

O princípio constitucional da publicidade da Administração Pública não se encontra cerrado em um único dispositivo. A despeito de sua explícita prescrição no art. 37, *caput*, da Constituição Federal de 1988 como um dever a ser observado pela Administração Pública Direta e Indireta de todos os entes federativos a sua imperatividade pode ser reconhecida da interpretação sistemática da ordem constitucional.

São diversos os direitos fundamentais que prescrevem a transparência da Administração Pública.

Qualquer pessoa pode, em princípio, exigir dos órgãos públicos informações de seu interesse particular, ou de interesse da sociedade,[2] e independentemente do pagamento de taxa é possível obter certidões em repartições públicas para a defesa de direitos e esclarecimento de situações de interesse pessoal,[3] pois o exercício do direito a uma tutela judicial efetiva[4] pode depender destas informações. A eventual recusa, por parte do Poder Público, em realizar o princípio da publicidade e prestar informações enseja a quem prejudicado demandar perante o Judiciário[5] o cumprimento deste dever jurídico. É um dever, portanto, que como regra geral se impõe a todos os Poderes do Estado.[6]

É possível, portanto, definir o princípio constitucional da publicidade, como se depreende do texto normativo relacionado, de acordo com a precisa síntese de Celso Antônio Bandeira de Mello: é "(...) o dever administrativo de manter plena transparência em seus comportamentos".[7] É a *transparência* que determina a iniciativa a ser assumida pelo Poder Público de prestar informações, ou de pronto oferecê-las quando solicitadas pelos administrados. A *transparência* reclama, na elaboração de seu significado na seara do direi-

2. Art. 5º, XXXIII, primeira parte.

3. Art. 5º, XXXIV, *b*.

4. Art. 5º, XXXV.

5. Novamente, art. 5º, XXXV, e ainda o inciso LXXII, *a*.

6. Como a exemplo se tem do comando do art. 93, IX.

7. *Curso de Direito Administrativo*, p. 102.

to público, a divulgação oficial das atividades, atos e decisões da Administração Pública.

Em um regime democrático de direito é encarecida a noção de *função*, da expressão *função pública*, como o cumprimento de misteres em nome de terceiros, em nome da coletividade. E ao bem agir em *representação* da sociedade os agentes públicos devem informar, antes, durante e após as suas atividades como estão gerindo o patrimônio público.

O argentino Roberto Dromi[8] diz que a publicidade é um predicado da ética pública. E com razão, pois é pelo princípio da publicidade, ainda que outros direitos fundamentais têm condições de realizarem-se, como pode acontecer com o princípio da isonomia, como lembra Lúcia Valle Figueiredo[9] – decerto, apenas pela *publicidade* da atividade do Poder Público é possível aferir se a Administração Pública trata os iguais do mesmo modo, se não fere o princípio da igualdade ao conceder privilégios e benesses diferenciadas a alguns. Por tudo isto, enfim, a *publicidade* torna-se condição de eficácia dos atos da Administração Pública.[10]

Para parcela da doutrina o princípio constitucional da publicidade abarcaria, ainda, a vedação de promoção pessoal do agente público, nos termos do art. 37, § 1º, da Constituição Federal,[11] mas entendemos que esta intelecção melhor se amolda ao *princípio da imparcialidade*. Preferimos reservar ao princípio da publicidade o sentido de dever do Poder Público de proceder com *transparência*, o que representa a imperiosa necessidade de divulgar oficiosamente as suas ações e prontamente disponibilizá-las quando solicitadas por qualquer pessoa.

É por meio das informações divulgadas e disponibilizadas que a sociedade controla o cumprimento do mandato público, que se permite a fiscalização do Poder Público e dos seus agentes, que se confere real sentido ao princípio fundamental de que todo o poder emana do povo[12] e, em razão disto, aqueles que exercem o poder atuam como servidores, isto é, exercem uma *função* – um dever em nome, no caso, da coletividade.

De tal sorte, o princípio da publicidade apenas se cumpre se, como ensina Diógenes Gasparini,[13] a informação decorre de publicação de órgão oficial, e não por notícia divulgada pela imprensa, ainda que o programa ou a instituição mantenha alguma relação com o Governo, como acontece com a *Voz do Brasil* transmitida por rádio.

Mas se o princípio constitucional da publicidade, em última análise, é norma permeada no sistema constitucional, deve admitir, em regime de exceção, o seu afastamento para, em hipóteses *concretamente* justificáveis, atender a outros comandos igualmente previstos na Constituição Federal. É o que dispõe o art. 5º, XXXIII, em sua parte final ao conceber, ao menos hipoteticamente, que o sigilo – que se contrapõe à publicidade – é admissível quando "(...) imprescindível à segurança da sociedade e do Estado". A exceção reproduz-se em uma situação específica, igualmente prevista no ordenamento constitucional, no art. 37, § 3º, II, ao se determinar que a lei ordinária deve disciplinar as formas de participação do usuário na Administração Pública, e no tocante ao acesso a registros administrativos e demais informações sobre os atos de governo é necessário observar o inciso XXXIII do art. 5º, o que envolve, é claro, a possibilidade de sigilo.

A previsão constitucional é compreensível. Não há direito absoluto – sequer a vida, pois a legítima defesa e as hipóteses de aborto são exemplos disto. Portanto, é fácil considerar como exemplo de recusa legítima de prestar informações uma situação na qual o administrado pretende obter, da polícia militar, informes sobre a quantidade de armas do

8. *Derecho Administrativo*, pp. 227-229.

9. *Curso de Direito Administrativo*, p. 62.

10. É a posição de José Cretella Júnior, *Das Licitações Públicas*, p. 138.

11. Conforme Hely Lopes Meirelles, *Direito Administrativo Brasileiro*, p. 87.

12. Art. 1º, parágrafo único, da Constituição Federal.

13. *Direito Administrativo*, p. 11.

batalhão, qual a estratégia adotada para a distribuição do policiamento pela cidade, quantos policiais encontram-se em exercício durante os turnos da manhã e da noite e outras informações mais que não devem ser repassadas a qualquer interessado sob pena de comprometer a segurança pública. Apenas investigações e requisições realizadas por órgãos e Poderes competentes para tanto, como o Ministério Público e o Judiciário, ou mesmo solicitações feitas pelo Chefe do Executivo, máxima autoridade hierárquica dentro do Executivo, podem concretamente justificar o retorno do dever de cumprir o princípio constitucional da publicidade, ou ao menos determinar que com eles seja compartilhada a informação sigilosa para que se avalie a sua pertinência.

A exemplo disso lembramos a Lei n. 8.159/1990, que dispõe sobre a política nacional de arquivos públicos e privados. Prescreve esta lei que é dever do Poder Público a gestão documental e a proteção especial a documentos de arquivos,[14] que todos têm o direito de receber dos órgãos públicos informações, contidas em documentos de arquivos, de seu interesse particular ou de interesse coletivo ou geral, mas ressalvadas aquelas cujo sigilo seja imprescindível à segurança da sociedade e do Estado, e ainda à inviolabilidade da intimidade, da vida privada, da honra e da imagem das pessoas.[15] Em seu art. 23 prescreve que por Decreto serão fixadas as categorias de sigilo que deverão ser obedecidas pelos órgãos públicos na classificação dos documentos, e em seu § 2º que o acesso aos documentos sigilosos referentes à segurança da sociedade e do Estado é restrito por um prazo máximo de trinta anos a contar da data de sua produção, e que este prazo pode ser prorrogado, por uma única vez, por igual período, e que o acesso aos documentos sigilosos referentes à honra e à imagem das pessoas é restrito por um prazo máximo de cem anos a contar da sua data de produção.[16]

14. Art. 1º.

15. Art. 4º.

16. § 3º.

Esta lei confirma a nota de *excepcionalidade* do sigilo, tanto quanto às *razões* que o fundamentam (em síntese, a segurança pública e a proteção à imagem e à moral) quanto pelo *tempo* a imperar a reserva de informação (pois o sigilo não pode ser indefinido). E mesmo durante o período de sigilo é expressamente prescrito o que de outra forma não poderia ser – sob pena de inconstitucionalidade: pode o Poder Judiciário, em qualquer instância, determinar a exibição reservada de qualquer documento sigiloso, sempre que indispensável à defesa de direito próprio ou esclarecimento de situação pessoal da parte.[17]

Outra referência ao sigilo advém da Lei n. 11.111/2005. Dispõe esta norma que o acesso aos documentos públicos de interesse particular ou de interesse coletivo ou geral é ressalvado exclusivamente nas hipóteses em que o sigilo seja ou permaneça imprescindível à segurança da sociedade e do Estado.[18] Mas em seu art. 6º, ao se reportar aos prazos de sigilo que acima reproduzimos do art. 23 da Lei n. 8.159/1991, é categórico ao afirmar que os documentos classificados no mais alto grau de sigilo tornar-se-ão de acesso público.

Resta-nos esclarecer, ainda, que esta norma – o princípio da publicidade – é aplicável, como dispõe o *caput* do art. 37 da Constituição Federal, a todos os Poderes, de todos os entes da federação, e em relação ao Executivo abran-

17. Art. 24.

18. Art. 2º. É verdade que em seu § 2º o art. 6º dispõe sobre a possibilidade de antes de expirada a prorrogação do prazo a autoridade competente para a classificação do documento no mais alto grau de sigilo provocar, *de modo justificado*, a manifestação da Comissão de Averiguação e Análise de Informações Sigilosas para que avalie se o acesso ao documento ameaça a soberania, a integridade territorial nacional ou as relações internacionais do País, casos em que a Comissão pode manter a permanência da ressalva ao acesso do documento pelo tempo que estipular. De todo modo, a intensidade de justificativa deve ser mais acentuada, e as hipóteses para esta indefinida prorrogação reduzem-se ainda mais (apenas se houver ameaça à soberania, à integridade territorial nacional ou às relações internacionais do País).

ge ainda as pessoas da Administração indireta, como as autarquias, fundações, empresas públicas e sociedades de economia mista.

A única ressalva que deve ser feita diz respeito a estas duas últimas. As empresas públicas e as sociedades de economia mista são criadas ou para a prestação de um serviço público ou para a exploração da atividade econômica, e neste último caso, e apenas em relação às informações que se referem à atividade-fim, como exemplo as que tratam do bem de consumo produzido, de suas técnicas de produção, comercialização etc., não é exigível a publicidade, pois nesta circunstância as estatais devem sujeitar-se ao regime jurídico próprio das empresas privadas, conforme dispõe o art. 173, § 1º, II, da Constituição Federal.

Mas no que se refere às outras atividades de suporte das estatais que exploram atividades econômicas, tal como acontece com a contratação para a edificação de uma filial ou ampliação ou reforma de unidades já existentes, ou a contratação de empregados e outras inúmeras atividades do gênero, incide amplamente o princípio constitucional da publicidade.

Derradeira anotação de ordem geral é que sendo a publicidade a regra, a sua violação, se não encontrar respaldo nas exceções vistas, pode caracterizar, se houver dolo do agente público, um ato de improbidade administrativa – previsto no art. 11, IV, da Lei n. 8.429/1992.

II – A teoria dos papéis sociais e o princípio constitucional da publicidade da Administração Pública

Porque o tema do nosso estudo cuida de confrontos possíveis entre interesses particulares – o direito de proteção à imagem e à intimidade dos cidadãos – e interesses públicos – o dever de informar do Estado – é que nos parece de significativa importância fazermos referência à *teoria dos papéis sociais*. A teoria dos papéis sociais é informe que auxilia o intérprete a identificar qual a real necessidade subjetiva dos sujeitos em conflito e, com isto, clareia os verdadeiros valores e fatos que devem ser perquiridos junto ao sistema jurídico.

Podemos considerar, segundo a teoria a que aludimos, que é possível identificar na sociedade inúmeros "papéis sociais". Vale dizer – como uma informação objetiva –, há infindáveis *núcleos* de ações e comportamentos que são preenchidos, amiúde, por indivíduos.

Tanto como uma *personagem* em sua vida pessoal – como pai, marido, mulher, filha etc. –, ou na profissional – como médico, empresário, trabalhador braçal ou desempregado –, ou na social – como integrante de uma associação, como sócio de um clube, em participação de atividades em praças e parques públicos etc. –, como ainda nas infinitas *áreas de relacionamento* – lazer, educação, trabalho, família etc. – que se intercomunicam e, ao mesmo tempo, representam o palco de atuação destas *personagens*, há, no mundo fenomênico, estes núcleos de *imagens* (*personagens*) e *ações e comportamentos* (*áreas de relacionamento*).

Pela *teoria dos papéis sociais*, portanto, há diversos *núcleos* que enfeixam, em *cada caso concreto*, considerando qual *personagem* que se trata e em qual *área de relacionamento* se encontra, características próprias e objetivas. A esses *papéis* as pessoas aderem espontaneamente.

Não a um ou a outro exclusivamente, mas aos diversos e ao mesmo tempo tal como o homem que ao mesmo tempo em que é *pai* também é um *empresário* e *integrante da associação do bairro* em que mora.

E é por isso que o ser humano deve a esses *papéis* amoldar-se, não transformá-los ao seu talante, à imagem que idealiza para si, *mas ao que a sociedade conhece e espera*, pois isto é ínsito à condição de viver em sociedade.

Luis Recaséns Siches afirma que o sujeito pode viver três classes de modos de conduta: (a) propriamente individual; (b) não individual (interindividual); (c) coletivo. Sob esta última é que o sujeito vive como "(...) titular de um 'papel' ou de uma 'função' (...)", algo "(...)

comum, tipificado, anônimo, geral (...) como sujeito de um círculo ou grupo".[19]

E o mundo do direito – prossegue o autor – pertence mesmo ao âmbito do modo e dos nexos coletivos da vida humana. O direito, diz ele, é um conjunto de modos coletivos da existência humana, logo, o sujeito dos modos coletivos de conduta não é o homem autêntico, o ser humano individual, mas um *papel*, uma *personagem*.[20]

Percebe-se, nessa ordem de idéias, que o conceito de cada *papel social* é essencialmente mutável – aliás, como o próprio Direito.

A propósito do tema, Luiz Antônio Rizzato Nunes, com muita propriedade, esclarece a respeito: "Para essa teoria dos papéis sociais, o que vale é o dado objetivo da escolha. Não se está – isso não importa para o papel social – pensando na motivação que levou à escolha (...) nem na capacidade ou condição da pessoa que escolheu (...) nem ainda nos interesses que geraram a seleção (...). O que vale é a seleção objetivamente operada".[21] E prossegue, pouco mais adiante, ao remate oportuno: "O indivíduo é uma soma de papéis e por vezes esse indivíduo, enquanto ser real, confunde-se com os papéis que exerce. O indivíduo é simultaneamente pai, filho, irmão, estudante, profissional, político, torcedor, etc. num composto de papéis sociais. E nesse ponto podem estar papéis sociais públicos e privados, nem sempre sendo fácil distinguir quando o comportamento social real é de um ou de outro".[22]

Consideraremos, ainda, que a *intimidade* é a esfera mais íntima da pessoa humana, revelada por seus sentimentos mais circunscritos, introspectivos, e, circundando-a, há a *privacidade*, afeita à vida no âmbito familiar e amistoso; e secundando estas duas, tendo-as em seu diâmetro, por tanto com maior largueza ainda, há o *relacionamento público*, que se refere à interação social.

A maior ou menor proteção do ordenamento jurídico a cada uma dessas esferas da individualidade (*intimidade*, *privacidade* e *relacionamento público*) acontece na proporção do *papel social* que o indivíduo exerce *em cada caso concreto*, justificando-se, portanto, quando, a título de exemplo, para um empregado numa empresa da iniciativa privada há maior proteção à sua privacidade do que tem um funcionário público em cargo de chefia, mas este, por outro lado, mais proteção goza do que um agente político.

São *papéis sociais* diferentes, o que justifica tratamentos diferenciados na medida em que "(...) cada um exerce papel diferente, a cada momento, e tem que obedecer às regras específicas de seu papel. Assim, no ambiente do lar exerce o papel que lhe cabe no seio da família. Ao atuar profissionalmente tem que se comportar conforme as regras do ambiente de trabalho (...). Já nas atividades de lazer, tem outros parâmetros para seu comportamento. Conforme o papel, na sociedade diferenciada, o ser humano deve protagonizar corretamente o personagem, por isso vai variar de indumentária, conforme o local, e a imposição do papel, tanto quanto vai se comportar conforme as regras de cada conjunto social, que será composto por diferentes seres humanos, como protagonistas".[23]

Cumpre identificar, portanto, em cada caso concreto, quais são os *papeis sociais* exercidos pelos partícipes da relação jurídica e se estes *papéis* justificavam suas atitudes.

Numa relação entre o Poder Público e o administrado é possível divisar, por exemplo, que o aplicador do direito deve considerar, ao interpretar as limitações administrativas, que por terem como fundamento jurídico o regime jurídico administrativo[24] para o cumprimento

19. *Introducción al Estudio del Derecho*, p. 32.

20. Ob. cit., p. 34.

21. *Comentários ao Código de Defesa do Consumidor – Direito Material*, p. 32.

22. Ibidem, p. 33.

23. Renan Lotufo, *Curso Avançado de Direito Civil*, vol. I, p. 21.

24. Mencionamos exemplos que cuidamos em outra obra (*Limitações Administrativas à Liberdade e à Propriedade*, São Paulo, Quartier Latin, 2006).

da função administrativa a teoria dos papéis sociais é elemento que ampara a hermenêutica jurídica por permitir a melhor compreensão da posição dos sujeitos envolvidos.

Façamo-nos mais claros: para ponderar a constitucionalidade de uma limitação administrativa, para avaliar a legitimidade de uma ação concreta do Poder Público a pretexto de observar uma norma geral que traceje uma limitação administrativa, para saber se há realmente apenas a conformação de um direito ou algum sacrifício – que neste último caso pode ensejar alguma indenização –, ou mesmo para constatar algum ato arbitrário, mostra-se ser de grande valia ponderar os papéis sociais em pauta.

O papel social do Poder Público é mesmo de titular de um interesse público primário, defende, no caso concreto, um interesse da coletividade, ou atua como particular com o fito de atingir interesses que apenas mediatamente refletem os anseios coletivos?; ou o papel social que representa em dada situação revela que persegue os interesses particulares de algum integrante de sua estrutura?

Um exemplo: pretende o Poder Público realizar, sem qualquer tradição em anos anteriores, uma festa pública de ingente proporção tendo como mote prestigiar alguma classe profissional determinada, e tudo isto em ano de eleição, e sendo o atual Chefe do Executivo integrante desta classe; percebe-se, neste exemplo dado, que a despeito das dificuldades de investigar a vontade subjetiva dos agentes públicos é possível identificar, ao menos reconhecer indícios, de que o Executivo não cumpre seu papel social, mas sim se propõe a propalar os interesses eleitoreiros de seu representante. Isto porque não é papel social da Administração Pública voltar-se com exclusividade a um grupo restrito, atuar concretamente em benefício de determinados administrados, sem igualdade de condições em relação a outros grupos, e tudo com a associação deste comportamento ao fato do agente público que promove o evento pertencer ao mesmo grupo e ainda ser candidato à reeleição.

De outro lado, se um indivíduo pode ter o legítimo interesse de opor-se à intenção de seu vizinho de ingressar em seu lar para combater algum foco de desenvolvimento de insetos que transmitam doenças graves como a dengue, o mesmo não pode ocorrer, diante do perigo concreto, se o pretendente for o Poder Público, pois na relação que há com ele o papel social do indivíduo é de quem deve subordinar-se ao interesse geral de colaborar em exterminar o desenvolvimento das causas de contágio.

Quer-nos parecer que oportunas a estas reflexões são as seguintes considerações do administrativista argentino Héctor Jorge Escola quando trata das ações que compõem a vida privada e que passam a afetar a ordem e a moral públicas: "Na liberdade pessoal, assim considerada, é possível distinguir a existência de duas esferas ou modalidades: uma, que constitui a vida privada, a vida íntima de cada pessoa; e outra, a liberdade comum, que é a qual até agora nós temos nos referido".[25] A distinção é feita porque, nas lições do doutrinador, o que ele denomina de "poder de polícia" não tem campo ou legitimidade quando se trata da "esfera sagrada da vida privada", mas é possível se estas ações transcendem para atingir a "liberdade comum".[26]

Note-se, noutro exemplo pautado no chamado "rodízio de veículos" da capital de São Paulo, que a despeito da impossibilidade de um particular impingir a seu par que circule com o veículo dele em certo dia da semana, o Poder Público, por sua vez, tem a legitimidade de assim agir e o destinatário deve suportar porque o seu papel social de administrado (isto é, em relação com o Poder Público, o titular do interesse coletivo) é diferente do papel social de um sujeito titular de direitos privados em conflito com outro sujeito também titular de interesses protegidos pelo direito privado.

Em suma, não desconsideramos nem dispensamos – ao contrário, deve ser o ponto de partida do intérprete – toda a doutrina de

25. *Compendio de Derecho Administrativo*, vol. II, p. 895.

26. Ibidem, p. 896.

Direito Administrativo sobre o regime jurídico administrativo e a função administrativa, mas sugerimos, de forma ancilar, a consideração da *teoria dos papéis sociais* em vista a auxiliar o aplicador do direito, sobretudo quando se trata – como é o caso do presente estudo – do conflito entre o *dever de informar* – por parte da Administração Pública, como consectário do princípio da publicidade – e o *direito de proteção à imagem e à intimidade* do administrado.

Retornaremos ao tema mais adiante (III.3).

III – Os contornos e os limites do princípio constitucional da publicidade da Administração Pública

Se existe o dever de *transparência* que determina a divulgação de atos e fatos referentes à Administração Pública e aos seus agentes, cumpre-nos compreender o sentido e o alcance deste princípio – da publicidade – de modo a não afligir, como dissemos alhures (I), outros direitos fundamentais.

A seguir, então, demarcaremos estes comandos normativos distintos – de um lado, o princípio da publicidade e o dever de informar (III.1), do outro, o direito de proteção à imagem e à intimidade (III.2) –, para em seguida, com a consideração da teoria dos papéis sociais que vimos no tópico precedente (II), propormos algumas soluções possíveis com a ilustração de alguns casos práticos.

III.1 O dever de informar: a sociedade da informação e do risco

Como vimos (I), o princípio constitucional da publicidade (art. 37, *caput*) impõe à Administração Pública o dever de transparência que implica o dever de informar, e a este princípio relacionam-se ainda outras normas como integrantes de sua interpretação sistemática.[27] Mas a par desta análise de um princípio que compõe o regime jurídico administrativo convém lembrar outras normas constitucionais que regem, de um modo geral, a liberdade da comunicação mesmo entre particulares. Recordamos os princípios da *liberdade de pensamento*,[28] da *liberdade de comunicação e opinião*[29] e do *direito de informar e de ser informado*.[30]

Mesmo se não houvesse, portanto, o explícito princípio constitucional da publicidade no *caput* do art. 37, ainda assim, como já asseveramos na primeira parte deste estudo, da leitura do regime democrático, marcado por normas que elevam a liberdade de expressão a um *dever* de respeito, recenderia o princípio da publicidade como um *dever de informar* por parte do Estado. Especificamente o art. 5º, XIV, ao dispor que "é assegurado a todos o acesso à informação (...)", não trata de um direito imponível apenas a outros particulares, mas ainda ao Poder Público.

O princípio constitucional da publicidade, como acreditamos que restou bem demarcado no tópico I, é mesmo um *dever de informar* a ser pronto e espontaneamente cumprido pelo Poder Público, o que bem corresponde à lição de José Cretella Júnior[31] ao dizer que a vontade do Poder Público deve ser "anunciada aos quatro cantos".

Mas o que neste tópico aspiramos não é a reprodução do que dissemos anteriormente (I), e sim destacarmos as potenciais conseqüências deste *dever de informar* imputado à Administração Pública.

José Eduardo Figueiredo Dias, a quem fizemos breve referência na introdução deste artigo, recorda que a sociedade contemporânea vivencia um "(...) aumento das situações de devassa da vida privada e da intimidade

27. Art. 5º, XXXIII, primeira parte, XXXIV, *b*, XXXV e LXXII, *a*.

28. Art. 5º, IV.

29. Art. 5º, IX.

30. Art. 5º, XIV e XXXIII.

31. Ob. cit., p. 138

das pessoas, potenciado pela consagração e garantia do direito à informação em termos cada vez mais amplos, e facilitado pelas novas tecnologias informáticas que aumentam exponencialmente as possibilidades de recolha e posterior acesso a dados pessoais".[32]

Por conseguinte, é preciso atentar para o que o autor lembra que vem sendo denominado de "digitalização dos direitos fundamentais"[33] – o risco, perante esta sociedade da informação, diante da constante evolução das tecnologias de comunicação (como é exemplo a internet), o risco de menoscabar os direitos fundamentais como a intimidade e a privacidade.

Decerto, o princípio constitucional da publicidade, ao prescrever a transparência como norma de conduta da Administração Pública, exterioriza verdadeiro *dever de informar*, o que em contrapartida franqueia aos administrados de um modo geral, como insistimos em linhas passadas (I), um *direito à informação administrativa*,[34] mas este dever de informar precisa ser contextualizado com os avanços da tecnologia de comunicação pelos quais passou a sociedade mundial nas últimas décadas e que nos albores do século XXI prenuncia progressos ainda mais marcantes. De tal sorte, compete-nos compreender que a reboco da informação existem, por exemplo, os *riscos* da internet que resultam do amplo acesso proporcionado às informações da Administração Pública, os riscos que resultam da capacidade de armazenamento de dados que se projeta exponencialmente, os riscos que resultam da velocidade com que estas informações podem ser difundidas, e por isto exigem atenção sobre o que se encontra à disposição de acesso.

O dever de informar proporciona, portanto, a caracterização de uma sociedade que ao mesmo tempo em que se ufana desta capacidade de acesso às informações ainda se identifica pelos riscos gerados. Destarte, se devemos reconhecer o valor das tecnologias de comunicação que levaram aos píncaros o princípio da publicidade como *dever de informar* – como os sítios (*sites*) oficiais das Administrações Públicas na internet –, é fundamental termos a consciência de que são proporcionados *riscos* que exigem as devidas cautelas para evitar o comprometimento dos direitos fundamentais.

Pois afinal, como nos adverte Jesús Gonzalez Perez,[35] a *transparência* da atividade administrativa é um "dever de conteúdo plural" porque tem duas vertentes: o *dever de informar* e o *dever de calar*. E este último – o *dever de calar* –, por sua vez, exterioriza-se por duas formas: o *dever de segredo* que trata de assuntos concretos aos quais se atribui o caráter de reservados (trata-se de um dever específico) e o *dever de sigilo* que é o dever pessoal de discrição cuja finalidade é evitar causar danos desnecessários tanto à Administração quanto aos cidadãos (trata-se de um dever genérico de discrição).

Mas cuidaremos deste *dever de calar*, no próximo tópico, por outra perspectiva: com fundamento no direito de proteção à imagem e à intimidade.

III.2 O direito de proteção à imagem e à intimidade

O direito de proteção à imagem e à intimidade, de conhecida estatura constitucional,[36] representa, em palavras que tomamos de empréstimo de José Eduardo Figueiredo Dias ao tratar da intimidade e da privacidade, "(...) um 'direito de personalidade' que deve ser considerado como densificação do 'princípio da dignidade da pessoa humana'".[37]

E que deve ser cuidadosamente considerado diante da prática cada vez mais comum da Administração Pública de usar a internet como meio de efetivação do princípio da

32. Ob. cit., p. 616.

33. Ob. cit., mesma página.

34. Expressão pertinentemente utilizada por José Eduardo Figueiredo Dias, ob. cit., p. 620.

35. *Corrupción, Ética y Moral en las Administraciones Públicas*, pp. 93-94.

36. Art. 5º, V e X.

37. Ob. cit., p. 628.

publicidade. Pois como diz o autor referido,[38] o desenvolvimento da informática, principalmente da internet como "verdadeira auto-estrada da informação", com as facilidades de armazenamento, acesso e difusão de dados, conduz a proteção da privacidade a uma nova perspectiva, a de que nos encontramos em uma *sociedade do risco e da informação*.

A discussão que emerge, por conseguinte, é a preocupação em equacionar o *princípio da publicidade*, o *dever de informar da Administração Pública*, com os direitos dos administrados de verem preservadas a sua imagem e intimidade – sobretudo porque, como exemplificamos no tópico anterior, a internet promove uma vigorosa capacidade de divulgação, e porque a Administração Pública contém sítios oficiais (*sites*) a potencializarem esta publicidade é preciso então definir o alcance legítimo do cumprimento do *dever de informar* sem o comprometimento do *direito de proteção à imagem e à intimidade* dos administrados.

A estas indagações esperamos ao menos bosquejar, no tópico seguinte, algumas respostas que sirvam de linhas condutoras à compatibilidade destas normas constitucionais.

III.3 Casos práticos e soluções possíveis diante da teoria dos papéis sociais

José Eduardo Figueiredo Dias assinala que "A tarefa de harmonização pode igualmente basear-se na afirmação de um conteúdo *prima facie* dos direitos fundamentais, que só em concreto podem ser exactamente determinados, apelando de forma mais intensa para a necessidade de recorrer à *ponderação* ao nível do caso concreto para efectuar a restrição de um (ou dos dois) direito(s)".[39]

O que pretendemos propor, e o faremos nas próximas linhas, é o labor com a *teoria dos papéis sociais* para os casos concretos como um dos critérios a serem considerados para a *ponderação* referida por este autor de modo a alcançarmos a pretensão de correção na solução dos princípios em colisão – de um lado, o princípio da publicidade da Administração Pública, e de outro o princípio de proteção à imagem e à intimidade.

Adotaremos, em última análise, a *teoria dos papéis sociais* no procedimento de ponderação na colisão do princípio da publicidade e o dever de informar da Administração Pública com o princípio de proteção à imagem e à intimidade.

Exemplifiquemos, inicialmente, com o dever de licitar. É em razão do princípio da publicidade junto à licitação que há o direito assegurado a qualquer interessado de *participar* e *fiscalizar* os atos da licitação: por meio da *publicidade* que se torna possível promover a competição do maior número possível de pessoas, o que efetiva materialmente o princípio da igualdade, e ainda amplifica as possibilidades de a Administração realizar a seleção e conseguinte contratação mais eficiente às suas necessidades, e quanto à fiscalização é ainda com a *publicidade* dos atos que qualquer pessoa pode averiguar se não ocorrem favoritismos e desvios, o que contribui – este controle – para a efetivação do regime democrático.[40]

38. Ob. cit., p. 632.

39. Ob. cit., p. 628.

40. Ainda que não haja a necessidade de expressa menção a este princípio constitucional para que o Poder Público cumpra com o *dever de transparência*, a lei de licitações e contratos administrativos é explícita ao reproduzi-lo, em seu art. 3º, *caput*, como um princípio básico a permear todo o processo de licitação e o conseqüente momento da contratação com o vencedor. E torna a mencioná-lo em seu art. 4º ao assegurar a qualquer cidadão o acompanhamento do processo de licitação, e no art. 15, § 2º, ao determinar a publicação trimestral dos preços registrados, no art. 16, *caput*, ao prescrever o dever de dar-se publicidade mensalmente à relação de todas as compras feitas pela Administração, no art. 21, § 4º, ao exigir nova publicação em caso de modificação do edital, no art. 34, § 1º, ao exigir a divulgação do registro cadastral e a sua disponibilidade a quaisquer interessados, no art. 53, § 4º, ao explicitar que o edital deve ser "amplamente divulgado", entre outros dispositivos. Claro que durante as etapas do processo

Pois a teoria dos papéis sociais, ao explicitar que o participante de uma licitação apresenta-se, na relação com o Poder Público, como uma *personagem* em interação pública com outros administrados (isto é, numa *área de relacionamento* que se sujeita aos interesses de uma coletividade), a sua *intimidade* e *privacidade* submetem-se a constrições mais intensas do que em outras relações jurídicas, *outros papéis sociais*.

Com a teoria dos papéis sociais, a informar e conduzir o procedimento de ponderação, é possível perceber que, de um modo geral, não podem os participantes de uma licitação, que livremente decidiram aderir a um processo que deve pautar-se pelo princípio da publicidade, reclamar da divulgação, pelos sítios oficiais (páginas da internet), de que os seus dados da habilitação e a sua proposta estejam disponíveis ao acesso de qualquer administrado.

O não-cumprimento do princípio de proteção à imagem e à intimidade do interessado justifica-se pela necessidade do cumprimento do princípio da publicidade, pois o administrado que participa da licitação assume, ao ingressar no processo de licitação, o *papel social* de um interessado em substituir o Estado na execução de uma tarefa, e por isto deve à sociedade prestar contas, tal como o Estado deve fazê-lo, o que é a comprovação definitiva de que o princípio da publicidade justifica, em razão do *papel social* ao qual adere o participante da licitação, o não-cumprimento da proteção à imagem e à intimidade do participante.

É esperado, como papel social de concorrentes de uma licitação, que os documentos referentes à sua habilitação jurídica, qualificação técnica, qualificação econômico-financeira, regularidade fiscal,[41] que a sua proposta, mesmo quando fundada na "melhor técnica" ou "técnica e preço",[42] sejam informes disponibilizados, durante o processo de licitação e em seus momentos adequados, a qualquer sujeito que queira conhecer, pois a *transparência* é dever que impera no exercício de qualquer função pública – e de todo e qualquer administrado que espontaneamente adira ao *papel social* de participar da pretensão de execução de uma parcela desta função.

Por isto, é legítima a divulgação, pela Administração Pública, das razões de recusar a habilitação de um interessado, ainda que para isto informe da existência de ações contra ele, como é legítima a divulgação de irregularidades na estrutura jurídica da empresa, como é legítima a divulgação das razões de não ser a proposta técnica do interessado adequada à realização daquela atividade, entre outros exemplos mais.

de licitação há momentos em que, pela natureza da própria atividade, é impossível franquear o acesso ou o acompanhamento concomitante dos interessados, como é o caso da averiguação dos documentos e o julgamento das propostas. Sem dúvida alguma os atos anteriores e posteriores, como a abertura de envelopes e divulgação dos resultados com seus critérios e conclusões devem ser públicos, mas os atos de avaliação de documentos e de julgamento e classificação das propostas demandam o isolamento dos integrantes da comissão responsável. Igualmente, o princípio da publicidade não abrange o momento de apresentação das propostas, pois se as propostas fossem apresentadas já abertas não se garantiria a igualdade entre os interessados uma vez que estaria em posição de vantagem quem conhecesse a proposta do outro concorrente antes de apresentar a sua. Mas com o encerramento da fase de apresentação todos terão acesso às propostas de todos os interessados tão logo elas sejam abertas e classificadas. É nestes termos, a propósito, que dispõe o art. 3º, § 3º, da Lei n. 8.666/1993. Por isto, a violação do *princípio do sigilo das propostas* – da fase de *apresentação* das propostas – não apenas pode invalidar toda a licitação como ainda tipificar os crimes previstos no art. 94 da própria lei de licitações e contratos administrativos e no art. 326 do Código Penal. Por último, convém registrarmos que as publicações devem ser resumidas, nos termos dos arts. 21, § 3º, 38, II, 40, § 1º, 61, parágrafo único, todos da Lei n. 8.666/93, pois a publicação não se confunde com a publicidade; a publicação resumida, portanto, não viola o princípio da publicidade porque o inteiro teor do edital deve ser disponibilizado na repartição competente (o que assegura a plena publicidade), e com isto a divulgação (por meio da publicação) atinge o seu objetivo de promover a publicidade ao se limitar a divulgar os aspectos essenciais do processo de licitação.

41. Art. 27 da Lei n. 8.666/1993.

42. Art. 46.

Pois a tudo isto – à publicidade, à exposição – o administrado espontaneamente adere porque é o *papel social* a ser objetivamente assumido, mesmo que não exista a expressa manifestação de vontade ao ingressar no processo de licitação. Pouco importa, então, a ausência de termo escrito no qual o administrado interessado no certame expresse a sua concordância com ter a sua imagem e intimidade expostas publicamente, pois a adesão a este consentimento é consectário natural do *papel social* assumido de interessado de participar do processo de licitação.

É inerente à *transparência* que deve permear a atividade do Poder Público a possibilidade de controle por qualquer administrado, o que exige, por conseguinte, o não-cumprimento do princípio de proteção à imagem e à intimidade dos interessados na licitação *na medida necessária e pertinente* desta participação no certame.

Com estas últimas considerações, podemos divisar, por outro lado, algumas situações que passam a deixar de justificar o cumprimento prevalecente do princípio da publicidade em detrimento do princípio de proteção à imagem e à intimidade, pois enquanto não se trata do interessado, enquanto não se trata de informação que interessa à habilitação e ao julgamento das propostas, e quando não houver mais interesse nas informações porque se encerrou o processo de licitação com a sua homologação e adjudicação do bem ao vencedor, deve retornar o princípio de proteção à imagem e à intimidade para restringir a publicidade destas informações específicas. Exemplificamos: não se justifica, em princípio, a disponibilidade de acesso, nos sítios oficiais, de dados pessoais dos sócios das empresas interessadas, como os seus endereços residenciais e números de registro geral e de contribuintes, ou os dados pessoais dos profissionais que compõem a capacitação técnico-profissional,[43] pois não se pode confundir a personalidade jurídica da empresa que participa como interessada na licitação com a dos seus sócios e empregados; como não se justifica a disponibilidade, nos sítios oficiais, dos dados pertinentes à habilitação jurídica, qualificações técnica e econômico-financeira, de regularidade fiscal dos que não lograram vencer a licitação quando já houve a homologação, adjudicação do bem e o vencedor, tendo firmado o contrato, iniciou a sua tarefa. Lógico que, neste caso, é preciso compreender que há um prazo a ser aguardado para que a Administração Pública retire do *site* as informações dos interessados – mas, convém lembrar, ainda assim a Administração Pública deverá manter em seus arquivos, físicos e virtuais, todas as informações de todos os concorrentes, tanto para sujeitá-las a oportuno controle por outro órgão público, como o Tribunal de Contas ou o Ministério Público, como para apresentá-las a qualquer interessado que solicitar, por força do art. 5º, XXXIII, da Constituição Federal.

É oportuno sintetizar para destacarmos: a cautela a ser adotada, em última análise, é a exclusão de informações que não interessam à licitação – seja porque impertinentes aos interessados, seja porque a licitação encerrou-se – apenas dos sítios oficiais, e isto porque, como insistimos durante toda esta exposição, em virtude do amplo alcance de difusão de informações que se promove com a internet, o que não exclui o dever de que todos os informes permaneçam, ainda quando encerrada a licitação, junto aos arquivos da Administração Pública.

Outros exemplos, agora sobre a relação entre a Administração Pública e os servidores públicos.

Consideremos, à guisa de exemplo, que a pretexto de cumprir o art. 41, § 1º, III, da Constituição Federal a Administração Pública demita servidores públicos após o procedimento de avaliação periódica de desempenho. Acresçamos às reflexões que os servidores demitidos ingressem com ações que reconheçam a ilicitude da demissão – sejam quais forem os fundamentos, como a ausência de lei complementar, ou porque não houve critérios claros e objetivos para a avaliação, ou porque não houve motivação a preceder as conclusões lançadas.

43. Art. 30, § 1º, I.

Pois bem. Diante deste contexto engendrado a ilustrar o tema de estudo consideremos ainda que os agentes públicos reintegrados ao cargo ingressem, então, com ações de indenização contra o Poder Público nas quais pretendem do quanto exposto é forçoso reconhecer que os servidores públicos estão submetidos a avaliações, estão sujeitos, por determinação constitucional, a terem o seu desempenho apurado em procedimentos da Administração Pública. De tal sorte, e ainda que a Administração Pública tenha utilizado uma metodologia equivocada ou não tenha fundado seu comportamento em norma reconhecida pelo sistema jurídico como apta a legitimar a ação, ainda assim, se não houver qualquer indício de que tenha procedido de má-fé ou para dolosamente perseguir os servidores públicos, não há que se sustentar qualquer dano à imagem ou à intimidade dos servidores reintegrados.

Pois sustentar o dano moral em tal hipótese é desconsiderar o papel social que o servidor público exerce. A invalidação do ato de demissão não implica lógica e necessariamente na existência de um dano moral, e não há esta relação de inferência porque o dano moral ocorre quando o sujeito é submetido a uma situação que rompe com os padrões objetivos que podem ser esperados como inerentes a uma rotina normal. Em outras palavras, o dano moral evidencia-se quando a pessoa que se diz ofendida realmente se sujeitou a uma situação concreta que destoa de sua rotina possível, dos acontecimentos esperados dentro daquele padrão de comportamento no qual se encaixa – leia-se: do que é inerente ao seu *papel social*.

Ora, ser submetido a uma avaliação de desempenho é absolutamente normal junto a qualquer atividade laborativa, e trata-se de expediente ainda mais desejável quando se trata do exercício de alguma função pública. Se a Administração Pública falha em sua atuação quanto ao procedimento de avaliação de desempenho que culmina com a demissão do servidor, se esta ilicitude é reconhecida por decisão judicial, então a reparação do ilícito é realizada com a recondução da situação à ordem jurídica vigente na medida em que o servidor é reintegrado ao cargo e recebe todos os proventos pelo período em que ficou afastado. Mas este contexto não produz, por si só, o dano moral.

E isto porque no papel social do agente público realmente se encontra o dever de ser avaliado e ter a sua situação funcional divulgada pela imprensa oficial. Portanto, a demissão após a avaliação de desempenho insatisfatória, e mesmo por outros fundamentos jurídicos, como a demissão a bem do serviço público – após o processo administrativo disciplinar –, ainda quando estas decisões administrativas sejam invalidadas judicialmente não ensejam o direito à indenização por danos morais porque, insistimos, o direito à imagem do servidor público deve ser conformado com o papel social que ele exerce, e o papel social desenhado a quem atua em uma função pública é mesmo a publicidade destes atos que, embora viciados (desde que não tenham sido praticados por má-fé), integram a rotina da Administração Pública.

Estas considerações igualmente se aplicam a um sério equívoco por parte da Administração Pública que a imprensa nacional deu cobertura há algum tempo: os cartões corporativos. O empenho da verba pública, ainda quando os gastos são feitos pelas autoridades que se encontram no ápice da escala hierárquica, não pode ser omitido do controle público, não pode furtar-se ao princípio da publicidade. As despesas com restaurantes, aluguéis de veículos, hospedagem *devem* ser divulgadas porque o papel social exercido pelo agente público é o da representação do interesse coletivo. Não há, portanto, que se argüir o direito à imagem ou à intimidade, a pretensão de resguardar a privacidade, pois enquanto no exercício de uma tarefa pública o sujeito que ocupa o cargo é mandatário da sociedade.

Não são suas atribuições públicas que devem amoldar-se aos seus hábitos, seus interesses, às suas particulares leituras de como deve comportar-se. Ao inverso, é o agente público, enquanto detentor do cargo, que deve ajustar-se ao que é esperado como *papel social* de quem cumpre uma missão pública. É o agente público, enfim, que deve agir de modo a compatibilizar-se com as prescrições normativas, sobretudo – como no caso – com o comando constitucional do princípio da publicidade da Administração Pública que então impõe e justifica o *papel social* a cada agente público de atender à transparência ao divulgar à sociedade como, quando e por que comprometeu o recurso (público) que lhe foi destinado.

Todos estes exemplos, é claro, não esgotam a matéria. Mas acreditamos que ilustram a importância que a *teoria dos papéis sociais* representa no procedimento de ponderação do princípio constitucional da publicidade da Administração Pública.

Bibliografia

BANDEIRA DE MELLO, Celso Antônio. *Curso de Direito Administrativo*. 20ª ed., São Paulo, Malheiros Editores, 2006.

CRETELLA JÚNIOR, José. *Das Licitações Públicas*. 18ª ed., Rio de Janeiro, Forense.

DIAS, José Eduardo Figueiredo. "Direito à informação, protecção da intimidade e autoridades administrativas independentes", *Estudos em Homenagem ao Prof. Doutor Rogério Soares*, in *Studia Iuridica*, Coimbra Editora, 2001.

DROMI, Roberto. *Derecho Administrativo*. 10ª ed., Buenos Aires/Madri, Ciudad Argentina, 2004.

FIGUEIREDO, Lúcia Vale. *Curso de Direito Administrativo*. 7ª ed., São Paulo, Malheiros Editores, 2004.

GASPARINI, Diógenes. *Direito Administrativo*. 8ª ed., São Paulo, Saraiva, 2003.

MEIRELLES, Hely Lopes. *Direito Administrativo Brasileiro*. Atual. por Eurico de Andrade Azevedo, Délcio Balestero Aleixo e José Emmanuel Burle Filho. 24ª ed., São Paulo, Malheiros Editores, 1999.

NUNES, Luiz Antônio Rizzato. *Comentários ao Código de Defesa do Consumidor – Direito Material*. São Paulo, Saraiva, 2000.

PEREZ, Jesús Gonzalez. *Corrupción, Ética y Moral en las Administraciones Públicas*. Madri, Thomson, 2006.

PIRES, Luis Manuel Fonseca. *Limitações Administrativas à Liberdade e à Propriedade*. São Paulo, Quartier Latin, 2006.

RECASENS SICHES, Luis. *Introducción al Estudio del Derecho*. México, Porruá, 1970.

DOUTRINA

DIREITO (PODER) DE PROPRIEDADE E SUBSTITUIÇÃO TRIBUTÁRIA: LIMITES IMPOSTOS À SUA CRIAÇÃO PELO DIREITO ADMINISTRATIVO

MAURÍCIO ZOCKUN

Professor de Direito Administrativo e Fundamentos de Direito Público
na Faculdade de Direito da PUC/SP. Mestre em Direito Tributário
e Doutorando em Direito Administrativo pela PUC/SP. Advogado.

I – Introdução. II – A noção de sistema: II.1 Os princípios republicano e federativo; II.2 Do direito (poder) à propriedade. III – Substituição tributária: III.1 Sua natureza jurídica; III.2 Propriedade e substituição tributária. IV. Conclusões.

I – Introdução

1. A formação e a continuidade dos Estados pressupõem a existência de recursos suficientes para busca e satisfação do interesse público. Dentre as várias formas juridicamente concebidas para o financiamento estatal, perfila-se aquela oriunda da entrega de parcela do patrimônio das pessoas ao erário por meio da instituição e cobrança de tributo.

Essa consideração universal tem sua concreta aplicação delimitada pela ordem jurídica de cada Nação. Entre nós essa forma de financiamento estatal deve obediência ao primado republicano, pois, à luz do pensamento de Geraldo Ataliba,[1] é deste princípio que os demais derivam.

Se, por um lado, o primado republicano pressupõe condições financeiras suficientes para o adimplemento do autogoverno, é por meio da repartição das competências legislativas dentre as ordens jurídicas parciais (União, Estados, Distrito Federal e Municípios) que se garante a autonomia política e financeira na Federação.

Com efeito, se a igualdade decorre do primado republicano e se a nossa Nação se edificou como uma Federação, então a isonomia deve presidir as relações entre todas as pessoas. Em razão disso deve haver igualdade formal entre as pessoas políticas garantindo-se, por força disso, que elas possam autonomamente curar os seus interesses.

Como resultado desta premissa, concluímos que o direito brasileiro exige a repartição de competência entre as pessoas políticas para que elas, mediante regular procedimento legislativo, possam instituir tributo.

2. Ao partilhar as competências tributárias entre as pessoas políticas a partir de rol exemplificativo de fatos humanos reveladores de riqueza (ou "fatos-signo presuntivos de riqueza", nas palavras de Alfredo Augusto

1. *República e Constituição*, 1998.

Becker), a Constituição da República aponta (i) quais são os fatos jurídicos que podem ensejar tributação[2] e (ii) as pessoas capazes de realizar esse fato e que, por essa razão, podem ser atingidas pela tributação.

Como a competência tributária das pessoas políticas tem seus confins tracejados pela própria Constituição, qualquer conduta que maltrate esses limites será inconstitucional.

Percebe-se, assim, que um particular estará obrigado a recolher determinada soma de dinheiro aos cofres públicos a título de tributo se estiver diretamente vinculado à pratica do denominado "fato-signo presuntivo de riqueza".

A aguçada percepção de Roque Antonio Carrazza[3] fez notar que a Constituição Federal, como "norma-padrão de incidência", aponta quais as possíveis materialidades, sujeitos ativos, sujeitos passivos, base de cálculo (ou base imponível) e alíquota que poderão ser veiculadas em norma jurídica que tenha por objeto a instituição de tributo. Assim, será inválida a norma jurídica tributária que extrapole estas balizas.

Daí porque, Cleber Giardino e Geraldo Ataliba já assinalavam que "*na própria designação constitucional do tributo já vem implicitamente dito 'quem' será o seu sujeito passivo*. No quadro dos contornos fundamentais da hipótese de incidência dos tributos – estabelecidos pela Constituição Federal ao instituir e partilhar a competência tributária entre União, Estados e Municípios – está referido o sujeito passivo do tributo, aquela pessoa que, *por imperativo constitucional*, terá seu patrimônio diminuído, como conseqüência da tributação. (...) Esse raciocínio leva à conclusão de que *há exigência constitucional implícita*, no sentido de que um imposto somente pode ser cobrado daquela pessoa cuja capacidade contributiva seja revelada pelo acontecimento do fato imponível ou, nos casos de tributos vinculados, somente daquela pessoa a que a autuação estatal se refira de alguma maneira".[4]

Isto implica dizer que, em princípio, somente aquele que tenha praticado um "fato-signo presuntivo de riqueza" poderá ser obrigado a recolher aos cofres públicos determinada soma de dinheiro a título de tributo, diminuindo, conseqüentemente, seu patrimônio.

Logo, caberá à pessoa política competente, por opção política, veicular legislativamente o sujeito que, estando intimamente ligado ao "fato-signo presuntivo de riqueza", será posto na contingência de satisfazer a obrigação tributária.

3. Em algumas oportunidades, por razões metajurídicas que não nos cabe analisar, a lei determina que a obrigação tributária deve ser satisfeita por pessoa diversa daquela que praticou o "fato-signo presuntivo de riqueza". É nestas circunstâncias que vem a baila o instituto da substituição tributária.

Mas, para que possamos aferir a compatibilidade do regime de substituição tributária com o primado republicano, é necessário que investiguemos (i) sua natureza jurídica, (ii) sua conformação com os princípios constitucionais informadores da tributação e (iii) compatibilidade dos direitos e garantias fundamentais expressos no art. 5º da Constituição da República.

II – A noção de sistema

4. Tomando-se por premissa que o direito é um conjunto de normas jurídicas[5] impostas coercitivamente em uma dada sociedade,

2. Entendemos, portanto, que a Carta Magna já aponta quais são os possíveis fatos jurídicos que podem ser veiculados no critério material do antecedente da norma jurídica tributária.

3. *Curso de Direito Constitucional Tributário*, 9ª ed., pp. 297 e 298.

4. "Responsabilidade tributária – ICM – Substituição tributária (Lei Complementar 44/1983)", *Revista de Direito Tributário* 34/217 (destaques nossos).

5. Aqui empregamos o vocábulo normas jurídicas em sentido amplo (*lato sensu*), encampando tanto (i) as *regras* (que são veiculadas por enunciados prescritivos, mas cuja estrutura lógica não é com-

podemos concluir que a Ciência do Direito procura descrever o conjunto destas normas, identificando a forma como elas se relacionam por vínculos de coordenação e hierarquia.

A noção de sistema tem sido estudada de forma sortida e variada pela doutrina em razão dos seus mais diversos significados. Para Geraldo Ataliba,[6] o cientista do direito deve abordar as realidades que pretende estudar partindo de critérios unitários, porquanto desta maneira estará habilitado a reconhecer o seu objeto de estudo de forma coerente e harmônica, compreendendo os seus elementos como componentes de um todo unitário. E é justamente esta composição de elementos, sob perspectiva unitária, que o mestre denominava como sistema.

Vemos, pois, que o sistema – em qualquer plano de investigação científica – é composto de elementos que integram um todo unitário, os quais se encontram interligados por uma perspectiva unitária que lhe atribui coerência. Mas com isto não estamos dizendo que o sistema do direito positivo é harmônico. Ele, pelo contrário, deve ser harmônico.

Além da coerência, a perspectiva unitária do ordenamento deve ser identificada pela análise dos elementos que compõe o todo unitário. De fato, dentre as partes identificáveis no ordenamento jurídico, incumbe ao intérprete apurar aqueles que lhe atribuem coerência e harmonia caracterizando-se, por isso, como elementos aglutinantes ou, como preferimos, em princípios.

E isto porque, a partir da premissa metodológica eleita, entendemos que a unidade do ordenamento jurídico pressupõe que todas as normas nele existentes derivem de uma mesma fonte. Daí porque seus elementos integrantes (do sistema) devem estar dispostos de maneira hierárquica, de tal forma que se possa aferir a conformidade e a adequação das normas de inferior hierarquia àquelas que lhe dão fundamento jurídico de validade (hierarquicamente superiores, pois), conforme se depreende da construção teórica ("Pirâmide Normativa") formulada por Hans Kelsen.

5. Já é tempo, portanto, de revelarmos o sentido, conteúdo e alcance do conceito de princípio, de maneira que possamos aquilatar sua função (do princípio) no sistema jurídico.

Para Celso Antônio Bandeira de Mello, princípio "é, por definição, mandamento nuclear de um sistema, verdadeiro alicerce dele, disposição fundamental que se irradia sobre diferentes normas compondo-lhes o espírito e servindo de critério para sua exata compreensão e inteligência exatamente por definir a lógica e a racionalidade do sistema normativo, no que lhe confere a tônica que lhe dá sentido harmônico".[7] Daí porque "não se pode entender corretamente uma norma constitucional sem atenção aos princípios consagrados na Constituição e não se pode tolerar uma lei que fira um princípio adotado pela Lei Magna".[8]

Portanto, "qualquer disposição, qualquer regra jurídica (...) para ser constitucional, necessita estar afinada com o princípio (...) realizar seu espírito, atender à sua direção estimada, coincidir com seu elemento axiológico, expressar seu conteúdo. Não se pode entender corretamente uma norma constitucional sem atenção aos princípios consagrados na Constituição e não se pode tolerar uma lei que fira um princípio adotado na Carta Magna. Violar um princípio é muito mais grave do que transgredir uma norma qualquer. A desatenção ao princípio implica ofensa não apenas a um

posta por uma hipótese, suposto ou antecedente, a qual se conjuga uma conseqüência ou mandamento); como (ii) as *normas jurídicas* em sentido estrito (que possuem compostura hipotético-condicional). Qualquer seja a hipótese, entretanto, frise-se que a *regra* e a *norma jurídica* sem sentido estrito é a significação (ou juízo) que a leitura destes textos provoca no espírito do intérprete.

6. *Sistema Constitucional Tributário Brasileiro*, 1ª ed., p. 4.

7. *Curso de Direito Administrativo*, 14ª ed., pp. 807 e 808.

8. *Curso de Direito Administrativo*, 12ª ed., p. 748.

específico mandamento obrigatório, mas a todo sistema de comandos. É a mais grave forma de ilegalidade ou inconstitucionalidade, conforme escalão do princípio atingido, porque representa insurgência contra todo o sistema, subversão dos seus valores fundamentais, contumélia irremissível a seu arcabouço lógico e corrosão de sua estrutura mestra".[9]

Em nosso ordenamento jurídico o princípio republicano foi alçado à categoria de princípio informador, em relação ao qual se deve obediência. Daí porque podemos dizer que este cânone é um verdadeiro sobreprincípio do Direito, e com maior razão, do subsistema do direito constitucional tributário.

II.1 Os princípios republicano e federativo

6. A Constituição Federal determina que "todo o poder emana do povo, que o exerce por meio de seus representantes eleitos diretamente".[10] Isso significa dizer que os detentores dos poderes políticos (o povo) elegem aqueles representantes que zelarão, no período dos respectivos mandatos eletivos, pelos interesses da coletividade.

Assim, a República (coisa pública) é uma forma de governo de todos e para todos, em que há necessária igualdade formal entre os seus detentores. Primado inafastável do ideal republicano é, portanto, a isonomia entre as pessoas (físicas, jurídicas e políticas) que deve ser observado em toda produção normativa.

7. A idéia de República constitui princípio informador do nosso Direito e deve influenciar a interpretação de todos os demais princípios constitucionais. É que, muito embora o sistema jurídico tenha profunda harmonia interna, esta só se estabelece mediante a formação e escalonamento hierárquico entre os mais diversos princípios. E justamente em razão disto que se mostra equivocada a idéia no sentido de que todas as normas constitucionais (aí se incluindo os princípios) têm mesma eficácia (grau eficacial), mormente porque estas se estruturam de forma piramidal (na visão kelseniana).

A posição de primazia desses princípios, em relação aos demais prestigiados pelo constituinte, fica evidente pelo fato de estarem alçados à condição de cláusulas pétreas pelo art. 60, § 4º, da Constituição da República.

Adicionalmente, a tripartição do exercício do poder (que decorre de construção política notável de Montesquieu[11] e parcialmente consagrada em nosso direito positivo) é a fórmula ideal para assegurar o regime republicano representativo, com seus necessários ingredientes de responsabilidade e igualdade.

Deveras, por meio da repartição do exercício das funções criou-se um modelo de freios e contrapesos entre os diversos órgãos do Poder, embora seja forçoso reconhecer que as funções exercidas pelo Legislativo encontram-se em supremacia com os demais órgãos, eis que a ele (Legislativo) incumbe primordialmente a mais elevada expressão da função pública: produzir genérica e abstratamente, com força obrigatória, os preceitos a serem observados pelo povo e pelo próprio Estado (muito embora em fase recente da República, o Executivo tenha seguidamente suplantando esta função primordial do Legislativo, contando, inclusive, com a complacência do Judiciário, salvo manifestações brilhantes e isoladas, mas que não têm feito coro em nossos Tribunais).

A liberdade e a propriedade – como direitos (ou garantias) fundamentais – são os princípios constitucionais que mais intimamente se encontram ligados à tributação. E isto porque, a tributação (i) acarreta a transferência compulsória de parcela da riqueza individual para os cofres públicos, ligando-se diretamente com o direito de propriedade e (ii) caracteriza uma forma de controle e indução da liberdade

9. "Criação de Secretarias Municipais", *Revista de Direito Público* 15/285.

10. Parágrafo único do art. 1º da Constituição Federal.

11. *O Espírito das Leis*, 1ª ed., 1979.

individual enquanto instrumento – deliberado ou não – de estímulo e desestímulo de comportamentos, quando não de compulsão.[12]

É com base no ideal republicano que o exegeta encontrará o norte seguro na busca de uma interpretação fiel do texto constitucional, já que, conforme exposto acima, o primado republicano preside a intelecção e formação das demais normas jurídicas em razão da sua superioridade hierárquica.

II.2 Do direito (poder) à propriedade[13]

8. Os direitos ou poderes fundamentais do homem, segundo as lições de José Afonso da Silva,[14] são aquelas prerrogativas, existentes no ordenamento jurídico, que asseguram uma convivência digna, livre e justa entre todas as pessoas. Não se trata de simples forma de limitação dos poderes do Estado. Representa, antes disso, uma "limitação imposta pela soberania popular aos poderes constituídos que dela dependem".

9. Analisando o texto constitucional, classificam-se[15] esses direitos ou poderes fundamentais – tomando como critério a natureza do bem juridicamente tutelado – entre: *individuais* (por prestigiar a autonomia entre as pessoas físicas, jurídicas e dotadas de capacidade política – art. 5º); *coletivos*[16] (art. 5º); *sociais* (quando afetos às relações sociais e culturais das pessoas – arts. 6º e 193 e ss.); *referentes à nacionalidade* (quando definidores da nacionalidade e dos direitos e deveres a ela inerentes – art. 12); e, por fim, *políticos* (regulares da participação política – arts. 14 a 17).

Podemos, ainda, realizar nova classificação dos direitos ou poderes *individuais* fundamentais sob o prisma da natureza jurídica do bem tutelado; e assim procedendo vislumbramos a existência do direito ou poderes à vida, à intimidade, à igualdade, à liberdade e à propriedade. Estes (direitos e poderes individuais) podem, outrossim, no entendimento de Pontes de Miranda,[17] ser agrupados entre *direitos fundamentais absolutos* e *relativos*. Aqueles, tais como liberdade e intimidade, formulam-se de modo absoluto, cabendo à lei regular as hipóteses excepcionais em que eles podem ceder passo para outros interesses igualmente

12. Geraldo Ataliba já firmara o seu entendimento neste sentido em 1968, por ocasião da publicação de sua obra *Sistema Constitucional Tributário*, p. 9. No mesmo sentido pensava Agostinho Sartin ao proclamar que "A atividade tributária interfere sempre e necessariamente com as garantias constitucionais de liberdade e da propriedade, uma vez que representa a transferência forçada e definitiva de parcela do patrimônio privado para o erário público, conforme sublinhado por todos os nossos clássicos do Direito Constitucional e Tributário.

"Por essa razão, no Estado de Direito, nenhuma lei tributária, bem como nenhum ato de aplicação podem ser editados em dissonância com aquelas garantias asseguradas constitucionalmente, tendo por fulcro a liberdade e o patrimônio, tal como juridicamente qualificados esses direitos, pelo próprio Texto Magno" ("IR – Lançamento presuntivo – Depósitos bancários – Sinais exteriores de riqueza – Legalidade e tipicidade", *Revista de Direito Tributário* 34/261).

13. Com apoio no pensamento de Santi Romano já expusemos nossa visão a respeito do assunto, razão por que não há que se falar em direito de propriedade mas sim poder de propriedade. Nesse sentido, leia-se em nosso *Regime Jurídico da Obrigação Tributária Acessória* (pp. 73 e ss.).

14. *Curso de Direito Constitucional Positivo*, 15ª ed., pp. 171 e ss.

15. Não podemos concordar com o entendimento, sufragado por recente doutrina, no sentido de que existem classificações corretas e incorretas. Ou elas são úteis ou inúteis. Com efeito, os homens é que procedem à classificação das realidades e elementos que lhe são postos para que possa melhor trabalhar com seu objeto de estudo. Daí porque, estribado nas lições de Carrió, o critério que o intérprete deve utilizar-se para classificar é a didática, prática ou conveniência científica.

16. Lembre-se que, no Estado brasileiro, os direitos e garantias individuais foram eleitos pelo constituinte originário como cláusulas pétreas (§ 4º do art. 60 da Constituição Federal), não podendo ser objeto de deliberação a proposta tendente a aboli-las.

17. *Comentários à Constituição de 1967*, 2ª ed., t. IV, pp. 618 e 619.

tutelados pela ordem jurídica; estes, por seu turno, tais como a *propriedade*, valem nos termos e conforme os ditames da lei.

10. Percebemos, portanto, que a propriedade (art. 5º, XXII, da Constituição) não é um direito ou poder absoluto. Isso porque nossa Constituição condiciona seu uso e gozo ao atendimento de sua função social e, quando o interesse público impõe, obriga que a Administração Pública atue em prol das exigências coletivas (interesse coletivo) e reprima as condutas vedadas pelo ordenamento jurídico.[18]

Com isto esclarecemos que o uso da propriedade está umbilicalmente associado a sua utilidade coletiva (interesse coletivo), podendo o Poder Público romper as barreiras que impeçam ou criem embaraços aos desideratos que lhe foram constitucionalmente acoimados.

11. Tracejando o liame que liga o direito ou poder de propriedade às normas que autorizam a tributação, Roque Carrazza assinala que "não devemos perder de vista que, entre nós, a ação de tributar excepciona o princípio constitucional que protege a propriedade privada (CF, arts. 5º, XXII, e 170, II). Isto explica, em parte, a razão pela qual nossa Carta Magna disciplinou de modo tão rígido o mecanismo de funcionamento da tributação, ao mesmo tempo em que amparou o contribuinte com grande plexo de direitos e garantias contra eventuais excessos do Poder Público. (...) Noutras palavras: o tributo, de algum modo, esgarça o direito de propriedade. Ora, na medida em que o direito de propriedade é constitucionalmente protegido, o tributo só será válido se, também ele, deitar raízes na Constituição".[19]

Isto significa dizer que na Constituição de 1988 – a exemplo do que ocorreu na Constituição de 1967/1969, conforme nos ensina Pontes de Miranda[20] – o termo propriedade, por interpretação sistemática, é empregado no sentido de direitos patrimoniais.[21] E isto porque o constituinte assegurou aos particulares a preservação do seu patrimônio, salvo naquelas hipóteses em que ele deve ceder passo aos interesses da coletividade, expressa e taxativamente arrolados na Carta Magna.

Seja, portanto, em razão da relação jurídica oriunda da seara do direito tributário, seja em razão das normas que regulam a conduta humana no campo do direito administrativo,[22]

18. A Administração estará obrigada e perseguir o interesse público porque exerce função. Deveras, a Administração é mera gestora de um interesse alheio (interesse coletivo), razão por que, pautado nos ensinamentos de Caio Tácito, ela apenas aplica a lei de ofício.

19. Ob. cit., pp. 239 e 240.

20. Nos seus *Comentários à Constituição de 1967* (2ª ed., t. IV, p. 398), o mestre averba que "Direito de propriedade, segundo a Constituição de 1967, é qualquer direito patrimonial. Não importa se há direito real sobre bem corpóreo (propriedade, usufruto, uso, habitação, hipoteca, penhor, anticrese) ou sobre bem incorpóreo (propriedade intelectual, seja artística, literária, ou científica, ou industrial, ou direito real limitado sobre bem incorpóreo), ou se não há, na espécie, direito real (*e.g.*, se se trata de crédito ou pretensão, ou de ação, ou de exceção, somente pessoal)" (atualizamos a redação).

21. Não foi por outra razão que Celso Ribeiro Bastos, ao tratar do conteúdo, sentido e alcance do direito fundamental veiculado pelo art. 5º, XXII, assinalou que "o conceito constitucional de propriedade é mais lato do que aquele que se serve o direito privado. É que do ponto de vista da Lei Maior tornou-se necessários estender a mesma proteção, que, no início, só se conferia à relação do homem com as coisas, à titularidade da exploração de inventos e criações artísticas de obras literárias e até mesmo a direitos em geral que hoje não o são à medida que haja uma devida indenização de sua expressão econômica (...). A propriedade tornou-se, portanto, o anteparo constitucional entre o domínio privado e o público. Neste ponto reside a essência da proteção constitucional: é impedir que o Estado, por medida genérica ou abstrata, evite a apropriação particular dos bens econômicos ou, já tendo esta ocorrido, venha a sacrificá-la mediante um processo de confisco. (...) As restrições ao direito de propriedade que a lei poderá trazer só serão aquelas fundadas na própria Constituição, ou então nas concepções aceitas sobre o poder de polícia. Não pode a lei colocar fora do domínio apropriável pelos particulares certos tipos de bens, o que só é dado à Constituição fazer" (*Comentários à Constituição do Brasil*, 1ª ed., vol. 2, pp. 118 a 120).

22. Ainda que, reconhecidamente, o direito tributário esteja inserto na seara do direito admi-

fato é que qualquer norma que tutele o direito ou poder de propriedade (entendido, *lato sensu*, como patrimônio) deverá observar as balizas traçadas pela Constituição da República. Sua validade, portanto, é condicionada à estrita observância dos contornos traçados pelos princípios constitucionais. E destas limitações não se furtam as normas que veiculam em seu conteúdo comandos relativos ao instituto da substituição tributária.

III – Substituição tributária

12. A Constituição indica, geral e abstratamente, quais são as possíveis "fatos-signo presuntivos de riqueza" que podem ser indicados na norma de tributação. O texto constitucional aponta, portanto, o destinatário constitucional do tributo[23] como sendo a pessoa que provoca, produz ou desencadeia o "fato-signo presuntivo de riqueza".

Com efeito, conforme já destacamos, a Constituição da República, sendo exaustiva em matéria tributária, indica (i) as possíveis materialidades que as pessoas políticas poderão adotar para veicular, legislativamente, norma geral e abstrata instituindo tributos; assim como (ii) aquelas pessoas que se relacionam com a situação prevista no núcleo da hipótese tributária.

Entretanto, é a própria Carta Magna que, em seu art. 157, I, prevê hipótese de ocorrência de substituição tributária[24] ao estabelecer que "pertencem aos Estados e ao Distrito Federal (...) o produto de arrecadação do imposto da União sobre a renda e proventos de qualquer natureza, *incidente na fonte*, sobre rendimentos pagos, a qualquer título, por eles, suas autarquias e pelas fundações que instituírem e mantiverem". Ou ainda, no art. 155, § 2º, inciso XII, alínea *b*, que, sendo norma de estrutura, outorga ao legislador complementar a competência para dispor sobre o regime de substituição tributária no âmbito do imposto estadual sobre circulação de mercadorias e sobre prestações de serviços de transporte interestadual e intermunicipal e de comunicação – ICMS.

A Constituição Federal prevê, portanto, não só a existência do instituto da substituição tributária, mas também sua compatibilidade com o sistema de direito positivo, mormente porque expressamente autoriza a retenção, pela fonte pagadora, de determinada quantia de dinheiro devida pelo destinatário constitucional do tributo a título de imposto sobre a renda.

Observe-se, outrossim, que sendo estes dispositivos decorrentes de produção legislativa de Poder Constituinte, não se aventa sua invalidade por incompatibilidade com os princípios informadores do sistema constitucional tributário (República e Federação), o que, sem dúvida nenhuma, pode ocorrer com qualquer espécie de ato normativo produzido pelo Poder Constituído (incluindo-se aí as Emendas à Constituição[25]).

Mas qual a natureza da norma jurídica que veicula, geral a abstratamente, previsão do surgimento de uma relação jurídica denominada substituição tributária?

III.1 Sua natureza jurídica

13. Nos primórdios do estudo do direito tributário, os cientistas do direito procuravam descrever a linguagem objeto a partir de con-

nistrativo, o estudo das relações jurídicas formadas sob sua égide são realizadas em singular grau de profundidade, tendo, sob a ótica didática, ganhado foro de "autonomia".

23. Usamos aqui a expressão consagrada por Hector B. Villegas, em seu *Curso de Direito Tributário*, 1ª ed., 1980.

24. Para nós a retenção, pela fonte pagadora, de determinada soma de dinheiro é uma das hipóteses de substituição tributária.

25. A propósito deste tema, recorde-se que o STF, por ocasião do julgamento da ADI n. 939, consignou que "uma Emenda Constitucional, emanada, portanto, de Constituinte derivada, incidindo em violação a Constituição originária, pode ser declarada inconstitucional, pelo Supremo Tribunal Federal, cuja função precípua e de guarda da Constituição".

ceitos e eventos próprios do direito financeiro (afeto à ciência das finanças) e das ciências econômicas.[26]

Pautado nestas premissas, a primeira construção teórica que procurou desvendar a natureza jurídica do substituto tributário deve-se à lavra de Rubens Gomes de Souza.[27] Para aquele autor, "pode acontecer que em certos casos caso o Estado tenha interesse ou necessidade de cobrar o tributo de pessoa diferente: dá-se então a *sujeição passiva indireta*. A sujeição passiva indireta apresenta duas modalidades: *transferência* e *substituição*; por sua vez a transferência comporta três hipóteses: *solidariedade*, *sucessão* e *responsabilidade*".

Entendemos, na mesma trilha de Cleber Giardino,[28] que a classificação proposta por Rubens Gomes de Souza é cientificamente equivocada, pois a distinção entre sujeito passivo direto e sujeito passivo indireto não prospera, porquanto a relação jurídica tributária se forma entre o sujeito passivo veiculado no conseqüente normativo da uma norma jurídica tributária (destinatário constitucional do tributo) e o sujeito ativo.

Deveras, a previsão do surgimento da relação jurídica denominada substituição tributária está veiculada, geral e abstratamente, em uma norma jurídica que não versa sobre a instituição de tributos (e que, portanto, não faz parte do campo metodológico do Direito Tributário Material).

Primeiro porque o suporte fático (nas palavras de Pontes de Miranda) daquela norma é um fato jurídico relacionado ao fato jurídico tributário (e não o próprio fato jurídico tributário); e segundo porque o substituto tributário, não estando diretamente vinculado à prática do "fato-signo presuntivo de riqueza", não manifesta capacidade contributiva nem tampouco usufrui, ainda que potencialmente, de qualquer serviço público específico e divisível, ou demanda o exercício de poder de polícia.[29]

Verifica-se, portanto, que a pessoa colocada na condição de substituto tributário por uma norma jurídica qualquer não é o sujeito passivo tributário constitucionalmente previsto (ou destinatário constitucional do tributo). E isto porque ele não realiza aquele fato – veiculado no antecedente do enunciado normativo tributário – que desencadeia o surgimento de uma relação jurídica. Daí porque entendemos que o surgimento da figura do substituto tributário é possível de existirem, pelo menos, duas normas jurídicas.

A primeira instituidora do tributo (de natureza tributária), que veicula no seu conseqüente normativo o destinatário constitucional do tributo (como sujeito passivo) e a pessoa política competente ou outra que seja perseguidora de finalidade pública (como sujeito ativo).

A segunda (de natureza administrativa), vinculada à primeira norma,[30] em que figura o substituto tributário (como sujeito passivo) e o Poder Público (como sujeito ativo), tendo por objeto o recolhimento, pelo substituto, do valor devido pelo substituído a título de tributo.[31]

14. Assim, a primeira norma (que prevê o nascimento do vínculo relacional denomi-

26. O equívoco das construções científicas pautadas nestas premissas foi denunciada e purgada à exaustão por juristas do quilate de Alfredo Augusto Becker (*Teoria Geral do Direito Tributário*, 1ª ed.) e Geraldo Ataliba (*Sistema Constitucional Tributário Brasileiro*, 1ª ed.; e *Hipótese de Incidência Tributária*, 6ª ed.).

27. *Compêndio de Legislação Tributária*, edição póstuma, pp. 91 a 94.

28. "Relação jurídica tributária e o aspecto pessoal que a integra", *Revista de Direito Público* 25/183-195.

29. Percebe-se, a toda evidência, que adotamos a classificação de tributos proposta por Geraldo Ataliba (*Hipótese de Incidência Tributária*).

30. Em sua *Teoria Pura do Direito*, Hans Kelsen já vislumbrava a existência de normas definidas como não autônomas, ou seja, que dependeriam de outras normas (normas autônomas).

31. Esta idéia, aliás, não é, por si só, inovadora. Em 1969, Andrea Parlato já defendia a existência de duas normas jurídicas na hipótese de substituição tributária, conforme se verifica do seu *Il Sostituto d'Imposta*, 1ª ed., 1969.

nado "substituição tributária") conjuga-se à segunda norma (que prevê o nascimento de uma relação jurídica tributária) e prescreve que seu conteúdo mandamental (da segunda norma) deve ser adimplido pelo sujeito posto na condição de substituto tributário, e não por seu destinatário constitucional.

E por essa razão que fazemos nossas as palavras de Marçal Justen Filho, ao assinalar que "Portanto, há substituição não porque uma única e mesma norma estabeleça um mandamento incompatível com a hipótese de incidência, mas porque há *duas* normas. A norma principal – que corresponde à regra para generalidade dos casos – e a regra acessória se conjugam para produzir o resultado que surge diante dos nossos olhos. Assim, se não houvesse regra acessória, aplicar-se-ia exclusivamente a regra principal, do que resultaria a caracterização de um contribuinte".[32]

A identificação da natureza jurídica do instituto da substituição tributária, portanto, não reside na vinculação do seu conteúdo semântico (do vocábulo substituição) ao evento ocorrido no mundo fenomênico. É que, nestes casos (de substituição tributária), não existe vinculação entre o fenômeno ocorrido e a expressão (aqui empregada no sentido de vocábulo) a que ele é ligado.[33]

Não há falar, pois, na existência de substituto e substituído tributário, pois o nascimento da relação jurídica em apreço ("substituição tributária") decorre da prescrição veiculada em norma inserta no campo (metodológico) de direito administrativo e não do direito tributário (ainda que – na esteira do pensamento de Geraldo Ataliba – continuamos a repisar a idéia no sentido de que o direito tributário nada mais é do que um capítulo hipertrofiado do direito administrativo).

É que pelas premissas metodológicas adotadas, afirmamos que a Constituição Federal já indica quem é o possível destinatário constitucional do tributo.

32. *Sujeição Passiva Tributária*, p. 269.

33. No mesmo sentido é o entendimento de Marçal Justen Filho (ob. cit., p. 266).

15. Assim, não podemos admitir que uma norma jurídica, ao instituir um determinado tributo, indique no seu conseqüente normativo um sujeito passivo diverso daquele apontado pela "norma-padrão de incidência" a que se refere Roque Antonio Carrazza. Daí porque, exemplificativamente, uma norma que disponha sobre a instituição do imposto sobre a renda, não poderá atribuir a condição de sujeito passivo àquela pessoa que não tenha auferido riqueza nova durante um determinado lapso temporal (porque este sujeito não é o destinatário constitucional deste imposto).[34]

III.2 Propriedade e substituição tributária

16. A partir das premissas metodológicas que adotamos, as lições pioneiras de Cleber Giardino e Geraldo Ataliba são primorosas acerca dos limites constitucionais para implemento do instituto da substituição tributária. Para estes autores, "em primeiro lugar, o regime jurídico aplicável será o *regime do substituído* e não o regime do substituto. O substituto está pagando tributo alheio, vai pagar o que deve outro sujeito, nas condições pessoais dele, o substituído. É imperativo que o regime jurídico, legal e constitucional, aplicável seja o da outra pessoa.

"Se o substituído é imune, ou isento, se tem direito a redução ou dilação tributária, o substituto exercitará os direitos correspondentes.

"Em segundo lugar, a lei aplicável é a vigente na *data das operações sujeitas à substituição* e não a vigente na data da operação do substituto...A lei aplicável, no caso de substituição, é a lei do *momento do acontecimento*

34. Este, aliás, é o fundamento jurídico que demonstra a impossibilidade de tributação, por meio deste imposto federal, dos valores recebidos a título de indenização. Deveras, sendo a indenização o meio válido para recomposição do patrimônio do contribuinte, não há falar em acréscimo de riqueza em razão do seu recebimento.

do fato imponível, ocorrido por obra e graça do substituído."[35]

Estes autores, contudo, vislumbram a possibilidade do patrimônio do substituto tributário ser lesado em razão desta relação jurídica. Mas para tanto, entendem que a lei deve estabelecer mecanismos expeditos, ágeis, prontos e eficazes de ressarcimento do substituto, sem o que a prescrição normativa veiculadora da substituição tributária não seria válida no sistema de direito positivo.

E especificamente em relação à necessária prescrição normativa veiculadora de mecanismos para o reembolso do substituto, pelo substituído, Marçal Justen Filho aduz que "não se pode *obrigar* juridicamente o substituto a exercer seu poder jurídico. O máximo que se pode realizar é impor a ele o dever de pagar. Se cumpre esse dever, o fisco está satisfeito. A prestação tributária foi realizada e uma parcela da riqueza foi transferida para o Estado. O não exercício do poder de reembolso por parte do substituto significa tão só a renúncia a uma parcela do patrimônio próprio".[36]

Alfredo Augusto Becker foi mais além ao acentuar que "nos países, cujo sistema jurídico encontra-se integrado com regra jurídica constitucional que impõe o 'princípio da capacidade contributiva', o legislador ordinário tem o dever jurídico de escolher para o sujeito passivo da relação jurídica tributária: (...) b) qualquer outra pessoa (substituto legal tributário), desde que lhe outorgue o direito de reembolso ou de retenção do tributo contra o substituído (contra aquela pessoa cuja renda ou capital a hipótese de incidência é fato-signo presuntivo)".[37]

17. Não podemos, humildemente, concordar com as assertivas dos mestres neste ponto. É que, a partir das premissas adotadas,[38] não encontramos autorização constitucional para que, em sede de substituição tributária, o patrimônio do substituto tributário possa ser lesado em um momento para, em momento lógica e cronologicamente posterior, lhe seja garantido o direito de postular, do substituído, o ressarcimento, em dinheiro, da quantia paga.

Com efeito, se no entendimento destes autores existe o direito do substituto postular o ressarcimento, do substituído, da quantia paga nas hipóteses de substituição tributária, isso significa dizer que reconhecem a possibilidade de parcela da riqueza do substituto ser transferida ao erário por força do comando veiculado pela norma que instituiu e disciplina o instituto da substituição tributária.

Ou seja, segundo estes mestres, pelo surgimento uma relação jurídica de índole de direito administrativo (que é natureza jurídica da substituição tributária),[39] e não de direito tributário, haveria autorização constitucional para permitir a constrição de parcela do patrimônio do substituto. E é justamente isto, em nosso entendimento, que não encontra autorização constitucional.

Como procuramos demonstrar no início deste estudo, a relação jurídica existente entre

35. "Responsabilidade tributária – ICM – Substituição tributária (Lei Complementar 44/1983)", *Revista de Direito Tributário* 34/220 e ss.

36. Ob. cit., p. 285.

37. *Teoria Geral do Direito Tributário*, 3ª ed., p. 200.

38. (i) que o sistema constitucional brasileiro tem a República e a Federação como seus princípios informadores (ou sobreprincípios); (ii) que decorre do primado republicano, como garantia fundamental (ou direitos políticos), a liberdade e propriedade; (iii) que a propriedade, na interpretação sistemática da Constituição, abrange os direitos patrimoniais; e, por fim, (iv) que qualquer forma de limitação à propriedade (direitos patrimoniais) é permitida, apenas e tão-somente, nos limites previamente estabelecidos no Texto Constitucional.

39. Temos conhecimento do debate formado na doutrina a respeito da natureza jurídica da relação jurídica que se forma entre o substituto e o substituído. Alguns defendem que é de direito administrativo; outros que se revestem de natureza sancionatória. No entanto, qualquer que seja a solução (porque isto depende das premissas que cada intérprete adota para analisar o instituto), fato é que não se trata de relação de direito tributário. E isto, por si só, já é suficiente para o presente estudo.

o substituído e a pessoa política competente é de direito tributário, ou seja, o sujeito passivo direto encontra-se na contingência de recolher dinheiro aos cofres públicos a título de tributo.

Tendo o substituído sido apontado como o destinatário constitucional do tributo (indicado geral e abstratamente na "norma-padrão de incidência"), existe autorização constitucional para que a pessoa política competente obrigue o particular a entregar parcela do seu patrimônio ao erário. Mas o mesmo raciocínio não prospera quando estamos diante da relação jurídica que se forma entre o substituto tributário e o Poder Público.

É que o patrimônio das pessoas só pode ser lesado ou tolhido na medida em que houver autorização constitucional, eis que o inciso XXII do art. 5º alçou a propriedade (entendido como o conjunto patrimonial) ao *status* de direito e garantia fundamental.

18. Logo, havendo relação de direito tributário, existe autorização constitucional para que a propriedade seja tolhida. Sendo diversa a natureza da relação formada entre a pessoa e o Estado, devemos perfilar o Texto Magno visando identificar se a lei que veicula este instituto encontra, na hipótese concreta, fundamento jurídico de validade.

Como a relação jurídica que se forma entre o substituto e o Estado é típica de direito administrativo, a propriedade daquele só poderá ser compulsoriamente tolhida quando estivermos diante de desapropriação (arts. 5º, XXIV; 182, § 4º, III; e 184), requisições (art. 5º, XXV), limitações, servidões administrativas e ocupações temporárias (art. 5º, XXV), tombamento (art. 216, § 1º), parcelamento e edificação compulsórios (art. 182) ou, por fim, confisco (art. 243 e parágrafo único).

Observando-se o rol acima, percebe-se que nenhuma das hipóteses constitucionalmente autorizadas para limitação ou sacrifício do direito de propriedade – salvo na tributação, de que já tratamos linhas anteriores –, encontra-se inserta aquela decorrente da substituição tributária.

19. Ora, se não existe autorização constitucional para limitação à propriedade na substituição tributária, porque (i) não se trata de relação jurídica de direito tributário; e (ii) não se subsume a nenhuma das demais hipóteses apontadas na Carta Magna como autorizadoras de limitação ou dilapidação do direito de propriedade, concluímos que o patrimônio do substituto não poderá ser afetado por norma jurídica que crie esse instituto circunstâncias.

E nem se diga que esta limitação da propriedade seria válida no sistema de direito positivo diante da possibilidade de ressarcimento do substituto pelo substituído. É que esta circunstância (de ressarcimento), por si só, já pressupõe a ocorrência de lesão patrimonial, o que não é permitido pela Constituição.

Com efeito, as normas que inovam a ordem jurídica, criando, modificando ou extinguindo direitos e deveres, só podem ser editadas pelo Poder Legislativo se estiverem em consonância com a Constituição da República.

Como o Texto Maior exauriu a matéria, outorgando direito subjetivo ao substituto de, nesta condição, não ter seu patrimônio afetado pela relação jurídica que se formar com o Estado, é vedado à legislação constitucional e infraconstitucional pretender restringi-lo (o direito subjetivo), reduzindo o seu alcance.

Daí porque devem ser afastadas quaisquer disposições constitucionais e infraconstitucionais que imponham, nos casos de substituição tributária, limitações à propriedade do substituto tributário.

20. Em síntese, a figura de substituição tributária não pode tolher ou sacrificar, ainda que temporariamente, o patrimônio da pessoa que se encontra no encargo de realizá-la. E isso pela simples razão de que a Constituição da República não previu essa hipótese no seu rol taxativo.

IV – Conclusões

Em razão do que expusemos, entendemos que o patrimônio do particular pode ser esgarçado por força da tributação, se ele praticar um fato que tenha conteúdo economicamente mensurável.

As hipóteses de substituição tributária, no entanto, não estão insertas no campo do direito tributário material, razão por que, pelo exame da sua morfologia, entendemos que sua natureza jurídica é típica de direito administrativo.

Assim sendo, notamos que essa figura jurídica não está incluída no taxativo rol das hipóteses constitucionalmente autorizadas de limitação ou sacrifício de direito do particular em prol da coletividade.

Disso deflui a impossibilidade de criação de norma jurídica, no plano constitucional ou infraconstitucional, que, a título de criar hipótese de substituição tributária, acabe esgarçando o patrimônio da pessoa que se encontra na contingência de obedecê-la.

2008.

Bibliografia

ATALIBA, Geraldo. *República e Constituição*. São Paulo, Malheiros Editores, 1998 (2ª ed., 4ª tir., 2007).

______. *Hipótese de Incidência Tributária*. São Paulo, Malheiros Editores, 1995 (6ª ed., 10ª tir., 2009).

______. *Sistema Constitucional Tributário Brasileiro*. São Paulo, Ed. RT, 1968.

______, e GIARDINO, Cleber. "Responsabilidade tributária – ICM – Substituição tributária (Lei Complementar 44/1983)". *Revista de Direito Tributário* 34/216-217. São Paulo, Ed. RT.

BANDEIRA DE MELLO, Celso Antônio. *Curso de Direito Administrativo*. 12ª ed., São Paulo, Malheiros Editores, 2000; 14ª ed., 2002 (26ª ed., 2009).

______. "Criação de Secretarias Municipais". *Revista de Direito Público* 15. São Paulo, Ed. RT.

BASTOS, Celso Ribeiro. *Comentários à Constituição do Brasil*. vol. 2, 1ª ed., São Paulo, Saraiva, 1989.

BECKER, Alfredo Augusto. *Teoria Geral do Direito Tributário*. São Paulo, Lejus, 1998.

CARRAZZA, Roque Antonio. *Curso de Direito Constitucional Tributário*. 9ª ed., São Paulo, Malheiros Editores, 1997 (25ª ed., 2009).

GIARDINO, Cleber. "Relação jurídica tributária e o aspecto pessoal que a integra". *Revista de Direito Público* 25/183-195. São Paulo, Ed. RT.

______, e ATALIBA, Geraldo. "Responsabilidade tributária – ICM – Substituição tributária (Lei Complementar 44/1983)". *Revista de Direito Tributário* 34/216-217. São Paulo, Ed. RT.

GOMES DE SOUZA, Rubens. *Compêndio de Legislação Tributária*. São Paulo, Resenha Tributária, 1975 (edição póstuma).

JUSTEN FILHO, Marçal. *Sujeição Passiva Tributária*. Belém do Pará, Ed. CEJUSP, 1986.

KELSEN, Hans. *Teoria Pura do Direito*. Trad. João Baptista Machado. São Paulo, Martins Fontes, 2000.

MIRANDA, Pontes. *Comentários à Constituição de 1967*. t. IV, 2ª ed., Rio de Janeiro, Forense, 1987.

MONTESQUIEU. *O Espírito das Leis*. Trad. Fernando Henrique Cardoso e Leôncio Martins Rodrigues. 1ª ed., São Paulo, Abril Cultural, 1979.

PARLATO, Andrea. *Il Sostituto d'Imposta*. 1ª ed., Pádua, Casa Editr. Dott. Antonio Milani, 1969.

SARTIN, Agostinho. "IR – Lançamento presuntivo – Depósitos bancários – Sinais exteriores de riqueza – Legalidade e tipicidade". *Revista de Direito Tributário* 34/261. São Paulo, Ed. RT.

SILVA, José Afonso da. *Curso de Direito Constitucional Positivo*. 15ª ed., São Paulo, Malheiros Editores, 1997 (32ª ed., 2009).

TÁCITO, Caio. *Direito Administrativo*. São Paulo, Saraiva, 1975.

VILLEGAS, Hector B. *Curso de Direito Tributário*. São Paulo, Ed. RT, 1980.

ZOCKUN, Maurício. *Regime Jurídico da Obrigação Tributária Acessória*. São Paulo, Malheiros Editores, 2005.

DOUTRINA

URGÊNCIA E RELEVÂNCIA – DISCRICIONARIEDADE – A CONTRIBUIÇÃO DO STF PARA A PERMANÊNCIA DO "CAVALO DE TRÓIA" DENTRO DO ESTADO DE DIREITO

José Sérgio Monte Alegre

Professor de Direito Constitucional e Administrativo na UNIT/SE.
Procurador do Ministério Público Especial junto ao TCE. Presidente do Instituto Sergipano de Direito Administrativo e Coordenador Científico do Instituto Sergipano de Estudos da Constituição.

1. Introdução. 2. A discricionariedade enquanto capacidade de precisar uma noção que na lei restou imprecisa. 3. A capacidade de precisar o significado de expressões imprecisas na lei, enquanto conceitos jurídicos indeterminados como técnica distinta da discricionariedade.

1. Introdução

São conhecidas as íntimas relações que aproximam o Direito Administrativo do Direito Constitucional. Tão íntimas que a seu respeito já se disse que estão no Direito Constitucional os títulos dos diversos capítulos do Direito Administrativo. Não é diferente, no Brasil. Deveras, as noções, os institutos, as categorias que habitam o Direito Administrativo, somente podem ser adequadamente compreendidas e aplicadas se bem apreendido for o modo pelo qual se institui, organiza e atua o Estado, de cuja existência aquele depende. Pois bem. A instituição, a organização e a atuação do Estado são tarefas entre nós tradicionalmente cometidas à Constituição escrita, enquanto expressão do poder constituinte originário, cuja titularidade radica no povo, e de cujo consentimento depende a legitimidade do exercício do mando.

Vai daí que a Constituição de 5 de outubro de 1988, logo no seu título inaugural, substancializa decisão política fundamental. Escolheu como adequado para o seu projeto de busca da felicidade a República Federativa, que se constitui em Estado Democrático de Direito, fundamentado na soberania, na cidadania, na dignidade da pessoa humana, nos valores sociais do trabalho e da livre iniciativa e do pluralismo político. Contudo, não só isso. Revelando compromisso com a democracia de feitio liberal, absorveu como técnicas de *limitação jurídica* do poder político a separação dos poderes e a garantia dos direitos fundamentais da pessoa humana, ou simplesmente direitos da pessoa humana, ou direitos humanos, exatamente, sem tirar nem por, o que está no famoso art. 16 daquela Declaração.

Nesta temática, como sucede em tantas outras que não convém aqui enumerar, a Constituição faz uso dessas expressões como *sinônimas*, desatada de preconceitos doutrinários. Então, veja-se que a epígrafe que individualiza o primeiro título é *Dos Direitos e Garantias Fundamentais*; logo a seguir, ao inventariar os princípios que regerão a República do Brasil nas suas relações internacionais, inclui a prevalência dos *direitos humanos* (art. 4º, inciso II); mais adiante, ao cuidar da criação, fusão, incorporação e extinção dos partidos políticos, afirma serem livres tais atos, mas, cuidados, condiciona o exercício dessa liberdade ao resguardo dos *direitos fundamentais da pessoa humana*, além da obrigatória observância dos preceitos que desde logo antecipa (art. 17); a seguir, ao enumerar os princípios sensíveis, cuja transgressão enseja a intervenção da União nos Estados, refere aos *direitos da pessoa humana* (art. 34, inciso VII, alínea "b"); enfim, ao tratar das competências dos juízes federais, prefere a expressão *direitos humanos* (art. 109, inciso V, e § 5º). Segue-se que não é exata, da perspectiva da Constituição, a doutrina que reserva a locução *direitos fundamentais* para o direito interno e direitos da *pessoa humana* ou *direitos humanos* para as convenções ou tratados internacionais.

Mais ainda: ciosa do compromisso assumido com o liberalismo democrático de que fez profissão de fé a Declaração dos Direitos do Homem e do Cidadão, de 1789, e antes dela a Declaração de Independência dos Estados Unidos da América e a Declaração de Direitos (do Bom Povo) da Virgínia, 1776, a Constituição-cidadã *primeiro* declarou os direitos fundamentais, da pessoa humana ou humanos e *só depois* organizou o Estado, conforme ressai da cronologia dos seus títulos, o que, sem dúvida séria, *não* é um indiferente jurídico. Na história acidentada do nosso constitucionalismo, que vai da exaltação à tragédia, foi a única Constituição que agiu assim. E assim deve ser interpretada. Nela, o Estado foi organizado para *garantir* os direitos estampados no *caput* do art. 5º, com a extensão admitida no § 2º. No impressionante catálogo de direitos, definiu um verdadeiro "parágrafo régio" do nosso Estado Democrático de Direito, residente no direito à jurisdição, no direito ao processo, no direito de acesso ao Judiciário em caso de ameaça ou efetiva lesão a direito, certo que essas são expressões costumeiramente utilizadas para chamar a atenção ao que se contém no art. 5º, inciso XXXV.

E aí é que está o desafio: como justificar a preferência pela discricionariedade administrativa, com todas as conseqüências daí resultantes, a mais grave delas a que interfere na extensão do controle judicial, diante do direito/garantia expresso no inciso XXXV, sobretudo dos atos originários daquele Poder do alto do qual se tornou tristemente célebre a frase "O Estado sou eu"? Como sublinhar a sua importância com a invocação da separação dos Poderes, se esta foi *concebida* como refinado mecanismo de frenagem do Executivo na sua tendência história para o descomedimento? Pior ainda, quando se sabe que dentro dessa paliçada de contenção, ao Judiciário se conferiu o relevantíssimo encargo de derradeiro guardião dos direitos que a Constituição garante a brasileiros e estrangeiros residentes no País. E como explicar a decidida e decisiva contribuição do Supremo Tribunal Federal na manutenção desse "Cavalo de Tróia" dentro do Estado Democrático de Direito, conformado por uma Constituição da qual é o precípuo guardião (art. 102, *caput*)? Finalmente, como justificar razoavelmente essa contribuição ao mesmo tempo em que se senta praça de princípio especificamente de interpretação constitucional, segundo o qual as normas da Constituição, sobremodo as que definem e garantem direitos fundamentais, de aplicação direta e imediata (art. 5º, § 1º) devem ter a sua eficácia expandida, a traduzir-se no princípio da *máxima efetividade* das normas constitucionais?

2. A discricionariedade enquanto capacidade de precisar uma noção que na lei restou imprecisa

A seu respeito, é freqüente confrontá-la com a vinculação, integrando ambas o que parte da doutrina chama de os poderes da Administração Pública, ou, em fórmula reducionista, poderes administrativos. Esses poderes seriam, dentre os mais sublinhados, o hierárquico, o disciplinar, de polícia administrativa, o regulamentar, o vinculado e o poder discricionário (Hely Lopes Meirelles, no seu *Direito Administrativo Brasileiro*, Malheiros Editores, 32ª ed., p. 117). Autores há que preferem – no que fazem bem – inverter o eixo metodológico do Direito Administrativo, para colocar em primeiro plano a idéia de *dever*, realçando-a, e dispensando ao poder o caráter *serviente* do cumprimento dele – o dever. Inspira-se essa doutrina, de apurado corte hermenêutico, na idéia de função, que perpassa a noção de administração, e entendida como a atribuição a alguém do dever de atuar em proveito de finalidades que são de outrem, no caso, a coletividade, para o que recebe da ordem jurídica uma determinada soma de poderes. Assim, tais poderes são funcionais, no sentido de que se destinam, somente, ao cumprimento de um específico dever legal (Celso Antônio Bandeira de Mello, no seu *Curso de Direito Administrativo*, Malheiros Editores, 26ª ed., cap. I, nn. 15 e 17 a 19).

Seja como for, a discricionariedade sempre é mencionada. Nunca, entretanto, é conceituada com os mesmos termos, o que chama a atenção do leitor, causando-lhe forte espanto. Afinal, como um conceito que todos mencionam é definido ora em uns termos, ora em outros, e, a despeito, todos que assim o fazem parecem dar a impressão de que estão dizendo o mesmo?

Para o fim a que se propõe este ensaio, a discricionariedade será tomada como o uso, pela lei, de expressões vagas, fluidas, imprecisas, elásticas, equívocas, indeterminadas, citando-se como exemplos urgência, relevância, grave insegurança jurídica, interesse público, calamidade de grandes proporções, boa conduta, atos obscenos, embriaguez habitual, notável saber, notórios conhecimentos, reputação ilibada, perigo público iminente, dentre tantas mais. A preferência por esse significado resulta de ser ele utilizado freqüentemente pelo Supremo Tribunal Federal. E já não de hoje, depois da reconstrução do Estado Democrático de Direito, da (re)valorização da liberdade como expressão da dignidade da pessoa humana, mas que vem desde época de triste lembrança, inaugurada em 1964, com a subversão da ordem então vigente, e a severa imposição do "manda quem pode e obedece quem tem juízo".

Ora, bem. Por aqueles tempos, de cheiro e sabor autoritários, em que na ponderação entre o *valor* da liberdade e o princípio da *autoridade* se dava quase sempre prevalência ao segundo em detrimento do primeiro, a Colenda Corte Suprema acolheu a discricionariedade como a utilização pela lei dessas expressões de maior ou menos vacuidade, e, além disso, *firmou a competência da Administração para fixar o sentido delas*, no caso concreto. Assentou-se, por aqueles dias, que "Entre nós, entretanto, prevalece o conceito de poder discricionário abrangente da hipótese em que a lei, formulando uma noção imprecisa, deixa ao administrador a faculdade e determinar o seu sentido". Invocou-se, àquela época, a doutrina de Stassionopoulus, citado por Themístocles Brandão Cavalcanti (*Revista de Direito Administrativo* 101/1, de acordo com a qual "poder discricionário é a capacidade de determinação do sentido de uma noção deixada imprecisa pela lei").

Tudo aconteceu no seguinte caso: Francisco Dualiby havia sido aprovado e classificado em concurso público para o cargo de Oficial de Justiça do Tribunal de Justiça do Estado de São Paulo. Bem-sucedido nos exames médicos, para aferir-lhe a aptidão física, foi nomeado pelo Governador do Estado, mas a posse lhe restou recusada pelo Corregedor-Geral daquele Tribunal, fundado em que lhe faltaria o requisito da boa conduta, porque no passado houvera sido indiciado em dois inquéritos policiais, apesar de todos terem sido arquivados. Contra esse ato Francisco Dualiby impetrou mandado de segurança, inacolhido naquela instância. Da denegação, houve recurso extraordinário ao Supremo, onde, após conhecido, foi improvido. No julgamento, veio à baila, com expresso registro, a publicação de recente (estávamos em 1972!) artigo do professor português, Afonso Rodrigues Queiró, ao qual pertencia o seguinte excerto:

"O poder discricionário – aduz o eminente jurista – não se confunde com toda e qualquer margem de imprecisão, ainda a mais ampla, na formulação dos comandos legais. Noutras palavras: não se confunde com os chamados conceitos vagos ou conceitos indeterminados, de que o legislador administrativo tão largamente lança mão para exprimir as suas previsões. Estes são, simplesmente, o produto da impossibilidade prática ou simples dificuldade técnica, em que o legislador freqüentemente se encontra, de enunciar, com toda a nitidez, com todo o rigor, quer as circunstâncias ou pressupostos de fato em que os órgãos da Administração hão de exercer a sua competência no futuro, quer as finalidades a realizar pelos órgãos da Administração. Por muito que, no exercício dessa tarefa, intervenham necessariamente elementos subjetivos, por muito que a interpretação envolva elementos pessoais ou autônomos, esta liberdade interpretativa nunca poderá confundir-se com o poder discricionário da Administração. Estamos aí" – conclui o citado mestre – "no domínio do poder vinculado" (*Revista de Direito Administrativo* 97/1).

Feita a transcrição da doutrina do eminente professor da Faculdade de Direito de Coimbra, ficou-se, para decidir a causa, com os ensinamentos do não menos ilustre Stassionoupoulos, acima mencionados. É bem verdade que se fez reparo quanto à eventual suposição de imunidade do ato expressivo da discricionariedade, com a ênfase de que, a despeito de discricionário, o ato *não* estava imune ao controle do Judiciário. Contudo, os limites de tal investigação eram bem modestos e se acantonavam no exame dos motivos e, ainda assim, *só para saber* de sua realidade material, se haviam de fato ocorrido ou não. Significa dizer: "A única concessão, no sentido de ampliar o conceito de legalidade, é o exame dos motivos, mas, ainda aqui, não quanto ao conteúdo dos motivos, mas à sua existência", chamando-se à colação, novamente, o Ministro do STF, Themístocles Brandão Cavalcanti.

Então, a verdade *da época* era a de que o Judiciário examina o ato discricionário da perspectiva da legalidade, *estendido* esse conceito ao exame da *existência material* dos motivos. "Boa conduta" comparecia, pois, como aquilo que a Administração *entendesse como tal*, uma vez verificada a ocorrência dos motivos invocados para configurá-la ou não. O Judiciário ficava *alheio* a tal conceituação, pois isso dizia com o mérito ou justiça do ato, privativos da Administração. E isso era tudo (RE 73.296-SP, Rel. o Ministro Djaci Falcão, 1ª T., j. 14.4.1972). O impacto do espírito do tempo foi devastador.

Anteriormente, sob a vigência dos primeiros cinco anos da Constituição de 1946, o STF preferia dizer que "Cabe ao Poder Judiciário apreciar a realidade *e a legitimidade* dos motivos em que se inspira o ato discricionário da administração (...)" (RE 17.126-MG, Rel. o Ministro Hanhneman Guimarães, 2ª T., j. 31.8.1951).

O exemplar – RE 73.296 – não é único. Com efeito, embora sem o desenvolvimento do RE 73.296-SP, mas coincidindo na questão da apreciação da *ocorrência material dos motivos*, limite para o controle do Judiciário, o quê decidido no Recurso Ordinário no Mandado de Segurança n. 17.999-SP, Rel. o insigne Victor Nunes Leal, 1ª T., unânime, j. 12.2.1968. As datas, aqui, são eloqüentes...

Fazia-se a mesma leitura no tocante ao pressuposto da urgência para edição de Decretos-leis. Urgente era o que S. Exa. o Presidente-militar entendesse como tal; o Judiciário nada podia fazer.

> A apreciação dos casos de urgência ou de interesse público relevante, a que se refere o art. 58 da Constituição de 1967, assume o caráter político e está entregue ao discricionarismo dos juízos de oportunidade ou de valor do Presidente da República, ressalvada a apreciação contrária e também discricionária do Congresso Nacional (...) (RE 62.730-SP, Rel. o Ministro Aliomar Baleeiro, j. 23.8.1967, *DJU* 20.12.1967).

No RE 74.096-SP, em 13.6.1972, Rel. o Ministro Osvaldo Trigueiro, unânime o julgamento, o STF reforçou: "(...) Os pressupostos de urgência e relevante interesse público escapam ao controle do Poder Judiciário (...)".

No RE 75.935-SP, Rel. o Ministro Aliomar Baleeiro, em 9.10.1973, a tese foi mitigada, embora com extremos e cautela:

> A urgência e o interesse público relevante são aspectos políticos entregues ao discrecionismo (*sic*) (não ao arbítrio) do Congresso e do Presidente da República, como o Supremo tribunal decidiu por unanimidade no RE 52.739 (*RTJ* 44/173), exibido pelas próprias Recorrentes. O controle do Judiciário nesse caso só poderá ocorrer excepcionalmente se o dicrecionarismo (*sic*), praticado já no campo do absurdo, tocar ao arbítrio (...).

Aqui, uma ressalva parece importante. Na Constituição de 1967/1969 não havia um único dispositivo que qualificasse o Decreto-lei ou outro qualquer como ato político e o excluísse da apreciação do Poder Judiciário, ao contrário do que sucedeu com a Constituição de 1934 (art. 59) e a Constituição de 1937 (art. 94). No Ato Institucional n. 5/1968, sim, havia, conforme se lê no art. 11, consoante o qual estavam excluídos da apreciação do Judiciário todos os atos praticados de acordo com ele ou atos complementares nele fundamentados. Portanto, sobretudo para guardar a memória e ser fiel à história, foi o STF que se autolimitou. Não qualquer texto que lhe tenha sido imposto externamente pelo comando revolucionário. Tudo foi o resultado de pura e simples obra de interpretação. Dele, STF.

Segue daí que, naquela atmosfera densa e sombria, era até compreensível que entre duas alternativas de interpretação, ambas sustentadas por bem nutridos argumentos, a preferência recaísse naquela que melhor obséquio prestava ao espírito do tempo.

Todavia, superados aqueles anos, dissipadas as nuvens do viés autoritário, não parece aceitável que a leitura da discricionariedade pela Suprema Corte continue praticamente inalterada. Decididamente, não. O que serve ao despudor de regimes de exceção não pode servir ao Estado Democrático de Direito, o seu contraponto exato. Não a qualquer Estado Democrático de Direito, tal como o entenda o engenho, a arte e o talento de doutrinadores intelectualmente afortunados e criativos, e sim como conformado, como tatuagem marcada a ferro e fogo, na pele da Constituição brasileira de 5 de outubro de 1988. Estado Democrático de Direito do qual se possa dizer, sem o risco da contrafação, da dissimulação, da redução do discurso constitucional a mera e triste figura de absurda retórica:

> 1. A Constituição brasileira de 1988 prestigiou os instrumentos de tutela jurisdicional das liberdades individuais ou coletivas e submeteu o exercício do poder estatal – como convém a uma sociedade democrática e livre – ao controle do Poder Judiciário. Inobstante estruturalmente desiguais, as relações entre o Estado e os indivíduos processam-se, no plano da nossa organização constitucional, sob o império estrito da lei. A *rule of law*, mais do que simples legado histórico-cultural, constitui, no âmbito do sistema jurídico vigente no Brasil, pressuposto conceitual do Estado Democrático de Direito e fator de contenção do arbítrio daqueles que exercem o poder.
>
> É preciso evoluir, cada vez mais, no sentido da completa justiciabilidad (*sic*) da atividade estatal e fortalecer o

postulado da inafastabilidade de toda e qualquer fiscalização judicial. A progressiva redução e eliminação dos círculos de imunidade do poder há de gerar, com expressivo efeito conseqüencial, a interdição de seu exercício abusivo (...) (MS 20.999-2-DF, Rel. o Ministro Celso de Mello, Pleno, unânime, j. 21.3.1990, *DJU* 25.5.1990).

Círculos de imunidades do Poder é expressão atribuída ao Professor espanhol, da Universidade Complutense de Madrid, Eduardo García de Enterría, em conferência proferida em 1962 – há mais de quarenta e sete anos – na Faculdade de Direito de Barcelona, e que viria a transformar-se no ensaio sobre *La Lucha Contra las Inmunidades del Poder*, 3ª ed., Madri, Cuaderno Civitas, 2004. Essa luta, historicamente, se deu sempre em três dimensões: a do ato político, a do ato discricionário e a do ato normativo, tudo resumido na frase de raiz monárquico-absolutista de acordo com a qual "todas as presunções militam em favor do ato régio", que, modernizada, passou a significar entre nós presunção de legitimidade do ato administrativo e presunção de constitucionalidade das leis. Mudança houve, sem dúvida. Ao invés de ato régio, ato do Estado, o que chega a ser bizarro em uma Constituição que exalta a dignidade da pessoa humana como fundamento da República (art. 1º, inciso III) e não dele, Estado! A propósito, qual presunção milita em favor do ato do indivíduo?...

Infelizmente, estava certo Joaquim Nabuco, ao escrever o *Abolicionista*. Difícil não seria extinguir a escravidão; difícil seria remover os seus escombros. Aplicada hoje, a frase seria mais ou menos a seguinte: difícil não foi superar a ditadura; difícil é descontaminar mentes e corações.

Vejamos.

A mesma urgência, conjugada à relevância do interesse público, enquanto condicionantes da expedição válida de Decretos-leis, no regime decaído, retornam hoje como *pressupostos de legitimidade* da edição de medidas provisórias com força de lei, da competência exclusiva do Presidente da República, embora devam ser submetidas ao Congresso Nacional (art. 62 da CF). Urgência combinada com relevância, ambas compondo o elenco dos conceitos vagos, fluidos, elásticos, equívocos, imprecisos, indefinidos, indeterminados. Pois bem. Quem é o juiz da urgência e da relevância? Qual a *natureza* da atividade de desvendar o que sejam?

Na ADI 162-DF, em 14.12.1989, no *DJU* de 19.9.1997, escreveu o Ministro Moreira Alves na ementa do acórdão:

> Os conceitos de relevância e de urgência a que se refere o art. 62 da Constituição, como pressupostos para a edição de Medidas Provisórias, decorem, em princípio, do Juízo discricionário de oportunidade e de valor do Presidente da República, mas admitem o controle judiciário quanto ao excesso do poder de legislar, o que, no caso, não se evidencia de pronto (...).

Na ADI 526, em 12.12.1991, no *DJU* de 5.3.1993, Rel. o Ministro Sepúlveda Pertence, leia-se o seguinte excerto do seu voto:

> Certo, no julgamento liminar da ADI 162, de 14.12.1089, atinente à Medida Provisória 111 (prisão temporária), solidarizei-me expressamente com o relator, em. Ministro Moreira Alves, quando S. Exa. – afastando-se dos precedentes, que referiu (RREE 62.739, 74.096, 75.935), a propósito de questão similar relativa aos decretos-leis da ordem decaída –, admitiu que os pressupostos de relevância e urgência para a emissão de medidas provisórias não eram de todo imunes ao controle jurisdicional, o que, entretanto, não retira o caráter discricionário do juízo político, que os afirma, restringindo-se, pois, o controle jurisdicional aventado à verificação, em cada caso, de abuso manifesto (...).

Na ADI 1.753-DF, em 16.4.1998, no *DJU* de 12.6.1998, da relatoria do Ministro Sepúlveda Pertence, foi destacado que a Eg. Corte nunca tenha reconhecido a imunidade jurisdicional da urgência e da relevância. Leia-se, sem o destaque no original:

> O caso faz retornar à mesa do tribunal a questão da sindicabilidade jurisdi-

cional da concorrência dos pressupostos de relevância e urgência para a edição de medida provisória.

Jamais lhes conferiu a Corte a carta de total imunidade à jurisdição, pelo contrário, desde a primeira vez – malgrado lhes reconhecendo o inegável coeficiente e discricionariedade – o tribunal advertiu a possibilidade de controlar o abuso de poder, que no ponto se manifestasse (ADI-MC 162, 14.12.1989, Moreira, e também in ADI-MC 1.130, 21.9.1994, Velloso, *Lex* 196/69), fácil compreender, no entanto, que se cuide de reserva para hipóteses excepcionalíssimas (cf. Moreira Alves in ADI 1.130, 10.8.1995, Resek) – o que explica – malgrado a existência de votos vencidos em casos diversos (*v.g.*, Celso, Néri e Pertence, na ADI-MC 1.576, 16.4.1997; Marco Aurélio) – jamais haja o Plenário admitido a relevância das argüições a propósito suscitadas.

Sem desafiar essa tendência autorestritiva do tribunal – que é de louvar – não tenho dúvida de que, na espécie, a afirmação da urgência à edição da medida provisória questionada raia pela irrisão (...).

Na ADI 525-MC-DF, Rel. o Ministro Sepúlveda Pertence, em 12.6.1991, no *DJU* de 2.4.2004, consta da ementa:

II – Medida provisória: requisitos de relevância e urgência (CF, art. 62): limites do exame jurisdicional: (...). 1. A ocorrência dos pressupostos de relevância e urgência para a edição de medidas provisórias não estão de todo imunes ao controle jurisdicional, restrito, porém aos casos de abuso manifesto, dado o caráter discricionário do juízo político que envolve, confiado ao Poder Executivo, sob censura do Congresso Nacional (ADI 162, de 14.12.1989) (...).

Na ADI 1.700, em 19.12.1997, no *DJU* de 31.5.2002, Rel. o Ministro Nelson Jobim, o recado veio logo na ementa do acórdão: "(...) *Não cabe ao STF o exame relativo à urgência e à relevância da Medida Provisória* (...)".

Para prevenir mal entendido, esclareço que o acórdão foi lido na íntegra, assim como disponível no site do STF. Mais: ao votar, o Relator afirmou que rechaçava a argumentação genérica da ausência de urgência e relevância, "*na linha das decisões majoritárias*" da Corte, nada obstante não tenha indicado quais e quantas (sem o itálico). *Não foi contrariado*. Ao menos, não consta do exemplar. Vencido, somente, o Ministro Marco Aurélio, porém na questão de fundo. Portanto, pertinentemente ao exame da urgência e da relevância, a decisão foi unânime.

Prossegue o STF na sua caminhada por trilhas que já não mais se deviam percorrer, empoeiradas pelo tempo. Assim é que na ADI 11-MC, Rel. o Ministro César Peluso, reforçou-se a tese de que os requisitos legitimadores de medida provisória, vertidos nos conceitos indeterminados da urgência e da relevância, apenas em caráter excepcional se submetem ao crivo do Poder Judiciário, por força da regra da separação dos Poderes. Como precedentes são citadas a ADI 2.213, Rel. o Ministro Celso de Mello; ADI 1.647, Rel. o Ministro Carlos Velloso.

Na ADI 2.527-9-DF, a Rela. Ministra Ellen Gracie, em 16.8.2007, no *DJe* de 23.11.2007, deixou consignado (grifo não é do original):

2. Esta Suprema Corte somente admite o exame jurisdicional do mérito dos requisitos de relevância e urgência na edição de medida provisória em casos *excepcionalíssimos*, em que a ausência desses pressupostos seja evidente (...).

Nessa ADI 2.527, inútil a advertência feita pelo Ministro Maurício Corrêa, sem ser contraditado, acerca da extrema tolerância do STF com a faculdade de o Presidente da República valer-se das medidas provisórias, partindo sempre da perspectiva de que somente a ele incumbe mensurar o conteúdo político da existência da relevância e da urgência da matéria disciplinada. É do ilustre Ministro:

Como é sabido, tem agido esta Corte com extrema tolerabilidade quanto à faculdade subjetiva de o Presidente da República valer-se de medidas provisórias, partindo sempre da perspectiva de que somente a ele incumbe – porque dá impulso a esse ato legislativo extraordinário que o Congresso depois confirma, modifica ou rejeita – mensurar o conteúdo político acerca da existência de relevância e urgência da matéria disciplinada. Basta para isso cotejar os vários julgamentos proferidos pelo Tribunal em que a questão envolvendo instrumentos legislativos dessa ordem foi abordada (ADI 162, Moreira Alves, *DJ* 19.9.1997; 1.754, Sidney Sanches, *DJ* 6.8.1999; Velloso, *DJ* 26.3.1999; 1.667, Ilmar Galvão, *DJ* 21.11.1997, entre outros) (...).

Já aí temos, novamente, os contornos da discricionariedade como abrangentes do uso de conceitos vagos, indefinidos, em textura constitucional. E como do Executivo a atividade de precisá-los. Como arremate, ora se disse caber o controle jurisdicional, marcado, contudo, com o selo da excepcionalidade, quando não apenas em situações *excepcionalíssimas*. Não mais uma excepcionalidade, pura e simples, e sim uma excepcionalidade qualificada! E ora se disse que tal controle (mesmo excepcional) não cabia ao Judiciário.

A ressalva condicionante da válida interferência do Judiciário, modesta ou modestíssima, quando não ausente, parece ressuscitar o que dizia a Lei 221, de 30 de novembro de 1894, a propósito do controle judicial dos atos praticados no exercício de competência discricionária (grifo meu): "A medida administrativa tomada em virtude de uma faculdade ou poder discricionário somente será havida por ilegal em razão da incompetência da autoridade respectiva ou *do excesso de poder*" (art. 13, § 10).

E, então, hoje, como ontem, na Democracia tanto quanto no seu oposto, o STF reconhece ao Executivo, de chefia unipessoal, às vezes tripartite como em trechos do golpe militar de março de 1964, a competência para *precisar* noções que na lei, mesmo a fundamental, restaram imprecisas, indefinidas ou indeterminadas, e reconhece nessa atividade a *discricionariedade*, salvo casos excepcionais ou excepcionalíssimos de excesso de poder (isso sem esquecer da ADI 1.700, em que se entendeu que nenhuma atribuição cabia ao Judiciário de rever o exame de urgência e relevância feito solitariamente pelo Presidente da República).

Então, desde o RE 62.730, 1967, Rel. o Ministro Aliomar Baleeiro, sobre "urgência e relevância" e de quem é a competência para o seu exame, e do RE 73.296-SP – caso Francisco Dualiby –, sobre "boa conduta" e de quem é a competência para precisar o que se entende como tal, até os dias de hoje, o STF manteve a sua jurisprudência, não importando o contexto histórico e político-institucional. Vale aqui o ditado; "a madeira que dá em Chico dá também em Francisco"... Neste tema, o pêndulo manteve-se sempre de um único lado, sem oscilar para o outro extremo, a despeito da impermanência do curso da História dos acontecimentos humanos. Atualmente, o seu arco avizinha-se do inaceitável da perspectiva do aprimoramento do controle jurisdicional em um País infelicitado por Constituições democráticas que morrem na infância da idade ou na adolescência, e de Executivo sempre propenso à hegemonia do Poder.

3. A capacidade de precisar o significado de expressões imprecisas na lei, enquanto conceitos jurídicos indeterminados como técnica distinta da discricionariedade

No âmbito do Direito Administrativo, espaço primeiro da discricionariedade, que deita as suas raízes mais profundas no solo da democracia liberal, enquanto filho legítimo do Estado de Direito, cujos traços mais salientes estavam na separação dos Poderes e na garantia dos direitos da pessoa humana, a luta contra a imunização judicial do ato discricionário, primeiramente entendida a discricionariedade como significando a ausência de lei, de espaço por esta preenchido, a traduzir simples *vinculação negativa*, e só muito depois como situação de *vinculação positiva*, segundo a qual a Administração exerce só os poderes que lhe são conferidos por lei (princípio da legalidade), essa luta, retome-se, é das mais realçadas na historia da sua evolução. Não à-toa o jurista Hans Hüber comparou a discricionariedade, sugestivamente, ao "Cavalo de Tróia dentro do Estado de Direito". O que se temia, e se queria mudar, era exatamente o predomínio do subjetivismo incontrolável do administrador, a mercê do qual ficava o administrado, lembrança de uma época em que se dizia que o "Rei não erra, o Rei não pode errar". O que se queria, agora, era afirmar que o controle judicial tinha em mira proteger o indivíduo diante do Estado, e, dentro dele, do Executivo, historicamente o mais inclinado à demasia, ao excesso, à extravagância. Do Legislativo não havia razão para desconfiar, pois nele estava a representação do povo e não se havia de presumir que o povo deseja o seu próprio mal (Rousseau). Do Judiciário também não havia o que temer, pois era a "boca que pronunciava as palavras da lei". Restava, pois, somente o Executivo, escolhido este nome precisamente para demarcar a sua função de estrita execução de uma lei emanada de outro Poder – o Legislativo.

Só mesmo o estágio ainda insatisfatório de evolução do Direito Administrativo, no Brasil, assim como aconteceu em Portugal e Espanha, eles também vítimas da mesma experiência de mando ditatorial até mais intensa extensa do que a nossa, permite que a doutrina – destaque-se nela nomes de reconhecida estatura intelectual, de grande cultura, engenho e arte –, ainda não se tenha dado conta de que entre as *técnicas de redução e controle judicial da discricionariedade* se inclui, precisamente, a *dos conceitos jurídicos indeterminados.*

E isso quer dizer exatamente que discricionariedade administrativa e conceitos jurídicos indeterminados *não são* absolutamente o mesmo. Excluem-se mutuamente. Por primeiro, veja-se que discricionariedade *e* vinculação nada mais são senão técnicas diversas de *atribuição legal* de poderes à Administração. No primeiro caso, o emprego dessa técnica atribui ao executor da norma uma margem de liberdade, dentro da qual, e diante da fisionomia do caso concreto, haverá de escolher (para uns) *qualquer* das soluções comportadas na norma de atribuição da competência, orientando-se para tanto por critérios extra-jurídicos, de oportunidade, conveniência, utilidade, necessidade, justiça, e quejandos, enquanto para outros, já mais exigentes, haverá de escolher, não uma qualquer soluções dentre as admitidas na lei, mas, somente, *a melhor* solução. Entre os estrangeiros, Fritz Fleiner, para quem à autoridade administrativa cabia, "entre as diversas possibilidades de solução, aquela que melhor corresponda, no caso concreto, à intenção da lei" (*apud* Miguel Seabra Fagundes, no seu *O Controle do Ato Administrativo pelo Pode Judiciário*, 5ª ed., Forense, p. 99).

Entre nós, jurista de excepcional nomeada – o mesmo Miguel Seabra Fagundes –, entendia que o que se pode sindicar é se o uso que a Administração fez do poder estava previsto na lei de competência, *mas não* se o uso foi o *melhor*. Leia-se: "Compreende – o autor refere-se ao mérito do ato administrativo – os aspectos, nem sempre de fácil percepção, atinentes ao acerto, à justiça, utilidade, eqüidade, razoabilidade, moralidade, etc. de cada procedimento administrativo" (ob. cit., p. 146). Mais à frente, escreve o autor a propósito de exames de legalidade que se avizinham do mérito: "Há, porém, um sutil limite que se não deve esquecer. O julgamento examina se o ato se conteve dentro do poder do administrador, isto é, se foi praticado segundo os seus fins, em virtude dos quais o poder de agir lhe foi outorgado pela lei, mas não se o uso que fez do poder foi o *melhor*. Enquanto se discute se o fim do ato foi o querido pela lei, há uma simples questão de *legitimidade.* Só haveria exame de mérito se se quisesse discutir o acerto do ato pelo bom uso da competência, em face das necessidades coletivas", conclui o aplaudido doutrinador, citando Ranelletti (ob. cit., p. 156).

Essa temática dos conceitos jurídicos indeterminados, cujo desenvolvimento coube à doutrina alemã de direito público do século passado, aparece exatamente para remarcar o campo próprio da discricionariedade da discrição administrativa, restringindo-a quase a ponto de eliminá-la completamente, segundo lições recolhidas em Eduardo García de Enterría e Tomás Ramón Fernández, no seu clássico *Curso de Direito Administrativo*, ed. brasileira, Ed. RT, 1991, pp. 391, 392 e 395, e 10ª ed. espanhola, Civitas, 2001, pp. 457 a 459. Na escrita dos autores:

"Para determinar com precisão o âmbito de liberdade estimativa que comporta a discricionariedade, resulta capital distinguir esta da hipótese de aplicação dos chamados 'conceitos jurídicos indeterminados'. A confusão de ambas as técnicas supôs na história do Direito Administrativo um gravíssimo peso, que só recentemente começou a liberar-se. É um mérito da doutrina alemã contemporânea do Direito Público ter levado esta distinção até as últimas conseqüências (...). A discricionariedade é essencialmente uma liberdade de eleição entre alternativas igualmente justas, ou, se se prefere, entre indiferentes jurídicos, porque a decisão se fundamenta em critérios extrajurídicos (de oportunidade, econômicos, etc.), não incluídos na lei e remetidos ao julgamento subjetivo da Administração. Pelo contrário, a aplicação de conceitos jurídicos indeterminados é um caso de aplicação da lei, já que se trata de subsumir em uma categoria legal (configurada, não obstante sua imprecisão de limites, com a intenção de demarcar uma hipótese e concreta) umas circunstâncias reais determinadas: justamente por isso é um processo regulado, que se esgota no processo intelectivo de compreensão de uma realidade no sentido que o concito legal indeterminado tem pretendido, processo no qual não interfere nenhuma decisão de vontade do aplicador, como é próprio de quem exerce uma potestade discricional.

"As conseqüências desse contraste são capitais. Sendo a aplicação de conceitos jurídicos indeterminados um caso de aplicação e interpretação da lei que criou o conceito, o juiz pode fiscalizar sem esforço algum tal aplicação, avaliando se a solução a que com ela tem-se chegado é a única solução justa que a lei permite. Esta avaliação parte de uma situação de fato determinada, a que a prova lhe oferece, porém sua apreciação jurídica é feita desde o conceito legal e é, portanto, uma aplicação da lei. Entretanto, o juiz não pode fiscalizar a entranha da decisão discricional, já que, seja esta do sentido que for, caso se tenha produzido dentro dos limites da remissão legal à apreciação administrativa (e com respeito aos demais limites gerais que veremos) é necessariamente justa (como o seria igualmente a solução contrária) (pp. 394-395 da ed. brasileira, trad. Arnaldo Setti). E, dentre os exemplos apontados de conceitos jurídicos indeterminados, e nunca de discrição administrativa, estão precisamente a urgência e o interesse público (p. 395, idem)! Vai daí que, quando se depara com conceito indeterminados estampados em lei, a Administração deles faz uma primeira e inicial interpretação/aplicação, mas a última interpretação/aplicação é sempre do Judiciário, á instância dos interessados, pela simples razão de que esses conceitos integram a estrutura da norma, fazem parte dela, são seus elementos inseparáveis que definem ora uma hipótese de incidência, ora uma medida a dotar, ora um fim a alcançar. E a função de todo juiz não é outra além da interpretação/aplicação da lei. Curioso é que, na Espanha, sentença de 12.12.1979 tendo diante de si caso envolvendo a interpretação/aplicação de 'boa conduta', tenha assinalado rotundamente que 'a apreciação de boa conduta em forma alguma supõe uma avaliação discricional da Administração, senão a aplicação de um conceito indeterminado'" (ob. cit., p. 399, ed. brasileira).

Tão próxima do caso Francisco Dualiby, no Brasil! E antes, bem antes, antes, a todas as decisões do STF sobre a quem cabe precisar os conceitos de urgência e de relevância! E, no entanto, tão distante em termos de aprimoramento do controle judicial! Ainda hoje! Aqui, ainda se prefere ficar com a doutrina do austríaco Tezner, idosa de muitos anos, além de superada em Portugal, Espanha e Alemanha, que identificava a discricionariedade com a utilização pela lei de "conceitos imprecisos", com o que se entendia que a precisão última deles cabia, com exclusividade à Administração (obra e autores cits., p. 395, idem). É bem verdade que, excepcionalmente, ou excepcionalissimanente (quando não se nega expressamente essa possibilidade) se admite o reexame do Judiciário. Todavia, adotada que fosse a técnica dos conceitos jurídicos indeterminados, *não haveria* excepcionalidade alguma, tudo faria parte da função jurisdicional, com absoluta normalidade! Teria quando menos o mérito de estar mais consentânea com a "progressiva redução ou eliminação dos círculos de imunidade do Poder" (Celso de Mello, no MS 20.999-DF) e, aí sim, com a teoria da separação dos Poderes, entenda-se, bem compreendida. E, curioso, já sob o domínio dessa jurisprudência compressora do controle da urgência e da relevância, vem do próprio STF acórdão em que se discorre sobre a diferença entre discricionariedade e conceitos jurídicos indeterminados, com *impressionante* semelhança com a doutrina exposta pelos professores espanhóis. Logo na ementa do acórdão se lê: "(...) Os atos administrativos que envolvem a aplicação de "conceitos indeterminados" estão sujeitos ao exame e controle do Poder Judiciário (...)". Concisa, sem dúvida, mas o voto é analítico e não deixa margem a dúvida séria. Veja-se:

> De mais a mais, como tenho sustentado, a discricionariedade, bem ao contrário do que sustenta a doutrina mais antiga, não é conseqüência da utilização, nos textos normativos, de 'conceitos indeterminados'. Só há efetivamente discricionariedade quando expressamente atribuída, pela norma jurídica válida, à autoridade administrativa, essa margem de decisão à margem da lei. Em outros termos: a autoridade administrativa está autorizada a atuar discricionariamente apenas, única e exclusivamente, quando norma jurídica válida expressamente a ela atribuir essa livre atuação. Insisto em que a discricionariedade resulta de expressa atribuição normativa à autoridade administrativa, e não da circunstância de serem ambíguos, equívocos ou suscetíveis de receberem especificações diversas os vocábulos usados nos textos normativos, dos quais resultam, por obra da interpretação, as normas jurídicas. Comete erro quem confunde discricionariedade e interpretação do direito. A Administração, ao praticar atos discricionários, formula juízos de oportunidade, escolha entre indiferentes jurídicos. Aí há decisão à margem da lei, porque à lei é indiferente a escolha que o agente da Administração vier então a fazer. Indiferentes à lei, estranhas à legalidade, não há porque o Poder Judiciário controlar essas decisões. Ao contrário, sempre que a Administração formule juízos de legalidade, interpreta/aplica o direito e, pois, seus atos hão de ser objeto de controle judicial (...) (RMS 24.699-DF, 1ª T., Rel. o Ministro Eros Grau, em 30.11.2004, no *DJU* de 1.7.2005).

Parece que o arrependimento veio rápido. O acórdão e a boa doutrina que nele se contém, *já no curso* da cláusula da impossibilidade do exame (Nelson Jobim) ou na do exame excepcional ou excepcionalíssimo da urgência e da relevância, submergiu e não retornou à superfície, embora proferido à unanimidade de votos, o que significa, na Turma, cinco Ministros! À exceção do Ministro Sepúlveda Pertence, ausente por motivo justificado, os outros estiveram presentes à sessão de julgamento, como registra o extrato da ata. Mais ainda: nenhum deles discordou do Relator. Então, ora expressões vagas, indefinidas, indeterminadas são expressão de discricionariedade administrativa e ora são conceitos jurídicos indeterminados, com todas as diversas conseqüências das duas técnicas acercada extensão e da normalidade do controle judicial???

Enfim, e nos limites deste ensaio, parece chegada a hora de fechar um ciclo histórico e iniciar outro, nessa trajetória evolutiva do controle jurisdicional dos atos estatais, venham de onde vierem. Especialmente em matéria de edição de medidas provisórias, pois é de função excepcional que se trata, cometida ao Executivo sob circunstâncias estritas – urgência e relevância. E disposições excepcionais se interpretam/aplicam estritamente, sem condescendências, sem ampliações, nem invocação, muito menos, da separação de Poderes que, na sua origem, e hoje ainda, foi concebida para o resguardo do indivíduo e não para gáudio do Estado. Aliás, a invocação da separação de Poderes, neste tema, se faz em detrimento dele, indivíduo, porque desfavorece o Judiciário na sua missão constitucional de interpretar e aplicar o Direito, inclusive e, sobretudo, o de índole constitucional, precisamente para proteger a pessoa humana, cuja dignidade é alçada a fundamento da República Federativa do Brasil.

Quem sabe (?) o STF fará a revisão de sua própria anacrônica e renitente jurisprudência, e dará seqüência à trilha aberta no julgamento do RMS 24.699, 1ª T., no *DJU* de 1.7.2005, Rel. o Ministro Eros Grau, acima o original.

Afinal, a Suprema Corte já deu exemplos anteriores, vários deles – o mandado de injunção talvez seja o mais recente e importante – de que resiste, mas muda. Ou seria mais adequado dizer muda, mas resiste?

Certo que as expressões urgência e relevância, para efeito de edição válida de medidas provisórias estão no repertório da Constituição. Todavia, deixarão de ser indeterminadas só por isso?

Aracaju, 18 de agosto de 2009.

APLICAÇÃO DA LEI COMPLEMENTAR N. 123/2006 ÀS LICITAÇÕES EM CONTRATOS DE SERVIÇOS CONTINUADOS

Fábio Mauro de Medeiros

Doutorando em Direito Administrativo pela PUC/SP. Mestre em Direito Administrativo pela PUC/SP.
Professor de Direito Administrativo e Tributário da Universidade Paulista – UNIP.
Procurador da Fazenda Nacional. Diretor da Escola Superior da Procuradoria-Geral da Fazenda Nacional.

Dentre as mais recentes inovações legislativas, a que mais tem alterado o cotidiano da Administração é a preferência ou a exclusividade de contratação de microempresas e empresas de pequeno porte, que também se chamará de pequenas empresas ao longo do texto. A maior parte dos novos procedimentos é auto-explicativo, no entanto, há um setor em que a aplicação das novas regras traz grandes dúvidas ao aplicador da lei – preferência e exclusividade de licitações em contratações de serviços continuados.Para apreciar o tema, ver-se-á rapidamente como são tratados os serviços continuados no âmbito da União Federal e, em seguida, ver-se-á o próprio fundamento da constitucional e legal para a criação da preferência ou exclusividade para a pequena empresa. Por fim, haverá a exposição do raciocínio que conduz à atual solução.

Várias obras doutrinárias referem-se a serviços continuados ou, nos termos do art. 57, II, da Lei n. 8.666/1993, serviços a serem executado de forma contínua, mas, simplesmente, passam a expor seus efeitos sem, contudo, defini-los.

A definição foi dada pela Instrução Normativa n. 18, de 22 de setembro de 1997, editado pelo antigo Ministério da Administração e Reforma do Estado (MARE):

> Serviços continuados são aqueles serviços auxiliares, necessários à Administração para o desempenho de suas atribuições, cuja interrupção possa comprometer a continuidade de suas atividades e cuja contratação deva estender-se por mais de um exercício financeiro.

Na atualidade, a definição está no anexo I da Instrução Normativa n. 2, de 30 de abril de 2008, do Ministério do Planejamento, Orçamento e Gestão (MPOG):

> Serviços continuados são aqueles cuja interrupção possa comprometer a continuidade das atividades da Administração e cuja necessidade de contratação deva estender-se por mais de um exercício financeiro e continuamente.

A última definição deve ser interpretada sistematicamente com o disposto no art. 9º da mesma Instrução:

> Art. 9º. É vedada a contratação de atividades que:
>
> I – sejam inerentes às categorias funcionais abrangidas pelo plano de cargos do órgão ou entidade, assim definidas no seu plano de cargos e salários, salvo expressa disposição legal em contrário ou

quando se tratar de cargo extinto, total ou parcialmente, no âmbito do quadro geral de pessoal;

II – constituam a missão institucional do órgão ou entidade; e

III – impliquem limitação do exercício dos direitos individuais em benefício do interesse público, exercício do poder de polícia, ou manifestação da vontade do Estado pela emanação de atos administrativos, tais como:

a) aplicação de multas ou outras sanções administrativas;

b) a concessão de autorizações, licenças, certidões ou declarações;

c) atos de inscrição, registro ou certificação; e

d) atos de decisão ou homologação em processos administrativos.

Depreende-se que dois elementos são fundamentais para o serviço continuado: 1) a contratação deve ser feita para serviços acessórios aos próprios serviços públicos, não se confundindo com o prestado por agentes típicos de estado, subentendo-se que devem ser essenciais à continuidade dos próprios serviços da Administração; e 2) os serviços deverão ser contratados para ter vigência por mais de um exercício financeiro.

Poder-se-ia criticar a definição por ser vaga, abrangente e incluir parte do regime jurídico que é a contratação com duração de mais de um exercício financeiro. No entanto, diante da multiplicidade de atividades do Estado, seria impossível a definição precisa ou mesmo um arrolamento preciso.

Mas, no dizer de Celso Antônio Bandeira de Mello,[1] assim como toda a linguagem normativa, a definição traz uma margem de certeza negativa, não são serviços continuados os serviços públicos propriamente ditos e, uma margem de certeza positiva, de serviços auxiliares a qualquer atividade pública: conservação, limpeza, segurança, vigilância, transportes, informática, copeiragem, recepção, reprografia, telecomunicações e manutenção de prédios, equipamentos e instalações (referidas no art. 7º da Instrução Normativa n. 2/2008).

Um elemento que não se retira diretamente da definição, mas da jurisprudência do Tribunal de Contas da União (v. Acórdão 132/2008 – 2ª Câmara) é a diferença entre serviços continuados, que são serviços permanentes e de uso cotidiano, dos serviços permanentes e eventuais (não-continuados). Além da margem exemplificativa de certeza exposta no regulamento, dependendo das atividades do órgão público, o serviço a ser contratado pode não ser arrolado no ordenamento, mas ser auxiliar, acessório, às atividades públicas muito embora sua falta comprometa o desempenho das atividades públicas, sendo serviço continuado. Exemplifica-se com o aluguel de máquinas popularmente chamadas de "raio X" para detectar metais na entrada e saída dos aeroportos para a Polícia Federal. O serviço não é atividade-fim da Polícia, no entanto, o serviço é crucial para a eficaz atividade pública de controle de entradas e saída com segurança de pessoas no território nacional. Nem todo órgão público teria este interesse e essa finalidade, mas imagine-se que o Ministério da Cultura vá realizar uma exposição especial e temporária em que é necessário para a segurança dos quadros expostos, identificar máquinas fotográficas, convidando o identificado a guardar seus objetos em compartimento especial até sair da exposição, precisando, então, dos mesmos equipamentos. Tem-se o uso do mesmo equipamento como serviço continuado para o primeiro órgão e serviço comum para o segundo. A importância desta diferenciação será o regime jurídico aplicável, pois somente o serviço continuado poderá ser prorrogado além de um exercício financeiro.

Tendo uma noção de serviços prestados de forma continuada ou serviços continuados, passa-se à análise das regras atinentes à igualdade na contratação e a proteção das pequenas empresas no ordenamento jurídico nacional.

1. Celso Antônio Bandeira de Mello, *Curso de Direito Administrativo*, 26ª ed., p. 964.

Uma regra de intervenção no domínio econômico veio a criar inovações no procedimento das licitações públicas – Lei Complementar n. 123/2006. Apenas para a União Federal regulamentou-se o procedimento e tornou eficaz no âmbito Federal a primeira lei – Decreto n. 6.204/2007. O intuito das inovações é a proteção às microempresas e empresas de pequeno porte, chamadas no texto de pequenas empresas.

A Lei Complementar n. 123/2006 prevê o seguinte:

> Art. 47. Nas contratações públicas da União, dos Estados e dos Municípios, *poderá ser concedido tratamento diferenciado e simplificado* para as microempresas e empresas de pequeno porte objetivando a promoção do desenvolvimento econômico e social no âmbito municipal e regional, a ampliação da eficiência das políticas públicas e o incentivo à inovação tecnológica, *desde que previsto e regulamentado na legislação do respectivo ente.*
>
> Art. 48. *Para o cumprimento do disposto no art. 47 desta Lei Complementar, a administração pública* ***poderá*** *realizar processo licitatório*:
>
> I – *destinado exclusivamente à participação de microempresas e empresas de pequeno porte nas contratações cujo valor seja de até R$ 80.000,00* (oitenta mil reais);
>
> II – em que seja exigida dos licitantes a subcontratação de microempresa ou de empresa de pequeno porte, desde que o percentual máximo do objeto a ser subcontratado não exceda a 30% (trinta por cento) do total licitado;
>
> III – em que se estabeleça cota de até 25% (vinte e cinco por cento) do objeto para a contratação de microempresas e empresas de pequeno porte, em certames para a aquisição de bens e serviços de natureza divisível.
>
> § 1º. O valor licitado por meio do disposto neste artigo não poderá exceder a 25% (vinte e cinco por cento) do total licitado em cada ano civil.
>
> § 2º. Na hipótese do inciso II do caput deste artigo, os empenhos e pagamentos do órgão ou entidade da administração pública poderão ser destinados diretamente às microempresas e empresas de pequeno porte subcontratadas.

A regulamentação para os órgãos públicos da União Federal (Decreto n. 6.204/2007) adotou o seguinte critério:

> Art. 6º. Os órgãos e entidades contratantes deverão realizar processo licitatório destinado *exclusivamente à participação de microempresas e empresas de pequeno porte nas contratações cujo valor seja de até R$ 80.000,00* (oitenta mil reais).
>
> Parágrafo único. Não se aplica o disposto neste artigo quando ocorrerem as situações previstas no art. 9º, devidamente justificadas.

Tais previsões, na atualidade, encontram fundamento constitucional que ora se transcreve:

> Art. 146. Cabe à lei complementar:
>
> (...);
>
> d) definição de *tratamento diferenciado e favorecido* para as microempresas e para as empresas de pequeno porte, inclusive regimes especiais ou simplificados no caso do imposto previsto no art. 155, II, das contribuições previstas no art. 195, I e §§ 12 e 13, e da contribuição a que se refere o art. 239.
>
> Parágrafo único. A lei complementar de que trata o inciso III, *d*, também poderá instituir um regime único de arrecadação dos impostos e contribuições da União, dos Estados, do Distrito Federal e dos Municípios, observado que:
>
> I – será opcional para o contribuinte;
>
> II – poderão ser estabelecidas condições de enquadramento diferenciadas por Estado;
>
> III – o recolhimento será unificado e centralizado e a distribuição da parcela de recursos pertencentes aos respectivos entes federados será imediata, vedada qualquer retenção ou condicionamento;
>
> IV – a arrecadação, a fiscalização e a cobrança poderão ser compartilhadas pelos entes federados, adotado cadastro nacional único de contribuintes.
>
> (...).

Art. 170. A ordem econômica, fundada na valorização do trabalho humano e na livre iniciativa, tem por fim assegurar a todos existência digna, conforme os ditames da justiça social, observados os seguintes princípios:

(...);

IX – *tratamento favorecido para as empresas de pequeno porte* constituídas sob as leis brasileiras e que tenham sua sede e administração no País.

(...).

Art. 179. A União, os Estados, o Distrito Federal e os Municípios dispensarão às microempresas e às empresas de pequeno porte, assim definidas em lei, tratamento jurídico diferenciado, visando a incentivá-las pela *simplificação de suas obrigações administrativas*, tributárias, previdenciárias e creditícias, ou pela eliminação ou redução destas por meio de lei.

Ou seja, com o fim de promover, fomentar ou incentivar a criação, a manutenção e o desenvolvimento de empresas de pequeno porte e microempresas, a Administração pode realizar compras dando preferência a estas empresas ou, como deve ser dado tratamento favorecido a este público, no limite, criar disputas exclusivamente entre elas.

A definição desta licitação entre pequenos dependia de previsão em regulamento que deve ser editado por cada ente da Federação até o teto de R$ 80.000,00, podendo, portanto, conforme a situação do ente federado e de seu mercado interno, não se criar margem de licitação exclusiva ou criá-la com teto inferior ao da Lei Complementar.

Na atualidade, nos termos do Decreto n. 6.204/2007, publicado em 5 de setembro de 2007, para aplicação 30 dias depois, foi criado, para a União Federal, o regulamento que reafirma a possibilidade de contratação em licitação disputada exclusivamente entre pequenas empresas para compras em contratos cujo valor seja até R$ 80.000,00. Tal regra se aplica a todas as modalidades licitatórias, em especial para convite e pregão. Relembrando que o valor teto de contratação exclusiva de pequenas empresas depende de previsão de leis distritais, estaduais e municipais, conforme a realidade econômica de cada ente federativo e as condições do mercado local.

Logo, para o pregão, cuja definição de modalidade prescindia do valor do objeto, agora passa a ser relevante o seu valor. Não para a diferenciação do estabelecimento de modalidade licitatória, mas para definir o procedimento e o público participante da disputa. Se o valor do contrato superar R$ 80.000,00, o procedimento vai ser o comum com ampla participação, mas com mera preferência no empate ficto das pequenas empresas. Se o valor estiver abaixo do definido na lei, a licitação dar-se-á apenas entre as pequenas empresas.

Ao definir o patamar a partir do valor, a lei é clara, e é reforçada pelo regulamento. No entanto, surge um problema para definir o público participante das licitações no caso dos contratos contínuos ou de serviços continuados. O valor do contrato será o estimado para o ano (exercício financeiro) ou para a provável duração do contrato – 60 meses (art. 57, II, da Lei n. 8.666/1993) ou 48 meses (serviços de informática e locação de material – art. 57, IV, da Lei n. 8.666/1993)? Não há um elemento seguro a seguir dentro do decreto para solucionar o caso.

Deve o administrador buscar algum parâmetro no ordenamento jurídico que o permita solucionar o problema.

Não há norma expressa acerca da definição do contrato contínuo, no entanto, o Tribunal de Contas da União já tem entendimento consolidado acerca da aplicação da modalidade licitatória pelo valor do contrato em convites, tomadas de preço e concorrência. Como em ambos os casos, há estimativa do valor da contratação para definir o procedimento licitatório, pode-se utilizar a analogia, pois há, no caso, "semelhança de situação e identidade de razão", nos termos utilizados por Oswaldo Aranha Bandeira de Mello.[2]

2. Oswaldo Aranha Bandeira de Mello, *Princípios Gerais de Direito Administrativo*, vol. 1, p. 583.

Assim, deve a Administração valer-se do raciocínio adotado pelo Tribunal de Contas da União nas seguintes decisões:

9.2.7 passe a considerar os valores totais correspondentes à hipótese de prorrogação máxima dos contratos de serviços de prestação continuada quando da escolha da modalidade de licitação a ser utilizada (Acórdão n. 1.725/2003, 1ª Câmara, Ministro Relator Augusto Sherman Cavalcanti).

9.4.3 na contratação ou prorrogação de serviços a serem executados de forma contínua, nos termos do art. 57, inciso II, da Lei n. 8.666/1993, observe, para a escolha da modalidade de licitação, o valor estimado do período total dos serviços, de modo a não extrapolar os limites estabelecidos para as modalidades Convite e Tomada de Preços, nos termos do art. 23, § 5º, da mesma lei, com a redação dada pela Lei n. 9.648/1998 (Acórdão n. 1.862/2003, 1ª Câmara, Ministro Relator Marcos Vinicios Vilaça).

9.1.5 atente para a necessidade de escolher a modalidade de licitação, a ser realizada para a contratação de serviços a serem executados de forma contínua em que houver previsão de prorrogação de prazo na forma do art. 57, inciso II, da Lei n. 8.666/1993, em função do valor estimado para o período total de prestação dos serviços, incluídas as prorrogações, de modo que não venham a ser extrapolados os limites estabelecidos para no art. 23 daquela Lei, a exemplo do ocorrido nos contratos CTN-I-92.2003.2700.00, CTN-I-01.2002.4350.00, e CTN-I-01.2001.5930.00 (Acórdão n. 1.191/2005, Plenário, Ministro Relator Lincoln Magalhães da Rocha).

Em todos os casos apreciados pela Corte de Contas, visando à maior publicidade possível, a fim de promover a mais ampla participação nos certames licitatórios e, em decorrência, ampliar as chances de a Administração obter propostas mais vantajosas, recomenda-se a definição da modalidade licitatória com a expectativa das prorrogações previstas em lei.

Note-se que a prorrogação, nos casos de serviços contínuos, é a regra, pois ao definir a possibilidade da extensão do contrato até 60 meses, a Administração induz o particular que participa do certame a pulverizar seu custo em 60 meses e reduzir a margem de lucro. Logo, como imperativo da economicidade, só não ocorrerá a prorrogação se o contratado cometer várias e sucessivas faltas contratuais ou cometer falta grave durante a vigência do contrato. Prudente a decisão de considerar o valor da contratação a soma dos 4 ou 5 anos de provável vigência do contrato, portanto.

A doutrina aceita este tipo de solução, como se verifica na lição de Marçal Justen Filho: "Outra questão que desperta dúvida envolve os contratos de duração continuada, que comportam prorrogação. A hipótese se relaciona com o disposto no art. 57, inc. II. Suponha-se previsão de contrato por doze meses, prorrogáveis até sessenta meses. Imagine-se que o valor estimado para doze meses conduz a uma modalidade de licitação, mas a prorrogação produzirá a superação do limite previsto para a modalidade. Em tais situações, parece que a melhor alternativa é adotar a modalidade compatível com o valor correspondente ao prazo total *possível* de vigência do contrato. Ou seja, adota-se a modalidade adequada ao valor dos sessenta meses".[3]

Embora a questão tratada nos acórdãos e na doutrina imediatamente acima seja a definição da modalidade licitatória, questão diversa da amplitude dos participantes em licitação, que é o tema ora em exploração, a preocupação básica é a mesma – se o valor definido como o do contrato for menor, menor a participação de empresas; se o valor for maior, também maior será participação. No caso da escolha da modalidade licitatória, a maior ou menor participação é presumida a partir de seu procedimento: na modalidade mais simples – convite – na prática, só participam os convidados – âmbito restrito de participantes e o prazo de publicidade entre a divulgação do instrumento convocatório e a abertura das propostas é diminuto (5 dias

3. Marçal Justen Filho, *Comentários à Lei de Licitações e Contratos Administrativos*, 10ª ed., p. 208.

úteis); ao passo que crescem os potenciais participantes e o prazo de publicidade à medida que se sofistica a modalidade licitatória (tomada de preços – abertura das propostas com no mínimo 15 dias da última publicação do edital – 30 dias se o critério de escolha for "melhor técnica" ou "melhor técnica e preço" –, participação primordial aos previamente cadastrados pela Administração, embora haja possibilidade de cadastramento ao longo do procedimento; concorrência – abertura das propostas com no mínimo 30 dias da última publicação do edital – 45 dias se o critério de escolha for "melhor técnica" ou "melhor técnica e preço" –, participação de todos os interessados que atendam aos requisitos do edital).

Ao estabelecer valor do contrato apenas pelo exercício inicial de vigência contratual pode a licitação restringir-se às pequenas empresas, ao passo que, se utilizada toda a expectativa de contratação, poderão participar todas as empresas do ramo.

Como a norma em questão é aplicada analogicamente, impõe-se uma análise crítica da solução ao caso para o qual se traz a resposta – a solução adotada não trai o desígnio da Constituição de proteger as pequenas empresas?

Já foi visto nos fundamentos constitucionais da Lei Complementar n. 123/2006 que os arts. 146, III, *d*, 170 e 179 da Constituição, que a Carta Magna intenta fomentar as atividades de pequenas empresas, inclusive dando tratamento favorecido na ordem econômica.

Ao observar os termos da Constituição, verifica-se a previsão de benefícios às pequenas empresas como verdadeiro princípio constitucional. No entanto, a forma de seu desenvolvimento é por incentivos fiscais (tratamento diferenciado), simplificação ou eliminação de procedimentos (intenção da redução do custo com operações) e o favorecimento na ordem econômica. Há mera previsão de incentivos em obrigações administrativas sem referência mais substancial. Assim, não há previsão de compras pelo Estado por meio de sistemas de exclusividade, esta é inovação da lei infraconstitucional.

Por outro lado, a mesma Constituição impõe outros deveres ao Poder Público:

> Art. 22. Compete privativamente à União legislar sobre:
>
> (...);
>
> XXVII - *normas gerais de licitação e contratação*, em todas as modalidades, para as administrações públicas diretas, autárquicas e fundacionais da União, Estados, Distrito Federal e Municípios, obedecido o disposto no art. 37, XXI, e para as empresas públicas e sociedades de economia mista, nos termos do art. 173, § 1º, III;
>
> (...).
>
> Art. 37. A administração pública direta e indireta de qualquer dos Poderes da União, dos Estados, do Distrito Federal e dos Municípios obedecerá aos princípios de legalidade, *impessoalidade*, moralidade, publicidade e *eficiência* e, também, ao seguinte:
>
> (...);
>
> XXI – ressalvados os casos especificados na legislação, as obras, serviços, compras e alienações serão contratados mediante processo de licitação pública que *assegure igualdade de condições a todos os concorrentes*, com cláusulas que estabeleçam obrigações de pagamento, mantidas as condições efetivas da proposta, nos termos da lei, o qual somente permitirá as exigências de qualificação técnica e econômica indispensáveis à garantia do cumprimento das obrigações.
>
> (...).
>
> Art. 70. A fiscalização contábil, financeira, orçamentária, operacional e patrimonial da União e das entidades da administração direta e indireta, quanto à legalidade, legitimidade, *economicidade*, aplicação das subvenções e renúncia de receitas, será exercida pelo Congresso Nacional, mediante controle externo, e pelo sistema de controle interno de cada Poder.

No caso, ao dar tratamento em igualdade de condições a todos os concorrentes, observados os princípios da impessoalidade e da economicidade, leva-se, naturalmente, ao princípio da vantajosidade previsto no art. 3º da Lei n. 8.666/1993.

Logo, tratando-se de princípios constitucionais, impõe-se a harmonização da proteção às pequenas empresas com a igualdade de oportunidades aos fornecedores interessados em contratar com a Administração a fim de chegar à solução para o caso concreto – definição do público pelo valor da contratação nos casos de licitação que trate de serviços continuados.

Acerca da interpretação de princípios aparentemente conflitantes dentro da mesma Constituição, há escritos valiosos de origem na doutrina alemã (Konrad Hesse, 1998, pp. 65-66):

"71.aa) Pertence a isso, em primeiro lugar, o princípio da unidade da Constituição. A conexão e a interdependência dos elementos individuais da Constituição (supra, número de margem 20) fundamentam a necessidade de olhar nunca somente a norma individual, senão também sempre também a conexão total na qual ela deve ser colocada; todas as normas constitucionais devem ser interpretadas de tal modo que contradições com outras normas constitucionais sejam evitadas. Somente uma tal resolução do problema corresponde a esse princípio, que se mantém em consonância com as decisões fundamentais da Constituição e se preserva da restrição unilateral a aspectos parciais.

"(...).

"72.bb) Em conexão estreita com isso está o princípio da concordância prática: bens jurídicos protegidos jurídico-constitucionalmente devem, na resolução do problema, ser coordenados um ao outro de tal modo que cada um deles ganhe realidade. Onde nascem colisões não deve, em 'ponderação de bens' precipitada ou até 'ponderação de valor' abstrata, um ser realizado à custa do outro. Antes, o princípio da unidade da Constituição põe a tarefa de uma otimização: a ambos os bens devem ser traçados limites, para que ambos possam chegar a eficácia ótima. (...)."[4]

O autor, portanto, propõe a interpretação da Constituição não como normas isoladas ou individualizadas, mas como um todo coerente e racional. Assim a norma deve ser interpretada de maneira a evitar contradições no corpo da mesma Carta – o que chama de princípio da Unidade da Constituição.

Em conseqüência, ao se deparar com aparente contradição entre princípios, ou como diz o próprio autor, colisão de princípios, a solução é dar a maior eficácia possível a cada um, ou seja, a otimização de sua interpretação, sem considerar a revogação de um pelo outro ou afastar totalmente um princípio em favor de outro predominante – situação que chama de princípio da concordância prática.

Nesta linha de raciocínio, encontra-se a seguinte lição lusitana:

"1. *O Princípio da unidade da constituição*

"O princípio da unidade da constituição ganha relevo autônomo como o princípio interpretativo quando com ele se quer significar que o direito constitucional deve ser interpretado de forma a evitar contradições (antinomias, antagonismos) entre as suas normas, e, sobretudo, entre os princípios jurídico-políticos constitucionalmente estruturantes. Como 'ponto de orientação', 'guia de discussão' e 'factor hermenêutico de decisão', o princípio da unidade obriga o intérprete a considerar a constituição na sua globalidade e a procurar harmonizar os espaços de tensão (cfr. supra, Cap. 2º) existentes entre as normas constitucionais a concretizar (ex.: princípio do Estado de Direito e princípio democrático, princípio unitário e princípio da autonomia regional e local, etc.). Daí que o intérprete deva sempre considerar as normas constitucionais, não como normas isoladas e dispersas, mas sim como preceitos integrados num sistema interno unitário de normas e princípios.

4. Konrad Hesse, *Elementos de Direito Constitucional da República Federal da Alemanha* (*Grundzüge des Verfassungsrechts der Bundesrepublik Deutschland*), pp. 65-66.

"(...).

"3. *O princípio da máxima efetividade*

"Este princípio, também designado por princípio da eficiência ou princípio da interpretação efectiva, pode ser formulado da seguinte maneira: a uma norma constitucional deve ser atribuído o sentido que maior eficácia lhe dê. É um princípio operativo em relação a todas e quaisquer normas constitucionais, e embora a sua origem esteja ligada à tese da actualidade das normas programáticas (Thoma), é hoje sobretudo invocado no âmbito dos direitos fundamentais (no caso de dúvidas deve preferir-se a interpretação que reconheça maior eficácia aos direitos fundamentais)."[5]

Na doutrina nacional, encontramos esta linha de interpretação na obra de Luiz Alberto David Araújo e Vidal Serrano Nunes Júnior:

"– Princípio da unidade da Constituição. As normas constitucionais não permitem interpretação isolada, fora das relações de coordenação com as demais normas do Texto Maior. O exegeta deve analisar a norma constitucional sabendo-a parte de um todo, sem conhecimento do qual não é possível indicar o sentido e delimitar o alcance daquela. Por isso afirma Canotilho, 'o princípio da unidade obriga o intérprete a considerar a Constituição na sua globalidade e procurar harmonizar os espaços de tensão'. O intérprete deve procurar atribuir coerência ao sistema, expurgando-o de antinomias, exatamente porque a Constituição não pode ser analisada de forma repartida, fora da sua unidade intrínseca.

"– O princípio da máxima efetividade dos direitos fundamentais. Nas relações de coordenação entre as diversas normas constitucionais, existem espaços de tensão, de contradição entre elas, que devem ser superados por atividade interpretativa. Todas as vezes que esses espaços de tensão ou de contradição envolverem um direito fundamental, a atividade interpretativa deve ser orientada no sentido de atribuir a maior efetividade possível ao direito fundamental examinado. O mesmo critério deve ser utilizado nos fenômenos denominados 'colisões' entre direitos constitucionais. Havendo colisão entre um direito fundamental e um direito constitucional não fundamental, o intérprete deve orientar-se no sentido de conceder a maior amplitude possível àquele, ampliação esta, no entanto, que não poderá implicar supressão do outro direito constitucional em colisão.

"– Princípio da cedência recíproca. Existindo conflito normativo entre duas normas constitucionais, fora da situação descrita no item anterior, qual das normas antagônicas deve ser aplicada? Na verdade, essa chamada lacuna de conflito deve ser resolvida com base no princípio exposto, que indica ao intérprete a tarefa de encontrar no interior do sistema um ponto comum que possibilite a convivência das duas normas constitucionais conflituosas. A tarefa do intérprete, no ponto, é extrair de cada norma em conflito uma função útil no interior do sistema, sem que a aplicação de uma implique a supressão de outra."[6]

Outro autor que demonstra ter afinidade com o raciocínio original é Inocêncio Mártires Coelho:

"*Princípio da unidade da Constituição.*

"Segundo essa regra de interpretação, as normas constitucionais devem ser vistas não como normas isoladas, mas como preceitos integrados num sistema unitário de regras e princípios, que é instituído na e pela Constituição. Em conseqüência, a constituição só pode ser compreendida e interpretada corretamente se nós a entendermos como unidade, do que resulta, por outro lado, que em nenhuma hipótese devemos separar uma norma do conjunto em que ela se integra, até

5. José Joaquim Gomes Canotilho, *Direito Constitucional*, 5ª ed., pp. 232-233.

6. Luiz Alberto David Araújo e Vidal Serrano Nunes Júnior, *Curso de Direito Constitucional*, pp. 130-131.

porque – relembre-se o círculo hermenêutico – o sentido da parte e o sentido do todo são interdependentes.

"(...).

"*Princípio da concordância prática ou da harmonização.*

"Intimamente ligado ao princípio da unidade da Constituição, que nele se concretiza, o princípio da harmonização ou da concordância prática consiste, essencialmente, numa recomendação para que o aplicador das normas constitucionais, em se deparando com situações de concorrência entre bens constitucionalmente protegidos, adote a solução que otimize a realização de todos eles, mas ao mesmo tempo não acarrete a negação de nenhum.

"Como a consistência dessa recomendação não se avalia *a priori*, o cânone interpretativo em referência é conhecido também como princípio da concordância prática, o que significa dizer que somente no momento da aplicação do texto, e no contexto dessa aplicação, é que se pode coordenar, ponderar e, afinal, conciliar os bens ou valores constitucionais em 'conflito', dando a cada um o que for seu.

"(...)."[7]

Nota-se, apesar da nomenclatura um pouco diferenciada, a coincidência de método interpretativo no sentido de considerar a Constituição como um todo uno e racional e a tentativa de não afastar um princípio em detrimento de outro, mas combinar a interpretação de forma a dar maior aplicabilidade a um princípio preponderante, no caso concreto, e dando o máximo de efetividade possível ao princípio ocasionalmente reduzido em sua aplicabilidade à situação.

Diante dos ensinamentos acima, deve-se passar à solução do caso concreto sobre o valor da contratação nos contratos continuados e os efeitos das normas de proteção às pequenas empresas.

A Constituição determina o tratamento em igualdade de condições nas licitações públicas e, ao longo do texto, também prevê incentivos às microempresas e empresas de pequeno porte na ordem econômica. Nada mais natural de que dar preferência na contratação com o Poder Público destas organizações sempre que for possível a disputa de preços entre elas e as demais empresas interessadas em contratar com o Poder Público, sem perder de vista a vantagem para a Administração. É o que fez a lei complementar e o decreto que a regulamenta.

Em parte, por determinar procedimentos mais simples e tributação mais baixa, as microempresas e as empresas de pequeno porte gozam de natural vantagem sobre os seus competidores, por si só garantindo maior possibilidade de ganho nas licitações públicas.

Com o sistema de empate ficto, em que é dada a oportunidade da pequena empresa melhor colocada apresentar lance posterior ao primeiro colocado (desde que esteja num valor até 5% maior que o melhor classificado no pregão, 10% maior nas demais modalidades) dá-se segunda chance ao microempresário de ganhar uma licitação pública.

A terceira vantagem a este porte de empresa é dado pela reserva para contratações abaixo de R$ 80.000,00 a quase exclusividade de contratação (a despeito da obrigatoriedade de contratação abaixo do valor, há setores da economia que não podem se qualificar como pequena empresa, além da previsão de hipóteses em que não deve haver a licitação exclusiva entre pequenos no decreto regulamentar – art. 9º do Decreto).

Nas hipóteses admitidas de licitações exclusivas para pequenas empresas escolheu-se o critério do valor da contratação como critério determinante do âmbito ou amplitude de competição. Ou seja, até R$ 80.000,00 de valor de contratação, poderá haver a licitação exclusiva entre os pequenos empreendedores.

O que interessa saber, à luz do raciocínio desenvolvido, é como determinar o

7. Inocêncio Mártires Coelho, *Interpretação Constitucional*, 2ª ed., pp. 64-65.

valor da contratação: se considerar o valor do contrato como o valor dos possíveis 48 ou 60 meses de execução contratual pressupondo as prorrogações afastaria a proteção à pequena empresa.

Ao definir a contratação continuada com um preço maior, consegue-se, na verdade, combinar a máxima aplicação tanto da proteção da pequena empresa como da vantajosidade da Administração, pois, ao considerar o valor total da contratação, traz-se para a disputa todos os interessados que apresentarão propostas competitivas, ao passo que a proteção à microempresa e à empresa de pequeno porte ainda é garantida pelo procedimento do empate ficto e pela tributação mais baixa. Preserva-se, assim, a competitividade e o princípio constitucional da igualdade de oportunidades entre os fornecedores sem excluir a proteção às pequenas empresas. Tem-se preservada a licitação exclusiva apenas para os pequenos valores e dada a proteção às pequenas empresas em contratos de valores mais robustos, ainda que oriundo de contratos com vigência de longo prazo.

A solução analógica de considerar o preço do contrato o de toda a previsão de vigência do contrato, contando as eventuais e prováveis prorrogações, não contraria o decreto regulamentar, preserva o princípio da vantajosidade para a Administração e, ainda assim, segue o intento constitucional de proteger a micro e a pequena empresa dentro dos parâmetros dos princípios hermenêuticos da unidade da Constituição, máxima efetividade de suas normas, cedência recíproca entre princípios e concordância prática.

Em conclusão, o operador do direito administrativo, autoridade que abre licitações, deverá considerar como valor do contrato a resultante de possível contratação por 48 meses (serviços de informática e locação de bens) ou 60 meses (serviços continuados em geral) utilizando-se somente do procedimento de empate ficto em qualquer modalidade licitatória que adotar, quando esta operação superar os R$ 80.000,00 no âmbito da União Federal ou quando supere o teto escolhido por cada ente da Federação visando a proteção às microempresas e empresas de pequeno porte.

Bibliografia

ARAÚJO, Luiz Alberto David; e NUNES JÚNIOR, Vidal Serrano. *Curso de Direito Constitucional*. São Paulo, Saraiva, 1998.

BANDEIRA DE MELLO, Celso Antônio. *Curso de Direito Administrativo*. 26ª ed., rev. e atual. até a Emenda Constitucional n. 57, de 18.12.2008, São Paulo, Malheiros Editores, 2009.

BANDEIRA DE MELLO, Oswaldo Aranha. *Princípios Gerais de Direito Administrativo*. vol. 1. Rio de Janeiro, Forense, 1969.

CANOTILHO, José Joaquim Gomes. *Direito Constitucional*. 5ª ed., totalmente refundida e aum., Coimbra, Livraria Almedina, 1991.

COELHO, Inocêncio Mártires. *Interpretação Constitucional*. 2ª ed., rev. e aum., Porto Alegre, Sergio Antonio Fabris Editor, 2003.

HESSE, Konrad. *Elementos de Direito Constitucional da República Federal da Alemanha* (*Grundzüge des Verfassungsrechts der Bundesrepublik Deutschland*), 1998.

JUSTEN FILHO, Marçal. *Comentários à Lei de Licitações e Contratos Administrativos*. 10ª ed., São Paulo, Dialética, 2004.

PARECERES

LICITAÇÃO. AUSÊNCIA DE PRESSUPOSTOS DE ÚTIL APLICAÇÃO DO INSTITUTO. INEXIGIBILIDADE. CABIMENTO DE ADITAMENTO CONTRATUAL

Celso Antônio Bandeira de Mello
Professor Titular de Direito Administrativo da PUC/SP
e Professor Emérito da mesma Universidade.

A empresa *X* expõe-nos os fatos abaixo enunciados, acosta documentos instrutórios e formula a seguinte

Consulta

"A Consulente mantém um contrato com a Companhia Docas do Estado de São Paulo tendo por objeto o arrendamento de terminal portuário. Referida contratação resultou de licitação em que a Consulente se sagrou vencedora. Esse contrato tem por objeto a exploração da área de 484.000m² para fim de um terminal de contêineres de uso público. A contratação é disciplinada, na sua essência, pela Lei Federal n. 8.630/1993.

"A CODESP deliberou promover a agregação ao contrato de arrendamento acima referido de uma área contígua de aproximadamente 100.000m². Dita alteração acarretará a atribuição à Consulente da exploração sem prévia licitação de área imóvel no âmbito do Porto de Santos. A decisão da CODESP fundou-se, basicamente, em que a exploração da área como um terminal isolado produziria efeitos técnicos e econômicos incomparavelmente menos satisfatórios do que a sua agregação a um terminal de maiores dimensões.

"Isso ocorre em virtude do fato de a área em questão (100.000m²) ser uma área pequena para a implantação e desenvolvimento competitivo e de larga escala de um terminal de contêineres, principalmente pelo fato dessa área possibilitar apenas um cais acostável, de 220 metros lineares, adequado para navios de até 188 metros lineares, o que é absolutamente insuficiente para atender aos atuais navios porta-contêineres, na grande maioria com comprimento superior a 200 metros, sendo os mais modernos de 272 metros de comprimento.

"Ademais, para se implantar nessa área toda a infra-estrutura necessária para se operar um novo terminal de contêineres (portaria, escritórios, armazéns, balança, área para Alfândega etc.), haveria uma redução de ao menos 35% da área útil disponível, que ficaria reduzida a pouco mais de 60.000m².

"Contrariamente, agregando essa área e esse cais acostável à estrutura da Consulente, já implantada e com extrema produtividade, dá-se aproveitamento pleno da área, complementa-se o cais de pequena dimensão com os outros 3 (três) cais acostáveis a ele adjacentes e propicia-se uma exponencial utilização da área gerando volumes de operação compatíveis com a demanda e com a carência do Porto de Santos.

"A área em questão, destinada no PDZ (Plano de Desenvolvimento e Zoneamento do Porto) para contêineres encontra-se encravada entre o Terminal de Contêineres da Consulente e o TEFER – Terminal de Fertilizantes (futura área do TGG – Terminal de Grãos do Guarujá), outro tipo de operação, com outro tipo de cais e equipamentos.

"O Porto de Santos é carente de áreas novas para implantação de terminais de contêineres e a demanda do mercado internacional cresce a cada dia em progressão geométrica.

"Diante dessa situação e limitação de fato, *a CODESP elaborou circunstanciado estudo de viabilidade* e concluiu que a melhor e a única forma de atender ao interesse público seria a de entregar essa área para ser operada pelo terminal dela vizinho, ou seja, à Consulente.

"Concluiu a CODESP tratar a hipótese de impossibilidade de competição (embora na resposta à outra empresa tenha fundamentado em outro aspecto da questão), já que o certame seria prejudicial ao interesse público e não existe nenhum outro particular que possua as mesmas condições operacionais da Consulente, *que é o único terminal vizinho da área em questão e que já dispõe de capacidade instalada gerando a plena utilidade da área em questão.*

"A decisão da CODESP foi questionada judicialmente por outra empresa operadora de terminal de contêineres no mesmo Porto de Santos.

"Em função disto, indaga-se:

"*1.* A obrigatoriedade de licitação prévia a contratos administrativos, inclusive os de outorga de arrendamento de terminal portuário, apresenta cunho absoluto, excludente de possíveis exceções?

"*2.* Dadas as circunstâncias fáticas das limitações físicas do Porto de Santos, a crescente demanda do mercado para a ampliação das operações de contêineres e ainda o fato de o TECON-1 ser o único terminal vizinho da referida área e com capacidade operacional já instalada suficiente para lhe dar a maior produtividade, deve-se considerar que houve atendimento do interesse público na decisão, adotada pela CODESP, objeto de análise no presente parecer?

"*3.* A figura da inexigibilidade de licitação, fundada no art. 25, *caput*, da Lei 8.666 de 21.6.1993, aplica-se ao caso *sub consulta*?

"*4.* O contrato de arrendamento de terminal portuário comporta alterações supervenientes, capazes de fundamentarem, no caso concreto, a lícita ampliação da área da Consulente feita pela CODESP por via da incorporação da área adjacente com agregação dela ao contrato de arrendamento *x*?

"*5.* A possibilidade de ampliação dos contratos administrativos em até 25% (vinte e cinco por cento), conforme previsto no § 1º do art. 65 da Lei n. 8.666/1993, fornece também idôneo fundamento de validade à decisão tomada pela CODESP no sentido de aditar o contrato *x*?

"*6.* A Lei n. 8.987/1995, em seu artigo 23 e a própria índole da efetivação dos serviços portuários oferecem suporte de validade para decisão adotada pela CODESP de aditar o contrato *x* ampliando a área de arrendamento?"

Às indagações respondo nos termos que seguem.

PARECER

1. A licitação é um *meio* por via do qual o Poder Público e suas entidades auxiliares elegem sua contraparte nas relações jurídicas a serem travadas com terceiros. Consiste na instauração de um certame, isto é, de uma *competição* entre os afluentes para apurar-se um vencedor – o autor da melhor oferta – com quem irá firmar o liame jurídico posto em disputa. São seus objetivos, cumulativamente, o de assegurar um tratamento isonômico aos administrados e o de buscar o negócio mais vantajoso aos interesses a cargo de tais entidades.

2. Conquanto a licitação tenha suas próprias finalidades, evidentemente, ela não é um *fim* em si mesma. Tem caráter instrumental: o de servir como trilha idônea para que as pessoas governamentais possam reconhecer com quem, em princípio, deverão se relacionar ao se proporem a empreender determinados cometimentos. Ditos cometimentos *é que são os fins* a que a Administração está legalmente preposta. Por isto, embora o Poder Público deva recorrer à licitação para identificar sua contraparte – sendo esta uma regra geral (e importantíssima, sublinhe-se) – sua utilização *pressupõe as situações em vista das quais o referido meio é exeqüível e prestante para atingir os mencionados fins; hábil, pois, para proteção dos interesses em função dos quais foi concebida.*

3. O *caráter competitivo* da licitação e sua *natureza instrumental* ensejam reconhecer, já em linha teórica, seu ***descabimento*** nas hipóteses em que, correlatamente,

(a) faleçam as condições objetivas indispensáveis para a instauração útil de uma competição ou

(b) a adoção do sobredito procedimento, ao invés de concorrer para a satisfação do interesse público (isto é, de ser um instrumento prestante para isto), viria a representar, pelo contrário, um visível empeço à sua conveniente satisfação ou, eventualmente, até mesmo um gravame para ele, hipótese esta última, na qual, inversamente ao pretendido, o recurso à licitação representaria sacrifício seja para o bem jurídico que se quer atender seja para outro interesse público, igualmente prezável e que deva ser resguardado.

Estas duas situações é que dão margem, respectivamente, à inelegibilidade e à dispensa de licitação.

4. Pelo que se disse, percebe-se, já a um primeiro súbito de vista, que a regra geral impositiva de licitação, conquanto de notável relevo, inevitavelmente teria de comportar exceções, como sói acontecer com as normas de direito.

Deveras, já no inciso XXI do art. 37 da Lei Magna – que é, entre nós, o assento constitucional *específico* da licitação – encontra-se a cauta disposição, segundo a qual: "*ressalvados os casos especificados na legislação*, as obras, serviços, compras e alienações serão contratados mediante licitação pública, que assegure igualdade de condições a todos os concorrentes (...)".

Como se vê, de fora parte a fixação do genérico dever de licitar, com a exigência de que se "assegure igualdade de condições a todos os concorrentes", ficam liminarmente "*ressalvados os casos especificados na legislação*". Há, pois, uma absolvição inicial, cuja compostura deve ser precisada por lei.

Evidentemente, aí não se concedeu um aval para que a lei exima de licitação os casos que bem entenda. É óbvio que se assim fosse, o legislador ordinário, a seu talante, faria ou não imperar a clara opção constitucional em prol da licitação como regra e regra demandada pela própria noção de República ou de Estado Democrático de Direito. O que decorre da ressalva inicial do preceptivo em causa é que a lei permitirá contratação direta seja quando inexistirem as condições objetivas propiciatórias da disputa útil em que se substancia este procedimento, seja quando realizá-lo implicaria menoscabar a própria realização de interesses públicos.

5. Em rigor, trata-se apenas do reconhecimento de que, em algumas hipóteses, *sequer podem ser utilmente colocadas em pauta* as razões determinantes da existência do instituto da licitação, por falecerem condições prestantes para sua instauração. Em outras tantas, ainda que compareçam tais condições, os motivos inspiradores do certame *são sobrepujados por ponderáveis razões de interesse público* que tornariam desaconselhável realizá-la.

Bem por isto, pode-se dizer que existem certos pressupostos da licitação, a saber: (a) pressupostos fáticos; (b) pressupostos jurídicos e (c) pressupostos lógicos.[1] Vejâmo-los.

6. É *pressuposto fático* da licitação a existência de interessados em disputá-la. Quando tal interesse não concorra, não há como realizá-la. Seria inviável, por exemplo, abrir-se um certame licitatório para obter o parecer de um jurista famoso, os serviços de um consagrado advogado para uma sustentação oral, ou uma cirurgia a ser efetuada por renomado especialista. Nenhum deles se prestaria a isto.

7. É *pressuposto jurídico* o de que, em face do caso concreto, a licitação possa se constituir em meio apto, ao menos em tese, para a Administração acudir ao interesse que deve prover. Entram em pauta, aqui, os casos em que efetuar um procedimento licitatório acarretaria um prejuízo, seja ao interesse público a que se quer aceder, seja a outro interesse público necessitado de resguardo. Exemplo extremo de tal ocorrência ter-se-ia, *exempli gratia*, em hipótese em que a licitação deve ser havida não apenas como desaconselhada, *mas como proibida*, porque realizá-la produziria dano de supina monta, qual o de desabrigar a segurança nacional. Posto que a função de tal instituto é servir – e não *desservir* –, o interesse público, em situações quejandas, isto é, em que haveria desserviço ao interesse público, percebe-se que falece o pressuposto jurídico para sua instauração. Embora fosse logicamente possível efetuá-la, seria desarrazoado fazê-lo em face *do interesse jurídico que se tem que atender*.

8. É *pressuposto lógico* da licitação a existência de uma ***pluralidade de objetos equivalentes*** e de uma ***pluralidade de ofertantes***. Sem isto, não há como conceber uma licitação. Dita impossibilidade é reconhecível já no próprio plano de um simples raciocínio abstrato. Tal pressuposto diz, então, com o tema do chamado "*objeto singular*" e com o tema identificado como caso de "*ofertante único ou exclusivo*".

Há, pois, inviabilidade lógica deste certame, por falta de seus "pressupostos lógicos", em duas hipóteses:

(a) quando o *objeto pretendido é singular*, sem equivalente perfeito. Aí, por ausência de outros objetos que atendam à pretensão administrativa, resultará unidade de ofertantes, pois, como é óbvio, só quem dispõe dele poderá oferecê-lo;

(b) quando só há um *ofertante*, embora existam vários objetos de perfeita equivalência, todos, entretanto, disponíveis por um único sujeito. Esta última hipótese corresponde ao que, em nossa legislação, se denomina produtor ou fornecedor exclusivo.

9. Evidentemente, só se licitam bens homogêneos, intercambiáveis, equivalentes. Não se licitam coisas desiguais. Cumpre que sejam confrontáveis as características do que se pretende e que quaisquer dos objetos em certame possam, indiferentemente, atender ao que a Administração almeja. Donde, não se licitam bens singulares. Um bem se qualifica desta maneira quando possui individualidade tal que o torna inassimilável a quaisquer outros.

Esta individualidade pode provir de o bem ser singular (a) em sentido absoluto (b) em razão de evento externo a ele ou (c) por força de sua natureza íntima.

(a) Singular em sentido *absoluto* é o bem de que só existe uma unidade. Um selo do qual se emitiu apenas um exemplar, ou se emitidos vários os demais foram destruídos, é objeto singular (único) em sentido absoluto.

(b) Singular em *razão de evento externo* é o bem a que se agregou significação particular excepcional. Uma espada utilizada em acontecimento histórico relevante, como a brandida por D. Pedro I ao proclamar a Independência do País, é objeto que se tornou único por força de fator externo que a ele se incorporou. Poderão existir inúmeras espadas do mesmo formato, fabricação, época e composição metálica; sem embargo, àquela aderiu irremovivelmente uma qualidade que a singularizou.

1. É o que vimos reiteradamente averbando desde a 5ª ed. de nosso *Curso de Direito Administrativo*, Malheiros Editores, 1994 e hoje está estampado na 26ª ed., janeiro de 2009, pp. 532 e ss.

(c) Singular em *razão da natureza íntima do objeto* é o bem em que se substancia realização artística, técnica ou científica embebida pelo cunho ou atributos pessoais do autor os quais apresentam relevo para o mais satisfatório preenchimento do interesse que a Administração pretende atender. Uma produção intelectual, como um livro de crônica, uma obra de arte, um quadro, uma análise técnica especializada de fatos e eventos para deles depreender conclusões e imprimir diretrizes de conduta são singulares pela natureza íntima do objeto, vez que pressupõem qualidades inerentes ao ou aos responsáveis por sua autoria. São serviços singulares os que *se revestem de tais características*.

10. Em casos *desta índole* mesmo que não existissem as normas que prevêem casos de exclusão de licitação haver-se-ia de entender que a imposição legal não se aplicaria. Doutores da máxima suposição confortam este entendimento. Com efeito, Black, em seu vetusto e monumental estudo sobre a *Interpretação das Leis*, obra justamente merecedora da consagração que recebeu e recebe, proferiu ao propósito a seguinte sintética e esclarecedora lição: "Uma lei deve ser interpretada em consonância com seu espírito e razão; as Cortes tem poder para declarar que um caso conformado à letra da lei não é por ela alcançado quando não esteja conformado ao espírito e à razão da lei e da plena intenção legislativa".[2]

Citando decisão da Suprema Corte americana, o referido jurista transcreve-lhe as seguintes considerações: "É uma regra cediça a de que algo pode estar conforme à letra de uma lei e, entretanto, não com a própria lei, porque não está conforme ao seu espírito nem com o de seus fautores. Isto tem sido freqüentemente afirmado e os repertórios estão repletos de casos ilustrativos de sua aplicação. Isto não é a substituição da intenção do juiz pela do legislador; pois, freqüentemente palavras de sentido geral são usadas em uma lei, palavras amplas o bastante para abarcar o ato em questão, e, todavia, a consideração da legislação em sua totalidade, ou das circunstâncias que envolvem sua produção ou dos resultados absurdos que promanariam de se atribuir tal sentido amplo às palavras, fazem com que seja descabido admitir que o legislador pretendeu nelas abranger o caso específico" (*Rector of Holy Trinity Cherch vs. U.S.*).

Disse Carlos Maximiliano, o príncipe de nossos mestres de hermenêutica: "Deve o Direito ser interpretado inteligentemente, não de modo a que a ordem legal envolva um absurdo prescreva inconveniências, vá ter a conclusões inconsistentes ou impossíveis".[3]

11. Aliás, não é difícil verificar que, inobstante sumamente prezáveis, os objetivos que informam o instituto da licitação, não poderiam ser absolutizados, de maneira a considerá-la obrigatória em qualquer circunstância. Radicalizar-lhe a exigência produziria inconseqüências, absurdos ou geraria situações danosas ao próprio interesse público. Por isto, casos há em que as finalidades por ela visadas cedem passo a considerações de outra ordem.

Figure-se a ocorrência de uma calamidade que demande do Poder Público atuação extremamente expedita para atender a segurança de pessoas ou bens, impelindo-o a, incontinenti, contratar serviços e adquirir bens necessários a acudir a situação emergencial. Evidentemente, em situações deste jaez, terá que atuar do modo mais desembaraçado possível, dispensando-se das delongas que a licitação acarretaria e contratando, diretamente, os serviços e fornecedores requeridos para enfrentar a contingência. O diploma federal regulador de licitações e contratos contempla hipótese desta compostura, para ela prevendo dispensa do dever de licitar. O que importa assinalar, entretanto, é que a isenção de tal dever existiria ***independentemente de previsão legal***, pois como já se averbou ao trazer à colação Carlos Maximiliano, "deve o Direito ser interpretado inteligentemente". Ou seja,

2. Henry Campbell Black, *Handbook on the Construction and Interpretation of the Laws*, St. Paul, Minn., West Publishing Co., 1896, p. 48.

3. *Hermenêutica e Aplicação do Direito*, 2ª ed., Ed. da Livraria do Globo, 1933, p. 183.

não se extrai de uma regra de direito o intento de acobertar absurdos, despautérios ou ilogismos, justamente porque interpretar-se-á na conformidade do propósito, dos intuitos, das finalidades, que presidem sua edição.

O eminente jusfilósofo Recaséns Siches, com indiscutível acerto, registrou:

"A norma legislativa se formula em termos gerais, porém quem a formula tem em mente um determinado tipo de casos, bem reais, dos quais teve experiência, ou bem mentalmente antecipados por sua imaginação, em relação aos quais pretende que se produza um determinado resultado, precisamente porque considera este resultado o mais justo.

"Então, resulta evidente que o juiz, ante qualquer caso que se lhe apresente, tem, antes de tudo, que verificar mentalmente se a aplicação da norma, que em aparência cobre dito caso, produzirá o tipo de resultado justo em que se inspirou a valoração que é a base daquela norma (...). Se, o caso que se coloca perante o juiz é de um tipo diferente daqueles que serviram como motivação para estabelecer a norma e se a aplicação dela a tal caso produziria resultados opostos a aqueles a que ela se propôs, ou opostos às conseqüências das valorações em que a norma se inspirou, entendo que se deve considerar que a norma não é aplicável àquele caso."[4]

12. Ninguém poria em dúvida que, tal como qualquer outra disposição normativa, aquela que impõe realizar licitação há de ser entendida segundo um critério de razoabilidade, pois, as leis, como as produções intelectuais humanas, hão de ser consideradas com racionalidade, já que são produzidas por racionais e se dirigem a racionais. Assim, não é apenas pelo fato da lei isentar de licitação o que permite excluir certos casos ou situações do âmbito deste instituto, mas a intelecção de que ***não se encontram racionalmente abrangidos por seu campo de exigência***.

É dizer: se em alguma situação peculiar, como ocorre no caso *sub consulta*, os objetivos que justificam a licitação não têm como comparecer (por faltarem até mesmo os pressupostos que lhe condicionam a racionalidade, como instituto armado para a proteção de determinados interesses), entende-se que dita situação peculiar não a demanda. Intelecção de outra ordem levaria a sufragar disparates e a inculcar à norma irracionalidades, o que é interdito a qualquer intérprete medianamente qualificado. Tendo presente que Yhering, trazido à colação pelo referido Recaséns Siches (ob. cit., p. 633) advertiu que "o fim é o criador de todo o Direito; que não há norma jurídica que não deva sua origem a um fim, a um propósito, isto é, a um motivo prático", não é difícil compreender que ao exegeta é interdito sacar de uma norma imposições ou vedações alheias aos objetivos que ela visou colimar.

13. Ora bem, exata e precisamente em atenção a casos como o da Consulta, nos quais a realização de certame licitatório não faria sentido, é que a Lei n. 8.666, de 21.6.1993, *previdentemente*, em seu art. 25, considerou inexigível a licitação não apenas nas específicas situações arroladas em seus incisos, mas em qualquer hipótese na qual fosse inviável efetuá-la. Deveras, a cabeça do referido artigo estabelece: "É inexigível a licitação quando houver *inviabilidade de competição*, em especial: (...)".

Assim, os incisos do sobredito artigo apenas exemplificam hipóteses mais correntes de inviabilidade. Por isto o preceptivo declarou inexigível o certame sempre que houvesse inviabilidade e serviu-se da expressão "*em especial*", para reportar-se a algumas das situações que a configurariam. Daí que, reportados ao referido dispositivo, em obra geral, averbamos:

"*30.* Cumpre salientar que a relação dos casos de inexigibilidade não é exaustiva. Com efeito, o art. 25 refere que a licitação é inexigível quando inviável a competição. E apenas destaca algumas hipóteses. Por isto disse, em seguida: 'em especial quando (...)'. Em suma: o que os incisos I a III do art. 25 estabelecem é, simplesmente, uma prévia e já resoluta indicação de hipóteses nas quais

4. Luis Recaséns Siches, *Filosofía del Derecho*, 2ª ed., México, Editorial Porrua, 1961, p. 659.

ficam antecipadas situações características de inviabilidade, nos termos ali enumerados, sem exclusão de casos não catalogados, mas igualmente possíveis.

"Outras hipóteses de exclusão de certame licitatório existirão, ainda que não arroladas nos incisos I a III, quando se proponham situações nas quais estejam ausentes pressupostos jurídicos ou fáticos condicionadores dos certames licitatórios. Vale dizer: naquelas hipóteses em que ou (a) o uso da licitação significaria simplesmente inviabilizar o cumprimento de um interesse jurídico prestigiado no sistema normativo e ao qual a Administração deva dar provimento ou (b) os prestadores do serviço almejado simplesmente não se engajariam na disputa dele em certame licitatório, inexistindo, pois, quem, com as aptidões necessárias, se dispusesse a disputar o objeto de certame que se armasse a tal propósito.

"Tais casos, como se exemplificará, têm que ser excludentes de licitação e, então, devem, conforme se disse, ser havidos como abrigados no caput do art. 25, ainda que a ele se tenha que conferir algum elastério, se por outra razão não fosse, sê-lo-ia, ao menos, para atender à incontendível e sempre lembrada advertência de Carlos Maximiliano:

"'Deve o Direito ser interpretado inteligentemente, não de modo a que a ordem legal envolva um absurdo, prescreva inconveniências, vá ter a conclusões inconsistentes ou impossíveis'.[5]

"*31.* Veja-se: não faria sentido pretender que uma sociedade de economia mista ou empresa pública exploradoras de atividade econômica (art. 173 e § 1º da Constituição) efetuassem licitação para adquirir os insumos que rotineiramente necessitam para regularidade da produção industrial ou comercial a que estejam legalmente prepostas. Tanto quanto não o faria pretender que instaurassem dito certame para colocarem no mercado o que produzem.

"Sem embargo, a lei só caracteriza como 'dispensável' licitação quando da intervenção do Estado no domínio econômico 'para regular preços ou normalizar o abastecimento' (inciso VI do art. 24) e para 'venda de bens produzidos ou comercializados por órgãos ou entidades da Administração Pública, em virtude de suas finalidades' (art. 17, II, 'e'). Ora, há empresas estatais cujas atuações na esfera econômica não têm por finalidade nem um, nem outro, dentre estes dois escopos, e não há previsão de dispensa para aquisição dos insumos necessários à sua produção ou comercialização rotineira. Basta pensar naquelas que venham a ser instituídas para atender a imperativos da segurança nacional (art. 173); ou nas que, tendo sido constituídas, no passado, em desnecessária concorrência com as empresas privadas ou, então, para fomentar o desenvolvimento de setor insuficientemente suprido pela livre iniciativa – ao depois por esta preenchido –, não foram privatizadas. O mesmo poder-se-á dizer daquel'outras empresas que, por razões ocasionais, como ocorreu com muitas absorvidas pelo BNDES, passaram ao controle acionário da União. Sob pena de inviabilizar-lhes a atividade, ter-se-á de entender que é inexigível licitação para aquisição rotineira dos insumos de sua produção, tanto quanto para a comercialização do produzido. O estribo normativo para dita conclusão será, pois, a cabeça do art. 25.

"*32.* Em suma: sempre que se possa detectar uma induvidosa e objetiva contradição entre o atendimento a uma finalidade jurídica que incumba à Administração perseguir para bom cumprimento de seus misteres e a realização de certame licitatório, porque este frustraria o correto alcance do bem jurídico posto sob sua cura, ter-se-á de concluir que está ausente o pressuposto jurídico da licitação e, se esta não for dispensável com base em um dos incisos do art. 24, deverá ser havida como excluída com supedâneo no art. 25, *caput*."[6]

Com efeito, podem ocorrer casos em que a melhor satisfação do interesse público só possa ser atendida efetuando-se determinado

5. *Hermenêutica...*, cit., p. 183.

6. *Curso de Direito Administrativo*, 26ª ed., Malheiros Editores, 2009, pp. 542 e 543.

negócio de antemão identificável e cujo travamento só possa ser necessariamente efetuado com um dado sujeito, por inexistir outro que se encontre em situação equivalente, capaz de proporcionar a mesma ordem de vantagens requeridas para suprimento da conveniência pública. Neste caso não teria como comparecer o tema da igualdade. Tendo sido visto que duas são as finalidades da licitação, atender ao citado princípio e obter o negócio mais vantajoso para o interesse público, quando se possa conhecer liminarmente qual seria tal negócio e inexista a possibilidade de agravo à isonomia, é óbvio que não entram em tela as razões impositivas de licitação.

14. Ao lume destas considerações, o caso *sub consulta* apresenta-se como sendo da mais absoluta simplicidade, pois nele se prefigura situação típica em que não se propõe o dever de licitar.

Com efeito, se há necessidade de efetuar um arrendamento portuário de pequena área encravada, insatisfatória para a implantação e desenvolvimento competitivo de larga escala de um terminal de contêineres, é lógico que se faça diretamente o arrendamento dela para o arrendatário vizinho que lhe poderá dar um aproveitamento muitas vezes mais eficiente do que qualquer outro que não tenha a mesma situação geográfica e a mesma atividade portuária.

Deveras, se a área em questão, consoante informa a Consulta, considerada isoladamente teria de comprometer ao menos 35% do espaço para implantação da infra-estrutura necessária ao exercício da atividade e disporia de apenas 220 metros lineares de cais – o que é adequado para navios de até 188 metros lineares, mas absolutamente insuficiente para atender aos atuais navios porta-contêineres, na grande maioria com comprimento superior a 200 metros, sendo os mais modernos de 272 metros de comprimento – é óbvio que a solução consentânea com o interesse público, é a que permite superar tais deseconomias.

Uma vez que a exploração da área como um terminal isolado produziria efeitos técnicos e econômicos incomparavelmente menos satisfatórios do que a sua agregação a um terminal de maiores dimensões e sendo de evidente interesse nacional o máximo rendimento dos terminais em vista da crescente exportação, é óbvio que a forma adequada de atender o interesse público seria agregá-la à vizinha área maior.

Com efeito, deste modo e apenas deste modo complementa-se o cais de pequena dimensão com os outros 3 (três) cais acostáveis a ele adjacentes e propicia-se uma exponencial utilização da área gerando volumes de operação compatíveis com a demanda e com a carência do Porto de Santos, inclusive por beneficiar-se da estrutura já implantada da Consulente, sem necessidade, portanto, da absorção de parte significativa da área com tal finalidade. Trata-se de algo óbvio e que, ademais, não põe em causa o princípio da igualdade, pois não há ninguém em condições equivalentes. Apenas com o arrendamento da área para a Consulente é que se pode obviar os inconvenientes mencionados e obter os resultados positivos a que se aludiu, tanto mais reclamados porque o Porto de Santos é carente de áreas novas para implantação de terminais de contêineres.

Em suma, no caso concreto, somente um dado imóvel – o arrendado à Consulente – proporcionaria a quem o detivesse, o ensejo de agregar a área menor e, por força disto, com a correspondente extensão da exploração portuária, satisfazer o interesse público consistente em viabilizar uma utilização ótima, atendendo assim à necessidade de produzir o máximo rendimento dos terminais, ante a carência de novos espaços para terminais de contêineres e em vista da crescente demanda de exportação. Eis, pois, que a hipótese se enquadra perfeitamente na cabeça do art. 25 da Lei n. 8.666, de 21.6.1993, que regula as licitações e contratos administrativos.

15. Ocorre, além disto, que no caso *sub consulta* ainda outra razão concorria decisivamente para elidir o genérico dever jurídico da licitação, conforme em seguida se aclara.

O arrendamento de área para exploração de atividade portuária constitui-se, como é notório em contrato administrativo. Ora bem, a Consulente é arrendatária de terminal portuário, situação jurídica estampada em contrato travado com a Companhia Docas do Estado de São Paulo.

O art. 58 da Lei n. 8.666 explicitamente indica a possibilidade de alteração do contrato para melhor satisfação do interesse público. O preceptivo em questão dispõe:

> O regime jurídico dos contratos administrativos instituído por esta Lei confere à Administração, em relação a eles, a prerrogativa de:
>
> I – modificá-los, unilateralmente, para melhor adequação às finalidades de interesse público, respeitados os direitos do contratado;
>
> II – rescindi-los, unilateralmente, nos casos especificados no inciso I do art. 79 desta Lei;
>
> III – fiscalizar-lhes a execução;
>
> IV – aplicar sanções motivadas pela inexecução total ou parcial do ajuste;
>
> V – nos casos de serviços essenciais, ocupar provisoriamente bens móveis, imóveis, pessoal e serviços vinculados ao objeto do contrato, na hipótese da necessidade de acautelar apuração administrativa de faltas contratuais pelo contratado, bem como na hipótese de rescisão do contrato administrativo.

De seu turno, o art. 65 estatui:

> Art. 65. Os contratos regidos por esta Lei poderão ser alterados, com as devidas justificativas, nos seguintes casos:
>
> I – unilateralmente pela Administração:
>
> a) quando houver modificação do projeto ou das especificações, para melhor adequação técnica aos seus objetivos;
>
> b) quando necessária a modificação do valor contratual em decorrência de acréscimo ou diminuição quantitativa de seu objeto, nos limites permitidos por esta Lei;
>
> (...).

O parágrafo 1º deste preceptivo estatui que:

> O contratado fica obrigado a aceitar, nas mesmas condições contratuais, os acréscimos ou supressões que se fizerem nas obras, serviços ou compras, até 25% (vinte e cinco por cento) do valor inicial atualizado do contrato, e, no caso particular de reforma de edifício ou de equipamento, até o limite de 50% (cinqüenta por cento) para os seus acréscimos.

16. É certo, pois, a teor do art. 58, que a Administração dispõe do poder de promover adaptações necessárias à satisfação do interesse público e que, segundo literalmente estabelece o parágrafo único do art. 65, o contratado fica até mesmo obrigado, no limite de 25%, a aceitar acréscimos ou supressões nas "obras, serviços ou compras" e 50% quando se trate de "reforma de edifício ou equipamento".

Qual a razão dos preceptivos mencionados? É óbvio que só pode ser uma: a compreensão de que, no relacionamento contratual entre o particular e o Poder Público, por estarem em jogo interesses pertinentes à coletividade, deve-se flexibilizar o disposto na avença para promover-se a melhor satisfação dos interesses públicos.

Não pode haver dúvida quanto a ser este o fundamento das disposições normativas em questão. Ou seja, a supremacia dos interesses públicos sobre os interesses privados há de governar o destino dos vínculos que se travem em vista da realização de atividades que dizem respeito às conveniências do todo social. É o peso desta ordem de interesses que libera o Poder Público para fazer certas exigências uma vez evidenciado que o uso de tais prerrogativas é adequado para satisfazer superiormente necessidades da coletividade.

17. Assim, parece-nos, que a circunstância do § 1º do art. 65 mencionar explicitamente "obras, serviços ou compras", bem como "reforma de edifício ou de equipamento", deixando de referir nomeadamente "ampliação de áreas arrendadas", não significa que dita possibilidade esteja excluída do âmbito de alterações contratuais admissíveis nos limites dos 25% mencionados, pois, como é normal, apenas foram referidas as hipóteses mais comuns. Com efeito, há de se entender, na conformidade da parêmia *ubi idem ratio ibi eadem legis dispositio*, que em um e outro caso são idênticas as razões que supeditariam tal variação contratual.

Deveras, Carlos Maximiliano, o príncipe de nossos mestres de exegese, averbou:

"Por mais opulenta que seja a língua e mais hábil quem a maneja, não é possível cristalizar numa fórmula perfeita tudo o que se deva enquadrar em determinada norma jurídica. (...) A relação lógica entre a expressão e o pensamento faz discernir se a lei contém algo de mais ou de menos que a letra parece exprimir; as circunstâncias extrínsecas revelam uma idéia fundamental mais ampla ou mais estreita e põem em realce o dever de estender ou restringir o alcance do preceito. Mais do que regras fixas influem no modo de aplicar uma norma, se ampla, se estritamente, o fim colimado, os valores jurídicos que lhe presidiram a elaboração e lhe condicionam a aplicação. (...) Nas palavras não está a lei e, sim, o arcabouço que envolve o espírito, o princípio nuclear, todo o conteúdo da norma. O legislador declara apenas um caso especial; porém a idéia básica dever ser aplicada na íntegra, em todas as hipóteses que na mesma cabem.

"O texto menciona o que é mais vulgar, constante; dá o âmago da idéia que o intérprete desdobra em aplicações múltiplas."[7]

Logo em seguida, colaciona a seguinte averbação de Juliano: "Nem as leis, nem os *senatus-consultos* podem ser escritos de modo que contemplem todos os casos suscetíveis de ocorrer em qualquer tempo; será bastante abrangerem os que sobrevêm com maior freqüência (*Digesto*, Liv. 1, Tít. 3, frag. 10)".[8]

Recorde-se uma vez mais, a observação precedentemente citada do alumiado jusfilósofo Recaséns Siches: "A norma legislativa se formula em termos gerais, porém quem a formula tem em mente um determinado tipo de casos, bem reais, dos quais teve experiência, ou tem mentalmente antecipados por sua imaginação, em relação aos quais pretende que se produza um determinado resultado, precisamente porque considera este resultado o mais justo".[9]

7. *Hermenêutica...*, cit., pp. 216-217.

8. Ob. cit., p. 217.

9. Luis Recaséns Siches, ob. cit., p. 659.

18. Às vezes, um caso que apareceria em primeiro súbito de vista como incluso no âmbito de uma norma em realidade não está por ela abrangido em despeito dos termos gerais em que foi formulada. A recíproca, à toda evidência, é igualmente verdadeira. O mesmo jurista o demonstra com um exemplo de grande força aliciante, ao defender, como critério interpretativo do Direito, a aplicação de sua "lógica do razoável". Ei-lo, nas palavras daquele reverenciado mestre:

"Na plataforma de embarque de uma estação ferroviária da Polônia havia um letreiro que transcrevia um artigo do regulamento ferroviário cujo texto rezava: 'É proibido passar à plataforma com cachorros'. Ocorreu certa vez que alguém ia penetrar na plataforma acompanhado de um urso. O funcionário que vigiava a porta lhe impediu o acesso. A pessoa que se fazia acompanhar do urso protestou dizendo que aquele artigo do regulamento somente proibia ingressar na plataforma com cachorros, não porém com outra espécie de animais; deste modo surgiu um conflito jurídico centrado em torno da interpretação daquele artigo do regulamento (...).

"Com as obras de Aristóteles, de Bacon, de Stuart Mill, de Sigwart, ou inclusive com as de Husserl em mãos, não se encontraria maneira de converter um urso em um cachorro, e teríamos que dar razão ao obstinado camponês que queria entrar na plataforma com o urso.

"Entretanto, não só o jurista, mas, inclusive qualquer leigo em matéria de Direito, porém dotado de senso comum, haveria de reputar como descabelada esta interpretação, ainda que ela seja incontrovertivelmente correta, a única absolutamente correta, do ponto de vista da lógica tradicional. Este caso, certamente tão simples, constitui um impressionante sintoma do fato de que, pelo visto, a lógica tradicional é inadequada, ao menos em parte, para iluminar-nos na interpretação do conteúdo dos preceitos jurídicos.

"A contemplação deste caso nos sugere irresistivelmente as veementíssimas suspeitas de que há problemas de interpretação jurídica para os quais a lógica tradicional não nos serve; antes, produz conseqüências disparatadas. Porque? Porque a lógica tradicional é meramente enunciativa do ser e do não ser, porém não contém pontos de vista de valor, nem apreciações sobre a correção dos fins, nem sobre a congruência entre meios e fins, nem sobre a eficácia dos meios em relação a um determinado fim" (ob. cit., pp. 645-646).

Em suma: posto que as razões informadoras do § 1º do art. 65 são as de propiciar ao Poder Público a possibilidade de dilargar o âmbito de obrigações contratuais da contraparte, ampliando o alcance de encargos da mesma natureza dos por ela assumidos, com o fito de melhor assegurar a realização do interesse consubstanciado no objetivo contratual, há de entender-se que o contrato de arrendamento comporta a mesma extensão nominadamente prevista para "obras, serviços ou compras".

19. Sem embargo, ainda que se pretendesse considerar que nos contratos administrativos em geral tal submissão do particular contratante não seria aceitável sem uma disposição incontendivelmente explícita da lei (sendo certo, entretanto, que no caso vertente as partes estão concordes) tal objeção, mesmo se procedente, não se susteria quando em causa a prestação de serviços públicos.

Ora, no caso *sub examine* está em pauta a prestação de serviços portuários, *que são serviços públicos* (a teor do art. 21, XII, *f*, da Constituição Federal). A Companhia Docas de Santos é, *in casu*, a concessionária deles, sendo a Consulente quem os executa nas áreas que lhes foram entregues em arrendamento. De resto, como é óbvio, a única razão de ser de tais arrendamentos é a operação dos serviços portuários a serem procedidos pelos arrendatários. *Por isto, em relação a eles, é impossível duvidar que operam os princípios regentes do serviço público, impositivos de encargos equivalentes aos exigíveis dos concessionários, mesmo que, erroneamente, se lhes negue a qualidade de subconcessionários*, já que, de todo modo, os serviços que operam são serviços públicos.

Como a concessão é um instituto concebido para promover, do melhor modo possível, a satisfação do interesse público, ao concedente se reconhece a disponibilidade de todos os meios necessários para adequá-la ao alcance deste propósito. O concedente não se despoja – nem poderia fazê-lo – dos poderes requeridos para impor a realização mais conveniente do interesse coletivo. Bem por isto, o Poder Público *pode determinar as alterações necessárias para propiciar maior rentabilidade e eficiência dos meios e recursos demandados para a boa prestação do serviço em proveito dos interesses públicos*. Se o concessionário, autorizado pela lei, como ocorre em relação aos serviços portuários (arts. 2º e 4º, I, da Lei n. 8.630, de 25.2.1993 – Lei dos Portos) credencia terceiros a operarem ditos serviços conservará os mesmos poderes (que, afinal, são verdadeiros deveres) de efetuar as alterações requeridas para a mais satisfatória prestação dos serviços.

Assim, é fora de dúvida que na concessão a autoridade pública pode exercitar as prerrogativas inerentes ao *jus variandi* contratual e de modo muito mais amplo e acentuado do que na generalidade dos contratos administrativos. A Lei n. 8.987, de 13 de fevereiro de 1995, que dispõe sobre o regime da concessão e prestação de serviços públicos, pressupõe a alteração unilateral da concessão, em seu art. 23, inciso V, e no art. 9º, § 4º, pois este se refere à concomitante restauração do equilíbrio econômico-financeiro *quando este for afetado em decorrência de tal alteração.*

20. Marçal Justen Filho em sua ampla e festejada monografia sobre concessões, adverte que a alterabilidade é um traço muito mais forte nas concessões do que nos demais contratos administrativos. Disse o mencionado jurista:

"Lembre-se que a mutabilidade do instituto do contrato administrativo foi reconhecida a propósito especificamente das concessões, antes de se cogitar do tema quanto a outras manifestações contratuais da atividade administrativa. A jurisprudência francesa configurou a questão ao julgar litígios que envolviam concessão de serviço público. Portanto, a mutabilidade relaciona-se direta e imediatamente com a concessão, antes do que com os demais contratos administrativos.

"Em segundo lugar, não seria exagero afirmar que a mutabilidade é uma circunstância anormal na vida dos contratos comuns, mas é da própria inerência da concessão (...).

"Esse vínculo inafastável entre a concessão de serviço público e a satisfação de necessidades coletivas essenciais conduz à necessidade de permanente adequação da atividade desenvolvida pelo concessionário à obtenção da melhor alternativa para realização dos interesses em jogo."[10]

De seu turno, a eminente Ministra do STF, profa. Cármen Lucia Antunes Rocha, em monografia sobre concessão e permissão em nosso Direito, anota que tal adaptabilidade do serviço público tem raiz constitucional. Com efeito, observou que dos princípios constitucionais positivados na Lei Magna do país decorrem os princípios constitucionais das concessões de serviço público, entre os quais arrolou o da "*adequação do serviço aos fins e interesses da sociedade (art. 175, parágrafo único, IV)*".[11] Ao tratar dele, teceu considerações que merecem transcrição:

"Considera-se princípio a adaptabilidade obrigatória e necessária do serviço público (e, portanto, da concessão e da permissão) aos fins e aos interesses da sociedade. Daí que a adequação do serviço público a tais objetivos e modos de sua prestação é fundamental àquelas mesmas figuras pelas quais são eles, eventualmente, prestados.

"Chamado, às vezes, de 'princípio da eficiência', o princípio da adequação ou da adequação à qualidade do serviço público torna-o talhado harmoniosamente, em sua prestação, aos fins específicos a que ela se presta. Pelo princípio da adequação é que se tem um movimento e alterabilidade permanente da forma de prestação daquela atividade, até mesmo em sua forma de ser concebido e desenvolvido, de tal maneira que ela se molda, se remodela e se acomoda, permanentemente, ao quanto seja necessário à coletividade (...) o que se pactua como cláusula de serviço traz em sua própria natureza a qualidade própria dessa atividade: a da mudança que realize o interesse público objetivo a ser concretamente aperfeiçoado pela sua prestação.

"É nessa parte, aliás, que se tem ainda hoje às vezes denominada 'prerrogativa da Administração Pública', para modificar, unilateralmente, o ajuste firmado com o particular colaborador no sentido de mudar para adaptar o serviço em sua forma e condição de prestação ao reclamo da coletividade, de tal maneira que a sua oferta atenda à eficiência e atualidade."[12]

21. Eis, pois, que o contrato de arrendamento efetuado com a Consulente para fins de ampliar o âmbito de abrangência de anterior contrato, podia perfeitamente se realizar sem prévia licitação, pois razões teóricas atinentes a este instituto o justificavam de sobejo, tanto como a previsão do art. 25, *caput*, da Lei n. 8.666, de 21.6.1993. Embora nenhum outro supedâneo jurídico fosse necessário, o fato é que a preterição de licitação, no caso concreto, encontrava-se igualmente confortada pelo poder de alteração unilateral concernente tanto aos contratos administrativos, como estabelecido na mencionada lei, como especificamente nas concessões de serviço público, em que tal poder é exercitável com intensidade e amplitude ainda maior.

22. Isto tudo posto e considerado, às indagações da Consulta respondo:

1. A obrigatoriedade de licitação prévia a contratos administrativos, inclusive os de outorga de arrendamento de terminal portuário, não apresenta cunho absoluto, de modo a não comportar exceção. Nos termos expostos no Parecer, o princípio da obrigatoriedade da licitação, não constrange a autoridade administrativa a promover outorgas antieconômicas,

10. *Teoria Geral das Concessões de Serviço Público*, Dialética, 2003, pp. 75-76.

11. *Concessão e Permissão de Serviço Público no Direito Brasileiro*, Saraiva, 1996, p. 85.

12. Ob. cit., p. 112.

ofensivas ao princípio da eficiência, quando se possa reconhecer ausente um dos pressupostos do instituto da licitação;

2. Dadas as circunstâncias fáticas das limitações físicas do Porto de Santos, a crescente demanda do mercado para a ampliação das operações de contêineres e ainda o fato de o TECON-1 ser o único terminal vizinho da referida área e com capacidade operacional já instalada suficiente para lhe dar a maior produtividade, configura-se o atendimento ao interesse público na decisão adotada pela CODESP, objeto de análise no presente Parecer;

3. A figura da inexigibilidade de licitação, fundada no art. 25, *caput*, da Lei 8.666 de 21.6.1993, aplica-se perfeitamente ao caso *sub consulta* porquanto somente a Consulente dispõe de condições para promover a utilização mais eficiente e adequada para a área;

4. O arrendamento de terminal portuário comporta alterações supervenientes, sendo, pois, no caso concreto, lícita a ampliação da área da Consulente feita pela CODESP por via da incorporação da área adjacente com agregação dela ao contrato de arrendamento *x*;

5. A possibilidade de ampliação dos contratos administrativos em até 25% (vinte e cinco por cento), conforme previsto no § 1º do art. 65 da Lei n. 8.666/1993, também fornece fundamento de validade à decisão tomada pela CODESP ao aditar o contrato *x*;

6. A Lei n. 8.987/1995, em seu art. 23 e a própria índole da efetivação dos serviços portuários oferecem suporte de validade para decisão adotada pela CODESP de aditar o contrato *x* ampliando a área de arrendamento.

É o meu Parecer.

DESAPROPRIAÇÃO – IMISSÃO PROVISÓRIA NA POSSE – EXTENSÃO OU AMPLIAÇÃO DA DESAPROPRIAÇÃO

LÚCIA VALLE FIGUEIREDO

Professora Titular de Direito Administrativo da PUC/SP.
Desembargadora aposentada do Tribunal Regional Federal da 3ª Região.

I – Da desapropriação e da imissão provisória na posse do imóvel. II – O art. 20 do Decreto-lei n. 3.365/1941. III – Do direito de extensão ou da ampliação da desapropriação.

CONSULTA

A Empresa X, por intermédio de seus ilustres advogados, Trench., Rossi. e Watanabe. Advogados, doravante designada Consulente, relata-nos a ação de desapropriação n. 2007.063.008420-0, que tramita perante a 1ª Vara Cível da Comarca de ..., ajuizada para desapropriar parte da propriedade da Ré Y Empreendimentos e Participações, localizada em ..., em que esta opera uma indústria de frigorífico de abates de frango (Frigorífico Z). Visa a autora à instalação de Pequena Central Hidroelétrica para produção e comercialização de energia elétrica.

A área foi declarada de utilidade Pública pela ANEEL, Resolução Administrativa n. 984 e refere-se apenas à parte da propriedade da Ré, cerca de 13%. A autora instruiu o pedido com o laudo de avaliação da CONSEN Consultoria Patrimonial e Serviços de Engenharia Ltda., que atribuiu à área e às benfeitorias o valor de R$ 368.083,16.

Entretanto, o M. Juiz *a quo* determinou, antes da citação da Ré, a realização em 48 horas de laudo prévio para consubstanciar sua decisão inicial.

Nessa decisão, determinou a avaliação prévia de toda área, a fim de saber o valor da totalidade da área, o valor da área seccionada e, ainda se a execução do projeto poderia comprometer o funcionamento da indústria alimentícia. Deveria, também, o Sr. Perito delimitar qual a área necessária a ser abrangida pela expropriação e se seria possível o prosseguimento do negócio da Ré com a perda da área declarada como de utilidade pública.

A autora não interpôs recurso dessa decisão. O Perito elaborou o laudo prévio atendo-se apenas a estimar o valor total da área em R$ 5.460.000, 00 (cinco milhões e quatrocentos e sessenta mil reais). O M. Juiz, não obstante não haver sido cumprida sua decisão na íntegra, determinou o depósito prévio do valor total da propriedade.

Foi interposto agravo de instrumento pela autora, requerendo que fosse reconhecida a inexigibilidade do depósito prévio total para fins de imissão provisória. A decisão foi mantida e o agravo interposto foi improvido pela decisão do colegiado. O processo, atualmente, consoante informado, estaria na fase de interposição de recursos especial e extraordinário.

Além de deduzir inúmeros argumentos, que serão vistos no Parecer, formulou os seguintes quesitos.

Quesitos

1. Nos termos do disposto no art. 15, § 1º, do Decreto-lei n. 3.365/1941 e na Súmula 652 do Supremo Tribunal Federal é facultado ao magistrado condicionar a imissão liminar da autora X, na posse da área declarada de utilidade pública, ao depósito prévio de toda a propriedade, mesmo que a área objeto da declaração de utilidade pública seja bem menor (cerca de 13% da área)?

2. Está correta a decisão do Juízo, confirmada pelo Tribunal de Justiça do Rio de Janeiro, de determinar o depósito integral do valor do imóvel, para liberar a imissão provisória na posse pela X, sem que o Perito houvesse respondido as questões formuladas? O escopo do inciso XXIV do art. 5º da Constituição Federal, não está ligado à transferência da propriedade, que se dá a partir da prolação da sentença?

3. Consoante o disposto no art. 20 do Decreto-lei n. 3.365/1941, os eventuais efeitos reflexos decorrentes do ato expropriatório devem ser discutidos em ação própria ou é possível, no caso concreto, incluírem-se, desde logo, na própria ação expropriatória, a avaliação definitiva de todos os eventuais danos colaterais? Ou, esses danos deveriam ser discutidos nos termos do art. 20 da Lei de Desapropriações, ou seja, em outra ação?

3.1 Caso seja possível tal discussão nos autos da ação de desapropriação, pode o magistrado, *de ofício*, antes da contestação e pedido devidamente formalizado nos autos, ampliar o valor da indenização para contemplar eventuais prejuízos reflexos do ato expropriatório?

Expostos os quesitos, passamos a desenvolver o Parecer.

Parecer

I – Da desapropriação e da imissão provisória na posse do imóvel

1. Declarada a utilidade pública de um imóvel, o poder expropriante pode, se alegar urgência fundamentada, imitir-se provisoriamente na posse do imóvel, desde que deposite quantia correspondente a essa imissão provisória.

A desapropriação está vocacionada ao cumprimento das finalidades estatais. Na verdade, pode-se afirmar, no direito brasileiro, que o controle jurisdicional tem se confinado à existência de desvio de poder do ato expropriatório e do controle de preço dentro dos parâmetros legais.

A indenização deve ser justa e prévia à ***transferência da propriedade***. Assim tem se comportado a jurisprudência, como se poderá aferir de alguns acórdãos, que serão trazidos à colação.

A indenização total deverá preceder à transferência da propriedade. Enfatizamos: *deverá preceder*, consoante entendem a jurisprudência e a maioria da doutrina, à *transferência da propriedade*. Não à imissão provisória na posse.

A alegação de urgência traz implicações da mais alta relevância. Demais disso, a imissão provisória dar-se-á independentemente da citação do réu, nos termos do prescrito no § 1º do referido art. 15 do Decreto-lei n. 3.365/1941.

2. No procedimento administrativo de desapropriação deve, necessariamente, o Poder Público cumprir todos os trâmites necessários à consecução do ato administrativo de expropriar, para que se dê o despojamento compulsório da propriedade pelo Poder Público.

Destarte, necessária será primeiramente a declaração de utilidade, necessidade pública, ou interesse social, por meio de ato administrativo em que o Poder Público (União, Estados, Municípios e Distrito Federal) e o Legislativo submetam o bem à força expropriatória.

Na hipótese examinanda houve a declaração da utilidade pública com pedido da imissão provisória, modifica-se destarte o procedimento administrativo da desapropriação que, muita vez, transforma-se em processo judicial.

É preciso que fique bem claro: que na imissão provisória não há a transferência da propriedade, mas, apenas da posse. Por isso mesmo o depósito prévio não é total.

Celso Antônio Bandeira de Mello a respeito do tema averba:

"*X. A imissão provisória de posse*

"*34.* Imissão provisória de posse é a transferência da posse do bem objeto da expropriação para o expropriante, já no início da lide, concedida pelo juiz, se o Poder Público declarar urgência e depositar em juízo, em favor do proprietário, importância fixada segundo critério previsto em lei.

"(...).

"Diz-se provisória porque não é a posse que acompanha a propriedade. Esta, o expropriante só a obterá mediante o pagamento da justa indenização fixada pelo juiz de arbitramento em que se apure o verdadeiro e real valor do bem desapropriado.

"(...).

"*36.* A imissão provisória de posse nos imóveis não regidos pelo Decreto-lei 1.075 se faz pelo depósito do valor do imóvel fixado para efeitos fiscais, isto é, pelo depósito do valor atribuído ao imóvel para efeitos de cobranças do imposto predial ou territorial, conforme o caso.[1]

"(...).

"Na imissão provisória de posse *initio litis* há, efetivamente, uma transferência da posse do bem, que passa do proprietário ao poder expropriante, conquanto provisoriamente, por não ser a posse definitiva, isto é, aquela que acompanha a propriedade.

"Na prática, contudo, esta posse provisória vai se converter na posse definitiva que terá lugar quando do pagamento de indenização, salvo se o Poder Público desistir da desapropriação no curso da ação."[2]

1. TFR, *RDA* 58/228.

2. Celso Antônio Bandeira de Mello, *Curso de Direito Administrativo*, 26ª ed., Malheiros Editores, 2009, pp. 874-876.

De seu turno, o ilustre Professor José dos Santos Carvalho Filho[3] distingue a desapropriação da imissão provisória nos termos seguintes:

"A legislação sobre desapropriação admite a figura da *imissão provisória na posse*, ou seja, a situação jurídica em que o expropriante passa a ter a posse provisória do bem antes da finalização da ação expropriatória Na lei geral, a imissão provisória na posse está prevista no art. 15. Entretanto, o Decreto-lei n. 1.075, de 22.1.1970, contemplou a hipótese para as desapropriações de prédios residenciais urbanos, estabelecendo, inclusive rito especial.

"(...).

"Dois são os pressupostos que permitem ao expropriante a imissão provisória na posse. O primeiro é que seja declarada a urgência, e o segundo, que seja depositado valor de acordo com o que a lei estabelecer. Registre-se, por oportuno, que observados tais pressupostos, o expropriante tem direito subjetivo à imissão provisória, não podendo o juiz denegar o requerimento feito nesse sentido. Esse é o sentido que emana do art. 15 da lei expropriatória:

"'*Se o expropriante alegar urgência e depositar quantia arbitrada de conformidade com o art. 685 do Código de Processo Civil, o juiz mandará imiti-lo provisoriamente na posse dos bens.*'

"(...).

"Além da urgência, constitui também pressuposto da imissão provisória na posse o depósito arbitrado pelo juiz após instrução sumária processada inicialmente."

3. Embora a imissão provisória na posse não transmita a propriedade, alguns juízes determinam, a fim de que haja mais segurança no *quantum* a pagar provisoriamente, que seja feito, em prazo exíguo (normalmente de 48 horas), avaliação prévia do imóvel.

Claro está que a avaliação prévia não visa, de forma alguma, verificar qual o va-

3. José dos Santos Carvalho Filho, *Manual de Direito Administrativo*, 12ª ed., Lumen Juris, 2005.

lor final do imóvel, que será declarado pelo magistrado na sentença após a tramitação do processo, ou, então, se houver acordo, após a homologação de acordo.

Com a avaliação prévia, ainda na fase da imissão, deseja o magistrado, apenas, que seja paga quantia, pelo menos, aproximada da quantia final, do justo valor.

Vejamos a decisão inicial do Juízo, antes de conceder a imissão provisória na posse.

A decisão do M. Juiz *a quo*:

"Considerando a urgência que decorre dos processos expropriatórios em geral, mas levando em conta, de outra parte, que o expropriado faz jus à justa e prévia indenização em dinheiro, como estabelece a Constituição, pelo bem de cuja posse será despojado, entendo como razoável ordenar a avaliação prévia do imóvel de propriedade da ré.

"Nessa linha, mostra-se oportuna a preocupação da expropriada quando teve *seccionado* a área por ela titularizada, como se fosse possível ao expropriante ter autorizado seu ingresso na posse do bem, desprezando a área remanescente, praticamente fechando os olhos a toda *a área de extensão*, que ficaria sem nenhuma utilidade após a instalação do projeto da hidroelétrica. Tratando-se de indústria alimentícia, que trabalha no processamento de frangos abatidos para exportação, torna-se imprescindível que a expropriante tenha em conta o valor de toda a área para fim de obter sua imissão na posse do bem, pois do contrário o prejuízo será incalculável...

"Tem inteira pertinência, deste modo, a dúvida da desapropriada quanto a manutenção da sanitização e da limpeza fina do local, para combate antibacteriológico ditado por regras do Ministério da Saúde, do da Agricultura e por contratos firmados com clientes do exterior.

"*Sendo assim, DETERMINO a avaliação prévia de todo o imóvel da expropriada, nomeando para tanto como perito do juízo a pessoa Carlos Augusto de Almeida, que tem endereço conhecido pelo cartório* (grifos nossos).

"(...).

"Depois, ao perito para proceder à avaliação, em 48 horas, devendo o *expert indicar o valor da área em sua totalidade, o seu valor seccionado como pretende a expropriante*, esclarecendo ainda se *a execução do projeto hidroelétrico poderá comprometer o funcionamento da indústria alimentícia, delimitando qual é a área necessária que deve ser abrangida na expropriação, informando*, por fim, se é possível o *prosseguimento do negócio da requerida ao final, com a perda apenas da área declarada como de utilidade pública*. Intime-se."

Verifica-se que o magistrado determinou *a avaliação prévia de todo o imóvel da expropriada*.

3.1 Deveras, determinou o ilustre Magistrado ao Perito que, em 48 horas, indicasse o valor da área em sua totalidade e *seu valor seccionado*, como pretendia a expropriante. Ainda prescreveu fosse esclarecido se a execução do projeto poderia comprometer o funcionamento da indústria alimentícia ali instalada. E, também, se seria possível o prosseguimento do negócio da expropriada apesar da perda da área declarada como de utilidade pública.

A autora não interpôs agravo por entender que a decisão não a prejudicava. Todavia, a atitude posterior do Juízo, que concluiu estar bem cumprindo o inciso XXIV do art. 5º, foi a que a prejudicou.

4. Com efeito, embora S. Excelência houvesse tido toda cautela, até esse momento, para não prejudicar nem a expropriada e nem a atividade pública, que se buscava para o local, daí por diante deixou insustentável a situação da expropriante, que somente poderia se imitir provisoriamente na posse daquela área (13% da área total), se depositasse seu valor completo.

O interessante é observar que o D. Magistrado não se preocupou em não ter o Perito prestado os esclarecimentos, que haviam sido expressamente determinados.

Esse, realmente, foi o prejuízo. Sem esses esclarecimentos a ordem judicial foi no sentido de condicionar a imissão provisória à quantia total avaliada pelo Perito. O depósito determinado para imissão provisória na posse de área restrita foi de R$ 5.460.000,00 (cinco milhões e quatrocentos e sessenta mil reais).

Confirmada a decisão judicial de Primeira Instância monocraticamente pelo Desembargador Relator do recurso, foi interposto agravo, improvido pelo Órgão Colegial do Tribunal.

A fase atual, pelo menos ao que sabemos, é de interposição de recurso especial e extraordinário, que já teriam sido feitos.

5. Posto isso, abordemos, ainda mais uma vez, a questão da prévia e justa indenização à luz, já agora da dicção do art. 15, § 1º, do Decreto-lei n. 3.365/1941 e Súmula 652 do STF.

Com efeito, dispõe o art. 15, § 1º, da Lei:

> Art. 15. Se o expropriante alegar urgência e depositar quantia arbitrada de conformidade com o art. 685 do Código de Processo Civil, o juiz mandará imiti-lo provisoriamente na posse dos bens;
>
> § 1º. A imissão provisória poderá ser feita, independente da citação do réu, mediante o depósito:
>
> a) do preço oferecido, se êste fôr superior a 20 (vinte) vêzes o valor locativo, caso o imóvel esteja sujeito ao impôsto predial;
>
> b) da quantia correspondente a 20 (vinte) vêzes o valor locativo, estando o imóvel sujeito ao impôsto predial e sendo menor o preço oferecido;
>
> c) do valor cadastral do imóvel, para fins de lançamento do impôsto territorial, urbano ou rural, caso o referido valor tenha sido atualizado no ano fiscal imediatamente anterior;
>
> d) não tendo havido a atualização a que se refere o inciso *c*, o juiz fixará independente de avaliação, a importância do depósito, tendo em vista a época em que houver sido fixado originalmente o valor cadastral e a valorização ou desvalorização posterior do imóvel.
>
> § 2º. A alegação de urgência, que não poderá ser renovada, obrigará o expropriante a requerer a imissão provisória dentro do prazo improrrogável de 120 (cento e vinte) dias.
>
> § 3º. Excedido o prazo fixado no parágrafo anterior não será concedida a imissão provisória.

De seu turno, a Súmula 652 do Supremo Tribunal Federal foi assim formulada: "Não contraria a Constituição o art. 15, § 1º, do Decreto-lei 3.365/1941 (Lei da Desapropriação por Utilidade Pública)".

Não foi modificada, ainda, a convicção da nossa Suprema Corte que, até agora, continua decidindo na esteira do pensamento do Ministro Moreira Alves, tal seja fazendo total disceptação entre a imissão provisória e a imissão ao cabo da desapropriação. Isto é, quando a propriedade é transferida.

Vejam-se os seguintes acórdãos:

> *Ementa*: Recurso extraordinário. Constitucional. Desapropriação. Imissão provisória na posse. Exigência do pagamento prévio e integral da indenização. Impossibilidade. Constitucionalidade do art. 15 e parágrafos do Decreto-lei n. 3.365/1941. Precedente.
>
> 1. O Plenário desta Corte declarou a constitucionalidade do art. 15 e parágrafos do Decreto-lei n. 3.365/1941 e afastou a exigência do pagamento prévio e integral da indenização, para ser deferida a imissão provisória na posse do bem expropriado.
>
> 2. Recurso Extraordinário conhecido e provido (STF, RE n. 216.964-8-SP, Rel. Ministro Maurício Corrêa, j. 10.11.1997, *DJ* 4.12.1997).
>
> *Ementa*: Recurso extraordinário. Desapropriação. Imissão prévia na posse. 2. Discute-se a imissão provisória na posse do imóvel expropriado, *initio litis*, fica sujeita ao depósito integral do valor estabelecido em laudo do perito avaliador, se impugnada a oferta pelo expropriado, ou se, por força dos parágrafos do art. 15 do Decreto-lei n. 3.365/1941 e do art. 3º do Decreto-lei n. 1.075/1970, é possível, aos efeitos indicados, o depósito pelo expropriante da metade do valor arbitrado. 3. O depósito prévio não importa o pagamento definitivo e justo conforme art. 5º, XXIV, da Constituição. (...). 4. A imissão provisória na posse pressupõe a urgência do ato administrativo em apreço. 5. *Inexistência*

de incompatibilidade do art. 3º do Decreto-lei n. 1.075/1970 e do art. 15 e seus parágrafos. Decreto-lei n. 3.365/1941, com os dispositivos constitucionais aludidos (incisos XXII, XXIII e XXIV do art. 5º e 182, § 3º, da Constituição). 5. Recurso extraordinário conhecido e provido (grifamos) (STF, RE n. 184.069-2-SP, j. 5.2.2002, *DJ* 27.2.2002).

Clóvis Beznos, em tese de doutoramento, afirmou: "Desse modo, a jurisprudência atual das Cortes Superiores sustentando a distinção entre posse e propriedade, afirma o preceito da justa e prévia indenização somente se aplica para a perda da propriedade e não para retirada da posse, prevista pela Constituição Federal, como pressuposto da desapropriação".[4]

6. Nenhum dos autores consultados fala em indenização da área total, caso não haja, sem sombra de dúvida, nenhum aproveitamento da área sobejante (o que é dificílimo de ter ocorrido no caso concreto em que a expropriação foi de 13% apenas da área total). De qualquer forma, não se determinará uma indenização desse porte, sem a resposta àquelas questões colocadas por S. Excelência, o Magistrado, tais sejam: o valor da área seccionada, se a execução do projeto hidroelétrica comprometeria o funcionamento da indústria alimentícia, qual a área necessária a ser abrangida na expropriação e a viabilidade da continuação do negócio.

Consoante a complexidade da matéria, verifica-se que somente em laudo completo, e não em simples laudo prévio, poder-se-ia fazer tal exame.

Por isso mesmo, se a situação não parece evidente – e não é – do aniquilamento da propriedade, desde logo, não se poderá falar em indenização total.

Vejam-se a esse respeito decisões do Superior Tribunal de Justiça:

Administrativo. Desapropriação. Direito de extensão. Decreto n. 4.956/1903. Matéria fático-probatória. Súmula 07/STJ.

1. O direito de extensão ocorre quando o Poder Público invade parte de imóvel (desapropriação indireta), deixando a área remanescente de exercer qualquer atrativo em termos imobiliários, hipótese em que o expropriante deverá indenizar a totalidade do bem.

2. Os critérios de aferimento do Direito de Extensão previsto no Decreto 4.956/1903 estão adstritos às instâncias ordinárias, ante a necessária análise do conjunto fático-probatório, atraindo a incidência da Súmula 07/STJ.

3. Recurso especial não conhecido (STJ, REsp n. 617.503-RS, Rel. Ministro Luiz Fux, j. 27.4.200, *DJ* 14.6.2004).

Processual civil. Administrativo. Desapropriação direta. Utilidade pública. Violação do art. 353 do CPC. Não-ocorrência. Área remanescente. Esvaziamento do conteúdo econômico. Direito de extensão. Possibilidade de exercício nos próprios autos da expropriatória. Alegada impossibilidade de condenação ao pagamento de lucros cessantes cumulados com juros compensatórios. Matéria de prova. Súmula 7/STJ.

(...).

3. O expropriado, na hipótese de desapropriação parcial do bem, seguida do esvaziamento do conteúdo econômico da área remanescente, poderá exigir, na própria demanda expropriatória, que a indenização alcance a totalidade do bem (STJ, REsp n. 882.135-SC, j. 17.4.2007, *DJ* 17.5.2007).

II – O art. 20 do Decreto-lei n. 3.365/1941

7. É necessário que examinemos o art. 20 do Decreto-lei 3.365/1941, pois foi alvo de um dos quesitos.

Eis seu teor: "Art. 20. A contestação só poderá versar sobre vício do processo judicial ou impugnação do preço; qualquer outra questão deverá ser decidida por ação direta".

4. Clóvis Beznos, *Aspectos Jurídicos da Indenização na Desapropriação*, Belo Horizonte, Fórum, 2006, p. 45. Todavia, como doutrinador, deixa claro que é mister verificar se a posse foi ou não definitivamente retirada, pois, se assim fosse, a indenização deveria se dar.

Na verdade, o que pretende o artigo é que se limite a discussão sobre os vícios quer do ato administrativo da declaração de utilidade pública quer referente ao preço ofertado, ou seja, o valor do imóvel. Não se poderá discutir, por exemplo, problemas de domínio, de posse, etc. Discussões desse tipo deverão acontecer em processo próprio. Enfim, questões relativas ao valor total do imóvel são discutidas no processo da desapropriação, mas não, evidentemente, na imissão provisória na posse cuja finalidade é fazer com que, desde aquele momento, possa o expropriado ter compensação.

Deveras, não se percutem, pois, questões além do preço, todavia, é claro ser possível a discussão sobre o fundo do comércio (não é a presente hipótese examinanda). É pertinente saber se há ou não possibilidade de a atividade comercial desenvolvida continuar ou não, ainda que venha a ser com algum prejuízo que, normalmente, integrará o valor da indenização. Tudo isto será objeto do valor, do preço a ser pago.

7.1 Por isso mesmo, não poderemos examinar o art. 20 do Decreto-lei 3.365/1941 sem também analisarmos o art. 9º que consagra a competência judicial de controle.[5]

Mas, deve-se remarcar competência controladora do processo expropriatório, evidentemente, não dá ao magistrado, por mais preocupado que esteja em fazer justiça, por mais bem intencionado que esteja, inverter as fases processuais.

Como já dissemos, cabia-lhe, sim, determinar a confecção do laudo prévio. Porém, não, determinar, desde logo, sem que o Perito cumprisse todas as suas determinações, imprescindíveis mesmo para se aferir o valor do depósito, que se fizesse o depósito prévio do valor de todo imóvel, ignorando-se a possibilidade de aproveitamento futuro, as conseqüências da desapropriação, etc.

5. "Art. 9º. Ao Poder Judiciário é vedado, no processo de desapropriação, decidir se se verificam ou não os casos de utilidade pública."

III – Do direito de extensão ou da ampliação da desapropriação

8. Conforme tudo que já foi dito com ênfase, inclusive a respeito da inclusão de área maior que somente se fará assim no curso do processo expropriatório – e não na imissão provisória –, se for o caso, e, além disso, com a verificação daquelas conseqüências arroladas, nessa situação, poderia a expropriada postular que a desapropriação fosse total porque o remanescente se tornaria inútil.

Nesse sentido examine-se o acórdão reproduzido:

> Processual civil e administrativo. Art. 535 do CPC. Desapropriação. Rodoanel. Juros moratórios. Acórdão recorrido. Fundamento constitucional. Direito de extensão. Contestação. Possibilidade. Arts. 128 e 460 do CPC. Julgamento *ultra petita*.
>
> (...).
>
> 3. Direito de extensão é o que assiste ao proprietário de exigir que se inclua no plano de desapropriação a parte remanescente do bem, que se tornou inútil ou de difícil utilização.
>
> 4. "(...) o pedido de extensão é formulado na via administrativa, quando há a perspectiva de acordo, ou na via judicial, neste caso por ocasião da contestação. O réu, impugnando o valor ofertado pelo expropriante, apresenta outra avaliação do bem, considerando a sua integralidade, e não a sua parcialidade, como pretendia o autor. O juiz, se reconhecer presentes os elementos do direito, fixará a indenização correspondente à integralidade do bem. Resulta daí que é o bem, da mesma forma em sua integralidade, que se transferirá ao patrimônio do expropriante" (José dos Santos Carvalho Filho, *Manual de Direito Administrativo*, 11ª ed., Rio de Janeiro, Lumen Juris, 2004, p. 723). (...) (STJ, REsp n. 816.535-SP, j. 6.2.2007, *DJ* 16.2.2007).

É claro que tal afirmação dependia de ter como suporte laudo pericial bem fundamentado, bem elaborado, respondidos todos os quesitos do magistrado e os quesitos elaborados pelas partes e aceitos pelo juízo.

Mas, nada disso ocorreu. Estávamos, apenas, *tão-somente na imissão provisória em que a determinação judicial não foi cumprida* e que, não obstante o douto juiz *a quo* entendeu por bem que somente se daria a imissão depois do depósito integral.

8.1 Se for verdade que nossa Constituição cuidou, e bem, dos direitos individuais, não descurou, todavia, dos direitos coletivos. O Título II da Constituição, que se refere aos Direitos e Garantias Fundamentais em seu Capítulo cujo Título I *Dos Direitos* e deveres *individuais e coletivos* as finalidades públicas a serem cumpridas.

Enfatize-se até que esta Constituição de 1988 não é, de forma alguma, uma declaração de direitos voltada somente para o bem individual. Verifica-se, por vários instrumentos novos criados, a preocupação com o direito de todos e cada um, isto é, os direitos coletivos e difusos.

9. Não quero com isso dizer, e não quero que assim se pense, que o Estado pode tudo em detrimento do particular. O que estou pretendendo demonstrar é que o Estado tem que, ao lado do direito individual, atentar aos interesses de toda coletividade.

A construção de uma hidroelétrica certamente não é um indiferente jurídico. Não se pode obstar a construção ou protraí-la, afim de que se resolvam primeiro todos os problemas concernentes ao valor final do imóvel.

Portanto, espero que fique claro o que pretendi dizer. Não nego a possibilidade de vir, em casos outros, se, quando e como as circunstâncias a isso obriguem, o direito de extensão, chame-se-o como se quiser chamá-lo.

Se a desapropriação deixou de ser instrumento (felizmente doutrina e jurisprudência isso conseguiram), às vezes até mesmo de opressão do Estado, não se transformou, todavia, em instrumento impossibilitador da satisfação do direito coletivo da utilidade pública. As necessidades de obras podem e devem ser atendidas sem que haja prejuízos maiores para os que, compulsoriamente, vão ser privados de suas propriedades.

Feitas essas considerações, passamos às respostas objetivas dos quesitos.

Respostas aos quesitos

1. A resposta é negativa. Nos termos do art. 15, § 1º, do Decreto-lei n. 3.365/1941 e da Súmula 652 não é facultado ao magistrado para, a imissão provisória da expropriante, determinar o depósito relativo à área total do imóvel.

Além disso, sequer o magistrado teria todos os elementos, pois o justo preço deve ser da área expropriada e resolvido a final. É dizer: depois do laudo definitivo e dos esclarecimentos que se fizerem necessários.

No item I deste Parecer tratamos de apartar a imissão provisória da propriedade da desapropriação propriamente dita, momento final em que a propriedade é transferida para expropriante, *depois de pago a justa indenização*, conforme determina a Constituição.

2. Se o perito não houver, em laudo definitivo (que poderá ser acompanhado pelos peritos das partes) respondido e dirimido todas as questões, não deverá ser determinado o depósito integral do valor do imóvel. Até por que não se saberá exatamente qual é esse valor.

No item 6 do Tópico I o assunto foi tratado. Concluímos: "Consoante a complexidade da matéria, verifica-se que somente em laudo completo, e não em simples laudo prévio, poder-se-ia fazer tal exame (estava a me referir à situação posterior da área após a implantação do projeto). Por isso mesmo, se a situação não parece evidente – e não é – do aniquilamento da propriedade, desde logo, não se poderá falar em indenização total".

Citamos, inclusive, várias decisões jurisprudenciais.

3. No item II deste Parecer cuidamos especificamente do art. 20 do Decreto-lei 3.365/1941.

E, na verdade, consoante os termos do artigo se infere que a discussão na ação expropriatória deverá se confinar à discussão da validade do decreto expropriatório, às questões referentes ao preço e, eventualmente, à possibilidade de extensão.

Não se discutirão questões outras, ainda que possam estar, de certa forma, ligadas. E demos o exemplo de problemas referentes ao domínio, à posse, etc.

O art. 9º da do Decreto-lei 3.365/1941 somente poderá ser entendido corretamente levando-se em conta também o art. 20 do mesmo Decreto-lei.

É o parecer.

São Paulo, 2 de abril de 2008.

APOSSAMENTO ADMINISTRATIVO – SENTENÇA TRANSITADA EM JULGADO – EXECUÇÃO COM PAGAMENTO DE PRECATÓRIOS – ATUAÇÃO DO MINISTÉRIO PÚBLICO E DA FAZENDA PÚBLICA VISANDO ANULAÇÃO DAS PERÍCIAS EFETUADAS – RELATIVIZAÇÃO DA COISA JULGADA – HIERARQUIA E COMPATIBILIZAÇÃO DE PRINCÍPIOS CONSTITUCIONAIS – SUPREMACIA DO PRINCÍPIO DA SEGURANÇA JURÍDICA

ADILSON ABREU DALLARI

Professor Titular de Direito Administrativo da PUC/SP.

CONSULTA

Por intermédio de seus ilustres advogados, o espólio de Haroldo Lauro Lippe, em face da existência de litígio sobre valores de bens expropriados indiretamente pelo Estado de São Paulo, contestados agora na fase de pagamento dos precatórios, comparece a este escritório para solicitar Parecer sobre a questão da chamada "*relativização da coisa julgada*" e de ser ela aplicável no caso.

Honra-nos a Consulta visto tratar-se de questão atualíssima e que tem motivado calorosas discussões entre os mais eminentes processualistas do país, campo esse – o do Direito Processual – que será passado ao largo neste estudo, preferindo nos concentrar na investigação do caráter constitucional que o tema encerra.

Para isso, seja permitido apresentar, a título de introdução, a minuciosa Consulta formulada, para, após, ser dado prosseguimento ao estudo segundo a ótica constitucional da matéria.

UM BREVÍSSIMO HISTÓRICO

I – Há várias décadas Haroldo Lauro Lippe adquiriu algumas glebas na Ilha do Cardoso, com frentes para o mar, para investimentos futuros.

Numa das glebas, denominada Marujá, foi aprovado um projeto de loteamento, com a venda de vários lotes.

Em 1962, porém, sobreveio o Decreto Estadual n. 40.319, de 4 de julho de 1962, transformando aquela ilha em "Parque Estadual da Ilha do Cardoso", com restrições tais que importavam no total esvaziamento de qualquer valor econômico dos domínios (devidamente titulados em Transcrições no R.I.).

II – Por isso, em junho de 1982, Haroldo Lauro Lippe, com patrocínio dos advogados Eduardo Carvalho Tess, Luiz Olavo Baptista, Marcia Serra Negra e Tito Hesketh, ingressou com ações (uma para cada gleba) de apossamento administrativo contra a Fazenda do Estado (Comarca de Jacupiranga-SP, Processos 334/82, 335/82, 337/82, 339/82 e 340/82).

Os processos foram contestados pela Fazenda Pública, com todos os argumentos possíveis: prescrição; deficiente identificação dos imóveis, nas transcrições; inexistência de desapropriação indireta porque se trataria de meras "restrições administrativas", o que afastaria qualquer direito a indenizações etc.

Perícias – perito judicial + assistentes das partes – foram realizadas ainda na década de 1980.

Os processos passaram por todas as instâncias e graus de jurisdição: sentenças de 1ª Instância, Acórdãos do Tribunal de Justiça de São Paulo (apelações, embargos declaratórios), Acórdãos do STJ (Recursos Especiais), sendo que não foram conhecidos Recursos Extraordinários então interpostos.

Por fim, trânsitos em julgado e cálculos de liquidação.

Precatórios, na década de 1990, expedidos pela E. Presidência do Tribunal de Justiça de São Paulo, cujas 10 prestações começaram a ser pagas somente a partir de 2001.

Depositadas, pois, de dezembro de 2001 a dezembro de 2007, sete parcelas, das quais não foram levantadas as duas últimas (2006 e 2007), em virtude de tumultos processuais originados do ingresso inesperado do Ministério Público Estadual, nos processos, e de alegações da Fazenda do Estado oriundas daquela intervenção do MP.

III – Em 1.6.2007, o Dr. Promotor de Justiça de Jacupiranga ingressa com requerimentos nos autos.

Em síntese, alegava que foi instaurado o Inquérito Civil n. 52/2002, "a fim de apurar eventuais irregularidades no laudo pericial elaborado pelo perito nomeado nesta ação de desapropriação indireta"; que, a pedido dela, Promotoria, foi realizada pelo IPT – Instituto de Pesquisas Tecnológicas "uma perícia na área", apurando-se "diversas irregularidades", dentre as quais "destaca-se a verificação de sobreposição das áreas discutidas nos feitos 334/82, 335/82, 337/82, 339/82 e 340/82, deficiência nas transcrições dos referidos imóveis e incoerência na cadeia dominial".

E concluía: "Assim, antes de me manifestar acerca do pedido de levantamento, requeiro a intimação da Fazenda do Estado de São Paulo para que tome ciência e se manifeste acerca do laudo ora juntado, esclarecendo eventuais medidas que estão sendo tomadas para a defesa do patrimônio público".

Daí para frente, houve a retirada dos processos, para extração de cópias pelo MP, e uma sucessão de vistas, para este e para a Fazenda.

E o tempo passava (decorridos 26 anos da propositura das ações), e os exeqüentes, em pleno cumprimento dos Precatórios, impedidos de levantar a 6ª e a 7ª parcelas.

IV – Por fim, nos últimos meses começaram a aparecer as primeiras "medidas" concretas da Fazenda Pública, com o assentimento passivo do Dr. Promotor de Justiça.

IV.1 Novas perícias, nos processos executórios – Primeiro, a Fazenda requereu, por simples petição:

- realização de *novas perícias*, nos próprios autos das execuções;
- suspensão dos levantamentos dos depósitos.

Para justificar a necessidade da tal "nova perícia", embasou-se no trabalho do IPT, trazido aos autos pelo MP e que estaria a mostrar erros e imprecisões nos laudos periciais de 20 anos atrás, laudos que, em suma, teriam sido "tendenciosos" (*sic*).

Para fundamentar juridicamente tal pretensão, invocou a doutrina conhecida como "relativização da coisa julgada", segundo a qual – basicamente – uma sentença com erros ou injustiças e que contrarie princípios maiores da Constituição, inclusive os de moralidade e de razoabilidade, em verdade é *sentença inexistente*, e o que é inexistente não faz coisa julgada; em outras palavras, a intocabilidade da coisa julgada, embora prevista na Constituição, não prevalece se em conflito com outros princípios superiores, ínsitos na própria Carta Magna.

Em síntese, independentemente da coisa julgada formal e material, e já escoado o prazo para ações rescisórias, podem ser atacadas por ações que, em tal doutrina, recebem vários conceitos: declaratórias de inexistência, de nulidade, com o apelido, importado do Direito romano, de *querela nullitatis*.

Ademais, a Fazenda juntou, em apoio de seu pedido, cópia de um Acórdão do STJ, da lavra da Ministra Denise Arruda, que, num outro processo de terceiros, acolheu, exatamente para aquele fim, a tese da "relativização" da coisa julgada: autorizou a realização de nova perícia nos próprios autos da execução, segundo se dessume do relatório daquele aresto (REsp n. 622.405-SP, j. 14.8.2007).

O MM. Juiz de Jacupiranga, recentemente, proferiu brilhantes decisões, muito bem fundamentadas, rechaçando aqueles pedidos de novas perícias no curso das execuções. E a Fazenda do Estado têm interposto os respectivos Agravos de Instrumento, ainda não apreciados pelo TJ.

IV.2 As ações de nulidade – Mas, não obstante aqueles pedidos de "novas perícias" dentro das execuções, houve por bem a Fazenda do Estado, agora, propor, para cada uma daquelas ações indenizatórias por apossamento administrativo, ou desapropriação indireta – cinco ações "declaratória de nulidade de ato jurídico cumulada com repetição de indébito", perante o próprio Juízo de Direito da Jacupiranga, com invocação da referida doutrina, para que, em suma, sejam declaradas as inexistências ou as nulidades das sentenças e, conseqüentemente, sejam os autores condenados à repetição do indébito de todos os valores; subsidiariamente *sejam declaradas a inexistência ou nulidade das sentenças por conta da inconstitucionalidade intrínseca ao seu mandamento sentencial* com base nas perícias que requer sejam levadas a efeito nas novas instruções.

Trouxe a Fazenda, nessas petições iniciais, uma novidade de argumentação.

Tem-se alegado, naquela doutrina, que, muito embora seja um preceito constitucional, a coisa julgada, não pode prevalecer, como dogma absoluto, se em conflito com outros "princípios maiores".

E o que vem agora dizer a Fazenda do Estado, em suas petições iniciais das *querelae nullitatis*?

Que o art. 5º, XXXVI, da Constituição ("A lei não prejudicará o direito adquirido, o ato jurídico e a coisa julgada") não é *nada mais* que uma "regra de irretroatividade", tanto quanto prevista no art. 6º da Lei de Introdução ao Código Civil: do preceito do referido art. 5º, XXXVI, não decorreria, pois, ser a coisa julgada um "princípio constitucional".

A coisa julgada, na verdade – é o que se entende do que diz a Fazenda do Estado –, seria mera regra de "direito processual", que não pode prevalecer contra os verdadeiros postulados constitucionais.

V – Este é o panorama dos casos envolvendo os Processos ns. 334/82, 335/82, 337/82, 339/82 e 340/82, de Jacupiranga-SP, em que são exeqüentes o Espólio de Haroldo Lauro Lippe e a viúva Eunice Silva Lippe (no Processo 337/82, a autora da ação é a empresa São Paulo Sul de Administração Ltda.).

E para o Parecer – que solicitamos a V. Exa. – vimos submeter-lhe os seguintes *pontos a serem abordados*, além de outros, evidentemente, que V. Exa. considere importantes e pertinentes.

Não são nossas colocações definitivas, mas uma primeira e básica abordagem, sujeitas, se V. Exa. permitir, a acréscimos e/ou desdobramentos, ou eventuais aperfeiçoamentos.

Os pontos, ou quesitos, seriam os seguintes:

1. A coisa julgada é um princípio constitucional, expresso ou ínsito no inc. XXXVI do art. 5º da Constituição Federal como "direito e garantia" (denominação do Título II – "Dos Direitos e Garantias Fundamentais" + *caput* do art. 5º)?

1.1 Seria, portanto, nos termos do art. 60, § 4º, inc. IV, da Carta, o que se convencionou chamar "cláusula pétrea"?

2. Ou é a *res judicata* regra infraconstitucional, "de direito processual", e, assim, aquele inc. XXXVI do art. 5º da CF teria de ser visto apenas como mera "regra de irretroatividade da lei"?

3. Nesse quadro, é defensável a doutrina, que muitos juristas estão a estudar da *relativização da coisa julgada*, no sentido de que esta pode ser desconsiderada para que se ataque a decisão mesma, como nula, ou inexistente, sob o pretexto de erro ou injustiça, ou inconformidade ou conflito grave com altos princípios constitucionais?

4. Ademais, se fossem pinçar princípios constitucionais para confrontá-los, supostamente como "superiores", com o da *res judicata*, não seria invocável, acima de todos, o da *segurança jurídica*, que está, às expressas, cinzelado no *caput* do art. 5º?

4.1 A propósito, é cabível entender-se que, no art. 5º da CF, o conceito e dogma são de que todos os "direitos e garantias fundamentais", elencados nos diversos *incisos*, são "os termos" (*sic*) estabelecidos exatamente para condicionarem e possibilitarem as *garantias-síntese* que estão no *caput*, inclusive o da *segurança*?

> Art. 5º. Todos são iguais perante a lei, sem distinção de qualquer natureza, *garantindo-se* aos brasileiros e aos estrangeiros residentes no País a *inviolabilidade* do direito à vida, *(do direito)* à liberdade, *(do direito)* à igualdade, *(do direito) à segurança* e *(do direito)* à propriedade, *nos termos seguintes*:
>
> (seguem-se os incisos de I a LXXVII).

5. Se defensável for, por alguma razão, a *doutrina* da "relativização da coisa julgada":

5.1 Quais os possíveis *contornos* e *peculiaridades* de sua aplicação?

5.2 Haveria *limites*, para que ela pudesse ser invocada e admitida?

5.3 Seria possível à jurisprudência admitir uma ação com aquele desiderato, sem que haja qualquer previsão, para a medida, na lei processual ou na própria Constituição?

5.4 A Constituição, por exemplo, instituiu determinadas ações judiciais, para fins específicos – mandado de segurança, *habeas corpus*, *habeas data*, mandados de injunção, ações diretas de constitucionalidade ou inconstitucionalidade etc. –, todas, em última análise, para a efetividade dos próprios princípios dela, Constituição, alguns, com a marca de "direitos e garantias individuais".

a) Seria então possível cogitar-se de que, para se atacar a coisa julgada – não como impugnação incidental num processo qualquer, dentro da amplitude do direito de defesa, mas, sim, *diretamente*, buscando-se a sua desconsideração e a nulidade ou declaração de inexistência do próprio ato do julgamento –, para se atacar desse modo a *coisa julgada* seria possível uma ação de tanta gravidade, sem previsão na lei, nem muito menos na Constituição?

b) Não seria sintomático que a Constituição, de um lado, tendo colocado *a coisa julgada como inciso do art. 5º*, e, de outro, apenas tenha se referido a ações rescisórias – *exclusivamente a ações rescisórias* (art. 102, n. I, *j*; art. 105, n. I, *e*; art. 108, I, *b*; ADCT art. 27, § 10) – como formas de ataque para sua desconstituição?

5.5 Sempre na hipótese de aceitabilidade da *doutrina* de relativização da coisa julgada:

– a imaginada ação denominada *querela nullitatis* poderia ser proposta perante o Juízo prolator da sentença de primeira instância, se esta tiver sido objeto de recursos ordinários de apelação e embargos infringentes, e posteriores recursos extraordinários (STJ e STF), instâncias que proferiram os julgamentos finais?

6. Os casos concretos – No caso presente, das ações de desapropriação do Espólio de Haroldo Lauro Lippe e viúva Eunice Silva Lippe, viu-se no "Histórico" acima que a Fazenda do Estado passou a tentar medidas judiciais de duas ordens, todas sob a invocação daquela doutrina e em nome da defesa do Erário Público:

• pedidos incidentais, nas execuções em curso, de novas perícias;

• propositura de ações de nulidade.

Indaga-se, pois, a V. Sa.:

6.1 Ainda que pudesse ser defensável a doutrina da relativização da coisa julgada, a realização de nova perícia, já no processo de execução (encerrada e preclusa a fase de cognição), seria possível e factível, conforme a legislação processual?

Ou, ao contrário, em face das sucessivas preclusões já operadas nas fases anteriores, estaria, a hipotética nova perícia, a violentar o *due process of law*, garantido às partes pela Constituição?

6.2 Os cinco processos correram os seus trâmites de forma regular, vencendo-se as fases e etapas, cada uma delas coberta pela respectiva preclusão: perícias nos anos 1980; julgados em primeira instância, em segunda instância e no Superior Tribunal de Justiça, operando-se a final a coisa julgada formal e material, e precatórios expedidos nos anos 1990, começando a serem pagas suas parcelas, anualmente, a partir de 2001.

Aliás, Fazenda do Estado, em suas iniciais, nada alega contra a regularidade formal dos processos, nem contra a regularidade da sentença e dos diversos Acórdãos (TJ e STJ). Limita-se a alegar a inaceitabilidade dos Laudos Periciais (da década de 1980), porque, contendo erros apontados por um recente trabalho do IPT, encomendado pelo Ministério Público, redundou numa injustiça em prejuízo para o Erário Público.

Em tais condições – e independentemente de haver ou não algum erro nos laudos periciais produzidos nas fases de conhecimento, já superadas –, haveria *possibilidade jurídica* para uma ação que visa a desconsideração da *res judicata* e ataque ao mérito dos julgados, no sentido de serem anulados?

Parecer

I – Considerações iniciais

Pode-se verificar da minuciosa descrição dos fatos oferecidos na Consulta que o trâmite das ações judiciais referidas no caso seguiu seu curso de forma absolutamente normal, sem ocorrências de qualquer espécie que maculassem de nulidade as sentenças de mérito de procedência dos pedidos. Mesmo após, em sede de liquidação dos julgados, onde, em tese, o contraditório fica mais restringido, pois cingido ao rol de matérias que podem ser objeto de contestação nessa fase, constantes do art. 741 do CPC, mesmo aí a atuação da Fazenda Pública Estadual foi plena, utilizando-se de todos os meios de impugnação cabíveis nessa fase do processo.

São 5 (cinco) ações que tiveram seguimento absolutamente normal, sem nenhuma irregularidade, com plena possibilidade de apresentação de todos os tipos de prova, nas quais foram elaborados diferentes laudos, com total participação dos assistentes técnicos e sob vigilância dos advogados das partes e do Juiz e revisão pelos Tribunais.

Estas questões de fato precisam ser objeto de um exame focado em determinados aspectos, sobre os quais serão feitos algumas análises e retiradas algumas inferências, em função das conseqüências jurídicas que deles serão retiradas mais adiante.

Algumas variantes hipotéticas da situação narrada, conquanto efetivamente hipotéticas, permitem clarear o raciocínio para melhor intelecção da questão.

A primeira diz respeito à natureza das irregularidades apontadas nos laudos periciais pelo Ministério Público com o auxílio de nova perícia, agora realizada pelo IPT – Instituto de Pesquisas Tecnológicas: ou bem tais irregularidades são frutos de dolo ou bem não são.

A jurisprudência transcrita no frontispício da petição inicial menciona ocorrências que caracterizariam a ocorrência de dolo: "O Judiciário não se restringe, na prestação jurisdicional, a mero chancelador de petições, ou encara a Lei como símbolo, vazio de conteúdo. Cumpre-lhe fiscalizar o processo, a fim de emitir provimento justo. Não pode pactuar com atitudes indignas, espúrias, fraudulentas. Cumpre impedir o locupletamento ilícito, ainda que o fato seja conhecido após a Coisa Julgada – Ministro Luiz Vicente Cernichiaro, in REsp 35.105-RJ".

Antes de mais nada, porém, é preciso registrar que essa jurisprudência não se aplica ao caso em exame, pois, no texto daquela decisão, consta, expressamente (mas essa parte não foi transcrita pelos signatários da inicial), que, naquele caso, havia um Acórdão afirmando a ocorrência de fraude, que foi apurada após o trânsito em julgado da decisão de mérito, mas ainda a tempo de se propor uma ação rescisória, motivo pelo qual a ementa, literalmente, menciona que "deverá ser proposta ação rescisória".

No caso agora em exame, não cabe ação rescisória nem houve, nem mesmo, qualquer acusação de dolo, que, obviamente, não pode ser presumido. Neste caso, portanto, em termos estritamente jurídicos, não houve dolo.

Todavia, se não foram elaborados de forma fraudulenta, significa então que, na pior das hipóteses, somente teria havido algum erro, possivelmente escusável, considerando-se os padrões da época em que foram feitos. É preciso notar que foram considerados bons tanto pelos Juízes como pelas partes. Ao menos não há notícia de que na época a Fazenda Estadual tenha alegado qualquer irregularidade em sua elaboração, não obstante a ampla discussão havida no curso regular das ações.

Os trabalhos periciais foram feitos na década de 1980, com os meios técnicos então disponíveis. Naquela época, a tecnologia disponível era outra, pois não havia telefone celular, nem computador, nem GPS, sendo diferentes também os recursos reprográficos e os registros cartorários.

Certamente, agora, com o auxílio de satélites, do GPS e da computação é possível produzir algum documento com maior precisão. Entretanto, não é possível anular todas as perícias, em todas as desapropriações, feitas no passado, porque seria estabelecer o caos nas relações e instaurar a insegurança jurídica.

Também não é possível ignorar a questão do mercado imobiliário naquela época. Atualmente, após as medidas protetivas do meio ambiente na região, é certo que as propriedades perderam valor. Aliás, foi isso exatamente que ensejou a propositura das ações de apossamento administrativo. Mas, naquela época, a região experimentava uma verdadeira explosão imobiliária, sendo muito significativa a implantação de inúmeros loteamento na vizinha Ilha Comprida, que geraram problemas que permanecem insolúveis até os dias de hoje.

Note-se, portanto, que os valores apurados nas perícias então efetuadas eram os correntes naquela época, e não os valores atuais.

Por sua vez, se o MP ou a Fazenda estiverem vislumbrando uma atuação com intenção de fraude, um conluio gigantesco (que poderia abranger até os Juízes das ações), que causou prejuízos aos cofres públicos caberia ao Estado ação de ressarcimento, a teor do art. 37, § 5º, da Constituição Federal, assim trazido à lume:

> Art. 37. (...).
>
> § 5º. A lei estabelecerá os prazos de prescrição para ilícitos praticados por qualquer agente, servidor ou não, que causem prejuízos ao erário, ressalvadas as respectivas ações de ressarcimento.

Há sólido entendimento doutrinário no sentido de que as ações de perdas e danos em razão de ilícitos contra o erário são imprescritíveis, podendo, então, mesmo hoje passados tantos anos, serem manejadas pelo Estado. Porém, a concretização dessa via processual encerraria a dificuldade quanto à prova da atuação dolosa dos peritos, que teriam agido (talvez até com a conivência dos Procuradores?) com intenção de fraudar o processo e obter proveito pessoal e/ou de terceiros.

Uma outra consideração diz respeito à participação do Estado, enquanto parte no processo, para a formação do ato que ora pretende ver anulado. Se verdadeiro o que afirma o Ministério Público de que os laudos periciais nessas ações foram elaborados fraudulentamente, a vítima da lesão seria o erário que (na melhor das hipóteses) teria sido mal curado pela Administração Estadual representada nos autos pela Procuradoria do Estado, desatenta que foi aos fatos.

Ou seja, imaginando-se que, intocável a sentença porque já se encontra coberta pela coisa julgada material e formal, a questão pudesse ser resolvida por perdas e danos, nessa hipótese a Fazenda Estadual não teria direito à ação porque, na verdade, ela própria teria contribuído com culpa (quiçá dolo) para a formação do ato lesivo.

Além disso, questionam-se os laudos periciais feitos em juízo apenas com base em trabalhos desenvolvidos de maneira unilateral pelo Ministério Público, com auxílio do IPT, sem qualquer possibilidade de controle ou impugnação da parte que sofreria o prejuízo, destituídos, assim, de qualquer presunção de veracidade e em flagrante violação ao princípio constitucional do contraditório.

Convém lembrar que o IPT, embora seja um órgão dotado de autonomia administrativa e técnica, não pode ser havido como independente, isento e imparcial, pois, na verdade, é um segmento personalizado da estrutura administrativa do Governo do Estado de São Paulo, que é parte interessada na ação e em relação ao qual o IPT tem uma dependência econômica e funcional. Inegavelmente, o IPT não é um "terceiro" em relação ao Estado ao qual é vinculado.

Mais exatamente, o IPT é uma empresa pública criada pelo Governo do Estado de São Paulo, pela Lei n. 896, de 17.12.1975, tendo o Estado como acionista majoritário (controlador) em caráter permanente e tendo como outros acionistas apenas outras empresas públicas ou autarquias estaduais. Sendo uma empresa pública estadual, cujos dirigentes são designados pelo controlador, Governo do Estado de São Paulo, o IPT recebe subvenções por conta do orçamento estadual (art. 17 da mencionada Lei). O IPT é um prolongamento personalizado do Estado, com personalidade jurídica de direito privado, mas para atuar como instrumento do Governo do Estado no campo da ciência e tecnologia, visando o desenvolvimento da engenharia e da indústria.

De resto, é evidente que o IPT extrapolou no tocante a suas habilitações técnicas, na medida em que mencionou a existência de "deficiência nas transcrições dos referidos imóveis e incoerência na cadeia dominial". Ao que se saiba, o IPT não é detentor de expertise em matéria registral, a ponto de insinuar uma suposta incúria dos setores do Judiciário incumbidos do controle dos registros públicos.

Na verdade, existe uma enorme diferença entre as perícias que estão sendo impugnadas e esta agora feita pelo IPT. Aquelas foram feitas de maneira contraditória e à luz do dia, por uma pluralidade constituída de perito e assistentes-técnicos experientes na matéria, que responderam a quesitos formulados pelas partes, sob intensa fiscalização das partes interessadas e do Juiz. Esta última, do IPT, foi feita às escondidas, sem qualquer controle ou fiscalização, sem qualquer oportunidade de formulação de quesitos ou apresentação de objeções. Mas é com base em um "processo" secreto que se pretende invalidar um processo judicial perfeitamente válido e nunca anteriormente impugnado em todas as instâncias que os examinaram.

Neste passo, adentrando um pouco o campo das considerações doutrinárias, é forçoso lembrar que a interpretação constitucional não pode ser avarenta. Não é correto extrair-se, especialmente das garantias constitucionais, apenas aquilo que aflora à superfície.

Por exemplo, quando a Constituição assegura o direito de petição, isso não pode ser entendido apenas como o direito de protocolar um pedido em uma repartição pública. Evidentemente, o direito de petição abrange, também, necessariamente, o direito a uma resposta conclusiva emitida em tempo razoável, devidamente fundamentada e motivada.

Da mesma forma, a garantia do devido processo legal deve ser entendida como protetora da liberdade em seu sentido mais amplo e dos bens não apenas materiais, mas também do patrimônio jurídico e do patrimônio moral das pessoas, que inclui o seu bem-estar, sua tranqüilidade. Constranger alguém a figurar como réu em uma ação judicial, sem um mínimo de plausibilidade, sem a preocupação em verificar com profundidade se existe ou não motivo para tanto, sem se valer da mais elementar das cautelas, consubstanciada no ato de simplesmente ouvir o possível acusado, que eventualmente até poderia evitar que isso ocorra, ofende, sim, a garantia do devido processo legal.

De maneira alguma se pode entender que qualquer pessoa pode ser acusada sem motivo sólido e substancioso, desde que, *depois*, se lhe assegure o direito à ampla defesa. Ter que defender-se, em juízo, de uma acusação gratuita e desprovida de plausibilidade já é um constrangimento ilícito.

São coisas totalmente distintas, uma acusação plausível, com relação à qual o acusado se revele, ao final, inocente, e uma acusação despropositada, fruto da simples negligência no exercício de função pública, para não falar até mesmo de dolo. Ressalte-se que, no caso específico, a audiência do interessado jamais poderia impedir ou comprometer uma investigação séria sobre as perícias efetuadas já num passado distante, não havendo, portanto, razão alguma para que o inquérito civil fosse feito sigilosamente, às escondidas.

Mesmo no inquérito penal, por força do disposto no art. 6º, V, do CPP, sempre que possível deve-se ouvir o indiciado. No inquérito civil, que é um processo administrativo, esse dever é muitíssimo mais acentuado, pois decorre diretamente da Constituição, que expressamente menciona a garantia da instrução contraditória. Nenhum eufemismo é prestante para descaracterizar o inquérito civil como uma modalidade de processo administrativo.

Não obstante, na prática, o Ministério Público desfrute de uma absoluta inimputabilidade, essa prerrogativa não abrange os atos praticados, que devem ter forma jurídica e devem observar as garantias constitucionais do cidadão. Da mesma forma que não se pode aceitar que o MP se valha de provas obtidas ilicitamente, não se pode aceitar que ele se valha de "processos" secretos, desenvolvidos com total inobservância das garantias constitucionais dos indiciados, investigados, ou seja, lá quem for a quem se impute uma conduta sancionável ou contra quem potencialmente se fará alguma acusação.

O princípio da dignidade da pessoa humana abrange o direito de não ser objeto de investigação secreta, salvo se, diante das circunstâncias do caso, o investigado puder interferir na produção das provas. No caso em exame, esse risco não existia.

Resta, ainda, uma última consideração inicial. Não obstante, a petição inicial requeira, expressamente, "*sejam declaradas a inexistência ou nulidade das sentenças por conta da inconstitucionalidade intrínseca ao seu mandamento sentencial*", é indispensável destacar que não existe a menor possibilidade de anulação das sentenças, pois não se trata nem de processo judicial inexistente, nem de nulidade absoluta e total da sentença, nem de coisa julgada inconstitucional.

A inconformidade se limita e se restringe às perícias efetuadas e ao decorrente valor fixado para as indenizações.

Entretanto, as ações de apossamento administrativo ou desapropriação indireta são mais complexas, porque compreendem, necessariamente, um reconhecimento do fato em si mesmo e da responsabilidade do réu pelo pagamento da decorrente indenização, cujo valor é apurado mediante perícia.

No caso, não são questionados os fatos que caracterizaram o apossamento administrativo, nem a responsabilidade do Estado de São Paulo pela correspondente indenização.

Ora, é cediço que somente se pode anular aquilo que apresente algum vício jurídico e, no caso, não há vício algum na parte declaratória e constitutiva das sentenças, mas, sim, tão-somente quanto à apuração do *quantum debeatur* ou, mais exatamente, quanto à mera *correção* das perícias efetuadas, pois não existe uma acusação formal (tipificada, fundamentada e motivada) de comportamento doloso ou culposo.

Feita essa delimitação do objeto de estudo, pode-se agora examinar a viabilidade jurídica da desconsideração da coisa julgada, com base e fundamento na presumida ocorrência de supostas incorreções nos laudos periciais regularmente elaborados.

II – Considerações doutrinárias

O tema central deste estudo é o instituto da Coisa Julgada, que pode ser estudado, também, numa perspectiva do direito processual, mas que, por ter base constitucional exige, necessariamente, que seu estudo seja sempre feito a partir da Constituição Federal, para que daí se retirem as implicações sobre o direito processual.

José Afonso da Silva, entre nós o que melhor sintetizou o tema, narra as divergências doutrinárias havidas com a construção de um conceito sobre Constituição, que ele chama, em tom de crítica, de conceitos unilaterais. Diz que na formulação clássica do conceito de *Constituição* foram empregadas 3 (três) acepções: a sociológica, a política e a puramente jurídica.

Basicamente, segundo a acepção sociológica, defendida por Ferdinand Lassalle, Constituição é a soma dos fatores reais do poder que regem o país. Para Carl Schmitt, que segue a linha política, Constituição nada mais é do que uma opção política sobre o modo e existência da unidade política chamada país. E, por fim, Hans Kelsen, que representa a corrente jurídica, Constituição significa *norma hipotética fundamental* (sentido lógico-jurídico) e *norma positiva suprema* (sentido jurídico-positivo).

Fazemos coro ao dizer do eminente constitucionalista pátrio para o qual a Constituição deve ser considerada como uma conexão de sentidos, ou seja, algo que tem, *como forma*, um complexo de normas; *como conteúdo*, a conduta humana motivada pelas relações sociais (econômicas, políticas, religiosas etc.); *como fim*, a realização dos valores que apontam para o existir da comunidade; e, finalmente, *como causa criadora e recriadora*, o poder que emana do povo (José Afonso da Silva, *Curso de Direito Constitucional Positivo*, 30ª ed., São Paulo, Malheiros Editores, 2008, pp. 38-39).

No entanto, não importa em que acepção é definida a Constituição, o fato é que todos se encontram de acordo acerca da posição suprema que ela ocupa no ordenamento jurídico de um país. Quer porque, em sua dimensão jurídico-positiva, ela é produzida segundo um procedimento diferenciado das demais normas positivas e, para sua modificação, as regras são mais rigorosas, quer porque, em sua acepção sociológica e política, representa a opção política por valores incorporados na sociedade, em todas elas se encontra presente o *princípio da supremacia da Constituição*.

Segundo o *princípio da supremacia da Constituição* todo o ordenamento jurídico de um país deve se conformar à Constituição, dela extraindo seu fundamento de validade. É a lei suprema do País, sustentáculo de todo o sistema jurídico. É ela que estabelece os contornos do ordenamento, afirmando a constitucionalidade ou inconstitucionalidade da lei ou ato de autoridade, segundo sua posição dentro ou fora desses contornos.

Nesse sentido é o magistério de José Afonso da Silva (ob. cit., pp. 46-47):

"O princípio da supremacia requer que todas as situações jurídicas se conformem com os princípios e preceitos da Constituição. Essa conformidade com os ditames constitucionais, agora, não se satisfaz apenas com a atuação positiva de acordo com a Constituição. Exige mais, pois omitir a aplicação de normas constitucionais, quando a Constituição assim a determina, também constitui conduta inconstitucional.

"De fato, a Constituição de 1988 reconhece duas formas de inconstitucionalidades: a inconstitucionalidade por ação (atuação) e a inconstitucionalidade por omissão (art. 102, I, *a*, e III, *a*, *b* e *c*, art. 103 e seus parágrafos)."

Nossa Constituição é rígida, e, nesse sentido, é dotada de supremacia formal além da material. O Estado, por qualquer de seus três poderes, está assujeitado ao cumprimento dos mandamentos e, muito especialmente, dos princípios constitucionais.

Ouçamos a definição admiravelmente captada por, Agustín Gordillo nesta lição magistral: "Diremos entonces que los principios de derecho público contenidos en la Constitución son normas jurídicas, pero no solo eso: mientras que la norma es un marco dentro del cual existe una cierta libertad, el principio tiene sustancia integral. La simples norma constitucional regula el procedimiento por el que son producidas las demás normas inferiores (ley, reglamento, sentencia) y eventualmente su contenido: pero esa determinación nunca es completa, ya que la norma superior no puede ligar en todo sentido y en toda dirección el acto por el cual es ejecutada; el principio, en cambio, determina en forma integral cual ha de ser la sustancia del acto por el cual se lo ejecuta. La norma es límite, el principio es límite y contenido. La norma da a la ley facultad de interpretarla o aplicarla en más de un sentido, y el acto administrativo la facultad de interpretar la ley en más de un sentido; pero el principio establece una dirección estimativa, un sentido axiológico, de valoración, de espíritu. El principio, exige que tanto la ley como el acto administrativo respeten sus limites y además tengan su mismo contenido, sigan su misma dirección, realicen su mismo espíritu" (*Introducción al Derecho Administrativo*, 2ª ed., Abeledo Perrot, 1966, pp. 176-177).

A respeito, merece ainda nota a expressiva mensagem de Cármen Lúcia Antunes Rocha (in *Princípios Constitucionais da Administração Pública*, Belo Horizonte, Del Rey, 1994, pp. 24-25) ao dizer, com nossa total concordância, que os princípios constitucionais, definidos como *ratio* e *telos* do ordenamento, são que conferem unidade e harmonia ao sistema posto. Diz a ilustre estudiosa, hoje Ministra do Supremo Tribunal Federal:

"Os princípios constitucionais são os conteúdos primários diretores do sistema jurídico normativo fundamental de um Estado. Dotados de originalidade e superioridade material sobre todos os conteúdos que formam o ordenamento constitucional, os valores firmados pela sociedade são transformados pelo Direito em princípios. Adotados pelo constituinte, sedimentam-se nas normas, tornando-se, então, pilares que informam e conformam o Direito que rege as relações jurídicas no Estado. São eles, assim, as colunas-mestras da grande construção do Direito, cujos fundamentos se afirmam no sistema constitucional.

"Os princípios constitucionais são predeterminantes do regramento jurídico. As decisões políticas e jurídicas contidas no ordenamento constitucional obedecem a diretrizes compreendidas na principiologia informadora do sistema de Direito estabelecido pela sociedade organizada em Estado.

"Princípios jurídicos constitucionais não se propõem; proclamam-se. Não se cuida de propostas. São opções constituintes projetadas no sistema constitucional expressa ou implicitamente. E são eles as opções identificadoras das raízes do sistema constitucional. Neles estão o espírito e os fins do sistema. Indicam eles – ou, antes, demonstram – a tendência ideológica do sistema jurídico, determinando primária e originariamente a concretização do que eles expressam no conjunto de normas jurídicas."

Nossa Constituição Federal contempla uma pluralidade de princípios, desde seu Título I, onde estão os princípios fundamentais (como o federativo, o republicano, o participativo e o da independência e harmonia dos poderes), passando pelo art. 5º, onde estão os princípios que delineiam os direitos e as garantias do cidadão, e chegando ao art. 37, em cujo *caput* assinalou princípios expressos aos quais deve se sujeitar a Administração de qualquer dos poderes (são eles os princípios da legalidade, impessoalidade, moralidade, publicidade e eficiência). Além desses princípios expressos (mencionados exemplificativamente), encontram-se no Texto outros também expressos e alguns implícitos.

Entre estes últimos existe um que sobreleva todos os demais, pois é a própria razão de ser do delineamento de uma ordem jurídica. Confira-se nesse aspecto o magistério de Celso Antônio Bandeira de Mello, ao abordar a questão dos princípios, dando especial destaque ao superprincípio da segurança jurídica: "Finalmente, cumpre fazer menção a um princípio comum a todo e qualquer sistema jurídico e que, obviamente, não é específico do Direito Administrativo, mas nele possui notável relevo, a saber: o princípio da segurança jurídica, o qual, se acaso não é o maior de todos os princípios gerais de direito, como acreditamos que efetivamente o seja, por certo é um dos maiores dentre eles. Por força do sobredito princípio cuida-se de evitar alterações surpreendentes que instabilizem a situação dos administrados e de minorar os efeitos traumáticos que resultem de novas disposições jurídicas que alcançariam situações em curso. A prescrição, o direito adquirido, são exemplos de institutos prestigiadores da segurança jurídica" (*Curso de Direito Administrativo*, 26ª ed., São Paulo, Malheiros Editores, 2009, p. 87).

De fato, agride a noção de ordem e estabilidade, tão necessários para o funcionamento da sociedade, a idéia de que os administrados possam estar sujeitos a constantes alterações de juízos de oportunidade e conveniência das autoridades. O princípio da segurança jurídica articula-se com a necessidade que todos têm de um mínimo de estabilidade nas relações jurídicas. Como bem disse Carlos Roberto de Siqueira Castro (*O Devido Processo Legal e a Razoabilidade das Leis na Nova Constituição do Brasil*, Forense, 1989, pp. 336-337): "A segurança das relações jurídicas reclama um mínimo de coerência e firmeza nas decisões administrativas, que não podem transformar-se em marola de mandos e desmandos desinfluentes para o atingimento das superiores finalidades do serviço público. Mais grave, ainda, resultará a violação de direitos subjetivos de terceiros por razões espúrias e discriminatórias, como é o caso de perseguição ou do favoritismo administrativo e de todas as demais modalidades teratológicas de conduta que caracteriza o desvio de poder pela Administração Pública. Esse reprovável desvirtuamento de finalidade no exercício das atribuições legalmente deferidas aos agentes estatais exige pronta e rigorosa correição judicial, inclusive pela via heróica do mandado de segurança, sempre que presente a liquidez e certeza de direito mediante a demonstração, de plano de indícios sérios da malversação da competência administrativa".

Mesmo no campo da Administração Pública (ainda sem adentrar o universo da prestação jurisdicional) vê-se que a instabilidade e a insegurança não se coadunam com a idéia de ordem jurídica, que tem como base e objetivo a estabilidade das relações jurídicas.

No seu desenvolvimento doutrinário e jurisprudencial, conforme lembra Luís Roberto Barroso, a expressão *segurança jurídica* passou a designar um conjunto abrangente de idéias e conteúdos, que incluem:

"1. A existência de instituições estatais dotadas de poder e garantias, assim como sujeitas ao princípio da legalidade;

"2. A confiança nos atos do Poder Público, que deverão reger-se pela boa-fé e pela razoabilidade;

"3. A estabilidade das relações jurídicas, manifestada na durabilidade das normas, na anterioridade das leis em relação aos fatos sobre os quais incidem e na conservação de direitos em face da lei nova;

"4. A previsibilidade dos comportamentos, tanto os que devem ser seguidos como os que devem ser suportados;

"5. A igualdade na lei e perante a lei, inclusive com soluções isonômicas para situações idênticas ou próximas" ("Em algum lugar do passado: segurança jurídica, direito intertemporal e o novo Código Civil", in *Constituição e Segurança Jurídica – Direito Adquirido, Ato Jurídico Perfeito e Coisa Julgada, Estudos em Homenagem a José Paulo Sepúlveda Pertence*, Belo Horizonte, Fórum, 2004, pp. 139-140).

O direito à segurança representa um valor fundamental reconhecido em grande número de Constituições modernas, a nossa inclusive, desde a Declaração dos Direitos Humanos em 1948 que lançou as bases para a positivação dos direitos fundamentais.

Ingo Wolfgang Sarlet lembra que, embora a Declaração dos Direitos Humanos da ONU (art. 3º), do Pacto Internacional da ONU de Direitos Civis e Políticos de 1966 (art. 9º) e da Convenção Americana de São José da Costa Rica, de 1969 (art. 7º, n. 1) se refiram expressamente à segurança pessoal do cidadão, de há muito se consolidou no âmbito do pensamento constitucional contemporâneo de que um autêntico Estado de Direito é sempre também um Estado de segurança jurídica, já que, do contrário, o "governo das leis" poderá resultar em despotismo. Confira a excelente observação do autor: "Com efeito, a doutrina constitucional contemporânea, de há muito e sem maior controvérsia no que diz com este ponto, tem considerado a segurança como expressão inarredável do Estado de Direito, de tal sorte que a segurança jurídica passou a ter o status de subprincípio concretizador do princípio fundamental e estruturante do Estado de Direito. *Assim, para além de assumir a condição de direito fundamental da pessoa humana, a segurança jurídica constitui simultaneamente princípio fundamental da ordem jurídica estatal e, para além desta, da própria ordem jurídica internacional*" ("A eficácia do direito fundamental à segurança jurídica: dignidade da pessoa humana, direitos fundamentais e proibição de retrocesso social no direito constitucional brasileiro", in *RBDP* 11/116-117, Belo Horizonte, Fórum, out.-dez./2005, grifamos).

Nosso ordenamento, assentado na Constituição Federal, é municiado de verdadeiro arsenal jurídico que prestigia a segurança jurídica. Nos termos da Constituição, regem-se sob o signo da segurança jurídica as pessoas, os bens e seus direitos. Diz o art. 5º:

> Art. 5º. Todos são iguais perante a lei, sem distinção de qualquer natureza, garantindo-se aos brasileiros e aos estrangeiros residentes no País a inviolabilidade do direito à vida, à liberdade, à igualdade, à segurança e à propriedade, nos termos seguintes: (...).

Em diversos de seus incisos, figura o manto protetor da segurança destinado a garantir algum direito individual fundamental, tal como o domicílio, a intimidade, a inviolabilidade das comunicações pessoais, o acesso à Justiça etc.

Os direitos subjetivos fundamentais foram a base do Estado Democrático de Direito, juntamente com a forma federativa de Estado, o voto direto, secreto, universal e periódico e a separação dos Poderes. Não podem ser alterados, isto é, objeto de deliberação para serem suprimidos ou modificados, conforme comando inserto no art. 60, § 4º, I, da Constituição Federal. Constituem as chamadas *cláusulas pétreas*, que, se alteradas, fariam ruir todo o sistema constitucional e legal do país.

Os princípios constitucionais são todos pilares do sistema, não obstante a própria Constituição qualifique alguns como "fundamentais". Como regra geral, entretanto, não se pode dizer que existe uma hierarquia perfeitamente definida entre eles. Considerados em tese, são todos de igual estatura constitucional e dotados da mesma carga normativa.

Entretanto, diante do caso concreto um princípio pode (deve) assumir um maior potencial imperativo, sobrepondo-se aos demais princípios. Na interpretação que se faça de algum dispositivo legal ou constitucional, especialmente pela utilização do método lógico-sistemático, é inevitável a adoção de uma certa hierarquia, exatamente para que se possa identificar a melhor interpretação (entre outras interpretações possíveis). Confira-se a doutrina:

"Deve o intérprete sistemático saber garantir a coexistência, ao máximo, dos valores, dos princípios e das normas estritas em conflito, hierarquizando de sorte a obter a maior concordância sistemática possível, pautando sua visão pelos vetores mais altos e nobres do ordenamento, isto é, pelos princípios fundamentais. Tudo na certeza de que interpretar é bem hierarquizar, estabelecendo o menor sacrifício possível em face das exigências de proporcionalidade, que não estatui só adequação meio-fim, mas proíbe que um valor ou princípio se imponha às expensas da supressão de outro. Somente as regras, quando antinômicas, é que, parcial ou totalmente, podem se excluir, mesmo que também aqui não se constate simples lógica formal de disjunção ou do tudo-ou-nada.

"A hierarquização axiológica, bem realizada, é a que salvaguarda e enaltece a totalidade dos valores e dos princípios (sobretudo os sensíveis ou intangíveis), assim como deve fazê-los, sem exceção, preponderantes em relação às regras, jamais pensando o Direito como inteiramente subordinado ao disposto nas normas estritas, mas como dimanante das diretrizes supremas" (Juarez Freitas, *A Interpretação Sistemática do Direito*, 3ª ed., São Paulo, Malheiros Editores, 2003, p. 177).

Fábio Konder Comparato chamou a atenção para essa característica dos princípios, dizendo que, na hipótese de colisão, nenhum revoga o outro, diferentemente quando se dá um conflito entre "meras" regras jurídicas. Entre leis, aplica-se o critério de solução expresso na Lei de Introdução ao Código Civil (art. 2º, § 1º): a regra posterior revoga a anterior, quando expressamente o declare, quando for com ela incompatível, ou quando regular inteiramente a matéria de que tratava a regra anterior. Tratando-se de princípios, diz o jurista: "O juiz, ou a autoridade pública, ao dizer o direito, deve escolher o princípio que, no caso, tem mais peso normativo, ou seja, o princípio mais adequado a dar à espécie uma solução justa, em função dos interesses em causa. Diante, por exemplo, de uma notícia estampada em jornal e desabonadora da conduta privada de uma autoridade pública, cuida-se de saber se se deve aplicar ao caso o princípio da proteção da intimidade e da vida privada das pessoas (Constituição, art. 5º, X), ou os princípios do acesso de todos à informação e da liberdade de comunicação (arts. 5º, XIV e 220)" (Parecer publicado em *RTDP* 34/97, 2001).

Com relação especificamente ao tema aqui abordado, temos ciência das respeitáveis vozes defensoras da tão em voga chamada "*relativização da coisa julgada*" que tão bem representa esse "choque de titãs" entre o princípio da segurança jurídica, expresso no art. art. 5º, inciso XXXVI, da Constituição Federal, e o princípio da moralidade (como sinônimo de justiça – *uma sentença injusta é imoral*), constante do art. 37.

Para uns, a coisa julgada tem por finalidade a proteção da segurança jurídica essencial para a estabilização das relações jurídicas e cumprimento dos fins do Estado brasileiro: onde há instabilidade e insegurança reina o caos e não viceja o progresso. Por tal razão, deve ser preservada e honrada.

Para outros, uma decisão judicial que extrapola sua dimensão ética deve ser considerada inexistente porque inconstitucional na medida em que desbordam dos vetores democráticos postulados pela Constituição.

Ninguém melhor representa a polarização dessas posições antagônicas que, de um lado, Nelson Nery Júnior e, de outro lado, Cândido Rangel Dinamarco, profundos pensadores do Direito e verdadeiras autoridades no Direito Processual Civil, como se vê das seguintes expressões de suas autorias, respectivamente:

"O risco político de haver sentença injusta ou inconstitucional no caso concreto parece menos grave do que o risco político de instaurar-se a insegurança geral com a relativização (*rectius*: desconsideração) da coisa julgada: 'No entanto, parece pouco provável que as vantagens da justiça do caso concreto se sobreponham às desvantagens da insegurança geral (Araken de Assis, 'Eficácia da coisa julgada inconstitucional', in *RJ* 301/27) (Nelson Nery Júnior, *Código de Processo Civil Comentado*, 8ª ed., Ed. RT, 2004, nota 23 ao art. 467)'.

"Onde quer que se tenha uma decisão aberrante de valores, princípios, garantias ou normas superiores, ali ter-se-ão efeitos juridicamente impossíveis e portanto não incidirá a autoridade da coisa julgada material – porque, como sempre, não se concebe imunizar efeitos cuja efetivação agride a ordem jurídico-constitucional. (...) a ordem constitucional não tolera que se eternizem injustiças a pretexto de não eternizar litígios" (Cândido Rangel

Dinamarco, *Coisa Julgada Inconstitucional*, coord. Carlos Valder do Nascimento, Rio de Janeiro, América Jurídica, 2002, p. 72).

Ou seja, cada uma das linhas de pensamento, a seu modo, afirma a inconstitucionalidade da outra: para os defensores da intangibilidade da coisa julgada, não lhe dar atendimento importa em inconstitucionalidade, enquanto que para os que defendem sua relativização, inconstitucional seria cumpri-la em determinadas situações, pois ela não pode ser considerada absoluta.

Note-se, entretanto, que mesmo os defensores da relativização não admitem sua invocação com base, simplesmente, em alguma concepção individual de justiça ou injustiça (o que certamente levaria ao caos), mas, sim, apenas, quando a decisão for incompatível com princípios, valores, garantias ou normas superiores.

Em anteriores trabalhos já tivemos oportunidade de mostrar nossa visão do Direito, no sentido de lhe negar qualquer conteúdo absoluto, rígido e imutável. Para nós, fazendo coro a Pontes de Miranda, o Direito serve à vida, não a vida ao Direito. Especialmente quando se trata da interpretação de dispositivos constitucionais, é forçoso valer-se do método evolutivo, que permite uma adequada aplicação do mandamento constitucional a fatos emergentes, sem que para isso seja necessário "relativizar" o mandamento (regra ou princípio) constitucional.

Conforme ensina Antonino Pensovecchio Li Bassi, em sua preciosa obra sobre *L'Interpretazione delle Norme Costituzionale* (Milão, 1972, pp. 62 e 81), numa tradução livre para o português:

"O intérprete não deve esquecer que a Constituição contempla as opções políticas fundamentais de um dado sistema jurídico, devendo o intérprete das disposições constitucionais atentar cuidadosamente para os valores políticos consagrados nos princípios fundamentais esposados pela Constituição.

"O intérprete das normas constitucionais deve aplicar no seu trabalho também o critério evolutivo, atentando para com a realidade e referindo as normas isoladas a um sistema constitucional em contínua evolução, como decorrência das mutações das exigências político-sociais da coletividade. Deve aplicar as normas não com base no sistema no qual o dispositivo historicamente nasceu, mas, sim, com base no sistema atual no qual vive.

"Deve levar em conta a realidade concreta, na qual operam as normas constitucionais, para trazer do exame da realidade oportunos elementos de valorização que permitam ajustamento ao processo evolutivo das normas e evitar conclusões incompatíveis com a vida real."

O Direito deve acompanhar a evolução e transformação do homem e da sociedade. Num mundo marcado pela constante e rápida evolução tecnológica, não é possível alterar as regras jurídicas a todo instante, nem é conveniente desconsiderá-las ou relativizá-las (o que levaria a uma insegurança permanente), bastando que se lhes dê uma interpretação adequada.

Quando existe o descompasso e a lei é omissa, ou seja, quando a produção legislativa ainda não alcançou o estágio que se encontra a realidade, manda o Direito (art. 4º da Lei de Introdução do Código Civil) que se decida o caso de acordo com a analogia, os costumes e os princípios gerais de direito.

Mas não se trata disso no caso presente. Não se está diante de vácuo legislativo. A regra existe e está posta na Constituição, na Lei de Introdução ao Código Civil e no Código de Processo Civil.

Dentre os direitos e garantias individuais, previstas no art. 5º da Constituição Federal, se encontra o inciso XXXVI: "a lei não prejudicará o direito adquirido, o ato jurídico perfeito e a coisa julgada". Fica perfeitamente claro, portanto, que a "coisa julgada" tem assento constitucional, é um instituto de direito constitucional, tem a posição hierárquica de mandamento constitucional, não podendo, portanto, ser enfraquecida por norma de lei ordinária, nem, muito menos, por interpretação ou aplicação de dispositivos da legislação ordinária.

Por sua vez, o art. 6º da LICC, editada em 1942, diz: "A lei em vigor terá efeito imediato e geral, respeitados o ato jurídico perfeito, o direito adquirido e a coisa julgada". Mais adiante no § 3º define: "Chama-se coisa julgada ou caso julgado a decisão judicial de que já não caiba recurso".

Como que regulamentando o direito posto na Constituição, e definido na Lei de Introdução do Código Civil, vem o Código de Processo Civil, no art. 467, estabelecer: "Denomina-se coisa julgada material a eficácia, que torna imutável e indiscutível a sentença, não mais sujeita a recurso ordinário ou extraordinário".

Nesse aspecto, respeitosamente, discordamos do eminente Ministro José Augusto Delgado quando disse, em palestra proferida no dia 20 de dezembro de 2000, no *I Simpósio de Direito Público da Advocacia-Geral da União*, 5ª Região, Fortaleza/CE, que prevalecesse a tese da proteção constitucional da amplitude do instituto da coisa julgada, a própria ação rescisória seria inconstitucional, "dado que se trata de remédio jurídico que tem como único objetivo destruir a coisa julgada". Não vemos assim.

É inegável que a ação rescisória também tem assento constitucional, na medida em que é mencionada ou acolhida em vários dispositivos. Isso significa que a própria Constituição, mas somente ela, pode instituir exceções a seus mandamentos. Por exemplo, a Constituição estabelece a regra geral da igualdade entre brasileiros e estrangeiros residentes no País, mas ele mesmo estabelece uma exceção ao reservar o exercício de certos cargos a brasileiros natos (art. 12, § 3º), da mesma forma que proíbe distinções entre brasileiros natos e naturalizados, "salvo nos casos previstos nesta Constituição" (art. 12, § 2º).

A regra geral estabelecida na Constituição é a da imutabilidade da coisa julgada, salvo no caso de ação rescisória, prevista na própria Constituição, mas, advirta-se, com caráter absolutamente excepcional, exigindo sempre interpretação restrita; nunca ampliativa.

Como visto e dito acima, e sem menoscabo à relevância das regras processuais, temos que o Código de Processo Civil é uma lei que regulamenta o direito constitucional do acesso ao Judiciário ("a lei não excluirá da apreciação do Poder Judiciário lesão ou ameaça a direito", art. 5º, inc. XXXV). Ele estabelece as regras segundo as quais esse direito será exercido: o processo e seu funcionamento nas diversas instâncias do Judiciário.

No que tange à coisa julgada, o Código de Processo afirma que aquele "recurso" referido na Lei de Introdução, ao dizer que se chama coisa julgada a decisão judicial de que já não caiba recurso, tanto pode ser um recurso ordinário como extraordinário. Ou seja, como o Código de Processo cria formas recursais, ele criou a ação rescisória que, embora tecnicamente não se cuida de recurso – é uma ação autônoma de natureza constitutiva negativa, traz em si verdadeira vocação recursal: quem ajuíza ação rescisória pretende um novo pronunciamento judicial no sentido da reforma (rescisão) da decisão. Veja-se que para Nelson Nery Jr., a diferença entre ação rescisória e recurso é que o recurso objetiva justamente fazer com que seja evitada a ocorrência da coisa julgada (*Teoria Geral dos Recursos*, 6ª ed., São Paulo, Ed. RT, 2004, pp. 220-232).

Conforme consignado no preâmbulo deste estudo, não temos pretensão de invadir a seara dos processualistas, que conta com os melhores nomes para representá-lo e lançar luzes novas sobre a matéria ao propor uma revisitação e reflexão sobre os institutos processuais e fazer aquilo que dissemos ser missão do Direito – servir à vida.

No entanto, não podemos nos furtar a acrescentar nossa particular visão ao debate, na esperança de contribuir com um novo olhar sobre o instituto da coisa julgada, realçando suas matrizes constitucionais e sua extrema relevância, exatamente por estar fundada no superprincípio da segurança jurídica.

A coisa julgada é um fenômeno que se dá no âmbito do processo. Fora dele não há de se falar em coisa julgada. E o processo, como visto acima, é o instrumento que realiza o direito constitucional fundamental de acesso à Justiça, direito de obter um pronunciamento jurisdicional.

A Constituição Federal poderia ter parado aí, e nada falar sobre coisa julgada deixando ao legislador ordinário a tarefa de criar as regras pelas quais se regerão os processos. Este poderia, nesse caso, até suprimir o instituto numa revisão do Código de Processo Civil.

Mas a Constituição falou. Ela falou que o processo tem fim, e esse fim é dado pela coisa julgada. E mais que isso, inseriu a imutabilidade da coisa julgada no Capítulo e artigo dedicados aos Direitos e Garantias Fundamentais, que, mais adiante, diz que são inalteráveis.

Vimos acima que a Constituição é a união de regras e valores incorporados na sociedade. A coisa julgada se insere nesse contexto: trata-se do valor "segurança jurídica" alçado à estatura de garantia constitucional. Foi uma eleição valorativa feita pelo constituinte. No dizer de Jackman, "a Constituição é mais que um documento legal. É um documento com intenso significado simbólico e ideológico – refletindo tanto o que nós somos enquanto sociedade, como o que nós queremos ser" (in *Constituição e Segurança Jurídica*, ob. cit., p. 51, *apud* Flávia Piovesan e Daniela Ikawa).

A Constituição Federal, que representa os valores e anseios incorporados na sociedade, quis que em nosso ordenamento não houvesse perpetuação da discutibilidade no processo, para segurança dos jurisdicionados. Reconheceu que não pôr fim às decisões judiciais abala sua inquebrantabilidade, debilitando sua força imperativa. Trata-se de verdadeira opção metodológica, uma tentativa de reduzir a complexidade da vida real à objetividade de uma decisão judicial que não pode mais ser discutida: entre o *justo absoluto*, *utópico*, a Constituição optou pelo *justo possível*. Entendeu-se que o Direito, na verdade, convive com o risco da injustiça, mas adquire vulnerabilidade diante da insegurança.

E diz mais, nem a lei pode alterar isso porque é uma garantia constitucional e cristalizou-a na cláusula pétrea. Diz: "a lei não prejudicará o direito adquirido, o ato jurídico perfeito e a coisa julgada". A regra dirige-se primeiramente ao legislador ordinário, e, reflexamente, as demais autoridades do Estado dos Poderes Judiciário e Executivo, pois toda e qualquer autoridade pública é sempre serva da lei.

O legislador pode regulamentar o instituto, criando regras que lhe dêem implemento. Hoje existe em nosso ordenamento a ação rescisória, constitucionalmente prevista, que é uma ação especial e excepcional que tem por objetivo a desconstituição de uma decisão judicial já coberta pela coisa julgada.

A ação rescisória não se presta para a correção de injustiça da sentença nem para reexame da prova (*RT* 541/236), e somente é cabível nas hipóteses arroladas em *numerus clausus* no art. 485 do Código de Processo Civil. Trata-se de uma ação autônoma, de vocação recursal, porque visa desconstituir uma decisão judicial transitada em julgado. Suas hipóteses de cabimento são taxativas, permitindo vislumbrar sua natureza absolutamente excepcional. Não são todas as decisões judiciais cobertas pela coisa julgada que podem ser objeto de rescisão.

Concordamos com Cármen Lúcia Antunes Rocha, sem partilharmos inteiramente das mesmas conclusões alcançadas em seu estudo "O princípio da coisa julgada e o vício de inconstitucionalidade" (*Constituição e Segurança Jurídica – Direito Adquirido, Ato Jurídico Perfeito e Coisa Julgada, Estudos em Homenagem a José Paulo Sepúlveda Pertence*, cit., p. 168), quando observa: "Segurança jurídica poderia mesmo parecer tautologia. Direito e segurança andam juntos. Claro: o direito põe-se para dar segurança, pois, para se ter insegurança, direito não é necessário. Mas a segurança não é imutabilidade, pois esta é própria da morte. A vida, esta, rege-se pelo movimento, que é próprio de tudo que vive. A sociedade, como o direito que nela e para ela se cria, é movível. O que se busca é a segurança do movimento. Ele pode se produzir no sentido do incerto, o que é contrário ao direito, gerando desconforto e instabilidade para as pessoas".

De fato, o Direito serve à vida que é, de seu turno, mutável. Ela se rege pelo movimento que impulsiona a formação do Direito. Entendemos, assim, que até mesmo possa se cogitar de uma futura revisão da ação rescisória, talvez ampliando-se seu prazo e/ou hipóteses de cabimento, diante dos inúmeros estudos e críticas levantadas com relação às situações de decisões judiciais injustas e que tanto causa perplexidade hoje em dia. Cremos que o Direito sempre conviveu com a possibilidade, em tese, de uma sentença injusta. No entanto, com o avanço da tecnologia e da informação, atualmente o homem conta com muito mais meios de prova e provas mais precisas que antigamente. A precisão das técnicas probatórias fez com que a "certeza" constante de uma decisão pretérita se torne um "talvez" amanhã, e um "certamente não" depois de amanhã, colocando a questão na ordem do dia.

Ampliar o cabimento da ação rescisória não significa "relativizar" a coisa julgada, pois se resumiria na utilização, apenas mais intensa, de uma exceção aberta pela própria Constituição.

Um futuro eventual novo regramento, enfim, serviria para fixar as balizas do procedimento a permitir a condução dos processos e revisão das decisões com objetividade, sem subjetivismos e interpretações pessoais sobre o que é justo e/ou inconstitucional. Dentre os novos motivos que poderiam levar à rescisão de decisão judicial certamente não poderiam figurar questões secundárias e de menor relevância para a ordem jurídica, por maior que fosse a inconformidade do perdedor. Certamente, somente poderiam ensejar a rescisória, decisões que realmente afetassem valores fundamentais da ordem jurídica e que realmente agredissem o sentimento de justo da sociedade, valores supremos que pairam acima de meras questões econômicas, não importando a grandeza do valor envolvido nem de se tratar de dinheiro público.

O ponto central da questão está na (já acima referida) contraposição de valores ou princípios constitucionais, onde, diferentemente do que acontece com as simples regras jurídicas, não existe antinomia, mas sim uma necessidade de conciliação e de identificação, diante das circunstâncias do caso concreto, do princípio que deverá prevalecer.

Veja-se, novamente, o que diz a melhor doutrina: "Regras e princípios funcionam diferentemente. As regras são normalmente aplicadas de forma peremptória, num 'tudo-ou-nada'. Dados os fatos, as regras devem ser aplicadas de forma implacável, consideradas as exceções por elas próprias estabelecidas. Os princípios, por sua vez, contam como razões que devem levar o juiz a uma determinada decisão, mas não exigem uma única conclusão. Diferentemente das regras não são razões determinantes, pois podem haver outros princípios que apontem em direção oposta. Quando se diz que um princípio faz parte do direito, o que se pretende, é que ele seja levado em conta por aquele que tem a responsabilidade de tomar a decisão. Ao julgador cabe avaliar o peso do princípio, de que forma ele pode cooperar na compreensão do sentido que deve ser dado a uma determinada norma e como, num caso concreto, princípios concorrentes devem ser harmonizados. Enquanto as regras são aplicáveis ou não a um determinado caso, os princípios são mais ou menos importantes àquele caso. Na hipótese de conflito entre normas, apenas uma delas deverá ser aplicada: aquela de hierarquia maior, ou, no caso de normas da mesma posição hierárquica, aquele que uma regra superior determinar. Já em relação aos princípios, os conflitos devem ser resolvidos por intermédio de uma ponderação a respeito da sua importância, do seu peso, para a solução do caso específico" (Oscar Vilhena Vieira, "Discricionariedade judicial e interpretação constitucional", in *Constituição Federal de 1988*, coord. Antônio Carlos Mathias Coltro, São Paulo, Ed. Juarez de Oliveira, 1999, pp. 426-427).

Neste momento, em que se aborda a questão do sopesamento de valores e princípios da ordem jurídica, é necessário destacar, de forma clara e inconteste, a distinção entre o interesse público primário e o interesse meramente secundário, este afeto tão-somente ao aparelhamento administrativo, à própria Administração no seu sentido mais restrito, aqui correspondente a um possível intuito de forrar-se ao pagamento da indenização ou aviltar seu montante.

Sobre essa diferenciação entre interesse público primário e interesse secundário, Celso Antonio Bandeira de Mello é brilhantemente didático ao dizer o seguinte:

"(...) não existe coincidência necessária entre interesse público e interesse do estado e demais pessoas de Direito Público.

"É que, além de subjetivar estes interesses, o Estado, tal como os demais particulares, é, também ele, uma pessoa jurídica, que, pois, existe e convive no universo jurídico em concorrência com todos os demais sujeitos de direito. Assim, independentemente do fato de ser, por definição, encarregado dos interesses públicos, o Estado pode ter, tanto quanto as demais pessoas, interesses que lhe são particulares, individuais, e que, tal como os interesses delas, concebidas em suas meras individualidades, se encarnam no Estado enquanto pessoa. Estes últimos não são interesses públicos, mas interesses individuais do Estado, similares, pois (sob o prisma extrajurídico), aos interesses de qualquer outro sujeito. Similares, mas não iguais. Isto porque a generalidade de tais sujeitos pode defender estes interesses individuais, ao passo que o Estado, concebido que é para a realização de interesses públicos (situação, pois, inteiramente diversa da dos particulares), só poderá defender seus próprios interesses privados quando, sobre não se chocarem com os interesses públicos propriamente ditos, coincidam com a realização deles. (...)" (*Curso de Direito Administrativo*, 26ª ed., São Paulo, Malheiros Editores, 2009, pp. 65-66).

Na seqüência, o mesmo consagrado administrativista, invocando a autoridade de Renato Alessi, aponta um exemplo bastante pertinente ao caso em análise: "O autor exemplifica anotando que, enquanto mera subjetivação de interesses, à moda de qualquer sujeito, o Estado poderia ter interesse em tributar desmesuradamente os administrados, que assim enriqueceria o Erário, conquanto empobrecesse a Sociedade; (...); sem embargo, tais interesses não são interesses públicos, pois estes, que lhe assiste prover, são os de favorecer o bem-estar da Sociedade e de retribuir condignamente os que lhe prestam serviços" (ob. cit., p. 66).

O exemplo descrito acima poderia perfeitamente ser aplicado ao caso em tela. O interesse público secundário seria o de pagar o mínimo possível, mas o verdadeiro interesse público, o interesse público primário, está em que sejam pagos pelos cofres públicos os valores corretos aos quais fazem jus os atingidos pelo apossamento administrativo, valores esses que foram apurados em processos judiciais regularmente desenvolvidos, há mais de vinte anos.

Além dessa diferenciação, entre interesse público primário e secundário, é preciso, também, destacar a espantosa diferença entre, de um lado, perícias feitas em sede judicial, por perito que merece credibilidade outorgada pelo juiz e acatada pelas partes, que atuaram às abertas, de maneira dialogada, sempre sob permanente fiscalização, e, de outro lado, uma perícia "secreta", feita por uma entidade inquestionavelmente suspeita, em função de sua total vinculação com uma das partes.

Convém esclarecer que não se está questionando a honorabilidade pessoal dos ilustres profissionais do IPT, mas, sim, apenas, numa visão estritamente jurídica, a impossibilidade de que o possa atuar como perito quem (exatamente a empresa pública estadual Instituto de Pesquisas Tecnológicas S/A) mantenha uma relação de dependência com uma das partes interessadas.

Há, evidentemente, uma abissal diferença de valores entre a garantia da coisa julgada e o mero interesse patrimonial da Administração Estadual. Não faz sentido algum, o sacrifício do superprincípio da segurança jurídica, para favorecer o mero interesse secundário, da Fazenda.

Já que os defensores da "relativização" da coisa julgada invocam em seu favor o princípio da moralidade (a injustiça seria imoral), é preciso salientar que, no caso em exame, o propósito almejado pela tentativa de invalidar a decisão transitada em julgado é que seria imoral, e, portanto, injusta, ao criar um constrangimento, uma situação de angústia e de intranqüilidade a quem já enfrentou todo o longuíssimo e tortuoso caminho que leva ao recebimento das indenizações devidas. Como agravante, por se tratar de um espólio, está o fato de que esse constrangimento atinge a família, instituição essa prestigiada e especialmente valorizada pela Constituição Federal.

No mínimo, é certo e inquestionável que a tentativa de reabrir, procrastinar ou eternizar um conflito judicial, já resolvido em caráter definitivo e imutável, segue exatamente na contramão da evolução dos preceitos constitucionais, bastando referir os acréscimos inseridos pela Emenda Constitucional n. 45, de 2004, consistente no direito à "razoável duração do processo e os meios que garantam a celeridade de sua tramitação" (CF, art. 5º, LXXVIII) e na adoção da súmula vinculante (CF, art. 103).

III – Respostas aos quesitos formulados

Diante do quanto foi aqui exposto, apresentados os fundamentos constitucionais do entendimento esposado a respeito da coisa julgada, pode-se agora responder de maneira direta e objetiva aos quesitos formulados na Consulta.

Para facilitar o entendimento e evitar repetições, serão respondidos em blocos os quesitos que envolverem questões correlatas.

> *1.* A coisa julgada é um princípio constitucional, expresso ou ínsito no inc. XXXVI do art. 5º da Constituição Federal como "direito e garantia" (denominação do Título II – "Dos Direitos e Garantias Fundamentais" + *caput* do art. 5º)?

> *1.1* Seria, portanto, nos termos do art. 60, § 4º, inc. IV, da Carta, o que se convencionou chamar "cláusula pétrea"?

A coisa julgada é um postulado da ordem jurídica, decorrente do princípio geral de direito da segurança jurídica, positivado na Constituição Federal dentre os direitos e garantias fundamentais. Juntamente com a forma federativa de Estado, o voto direto, secreto, universal e periódico, bem como a separação dos Poderes, forma a base e sustentáculo do Estado Democrático de Direito, constituindo as chamadas *cláusulas pétreas* constantes do art. 60, § 4º, da Constituição Federal. Não pode ser objeto nem mesmo de emenda tendente a anular ou diminuir sua eficácia.

Trata-se de um valor, elevado à categoria de princípio constitucional, que visa assegurar a intangibilidade das situações jurídicas nascidas de uma decisão judicial transitada em julgado. Entendeu-se que ao anseio de justiça contrapõe-se a absoluta e indispensável necessidade de se pôr termo à discussão judicial, que seria interminável não fosse a coisa julgada. Em vista disso, pode-se dizer que a coisa julgada é o mecanismo constitucional que assegura a pacificação social, revestindo de certeza e imutabilidade as decisões judiciais.

> *2.* Ou é a *res judicata* regra infraconstitucional, "de direito processual", e, assim, aquele inc. XXXVI do art. 5º da CF teria de ser visto apenas como mera "regra de irretroatividade da lei"?

Embora a coisa julgada talvez pudesse, em algum outro sistema jurídico, ser apenas mais um instituto de direito processual, em nosso ordenamento ela assume foros constitucionais. Elevada à categoria de princípio constitucional, expressamente afirmado, a coisa julgada é um dos sustentáculos do sistema jurídico brasileiro. A coisa julgada, nesse passo, constitui um dos pilares do direito processual civil juntamente com o princípio da ampla defesa, o princípio do contraditório, e o princípio da igualdade: todos juntos asseguram a condução do devido processo legal e a realização do direito constitucional de acesso ao Poder Judiciário, como forma de solução definitiva de conflitos.

Trata-se de uma interpretação reducionista dizer que se trata de mera regra de irretroatividade da lei uma vez que a Constituição, na literalidade do dispositivo (art. 5º, XXXVI), diz que "*a lei não prejudicará o direito adquirido, o ato jurídico perfeito e a coisa julgada*". Vale lembrar que a Constituição Federal também fala em lei ao dizer, no inciso anterior, que "*a lei não excluirá da apreciação do Poder Judiciário lesão ou ameaça a direito*", mas ninguém jamais ousou negar o caráter de princípio constitucional à garantia do livre acesso ao Judiciário.

Ao dizer que a lei não prejudicará a coisa julgada a Constituição está se referindo, na verdade, a toda e qualquer manifestação estatal de qualquer de seus Poderes. Não pode a lei, nem o ato administrativo, nem mesmo o ato judicial violar qualquer desses princípios.

3. Nesse quadro, é defensável a doutrina, que muitos juristas estão a estudar da *relativização da coisa julgada*, no sentido de que esta pode ser desconsiderada para que se ataque a decisão mesma, como nula, ou inexistente, sob o pretexto de erro ou injustiça, ou inconformidade ou conflito grave com altos princípios constitucionais?

Primeiramente, consigne-se que a expressão "relativização da coisa julgada" é muito infeliz, por conter uma contradição em termos. A coisa julgada torna imutável a decisão judicial. Imutabilidade e relativização são conceitos antinômicos.

Seja permitido invocar, como paradigma, uma suposta "indenização parcial". Indenizar é tornar indene, sem dano. Indenização parcial não existe; somente haverá indenização se for completa. Da mesma forma, não se pode falar em imutabilidade relativa, pois, se a decisão puder ser alterada, não poderá ser logicamente havida como imutável.

Além disso, a aceitação de uma doutrina da relativização da coisa julgada daria ensejo a que se entendesse que as decisões judiciais tomadas em última instância poderiam ou não, alternativamente, eqüitativamente, fazer coisa julgada, como situações perfeitamente equivalentes. Na verdade, o sistema jurídico brasileiro, com base no superprincípio da estabilidade das relações jurídicas ou da segurança jurídica, consagra, proclama e estabelece como regra geral a imutabilidade da coisa julgada, que somente pode ser afetada em situações especialíssimas, admitidas no próprio texto constitucional.

Melhor seria, para quem a defende, chamá-la de desconsideração da coisa julgada. A coisa julgada constitui um impeditivo à reabertura de nova discussão da questão litigiosa. Com a coisa julgada, a questão litigiosa se tornou pacificada. A teoria quer, assim, desconsiderar o impeditivo, em situações nas quais a decisão última estaria em dissonância com a ordem jurídica. Ocorre, porém, que o ordenamento já prevê o remédio para tais situações, que é, exatamente, a ação rescisória. Através desta, se obtém a rescisão da decisão e um novo pronunciamento judicial sobre a questão objeto do processo.

Como a ação rescisória já constitui um limite explícito do princípio da coisa julgada (não a "relativiza"), de caráter absolutamente excepcional, como tal deverá sempre ser interpretado restritivamente.

Tratando-se, todavia, de princípio constitucional, pode, diante de uma situação concreta, colidir com outros princípios de igual ou maior estatura.

Isso se verifica, por exemplo, nos casos de investigação de paternidade, quando o resultado da decisão judicial é posteriormente comprovada errada, através de técnicas mais apuradas. Trata-se, nesse caso, de sopesar o princípio da coisa julgada com o princípio da dignidade da pessoa humana, e decidir qual deles é aplicável no caso.

Porém, agora enfocando o caso concreto em exame neste estudo, isso nem de longe se equipara a meros interesses patrimoniais da Administração, que nem mesmo podem ser havidos como interesses públicos primários, ou interesses da coletividade, do conjunto dos cidadãos.

4. Ademais, se fossem pinçar princípios constitucionais para confrontá-los, supostamente como "superiores", com o da *res judicata*, não seria invocável, acima de todos, o da *segurança jurídica*, que está, às expressas, cinzelado no *caput* do art. 5º?

4.1 A propósito, é cabível entender-se que, no art. 5º da CF, o conceito e dogma são de que todos os "direitos e garantias fundamentais", elencados nos diversos *incisos*, são "os termos" (*sic*) estabelecidos exatamente para condicionarem e possibilitarem as *garantias-síntese* que estão no *caput*, inclusive o da *segurança*?

"Art. 5º. Todos são iguais perante a lei, sem distinção de qualquer natureza, *garantindo-se* aos brasileiros e aos estrangeiros residentes no País a *inviolabilidade* do direito à vida, *(do direito)* à liberdade, *(do direito)* à igualdade, *(do direito) à segurança* e *(do direito)* à propriedade, *nos termos seguintes*:

"(seguem-se os incisos de I a LXXVII)."

A interpretação constitucional não pode ser avarenta. O texto constitucional não comporta uma leitura que se atenha à literalidade das palavras. Não é correto extrair-se, especialmente das garantias constitucionais, apenas aquilo que aflora à superfície. A Constituição, como a peça legal que abriga todos os valores, princípios e regras que devem valer para toda a ordem jurídica, deve ser interpretada de forma integrada, sistemática e harmônica, de maneira a que um dispositivo contribua para a perfeita intelecção de outro.

Assim, é perfeitamente coerente o entendimento de que os específicos direitos e garantias constantes dos incisos estejam todos eles contidos, de maneira sintética, no enunciado do *caput*.

Quando a Constituição fala em segurança é preciso entender que ela não se refere apenas à segurança pública, ao direito de não ser vítima de agressões, ao direito à incolumidade física pessoal, mas, sim, também a outras formas de segurança, como a segurança econômica e, muito especialmente, à segurança jurídica.

A finalidade da função jurisdicional é a pacificação social com justiça. Mas a falibilidade é inerente a todo juízo humano. Por isso nosso ordenamento optou por adotar a certeza, traduzida na coisa julgada, como forma de promover a paz social e garantir a segurança jurídica das relações.

5. Se defensável for, por alguma razão, a *doutrina* da "relativização da coisa julgada":

5.1 Quais os possíveis *contornos* e *peculiaridades* de sua aplicação?

5.2 Haveria *limites*, para que ela pudesse ser invocada e admitida?

5.3 Seria possível à jurisprudência admitir uma ação com aquele desiderato, sem que haja qualquer previsão, para a medida, na lei processual ou na própria Constituição?

5.4 A Constituição, por exemplo, instituiu determinadas ações judiciais, para fins específicos – mandado de segurança, *habeas corpus*, *habeas data*, mandados de injunção, ações diretas de constitucionalidade ou inconstitucionalidade etc. –, todas, em última análise, para a efetividade dos próprios princípios dela, Constituição, alguns, com a marca de "direitos e garantias individuais".

a) Seria então possível cogitar-se de que, para se atacar a coisa julgada – não como impugnação incidental num processo qualquer, dentro da amplitude do direito de defesa, mas, sim, *diretamente*, buscando-se a sua desconsideração e a nulidade ou declaração de inexistência do próprio ato do julgamento –, para se atacar desse modo a *coisa julgada* seria possível uma ação de tanta gravidade, sem previsão na lei, nem muito menos na Constituição?

b) Não seria sintomático que a Constituição, de um lado, tendo colocado *a coisa julgada como inciso do art. 5º*, e, de outro, apenas tenha se referido a ações rescisórias – *exclusivamente a ações rescisórias* (art. 102, n. I, *j*; art. 105, n. I, *e*; art. 108, I, *b*, ADCT art. 27 § 10) – como formas de ataque para sua desconstituição?

5.5 Sempre na hipótese de aceitabilidade da *doutrina* de relativização da coisa julgada:

– a imaginada ação denominada *querela nullitatis* poderia ser proposta perante o Juízo prolator da sentença de primeira instância, se esta tiver sido objeto de recursos ordinários de apelação e embargos infringentes, e posteriores recursos extraordinários (STJ e STF), instâncias que proferiram os julgamentos finais?

Conforme já foi dito acima, em nosso entendimento, não é possível sustentar uma doutrina da relativização da coisa julgada. Ela já tem como limite constitucionalmente consagrado a possibilidade de propositura de ação rescisória, que tem caráter, repita-se, absolutamente excepcional. Entretanto, admitimos que, em situações excepcionalíssimas (não como "alternativa" à coisa julgada), possa haver um choque ou conflito entre o princípio da coisa julgada e outro princípio constitucional de igual ou maior relevância, em face das circunstâncias do caso concreto.

Feita essa ressalva, examine-mos os questionamentos específicos decorrentes de uma aceitação daquela doutrina, tomando como ponto de partida o item 5.3: *É possível a jurisprudência admitir uma ação com o desiderato de desconstituir a coisa julgada, sem previsão legal e/ou inconstitucional*?

Em primeiro lugar, convém lembrar que, em determinadas situações de inexistência de disciplina normativa, poder-se-ia lançar mão do mandado de injunção, previsto no art. 5º, LXXI, da Constituição Federal.

Entendemos que a jurisprudência sólida e considerável num determinado sentido pode ser fator impulsionador de mudanças no cenário legislativo. Vimos que o Direito acompanha a vida, e o entendimento jurisprudencial contrário à legislação vigente é sinalizador da necessidade de atualização da legislação.

Queremos dizer com isso que consideramos o papel da jurisprudência importantíssimo na formação do Direito, uma vez que ela nasce do caso concreto, é ela que está mais próxima da vida real e, dessa forma, está mais apta a apreender as verdadeiras necessidades da sociedade. Assim, diante de situações excepcionais, mesmo ao risco da decisão ser julgada inconstitucional porque violadora da coisa julgada (e é), o juiz deve firmar seu entendimento, atuando de maneira pró-ativa, mas com responsabilidade e sólida fundamentação. O que deve imperar nessas situações, consoante já explicado, é o sopeso de verdadeiros princípios constitucionais que se chocam naquele caso concreto.

Entretanto, não pode o juiz assumir a função constitucionalmente conferida ao legislador, criando ou aceitando uma espécie de ação rescisória ordinária, proposta perante a primeira instância, pois isso significaria uma completa e total subversão de todo o arcabouço judiciário (rigorosamente hierarquizado) delineado pela Constituição Federal.

Em síntese, diante de nosso entendimento a respeito da supremacia do princípio da segurança jurídica, mas aceitando que o princípio da coisa julgada pode (em casos absolutamente excepcionais) estar em confronto com outros princípios também consagrados pela Constituição, entendemos possível a propositura de uma ação rescisória excepcional, perante o mesmo Juízo competente para a apreciação da ação rescisória constitucionalmente prevista.

Desta forma, não se estaria criando uma ação nova, à margem da lei, mas, apenas, dilargando a admissibilidade de uma ação já existente e aceita pela própria Constituição como uma exceção à imutabilidade da coisa julgada.

Ou seja: primeiro seria preciso desconstituir a decisão transitada em julgado, para, depois, reabrir a lide que teria sido por ela definitivamente solucionada.

> *6.* No caso presente, das ações de desapropriação do Espólio de Haroldo Lauro Lippe e viúva Eunice Silva Lippe, viu-se no "Histórico" acima que a Fazenda do Estado passou a tentar medidas judiciais de duas ordens, todas sob a invocação daquela doutrina e em nome da defesa do Erário Público:
>
> • pedidos incidentais, nas execuções em curso, de novas perícias;
>
> • propositura de ações de nulidade.
>
> Indaga-se, pois, a V. Sa.:
>
> *6.1* Ainda que pudesse ser defensável a doutrina da relativização da coisa julgada, a realização de nova perícia, já no processo de execução (encerrada e preclusa a fase de cognição), seria possível e factível, conforme a legislação processual?
>
> Ou, ao contrário, em face das sucessivas preclusões já operadas nas fases anteriores, estaria, a hipotética nova perícia,

a violentar o *due process of law*, garantido às partes pela Constituição?

6.2 Os cinco processos correram os seus trâmites de forma regular, vencendo-se as fases e etapas, cada uma delas coberta pela respectiva preclusão: perícias nos anos 1980; julgados em primeira instância, em segunda instância e no Superior Tribunal de Justiça, operando-se a final a coisa julgada formal e material, e precatórios expedidos nos anos 1990, começando a serem pagas suas parcelas, anualmente, a partir de 2001.

Aliás, Fazenda do Estado, em suas iniciais, nada alega contra a regularidade formal dos processos, nem contra a regularidade da sentença e dos diversos Acórdãos (TJ e STJ). Limita-se a alegar a inaceitabilidade dos Laudos Periciais (da década de 1980), porque, contendo erros apontados por um recente trabalho do IPT, encomendado pelo Ministério Público, redundou numa injustiça em prejuízo para o Erário Público.

Em tais condições, – e independentemente de haver ou não algum erro nos laudos periciais produzidos nas fases de conhecimento, já superadas –, haveria *possibilidade jurídica* para uma ação que visa a desconsideração da *res judicata* e ataque ao mérito dos julgados, no sentido de serem anulados?

Deixamos assentado neste estudo nosso entendimento absolutamente contrário ao manejo da teoria da relativização da coisa julgada em ações que envolvam meras questões patrimoniais, ainda que se trate de dinheiro público. O interesse da Fazenda Pública não se confunde necessariamente com o interesse público primário, pois normalmente se configura como mero interesse secundário (da Administração) que não pode ser invocado para afastar a efetividade do princípio da coisa julgada, em razão do valor que este encerra para todo o sistema jurídico.

Uma ação ordinária, proposta em primeira instância, visando desconstituir uma decisão judicial já coberta pela coisa julgada, questionando a prova produzida e atacando o mérito da decisão anteriormente proferida (ainda que se tente configurar como uma questão de direito e, mais exatamente, de inconstitucionalidade), não pode ser havida como uma ação rescisória, carecendo, portanto, de previsão legal e, diante disso, incide na falta das condições da ação, qual seja, a possibilidade jurídica do pedido, devendo o feito ser extinto sem julgamento do mérito a teor do disposto no art. 267, inciso VI, do Código de Processo Civil.

S.M.J., é o Parecer.

São Paulo, 20 de junho de 2008.

CONTROLE DE PREÇOS DE MEDICAMENTOS PELA CMED. OBRIGATORIEDADE DE SEUS FABRICANTES E DISTRIBUIDORES APLICAREM, NA SUA VENDA, DESCONTO COMPULSÓRIO (CAP) SOBRE O DENOMINADO "PREÇO FÁBRICA". A FORMAÇÃO DO "PREÇO FÁBRICA" E O USUFRUTO FACULTATIVO DE ISENÇÕES TRIBUTÁRIAS CONDICIONADAS

MAURÍCIO ZOCKUN

Professor de Direito Administrativo e Fundamentos de Direito Público na Faculdade de Direito da PUC/SP. Mestre em Direito Tributário e Doutorando em Direito Administrativo pela PUC/SP. Advogado.

1. A atuação do Estado na fixação de preços privados. 2. A fixação de preços na comercialização de medicamentos. 3. Conceito e elementos de "preço fábrica" dos medicamentos. 4. A "base de cálculo" do CAP e o preço de venda de medicamentos praticado pelas empresas distribuidoras. 5. Isenção: conceito e requisitos constitucionais no âmbito do ICMS. 6. A amplitude da isenção de ICMS concedida pelo Convênio CONFAZ n. 87/2002 e as isenções condicionadas. 7. O princípio da não-cumulatividade e as isenções de ICMS. 8. O Comunicado n. 7, de 11.6.2007, da CMED e a isenção de ICMS prevista no Convênio n. 87/2002.

CONSULTA

Somos consultados por empresa distribuidora de medicamentos a respeito da possibilidade de a Câmara de Regulação do Mercado de Medicamentos (CMED) determinar que as empresas produtoras e distribuidoras de medicamentos apliquem o "Coeficiente de Adequação de Preço – CAP" ao "preço fábrica" dos medicamentos, presumindo-se que essas empresas usufruem de benefício fiscal consiste na isenção de ICMS.

A Consulente esclarece que tem por finalidade estatutária a compra e venda de medicamentos na qualidade de distribuidora. Na persecução destes objetivos participa de inúmeras licitações para fornecimento de medicamentos aos Governos federal, estadual e municipal.

Diante desse quadro a Consulente questiona:

1. Há livre fixação de preço nas operações de venda de medicamentos às entidades governamentais?

2. Qual a natureza jurídica do "Coeficiente de Adequação de Preço – CAP" e qual a sua relação com o denominado "preço fábrica"?

3. O que se entende por "preço fábrica"?

4. A Consulente pratica "preço fábrica"?

5. Há como a Consulente aplicar o CAP nas operações de venda de medicamentos ao Poder Público?

6. É válida a isenção de ICMS concedida pelo Convênio CONFAZ n. 87/2002?

7. As operações de venda de medicamentos realizadas pela Consulente às entidades governamentais estão compreendidas dentre aquelas beneficiadas pelo Convênio CONFAZ n. 87/2002?

8. Em caso positivo, essa isenção de ICMS é aplicável automaticamente à Consulente nas referidas operações de venda de medicamentos?

9. Em caso negativo, a Câmara de Regulação do Mercado de Medicamentos (CMED) pode suprimir esse imposto do "preço fábrica"?

10. O Comunicado CMED n. 7, de 11 de junho de 2007, é válido?

Passamos a emitir o nosso

Parecer

1. A atuação do Estado na fixação de preços privados

1.1 A Constituição da República confere ao Estado e aos particulares a prerrogativa de oferecer à coletividade um distinto conjunto de comodidades e utilidades materiais. Reserva ao Estado a prestação de serviços públicos e aos particulares o desempenho de atividades econômicas.

No desempenho dessas atividades o Estado e os particulares estão submetidos a distintos regimes jurídicos. Enquanto o Estado presta serviço público por força e nos termos de normas de direito público (onde impera o princípio da supremacia do interesse público sobre o interesse privado e a indisponibilidade, pela Administração, do interesse público), o particular desempenha atividades econômicas no campo da livre iniciativa.

1.2 A livre iniciativa, assim, decorre de uma opção constitucional encartada no art. 170, *caput*. E onde há livre iniciativa, há livre concorrência (art. 170, IV, da Constituição). E onde há livre concorrência, há liberdade de atuação e autonomia da vontade.

Daí porque, sem grande esforço, percebe-se que o Estado não pode, em regra, atuar no campo econômico. E isso porque, enquanto o desempenho de uma atividade econômica pressupõe a autonomia da vontade, toda a atividade estatal se realiza nos estritos termos da lei (sem que haja, portanto, autonomia de vontade). Assim, a atividade estatal e a atividade particular são realizadas de forma contraposta: naquela há a vontade da lei; nesta a vontade do particular.

Nesse sentido o magistério de Hely Lopes Meirelles é lapidar por esclarecer que, "enquanto na administração particular é lícito fazer tudo o que a lei não proíbe, na Administração Pública só é permitido fazer o que a lei autoriza".[1] Enfim, como bem acentuava Michel Stassinopoulos,[2] a Administração está proibida de agir *contra legem* ou *praeter legem*, mas apenas *secundum legem*.

1. *Direito Administrativo Brasileiro*, 32ª ed., São Paulo, Malheiros Editores, 2006, p. 87.

2. *Traité des Actes Administratifs*, Atenas, Librairie Sirey, 1954, p. 69, citado por Celso Antônio Bandeira de Mello, em seu *Curso de Direito Administrativo*, São Paulo, Malheiros Editores, 2002, p. 84.

Todavia, por força da Lei Maior, excepcionalmente o Estado poderá intervir no domínio econômico (i) por imperativo de segurança nacional ou relevante interesse coletivo (art. 173, *caput*); ou ainda (ii) como agente normativo e regulador, oportunidade em que exercerá função de fiscalização, incentivo e planejamento (art. 174, *caput*).

1.3 Alguns entendem que a ordem econômica proíbe que o Estado, a pretexto de intervir no domínio econômico, fixe ou controle preços privados.[3] Outros afirmam que a ordem econômica autoriza o dirigismo estatal de preços[4] desde que "se esteja diante de uma deterioração tal do mercado em que esta seja a única medida capaz de restabelecer a livre iniciativa e a livre concorrência (...) para atender a circunstância específica e emergencial".[5]

Assim, para aqueles que admitem esse dirigismo estatal, "(...) o controle de preços poderá ser adotado temporária e excepcionalmente para formar um mercado privado e concorrencial, ou para restabelecê-lo".[6]

E ao assim proceder, a fixação de preço pelo Governo também teria por finalidade "reprimir o abuso do poder econômico que vise à dominação dos mercados, à eliminação da concorrência e ao aumento arbitrário dos lucros" (art. 173, § 4º, da Constituição da República).

3. Diogo de Figueiredo Moreira Neto (*Ordem Econômica e Desenvolvimento na Constituição de 1988*, pp. 69 e 70), Celso Ribeiro Bastos (*Comentários à Constituição do Brasil*, São Paulo, Saraiva, 1990, pp. 16 e 17), Miguel Reale Jr. (*Casos de Direito Constitucional*, São Paulo, Saraiva, 1992, pp. 18 e 19) e Dinorá Grotti ("Intervenção do Estado na Economia", in *Caderno de Direito Constitucional e Ciência Política*, n. 15, São Paulo, Ed. RT, p. 74).

4. Tércio Sampaio Ferraz ("Congelamento de preços – Tabelamentos oficiais", in *Revista de Direito Público* 91/76-86, São Paulo, Ed. RT).

5. Luis Roberto Barroso, "A ordem econômica constitucional e os limites à atuação estatal no controle de preços", in *Revista Diálogo Jurídico* 14/21, 25 e 26, Salvador, CAJ, jun.-ago./2002.

6. Luis Roberto Barroso, ob. cit., p. 26.

2. A fixação de preços na comercialização de medicamentos

2.1 Aceitando-se que haja possibilidade de dirigismo estatal de preços,[7] a Lei federal n. 10.742/2003 seria uma de suas manifestações. Deveras, o seu art. 4º prevê que "As *empresas produtoras de medicamentos* deverão observar, para o *ajuste* e *determinação de seus preços*, as regras definidas nesta Lei, a partir de sua publicação, ficando vedado qualquer ajuste em desacordo com esta Lei".

E, para tanto, a mesma lei criou a CMED "que tem por objetivos a adoção, implementação e coordenação de atividades relativas à regulação econômica do mercado de medicamentos, voltados a promover a assistência farmacêutica à população, por meio de mecanismos que estimulem a oferta de medicamentos e a competitividade do setor".

Além disso, ao detalhar a competência da CMED, os arts. 4º e 6º, II e V, da Lei n. 10.742/2003 assinalou-lhe a prerrogativa de (i) estabelecer critérios para *fixação e ajustes de preços de medicamentos*; e (ii) estabelecer critérios para fixação de *margens de comercialização* de medicamentos a serem observados pelos representantes, distribuidores, farmácias e drogarias.

Segue-se que a Consulente restou diretamente atingida pela Lei n. 10.742/2003 e pela atuação da CMED já que o preço dos produtos que adquire e comercializa, bem como sua "margem de comercialização" podem ser fixadas pelo Governo federal.

2.2 Para dar concreta aplicabilidade à Lei n. 10.742/2003, a CMED publicou a Resolução n. 4/2006 prevendo que as empresas produtoras e as empresas distribuidoras de certos medicamentos devem aplicar o "Coeficiente

7. Não dizemos, por isso, que aderimos ao pensamento daqueles que admitem o dirigismo estatal de preços. Dizemos, pelo contrário, que adotaremos esse dirigismo como pressuposto necessário para resolução da questão central que nos foi submetida à apreciação.

de Adequação de Preço – CAP" ao preço das vendas efetuadas à Administração Pública federal, estadual ou municipal.

Ademais, segundo os arts. 3º e 4º dessa Resolução, o CAP consiste em um desconto compulsório de 24,69% incidente sobre o "preço fábrica" de certo rol de medicamentos. Todavia, esse desconto compulsório será aplicado se, e somente se, o seu adquirente for a Administração Pública.

Isso significa dizer que o referido desconto não se aplica às compras e vendas desses medicamentos na hipótese de o seu adquirente ser um particular. Vale dizer: apenas as aquisições governamentais são agraciadas com esse desconto compulsório.[8]

De qualquer forma esse emaranhado de normas revela que o desconto compulsório (CAP) é aplicado sobre o "preço fábrica" dos medicamentos. Em razão disso as seguintes questões: (i) o que é "preço fábrica"?; (ii) as empresas distribuidoras de medicamentos praticam o "preço fábrica"?; e (iii) o CAP pode ser aplicado sobre os preços de vendas praticados pelas empresas distribuidores de medicamentos?

Afora isso, esse tema ainda se revela especialmente relevante porque, por meio dele, saberemos se os impostos incidentes sobre a venda de medicamentos (tal como ICMS, IPI, II, PIS e COFINS -Importação, PIS e COFINS etc.) integram os confins econômicos revelados por essa expressão ("preço fábrica").

3. Conceito e elementos de "preço fábrica" dos medicamentos

3.1 Em sentido vulgar a expressão "preço fábrica" consiste no valor cobrado pelo fabricante por ocasião da venda de um produto por ele manufaturado, acrescido dos custos (diretos e indiretos[9]) e da margem de lucro. O sentido técnico dado a essa locução pela CMED não discrepa em nada do seu sentido vulgar.

Deveras, o art. 2º da Resolução CMED n. 4/2003 prevê que o "preço fábrica" dos medicamentos é aquele indicado pelo seu fabricante até 31 de março de 2003. Mais adiante, o art. 5º dessa Resolução prevê que o ICMS, o PIS e a COFINS incidentes nas operações de compra e venda desses produtos compõe o "preço fábrica".

Isso significa dizer que a CMED considera que o ICMS incidente na operação de compra e venda de medicamentos é parte integrante e indissociável do "preço fábrica".[10]

Tanto mais isso é acertado que, havendo modificação da intensidade de tributação dos medicamentos por meio do ICMS, os arts. 5º, parágrafo único, e 8º, parágrafo único, prevêem que o "preço fábrica" deverá ser alterado.

3.2 Assim, o valor de venda de medicamentos pelo seu fabricante, acrescido do PIS, da COFINS e do ICMS incidente na operação de compra e venda, é denominado de "preço fábrica".

Já o valor de venda de medicamentos por empresa distribuidora consiste na soma das despesas suportadas para sua aquisição do fabricante ("preço fábrica") acrescido de outras despesas operacionais e não-operacionais[11] e margem de lucro.

8. Ainda que a validade da lei em comento não seja objeto do nosso estudo, ressalte-se que a restrita amplitude desse dispositivo (aplicável apenas às entidades governamentais) já foi causa suficiente para o Min. Marco Aurélio considerar inconstitucional essa modalidade de controle de preço. A esse respeito é necessário compulsar o seu voto da ADI-MC n. 319.

9. Esses custos diretos e indiretos são as denominadas despesas operacionais (custos direitos) e não-operacionais (custos indiretos), tal como previsto na Lei das Sociedades por Ações (Lei federal n. 6.404/1976) e na Consolidação da Legislação do Imposto sobre a Renda (Decreto federal n. 3.000).

10. Essa definição de "preço fábrica" não foi modificada pela CMED nas Resoluções que sucederam a de n. 4/2003 (a saber: Resoluções ns. 2/2004, 2/2005, 2/2006 e 2/2007).

11. As despesas operacionais e não-operacionais, nos termos do art. 187 da Lei das Sociedades por Ações, integram negativamente o resultado da companhia e, pelo princípio basilar na livre iniciativa, podem ser marchetados no preço final de venda do produto.

Em síntese, quem pratica "preço fábrica" é o fabricante de medicamentos. A empresa distribuidora pratica preço diverso (necessariamente superior ao "preço fábrica").

E se isso é uma verdade irrefutável – tal como previsto pela própria CMED –, poder-se-ia aplicar o CAP sobre o preço de venda de medicamentos praticado pela empresa distribuidora?

4. A "base de cálculo" do CAP e o preço de venda de medicamentos praticado pelas empresas distribuidoras

4.1 Interpretando-se logicamente as prescrições contidas nas Resoluções ns. 4/2003 e 4/2006, conclui-se de modo irrefutável que o CAP não é aplicável ao preço de venda de medicamentos praticado pelas empresas distribuidoras nas compras realizadas pela Administração Pública federal, estadual e municipal.

E isso porque, dentre as várias modalidades de controle de preços de medicamentos autorizadas pela Lei federal n. 10.742/2003, uma delas é aplicável exclusivamente aos fabricantes e outra, diversa, deve ser observada na comercialização de medicamentos (inclusive por empresa distribuidora).

Com efeito, enquanto os produtores de medicamentos estão submetidos às regras de ajuste de "preço fábrica" (art. 4º da Lei 10.742/2003), os representantes comerciais, distribuidores, farmácias e drogarias podem ter suas "margens de comercialização" de medicamentos fixadas pela CMED (art. 6º, V, da Lei n. 10.742/2003).

E ainda que a Lei n. 10.742/2003 e posteriores atos normativos da CMED não tenham definido explicitamente o que se entende por "margens de comercialização" de medicamentos, o sentido teleológico dessa disciplina normativa revela que se trata da margem de lucro e dos custos adicionais dessas empresas na comercialização de medicamentos.

4.2 Não fosse isso suficiente, a leitura atenta das Resoluções CMED não deixa margem de dúvida a respeito dessa dúplice modalidade de fixação dos preços de medicamentos.

Enquanto o "preço fábrica" deve ser observado pelas empresas fabricantes de medicamentos, as empresas que comercializam esses produtos estão sujeitas ao denominado "Preço Máximo ao Consumidor – PMC" (art. 4º da Resolução CMED n. 2/2007).

E isso porque, "nas unidades de comércio varejista, os medicamentos deverão estar etiquetados com os preços de venda ao consumidor, que não poderão ultrapassar os PMC calculados de acordo com o disposto nesta Resolução" (art. 8º da Resolução CMED n. 2/2007). O valor do PMC, por seu turno, é "obtido por meio da divisão do 'Preço Fabricante' pelos fatores" que qualificam a "margem de comercialização" (art. 4º da Resolução CMED n. 2/2007).

Em termos diretos:

PMC = "preço fabricante" ÷ "margem de comercialização"

Desse modo, não se confunde o critério de fixação do preço para comercialização de medicamentos (PMC) com aquele utilizado para fixação do "preço fabricante".

4.3 E se essas conclusões são acertadas, segue-se que o CAP previsto pela Resolução CMED n. 4/2006 não é aplicável ao valor das vendas de medicamentos realizadas às entidades governamentais pelas empresas distribuidoras.

E isso porque, segundo explicitamente prevê o art. 1º, § 3º, da Resolução CMED n. 4/2006, o CAP é aplicado sobre o "preço fábrica". E por "preço fábrica" entende-se o preço de venda de medicamentos praticado por aquele que o manufatura. Logo, se as empresas distribuidoras, tal como a Consulente, exercem finalidade distinta, não podem, por injunção lógica, vender esses medicamento pelo "preço fábrica", como, aliás, já havíamos destacado no item 3.2.

Isso significa dizer que a CMED não qualificou o preço praticado pelas empresas distribuidoras nessas operações e não previu explicitamente mecanismo de fixação de preço máximo nas vendas de medicamentos pelas distribuidoras às entidades governamentais. Trata-se, por isso mesmo, de situação de autêntica lacuna regulamentar.[12]

4.4 É necessário, no entanto, verificar se há mecanismo de solução dessa lacuna regulamentar. Afinal, se se criou um amplo mecanismo normativo para controle de preços para venda de medicamentos ao Governo e à população, não se poderia imaginar que apenas uma diminuta parcela de pessoas teria escapado desse controle.

Não se poderia, por isso mesmo, conceber que apenas alguns poucos poderiam se aproveitar desse "cochilo normativo" para vender seus medicamentos ao Governo em valor desgarrado daqueles parâmetros que seriam observados acaso a sobredita regra limitativa dos preços fosse explicitamente aplicável.

A perpetuação dessa "lacuna normativa" seria incompatível com a isonomia e com o primado da livre concorrência. E isso porque, a pretexto de garantir a livre concorrência no setor de medicamentos por meio da fixação de preços máximos, o Poder Público teria editado regras que quebraram a livre concorrência, pois apenas uma seleta classe se livrou, em idêntica situação, desse controle de preços.

Assim, ou toda a sistemática de fixação de preços é inconstitucional por burla à isonomia e à livre concorrência (nos termos expostos acima) ou, pelo contrário, é possível fazer a integração dessa lacuna regulamentar.

Daí porque, atento ao magistério de Carlos Maximiliano, temos que "toda prescrição legal tem provavelmente um escopo, e presume-se que a este pretenderam corresponder os autores da mesma, isto é, quiseram tornar eficiente, converter em realidade o objetivo ideado. A regra positiva deve ser entendida de modo que satisfaça aquele propósito".[13]

Desta trilha não se afastou Henry Campbell Black quando enfatiza que: "Uma lei deve ser interpretada em consonância com seu espírito e razão; as Cortes têm poder para declarar que um caso conformado à letra da lei não é por ela alcançado quando não esteja conformado ao espírito e à razão da lei e da plena intenção legislativa".[14]

4.5 Se a empresa distribuidora de medicamentos adquire do fabricante o produto a ser vendido à Administração, isso significa dizer que o valor final de venda será o "preço fábrica" somado dos seus custos diretos e indiretos e da margem de lucro.

Ao se criar o CAP o legislador pretendeu reduzir apenas o "preço fábrica" dos medicamentos. Isto é, o preço sobre o qual o medicamento é vendido pelo seu produtor.

Logo, a *mens legis* contida da Resolução n. 4/2006 exige que, nas aquisições governamentais, o distribuidor de medicamentos aplique o CAP sobre o "preço fábrica" (colocando o fabricante e o distribuidor em situação de igualdade). Esse é o espírito desse sistema normativo (aceite-se, ou não, sua validade).

Daí porque se atinge a conclusão no sentido de que o CAP não pode ser aplicado sobre a totalidade do valor de venda de medicamentos contido na proposta de preços do distribuidor; mas apenas sobre uma fração desse valor (qual seja, o "preço de fábrica"). Isso garantirá a isonomia e a livre concorrência.

4.6 Nesse ponto não podemos deixar de assinalar que, em nosso juízo, a conduta praticada pela CMED extrapolou os confins regulamentares que lhe foram outorgados pela Lei federal n. 10.742/2003, pelo Decreto federal n. 4.766/2003 e pela Resolução CMED n. 3/2003 (que aprovou e seu Regimento Interno).

12. Essa lacuna regulamentar representa um "vazio jurídico", é "ausência de norma" nas palavras de Maria Helena Diniz (*As Lacunas no Direito*, 7ª ed., São Paulo, Saraiva, 2002, pp. 22 a 29 e 92).

13. *Hermenêutica e Aplicação do Direito*, 9ª ed., Rio de Janeiro, Forense, 1979, p. 151.

14. *Handbook on the Construction and Interpretation of the Laws*, St. Paul, Minn., West Publishing Co., 1896, p. 48.

Com efeito, provavelmente após ter constatado a existência do "vazio normativo" a que aludimos e sem ponderar os confins normativos dos atos até então produzidos, tal como assinalado nos itens ***4.5*** e ***4.6*** acima, a CMED faz publicar as Orientações Normativas ns. 1 e 2 dispondo que:

(i) "a empresa produtora de medicamentos tem a opção de incorrer em todos os custos da comercialização ao realizar a venda direta ao setor varejista ou poderá conceder um desconto em seu preço para que a empresa distribuidora possa cobrir seus custos advindos da distribuição do medicamento ao setor varejista. De qualquer maneira, em ambas as situações, tanto para o laboratório como para a empresa distribuidora, o preço máximo a ser praticado na comercialização do medicamento não deverá ultrapassar o preço fábrica – PF" (Orientação Normativa n. 1/2003); e

(ii) "Em qualquer operação de venda efetivada pelas empresas produtoras de medicamentos ou pelas distribuidoras, destinada tanto ao setor público como ao setor privado, deverá ser respeitado, para venda, o limite do Preço Fabricante, uma vez que o Preço Máximo ao Consumidor é o preço máximo permitido na venda de um medicamento no varejo, podendo ser praticado somente pelas farmácias e drogarias" (Orientação Normativa n. 2/2003).

Ocorre que essas Orientações Normativas alteram as regras aplicáveis à fixação do preço de venda de medicamentos pelas empresas distribuidoras.

Examinando-se, porém, o Regimento Interno da CMED e o Decreto federal n. 4.766/2003 chega-se à conclusão no sentido de que as sobreditas Orientações Normativas não podem, formalmente, criar novas regras para fixação do preço de venda de medicamentos.

Deveras, segundo o art. 5º, § 1º, do Regimento Interno da CMED, o Conselho de Ministros – órgão que compete estabelecer critérios para fixação e ajuste de preços de medicamentos (art. 6º, I, do Regimento Interno da CMED) – se manifesta por meio de *Resolução.*

Não existe na Lei federal n. 10.742/2003, no Decreto federal n. 4.766/2003 ou no Regimento Interno da CMED a previsão da existência de um veículo normativo denominado de Orientação Normativa. E se isso é verdade, as Orientações Normativas não podem inovar a regulação normativa do setor de medicamentos como fazem as *Resoluções* expedidas pelo Conselho de Ministros.

Por essa mesma e idêntica razão, não se poderia, (i) a pretexto de interpretar as normas que fixam o preço de venda de medicamentos; e (ii) valendo-se de instrumento formalmente inidôneo para tanto, (iii) fixar nova regra do preço de venda de medicamentos.

Daí porque concluímos que as Orientações Normativas ns. 1 e 2/2003 são inválidas.

4.7 Fixadas essas premissas, questiona-se se o benefício fiscal concedido pelo Convênio CONFAZ n. 87/2002, consistente na isenção de ICMS nas vendas de certos medicamentos à Administração Pública, enseja a automática redução do "valor fábrica" ou do valor da proposta das empresas distribuidoras.

E isso porque o art. 6º, X, da Lei federal n. 10.742 prevê expressamente que a CMED deve "assegurar o efetivo repasse aos preços dos medicamentos de qualquer alteração da carga tributária". E a necessidade desse efetivo repasse no que se refere ao ICMS é historicamente previsto nas Resoluções da CMED (*e.g.*, art. 4º, da Resolução CMED n. 2/2007).

5. Isenção: conceito e requisitos constitucionais no âmbito do ICMS

5.1 Já assinalamos em outra oportunidade[15] que entre nós não se tergiversa que o direito tributário consiste em um conjunto de normas por meio das quais o Estado financia as suas atividades. Por meio da tributação (assim entendida como a concreta aplicação

15. *Regime Jurídico da Obrigação Tributária Acessória*, São Paulo, Malheiros Editores, 2005, p. 55.

da legislação tributária) os particulares são obrigados a entregar parcela do seu patrimônio ao Estado.

Trata-se, por isso mesmo, de uma modalidade constitucionalmente autorizada de esgarçamento do direito de propriedade, a par de outras tantas existentes.[16]

Assim, sempre que uma pessoa praticar determinado fato economicamente relevante (ou "fato signo presuntivo de riqueza" nas palavras de Alfredo Augusto Becker[17]) poderá ser colocado na contingência de cumprir uma obrigação consistente no dever de levar parte dessa riqueza ao Estado (ou seja, de pagar tributo[18]).

5.2 Entretanto, em diversas oportunidades o direito positivo prevê que a prática desse "fato signo presuntivo de riqueza" não faz nascer o tributo. Três são os institutos que disciplinam essa situação: não-incidência, imunidade e isenção.

Esses institutos têm algo em comum: por meio deles o particular, a despeito de praticar o "fato signo presuntivo de riqueza", não paga tributo. O particular simplesmente não desembolsa recursos, pois não está obrigado a pagar tributo.

Mas essa circunstância não é capaz de revelar as diferenças entre esses institutos, mesmo porque sob esse critério até a remissão (que é mera dispensa do pagamento de tributo) seria incluída nessa classe.

Daí porque, é a partir da natureza jurídica desses institutos que se revelam as abissais diferenças que os tornam inconfundíveis e autônomos.

16. Tal com desapropriação, requisição, servidão, expropriação, tombamento etc.

17. *Teoria Geral do Direito Tributário*, 3ª ed., São Paulo, Lejus, 1998.

18. A partir das lições de Geraldo Ataliba, sabemos que tributo é uma obrigação que coloca o particular na contingência de levar dinheiro ao Estado. Tributo é, pois, uma obrigação. E uma obrigação peculiar, pois o seu regime jurídico é típico de direito público (*Hipótese de Incidência Tributária*, 4ª ed., 5ª tir., São Paulo, Malheiros Editores, 1995, pp. 31 e ss.).

5.3 Segundo José Juan Ferreiro Lapatza a norma tributária de isenção "contêm um mandamento bastante concreto: priva o fato imponível de sua eficácia para gerar a obrigação tributária".[19] Essa é nossa opinião[20] ao lado de Héctor Vilegas,[21] Alfredo Augusto Becker[22] e Roque Antonio Carrazza.[23]

Entre nós esse conceito é acolhido e, por injunção constitucional, toda isenção deve ser necessariamente prevista em lei (art. 150, § 6º, da Constituição da República). Assim, a pessoa política pode criar um tributo por lei e, somente por lei, poderá isentá-lo.

Não obstante isso, em relação ao ICMS a concessão de isenção é substancialmente diversa.

Ainda que as denominadas isenções heterônomas não subsistam entre nós,[24] todos os Estados e o Distrito Federal devem concordar com a outorga de uma isenção no âmbito do ICMS. Assim, qualquer espécie de isenção de ICMS é, pois, condicionada a uma comunhão de vontades de todos os Estados, o que se dá por meio de *Convênio* no âmbito do Conselho Nacional de Política Fazendária – CONFAZ.

19. *Direito Tributário – Teoria Geral do Tributo*, 1ª ed. brasileira, São Paulo, Manole; Madri, Marcial Pons, p. 233.

20. *Regime Jurídico da Obrigação Tributária Acessória*, São Paulo, Malheiros Editores, 2005, pp. 55 e 56.

21. *Curso de Direito Tributário*, São Paulo, Ed. RT, 1980, pp. 129 e 130.

22. Ob. cit., p. 305.

23. "Imunidade, isenção e não-incidência", in *Curso de Iniciação em Direito Tributário*, São Paulo, Dialética, 2004, pp. 102 e 103.

24. Até e promulgação da Constituição da República de 1988 a União podia conceder isenções heterônomas. Ou seja, podia isentar tributos estaduais e municipais. Com o advento do art. 151, III, da Constituição de 1988, proibiu-se explicitamente as denominadas isenções heterônomas, razão por que apenas o ente tributante pode, legislativamente, criar e suprimir isenções. E é por isso que entre nós subsiste apenas as denominadas isenções autônomas.

Não é por outra razão que a doutrina[25] e a jurisprudência[26] reputam inválidas as isenções de ICMS concedidas unilateralmente pelos Estados naquilo que se denomina de "guerra fiscal".

5.4 Nesse contexto não há qualquer vício formal nas isenções de ICMS veiculadas por meio do Convênio CONFAZ n. 87/2002, já que todos os Estados e o Distrito Federal consentiram com a outorga desse benefício fiscal.

6. A amplitude da isenção de ICMS concedida pelo Convênio CONFAZ n. 87/2002 e as isenções condicionadas

6.1 O Convênio CONFAZ n. 87/2002 isenta da incidência de ICMS as operações de compra e venda de certos medicamentos, desde que o seu adquirente seja a Administração Pública federal, estadual e municipal.

Ademais, a cláusula primeira, § 1º, desse Convênio prevê que o gozo dessa isenção está atrelado ao simultâneo atendimento dos seguintes requisitos: (i) que os medicamentos comercializados também sejam isentos ou tributados à alíquota zero por meio do imposto de importação (II) e pelo imposto sobre produtos industrializados (IPI), de competência federal; (ii) que a receita bruta decorrentes da venda desses medicamentos também seja isenta da incidência do PIS e da COFINS, de competência federal; (iii) que a empresa comerciante de medicamentos deduza esse benefício fiscal do preço de venda da mercadoria, assim considerado aquele praticado pelo comerciante caso essa isenção de ICMS não existisse, identificando explicitamente essa dedução e o seu valor no correspondente documento fiscal; e (iv) que essa exoneração tributária não implique a redução dos recursos repassados pelo SUS às entidades federadas.

Em termos simples e diretos: se esses quatros requisitos não forem simultaneamente e contemporaneamente atendidos, a isenção de ICMS não poderá ser usufruída pelo comerciante nas operações de venda desses medicamentos ao Poder Público.

6.2 Sem maiores esforços intelectuais percebe-se que se trata de isenção condicionada que, diversamente das isenções incondicionadas, tem os seus efeitos atrelados a um dado comportamento humano.

A respeito desse assunto Roque Antonio Carrazza pondera que: "As isenções condicionais também são chamadas *bilaterais* ou *onerosas*, porque, para serem fruídas, exigem uma *contraprestação do beneficiário*. Ele é que deve decidir se vale, ou não, a pena usufruir desta vantagem. Bastará, para tanto, que preencha, ou não, os requisitos estabelecidos pela lei isentiva".[27]

A s isenções condicionadas podem, ainda, ser outorgadas sob condição suspensiva ou resolutiva, como observa José Souto Maior Borges: "A isenção sob condição suspensiva não se objetiva antes do cumprimento da condição e portanto existe obrigação tributária até que se realize a condição exigida para o gozo da isenção. Contrariamente, a isenção concedida sob condição resolutiva existe até o implemento da condição e, pois, inexiste obrigação tributária antes da realização da condição".[28]

6.3 Transportando essa lição para a hipótese concreta, percebe-se que os requisitos previstos no Convênio CONFAZ n. 87/2002 para o usufruto dessa isenção de ICMS visam, em última análise, reduzir uniformemente o custo do medicamento vendido ao Poder Público. E, para tanto, pressupõe-se que duas vontades distintas se unam em um único interesse: reduzir o preço desses medicamentos.

25. Roque Antonio Carrazza (*ICMS*, 3ª ed., São Paulo, Malheiros Editores, 1997, pp. 228 a 232).

26. STF (ADI ns. 2.548, 3.246, 3.422, 2.722, 3.389, 2.155, 3.410, dentre tantas outras).

27. *Curso de Direito Constitucional Tributário*, 9ª ed., São Paulo, Malheiros Editores, 1997, p. 464 (grifo nosso).

28. *Teoria Geral das Isenções Tributárias*, 3ª ed., São Paulo, Malheiros Editores, 2001, pp. 194 e 195.

Quer-se com isso dizer que o resultado econômico pretendido está atrelado a um uniforme comportamento jurídico de duas pessoas: da União e do particular. Se uma dessas vontades discrepar daquela prevista no Convênio CONFAZ n. 87/2002, a isenção de ICMS prevista não irradiará os seus efeitos.

Assim, não basta que a União exonere (i) a venda de medicamentos da incidência do II e do IPI; e (ii) a receita auferida pela venda desses produtos não deve ser gravada por meio do PIS e da COFINS. Não basta, também, que a União mantenha intocada a sistemática de repasse de valores pelo SUS às unidades federadas.

Para que os Estados abdiquem do seu legítimo interesse de tributar essas operações pelo ICMS, é necessário, ainda, que o particular beneficiado por meio dessa isenção suprima a expressão econômica desse benefício fiscal do preço de venda dos medicamentos. O exemplo aritmético abaixo demonstra como o particular poderá atender esse requisito.

Se um determinado medicamento tem o preço de R$ 200,00 e se o valor do ICMS incidente nesta operação corresponde a R$ 20,00, isso significa dizer que o valor total dessa compra e venda *poderá totalizar* R$ 220,00. Ou seja: se além do preço do produto (R$ 200,00) o contribuinte optar por repassar ao consumidor final o valor do ICMS cobrado (R$ 20,00), o preço final de venda totalizará R$ 220,00.

Para que a isenção do ICMS produza efeito, o Convênio em questão exige que o preço final de venda realizado pelo particular seja de, até, R$ 200,00 (e não de R$ 220,00 como se o ICMS estivesse incidindo na operação de venda).

Por essas razões entendemos que a isenção em comento não é apenas condicionada; é condicionada *sob condição suspensiva*. Ou seja, esse benefício fiscal não irradiará os seus efeitos senão após o cumprimento das condições previstas no Convênio CONFAZ n. 87/2002. Isso significa dizer que até o implemento dessas condições, as operações de venda de medicamentos ao Poder Público continuam regularmente tributadas por meio do ICMS.

6.4 Em uma primeira análise poder-se-ia supor que esse requisito previsto pelo Convênio n. 87/2002 nada mais significa do que um "pedido" de refreio à ganância capitalista do particular em prol de um interesse maior (a saúde pública). Algo como: "deixe sua ambição de lado em prol dos mais necessitados".

Independentemente dessa visão, como essa isenção de ICMS só irradia os seus efeitos se o valor do benefício fiscal for concretamente suprimido do preço de venda final, o contribuinte, em seu juízo discricionário, poderá optar (ou não) por realizá-lo.

E os particulares não podem ser obrigados a usufruir esse benefício fiscal.

Primeiro porque os Estados e o Distrito Federal não têm competência legislativa para tanto. Aliás, a cláusula primeira, § 1º, III, do Convênio CONFAZ n. 87/2002 revela expressamente isso ao prever que o abatimento em comento está condicionado ao assentimento expresso da empresa que comercializa o medicamento. E sem esse assentimento do particular não se opera a isenção de ICMS.

Segundo porque a União, que goza de competência legislativa para supostamente regular preços no mercado, não pode obrigar que o particular usufrua compulsoriamente de determinado benefício fiscal (*condicionado* e *sob condição suspensiva*) concedida em órbita diversa da sua. E isso sob pena de cercear o direito de liberdade, de livre iniciativa, invasão de competência e burlar o princípio federativo.

Ademais, diversamente do que se poderia imaginar em um primeiro instante, a isenção de ICMS dada em uma operação acarreta um ônus econômico e financeiro à empresa comercial por ensejar a impossibilidade de apropriação de crédito para fins de ICMS.

Não se trata, então, de uma isenção condicionada ao refreio capitalista dos comerciantes de medicamentos. Mas, pelo contrário, do desejo desses comerciantes suportarem um ônus que não se lhe é ordinariamente cominado.

Explicamos isso a partir da sistemática da não-cumulatividade do ICMS.

7. O princípio da não-cumulatividade e as isenções de ICMS

7.1 Ao dispor sobre a tributação por meio do ICMS, o art. 155, § 2º, da Constituição da República estabelece o princípio da não-cumulatividade, nos seguintes termos:

> Art. 155. Compete aos Estados e ao Distrito Federal instituir impostos sobre:
>
> (...);
>
> II – operações relativas à circulação de mercadorias e sobre prestações de serviços de transporte interestadual e intermunicipal e de comunicação, ainda, que as operações e as prestações se iniciem no exterior;
>
> (...).
>
> § 2º. O imposto previsto no inciso II atenderá ao seguinte:
>
> I – será não-cumulativo, compensando-se o que for devido em cada operação relativa à circulação de mercadorias ou prestação de serviços com o montante cobrado nas anteriores pelo mesmo ou outro Estado ou pelo Distrito Federal.

Ao prever o princípio da não-cumulatividade do ICMS, a Constituição da República determina que sua implementação se dá por meio de compensação entre créditos e débitos desse imposto estadual.

Dessa forma, o ICMS cobrado nas operações de entrada de mercadorias (*operações anteriores*) é apropriado pelo adquirente (contribuinte) como crédito e compensado com o montante do ICMS devido nas operações de saída de mercadorias (*operações posteriores*). Assim, as *operações anteriores* geram crédito de ICMS e as *operações posteriores* geram débito de ICMS.

Assim, quando um estabelecimento adquire um conjunto de bens, realizou-se uma operação de entrada de mercadoria (ou seja, uma *operação anterior*). E, por tal razão, surge para ele o direito constitucional subjetivo de se apropriar do ICMS cobrado nesta operação como crédito, tal como lhe assegura o ideal da não-cumulatividade.

7.2 Ocorre que o art. 155, § 2º, II, da Constituição da República prevê que a isenção ou não-incidência do ICMS, salvo determinação legislativa em sentido contrário, (i) não gera direito de crédito para compensação com as operações posteriores; e (ii) anula o crédito relativo às operações anteriores.

Isso significa dizer que o contribuinte de ICMS isento da incidência desse tributo tem vedado o aproveitamento do crédito em relação às operações anteriores tornando-se, ele mesmo, o consumidor final da mercadoria. Mas qual o encargo que essa vedação ao aproveitamento de crédito acarreta para a pessoa beneficiada com a isenção em comento?

A demonstração da concreta existência desse encargo é simples se tivermos em mente a classificação dos *impostos em diretos* e *indiretos*, acolhida entre nós como explicitamente estampado no art. 166 do Código Tributário Nacional.

7.3 Segundo o magistério de Roque Antonio Carrazza:

"*Impostos diretos* ou *que não repercutem* são aqueles cuja carga econômica é suportada pelo contribuinte, isto é, pelo realizador do *fato imponível*. É o caso do IR, em que o patrimônio de quem auferiu rendimentos líquidos é alcançado por esta tributação.

"Já, *impostos indiretos* ou *que repercutem* são aqueles cuja carga econômica é suportada não pelo contribuinte, mas por terceira pessoa, que não realizou o fato imponível. Esta terceira pessoa geralmente é o consumidor final da mercadoria ou do produto. É o caso do ICMS. Quem suporta sua carga econômica não é o patrimônio, por exemplo, do comerciante, que vendeu a mercadoria, mas o patrimônio do consumidor final desta mesma mercadoria. Este, ao adquirir a mercadoria, *verá embutido em seu preço o quantum de ICMS que foi sendo recolhido, por todos os que realizaram as operações mercantis, que levaram o bem às suas mãos*."[29]

29. *Curso Constitucional de Direito Tributário*, 21ª ed., São Paulo, Malheiros Editores, 2005, p. 495, nota de rodapé 44 (grifo nosso).

Ora, se demonstramos que a hipótese de isenção condicionada com cláusula suspensiva não faz nascer o tributo (itens *6.2* e *6.3*), isso faz com que a pessoa isenta não pratique o denominado *fato gerador*. Ou ainda, na dicção utilizada por Roque Antonio Carrazza no trecho acima, não realiza o "fato imponível".

Isso implica dizer que o contribuinte de ICMS agraciado pela isenção desse imposto torna-se, ele mesmo, o contribuinte final. E isso porque, ao não realizar a hipótese de incidência do ICMS, acaba por suportar a carga tributária incidente nas operações anteriores.

Com efeito, como o ICMS é um *imposto indireto*, a carga tributária incidente em uma determinada operação é econômica e juridicamente transferida para a operação subseqüente. Daí porque, por força do princípio da não-cumulatividade, essa carga tributária embutida no valor da operação converte-se em crédito para o contribuinte de ICMS. E, dessa forma, o contribuinte de ICMS não tem o seu patrimônio agravado pelo imposto cobrado nas operações anteriores.

Se, pelo contrário, o contribuinte de ICMS é isento da incidência desse imposto estadual, lhe é vedada a apropriação de crédito do montante do ICMS cobrado nas operações anteriores. E por força dessa proibição ele passará a suportar o ônus econômico do ICMS cobrado nas operações anteriores, tornando-se, ele mesmo, o contribuinte final.

Assim, comparando-se um contribuinte do ICMS regularmente tributado e outro agraciado por meio de uma isenção desse imposto estadual, percebe-se que a pessoa isenta tem o seu patrimônio adicionalmente agravado. Deveras, sendo-lhe vedada a apropriação do ICMS embutido na operação de aquisição de um bem como crédito, esse ICMS converte-se em custo que não pode, juridicamente, ser transferido à etapa subseqüente.

7.4 Essas conclusões são integralmente aplicáveis ao caso em análise, já que a isenção de ICMS prevista pelo Convênio n. 87/2002 é uma isenção condicionada sob condição suspensiva. E isso significa dizer que o seu beneficiário, ao vender medicamentos à Administração Pública, não realizará o "fato imponível" ou "fato gerador" do ICMS tornando-se, por isso mesmo, seu consumidor final já que lhe é vedada a apropriação desse imposto estadual embutido no valor da operação.

E sendo o ICMS um imposto indireto, Roque Antonio Carrazza advertiu que "*quem suporta sua carga econômica não é* o patrimônio, por exemplo, do *comerciante*, que vendeu a mercadoria, *mas o patrimônio do consumidor final desta mesma mercadoria*". Isso revela, para além de qualquer espécie de dúvida, que os beneficiados com a isenção de ICMS prevista pelo Convênio n. 87/2002 tem "o seu patrimônio agravado em patamar superior" aos contribuintes de ICMS.

Não obstante isso, as pessoas beneficiadas com essa isenção poderão aniquilar esse gravame adicional ao seu patrimônio se (i) puderem repassar esse encargo aditivo às vendas medicamentos posteriores; ou (ii) a lei lhe autorizar a manutenção do crédito das operações anteriores (como se as pessoa isentas continuassem na condição de contribuintes desse imposto).

Ocorre que nenhuma das prerrogativas acima foi outorgada às empresas distribuidoras de medicamentos pelo Convênio n. 87/2002. E isso porque (i) a cláusula primeira, § 2º, desse Convênio garante a manutenção do crédito das operações anteriores apenas para os estabelecimentos industriais e importadores (e não para as empresas distribuidoras de medicamentos, tal como a Consulente); e (ii) a cláusula primeira, § 2º, desse Convênio exige que as pessoas isentas suprimam expressamente o benefício fiscal do preço final de venda.

Em uma frase: o Convênio n. 87/2002 exige que as empresas distribuidoras de medicamentos (diversamente das fabricantes e importadoras) suportem integralmente o gravame desse benefício (e, como se demonstrou, em patamar superior àquele verificável pelas pessoas regularmente tributadas pelo ICMS).

7.5 Assim, como essa isenção representa um ônus concreto para a Consulente, cumpre exclusivamente a ela optar pela fruição ou não dessa isenção de ICMS. E isso porque, pela sistemática constitucional da não-cumulatividade, e pelas cominações contidas no Convênio n. 87/2002, a fruição dessa isenção esgarçará mais intensamente o seu patrimônio do que idêntica situação regularmente tributada pelo ICMS.

E não poderia o Poder Público, diante dessas circunstâncias, compulsoriamente exigir que poucos (como a Consulente) suportem um encargo econômico em prol do interesse de muitos sem que, ao menos, lhe seja permitida a transferência econômica do gravame adicionalmente suportado.

E se essa exigência fosse concreta e unilateralmente imposta haveria flagrante inconstitucionalidade.

8. *O Comunicado n. 7, de 11.6.2007, da CMED e a isenção de ICMS prevista no Convênio n. 87/2002*

8.1 O item 3.4 do Comunicado CMED n. 7/2007 prevê que o preço máximo de venda de certos medicamentos ao governo é "livre de impostos". Ao assim estabelecer, a CMED presume que as vendas realizadas ao Poder Público serão isentas de todos os tributos incidentes nesta operação.

Vale dizer: a CMED crê que as operações de venda de medicamentos à Administração Pública não serão gravadas pelo PIS, pela COFINS, pelo II, pelo IPI e, por fim, pelo ICMS.

Tanto mais isso é verdade que, no anexo ao referido Comunicado, estão arroladas duas colunas para cálculo do valor dos medicamentos: (i) a primeira com o denominado "preço fábrica" sem impostos; e (ii) uma segunda com o "preço máximo ao governo", consistente na concreta aplicação do CAP sobre o "preço fábrica" sem impostos.

Ao assim estabelecer, a CMED presume algo que poderá ou não ocorrer, já que não existe obrigatoriedade de as empresas fabricantes, importadoras ou distribuidoras de medicamentos usufruírem da isenção de ICMS prevista no Convênio CONFAZ n. 87/2002.

Se as empresas fabricantes, importadoras ou distribuidoras venderem medicamentos à Administração Pública federal, estadual ou municipal com a isenção de ICMS prevista no Convênio n. 87/2002, então o valor do "preço fábrica" sem impostos (anexo ao Comunicado CMED n. 7/2007) estará *corretamente fixado*.

Se, pelo contrário, as empresas fabricantes, importadoras ou distribuidoras optarem por não usufruir da isenção de ICMS prevista no Convênio n. 87/2002 nas vendas de medicamentos à Administração Pública federal, estadual ou municipal, então o valor do "preço fábrica" sem impostos (anexo ao Comunicado CMED n. 7/2007) estará *incorretamente fixado*, pois haverá a incidência de, pelo menos, um imposto: o ICMS.

E o valor dos impostos incidentes sobre a operação de venda de medicamentos sempre integrará o seu preço de venda. E isso porque os arts. 2º e 5º da Resolução CMED n. 4/2003 prevêem que o "preço fábrica" dos medicamentos é aquele indicado pelo seu fabricante até 31 de março de 2003, acrescido do ICMS, do PIS e da COFINS incidentes nas operações de compra e venda desses produtos.

Não se segue, daí, que o "preço fábrica" sem impostos anexo ao Comunicado CMED n. 7/2007 é inválido por ilegalidade ou inconstitucionalidade. Pelo contrário! Vincula os particulares e a Administração nas vendas de medicamentos ao Poder Público realizadas com o gozo da isenção de ICMS prevista no Convênio n. 87/2002.

Se a isenção de ICMS em comento não for concretamente usufruída nas sobreditas vendas, então será inaplicável o "preço fábrica" veiculado no Comunicado CMED n. 7/2007.

O que não se pode autorizar é que a CMED compulsoriamente (i) exija que a isenção de ICMS prevista no Convênio CONFAZ n. 87/2002 seja usufruída pelas empresas fabricantes, importadoras e distribuidoras de medicamentos; e/ou (ii) presuma que essa isenção de ICMS concretamente tenha se operado nas vendas de medicamentos ao Poder Público, independentemente da satisfação, pelo particular, dos requisitos previstos na cláusula primeira, § 1º, do Convênio CONFAZ n. 87/2002; e/ou (iii) fixe que o preço de aquisição dos medicamentos pelo Poder Público será, em todas as hipóteses, o "preço fábrica" sem impostos tal como previsto no anexo ao Comunicado CMED n. 7/2007.

Eis, portanto, a nossa visão sobre a matéria que nos foi submetida à apreciação.

E respondendo objetivamente os quesitos formulados:

1. Há livre fixação de preço nas operações de venda de medicamentos às entidades governamentais?

Resposta: Não. A União, por meio da Lei ordinária federal n. 10.742/2003 autorizou a fixação de preços e índices de reajustes de preços de medicamentos, seja nas operações de venda realizada ao Poder Público, seja nas operações de venda realizadas à população.

2. Qual a natureza jurídica do "Coeficiente de Adequação de Preço – CAP" e qual a sua relação com o denominado "preço fábrica"?

Resposta: Trata-se de um desconto compulsório incidente sobre o "preço fábrica" de certo rol de medicamentos se o seu adquirente for a Administração Pública.

3. O que se entende por "preço fábrica"?

Resposta: O valor de venda de medicamentos pelo seu fabricante, acrescido do PIS, da COFINS e do ICMS incidente na operação de compra e venda, é denominado de "preço fábrica", nos termos dos arts. 2º e 5º da Resolução CMED n. 4/2003 e posteriores alterações.

4. A Consulente pratica "preço fábrica"?

Resposta: O valor de venda de medicamentos pelo seu fabricante, acrescido do PIS, da COFINS e do ICMS incidente na operação de compra e venda, é denominado de "preço fábrica". Já o valor de venda de medicamentos por empresa distribuidora consiste na soma das despesas suportadas para sua aquisição do fabricante ("preço fábrica") acrescido de outras despesas operacionais e não-operacionais e margem de lucro.

Logo, a Consulente não pratica "preço fábrica" na venda de seus medicamentos.

5. Há como a Consulente aplicar o CAP nas operações de venda de medicamentos ao Poder Público?

Resposta: O CAP não pode ser aplicado sobre a totalidade do valor de venda de medicamentos contido na proposta de preços do distribuidor ao Poder Público; mas apenas sobre uma fração desse valor (qual seja, o "preço de fábrica").

6. É válida a isenção de ICMS concedida pelo Convênio CONFAZ n. 87/2002?

Resposta: Sim. Ela está veiculada em Convênio.

7. As operações de venda de medicamentos realizadas pela Consulente às entidades governamentais estão compreendidas dentre aquelas beneficiadas pelo Convênio CONFAZ n. 87/2002?

Resposta: Sim. Todas as operações de venda de medicamentos ao Poder Público estão contempladas no Convênio CONFAZ n. 87/2002.

8. Em caso positivo, essa isenção de ICMS é aplicável automaticamente à Consulente nas referidas operações de venda de medicamentos?

Resposta: Não. A isenção em comento é *condicionada* e *sob condição suspensiva*. E isso porque essa isenção de ICMS não irradiará os seus efeitos senão após o cumprimento das condições previstas no Convênio CONFAZ n. 87/2002. Isso significa dizer que até o implemento dessas condições, as operações de venda de medicamentos ao Poder Público continuam regularmente tributadas por meio do ICMS.

9. Em caso negativo, a Câmara de Regulação do Mercado de Medicamentos (CMED) pode suprimir esse imposto do "preço fábrica"?

Resposta: Não. O valor dos impostos incidentes sobre a operação de venda de medicamentos integra o seu preço de venda, pois os arts. 2º e 5º da Resolução CMED n. 4/2003 prevêem que o "preço fábrica" dos medicamentos é aquele indicado pelo seu fabricante até 31 de março de 2003, acrescido do ICMS, do PIS e da COFINS incidentes nas operações de compra e venda desses produtos.

Assim, se os requisitos para a isenção previstos Convênio CONFAZ n. 87/2002 não forem cumpridos pelos contribuintes, a CMED não poderá suprimir o ICMS do "preço fábrica".

10. O Comunicado CMED n. 7, de 11 de junho de 2007, é válido?

Resposta: Sim. Será, contudo, inaplicável naquelas hipóteses em que o particular não estiver isento da incidência de ICMS na venda de medicamentos ao Poder Público.

É o nosso parecer, salvo melhor juízo.

São Paulo, 17 de julho de 2007.

OS DOIS ÚLTIMOS QUADRIMESTRES DO MANDATO E A CORRETA APLICAÇÃO DAS NORMAS DE DIREITO FINANCEIRO

GEORGHIO TOMELIN

Consultor em Direito Público.

a) Da disjunção legal no art. 42 da LRF: a.i) Não haverá restos a pagar nos dois últimos quadrimestres; a.ii) Proibição de contrair obrigações que tenham parcelas futuras a serem pagas no exercício seguinte, sem que haja suficiente disponibilidade de caixa para este efeito. b) Do equilíbrio financeiro. c) Deslinde da questão. d) Das providências a serem tomadas. e) Minuta de decreto proposta.

Senhor Secretário,[1]

Os rumos da responsabilidade na administração fiscal do Município ganharam impulso com a importante Lei Federal Complementar n. 101, de 4 de maio de 2000. Coube à Lei de Responsabilidade Fiscal – LRF – enfeixar os gastos do poder público em limites tão angustos quanto a respectiva capacidade arrecadatória de cada esfera de Governo. Tudo o que se gasta deve caber dentro das receitas, sejam elas originárias, derivadas ou transferidas.

Antes da LRF, o Município tinha na Lei Federal n. 4.320, de 17 de março de 1964, o grande vetor para organização de receitas, despesas e respectivos balanços. A verdade é que a LRF remoçou o debate que já era antigo, e assim impediu que os governantes gastem para além dos quantitativos financeiros efetivamente existentes.

É evidente que o orçamento-programa continua sendo uma peça escritural, uma peça de planejamento. Os dispositivos desta lei formal devem se amoldar às regras da LRF, que existem não para engessar a atuação estatal, mas sim para que toda ação de governo seja consentânea, com os ingressos financeiros necessários ao estrito cumprimento das competências constitucionais de cada ente.

Neste contexto é que deve ser lido o art. 42 da LRF.

1. O presente estudo foi solicitado pela Secretaria de Gabinete e Governo da Municipalidade de Campinas/SP, com vistas a garantir um perfeito cumprimento das normas de direito financeiro no mandato que se encerraria em 2004. Foi autuado sob Protocolo n. 04/10/04611, em 4.2.2004, e tramitou pelos órgãos municipais competentes. Agradecemos ao Prof. Dr. Andrade Martins que fez importantes considerações e ainda a revisão final do texto.

Nos últimos oito meses de cada mandato, o cerco se aperta ainda mais. Diz o art. 42 da LRF que "*é vedado ao titular de Poder* ou órgão referido no art. 20, *nos últimos 2 (dois) quadrimestres do seu mandato, contrair obrigação de despesa* que não possa ser cumprida integralmente dentro dele, *ou* que tenha parcelas a serem pagas no exercício seguinte *sem que haja suficiente disponibilidade de caixa para este efeito*". E arremata o parágrafo único do mesmo art. 42: "*Na determinação da disponibilidade de caixa* serão considerados os *encargos* e *despesas compromissadas a pagar até o final do exercício*".

É sobre a aplicação deste dispositivo legal que pretendemos trazer algumas importantes considerações, sob pena de restar inviabilizado o exercício das competências constitucionalmente atribuídas ao atual Governo de Campinas, nestes seus derradeiros meses finais.

Muito se tem discutido acerca da constitucionalidade do famigerado art. 42 da LRF. Pretendemos aqui demonstrar que o dispositivo é certeiro, e que não tem qualquer eiva de inconstitucionalidade. Após uma leitura mais acurada de seus ditames vamos perceber que o mesmo pode – e até deve – ser interpretado conforme a Constituição, pois o reverso nos conduziria à inelutável conclusão de que a LRF teria, por seu art. 42, declarado o final antecipado dos mandatos eleitorais.

a) Da disjunção legal no art. 42 da LRF

A LRF veda, nos dois últimos quadrimestres, gastos que (i) não possam ser cumpridos integralmente até o final do ano *ou* (ii) que tenham parcelas a serem pagas no exercício seguinte sem que haja suficiente disponibilidade de caixa para este efeito.

Perceba-se que a Lei não disse que toda e qualquer assunção de obrigação ou contratação de despesa deve se encerrar dentro dos dois últimos quadrimestres. A LRF não disse que é nulo de pleno direito contratar nos oito meses finais do mandato (à moda do que fez com despesas de pessoal nos 180 derradeiros dias – art. 21[2]). Se o art. 42 tivesse vedado amplamente contratações, estaria proclamando o fim do mandato antes do prazo constitucional (art. 29, I, CF). Caso a LRF seja interpretada para impedir que o prefeito contrate obras de longa duração no final do seu mandato, estará ela proclamando o fim antecipado do mesmo, pelo que tornar-se-ia inconstitucional. O prefeito ficaria impedido de exercitar, por este fundamento, quaisquer despesas que tenham por natureza o caráter continuado.

Muitas são as despesas de caráter continuado. Ninguém as negaceia. "A gestão fiscal responsável pressupõe que os administradores públicos, no exercício da gestão orçamentária e financeira, não podem desconhecer que, muitos programas, projetos e atividades, uma vez iniciados, passam a ter um ciclo próprio e, por conseguinte, não ficam limitados ao ano fiscal ou exercício financeiro a que corresponde a autorização inicial, resultando daí sua inclusão em planos de médio e longo prazo (Plano Plurianual)" (cf. Lino Martins da Silva, *Contabilidade Governamental*, 5ª ed., Atlas, 2002, p. 129, item 5.2.2).

Assim é a vida para um sem-número de atividades municipais, que nada mais são do que o exercício de competências constitucionalmente atribuídas ao Poder Executivo, pelo art. 30 da Constituição da República. A LRF, em seu art. 17, considera obrigatória e de caráter continuado a despesa cuja execução ultrapasse dois exercícios financeiros.

Passemos à análise do primeiro aspecto da disjunção legal imposta pelo art. 42 da LRF.

2. Vale a pena ler o parágrafo único do art. 21 da LRF: "Art. 21. É nulo de pleno direito o ato que provoque aumento da despesa com pessoal e não atenda: I – as exigências dos arts. 16 e 17 desta Lei Complementar, e o disposto no inciso XIII do art. 37 e no § 1º do art. 169 da Constituição; II – o limite legal de comprometimento aplicado às despesas com pessoal inativo. Parágrafo único. *Também é nulo de pleno direito o ato de que resulte aumento da despesa com pessoal expedido nos cento e oitenta dias anteriores ao final do mandato do titular do respectivo Poder ou órgão referido no art. 20*".

a.i) Não haverá restos a pagar nos dois últimos quadrimestres

É o que diz o art. 42. Ocorre que a mesma LRF aprovada pelo Congresso Nacional trazia um dispositivo que tratava dos restos a pagar. Tal dispositivo, o art. 41, acabou vetado, uma vez que no sentir do Presidente da República poderia acarretar o aumento da dívida pública, pois possibilitava a inscrição em restos a pagar de valores não contidos nas disponibilidades de caixa.

O tema dos restos a pagar é vetusto no direito financeiro brasileiro. Vamos a ele.

Existem dois sistemas de escrituração contábil. O regime de caixa (sistema inglês) e o regime de competência (sistema italiano). Pelo regime de caixa, toda receita e toda despesa pertencem ao exercício financeiro no qual se escrituram, não importando a sua origem remota. Pelo regime de competência, toda receita e toda despesa se referem ao período original de exercício, e não ao período de entrada ou de saída no caixa.

Já o sistema brasileiro é misto. Utilizamos o regime de caixa para as receitas e o regime de competência para as despesas. Assim, cada vez que um orçamento se encerra, faz-se necessário criar uma rubrica específica para enfeixar o pagamento do que foi empenhado, contratado e liquidado, mas não foi pago em época própria. Estes valores são incluídos em balanço sob o nome "restos a pagar".

Em passado não muito distante, vivemos períodos em que os "restos a pagar" vicejavam um "orçamento paralelo", uma verdadeira "conta infinita" que nunca se extinguia. Em nenhum momento nas leis do Brasil – sob o nome "restos a pagar" – se pretendeu esconder a fraude do gasto sem dinheiro. Mas era o que se fazia de fato.

Quando iniciaram os debates acerca da LRF, uma catadupa de discursos foi proferida, com argumentos pela contenção dos restos a pagar ao dinheiro que houvesse em caixa no fim do exercício. "A exemplo de vários outros limites e restrições contidos no projeto de lei complementar, o sentido original da introdução de uma regra para Restos a Pagar era promover o equilíbrio entre as aspirações da sociedade e os recursos que esta coloca à disposição do governo, evitando déficits imoderados e reiterados. Neste intuito, os Restos a Pagar deveriam ficar limitados às disponibilidades de caixa como forma de não transferir despesas de um exercício para outro sem a correspondente fonte de despesa" (recortado das "razões de veto" ao art. 41 da LRF).

A redação final do malsinado art. 41 da LRF discrepou da primitiva, e não teve força para limitar ainda mais os restos a pagar. Sob esse motivo foi vetado por razões de interesse público, e continuamos nós, ainda hoje, a ter de respeitar os ditames do art. 36 da Lei Federal n. 4.320, de 17 de março de 1964, que já tratava do tema.

A regra geral está na Lei Federal n. 4.320, que continua valendo para os três exercícios anteriores àquele em que se encerra o mandato do prefeito. Já para os oito últimos meses do último ano do mandato, não haverá excusa, pois nada pode ser inscrito em restos a pagar.

Vale dizer: as despesas que pela sua natureza devam ser cumpridas dentro daquele ano, não podem ser contratadas se o fluxo de caixa da Prefeitura comprovar que não haverá dinheiro no final do ano para o seu pagamento. Estas despesas não se inventam. O critério para localizá-las está na lei. É o art. 57 da Lei Federal n. 8.666/1993 que diz que "a duração dos contratos regidos por esta Lei ficará adstrita à vigência dos respectivos créditos orçamentários". Assim, a regra geral é a de que se pague no mesmo ano o que se contrata dentro deste ano. Tudo para que um exercício financeiro não contamine o outro, e mais, para que um mandato de um prefeito não contamine o do outro.

Os restos a pagar são o artifício que os especialistas em contabilidade pública encontraram para adaptar a lei ao dinamismo da vida. Neste sentido, diz o art. 36 da Lei Federal n. 4.320 que "consideram-se restos a pagar as despesas empenhadas mas não pagas até o dia 31 de dezembro, distinguindo-se as processadas das não processadas".

Já a LRF restringe mais ainda o que diz a Lei Federal n. 4.320, ao proibir a inclusão em restos a pagar dos contratos assinados nos dois últimos quadrimestres. Para estes, ou bem se tem o dinheiro ou não se pode contratar.

a.ii) Proibição de contrair obrigações que tenham parcelas futuras a serem pagas no exercício seguinte, sem que haja suficiente disponibilidade de caixa para este efeito

Aqui não é um problema de "restos a pagar". A LRF não quer que se contratem, com abusividade, obrigações que ultrapassem aquilo que normalmente se faz. Em verdade, estas obrigações – mesmo antes da LRF – estavam desconectadas dos restos a pagar. Diz o parágrafo único do art. 36 da Lei Federal n. 4.320 que "os empenhos que correm à conta de créditos com vigência plurianual, que não tenham sido liquidados, só serão computados como Restos a Pagar no último ano de vigência do crédito".

A Lei Federal de Licitações também excepcionou esses encargos "obrigatórios de caráter continuado" nos incisos do seu art. 57. Assim, segundo a Lei Federal n. 8.666/1993, não estão adstritos à vigência dos respectivos créditos orçamentários, os projetos contemplados nas metas do Plano Plurianual, os serviços de natureza contínua e o aluguel e a utilização de equipamentos de informática. Nem poderia ser diferente. Como já dissemos, a vida é dinâmica e vai muito além dos escaninhos da burocracia.

Ladeada por todas estas considerações, a redação do art. 42 é perfeita, pois proíbe a contratação de obrigação, quando tenha parcelas futuras sem "que haja" disponibilidade suficiente de caixa para este efeito. A redação do dispositivo trará alguma dificuldade para os desavisados da língua portuguesa, que interpretarão, *ictu oculi*, este "que haja" como algo referido ao tempo presente. Não o é. O legislador optou por utilizar o subjuntivo com sentido de futuro, o que é, sim, autorizado por nossa gramática normativa.

Vejamos o que diz Adriano da Gama Kury, famoso filólogo da Casa de Rui Barbosa, sobre os modos e tempos do português castiço: "*Futuro do presente composto* (ou *anterior*) (indicativo e subjuntivo): exprime um *fato posterior à época presente*, mas *já acabado antes de outro fato futuro*" (em *Português Básico*, 15ª ed., Nova Fronteira, 1990, p. 166).

Ou seja, não se pode assinar hoje o pagamento de parcela de obrigação para a qual não haja dinheiro antes de outro fato futuro, qual seja o início do mandato do novo prefeito. Interpretar este "que haja" como se referindo a um tempo presente equivaleria dizer que *a LRF teria, por seu art. 42, declarado o final antecipado dos mandatos eleitorais* (o que já negamos na introdução deste estudo).

Diz a LRF "sem que haja suficiente disponibilidade de caixa para este efeito". Disponibilidade de caixa hoje? Repetimos: seria um contra-senso... A disponibilidade de caixa é *pro futuro*. Para aqueles que ainda tenham alguma dúvida, basta ler o parágrafo único do mesmo art. 42 da LRF: "Na determinação da *disponibilidade de caixa* serão considerados os encargos e despesas compromissados a pagar *até o final do exercício*".

Quando acaba o exercício? No final do ano. No final dos derradeiros últimos oito meses de mandato, se nos for permitido uma tautologia. A disponibilidade de caixa jamais poderia referir-se ao orçamento do ano seguinte, pois este é lei formal que ainda não existe.

Um exemplo poderá espancar alguma dúvida que ainda esteja passando pela veneta de alguém. Imagine-se que a Prefeitura precise contratar pavimentação de ruas, e que esta obra, prevista no Plano Plurianual como investimentos de longa duração, vá ser executada num determinado bairro com previsão de encerramento em três anos, a iniciar-se em julho de 2004. Como se ultrapassarão dois exercícios, serão despesas obrigatórias de caráter continuado, nos termos do art. 17 da LRF.[3]

Em três anos, vários estágios de obra se irão executar. Uma primeira parte – é inegável – será certamente compromissada para ser executada e cumprida nos últimos seis meses de 2004. Diz a LRF: é necessário que haja disponibilidade de caixa. Na determinação desta disponibilidade – que do ponto de vista global começa em julho de 2004 e termina em julho de 2007 – será considerada, para fins do art. 42 da LRF, somente a parcela de encargos e despesas "a pagar até o final do exercício", como manda o parágrafo único do mesmo art. 42. Ou seja, deverá estar em caixa o valor total desta parcela até 31 de dezembro de 2004, quando se encerra o exercício financeiro.

Assim, poderão ser contratadas obras que ultrapassem o mandato do prefeito, desde que o Poder Executivo faça acostar ao procedimento "fluxo de caixa", que demonstre que – para aquele pedaço de obra que se vai executar no mandato dele – existirá até o final do mandato 100% de dinheiro em caixa. Nada menos aceita a LRF. Seria uma aberração hermenêutica ler no art. 42, e seu parágrafo único, que deveria haver em caixa 100% do valor global, pois se estaria negando o Plano Plurianual e os serviços contínuos e, por conseqüência, ficaria maculado o "princípio da continuidade dos serviços públicos". Seria mesmo impossível promover este cálculo, pois o orçamento do ano seguinte ainda não existe, nem tampouco suas receitas.

Definitivamente não é o que diz a LRF. Esta não poderia impedir os "programas de duração continuada", pois estaria ferindo de morte, por simetria, o § 1º do art. 165 da Constituição da República. O que a LRF não quer é que o prefeito assuma, nestes oito últimos meses de mandato, projetos não contemplados no PPA com fins exclusivamente eleitoreiros, maiormente quando não tenha dinheiro no seu orçamento para adimplir a parte da obrigação que se executa sob seu Governo.

Se o fizer, estará incorrendo em crime. Se o projeto estiver contido no PPA, e não se comprovar que há, no mínimo, contrapartida de dinheiro em caixa para pagar a parcela a ser executada sob sua batuta, também estará incorrendo em crime.

Diz o art. 359-C do Código Penal que é crime: "Ordenar ou autorizar a assunção de obrigação, nos dois últimos quadrimestres do último ano do mandato ou legislatura, cuja despesa não possa ser paga no mesmo exercício financeiro ou, caso reste parcela a ser paga no exercício seguinte, que não tenha contrapartida suficiente de disponibilidade de caixa" (incluído pela Lei Federal n. 10.028/2000).

As contrapartidas financeiras dos interessados são muito comuns em obras realizadas por meio de programas comunitários de pavimentação. Tais programas estão previstos no anexo do Plano Plurianual de Campinas (anexo I da Lei Municipal n. 10.905, de 24 de julho de 2001, no item 3, sob a rubrica "C-Investimentos", republicado no *DOM* de 29.12.2001 junto com o PPA). Para que se concretizem tais obras, ou bem a Prefeitura define e apresenta a totalidade dos recursos, ou demonstra que *a parte que não possui* virá por meio de contrapartida dos interessados, que possa suprir *pro futuro* a disponibilidade de caixa.

Cada um responde por sua parte. A população pelo que contratou diretamente com a empreiteira (por adesão), e o Governo que se encerra pela parcela a ser executada até o final do seu mandato. E pelo futuro? Quem responde?

Pelo futuro, responde o prefeito do exercício seguinte, que poderá sempre cancelar a obra em curso, assumindo o peso político de sua decisão. O que é certo, é que o investimento que se iniciou tinha previsão no PPA e a parcela executada sob as rédeas de um mandato anterior foi integralmente adimplida dentro do mesmo. Fazer o contrário disso se-

3. Lei Complementar n. 101, de 4.5.2000: "Art. 17. Considera-se obrigatória de caráter continuado a despesa corrente derivada de lei, medida provisória ou ato administrativo normativo que fixem para o ente a obrigação legal de sua execução por um período superior a dois exercícios".

ria crime de responsabilidade. Vejamos o art. 167 da Constituição Federal: "§ 1º. Nenhum investimento cuja execução ultrapasse um exercício financeiro poderá ser iniciado sem prévia inclusão no plano plurianual, ou sem lei que autorize a inclusão, sob pena de crime de responsabilidade".

Perceba-se que a CF não está a exigir 100% do dinheiro em caixa, pois isto seria uma *contradictio in adjeto*. O PPA existe justamente para possibilitar aquelas obras de tomo, para as quais nunca há 100% do total em caixa. Nos termos do que diz o parágrafo único do art. 36 da Lei Federal n. 4.320, estes gastos só são incluídos em restos a pagar "no último ano de vigência do crédito". Diz ainda o art. 42 da LRF que, demais disso, só podem começar nos dois últimos quadrimestres do último ano de mandato, desde que 100% desta primeira parcela esteja em caixa até o final do mandato. Vê-se que, por duplo fundamento, não há inclusão em restos a pagar de fração desta parcela inicial, sob pena de infração à LRF e à legislação penal de regência da matéria.

Com estes dizeres, a LRF quer ver o cinto minuciosamente apertado no final do mandato, pois o prefeito que sai não terá condições de arrumar a casa para o novo magistrado que entra. E a casa deve estar limpa e arrumada para o novo inquilino. Vê-se por aqui que o início de exercício financeiro, quando um mandato se esvai, é mais complexo do que a virada de exercício durante um mesmo mandato eleitoral.

b) Do equilíbrio financeiro

Toda a nova forma de gestão fiscal imposta pela LRF traz a cotio uma necessidade de constante busca de equilíbrio financeiro. "Equilíbrio financeiro e preservação da integridade do patrimônio constituem-se, pois, em objetos do sistema de controle interno que qualquer entidade, pública ou privada, com ou sem finalidade lucrativa, deve organizar em manter, para que as atividades por ela desenvolvidas se concretizem *sem solução de continuidade*" (cf. J. Teixeira Machado Jr. e Heraldo Costa Reis, *A Lei 4.320 Comentada*, 31ª ed., IBAM, p. 92, grifamos).

Este equilíbrio financeiro é algo dinâmico, e deve ser encarado juridicamente de molde a dar sentido e concretude às normas abstratas do sistema legal. Daí a necessidade de visualizar dinamicamente o necessário equilíbrio econômico, que se verifica "quando a entidade está operando de forma a obter um resultado que seja capaz de remunerar o capital investido ou melhor, no caso das entidades governamentais ou sem finalidades lucrativas, obter um resultado que possa garantir a manutenção das suas operações substantivas e até mesmo a expansão dessas atividades com novos investimentos" (*ibid ibidem*, p. 94).

Claro que todas estas novas despesas – que nada mais são do que necessidades públicas atendidas – devem se amoldar à realidade orçamentária do Município. Muito sofremos no passado não tão distante, com as famosas *pontes que uniam nada a coisa nenhuma*. Pelo novo regime da LRF, não se admitirá que se acarrete novo aumento de despesa mediante criação, expansão ou aperfeiçoamento de ação governamental, sem estimativa de impacto orçamentário e compatibilidade com o Plano Plurianual, nos termos do que determina o seu art. 16. Ou seja: nada de novo – nada que não se contenha no PPA ou na LOA – poderá ser executado sem que a discussão acerca do encontro entre receitas e despesas recomece. Assim, pelo reverso, se a ação de Governo é ordinária, e não acarreta aumento de despesa para além do já previsto em lei, nada há que se justificar dos impactos orçamentários, pois estamos diante de criação, expansão ou aperfeiçoamento de ação "velha", que já se enfeixa dentro dos limites da *LOA* (Lei Municipal n. 11.847, de 30 de dezembro de 2003) e do *PPA* (Lei Municipal n. 11.120, de 28 de dezembro de 2001).

O Governo Democrático e Popular de Campinas usa uma fórmula ótima para o debate e percepção de responsabilidades com a coisa pública: o *Orçamento Participativo*. Tal fórmula é reconhecida por especialistas em direito financeiro, como o Professor Regis Fernandes de Oliveira, da Universidade de São Paulo. Em Campinas, é a Lei de Diretrizes Orçamentárias – Lei Municipal n. 11.629, de 29 de julho de 2003 (LDO 2004) – que assegura "aos cidadãos e cidadãs a participação no processo de elaboração, execução e fiscalização do orçamento" (art. 4º). A mesma LDO estabelece a ordem de prioridade para a execução dos programas de investimentos. É o seu art. 24, inc. IV, que trata dos "investimentos iniciados em 2004, e que não terminarão em 2004". Da leitura deste inciso da LDO[4] se percebe que o legislador campineiro não caiu na "falsa cilada" que muitos querem ver no art. 42 da LRF.

Vejamos o que diz o já citado Lino Martins da Silva sobre o tema:

"Sem dúvida, qualquer interpretação da Lei de Responsabilidade Fiscal mostrará que a limitação de empenho e as restrições de inscrição em Restos a Pagar são mecanismos de contenção de despesas e reestruturação e reorientação dos gastos e não apenas regras de escrituração contábil.

"Após a Lei de Responsabilidade Fiscal, é preciso que os administradores tomem cuidado redobrado com as despesas realizadas e não apropriadas ao orçamento e que são definidas como 'Despesas de Exercícios Anteriores' cujo reconhecimento legal depende não só da existência de saldo na dotação orçamentária, mas principalmente da comprovação de que, no final do exercício no qual a despesa ocorreu, o órgão ou entidade tinha disponibilidade financeira suficiente para sua cobertura.

"Em decorrência disso, parece claro que, no que se refere à Lei de Responsabilidade Fiscal, o reconhecimento e o pagamento de Despesas de Exercícios Anteriores deve estar vinculado ao comprometimento do fluxo financeiro do exercício desse reconhecimento e, por via de conseqüência, o órgão deve, para manter o equilíbrio em termos de metas fiscais, adotar uma das seguintes providências:

"– cancelar outras despesas de igual valor;

"– comprovar excesso de arrecadação; ou

"– apropriar a despesa a uma dotação específica já fixada no orçamento.

"Mesmo antes da edição da Lei de Responsabilidade Fiscal, algumas organizações públicas já apresentavam essa visão sobre os superávits e os déficits apurados nos Balanços e que são reveladores do equilíbrio orçamentário e financeiro, pois o correto é, do mesmo modo que o 'superávit financeiro' apurado no balanço patrimonial pode ser incorporado ao orçamento do exercício seguinte, o déficit financeiro apurado deve ensejar o bloqueio imediato desse déficit nas despesas do orçamento seguinte (...)" (in *Contabilidade Governamental*, 5ª ed., Atlas, 2002, pp. 161-162, item 5.5).

c) Deslinde da questão

Imagine-se agora que o novo prefeito decida que a obra, validamente iniciada, não tem mais interesse para o Município. O que deverá fazer? A resposta é simples: cancelar os empenhos, desde que não estejam liquidados. Não se pretende aqui praticar o mesmo erro que foi cometido no fim da gestão passada: "O Decreto n. 13.525, de 26 de dezembro de 2000, cancelou vários empenhos liquidados e não liquidados do ano de 2000. Este procedimento foi usado pelo governo anterior, descumprindo o art. 42 da Lei Complementar n. 101/2000. Desta forma, vários compromissos assumidos

4. Diz o texto integral (*www.campinas.sp.gov.br/bibjuri/lei11629.htm*) do art. 24 da LDO de Campinas: "Art. 24. A execução dos programas de investimentos descritos no Anexo I desta lei obedecerá a seguinte ordem de prioridades: I – investimentos em fase de execução que poderão terminar em 2004; II – investimentos em fase de execução que não terminarão em 2004; III – investimentos iniciados e completados em 2004; IV – investimentos iniciados em 2004, e que não terminarão em 2004. Parágrafo único. A ordem de execução dos investimentos poderá ser alterada em função da consulta à sociedade civil, conforme estabelecido no art. 4º desta Lei, condicionada a prévia autorização legislativa".

em 2000 e em anos anteriores não tiveram a respectiva disponibilidade de caixa – nem instrumento contábil – para seus pagamentos" (recortado do Anexo III – Anexo de Riscos Fiscais – Item 2 – Dívida com Fornecedores, da LDO – Lei Municipal n. 11.629, de 29 de julho de 2003).

O conteúdo do art. 42 da LRF foi analisado na questão n. 50 do excelente livro de Jorge Ulisses Jacoby Fernandes sobre *Responsabilidade Fiscal*. Vamos a ela:

"Uma despesa é empenhada em novembro. A execução do serviço está em andamento. Ocorre que no final do exercício verificou-se que não existe financeiro suficiente para efetuar o pagamento, já que o serviço será concluído em janeiro.

"(a) Esta nota de empenho ficará inscrita em restos a pagar ou será cancelada?

"De acordo com as regras gerais da Lei n. 4.320/1964 essa despesa constitui restos a pagar não processados (art. 36 da Lei n. 4.320/1964). Apesar da Lei recomendar essa sistemática, alguns órgãos têm mandado cancelar para provocar um superávit financeiro fictício nas contas" (2ª ed., Brasília Jurídica, 2002, pp. 199-200).

Nos parece que a solução – quando não haja a final recurso suficiente para efetuar o pagamento – será o cancelamento do empenho, sob pena de o administrador restar incurso nos dispositivos do Código Penal que tratam da matéria. Maiormente quando se tratarem de empenhos não processados, uma vez que os empenhos liquidados não poderão ser cancelados (este o erro já mencionado que cometeu o governo anterior). De mais a mais, quem exerce suas atribuições constitucionais estará no "estrito cumprimento de dever legal", e não se lhe poderá imputar a prática de crime, uma vez que estamos diante de excludente de antijuridicidade da conduta (art. 23, inc. III, do Código Penal).

Claro que a impossibilidade de se incluir em restos a pagar os valores a serem empenhados nos estertores da execução orçamentária, criarão uma situação de periclitância, que só se resolve com a prestação final de contas. Ainda que em tese, devemos admitir a hipótese de ocorrer casos em que valores sejam incluídos em restos a pagar quando não deveriam ter sido. Há decisão do Tribunal de Contas do Estado de São Paulo no sentido da "*ofensa ao art. 42 da LRF, ante a inscrição de despesas em restos a pagar nos dois últimos quadrimestres do ano, sem a existência de recursos financeiros para sua cobertura*" (TCE/SP, Pleno, proc. 2643/026/00). Tal decisão, interpretada *a contrario sensu* nos permite concluir que o Tribunal até poderia ter considerado jurídica a inscrição em restos a pagar, desde que plenamente justificada e, é claro, desde que o dinheiro estivesse em caixa, o que não ocorreu.

O que ocorre nesses casos? Devemos pensar nesta hipótese sempre como não-desejável, mas como algo faticamente possível. A verdade é que o Poder Executivo não é "dono" do orçamento. Basta, por exemplo, que uma liminar judicial seja concedida contra a arrecadação de um dado tributo para que o orçamento-programa não se concretize. Vejamos o que diz Heilio Kohama:

"(...) caso não seja feita a inscrição dos restos a pagar que não possua suficiente disponibilidade de caixa, não se terá possibilidade de emitir empenho no exercício seguinte para cobertura dessa despesa, pois ela não se referirá àquela que possuía saldo suficiente para atendê-las, que não se tenham processado na época própria, nem se referirá a compromissos reconhecidos após o encerramento do exercício correspondente, conforme determina o art. 37 da Lei Federal n. 4.320/1964, descrito anteriormente.

"Por outro lado, inscrevendo a despesa em restos a pagar, mesmo que não possua suficiente disponibilidade de caixa, haverá a possibilidade de cancelar os restos a pagar e emitir novo empenho na dotação de exercícios encerrados, sob a justificativa de *restos a pagar com prescrição interrompida*.

"É evidente que estamos falando de inscrição de restos a pagar de despesas que estejam baseadas em cabal justificativa" (in

Contabilidade Pública, 9ª ed., Atlas, 2003, p. 155).

E mais adiante arremata o mesmo autor:

"No exercício seguinte, a nova administração poderá promover o cancelamento dos restos a pagar, atendendo ao disposto no art. 359-F do Código Penal, introduzido pela Lei n. 10.028/2000, por entender que foram inscritos em valor superior ao permitido em lei, devendo, no entanto, providenciar novo empenho utilizando dotação de despesas de exercícios encerrados, utilizando o crédito orçamentário do exercício.

"Observemos que, no exercício, o cancelamento dos restos a pagar constituirá Receita Orçamentária e o novo empenho constituirá Despesa Orçamentária, não afetando os resultados orçamentário, financeiro e patrimonial, pois haverá uma receita e uma despesa, que se compensam" (ob. cit., p. 156).

d) Das providências a serem tomadas

Por todo o exposto, propomos a Vossa Senhoria a publicação de Decreto Municipal que oriente a execução orçamentária no concernente ao art. 42 da LRF. Este decreto deverá permitir uma escrituração contábil adequada ao rigor da responsabilidade fiscal e o escorreito exercício das competências constitucionalmente irrogadas ao Município. Deverá também prevenir condutas administrativas que pudessem, ainda que em tese, ser consideradas como incursão no art. 359-C do Código Penal.

Pela lei penal brasileira, "considera-se praticado o crime no momento da ação ou omissão, ainda que outro seja o momento do resultado" (art. 4º, CP). Isto equivale a dizer que é no momento da formalização do contrato (art. 60 da Lei Federal n. 8.666/1993) que se deverá perscrutar da existência ou não de disponibilidade de caixa *ex post facto*, ou seja: no final do exercício. Relembremos: "*Na determinação da disponibilidade de caixa* serão considerados os *encargos* e *despesas compromissadas a pagar até o final do exercício*", diz o parágrafo único do art. 42 da LRF.

É evidente que somente o corpo técnico da Secretaria Municipal de Finanças poderá atestar a dinâmica da execução orçamentária, de molde a dizer quando será e quando não será possível o encontro final de contas, para um dado contrato administrativo. Desse modo, o único meio de resguardar tais procedimentos – (dos quais devam decorrer contratos a serem assinados dentro dos dois últimos quadrimestres) – da ocorrência de infração à legislação financeira ou penal, é submetê-los à consideração prévia do Secretário de Finanças.

Nestes casos, o Secretário de Finanças terá ocasião de lançar nos autos "termo de disponibilidade", no qual declarará se existirá dotação suficiente para adimplir o contrato em momento anterior ao início do mandato do próximo prefeito. Cabe ao Secretário de Finanças dispor, por ordem de serviço, do procedimento interno da Secretaria para que se expeça o "termo de disponibilidade". O mais importante é que a Exma. Sra. Prefeita Municipal não assine contratos que possam ensanchar condutas enquadráveis nas vedações do art. 359-C do Código Penal e art. 42 da Lei de Responsabilidade Fiscal.

Faço acostar ao presente, minuta de decreto[5] para que possa ser analisada pelos órgãos administrativos afetados.

É o Parecer.

À consideração superior.

Campinas, 4 de fevereiro de 2004.

e) Minuta de decreto proposta

Decreto n.

Disciplina o procedimento de atendimento ao art. 42 da Lei de Responsabilidade Fiscal, para a regular assinatura de contratos após o início dos últimos

5. A minuta que segue anexa é a proposta original que foi acostada ao Parecer. A versão final, já com as alterações dos órgãos envolvidos, é o Decreto Municipal n. 14.629, de 11.2.2004 (*http://www.campinas.sp.gov.br/bibjuri/dec14629.htm*), ao qual se seguiram também duas ordens de serviço (n. 1, de 26.3.2004 – SMF, e n. 621, de 15.6.2004 – GP).

dois quadrimestres finais do mandato em 2004.

A Prefeita Municipal de Campinas no uso das atribuições legais do cargo, e

Considerando o disposto no art. 42 da Lei de Responsabilidade Fiscal que veda à Prefeita "nos últimos 2 (dois) quadrimestres do seu mandato, contrair obrigação de despesa que não possa ser cumprida integralmente dentro dele, ou que tenha parcelas a serem pagas no exercício seguinte sem que haja suficiente disponibilidade de caixa para este efeito"; e

Considerando os investimentos previstos no anexo do Plano Plurianual para o período 2002 a 2005 – PPA (Lei Municipal n. 11.120, de 28 de dezembro de 2001), publicado na página 2 do *DOM* de 29 de dezembro de 2001; e

Considerando o disposto nos arts. 23 da Lei de Diretrizes Orçamentárias – LDO (Lei Municipal n. 11.629, de 29 de julho de 2003), quando fixa os quesitos legais para que a lei orçamentária qualifique despesas obrigatórias de duração continuada; e assim também as prioridades na alocação de recursos (Anexo I da LDO e Anexo I do PPA); e

Considerando a necessidade de fixação de um procedimento administrativo para a expedição de "termo de disponibilidade" pela Secretaria Municipal de Finanças, com atendimento ao Anexo de Metas Fiscais (Anexo II da LDO); e

Considerando o parágrafo único do art. 42 da LRF, quando diz que para a "determinação da disponibilidade de caixa serão considerados os encargos e despesas compromissadas a pagar até o final do exercício", e assim também considerando que o exercício se encerra em 31 de dezembro de 2004; e

Considerando o disposto no inc. XV do art. 75 da Lei Orgânica de Campinas que atribui competência à Prefeita Municipal para delegar suas funções administrativas para outras autoridades do Poder Executivo; e

Considerando o disposto nos incs. III e V do art. 81 da Lei Orgânica de Campinas que atribui competência aos Secretários Municipais para delegar atribuições e expedir "ordens de serviço", orientando a boa execução das funções administrativas;

Decreta

Art. 1º. Cabe ao Secretário de Finanças expedir – previamente às contratações obrigatórias de duração continuada – "termo de disponibilidade" no qual ateste que a despesa efetuanda atende, no momento da contratação, aos requisitos do art. 42 da Lei de Responsabilidade Fiscal.

Parágrafo único. Para o exercício da atribuição prevista no *caput*, o Secretário de Finanças poderá expedir "ordem de serviço", orientando os servidores a ele subordinados na elaboração de fluxo de disponibilidade de caixa, que deverá assinalar a adequação da respectiva parcela de despesa continuada à dinâmica da execução orçamentária, que se encerrará em 31 de dezembro de 2004.

Art. 2º. Sempre que ocorrer alteração de prioridades na ordem de execução dos investimentos, com apoio no parágrafo único do art. 23 da LDO, o "termo de disponibilidade" será "ato complexo", firmado pelo Secretário de Finanças e pelo Coordenador de Participação Popular e Orçamento Participativo.

Art. 3º. Somente quando estivermos diante de ações governamentais que acarretem aumento de despesa, não previstas em orçamento, deverá o procedimento ser previamente submetido ao ordenador da despesa para a fase do art. 16 da LRF.

Parágrafo único. Ações governamentais que não acarretem aumento de despesa, para além daquelas previstas na lei orçamentária – seja por criação, expansão ou aperfeiçoamento –, estão dispensadas da fase do art. 16 da LRF.

Art. 4º. Este Decreto entra em vigor na data de sua publicação, revogadas as disposições em contrário.

Campinas (...).

RECOMPOSIÇÃO DA EQUAÇÃO ECONÔMICO-FINANCEIRA DO CONTRATO ADMINISTRATIVO EM FACE DE REAJUSTE SALARIAL DOS TRABALHADORES DA CONSTRUÇÃO CIVIL

FERNANDO VERNALHA GUIMARÃES*

Doutor em Direito do Estado pela UFPR.
Professor-Coordenador da Pós-Graduação da Faculdade de Direito de Curitiba (Unicuritiba) e de outras Instituições. Advogado e Consultor em Direito Público.

I. Introdução. II. O objeto da Consulta. III. O Parecer: 1. A positivação da teoria da intangibilidade da equação econômico-financeira do contrato administrativo: 1.1 O acolhimento do princípio da intangibilidade da equação econômico-financeira pela Constituição Federal; 1.2 A disciplina legal da tutela da equação econômico-financeira do contrato administrativo. 2. A disciplina específica prescrita pela Lei n. 8.666/1993: 2.1 A exegese do dispositivo da alínea "d" do inc. II do art. 65: 2.1.1 Existência de fato superveniente (ou de conhecimento superveniente às partes contraentes) ao momento de propositura das propostas na esfera da licitação (ou no processo de contratação); 2.1.2 Existência de prejuízos de repercussão econômica ocasionados pelo fato superveniente a uma das partes contraentes; 2.1.3 Ausência de responsabilidade-culpa da parte agravada quanto à ocorrência do fato; 2.1.4 Imprevisibilidade do evento superveniente (ou de conhecimento superveniente) ou imprevisibilidade de suas conseqüências ou da dimensão de duas conseqüências; 2.1.5 Rejeição da onerosidade excessiva como pressupostos à tutela da equação econômico-financeira do contrato; 2.1.6 Síntese dos pressupostos à tutela do equilíbrio contratual. 3. A hipótese de reajustes salariais como eventos hábeis a provocar o dever de recomposição da equação econômico-financeira: 3.1 A orientação do Tribunal de Contas da União sobre a questão; 3.1.1 O reajuste salarial não reflete necessariamente a recomposição inflacionária; 3.1.2 Impossibilidade material em prever-se a variação do reajuste salarial; 3.1.3 Inviabilidade de equiparação da variação salarial decorrente de acordos coletivos ao instrumento jurídico do reajuste; 3.1.4 Os reajustes salariais não estão incorporados nos índices de reajustamento comumente utilizados na contratação administrativa; 3.1.5 Impraticabilidade de operar, na hipótese, os critérios fixados pelo inc. XI do art. 40 da Lei n. 8.666/1993; 3.1.6 A impossibilidade material de calcular o reajustamento salarial; 3.1.7 Os efeitos decorrentes do

* vernalha@vgpadvogados.com.br.

acolhimento da tese do TCU; 3.2 Síntese conclusiva. 4. Exame do caso concreto à luz da jurisprudência do Tribunal de Contas da União: 4.1 As singularidades do reajustamento produzido mediante instrumento coletivo de 29 de julho de 2009: 4.1.1 O reajustamento produzido mediante instrumento coletivo de 29 de julho de 2009 supera os índices inflacionários; 4.1.2 A excepcionalidade do reajuste de 29 de julho de 2009: valorização distanciada da média histórica dos últimos anos; 4.1.3 A excessiva onerosidade nos custos da mão-de-obra da construção civil. 5. Conclusão.

I. Introdução

O Sindicato da Indústria da Construção Civil no Estado do Paraná – Sinduscon/PR, entidade de classe constituída para fins de representação legal da categoria econômica da indústria da construção civil no Estado do Paraná, consulta-me acerca das indagações adiante formuladas para a emissão de Parecer Jurídico, expondo os seguintes fatos:

II. O objeto da Consulta

No dia 29 de julho de 2009, foi celebrado instrumento coletivo de reajuste salarial para a categoria dos trabalhadores da construção civil no Estado do Paraná, subscrito pelo Sindicato da Indústria da Construção Civil no Estado do Paraná – Sinduscon/PR, pela Federação dos Trabalhadores nas Indústrias da Construção e do Mobiliário do Estado do Paraná e pelo Sintracon – Sindicato dos Trabalhadores nas Indústrias da Construção Civil, de Olaria e de Cerâmica para Construção de Curitiba e Região. Nos termos do ajuste, que fixou vigência (retroativa) a partir de 1º de junho de 2009 (data-base para a convenção coletiva da categoria), restou definido um reajuste salarial de 8,5% (oito vírgula cinco por cento) à categoria, acrescido do vale-compras no valor de R$ 140,00 (cento e quarenta reais) mensais. O ajuste trouxe, ainda, nova tabela para os pisos salariais.

O reajustamento foi produzido sob condições excepcionais de negociação, sendo alcançado após oito dias de paralisação dos trabalhadores da construção civil em regime de greve. Tratou-se de um reajuste significativamente mais elevado do que a referência histórica dos últimos anos.

De acordo com a informação fornecida pela Consulente, a média histórica do ganho real no salário da categoria de *servente* (considerando-se salário + vale-alimentação ou vale-compras) dos últimos 5 anos equivale a 2,60%. Isto é: a variação salarial dos últimos 5 anos vem superando, ano a ano, em 2,60% a inflação (tomando-se como referência da recomposição inflacionária o INPC). Contudo, o reajustamento em discussão (retratando a evolução salarial de 1º de junho de 2008 a 31 de maio de 2009) traduziu uma diferença de 6,99% acima da inflação. Da mesma forma, para a categoria de *profissional*, o reajuste firmado em 2009 retratou um ganho real salarial de 5,93% contra uma média histórica dos últimos 5 anos fixada em 2,35% (acima da inflação).

Assim, a variação salarial destas categoriais (considerando-se os novos valores-referência do salário e do vale-alimentação) fixada pelo reajustamento de 1º de junho de 2009 afigura-se bastante distanciada de sua média histórica, revelando-se um reajustamento excepcional.

O diferencial é explicado em decorrência de defasagens históricas acumuladas nos salários da categoria e pelas condições extremas em que se produziu a negociação. Extrapolou, portanto, o reajuste não apenas o nível inflacionário do período, como produziu ganhos reais nos vencimentos da categoria em níveis deveras mais elevados do que sua média histórica.

Fato é que tal reajustamento impacta generalizadamente o custo da construção civil no Paraná. Neste contexto, alcança as contratações administrativas, onerando os custos de produção de contratos cujos escopos pressuponham a utilização da mão-de-obra setorial – como, por exemplo, o contrato para execução de obra pública.

É inevitável, por isso, que todas as novas contratações iniciadas a partir da nova realidade salarial a considerarão na composição de seu preço.

O problema surge quanto a contratos que já estavam em execução (ou que já haviam ultrapassado a fase de proposição no certame licitatório) ao tempo da referida alteração das condições salariais. Para estas, os preços foram fixados a partir de contexto salarial diverso. Mas o expressivo reajuste impacta significativamente os custos de produção destes contratos, produzindo um ônus não desprezível aos contratantes-executores. A hipótese exige, para manter-se a equação econômico-financeira contratual originariamente pactuada, de um *realinhamento* nos preços, de molde a acomodá-los à nova realidade salarial. Em face disso, surge indagação fundamental acerca da disciplina legal jurídica atinente ao caso.

Considerando todo este contexto fático, o Sinduscon/PR indaga-me:

(*i*) O reajuste salarial firmado em dia 29 de julho de 2009 enseja o dever jurídico das Administrações Públicas em proceder à recomposição da equação econômico-financeira em contratos que envolvam em seus escopos a utilização de mão-de-obra da construção civil (ignorada outras peculiaridades caso a caso)?

(*ii*) Em sendo afirmativa a resposta ao quesito anterior, qual o critério temporal que deve ser utilizado para delimitar a recomposição da equação financeira dos contratos administrativos?

III. O Parecer

Os fatos narrados pela Consulta revelam e definem um pressuposto econômico: alguns contratos administrativos em execução ao tempo do reajustamento salarial coletivo à categoria dos trabalhadores da construção civil foram impactados pela oneração no custo da mão-de-obra setorial. A descrição deste fato econômico é temperada pelas seguintes peculiaridades:

(a) o reajustamento foi fruto de negociação travada entre representantes de classes, sendo certo que seu termo foi alcançado após oito dias de paralisação em regime de greve pelos trabalhadores da construção civil;

(b) o reajustamento atingiu valorização expressiva, distanciada da média histórica dos últimos 5 anos;

(c) o reajustamento superou, em larga medida, os níveis inflacionários retratados nos principais índices de correção da moeda.

A indagação formulada pela Consulta demanda a análise destes fatos à luz da tutela da intangibilidade da equação econômico-financeira no direito brasileiro. Pressupõe o alcance da correta exegese às normas jurídicas que tutelam no direito nacional a alterabilidade dos contratos administrativos para fins de recomposição de sua equação econômico-financeira.

Com vistas à melhor compreensão dessas normas, é necessário fixar inicialmente algumas noções teóricas acerca da tutela do equilíbrio financeiro dos contratos administrativos. Neste enfrentamento, relacionam-se teorias que, florescidas no direito francês, foram, em alguma medida, importadas pela dogmática do contrato administrativo no Brasil. A interpretação que muitas vezes tem sido acolhida para estes temas ainda carrega (quase sempre inadvertidamente) concepções próprias das construções da jurisprudência francesa. Assim, o enfrentamento do problema, inclusive para a afirmação da identidade da disciplina nacional, não deve desprezar aquelas noções trazidas do direito estrangeiro.

Após a delimitação destas noções, pretenderei debruçar-me sobre a correta exegese da regra do disposto na alínea "d" do inc. II do art. 65 da Lei n. 8.666/1993 – regra cujo comando se presta a tutelar o problema formulado na Consulta –, para, então, enfrentar, mais especificamente, a hipótese do reajuste salarial como evento hábil a desencadear o dever jurídico da Administração em restabelecer a equação econômico-financeira do contrato. Nesta análise, não será desprezada a orientação jurisprudencial que o Tribunal de Contas da União tem oferecido à questão.

Fechando-se os exames, serão analisadas as peculiaridades do caso concreto com vistas a verificar a sua subsunção à hipótese normativa do disposto na alínea "d" do inc. II do art. 65 da Lei n. 8.666/1993, respondendo-se, como conclusão, os quesitos formulados.

1. A positivação da teoria da intangibilidade da equação econômico-financeira do contrato administrativo

Tradicionalmente, a doutrina brasileira sempre acolheu uma teoria da intangibilidade da equação econômico-financeira dotada de um amplo âmbito tutelar, numa versão mais protetiva que a própria matriz francesa que a inspirou. A Lei n. 8.666/1993 encerrou uma configuração deste princípio intensamente generosa à esfera de direitos do particular.

Por influência do direito francês, é costumeiro no exame a propósito do âmbito de proteção da equação econômico-financeira dos contratos administrativos gerais contrapor a existência de uma álea ordinária (caracterizando-se como o risco ordinário e previsível suportado pelos contraentes) a de uma álea extraordinária (envolvendo riscos imprevisíveis). Diz-se que os eventos reconduzíveis à álea ordinária que provocarem o rompimento na equação econômico-financeira do contrato não se constituirão em pressupostos aptos a impor o dever jurídico da Administração em ressarcir os prejuízos verificados. Sendo previsíveis os riscos, não há que se falar em responsabilização administrativa quanto à recomposição da equação econômico-financeira. Já a álea extraordinária compreenderia eventos hábeis a, produzindo desbalanceamento na equação financeira, sujeitar a Administração ao dever jurídico de sua recomposição. Abrange tanto agravos econômicos sofridos pelo contratado a propósito de conduta da Administração Pública (*álea administrativa*), como circunstâncias externas ao contrato, caracterizáveis como fatos imprevistos e imprevisíveis ao tempo da celebração contratual, hábeis a provocar desequilíbrio econômico na esfera do pacto (*álea econômica*).[1]

1. Acerca do assunto, já escrevi: Fernando Vernalha Guimarães, *Alteração Unilateral do Contrato Administrativo*, São Paulo, Malheiros Editores, 2003, pp. 259 a 262 e 295 a 300. "A recomposição de preço nos Contratos Administrativos gerais por elevação imprevisível no custo de insumos", in *Revista Zênite de Licitações e Contratos*, ano XIII, n. 194, Ed. Zênite. *Curso de Direito Administrativo* (coord. Marcelo Harger) Rio de Janeiro, Forense, 2007, pp. 255 e ss.

A doutrina sobre o tema é vastíssima. V., entre outros, Caio Tácito, "O equilíbrio financeiro na concessão de serviço público", in *Temas de Direito Público*, vol. I, Rio de Janeiro, Renovar, 1997, pp. 199 a 255. Carlos Ari Sundfeld, *Licitação e Contrato Administrativo*, 2ª ed., São Paulo, Ed. RT, 1995, pp. 237 a 249. De Marçal Justen Filho, *Comentários à Lei de Licitações e Contratos Administrativos*, 13ª ed., São Paulo, Dialética, 2009, pp. 747 e ss., Justen Filho, Marçal. "Equilíbrio Econômico-Financeiro dos Contratos Administrativos, a Lei n. 8.666 e o Plano Real", *ILC – Informativo Licitações e Contratos*, Zênite, n. 8, out./1994, pp. 475 a 487, Justen Filho, Marçal. "Reajuste de preços e garantias constitucionais", *ILC – Informativo de Licitações e Contratos*, n. 61, mar./1999, pp. 165 a 176. Maria Sylvia Zanella Di Pietro, "Equilíbrio econômico-financeiro do contrato administrativo", in *Direito Administrativo na Década de 90*, São Paulo, Ed. RT, 1997. C. A. Bandeira de Mello, "O equilíbrio econômico nos contratos administrativos", in *Perspectivas de Direito Público (Estudos em Homenagem a Miguel Seabra Fagundes)*, Belo Horizonte, Del Rey, 1995. São Paulo, 2006. José Anacleto Abduch Santos, *Contratos de Concessão de Serviços Públicos – Equilíbrio Econômico-Financeiro*, Curitiba, Juruá, 2003. Diógenes Gasparini, "Reajuste, revisão e repactuação", *ILC – Informativo de Licitações e Contratos*, n. 123, mai./2004, pp. 416 e ss. – "Resta-

No campo das *áleas extraordinárias*, indicam-se quatro causas aptas a produzir o rompimento da equação econômico-financeira do contrato: (*i*) a modificação unilateral do contrato; (*ii*) o fato da Administração; (*iii*) o fato do príncipe, que caracterizam a *álea administrativa*, e (*iv*) os *fatos imprevisíveis e excepcionais* hábeis a provocar o rompimento da equação (teoria da imprevisão – *cláusula rebus sic stantibus*), que caracterizam a *álea econômica*.

A *modificação unilateral do contrato* consiste na intervenção formal e direta no conteúdo do contrato administrativo, particularmente vocacionada à alteração de cláusulas regulamentares, e que, em regra, repercute no rompimento da equação econômico-financeira do contrato (arts. 58, I, e 65, I, da Lei n. 8666/1993). O ato de instabilização, nesse caso, deverá desde logo, ao produzir a modificação das condições de execução, reorganizar economicamente o contrato, restabelecendo a sua equação originariamente firmada.

O *fato da Administração* retrata conduta lesiva (e ilícita) da Administração levada a efeito enquanto parte contratante. Será um comportamento da Administração tomado na qualidade de parte no contrato que acarrete a impossibilidade de sua execução ou o desbalanceamento da equação econômico-financeira. São as hipóteses, por exemplo, da não-liberação do terreno em que se promoverá a execução da obra; da não-expedição de ordem de serviço para o início das tarefas, quando obrigatória, etc. A Lei n. 8666/1993 disciplinou uma série de direitos do contratado em face da ocorrência de fatos da Administração (incs. XV e XVI do art. 78, e inc. VI do § 1º, do art. 57).

O *fato do príncipe* consiste em ato praticado pelo Poder Público (não como parte no contrato) que, ainda que não relacionado diretamente com o contrato administrativo, nele repercute, provocando, de modo reflexivo, o rompimento da equação econômico-financeira. Não pressupõe um ato dirigido a instabilizar relação jurídico-contratual; é, em regra, medida de ordem geral e que apenas indiretamente repercute alterações no seio do contrato. Por isso, qualifica-se como um mero *fato jurídico* (em relação aos efeitos produzidos no contrato). E sob a proteção da *teoria da imprevisão* estão todos os fatos imprevistos e imprevisíveis que, involuntários e exteriores ao domínio da Administração, provoquem o rompimento da equação econômico-financeira do contrato.

Esta construção dogmática retrata a importação de teorias nascidas no direito francês. Esses enfrentamentos permearam de certo modo a interpretação dos dispositivos da Lei Geral dos contratos administrativos no direito brasileiro aplicáveis ao tema, mesmo que descoincidente com o tratamento da questão na França (o que revela, sob um ângulo, certa inutilidade daquela classificação ao exame da problemática no direito brasileiro). Fato é que aquela categorização está, de um modo geral, associada ao princípio da equação econômico-financeira do contrato administrativo no direito brasileiro – particularmente à exegese do tratamento do tema pela Lei n. 8.666/1993.

1.1 O acolhimento do princípio da intangibilidade da equação econômico-financeira pela Constituição Federal

É relevante destacar, primariamente, que a manutenção da equação econômico-financeira do contrato administrativo no direito brasileiro tem raiz constitucional. O princípio está contemplado no inc. XXI do art. 37 da Constituição.

O reconhecimento da constitucionalização do princípio produz conseqüências jurídicas relevantes. Por um lado, impede-se

belecimento do equilíbrio econômico-financeiro do contrato – Ausência de previsão em ato convocatório ou contrato – Decurso de um ano da data limite para apresentação da proposta", *ILC – Informativo de Licitações e Contratos*, n. 35, jan./1997, p. 26.

que o legislador infraconstitucional elimine a garantia da manutenção das condições econômicas efetivas da proposta; por outro, subtrai-se da Administração (incumbida da confecção da minuta do contrato) a possibilidade de pactuar o afastamento da incidência do princípio. Os instrumentos de recomposição da equação econômico-financeira do contrato serão sempre exercitáveis em face da verificação da situação pressuposta, independentemente de sua previsão no conteúdo do contrato.

Mas o princípio está também positivado pela legislação infraconstitucional.

1.2 A disciplina legal da tutela da equação econômico-financeira do contrato administrativo

Diversas normas legais encarregam-se de assegurar e disciplinar a tutela da equação econômico-financeira do contrato administrativo. Seria possível referir a três principais diplomas que definem e disciplinam espécies de contratos administrativos: a Lei n. 8.666/1993 (que se destina a regular os "contratos administrativos gerais"); a Lei n. 8.987/1995 (que se destina a regular a "concessão de serviço público"); e a Lei n. 11.079/2004 (que regula a "parceria público-privada"). Em todas estas leis há normas específicas destinadas à disciplina da matéria da intangibilidade da equação financeira do contrato administrativo, cujo tratamento é customizado em função também da natureza do contrato. Interessa aos enfrentamentos que seguem a disciplina geral do tema fixada no conteúdo da Lei n. 8.666/1993.

2. A disciplina específica prescrita pela Lei n. 8.666/1993

A Lei n. 8.666/1993 tratou da problemática da intangibilidade da equação econômico-financeira do contrato administrativo em diversos dispositivos. Além de assegurá-la pela verificação do *fato da Administração* (inc. VI do § 1º do art. 57) – o que seria até desnecessário pela ilicitude da hipótese –, a garantiu quanto à alteração do conteúdo do contrato (§ 2º do art. 58; § 6º do art. 65); ao *fato do príncipe* (§ 5º e alínea "d" do inc. II do art. 65); e à *teoria da imprevisão* (alínea "d" do inc. II do art. 65).[2]

Esta lei operou uma espécie de unificação de todas aquelas situações (especialmente quanto à *teoria da imprevisão* e *teoria do fato do príncipe*, que não conduzem em todos os casos a tratamento uniforme no direito francês) debaixo do mesmo regime jurídico. Como regra, adotou-se a concepção de que eventos imprevisíveis ou de conseqüências imprevisíveis (álea extraordinária), posteriores ao oferecimento da proposta pelo particular, configuram motivo bastante a atrair a responsabilidade administrativa quanto ao restabelecimento da equação econômico-financeira.

Particularmente a norma prevista na alínea "d" do inc. II do art. 65 da Lei n. 8.666/1993 trouxe como hipótese normativa a desencadear o comando da tutela da equação financeira do contrato eventos imprevisíveis ou de conseqüências incalculáveis que repercutam diretamente nos custos de produção do contrato.

Em termos simplistas, a norma parece ter incorporado a exegese das teorias do *fato do príncipe* e da *imprevisão*, uniformizando as conseqüências jurídicas decorrentes. Mas

2. Alguns autores destacam como causa apartada da teoria da imprevisão as chamadas "sujeições imprevistas", sendo estes fatos materiais e incidentes técnicos capazes de onerar a execução do contrato. São, assim como as circunstâncias econômicas que acolhe a teoria da imprevisão, fatos imprevistos e imprevisíveis. Mas distinguem-se destas porquanto se caracterizam como problemas quanto à execução material do contrato (como, p. ex., a descoberta de camada rochosa subterrânea durante escavações para a execução de obra), enquanto as situações sob a proteção da teoria da imprevisão seriam incidentes de natureza econômica, como a elevação aguda no preço de determinados insumos utilizados na execução de obra; a variação no câmbio do dólar etc.

esta afirmação revela-se excessiva, porquanto há diferenças marcantes que apartam o tratamento jurídico veiculado pela norma da alínea "d" do inc. II do art. 65 da Lei n. 8.666/1993 da exegese costumeiramente extraída daquelas teorias (particularmente quanto à caracterização dos pressupostos para sua aplicação). À questão se voltará adiante.

2.1 A exegese do dispositivo da alínea "d" do inc. II do art. 65

A regra da alínea "d" do inc. II do art. 65 da Lei n. 8.666/1993 prevê hipótese de alterabilidade consensual do contrato administrativo com vistas a "restabelecer a relação que as partes pactuaram inicialmente entre os encargos do contratado e a retribuição da administração para a justa remuneração da obra, serviço ou fornecimento, objetivando a manutenção do equilíbrio econômico-financeiro inicial do contrato, na hipótese de sobrevirem fatos imprevisíveis, ou previsíveis porém de conseqüências incalculáveis, retardadores ou impeditivos da execução do ajustado, ou, ainda, em caso de força maior, caso fortuito ou fato do príncipe, configurando área econômica extraordinária e extracontratual".

A redação do dispositivo é abrangente e instala uma ampla tutela protetiva da equação financeira do contrato administrativo, abarcando como causas aptas a desencadear o dever jurídico da Administração em restabelecer o equilíbrio contratual todo e qualquer fato econômico *superveniente* à celebração do contrato, ou de *conhecimento superveniente*, *imprevisíveis* ou de *conseqüências incalculáveis* que, externos ao contrato e alheios à responsabilidade do contratado, impactem os custos de produção do contrato.

Uma adequada exegese do dispositivo importa reconhecer, portanto, a existência de quatro pressupostos cumulativos para a incidência da tutela à equação financeira do contrato, que podem ser assim sintetizados: 1) existência de fato *superveniente* (ou de conhecimento superveniente às partes contraentes) ao momento de propositura das propostas na esfera da licitação (ou no processo de contratação); 2) existência de prejuízos de repercussão econômica ocasionados pelo fato superveniente a uma das partes contraentes; 3) ausência de responsabilidade-culpa da parte agravada quanto à ocorrência do fato; 4) imprevisibilidade do evento superveniente (ou de conhecimento superveniente) ou imprevisibilidade de suas conseqüências ou da dimensão de duas conseqüências.

2.1.1 Existência de fato superveniente (ou de conhecimento superveniente às partes contraentes) ao momento de propositura das propostas na esfera da licitação (ou no processo de contratação)

O primeiro pressuposto consiste na superveniência do fato gerador do agravo econômico à parte contraente, ou de seu conhecimento. É evidente que fatos anteriores à apresentação das propostas na licitação não podem ser invocados como causa de prejuízo à parte contraente, pois se presumem considerados na proposta. Mas é possível supor hipóteses em que, embora ocorrido anteriormente ao momento da celebração do contrato ou da fase de proposição na licitação, o fato não pudera ser conhecido pela parte por razões justificáveis. Neste caso, o conhecimento superveniente do fato funciona como o próprio evento superveniente em si.

Pontue-se que, muito embora a equação econômico-financeira do contrato se aperfeiçoe com a formalização do ajuste, sua equação financeira se reporta a momento anterior: à data de apresentação das propostas (ou à data do orçamento a que esta se referir). O raciocínio é elementar: após encerrada a proposta, os eventos supervenientes não mais poderão ser considerados para o fim de cômputo do preço. Daí porque a equação econômico-financeira prende-se ao momento de encerramento da fase de proposição na licitação.

Em certas situações, o Edital fixa orçamento e o remete à data-base específica, quando o critério de melhor proposta será a oferta de descontos (eventualmente, lineares) sobre os preços plasmados no Edital. Aqui, o momento de formação da equação financeira se fixa na data-base definida com o ato convocatório.

Esse entendimento está exarado em diversas manifestações do Tribunal de Contas da União. Cite-se, por todos, o Acórdão n. 474/2005 (Plenário, Rel. Ministro Augusto Sherman Cavalcanti), cujo voto do Ministro Relator assim sustentou:

> O princípio da manutenção da equação econômico-financeiro, por sua vez, impõe que, nos casos de já se ter passado mais de um ano da apresentação da proposta ou da elaboração do orçamento a que ela se referir, deve o início da execução contratual ocorrer com os preços reajustados. Caso contrário, a execução contratual se iniciará com preços extremamente desatualizados, provocando o enriquecimento ilícito da Administração. Esse entendimento mantém a relação original entre encargos e vantagens da relação contratual, pois é condição da manutenção do equilíbrio que a partir de um ano da data-base das propostas os preços sejam reajustados. Ou seja, o máximo de defasagem de preços que o contratado deve suportar é aquela referente a um ano (art. 28 da Lei n. 9.069/1995 e art. 2º da Lei n. 10.192/2001). Impor mais do que isso, o que ocorreria na questão aqui tratada caso os contratos fossem executados sem prévia atualização, implicaria a quebra do equilíbrio.

2.1.2 Existência de prejuízos de repercussão econômica ocasionados pelo fato superveniente a uma das partes contraentes

O segundo pressuposto diz com a existência de *prejuízos* ocasionados pelo fato superveniente a uma das partes contraentes. A ausência de prejuízo impede, por falta de objeto, a imposição do dever ressarcitório a título da recomposição do equilíbrio contratual. Mas ainda quando haja prejuízo, é necessário que atinja *diretamente* os custos de produção do contrato. Não caberia, por exemplo, aludir ao dever de restabelecimento da equação financeira do contrato por majoração na alíquota do imposto sobre a renda, estabelecida por lei superveniente (fato do príncipe). A hipótese esbarraria na ausência de incidência direta da variação de carga fiscal sobre os custos de produção do contrato (o que tem sido reconhecido pela jurisprudência do Tribunal de Contas da União[3]). A parte poderia experimentar prejuízo em decorrência do evento, mas este incidiria sobre o resultado da exploração contratual e não diretamente nos custos de execução. Na hipótese, não haveria propriamente um desequilíbrio do contrato ou o rompimento de sua equação financeira. Por isso, a repercussão direta do evento sobre os custos de produção do contrato deve ser um pressuposto obrigatório para ensejar o dever jurídico ressarcitório do desequilíbrio contratual.

2.1.3 Ausência de responsabilidade-culpa da parte agravada quanto à ocorrência do fato

Como terceiro pressuposto, alude-se à ausência de responsabilidade-culpa da parte agravada quanto à ocorrência do fato. Se o

3. A orientação tem levado o Tribunal de Contas da União a determinar a exclusão do cômputo destes tributos na planilha de custo direto de composição do orçamento. Como decidido pelo Acórdão n. 3.257/2007: "Acordam os Ministros do Tribunal de Contas da União, reunidos em Sessão Plenária, ante as razões expostas pelo Relator, em: 9.1 orientar as unidades técnicas do Tribunal que, quando dos trabalhos de fiscalização em obras públicas, passem a utilizar como referenciais as seguintes premissas acerca dos componentes de Lucros e Despesas Indiretas – LDI: 9.1.1 os tributos IRPJ e CSLL não devem integrar o cálculo do LDI, nem tampouco a planilha de custo direto, por se constituírem em tributos de natureza direta e personalística, que oneram pessoal-

evento foi gerado por culpa ou responsabilidade do contratado, elimina-se o direito ao restabelecimento indenizatório em face do ocorrido. Se o contratado, por exemplo, passa a experimentar preços mais elevados na aquisição de insumos utilizados na execução do contrato por uma condição *subjetiva* sua, descabe premiá-lo com o ressarcimento do prejuízo.

Este pressuposto relaciona-se com a *imprevisibilidade* da ocorrência lesiva – elegido como quarto e último pressuposto a caracterizar o deve jurídico em prover a recomposição do equilíbrio contratual.

2.1.4 Imprevisibilidade do evento superveniente (ou de conhecimento superveniente) ou imprevisibilidade de suas conseqüências ou da dimensão de duas conseqüências

Se o evento era gerenciável pelo contratado em face de sua previsibilidade, elimina-se a viabilidade-obrigatoriedade do ressarcimento. Talvez aqui esteja a causa que propicia maiores dificuldades na sua verificação.

O ponto fundamental a atrair a responsabilidade do Estado ao ressarcimento dos agravos suportados pelo contratado reside na *extraordinariedade* do evento. Acolhe-se o raciocínio de que o rompimento da equação econômico-financeira apto a atrair a responsabilidade da Administração deve ser motivado por eventos *imprevisíveis* ou (ainda que previsíveis) de *conseqüências imprevisíveis* (ao tempo de formulação da proposta). Em sendo previsível o evento, assim como o dimensionamento de suas conseqüências ao tempo do oferecimento das propostas na licitação, presume-se a sua consideração pelos licitantes, que devem integrar em suas propostas todos os custos previsíveis e projetados à execução do contrato.

mente o contratado, não devendo ser repassado à contratante (...)".

Um meio de alcançar uma caracterização satisfatória da álea extraordinária está em contrapô-la a uma área ordinária. Delimitada a zona de risco própria da atividade empresarial rotineira, que exige um exercício de previdência por parte do empresário, os eventos que aconteçam fora deste âmbito seriam considerados extraordinários – imprevisíveis ou de conseqüências incalculáveis. Como referiram Eros Grau e Paula Forgioni, "Espera-se de qualquer empresário que paute seu comportamento negocial de acordo com o padrão dos homens ativos e probos, ou seja, de acordo com o agir normalmente esperado das empresas. A falta de diligência não pode ser protegida pelo ordenamento jurídico, assim como eventuais erros de cálculo também não hão de ser neutralizados pelo direito" (*O Estado, a Empresa e o Contrato*, São Paulo, Malheiros Editores, 2005, pp. 111 e 112).

Logo, os erros e a má-gestão da programação da execução contratual pelo contratado não poderiam dar lugar ao dever da Administração restabelecer a equação contratual, quando violada. A hipótese estaria inserida no âmbito da álea ordinária, escapando à tutela da intangibilidade do equilíbrio econômico-financeiro do contrato.

Por outro lado, excluídos os eventos de consideração obrigatória, previsíveis, portanto, pela empresa, as demais ocorrências lesivas ao equilíbrio contratual deverão merecer a caracterização de situações imprevisíveis para o fim de autorizar a recomposição de sua equação financeira.

Um ponto que merece atenção relaciona-se à hipótese em que o evento é previsível, mas a dimensão de suas conseqüências, não. Essa é precisamente a hipótese equiparável ao caso versado na Consulta. Reajustes salariais decorrentes de dissídio ou convenção coletiva são eventos, em si, previsíveis. Mas é impraticável prever-se a extensão do reajuste. Tais eventos, embora previsíveis, são de conseqüências incalculáveis, caracterizando-se como hipótese subsumível à dicção exata do dispositivo da alínea "d" do inc. II do art. 65. À questão se voltará adiante.

2.1.5 Rejeição da onerosidade excessiva como pressupostos à tutela da equação econômico-financeira do contrato

Não é incomum exigir-se o pressuposto da *onerosidade excessiva* para autorizar-se o exercício da tutela do equilíbrio contratual. Alguns autores advogam a tese pela inaplicabilidade da tutela da equação financeira do contrato quando os agravos suportados pelo contratado são de pequena monta, inexpressivos para caracterizar a chamada "onerosidade excessiva".

A tese figura inclusive em alguns julgados da recente jurisprudência Tribunal de Contas da União. Cite-se o Acórdão n. 538/2008 – Plenário, de Relatoria do Ministro Marcos Vinicios Vilaça, que reafirmou orientação anterior (acolhida no Acórdão n. 45/1999 – Plenário) em exigir o pressuposto da "onerosidade excessiva" para ensejar o dever reparatório pelo Estado. O caso versou sobre a hipótese de recomposição da equação financeira como decorrência da majoração da Cofins e da CPMF. Considerou-se que, além de a elevação da carga tributária ter sido de apenas 1,38% (sendo a taxa de BDI fixada em 48%), a legislação que elevou a Cofins de 2% para 3% trouxe para as empresas a possibilidade de compensação de até 1% dessa contribuição quando do pagamento da Contribuição Social sobre o Lucro Líquido – CSLL. Isso tornaria injustificável à época o pedido de reequilíbrio do contrato no que concerne à Cofins. Diante disso, o aumento tributário resultaria de apenas 0,38%, que seria reduzido para 0,30% a partir de junho/2000, por força da mesma EC 21/1999. Concluiu, então, o julgado pela ausência de *onerosidade excessiva* a justificar o pedido de recomposição da equação econômico-financeira. Nos termos do voto do Ministro Relator destacou-se:

> 17. No tocante ao acréscimo aplicado ao BDI em virtude da majoração da Cofins e da CPMF, já se havia afirmado nestes autos a *ausência de configuração de encargo insuportável à contratada* decorrente do aumento desses tributos, pelo que não se poderia sustentar a alteração do contrato com fundamento na necessidade de manutenção do equilíbrio econômico-financeiro inicial. Há também os precedentes deste Tribunal, a exemplo do Acórdão n. 045/99-TCU-Plenário e da Decisão n. 698/2000-TCU-Plenário, os quais sempre levaram em conta a natureza genérica dos tributos majorados, sobretudo da CPMF, que alcança a economia do país como um todo, para concluir que *as majorações desses encargos inserem-se na álea empresarial ordinária, a não ser que, além dos requisitos da involuntariedade e imprevisibilidade do fato, reste evidenciada a onerosidade excessiva da execução contratual original em decorrência do incremento, no caso, da carga tributária.*
>
> (...).
>
> 19. Nas alegações de defesa, a contratada alega que a situação fática que motivou a revisão dos preços não se enquadra na teoria da imprevisão, mas na categoria de fato do príncipe, para a qual seria desnecessário provar a onerosidade excessiva da execução contratual.
>
> 20. O argumento foi devidamente refutado pela Secex/RN mediante a transcrição de trechos do referido Acórdão n. 045/99-TCU-Plenário, que discorrem sobre os limites da aplicação do fato do príncipe e *os requisitos necessários à sua aplicação, entre eles a materialidade do ônus imposto ao particular*" (o grifo não consta do original).

Esta posição tem sido reafirmada em diversos julgados do Tribunal de Contas da União.

Com o máximo respeito aos defensores desta orientação, não me parece sustentável em face do direito positivo brasileiro afirmar-se a necessidade do pressuposto da "onerosidade excessiva" para fins de atrair a tutela da equação econômico-financeira do contrato. O pressuposto não consta, nem mesmo implicitamente, da redação da alínea "d" do inc. II do art. 65 da Lei n. 8.666/1993. Não há, ademais, qualquer outra regra veiculada pela Lei n. 8.666/1993 ou por outras normativas aplicáveis ao tema dos contratos administrativos que prescreva a exigência. É inexplicável, pois, de um ponto de vista hermenêutico, a acolhida do pressuposto da "onerosidade excessiva".[4]

A orientação pode ser explicada historicamente pela importação impensada da teoria da imprevisão ao direto nacional. Mas é equívoco pretender informar a exegese da regra jurídica pátria pela invocação de uma teoria nascida a propósito de outro ordenamento. Especialmente quando há regra específica no direito nacional prescrevendo orientação distinta. O direito comparado não pode ser um instrumento de modificação do direito positivo brasileiro.

O acolhimento desta condição tem origem na exegese genuína da teoria da imprevisão, surgida na jurisprudência do Conselho de Estado francês (*Compagnie Générale d'Éclairage de Bordeaux*, de março de 1916[5]). A teoria foi recepcionada pela totalidade da doutrina francesa, que exigiu, dentre os pressupostos para sua aplicação, a verificação de uma profunda modificação nas circunstâncias que circundam a execução do contrato.[6] Para esta doutrina, seria preciso pesar uma oneração excessiva a uma das partes contraentes para autorizar-se a revisão de suas condições econômicas.[7]

Mas a aplicação da teoria da imprevisão no contexto dos contratos administrativos na França produz conseqüências bem distintas daquelas que decorrem de sua aplicação no contexto nacional; sob aquele ordenamento, não há um dever jurídico a que uma das partes arque integralmente com o ônus suportado pela outra, promovendo-se o restabelecimento *integral* da equação econômico-financeira do contrato.[8]

Mais do que isso, o direito brasileiro não a recepcionou na versão que recebeu da jurisprudência e doutrina francesas,[9] sendo

4. Vale consulta, neste particular, ao exame que Marçal Justen Filho faz do problema, concluindo pela incompatibilidade com o direito nacional da orientação que vê na onerosidade excessiva um pressuposto à tutela da equação financeira do contrato (*Comentários à Lei de licitações e Contratos Administrativos*, 13ª ed., São Paulo, Dialética, 2009, pp. 755 e ss.). Antônio Carlos Cintra do Amaral, no mesmo sentido, recusa a "onerosidade excessiva" como um pressuposto à aplicação da teoria da imprevisão no direito brasileiro (*Licitação e Contrato Administrativo*, Belo Horizonte, Fórum, 2006, p. 189).

5. Consulte-se Pierre Delvolvé, Prosper Weill, Guy Braibant, Marceau Long, B. Genevois, *Los Grandes Fallos de la Jurisprudencia Administrativa Francesa*, Bogotá, Ediciones Librería del Profesional, 2000, pp. 116 e ss.

6. Veja-se Christophe Guettier, *Droit des Contrats Administratifs*, Paris, PUF, 2004, pp. 368 e 369. Laurent Richer, *Droit des Contrats Administratifs*, 4ª ed. Paris, LGDJ, 2004, p. 257.

7. Veja-se Juan Carlos Cassagne, *El Contrato Administrativo*, Buenos Aires, Abeledo-Perrot, 2005, p. 137. Eduardo Emilli também explica a teoria da imprevisão, assinalando que: "o acontecimento deve transformar a prestação em excessivamente onerosa, deve provocar ao contratado um desequilíbrio econômico considerável" (Eduardo O. Emilli, "El equilibrio contractual", in *Contratos Administrativos*, coord. Ismael Farrando, Buenos Aires, Abeledo-Perrot, 2006, p. 622).

8. Na França, p.ex., a imprevisão acarreta a distribuição (não precisamente em partes iguais) do ônus entre as partes contraentes (Administração e contratado). Esta orientação foi acolhida na jurisprudência do Conselho de Estado de 25 de novembro de 1921, *Compagnie des Automobiles Postales*, Rec. 980; RDP 1921, 499. Este princípio da repartição do ônus se explica – como observa Laurent Richer – numa idéia de eqüidade (Jèze) ou de justiça distributiva (Hauriou). A Administração tende a suportar uma carga maior do que o contratado: "En principe, l'administration prend à sa charge 90% du déficit, pourcentage d'ailleurs mentionné dans la circulaire du 20 novembre 1974; mais cette part peut être diminuée en considération de la plus ou moins grande diligence du cocontractant" (Laurent Richer, *Droit des Contrats Administratifs*, 4ª ed., Paris, LGDJ, 2004, p. 259).

9. É preciso observar que, anteriormente à vigência da Lei n. 8.666/1993 e do Decreto-lei n. 2.300/1986, a aplicação da teoria da imprevisão, fundada no próprio Código Civil então vigente, mantinha certa fidelidade à sua exegese francesa. Consulte-se, a respeito, a orientação histórica proferida pelo STF no RE n. 56.960-SP, de Relatoria do Ministro Hermes Lima, j. 13.11.1964.

que os pressupostos para sua aplicação frente ao ordenamento nacional não são equivalentes àqueles exigidos para a sua incidência no contexto francês. Disso decorre certa inutilidade em invocá-la – particularmente temperada pela leitura dos teóricos franceses – para explicar as causas de desbalanceamento da equação econômico-financeira no direito brasileiro.

Examinada a evolução do direito positivo brasileiro em relação à tutela da equação econômico-financeira dos contratos administrativos, verifica-se não só um tratamento jurídico abrangente e unificador daquelas diversas teorias construídas pela jurisprudência francesa para explicar as alterações nas cláusulas econômicas do contrato administrativo (teoria do fato do príncipe, teoria da imprevisão, teoria das sujeições imprevistas etc.), postas sob o mesmo regime jurídico (o que elimina utilidade em manter-se a distinção, que segue preservada apenas para fins acadêmicos), como a atribuição de um tratamento jurídico à teoria da imprevisão distinto do direito francês.

Basta mera leitura do disposto na alínea "d" do inc. II do art. 65 da Lei n. 8.666/1993 para concluir-se pela inaplicabilidade da exegese lhe conferida pelo direito francês.

Por isso, com o devido respeito às orientações divergentes (inclusive àquelas consignadas pelos respeitáveis Ministros do Tribunal de Contas da União), entendo não existir viabilidade jurídica à interpretação que vê a "onerosidade excessiva" como um atributo da hipótese normativa do dispositivo da alínea "d" do inc. II do art. 65 da Lei n. 8.666/1993, caracterizando-a como um pressuposto para a incidência do comando normativo trazido pela mesma regra.

2.1.6 Síntese dos pressupostos à tutela do equilíbrio contratual

A esta altura, já é possível afirmar que, nos termos da alínea "d" do inc. II do art. 65 da Lei n. 8.666/1993, a tutela da equação econômico-financeira do contrato administrativo estará atraída quando se verificarem, cumulativamente, os seguintes pressupostos:

1) existência de fato *superveniente* (ou de conhecimento superveniente às partes contraentes) ao momento de propositura das propostas na esfera da licitação (ou no processo de contratação) ou de conhecimento superveniente;

2) existência de prejuízos ocasionados pelo fato superveniente a uma das partes contraentes;

3) ausência de responsabilidade-culpa da parte agravada quanto à ocorrência do fato;

4) imprevisibilidade do evento superveniente (ou de conhecimento superveniente) ou imprevisibilidade de suas conseqüências (fato previsível de conseqüências incalculáveis);

5) relação de causalidade direta entre o fato superveniente ou de conhecimento superveniente e os custos de produção do contrato.

3. A hipótese de reajustes salariais como eventos hábeis a provocar o dever de recomposição da equação econômico-financeira

Delimitados os pressupostos específicos à incidência do comando normativo da alínea "d" do inc. II do art. 65 da Lei n. 8.666/1993, é necessário, com vistas ao aprofundamento do exame demandado com a Consulta, analisar especificamente a hipótese da oneração dos encargos trabalhistas como fato gerador de prejuízos nos custos de produção do contrato.

Como afirmado acima, a elevação dos encargos trabalhistas em virtude de acordos trabalhistas de classe não pode ser acolhida como um evento plenamente previsível. É possível afirmar-se que o dissídio ou a convenção coletiva em si configuram fatos previsíveis. Mas não é possível prever-se a sua extensão ou calcular a sua valorização.

Em razão disso, torna-se absolutamente impraticável dimensionar o seu impacto nas propostas que os licitantes oferecem à Administração na esfera da licitação. É faticamente inviável, então, que impactos futuros gerados pelo advento de reajustamento salarial sejam previstos e considerados nas propostas oferecidas à Administração. Já por isso, o caso deve ser caracterizado como um evento imprevisível ou de conseqüências incalculáveis, aptos, portanto, a atrair a tutela do equilíbrio contratual.

Trata-se de aplicar a literalidade da norma da alínea "d" do inc. II do art. 65 da Lei n. 8.666/1993, que não apenas prevê os "fatos imprevisíveis", mas, ainda, aqueles "previsíveis, porém de conseqüências incalculáveis", como hipótese de incidência da tutela da equação financeira. Isto é: o legislador desejou que os fatos previsíveis cujas conseqüências sejam incalculáveis figurem como motivo hábil a atrair o dever jurídico da Administração em restabelecer a equação econômico-financeira do contrato.

O objetivo do legislador – como é perceptível – não consistiu primordialmente em prestigiar o interesse do contratado, outorgando-o um benefício e segurando-o quanto ao risco daquelas ocorrências. Trata-se, sobretudo, de adotar uma premissa econômica tendente a reduzir os custos transacionais na contratação administrativa.

Como não é possível realizar uma previsão segura quanto à extensão da variação dos encargos salariais, a exigência de sua delimitação ao tempo das ofertas na licitação prestigiará a elevação dos custos de transação, fomentando a precificação desta insegurança nas propostas manifestadas pelos interessados.[10]

É esse – como me parece – o raciocínio econômico que está subjacente a esta previsão: o legislador optou por assegurar aos contraentes a recomposição da equação econômico-financeira do contrato em virtude de eventos previsíveis, mas de conseqüências imprevisíveis com vistas a evitar a incorporação desta álea no custo da contratação administrativa. A solução legislativa promove os princípios da economicidade e da eficiência ao pretender alcançar a redução dos custos transacionais na contratação administrativa.

De todo o modo, seja qual for a razão política ou econômica que subjaz à previsão desta regra, sua dicção é claríssima e não deixa margem para dúvidas quanto ao acolhimento da *imprevisibilidade das conseqüências* de fatos previsíveis como causa à recomposição do equilíbrio contratual.

3.1 A orientação do Tribunal de Contas da União sobre a questão

A despeito da clareza da letra daquele dispositivo, o Tribunal de Contas da União tem manifestado, em alguns julgados, o entendimento de que reajustes trabalhistas não caracterizam evento hábil a autorizar a recomposição da equação econômico-financeira do contrato. Parte-se do pressuposto de que estes eventos são previsíveis, retratando mera recomposição inflacionária. Esta mesma orientação tem sido também compartilhada pelo Superior Tribunal de Justiça.[11]

10. Como explica argutamente José Gaziero Cella, "sabendo-se que, se acaso o equilíbrio econômico-financeiro vier a ser rompido, haverá o direito ao seu restabelecimento, o particular, na elaboração de sua proposta, levará em conta tão-só os riscos normais e previsíveis, de maneira que, em conseqüência, o custo para a Administração e, por conseqüência, aos usuários, será menor possível, podendo tornar-se mais elevado somente nas ocasiões em que o equilíbrio for rompido" (*Contrato Administrativo: Equilíbrio Econômico-Financeiro*, Curitiba, Juruá, 2004, p. 90).

11. "O aumento salarial determinado por dissídio coletivo de categoria profissional é acontecimento previsível e deve ser suportado pela contratada, não havendo falar em aplicação da Teoria da Imprevisão para a recomposição do equilíbrio econômico-financeiro do contrato administrativo"

A questão foi enfrentada e decidida no Acórdão n. 1.563/2004 (Plenário, de Relatoria do Ministro Augusto Sherman Cavalcanti), onde se equiparou o incremento dos custos salariais a mero reajuste provocado pela inflação, submetendo-o ao regime jurídico do reajuste. A orientação foi repisada no Acórdão n. 2.255/2005 – Plenário, em que se respondeu a Consulta formulada pelo Presidente da Câmara dos Deputados. Nos termos desse Acórdão, o voto do Ministro Relator, Lincoln Magalhães da Rocha, consignou que:

4. Os reajustes salariais ocorridos em razão de convenção, acordo ou dissídio coletivo, possuem, a meu ver, natureza jurídica essencialmente distinta daquelas situações que ensejam reequilíbrio econômico-financeiro nos contratos.

5. Assento esse meu entendimento no disposto na Lei 8.666/1993. Naquele normativo, a questão do reequilíbrio econômico-financeiro é disciplinada no art. 65, inc. II, alínea *d*, que estabelece como condição para aplicação desse mecanismo a ocorrência de alguma das seguintes hipóteses: a) fatos imprevisíveis; b) fatos previsíveis, porém de conseqüências incalculáveis; c) fatos retardadores ou impeditivos da execução do ajustado; d) caso de força maior; e) caso fortuito; f) fato do príncipe; e g) álea econômica extraordinária.

6. Não vislumbro como o reajuste, mesmo a título de abono, como particulariza o insigne consulente, verificado na data-base de uma dada categoria poderia se constituir em alguma das situações previstas no normativo que citei como capazes de ocasionar a necessidade do restabelecimento da equação econômico-financeira do contrato.

7. *O reajuste salarial, mesmo o abono, procura refletir a variação do custo no insumo mão-de-obra provocada pela inflação ocorrida em dado período. Chamo a atenção para o fato de que o percentual de reajuste de mão-de-obra estabelecido mediante negociações trabalhistas não está obrigado a repor "in totum" a corrosão inflacionária, mas tal reajuste obrigatoriamente ocorrerá.*

8. *Dado que o reajuste ocorrerá, e a despeito da incerteza relativa ao índice e à ocorrência ou não de abonos, não há como se aplicar aqui qualquer variante da teoria da imprevisão, pois o reajuste trabalhista não é resultante de evento aleatório. Há neste caso tão-somente o reflexo nos custos da previsão de uma realidade existente, ou seja, o fenômeno inflacionário.*

9. No mesmo diapasão, *também não tomo como admissível a argüição de que o reajuste salarial, mesmo concedido*

(AgRg no REsp 417.989-PR, Ministro Herman Benjamin, j. 5.3.2009).

Nada obstante, há jurisprudência de outros Tribunais em sentido diverso. Veja-se o seguinte julgado do Tribunal de Justiça do Paraná, assim ementado: "Ação de indenização. Contrato administrativo. Serviços de vigilância. Convenção coletiva superveniente. Alegada quebra do equilíbrio econômico-financeiro. Pedido julgado improcedente. Apelação. Reajuste do piso salarial da categoria e concessão de outros benefícios que onerou a empresa contratada, causando o apontado desequilíbrio contratual. Inteligência do art. 65, inc. II, alínea 'd' e § 5º, da Lei n. 8.666/1993. Indenização devida. Recurso provido". Do voto do Des. Relator, tira-se que: "Portanto, restando devidamente comprovado que a convenção coletiva da categoria, celebrada após a aceitação da proposta pelo apelado, alterou o equilíbrio econômico-financeiro do contrato, caberia ao contratante, ante o pedido administrativo formulado pela apelante, rever os termos do contrato firmado, para restaurar a situação originária, sendo certo que a sua inércia gera, para a autora, o direito à indenização pelos prejuízos sofridos" (TJPR, Apelação Cível n. 462.194-1, julgamento unânime, j. 30.9.2008).

Há, ainda, na direção do acolhimento deste ato como apto a ensejar a recomposição da equação financeira do contrato, decisões administrativas do Tribunal de Justiça do Rio de Janeiro. Refira-se ao Processo Administrativo TJRJ n. 20.352/1998. Do parecer acolhido pela decisão, da lavra de Jessé Torres Pereira, tira-se que: "alinho-me a tal entendimento, que tenho por agasalhado no art. 65, II, 'd', da Lei n. 8.666/1993, constituindo-se o abono em fato imprevisível ou, se previsível, de 'conseqüências incalculáveis', de sorte a ensejar a revisão ali autorizada, com o fim de manter o equilíbrio econômico-financeiro do contrato" (Processo Administrativo TJRJ n. 20.352/1998). Jessé Torres Pereira Junior, *Comentários à Lei das Licitações e Contratações da Administração Pública*, 7ª ed., Rio de Janeiro, Renovar, 2007, pp. 717 e 718.

em forma de abono, reitero, seja um fato previsível, porém de conseqüências incalculáveis. Não se coaduna com a atividade empresarial não ser previdente o suficiente para deixar de prever a ocorrência de inflação já por ocasião da elaboração da proposta. Nesse caso, observo, os reajustes decorrentes de decisões trabalhistas *já deveriam estar incorporados à equação econômico-financeira do contrato, ainda que isso não ocorra em valores exatos*" (o grifo não consta do original).

Segundo a orientação do TCU, o reajuste trabalhista não é um evento aleatório. Partindo-se da premissa de que o seu impacto nos custos de produção do contrato é mero reflexo do fenômeno inflacionário (retratado pelos índices de reajuste), orienta-se que a previsibilidade de sua extensão se põe sob o dever de previdência próprio da atividade empresarial. Por isso, deve esta variação, no ver desta jurisprudência, ser projetada nas propostas para a formação da equação econômico-financeira do contrato, "ainda que isso não ocorra em valores exatos".

Com o máximo respeito a esta orientação, penso que ela incorre, primeiramente, em equívoco de premissa. Há duas premissas erraticamente acolhidas pela orientação: (*i*) o reajuste salarial reflete necessariamente a recomposição inflacionária; (*ii*) o reajuste salarial é um fato de conseqüências calculáveis *ex ante*. A negação destas premissas – que me parece de fácil demonstração – põe em xeque o fundamento que ampara aquela orientação jurisprudencial.

Ademais, vejo como improcedente também a tese de que a expectativa da variação dos encargos trabalhistas deva ser projetada nas propostas oferecidas à Administração ao tempo da licitação. Esta não foi a solução acolhida pelo legislador, como pretenderei demonstrar adiante.

3.1.1 O reajuste salarial não reflete necessariamente a recomposição inflacionária

A primeira premissa utilizada pela orientação do TCU é excessiva. O reajuste salarial não necessariamente refletirá, em todos os casos, a recomposição inflacionária. É possível que este reajustamento destine-se a incorporar não apenas a perda inflacionária, mas, ainda, a elevar o ganho real dos salários de certa categoria. Trata-se, aliás, de uma hipótese comum na prática dos dissídios coletivos.

Nas palavras de Marçal Justen Filho: "É perfeitamente possível que o dissídio imponha apenas a recuperação do poder monetário em vista da inflação, mas também é imaginável que seja assegurado um aumento destinado a elevar o salário real da categoria. Podem ser criados benefícios, tais como o dever de manter creche, assegurar assistência médico-odontológica específica e assim por diante".[12]

Aliás, o que torna os acordos coletivos imprevisíveis quanto à extensão do conteúdo dos reajustes ajustados é precisamente a sua natureza *contratual*. O acordo coletivo não é um instrumento vocacionado a reproduzir em termos exatos e de modo automático a reposição monetária em decorrência da inflação. Até se pode afirmar que a recomposição do valor da moeda é uma das pautas que freqüentemente figuram no repertório de reivindicações nas discussões que antecedem a sua firmatura. Mas não é possível resumir ou equiparar o acordo coletivo a uma espécie de instrumento jurídico destinado a assegurar a reposição inflacionária. Trata-se, muito além disso, de um acordo de vontades entre classes, onde impera uma tensão relacional entre interesses própria dos ajustes contratuais. O seu conteúdo retratará não uma informação extraída da exata mensuração do nível inflacionário, mas será o produto de uma negociação, de um contrato, que poderá contemplar (e freqüentemente contemplará) outras vantagens patrimoniais à classe trabalhadora transcendentes da mera reposição do valor monetário.

Portanto, a natureza *contratual* dos acordos coletivos impede que se o classifi-

12. *Comentários...*, p. 757.

que rigidamente como um evento destinado a recompor a perda inflacionária, o que o dotaria de *relativa* previsibilidade. Tecnicamente, os acordos coletivos, por isso, não têm necessariamente a vocação exclusiva de recomposição da inflação. Podem configurar, inclusive, instrumentos para a elevação salarial voltados também a fomentar a distribuição de riquezas na sociedade. Como diz a doutrina: "economicamente, a negociação coletiva serve como meio de distribuição de riquezas numa economia em prosperidade, ou também uma função ordenadora numa economia em crise. A melhoria da condição social do trabalhador não pode prescindir de uma técnica que, sendo adequada em relação às possibilidades de cada empresa ou de cada setor da economia, permite que, sem maiores traumas, sejam atendidas as reivindicações operárias perante o capital" (L. J. de Oliveira; C. F. Rupp; A. D'Angele; N. A. Costa; P. Piantavini; R. R. Tavares; e T. Cosate, "A moderna negociação coletiva de trabalho", in *Unopar Cient. Ciênc. Juríd. Empres.*, v. 2, n. 1, Londrina, 2001, p. 126).

Logo, é simplista e equivocada a pressuposição de que os acordos coletivos são sempre produzidos para a recomposição da inflação – ou que sempre refletirão unicamente o fenômeno inflacionário. Tal não se afigura uma premissa verdadeira. A prática, ademais, não a tem confirmado. As variações oscilam muitas vezes alheiamente à evolução da inflação por serem produto de uma negociação entre classes.

3.1.2 Impossibilidade material em prever-se a variação do reajuste salarial

O afirmado acima conduz à conclusão pela impossibilidade material de prever-se o incremento do custo salarial. A natureza contratual do reajuste produz indeterminação quanto ao seu conteúdo, cuja sorte dependerá do jogo negocial entre as classes signatárias do ajuste. Logo, é faticamente impossível realizar previsões seguras quanto à variação dos reajustes salariais.

Já por isso, a variação nos encargos salariais em decorrência de dissídios e acordos coletivos não é plenamente calculável pelos interessados em contratar com o Poder Público. Como tal, afigura-se um evento previsível, mas de *conseqüências incalculáveis*, subsumindo-se ao previsto na alínea "d" do inc. II do art. 65 da Lei n. 8.666/1993.

3.1.3 Inviabilidade de equiparação da variação salarial decorrente de acordos coletivos ao instrumento jurídico do reajuste

Deve-se afastar, também, a pressuposição de que o incremento do custo salarial em decorrência de acordos coletivos deva obedecer à sistemática do *reajuste* – prevista no inc. XI do art. 40 da Lei n. 8.666/1993.

O instrumento do *reajuste*, contido na previsão do inc. XI do art. 40, não se presta a ressarcir agravos econômicos sofridos por uma das partes do contrato em decorrência de outros eventos que não exclusivamente a incidência da inflação generalizada (mesmo que setorial). É este caráter restrito do reajuste que o distancia de outro instrumento jurídico destinado ao restabelecimento da equação econômico-financeira do contrato previsto pelo art. 65 da Lei n. 8.666/1993: a revisão (ou recomposição, ou realinhamento de preços).

A revisão de preços, como instrumento jurídico inscrito na alínea "d" do inc. II do art. 65 da Lei n. 8.666/1993, não consiste num reajustamento automático de preços, calcado numa presunção da manutenção do valor monetário envolvido com a execução do contrato, destinado a neutralizar os efeitos da inflação (ordinária e generalizada). Ela é oportunizada em face da alteração no preço de certos insumos integrantes no custo de produção do contrato administrativo, dissociada da inflação. São eventos dissociados do fenômeno inflacionário que provocam o desbalanceamento da equação econômico-financeira do contrato.

Já o reajuste – repise-se – consiste num instrumento jurídico para a exata recomposição da perda monetária em decorrência da inflação setorial. São indicadores gerais e generalizantes. Não chegam a refletir eventuais alterações pontuais nos custos de itens e insumos específicos presentes na contratação administrativa.

Assim, e, por exemplo: um insumo como o aço, integrado no processo de execução de um contrato de obra pública, pode sofrer variação específica de preço em decorrência de peculiaridades no fornecimento deste produto (por exemplo: a variação cambial pode refletir mais intensamente no custo deste insumo comparativamente a outros insumos e à inflação generalizada). Isso produz o rompimento da equação econômico-financeira pela variação no específico custo deste insumo, cujo agravo deverá ser recomposto mediante ressarcimento provido pela Administração.

Em razão dessas diferenças, estes instrumentos jurídicos funcionam, cada qual, sob regime jurídico próprio. O reajuste é de aplicação obrigatória e automática, ressalva a limitação temporal dos 12 meses trazida pela legislação que instituiu o Plano Real. Já a recomposição de preços independe desta limitação temporal, nascendo o dever jurídico de assim proceder sempre que se deparar com a situação-pressuposto.

Sobre a singularidade da recomposição preços em relação ao reajuste e sua insubmissão à limitação temporal imposta à hipótese de ajuste já escrevi:

"Cabe realçar a inaplicabilidade da limitação temporal imposta pela Lei n. 8.880/1994 aos casos de *recomposição de preços*. A restrição legislativa trazida pelo Plano Real aplica-se exclusivamente às hipóteses de reajuste, não alcançando a revisão de preços por eventos imprevisíveis (cuja imposição é constitucional). Há uma distinção fundamental entre as hipóteses. A revisão de preços, como dito, não consiste num reajustamento automático de preços, calcado numa presunção da manutenção do valor monetário envolvido com a execução do contrato, destinado a neutralizar os efeitos da inflação (ordinária e generalizada). Trata-se de instrumento vocacionado a recompor concretamente eventuais prejuízos havidos no bojo da execução do contrato e que reflitam uma variação extraordinária nos preços. São perdas (ou ganhos) que decorrem de uma modificação inesperada e imprevisível nos custos da execução do contrato. Logo, não coincidem com hipóteses de mera atualização ou reajustamento nos preços, provido pela aplicação automática de índices que espelham a recomposição inflacionária da moeda. Note-se que a restrição trazida com a Lei n. 8.880/1994 funda-se na pressuposição da *estabilidade* da moeda, o que se infere de sua disciplina sistemática. O regime jurídico do Plano Real destinou-se a assegurar a estabilidade monetária, eliminando (ou reduzindo sobremaneira) a inflação. Daí que a periodicidade mínima de reajustamento introduzida pela legislação prestou-se a evitar um uso excessivo de mecanismos generalizados e combativos da inflação. Sua incidência, assim, restringe-se às hipóteses de recomposição inflacionária ordinária. Restringe-se, então, aos casos de reajuste. Nem seria constitucional a solução pela limitação do restabelecimento da equação econômico-financeira por recomposição de preços à periodicidade imposta pelo Plano Real. Como se sabe, referido princípio tem sede na Constituição Federal (art. 37, inc. XXI). Não caberia à lei restringir ou negar a sua aplicação" ("Recomposição de preços nos contratos administrativos gerais por elevação imprevisível no custo de insumos", in *Revista Zênite de Licitações e Contratos* 162/144, Curitiba, Zênite, fev./2004).

Portanto, não é adequado pretender equiparar a hipótese do incremento nos custos salariais em função de acordo coletivo trabalhista – que obedece à disciplina do art. 65, inc. II, alínea "d", da Lei n. 8.666/1993

– ao reajuste previsto no inc. XI do art. 40 da Lei n. 8.666/1993.

A equiparação esbarra ainda na ausência de vocação do reajustamento geral inflacionário a retratar a variação do ônus trabalhista e na impraticabilidade de operar, na hipótese, os critérios fixados pelo inc. XI do art. 40 da Lei n. 8.666/1993.

3.1.4 Os reajustes salariais não estão incorporados nos índices de reajustamento comumente utilizados na contratação administrativa

Precisamente porque os reajustes salariais não refletem sempre e necessariamente a perda inflacionária, o incremento salarial atribuído a certa classe de trabalhadores em vista de acordos desta natureza não estará retratado nos índices inflacionários gerais. Não seria possível negar a revisão de preços em contratos administrativos sob a alegação de que o incremento salarial de certa categoria estaria incorporada nos índices gerais de reajuste inflacionários.

Ora, os índices de reajuste comumente adotados pela Administração Pública são gerais; aqueles indicadores refletem, como regra, a inflação generalizada dentro de certo setor. A elevação salarial de certa categoria não estará, no mais das vezes, refletida nos índices gerais. Logo, a adoção de índices de reajuste e atualização gerais não refletirá os impactos diretos que a elevação no custo de mão-de-obra em certo setor venha a sofrer.

A ausência de representação deste incremento nos índices de reajuste pode provocar diferenças significativas no custo de produção de certos contratos. Pense-se em casos em que a mão-de-obra demandada na execução de alguns contratos represente uma parcela significativa da dimensão do objeto, tendo o reajuste alcançado variação que retrate a perda monetária da inflação + valorização real do salário de certa categoria. É evidente que, na hipótese, o contratado experimentará oneração expressiva nos custos de execução contratual, com efeitos que, a depender da margem de lucratividade, poderão comprometer, inclusive, a própria sustentabilidade financeira da contratação.

Ou seja: adoção de índices gerais de reajuste acarretaria a descoincidência entre a real variação no custo da mão-de-obra e a reposição patrimonial assegurada pelo indicador. Essa hipótese seria equiparável à prática da adoção de índices irreais, enfaticamente combatida por Celso Antônio Bandeira Mello:

"De outra parte, não se pode, obviamente, presumir que as partes adotem como pressuposto a descoincidência de índices oficiais com a *real* e efetiva alteração de preços. Interpretação dessa ordem seria absurda e abusiva.

"Absurda, pois implicaria admitir que o contratante estaria liminarmente abrindo mão do significado verdadeiro da equação econômico-financeira e se dispondo a sofrer prejuízo, quando a fixação de cláusulas de reajuste conduz exatamente a idéia e intenção contrárias, em ambas as partes. Abusiva, pois teria que se apoiar em *presunção jurídica* intolerável; qual a de atribuir, por antecipação, erro nos índices que ainda virão a ser estabelecidos por terceiro – e, no caso, um Poder Público. É um sem-sentido firmar como regra hermenêutica, como um *a priori* interpretativo, presunção de erro em atos públicos que ainda virão a ser praticados. Tão supremo débito de confiança ou 'crédito de desconfiança' não pode ser, de direito, regra de interpretação de relações jurídicas" (*Curso de Direito Administrativo*, 26ª ed., São Paulo, Malheiros Editores, 2009, p. 650).

3.1.5 Impraticabilidade de operar, na hipótese, os critérios fixados pelo inc. XI do art. 40 da Lei n. 8.666/1993

Supor, ademais, a equiparação da hipótese da variação da carga trabalhista ao instrumento jurídico do reajuste, seria admitir que a situação deva ser passível de receber a disciplina jurídica específica do reajustamento prevista no inc. XI do art. 40 da Lei n. 8.666/1993.

De acordo com a prescrição da norma, o critério de reajuste deverá retratar a variação efetiva do custo de produção desde a data prevista para apresentação da proposta, *ou do orçamento a que essa proposta se referir*, até a data do adimplemento de cada parcela. Como o acordo coletivo trabalhista tem data-base certa (para cada categoria), admitida a hipótese como hipótese de mero reajustamento, sua data-base estará reportada à data-base prevista para a incidência da variação salarial por força de acordo coletivo. Mas isso produziria dificuldades marcantes, particularmente para contratos que envolvam categoriais distintas de trabalhadores – pressupondo-se data-base diferenciada para cada qual.

3.1.6 A impossibilidade material de calcular o reajustamento salarial

Fato é que a variação futura de encargos trabalhistas não é evento de conseqüências plenamente calculáveis. Não é possível dimensionar-se, nem mesmo aproximadamente, o incremento no custo da mão-de-obra assalariada que decorre de acordos e dissídios coletivos.

Essa é a posição também de Marçal Justen Filho, que afirma ser evidente, "sob qualquer prisma, que a modificação dos encargos trabalhistas, que produza efetivo e inquestionável efeitos sobre os custos inerentes à execução do contrato, configura fato de efeitos incalculáveis. Por isso, aplica-se a disciplina do art. 65, inc. II, alínea 'd', da Lei n. 8.666/1993".[13]

13. *Comentários...*, p. 757.

3.1.7 Os efeitos decorrentes do acolhimento da tese do TCU

Ora, sendo incalculável *ex ante* a dimensão numérica do reajustamento salarial, exigir-se a sua antecipação no âmbito das proposições na licitação acarretaria dois efeitos indesejáveis:

(a) por um lado, haveria o risco de os licitantes embutirem em suas propostas uma previsão exacerbada do *quantum*, buscando acautelarem-se quanto a prejuízos futuros decorrentes da hipótese do incremento mostrar-se elevado. A tendência, em situações desta natureza, é a precificação referenciada por um cenário pessimista, eliminando-se riscos de prejuízo. Neste caso, a Administração experimentaria propostas mais caras comparativamente à hipótese em que assegurasse o restabelecimento da equação-financeira ante a ocorrência do reajustamento e na exata medida de sua valorização. Haveria ofensa ao princípio da economicidade e a adoção de uma orientação que prestigiaria a elevação dos custos transacionais;[14]

(b) por outro lado, haveria um fator econômico aleatório embutido nas propostas, o que prejudicaria uma aferição pautada pelo princípio do julgamento objetivo na licitação. As projeções poderiam ser variadas, por estimativas absolutamente aleatórias (pois

14. No plano da Teoria do Contrato, a noção de custos de transação adquire um uso generoso, fazendo-os corresponder a três causas principais, no dizer de Fernando Araújo: (i) custos de redação do clausulado (custos de complexidade); (ii) custos de disciplina contratual; e (iii) *contingências imprevistas*. Aplicada ao contrato administrativo, a Economia dos Custos de Transação importa considerar, então, todo o conjunto dos custos relacionados à firmatura destes ajustes. Neste contexto, um dos principais fatores a influenciar os custos transacionais, e que se relaciona com a maximização da eficiência nas relações contratuais administrativas, está na indefinição de contingências futuras (o que conduz os interessados à precificação desta insegurança). *Teoria Econômica do Contrato*, Coimbra, Almedina, 2007, p. 198.

não é faticamente possível dimensionar com exatidão os reajustes salariais, sequer é possível dimensioná-los em valores aproximados). Isso retiraria da disputa condições objetivas de disputa de preços.

3.2 Síntese conclusiva

Conclui-se, já pelo exposto, que o reajuste salarial para a categoria dos trabalhadores da construção civil firmado mediante instrumento coletivo de 29 de julho de 2009, subscrito pelo Sinduscon/PR, pela Federação dos Trabalhadores nas Indústrias da Construção e do Mobiliário do Estado do Paraná e pelo Sintracon – Sindicato dos Trabalhadores nas Indústrias da Construção Civil, de Olaria e de Cerâmica para Construção de Curitiba e Região, configura evento subsumível à norma do art. 65, inc. II, alínea "d", da Lei n. 8.666/1993, atraindo a tutela da equação econômico-financeira do contrato administrativo.

4. Exame do caso concreto à luz da jurisprudência do Tribunal de Contas da União

Indo avante, seria possível afirmar que o caso concreto é marcado por peculiaridades que autorizam a incidência da regra do art. 65, inc. II, alínea "d", da Lei n. 8.666/1993 mesmo pressupondo-se a exegese lhe atribuída pela referida jurisprudência do Tribunal de Contas da União.

Retome-se que a jurisprudência do TCU tem afastado o dever da Administração em recompor a equação econômico-financeira, sustentando, nos casos postos sob sua análise, que: (*i*) os dissídios coletivos são eventos previsíveis, sendo que as suas conseqüências também o são, por tratar-se de mera reposição inflacionária; (*ii*) em razão disso, pesa sobre os empresários o dever de previdência quanto à expectativa deste custo inflacionário.

Considerados estes argumentos, o caso concreto deve ser excepcionado da orientação tradicional do TCU.

Por primeiro, porque o reajuste salarial significou variação muito acima dos índices inflacionários (o que o caracteriza como mais oneroso que a inflação). Por segundo, porque o reajuste salarial superou em percentual significativo a média histórica dos últimos anos (o que o caracteriza como excepcional). Por terceiro, porque o reajustamento alcançado, por expressivo, é hábil, a depender das análises concretas, a produzir "onerosidade excessiva" nos custos de produção do contrato administrativo.

4.1 As singularidades do reajustamento produzido mediante instrumento coletivo de 29.7.2009

Tal como narrado pela Consulta, o referido reajuste salarial foi produzido sob condições especiais de negociação, sendo alcançado após oito dias de paralisação dos trabalhadores da construção civil em regime de greve. Tal condição já lhe confere um caráter de *excepcionalidade*, retratado pelas condições extremas sob as quais se produziu a negociação.

Como é esperado, em situações assim excepcionais, os acordos coletivos tendem a espelhar não apenas uma previsível reposição monetária destinada a cobrir o custo da inflação, como reivindicações de outras naturezas, alcançando-se valorização mais elevada do que acordos e dissídios coletivos convencionalmente pactuados.

Pois esta tendência confirma-se no caso concreto, cujo reajustamento retrata valores não só mais expressivos que o custo inflacionário do período, mas distantes das médias históricas dos reajustes dos últimos anos. Além disso, aos novos valores-referência para salários foram somadas obrigações outras, de impacto econômico nas contratações administrativas, assumidas no acordo pela classe dos empregadores. Como resultado global, produziu-se uma oneração excepcional e inesperada nos custos da mão-de-obra da construção civil.

4.1.1 O reajustamento produzido mediante instrumento coletivo de 29.7.2009 supera os índices inflacionários

Tal como dito, o reajustamento de 29.7.2009 traz valorização que supera em muito a inflação incidente no período. Enquanto o valor salarial para a categoria de *servente* sofreu alteração de 12,44% relativamente ao seu último reajuste-referência (referente ao período de 1º de junho de 2007 a 1º de junho de 2008 – vigente a partir de 1º de junho de 2008), o INPC do período retratou uma variação da inflação de apenas 5,45%. Já para a categoria de *profissional*, contrapõe-se uma alteração de 11,38% firmada em 2008 a uma variação do INPC de apenas 5,45%.

Trata-se de afirmar que o reajuste salarial de 2009 superou a inflação em 128,32% para a categoria de *servente* da construção civil; e em 108,83% para a categoria de *profissional* da construção civil.

São diferenças absolutamente expressivas e que denotam ganhos reais ao salário das categorias. Verifica-se um ganho real de 6,99% para a categoria de *servente*; e de 5,93% para a categoria de profissional.

Estes indicadores demonstram de forma induvidosa que o reajustamento de 29 de julho de 2009 importou em modificação no ganho real salarial, superando, em larga medida (as referências significam uma superação em mais de 100%), a expectativa inflacionária do período.

4.1.2 A excepcionalidade do reajuste de 29.7.2009: valorização distanciada da média histórica dos últimos anos

Ademais de oneroso, referido reajustamento salarial transcende a média histórica dos últimos 5 anos em reajustes salariais à categoria dos trabalhadores da construção civil, o que o tipifica de excepcional.

Retome-se que a média histórica do ganho real no salário da categoria de *servente* (considerando-se salário + vale-alimentação ou vale-compras) dos últimos 5 anos equivale a 2,60%. Isto é: a variação salarial dos últimos 5 anos vem superando, ano a ano, em 2,60% a inflação (tomando-se como referência da recomposição inflacionária o INPC).

Contudo, o reajustamento em discussão (retratando a evolução salarial de 1º de junho de 2008 a 31 de maior de 2009) traduziu uma diferença de 6,99% acima da inflação.

Da mesma forma, para a categoria de *profissional*, o reajuste firmado em 2009 retratou um ganho real salarial de 5,93% contra uma média histórica dos últimos 5 anos fixada em 2,35% (acima da inflação).

Ora, ainda que se admitisse a tese de que a expectativa do reajuste salarial deveria ser trazida para as propostas oferecidas à Administração nas contratações administrativas, a excessiva onerosidade do reajuste pactuado pelo instrumento coletivo de 29 de julho de 2009 autoriza a recomposição dos preços pactuados em contratos administrativos que envolvam mão-de-obra da construção civil em significativa proporção quantitativa.

Isso porque a expectativa quanto aos valores de reajuste salarial, que só poderia ser extraída da experiência histórica dos últimos anos, teria se modificado significativamente para o acordo coletivo pactuado no ano de 2009. O contraste dos valores alcançados com este acordo com a média dos últimos anos o caracteriza como um evento *excepcional*, revelando que sua valorização mostrava-se inesperada e incalculável *ext ante*.

Com isso, elimina-se, para o caso concreto, um outro fundamento acolhido pela jurisprudência do TCU, que vê o reajuste salarial como um fenômeno de previsível extensão.

4.1.3 A excessiva onerosidade nos custos da mão-de-obra da construção civil

Por fim, é necessário apontar que a acentuada valorização fixada com o reajuste salarial é apta a configurar, nos casos concretos, a alegada "onerosidade excessiva", invocada por alguma doutrina e jurisprudência como pressuposto à aplicação da teoria da imprevisão (e à incidência do comando da regra do art. 65, inc. II, alínea "d", da Lei n. 8.666/1993).

Lembre-se que acima sustentei a inviabilidade jurídica na adoção de pressuposto desta ordem. Mas ainda que se o admitisse como pertinente a legitimar a aplicação daquele dispositivo normativo, o caso concreto figuraria como hipótese subsumível à sua previsão normativa. É que, a depender de um exame mais específico nos casos concretos, a dimensão do incremento salarial produzido com aquele reajuste já se mostra significativa comparativamente aos níveis inflacionários e à experiência histórica dos reajustes salariais da categoria, o que autoriza a presunção de que seu impacto em certos contratos administrativos gerará ônus expressivo ao contratado, configurando, assim, o que se chamou de "onerosidade excessiva" ao contratado.

Logo e em razão disso, o argumento do TCU que escora seu entendimento deve ser excepcionado no caso concreto, que reúne peculiaridades hábeis a atrair orientação distinta.

5. Conclusão

Valendo-me das considerações acima, passo a responder o quesito formulado:

(*i*) O reajuste salarial firmado em dia 29 de julho de 2009 enseja o dever jurídico das Administrações Públicas em proceder à recomposição da equação econômico-financeira em contratos que envolvam em seus escopos a utilização de mão-de-obra da construção civil (ignorada outras peculiaridades caso a caso)?

Resposta: Sim. O reajuste salarial para a categoria dos trabalhadores da construção civil firmado mediante instrumento coletivo de 29 de julho de 2009, subscrito pelo Sinduscon/PR, pela Federação dos Trabalhadores nas Indústrias da Construção e do Mobiliário do Estado do Paraná e pelo Sintracon – Sindicato dos Trabalhadores nas Indústrias da Construção Civil, de Olaria e de Cerâmica para Construção de Curitiba e Região, configura evento subsumível à norma do art. 65, inc. II, alínea "d", da Lei n. 8.666/1993, atraindo a tutela da equação econômico-financeira do contrato administrativo.

Examinando-se o problema, ademais, à luz da jurisprudência do Tribunal de Contas da União que tradicionalmente vem recusando o reconhecimento do dever jurídico das Administrações em proceder à revisão de preços em face de reajustes salariais decorrentes de acordos e dissídios coletivos, o reajuste salarial versado na Consulta, dadas suas peculiaridades e sua excepcionalidade, configura evento subsumível à norma do art. 65, inc. II, alínea "d", da Lei n. 8.666/1993, caracterizando-se como pressuposto hábil a provocar o dever ressarcitório da equação econômico-financeira em contratos administrativos em execução.

(*ii*) Em sendo afirmativa a resposta ao quesito anterior, qual o critério temporal que deve ser utilizado para delimitar a recomposição da equação financeira dos contratos administrativos?

Resposta: A equação econômico-financeira dos contratos administrativos, embora se aperfeiçoe com a formalização do ajuste, reporta-se ao momento de apresentação das propostas na esfera da licitação. Logo, todos os contratos que decorreram de licitações cuja data de depósito da proposta foi fixada anteriormente à data de 29 de julho de 2009 deverão ser contemplados pelo ressarcimento jurídico dos agravos econômicos suportados à conta do rompimento de sua equação financeira. Este ressarcimento deverá abranger o período retroativo fixado naquele reajuste, cuja vigência dos novos valores-referência restou fixada a partir de 1º de junho de 2009 (data-base para a convenção coletiva da categoria). Bem assim, contratos que vigiam a partir de 1º de junho de 2009 e se extinguiram ainda antes de 29 de julho de 2009 também deverão ser contemplados com o ressarcimento correspondente ao desbalanceamento de sua equação financeira.

É o meu Parecer.

Curitiba, agosto de 2009.

DO ATENDIMENTO MÉDICO-HOSPITALAR AOS EX-COMBATENTES: UMA SUCESSÃO DE EQUÍVOCOS

REIS FRIEDE

Mestre e Doutor em Direito. Desembargador Federal.
Professor Adjunto da Faculdade de Direito da Universidade Federal do Rio de Janeiro.

I – Do conceito jurídico de "ex-combatente". II – Dos pedidos autorais de assistência médico-hospitalar gratuita relativa a ex-combatentes (incluindo pensionistas e dependentes). III – Dos benefícios (excepcionais) concedidos aos ex-combatentes: III.a) Da auto-aplicabilidade do regramento normativo-constitucional esculpido no art. 53 do ADCT. IV – Dos conceitos básicos relacionados à assistência médico-hospitalar prestada aos militares e seus dependentes: IV.a) Do Estatuto dos Militares; IV.b) Do Decreto n. 92.512/1986; IV.c) Da Lei n. 5.315/1967. V – Da síntese legislativa pertinente à matéria. VI – Dos benefícios concedidos aos "combatentes": VI.a) Dos recursos financeiros. VII – Da umbilical relação entre os recursos financeiros orçamentários e extra-orçamentários. VIII – Da necessária efetividade das decisões sentenciais do Poder Judiciário. IX – Da síntese conclusiva.

Um dos mais sérios e persistentes equívocos jurisprudenciais construídos pelo Poder Judiciário, em nosso particular entender, tem sido, data máxima vênia, o persistente tratamento jurídico *antiisonômico* e, mesmo *ilegal* (no que concerne à correta hermenêutica normativa), que as mais variadas instâncias do Judiciário Federal insistem em outorgar aos denominados *ex-combatentes* da Segunda Grande Guerra (incluindo seus dependentes e pensionistas), em notório descompasso interpretativo em relação à correta exegese dos dispositivos constitucionais (e também infraconstitucionais) que regulam a matéria *sub examen*.

I – Do conceito jurídico de "ex-combatente"

Para a melhor compreensão do assunto epigrafado – permitindo a necessária reflexão de tão importante tema –, oportuno se faz esclarecer, inicialmente, que três diferentes categorias de cidadãos brasileiros tiveram o privilégio de lutar pela defesa da liberdade (bem como da dignidade humana relativa à cidadania), representando o Brasil nos campos de batalha, na Europa, por ocasião da Segunda Guerra Mundial:

a) *militares de carreira* que já ostentavam tal condição, anteriormente à eclosão do conflito bélico;

b) *civis* que, convocados para a defesa da Pátria, no contexto da aliança democrática ocidental, resolveram, ao término das operações, *permanecer nas Forças Armadas*, tornando-se *militares* para todos os efeitos legais; e

c) *civis* que, igualmente convocados para a sublime missão de proteger os interesses nacionais no exterior, retornaram à vida civil, imediatamente após a vitória aliada nos campos de batalha.

As duas primeiras categorias constituem-se no que se convencionou definir por "*combatentes*" (no primeiro caso, *combatentes originários* e, na segunda hipótese, *combatentes derivados*), considerando, sobretudo, o fato de que – mesmo após o término das hostilidades –, esses brasileiros continuaram à disposição do Estado (e, por conseqüência, da sociedade brasileira) para pronto-emprego em eventuais novos conflitos bélicos, ao passo que a terceira categoria de cidadãos brasileiros é definida como *ex-combatentes*, sendo certo, por obra do óbvio, que apenas esta específica parcela de cidadãos pode corretamente ser enquadrada na precisa (e restritiva) definição técnico-jurídica de *ex-combatentes*.

Destarte, apenas e tão-somente esta mencionada terceira categoria de patrícios, denominada *ex-combatentes*, pode, assim considerada, ser enquadrada no contexto restritivo dos excepcionais direitos conferidos pelo art. 53 do ADCT da CRFB/1988, considerando, particularmente, que a correta hermenêutica constitucional preleciona a insuperável impossibilidade de se conferir interpretação extensiva a regras que estipulam direitos especiais e excepcionais.

Tal observação se faz necessária, porquanto diversos Julgadores, e mesmo alguns Tribunais, vêm, *data maxima venia*, aplicando o mencionado dispositivo constitucional, outorgante de direitos especiais aos *ex-combatentes*, para também beneficiar os chamados *combatentes derivados*, ou seja, os cidadãos civis que, convocados e participantes efetivos das operações bélicas em solo italiano, resolveram permanecer nas fileiras das Forças Armadas até a sua correspondente passagem para a reserva remunerada e posterior reforma.

Ainda que tais decisões estejam sendo rapidamente reformadas pelas instâncias superiores, como demonstram os mais diversos julgados, *verbis*:

(...) *O ADCT/1988, art. 53, "caput", não conceitua o ex-combatente, deixando para a Lei 5.315/1967 defini-lo*. É na Lei 5.315/1967, portanto, que se deve buscar o conceito de ex-combatente que fará jus aos benefícios inscritos nos incisos do citado art. 53, ADCT. A questão, pois, de índole infraconstitucional, não integra o contencioso constitucional. (...) (STF, AI-AgR-SC, Rel. Ministro Carlos Velloso, *DJ* de 3.12.2004).

(...) Nos termos do art. 1º da Lei n. 5.315, de 12 de setembro de 1997, *o militar insere-se no conceito de ex-combatente* para fins de percepção da pensão especial *tão-somente na hipótese em que tenha licenciado do serviço ativo e retornado à vida civil de forma definitiva*; caso tenha permanecido na vida castrense, seguindo carreira até a reserva remunerada, não há direito ao benefício previsto no art. 53, inciso II, do ADCT (STJ, 5ª T., REsp 628.314-RS, Rel. Ministro Félix Fisher, unânime, *DJ* 28.6.2004, p. 416).

Ademais, os arts. 1º e 6º da Lei n. 268, de 8 de junho de 1948, com redação dada pela Lei n. 616/1949, por si só, já justificariam a impossibilidade do recebimento de pensão especial de ex-combatente por militares e pensionistas de militares que não retornaram definitivamente à vida civil após o término da Segunda Guerra Mundial, pois, quando de sua transferência para a reserva remunerada ou de sua reforma, os mesmos têm direito aos benefícios garantidos nos artigos acima transcritos. (...) (TRF-2ª R., 7ª T. Especializada, AGT 47.795-RJ, Rel. Desembargador Federal Sergio Schwaitzer, *DJ* 15.10.2007).

(...) Nos termos do art. 1º da Lei n. 5.315, de 12 de setembro de 1997, *o militar insere-se no conceito de ex-com-*

batente para fins de percepção da pensão especial, tão-somente na hipótese em que tenha licenciado do serviço ativo e retornado à vida civil de forma definitiva (TRF-4ª R., EIAC 200672000005997-SC, 2ª Seção, Rel. Desembargador Federal Carlos Eduardo Thompson Flores Lenz, *DJ* 28.9.2007).

O fato por si só demonstra claramente a reduzida compreensão, pelos diversos órgãos julgadores da Justiça Federal, quanto aos inerentes meandros e, mesmo, complexidades associados à temática militar (ou ainda indiretamente relacionada com esta), permitindo, por vias transversas, constituir direitos não previstos pelo legislador constitucional ou infraconstitucional ou, em outros termos, também determinar a aplicação de reconhecidos direitos com equivocado direcionamento no que concerne ao suporte dos ônus jurídico-financeiros, como é exatamente o caso da efetivação prática da outorga do direito, aos *ex-combatentes*, quanto à plena gratuidade de atendimento médico-hospitalar (aos mesmos e seus dependentes) em hospitais e policlínicas das Forças Armadas.

Neste especial aspecto, resta fundamental consignar, de forma inequívoca, que as diversas conclusões sentenciais que julgaram favoravelmente as correspondentes pretensões autorais merecem ser plenamente *confirmadas*; todavia, resta esclarecer – necessariamente –, sob fundamento diverso, com o intuito de aclarar de modo derradeiro, segundo abordado em sede dos mais variados recursos eventualmente interpostos, a responsabilidade última (e seu conseqüente suporte econômico-financeiro) pelo custeio da assistência médico-hospitalar gratuita, expressa pelo art. 53, inciso IV, do ADCT.

II – Dos pedidos autorais de assistência médico-hospitalar gratuita relativa a ex-combatentes (incluindo pensionistas e dependentes)

Não obstante a aparente simplicidade da questão, posto que jurisprudencialmente assentada em nossos Tribunais, imperativo se faz, entretanto, pontuar algumas especificidades – e mesmo complexidades – inerentes à questão, que têm sido, *data maxima venia*, ao longo do tempo, deixadas de ser enfrentadas, em sinérgico prejuízo à necessária preservação da exata exegese interpretativa dos ditames legais envolvidos no deslinde das mais diversas lides (relativas ao tema) ainda *sub judice*.

III – Dos benefícios (excepcionais) concedidos aos ex-combatentes

Preliminarmente, uma detalhada e aprofundada análise do art. 53, inciso IV, dos Atos das Disposições Constitucionais Transitórias da CRFB/1988, se faz imprescindível *para uma correta e precisa compreensão dos excepcionais benefícios concedidos aos cidadãos brasileiros categorizados juridicamente como ex-combatentes*, *verbis*:

> Art. 53. Ao ex-combatente *que tenha efetivamente participado de operações bélicas durante a Segunda Guerra Mundial*, nos termos da Lei n. 5.315, de 12 de setembro de 1967, serão assegurados os seguintes *direitos*:
>
> I – aproveitamento no serviço público, sem a exigência de concurso, com estabilidade;
>
> II – pensão especial correspondente à deixada por segundo-tenente das Forças Armadas, que poderá ser requerida a qualquer tempo, sendo inacumulável com quaisquer rendimentos recebidos dos cofres públicos, exceto os benefícios previdenciários, ressalvado o direito de opção;
>
> III – em caso de morte, pensão à viúva ou companheira ou dependente, de forma proporcional, de valor igual à do inciso anterior;
>
> IV – *assistência médica, hospitalar e educacional gratuita, extensiva aos dependentes*;
>
> V – aposentadoria com proventos integrais aos vinte e cinco anos de serviço efetivo, em qualquer regime jurídico;
>
> VI – prioridade na aquisição da casa própria, para os que não a possuam ou para suas viúvas ou companheiras.
>
> Parágrafo único. A concessão de pensão especial do inciso II substitui, para

todos os efeitos legais, qualquer outra pensão já concedida ao ex-combatente (grifos nossos).

Desta forma, verifica-se, à luz da cristalina interpretação do mencionado dispositivo constitucional combinado com o art. 1º da Lei n. 5.315/1967, que a intenção do legislador brasileiro foi, em última análise, "buscar recompensar quem, enfrentando o perigo de guerra, expôs a vida em homenagem à Pátria" (STJ, 6ª T., REsp 87.511-PE, Rel. Ministro Luiz Vicente Cernicchiaro, *DJ*-I 17.2.1997, p. 2.179). Desta análise, sem muito esforço, conclui-se que o Constituinte de 1988 (mais do que os legisladores pretéritos) contemplou *os ex-combatentes e seus dependentes* com uma série de benefícios excepcionais que só a eles podem e devem ser aplicados, sendo certo que dentre tais benefícios, se inclui, inexoravelmente, *a concessão de assistência médica, hospitalar e educacional gratuita*, cujas duas primeiras *concessões* são objeto das mais variadas ações judiciais em curso nas diversas instâncias do Poder Judiciário Federal.

Antes de qualquer decisão precipitada, contudo, mister se faz oportuno pontuar que, da correta interpretação dos dispositivos suscitados em análise, emerge necessariamente uma conseqüência lógica e insuperável – também –, que advinda, vale ressaltar, da mesma aplicação do mencionado diploma legal se traduz, em última instância, pela insuperável *vinculação do pagamento da aludida pensão especial ao correspondente recurso orçamentário destinado ao Ministério da Defesa*. Na prática, resta concluir, esta ação resultou na indireta vinculação da categoria especial de cidadão denominada ex-combatente – *categoria composta por não militares* –, às Forças Armadas.

Vale frisar, em necessária adição, que esta *vinculação* ensejou, inicialmente, uma compreensão conclusiva, apressada e superficial, segundo a qual os *ex-combatentes*, seus dependentes e pensionistas *ostentavam efetivo direito ao benefício da assistência médico-hospitalar, quando atendidos nos hospitais e policlínicas militares* e, especialmente, *de forma plena e absolutamente gratuita*. Ou seja, *ensejou um direito que nem os militares, e tampouco os seus dependentes, possuem originariamente*. Este benefício, por via de conseqüência, aplicado aos ex-combatentes, seus dependentes e pensionistas, como não poderia deixar de ser, *ocasionou, e continua a ocasionar, irreversível impacto negativo aos serviços de saúde prestados aos militares*, seus dependentes e pensionistas (além de outros beneficiários legais), os quais, frise-se, foram criados originariamente para atender a estas pessoas, exclusivamente.

O primeiro aspecto a ser levantado para o perfeito entendimento da sinérgica negatividade deste impacto, no tênue equilíbrio orçamentário do próprio planejamento do serviço, diz respeito à definição de "beneficiários dos fundos de saúde". Por esta definição, o direito à gratuidade à assistência médico-hospitalar não torna os ex-combatentes e seus dependentes automaticamente "beneficiários" da prestação do serviço. É óbvio que o espírito da lei foi outorgar uma merecida recompensa àqueles que, convocados à defesa da Pátria, responderam prontamente a este chamado cívico. Todavia, ao conceder o benefício da gratuidade a este universo (sem a necessária contraprestação, ainda que parcial), os custos da assistência médico-hospitalar resultantes *passaram a ser implicitamente repassados* (*de modo absolutamente desproporcional*) *para todos os usuários considerados beneficiários legais (e tradicionais) dos Fundos de Saúde das Forças Armadas*.

É certo, por outro prisma, que o art. 53, inciso IV, dos ADCT, por seu turno, determina, de forma imperativa, *a gratuidade da assistência médica e hospitalar*, sem que qualquer outro ato legislativo indique a fonte dos recursos destinados ao custeio dos serviços advindos de tal gratuidade, o que nos remete ao segundo aspecto a ser necessariamente observado.

Este segundo aspecto, resume-se, em última instância, na perceptível ausência de expressa e inequívoca previsão de dotação orçamentária (ou, mesmo, de receita extra-orçamentária) para custear os casos de atendimento aos ex-combatentes, seus dependentes e pensionistas, ainda mais quando se considera a existência de crescente demanda para a inclusão de todo universo de ex-combatentes, dependentes e pensionistas.

Para ampliar a perspectiva de necessária justiça e isonomia sobre a questão, o precitado benefício deve ser, igualmente, *comparado* aos benefícios concedidos aos militares, que também tenham *efetivamente participado de operações bélicas durante a Segunda Guerra Mundial* e *optado, após o fim das hostilidades, por seguirem na carreira militar*, categoria esta, como já mencionado, denominada "*combatentes derivados*".

Ainda que reste indiscutível – no atual estágio de desenvolvimento jurisprudencial sobre a questão –, *a auto-aplicabilidade do dispositivo constitucional*, concessivo de direito à *gratuidade especial* epigrafada, não se pode deixar de ter em mente que é condição insuperável da própria *eficácia jurídica sentencial* que o Poder Judiciário aponte – em respeito à própria normatividade relativa ao tema –, as exatas fontes de custeio, no sentido de se permitir tornar *sinérgica realidade* as eventuais condenações sentenciais que, de outra forma, poderão vir a representar tão-somente (e de forma indesejável) uma "*simples declaração genérica de direitos*".

III.a) Da auto-aplicabilidade do regramento normativo-constitucional esculpido no art. 53 do ADCT

O dispositivo constitucional previsto no art. 53 do ADCT constitui-se em *norma de eficácia plena*, conforme já decidiram (e vem decidindo à unanimidade) nossos Tribunais,[1] sendo certo, portanto, que não há mais espaço, na jurisprudência pátria, para se rediscutir a matéria vertente, relativa à *auto-aplicabilidade* (ou não) do regramento constitucional (e mesmo infraconstitucional) relativo à concessão *de direito à gratuidade de atendimento médico-hospitalar* aos *ex-combatentes* e seus dependentes.

1. "(...) Auto-aplicabilidade do art. 53, IV, da Constituição. *Concessão de assistência médico-hospitalar gratuita prevista no Dispositivo Transitório, a dependentes de ex combatentes da 2ª Guerra Mundial.* (...) O art. 53, IV, do ADCT, *é norma de eficácia plena* e aplicabilidade imediata" (STF, RE-AgR 417.871-RJ, Rel. Ministro Cezar Peluso, *DJ* 11.3.2005).

"(...) *Não há se falar em eficácia limitada do art. 53, IV, do ADCT* da Constituição de 1988, eis que se trata de *norma auto-aplicável, de eficácia plena e aplicabilidade imediata*, pois o constituinte não condicionou sua aplicabilidade a legislação superveniente, consoante entendimento pacificado nos Tribunais.

"Também, em nenhum momento *ficou estabelecido na Lei Maior que a utilização do sistema de saúde* da Marinha do Brasil *pelo ex-combatente e seus dependentes dependeria de qualquer prévia contribuição pecuniária dos mesmos*, até porque se trata de retribuição pelos serviços já prestados por aquele.

"Inolvide-se que, embora o art. 53, IV, do ADCT da CF/1988 não mencione expressamente que a assistência médica e hospitalar gratuita se dará nas instituições militares, tal assistência gratuita deve ser prestada pelo hospital militar ao qual se vincula o ex-combatente, haja vista a natureza militar dos serviços prestados por ele à Pátria durante a Segunda Guerra Mundial.

"Assim, não limitou o constituinte a espécie de unidade hospitalar em que o beneficiário obterá a efetivação do seu direito nem estipulou qualquer contraprestação por parte do beneficiário para ser a assistência em tela auferida, de modo que *a gratuidade desse tratamento de caráter especial e diferenciado não se confunde com a regra geral de gratuidade daquele atendimento médico, deferida a qualquer pessoa, através do Sistema Único de Saúde – SUS*, garantido pela Constituição em seus arts. 6º, 194 e 196" (TRF-2ª R., 7ª T. Especializada, AMS 66.217-RJ, Rel. Desembargador Federal Sergio Schwaitzer, *DJ* 8.3.2007).

"(...) O art. 17 da Lei n. 8.059/1990, garante aos pensionistas beneficiados com o art. 30 da Lei n. 4.242/1963, de 17 de julho de 1963, que não se encontrarem entre os beneficiários da pensão especial de que trata esta Lei, a continuidade do percebimento dos benefícios assegurados pelo art. 30 da Lei n. 4.242/1963, até sua extinção, sendo vedada a transmissão.

"A Portaria Interministerial n. 2.826/1994 (PRT/Interministerial 2.826/1994), não tem o condão de afastar a auto-aplicabilidade do art. 40, § 5º, da

Ainda que tal entendimento – já consolidado pela Suprema Corte (precedentes: 2ª T., RE-AgR 414.256-PE, Rel. Ministro Carlos Velloso, *DJ* 20.5.2005, p. 26; e 1ª T., RE-AgR 417.871-RJ, Rel. Ministro Cezar Peluso, *DJ* 11.3.2005, p. 31) –, possa ser, *data maxima venia*, objeto de eventuais críticas (particularmente doutrinárias), tendo em vista que o dispositivo constitucional ao conceder a mencionada gratuidade, não expressamente apontou – conforme já afirmado –, as fontes de recursos para seu pleno atendimento – ensejando a aparente necessidade de expedição de lei complementar esclarecedora da questão –, forçoso concluir que, superada a controvérsia vertente, é obrigação indelegável do Poder Judiciário *apontar*, em suas decisões sentenciais condenatórias, e com absoluta precisão, *exatamente de que forma* (*e por quem*) *serão suportadas as despesas* decorrentes da sinérgica aplicação do preceito legal-constitucional, uma vez que resta impossível, fática e juridicamente, por insuperável vício de ilegalidade e mesmo de inconstitucionalidade, que *verbas privadas e de destinação específica, oriundas de contribuições individuais de militares, para os respectivos Fundos de Saúde das Forças Armadas, possam ser legitimamente utilizadas para custear despesas de cidadãos* (*ex-combatentes* ou qualquer outra categoria de brasileiros) *estranhos ao conceito jurídico de dependentes diretos dos militares contribuintes da ativa ou da inatividade*, mormente em um momento temporal específico em que tais despesas apresentam-se em patamares agigantados, conforme bem esclarece – ainda que a guisa de exemplificação para a hipótese –, o Exército Brasileiro, através do Ofício n. 70 – A.2.3, de 15 de fevereiro de 2008, dirigido à Presidência do Egrégio Tribunal Regional Federal da 2ª Região, que, de forma taxativa, consigna expressamente que o Sistema de Saúde do Exército abriga 132.546 militares da ativa, 60.000 inativos, 61.022 militares do efetivo variável, 15.163 alunos de Tiros de Guerra e 366.977 dependentes e pensionistas, sendo que atualmente os valores básicos unitários do Fator de Custos de Atendimento Médico-Hospitalar citado são de R$ 229,63 por militar e de R$ 92,41 por dependente e pensionista, o que ensejaria a necessidade de um aporte no valor aproximando de *R$ 95.621.045,00* (noventa e cinco milhões, seiscentos e vinte e um mil e quarenta e cinco reais). Este montante representa apertado orçamento para atender os contribuintes, sendo, portanto, absolutamente *insuficiente para suportar o universo de ex-combatentes e seus dependentes de forma plenamente gratuita, conforme insuperável determinação legal-constitucional*, sob a ótica jurisprudencial interpretativa praticamente unânime na atualidade.

IV – Dos conceitos básicos relacionados à assistência médico-hospitalar prestada aos militares e seus dependentes

A esta altura, resta, a toda evidência, imperativo expor, de forma precisa e detalhada, portanto, as definições legais pertinentes à resolução da questão em análise, principalmente os conceitos utilizados no cotidiano da vida militar, que, muitas vezes, não se apresentam perfeitamente compreendidos em todos os seus inerentes detalhes, e mesmo amplitude, no âmbito civil e, particularmente, por parte de expressiva parcela de integrantes do Poder Judiciário.

Portanto, imperiosa se faz uma detida análise do Estatuto dos Militares (Lei n. 6.880/1980), do Decreto Regulamentador da Remuneração dos Militares (Decreto n. 92.512/1986), bem como da Lei dos Ex-Combatentes (Lei n. 5.315/1967), com o propósito último de que se compreenda plenamente os meandros associados ao tema e, especialmente, o âmago da questão.

CF/1988 e as diferenças porventura existentes, deverão ser calculadas a partir da vigência daquela norma constitucional" (TRF-4ª R., 3ª T., AC 9704097379-SC, Rela. Desembargadora Federal Luiza Dias Cassales, *DJ* 3.3.1999).

IV.a) Do Estatuto dos Militares

O Estatuto dos Militares (Lei n. 6.880, de 9 de dezembro de 1980) apresenta em seu art. 50, inciso IV, alínea *e*, a exata (e restritiva) descrição legal de um dos *direitos expressos dos militares e seus dependentes* que se constitui, desta feita, em uma primeira referência conceitual atinente à presente análise, *verbis*:

> Art. 50. *São direitos dos militares*:
>
> (...);
>
> IV – *nas condições ou nas limitações impostas na legislação e regulamentação específicas*:
>
> (...);
>
> e) *a assistência médico-hospitalar para si e seus dependentes*, assim entendida como o conjunto de atividades relacionadas com a prevenção, conservação ou recuperação da saúde, abrangendo serviços profissionais médicos, farmacêuticos e odontológicos, bem como o fornecimento, a aplicação de meios e os cuidados e demais atos médicos e paramédicos necessários (grifos nossos).

Desta feita, pode-se, inicialmente e sem maiores dificuldades hermenêuticas, inferir, de forma incontestável, que a mencionada Lei estabelece, expressa e inequivocadamente, que *os militares e seus dependentes* têm inconteste direito *à assistência médico-hospitalar* nos hospitais e policlínicas militares, ainda que – frise-se –, *não estabeleça, de igual forma, qualquer gratuidade (plena) relacionada à mencionada assistência*. Por efeito conseqüente – e considerando, sobretudo, que tal dispositivo legal foi revogado pela edição posterior do Regramento Constitucional de 1988 (uma vez que perfeitamente compatível com o mesmo) –, resta absolutamente lícito concluir pela reconhecida existência de insuperáveis requisitos para a plena observância e efetiva aplicação deste direito.

IV.b) Do Decreto n. 92.512/1986

Da imperiosa necessidade pretérita de regular o contido no precitado art. 50 do Estatuto dos Militares, resta oportuno consignar, que foi editado, posteriormente àquela normatividade legal, o Decreto n. 92.512, de 2 de abril de 1986, que expressamente "Estabelece normas, condições de atendimento e *indenizações para a assistência médico-hospitalar ao militar e seus dependentes*, e dá outras providências". O citado ato administrativo regulamentar apresenta, dentre outras, importante conceituação para o melhor entendimento deste complexo tema, notadamente nos incisos de seu art. 3º, *verbis*:

> Art. 3º. Para os efeitos deste decreto, serão adotadas as seguintes conceituações:
>
> (...);
>
> III – *Assistência Médico-Hospitalar* – é o conjunto de atividades relacionadas com a prevenção de doenças, com a conservação ou recuperação da saúde e com a reabilitação dos pacientes, abrangendo os serviços profissionais médicos, odontológicos e farmacêuticos, o fornecimento e a aplicação de meios, os cuidados e os demais atos médicos e paramédicos necessários;
>
> (...);
>
> V – *Beneficiários da Assistência Médico-Hospitalar* – são *os militares da ativa ou na inatividade*, bem como seus respectivos *dependentes* definidos no Estatuto dos Militares;
>
> VI – *Beneficiários dos Fundos de Saúde* – são os beneficiários da assistência médico-hospitalar que *contribuem para os Fundos de Saúde* e os dependentes dos militares que, a critério de cada Força, sejam enquadrados nos regulamentos dos respectivos Fundos;
>
> (...);
>
> X – *Contribuintes* – *são os militares* da ativa, na inatividade e os ***pensionistas que contribuem para os Fundos de Saúde das respectivas Forças***;
>
> (...);
>
> XIX – *Fator de Custos de Atendimento Médico-Hospitalar* é o valor estipulado *por militar das Forças Armadas da ativa ou da inatividade e por dependente dos militares*, fixado pelo Ministro-Chefe do Estado-Maior das Forças Armadas, que servirá de base para o cálculo de dotação

orçamentária destinada à assistência médico-hospitalar;

XX – *Fundo de Saúde* – é o *recurso extra-orçamentário* oriundo de *contribuições obrigatórias dos militares*, da *ativa e na inatividade, e dos pensionistas dos militares, destinado a cobrir parte das despesas* com a assistência médico-hospitalar dos beneficiários do Fundo, segundo regulamentação específica de cada Força Singular;

(...);

XXXIV – *Usuários* – são os beneficiários da assistência médico-hospitalar (grifos nossos).

Conclui-se, assim, sem muito esforço, as seguintes premissas lógico-jurídicas:

a) o *Fundo de Saúde* das Forças Armadas traduz-se, necessariamente, por se constituir em um *recurso extra-orçamentário*, destinado a cobrir parte das despesas com a assistência médico-hospitalar dos beneficiários do aludido Fundo;

b) o mencionado *Fundo de Saúde* é formado pelas *contribuições obrigatórias, individuais – e de natureza privada –, dos militares*, da ativa e na inatividade, e dos pensionistas dos militares. Por conseguinte, todos os militares e pensionistas – sem qualquer exceção –, são contribuintes, necessários e compulsórios do Fundo epigrafado;

c) apenas porque todos os militares e pensionistas são contribuintes obrigatórios do Fundo – em umbilical relação lógica de causa e conseqüência –, todos são, igualmente, beneficiários necessários do Fundo de Saúde e, também, pelas mesmas razões, beneficiários da correspondente assistência médico-hospitalar;

d) a *indispensável efetividade*, bem como a necessária qualidade, *da assistência médico-hospitalar* em questão *dependem diretamente das receitas provenientes do Fundo*, considerando, sobremaneira, que estas são responsáveis pela cobertura, ainda que parcial, das despesas decorrentes da prestação do serviço de assistência médico-hospitalar dos militares, seus dependentes e pensionistas.

Por efeito conclusivo, é lícito afirmar, em tom de sublime advertência, que *a contribuição obrigatória – de natureza individual e privada –, para os Fundos de Saúde das Forças Armadas revela-se como inafastável requisito necessário aos militares e seus pensionistas para que os mesmos possam usufruir*, plenamente, o seu correspondente direito à saúde, consoante estabelecido pelo art. 50, inciso IV, alínea *e*, traduzindo-se, neste sentido, na qualidade de inafastável e insuperável condição impositiva.

IV.c) Da Lei n. 5.315/1967

Para a melhor compreensão do assunto *sub examen*, também se faz necessário interpretar o disposto no art. 1º da Lei n. 5.315, de 12 de setembro de 1967, que, em sua redação original, regulamentava anterior regramento constitucional previsto no art. 178 da Constituição Federal de 1967, *verbis*:

> Art. 1º. Considera-se *ex-combatente*, para efeito da aplicação do artigo 178 da Constituição do Brasil, *todo aquele que tenha participado efetivamente de operações bélicas*, na Segunda Guerra Mundial, como integrante da Força do Exército, da Força Expedicionária Brasileira, da Força Aérea Brasileira, da Marinha de Guerra e da Marinha Mercante, e que, *no caso de militar, haja sido licenciado do serviço ativo e com isso retornado à vida civil definitivamente* (grifos nossos).

Da leitura do precitado art. 1º – que se encontra em perfeita harmonia com a nova ordem político-jurídica inaugurada com o advento da Constituição de 1988 –, conclui-se, sem muito esforço, que *o universo de ex-combatentes é composto por civis e militares*, ainda que, no caso dos militares, inexoravelmente, limitados àqueles que, ao fim da Guerra, tenham sido licenciados do serviço ativo e retornado à vida civil definitivamente. Por via de conseqüência, o universo jurídico que se convencionou denominar de *ex-combatentes* é, na realidade, formado exclusivamente por uma categoria de cidadãos que não podem ser classificados, para efeito de aplicação do Decreto n. 92.512/1986, como verdadeiros militares, posto que, por óbvias razões, *militares*, sob a específica ótica jurídica, são todos aqueles *combatentes*, que, envolvidos ou não em operações bélicas ao longo de suas carreiras, permaneceram nesta insuperável condição, mesmo que após a passagem para a reserva e até a posterior reforma.

Destarte, do conceito de *ex-combatente*, expresso no dispositivo supra, emerge óbvia conclusão de que, por não serem militares, os *ex-combatentes e seus pensionistas não contribuem para os Fundos de Saúde das Forças Armadas* (ainda que não estejam legalmente impedidos de fazê-lo), não satisfazendo, por conseguinte, a insuperável condição necessária para – pelo menos em tese –, poder usufruir, plenamente, do direito à saúde, por intransponíveis obstáculos no que concerne à disciplina expressamente estabelecida no Estatuto dos Militares.

V – Da síntese legislativa pertinente à matéria

Da precisa análise das três legislações comentadas, verifica-se, à evidência, portanto, que o *ex-combatente* enquadra-se – sem maiores possibilidades de razoáveis dúvidas –, em uma categoria *sui generis*, considerando tratar-se de um *civil* que, em uma situação atípica, foi alçado a uma condição, excepcional e temporária, de *combatente*, passando, desta feita, a se enquadrar em uma terceira categoria (especial e excepcional) de *cidadão civil com pensão militar*.

Neste diapasão analítico, o ordenamento constitucional vigente em suas disposições transitórias (ADCT), bem como a Lei n. 5.315/1967 – como não poderia deixar de ser –, buscaram definir, por inexorável necessidade jurídica, esta nova categoria especial de cidadãos que percebem *pensão militar* e, igualmente, ostentam vantagens excepcionais (constitucionalmente impostas), absolutamente divorciadas daqueles direitos usualmente assegurados aos cidadãos civis e militares de modo geral.

VI – Dos benefícios concedidos aos "combatentes"

Consoante exposto, e buscando suprir a inafastável necessidade quanto à perfeita compreensão da amplitude dos benefícios concedidos aos chamados *ex-combatentes*, imperativa se faz analisar, conforme já consignado, os benefícios também concedidos a um conjunto de pessoas enquadradas como *militares*, as quais, com o objetivo de facilitar o raciocínio, no caso concreto, serão denominadas simplesmente como *combatentes*.

Assim, é cediço inferir, como já assinalado, a denominação de *militar combatente* a todo aquele que participou das atividades inerentes à Segunda Guerra Mundial e, com o fim do conflito bélico, *optou por permanecer na vida ativa, no posto/graduação que lhe cabia, cumprindo os deveres inerentes à atividade militar*.

Destarte, é importante ter-se em mente que, do universo de cidadãos brasileiros participantes da Segunda Guerra Mundial e que, portanto, viveram as mesmas situações de perigo ou iminência de ataque inimigo, *uma substancial parcela resolveu retornar à vida civil definitivamente*, sendo agora conhecidas como *ex-combatentes*, ao passo que uma *outra resolveu, de forma diversa, permanecer no serviço ativo das Forças Armadas*. Esta parcela de brasileiros, ao optar por permanecer nas fileiras das Forças Armadas, como não podia deixar de ser, continuou categorizada como *militar*, mantendo-se, conseqüentemente, sobre a égide do Estatuto dos Militares, sendo promovida em conformidade com a lei e *realizando as contribuições pertinentes*.

A determinação legal quanto a essas mencionadas contribuições encontra-se abrigada expressamente na Medida Provisória n. 2.215-10, de 31 de agosto de 2001, que "dispõe sobre a reestruturação da remuneração dos militares das Forças Armadas, altera as Leis ns. 3.765, de 4 de maio de 1960, e 6.880, de 9 de dezembro de 1980, e dá outras providências", apresentando em seus arts. 14, 15 e 16, definições fundamentais para o melhor entendimento relativo ao tema, *verbis*:

> Art. 14. *Descontos são os abatimentos que podem sofrer a remuneração ou os proventos do militar para cumprimento de obrigações assumidas ou impostas em virtude de disposição de lei ou de regulamento.*
>
> § 1º. Os descontos podem ser obrigatórios ou autorizados.
>
> § 2º. Os descontos obrigatórios têm prioridade sobre os autorizados.
>
> § 3º. Na aplicação dos descontos, o militar não pode receber quantia inferior a trinta por cento da sua remuneração ou proventos.
>
> Art. 15. *São descontos obrigatórios do militar*:
>
> I – contribuição para a pensão militar;
>
> II – *contribuição para a assistência médico-hospitalar* e social do militar;
>
> III – *indenização pela prestação de assistência médico-hospitalar, por intermédio de organização militar*;
>
> IV – impostos incidentes sobre a remuneração ou os proventos, de acordo com a lei;
>
> V – indenização à Fazenda Nacional em decorrência de dívida;
>
> VI – pensão alimentícia ou judicial;
>
> VII – taxa de uso por ocupação de próprio nacional residencial, conforme regulamentação;
>
> VIII – multa por ocupação irregular de próprio nacional residencial, conforme regulamentação.
>
> Art. 16. Descontos autorizados são os efetuados em favor de entidades consignatárias ou de terceiros, conforme regulamentação de cada Força (grifos nossos).

Como facilmente pode-se depreender, o art. 14 e seus incisos conceituam os *descontos*, determinando quais são *obrigatórios* e quais são autorizados. Contudo, é a expressa menção do art. 15, principalmente nos incisos II e III, que preconiza, de forma imperativa e insuperável, que, apesar do *militar* e seus dependentes terem direito à saúde e assistência médica providas pelas Forças Armadas (art. 50, inciso IV, alínea *e*, do Estatuto dos Militares), este deve, obrigatoriamente, *contribuir para a assistência médico-hospitalar*.

Ademais, o legislador também especificou a destinação da contribuição prevista no inciso II do art. 15, da mencionada Medida Provisória. Tal destinação é, como já mencionado, o denominado *Fundo de Saúde* (art. 3º, inciso XX, do Decreto n. 92.512/1986) da respectiva Força Armada Singular. Desta forma, *os militares* que contribuem para o Fundo de Saúde, sejam do Exército, da Aeronáutica ou da Marinha, *arcam – na qualidade de indivíduos e de forma privada –, com substancial parcela das despesas resultantes da assistência médico-hospitalar a que têm direito*.

Por via de conseqüência, os convocados que, ao término da Segunda Guerra Mundial, optaram por permanecer na vida ativa, na qualidade de militares (combatentes), continuaram sendo regidos pelas precitadas leis, tendo como conseqüência *os descontos obrigatórios em suas remunerações*. Ou, em outros termos, sem qualquer usufruto relativo aos benefícios atribuídos aos *ex-combatentes*, nos exatos termos do art. 53 e respectivos incisos do ADCT, especialmente no que concerne à gratuidade (plena e absoluta) à assistência médico-hospitalar.

A título de oportuno reforço a todos os argumentos já expedidos, vale também registrar – seja pela simplicidade elucidativa do texto, seja pelo caráter didático-pedagógico do mesmo –, as *informações* prestadas pela Marinha do Brasil nos Autos do Mandado de Segurança n. 2007.51.01.017671-1 (fls. 24/27), as quais a 7ª Turma Especializada, do Egrégio Tribunal Regional Federal da 2ª Região, do qual este Autor é membro titular, considerou, em sua apertada síntese, julgando, ao final, à unanimidade, a imperiosa e inafastável necessidade de *contraprestação financeira* (repasse da União Federal para com as Forças Armadas) como condição lógica de inclusão plena dos ex-combatentes e dependentes no sistema de saúde das Forças Armadas, *verbis*:

– o Sistema de Saúde da Marinha é custeado, em parte, pelos próprios militares e inativos, por meio de desconto obrigatório em bilhete de pagamento, correspondente a 1,8% do rendimento bruto, por militar, mais 0,15% para cada dependente até um total máximo de 3,5%;

– este desconto é denominado de contribuição para assistência médico-hospitalar e social do militar, conforme disposto nos arts. 15, inciso II e art. 25 da Medida Provisória n. 2.215-10, de 31 de agosto de 2001, e suas sucessivas reedições regulamentado, no âmbito da Marinha do Brasil, por meio da Portaria n. 181, de 16 de julho de 2001;

(...);

– em que pese o desconto, *os beneficiários do FUSMA ainda indenizam 20% das despesas com a assistência médico-hospitalar que por ventura venham a utilizar junto ao Sistema de Saúde da Marinha*, como por exemplo, atendimentos médicos, paramédicos ou de outra natureza;

– a Marinha do Brasil, por intermédio de seus órgãos, procura administrar os recursos humanos e financeiros existentes da melhor forma, de modo a fornecer ao seu pessoal a melhor assistência médico-hospitalar possível; recursos estes que, infelizmente, não correspondem a todas as expectativas, mas que, basicamente, sustentam o Sistema.

– pelo dito até então, *pode-se afirmar que a inclusão de ex-combatentes e dependentes no Sistema de Saúde da Marinha, sem a devida contraprestação financeira estaria comprometendo a eficácia do referido Sistema* (grifos nossos).

Por efeito conclusivo, a correta interpretação jurisprudencial quanto à absoluta e irrestrita gratuidade do atendimento médico-hospitalar para os *ex-combatentes* – sem qualquer contraprestação pecuniária –, inaugura, em nosso ordenamento jurídico, em última análise, duas situações distintas para um mesmo fato gerador, ou seja, dois indivíduos, o *ex-combatente* e o *combatente*, recebem tratamento diverso para situações absolutamente idênticas, ensejando, por conseqüência, *inexorável violação ao princípio da isonomia*, pelo que imperativo se faz necessário – a esta altura –, que o *Poder Judiciário*, responsável último pelas determinações sentenciais, aponte a exata fonte econômico-financeira que terá que, necessariamente, suportar o ônus derivado de tal *excepcionalidade* constitucional antiisonômica, já consagrada jurisprudencialmente ao longo dos últimos 15 (quinze) anos.

VI.a) Dos recursos financeiros

Resta evidente, por outro lado, que o espírito da lei que buscou recompensar o *ex-combatente*, também não esqueceu a importância do *combatente*.

Por esta razão, imprescindível se apresenta a análise da questão orçamentária, ou, em outros termos, dos recursos financeiros destinados a concretizar o direito à saúde, que abriga tanto os *militares*, estejam eles no serviço ativo ou na inatividade, quanto os seus *dependentes e pensionistas*.

Nesse sentido, é a própria Constituição Federal, no contexto de seus dispositivos normativos, que expressamente determina a necessidade do Poder Público zelar pelo *direito à saúde*, mormente em seus arts. 196 e seguintes. Para tanto, todavia, a ação deste Poder necessita, em primeiro lugar, *prover recursos que materializem tal direito*. As Forças Armadas, neste diapasão analítico, não se constituem em qualquer exceção, visto que o Poder Público necessariamente precisa especificar a origem dos recursos financeiros destinados à assistência médico-hospitalar dos seus integrantes e dependentes.

Para o caso em comento, o art. 11 do Decreto n. 92.512/1996 não apenas confirma este pressuposto, como igualmente o consolida como regra normativa impositiva, *verbis*:

> Art. 11. Os Ministérios Militares contarão, para a assistência médico-hospitalar aos militares e seus dependentes, com recursos financeiros oriundos de:
>
> I – *Dotações orçamentárias, consignadas no Orçamento da União* através de propostas anuais dos Ministérios Militares, constituídas de:

a) recursos financeiros previstos com base no produto do fator de custos de atendimento médico-hospitalar pelo número de militares, da ativa e na inatividade, e de seus dependentes;

b) recursos financeiros específicos para o custeio de convênios e contratos;

c) outros recursos que visem à assistência médico-hospitalar.

II – *Receitas extra-orçamentárias provenientes de*:

a) *contribuições mensais para os fundos de saúde*;

b) *indenizações de atos médicos, paramédicos e serviços afins*;

c) *receitas provenientes da prestação de serviços médico-hospitalares através de convênios e/ou contratos*;

d) *receitas provenientes de outras fontes*.

Parágrafo único. Os recursos financeiros, consignados anualmente no Orçamento da União para cada Ministério Militar, destinados a atender às despesas *correntes e de capital das organizações de saúde, independem das dotações orçamentárias especificadas neste artigo e não constituem objeto deste decreto* (grifos nossos).

Por conseguinte, é fato incontestável que "*as contribuições mensais para os Fundos de Saúde*" das Forças Armadas, como também (e de igual forma) "*as indenizações de atos médicos, paramédicos e serviços afins*" compõem a *receita extra-orçamentária*, assim considerada como indispensável recurso financeiro necessário para cobrir parte das despesas com a assistência médico-hospitalar em questão. Em outras palavras, *as contribuições mensais e as indenizações* dos diversos serviços prestados *são advindas do próprio usuário do benefício, dentre eles, o denominado combatente*.

Observa-se, por outro lado, que a *dotação orçamentária, cujos recursos provêm especificamente da União*, restringem-se, por força de imperativo legal, na qualidade de previsão financeiro-valorativa, *apenas e tão-somente ao quantitativo de militares, da ativa e da inatividade, e seus dependentes*.

Parece claro, portanto, que os *ex-combatentes* e seus dependentes não pertencem a este conjunto estrutural, propiciando – de forma insuperável –, um efetivo (e insustentável ao longo do tempo) *desequilíbrio* no que concerne ao *produto do fator de custos de atendimento médico-hospitalar pelo número de pessoas* contidas no precitado universo em relação à dotação orçamentária prevista que, desta feita, sempre ficará aquém do necessário para cobrir as despesas advindas do atendimento pleno a esse novo universo, sinergicamente ampliado com a adição dos *ex-combatentes*. Tal situação não só acarretará, como sabidamente vem acarretando, indesejável *queda na qualidade do atendimento e na própria eficácia do serviço prestado*, como ainda, invencível diminuição dos insumos necessários, comprometendo, por fim, a própria efetividade do mandamento constitucional relativo ao atendimento médico-hospitalar dos ex-combatentes e de seus dependentes.

VII – Da umbilical relação entre os recursos financeiros orçamentários e extra-orçamentários

Outro ponto nevrálgico a ressaltar – em necessária adição reforçativa a todos os argumentos já expedidos –, encontra-se numa característica singular do Sistema de Saúde Militar que consiste no direcionamento da aplicação dos recursos originários do Fator de Custos e do Fundo de Saúde das Forças Armadas.

Com efeito, apesar de existir uma fonte mista de custeio, os recursos orçamentários (Fator de Custos) são direcionados aos não beneficiários/não-contribuintes (militares do Efetivo Variável, Serviço Militar Inicial e Acidentes em Serviço).

Portanto, na verdade, os beneficiários contribuintes do Sistema de Saúde Militar sofrem duplo revés, que é o de contribuírem e indenizarem o Sistema e o de não serem atendidos com os recursos originários da União, pois se faz necessário cobrir as despesas daqueles que não contribuem (especificamente, os ex-combatentes). Ainda que se possa afirmar que o Fator de Custos – FC – é que arcaria com essas despesas extras, a verdade é que os atuais valores orçamentários nem ao menos asseguram o mínimo previsto aos beneficiários especiais não contribuintes e seus dependentes.

Some-se a isso o fato de que o total de *ex-combatentes* e pensionistas enquadrados na Lei n. 5.315, de 12 de novembro de 1967 – apenas no Exército, a título de exemplificação –, é de 27.785 cidadãos. Estimando-se que o número de dependentes gire em torno de 1,5 por ex-combatente ou pensionista, *temos que o total de novos beneficiários especiais (não contribuintes) estaria em torno de 41.677* indivíduos a serem absorvidos pela estrutura de apoio à saúde do Exército, em particular. Extrapolando para o contexto das três Forças Singulares (Marinha, Exército e Força Aérea), temos simplesmente uma realidade insustentável sob o aspecto econômico-financeiro que, em curto espaço de tempo, irá comprometer a própria eficácia sentencial de todos os Pronunciamentos Judiciais que apenas limitam-se a determinar (sem uma maior e necessária reflexão de seus efeitos práticos) a imediata inclusão dos ex-combatentes e de seus dependentes no sistema de saúde das Forças Armadas.

Importante, ainda, salientar que esse acréscimo é representado, na sua maioria, por um grupo relativamente homogêneo de cidadãos, todos pertencentes a uma faixa etária bastante elevada que, por conseguinte, se utiliza com maior freqüência do Sistema de Saúde.

Convém reafirmar, em tom de necessária ênfase, que os denominados *combatentes* possuem o direito à saúde, a ser prestado pelos Hospitais e Policlínicas das Forças Armadas, *condicionalmente* à necessária e imprescindível *contraprestação dos descontos obrigatórios* inseridos em seus vencimentos ou pensões. Estes descontos constituem parte integrante (e indispensável) dos *recursos financeiros* que sustentam a assistência médico-hospitalar e, caso não haja a contribuição por parte do *combatente*, este *perde (resta oportuno frisar) a condição de beneficiário dos fundos de saúde e é, conseqüentemente, impedido de usufruir a assistência médico-hospitalar*.

Desta feita e considerando os fatos apresentados, pode-se facilmente concluir que a atual dotação orçamentária para o Sistema de Saúde dos Militares não tem sido suficiente nem para cobrir os custos relativos aos atuais beneficiários do Sistema de Saúde Militar, *o que permite antever que a inclusão gratuita de mais beneficiários (sem uma correspondente fonte de custeio) acarretaria inúmeras conseqüências indesejáveis, uma vez que as despesas dos ex-combatentes e seus dependentes, na prática deixariam de ser suportadas pelo Tesouro Nacional e passariam a ser responsabilidade, quase que total, dos atuais militares e pensionistas contribuintes para com os Fundos de Saúde das Forças Armadas, o que redundaria numa flagrante inconstitucionalidade, pois a União estaria, na prática efetiva, apenas repassando um ônus para determinado grupo de cidadãos, em uma situação que visivelmente afronta o próprio direito e sua correta exegese.*

Esta condição legal e factual, resta registrar, por si só, invalida qualquer tese jurídica a sustentar *a absoluta e inconteste gratuidade na prestação de idênticos serviços aos ex-combatentes*, seja pela insuperável questão financeira, seja pelo insustentável desafio ao preceito constitucional da isonomia, exceto se tal direito especial, excepcionalmente concedido, possua fonte própria de custeio e que tal fonte seja suportada, exclusivamente, com verbas de natureza rigorosamente pública (o que à toda evidência excluiria as verbas extra-orçamentárias dos Fundos de Saúde das Forças Armadas que possuem inconteste natureza individual privada).

VIII – Da necessária efetividade das decisões sentenciais do Poder Judiciário

Por efeito conclusivo – e a par de todas as detalhadas considerações expostas –, apenas dois possíveis raciocínios lógico-jurídicos podem legitimamente emergir, em nosso particular entendimento, sobre o tema vertente.

O primeiro criaria um direito de opção aos *ex-combatentes*. Determinar-se-ia aos ex-combatentes ou pensionistas que optassem por contribuir com o Sistema de Saúde da Força Armada a que estiver vinculado, sob as mesmas condições dos militares da ativa, inatividade e pensionistas, nos termos do art. 15, incisos II e III, da Medida Provisória n. 2.215-10, de 31 de agosto de 2001, através da aplicação do fenômeno jurídico hermenêutico da *analogia integrativa* –, com o pressuposto de que estes sejam considerados "beneficiários dos Fundos de Saúde" nos idênticos termos do Decreto n. 92.512, de 2 de abril de 1986, e, em não optando pela contribuição, sejam, sumariamente, excluídos, em definitivo, do Sistema de Saúde, a idêntico exemplo do que ocorre, por imperativo legal, com os militares da ativa e da inatividade.

O segundo raciocínio simplesmente obrigaria a União Federal a criar uma dotação orçamentária (contraprestação financeira), a fim de se determinar que haja o imprescindível repasse das verbas que custeiem a assistência médico-hospitalar dos ex-combatentes e pensionistas, aos Fundos de Saúde das Forças Armadas.

A mencionada determinação imporia, neste caso, a manutenção dos *ex-combatentes* e pensionistas incluídos no Sistema de Saúde das Forças Armadas, gozando da *gratuidade absoluta* (*especial e excepcional*) constitucionalmente assegurada (segundo entendimento jurisprudencial já consagrado). Esta gratuidade seria custeada pela União Federal, sem que se impusesse, aos ex-combatentes e pensionistas, a opção a uma individual e privada contraprestação pecuniária (ainda que parcial). Desta sorte, mantê-los-ia como beneficiários do Sistema – como determina a jurisprudência pacificada a propósito do tema –, mas com o *conseqüente e necessário repasse dos recursos – demonstradamente despendidos pelo Sistema de Saúde das Forças Armadas – pela União Federal*. Com isto, a inadmissível lacuna decorrente da fonte de custeio seria suprida, viabilizando, inclusive no sentido prático-efetivo, e ao longo do tempo, a gratuidade absoluta que a Constituição supostamente outorgou aos *ex-combatentes*.

Como a efetivação do primeiro raciocínio não nos parece ser mais possível de ser aplicada, face a consolidação jurisprudencial já mencionada (e também factual pelo transcurso do tempo), resta imperativo que se consolide a segunda vertente hermenêutica para que, de fato, o direito especial e excepcional concedido aos *ex-combatentes*, possa ser plenamente satisfeito, sem qualquer prejuízo de qualidade aos próprios ou a terceiros e, igualmente, sem os riscos de inviabilização futura do próprio Sistema de Saúde das Forças Armadas, conforme já decidiu esta 7ª Turma Especializada deste Egrégio Tribunal Regional Federal da 2ª Região, da qual este autor é membro titular, *verbis*:

> *Administrativo. Processual Civil. Militar. Apelação em mandado de segurança. Concessão de assistência médico-hospitalar gratuita a pensionista de ex-combatente. Análise do art. 53, inciso IV, do ADCT. Decreto n. 92.512/1986. Lei n. 5.315/1967. Estatuto dos Militares. Benefícios excepcionais concedidos aos ex-combatentes. Necessidade de fonte de custeio. Responsabilidade pelo repasse da União Federal. Sentença mantida por fundamento diverso. Apelação e remessa necessária não providas.*
>
> 1. O ADCT da CRFB/1988 concedeu excepcionais benefícios aos cidadãos brasileiros categorizados juridicamente como *ex-combatentes*. A cristalina interpretação do art. 53, do ADCT combinado com o art. 1º da Lei n. 5.315/1967, demonstra a intenção do legislador de "buscar recompensar quem, enfrentando o perigo de guerra, expôs a vida em homenagem à Pátria" (STJ, 6ª T., REsp n. 87.511-PE, Rel. Ministro Luiz Vicente Cernicchiaro, *DJ*-I 17.2.1997, p. 2.179).
>
> 2. Os conceitos básicos relacionados à assistência médico-hospitalar prestada aos militares e seus dependentes estão determinados no art. 50, inciso IV, alínea *e*, da Lei n. 6.880/1980; no art. 3º do

Decreto n. 92.512/1986 e, ainda, na Lei n. 5.315/1967. Da precisa análise das três legislações comentadas, verifica-se, que o *ex-combatente* enquadra-se, em uma categoria *sui qeneris*, considerando tratar-se de um *civil* que, em uma situação atípica, foi alçado a uma condição, excepcional e temporária, de *combatente*, passando, ao final da guerra, a se enquadrar em uma terceira categoria (especial e excepcional) de *cidadão civil com pensão militar*. Trata-se de nova categoria especial de cidadãos que percebem pensão militar e, igualmente, ostentam vantagens excepcionais (constitucionalmente impostas), absolutamente divorciadas daqueles direitos usualmente assegurados aos cidadãos civis e militares de modo geral.

3. Como conseqüência, deve ser provida a manutenção dos ex-combatentes como beneficiários do Sistema, mas com o *conseqüente e necessário repasse dos recursos necessários realizados pela União Federal direto aos Fundos de Saúde das Forças Armadas*. Com isto, a lacuna decorrente da inexistência de fonte de custeio seria suprida, viabilizando, inclusive no sentido prático-efetivo, a gratuidade absoluta que a Constituição outorgou excepcionalmente aos *ex-combatentes*.

4. *Remessa Necessária e Apelação em Mandado de Segurança interposta pela União Federal desprovidas* (TRF-2ª R., 7ª T. Especializada, MS n. 2007.51.01.017671-1, Rel. Desembargador Federal Reis Friede, j. 4.6.2008).

IX – Da síntese conclusiva

Esperemos, portanto, que os mais diversos julgadores, com competência jurisdicional para o deslinde dessas questões relativas aos *ex-combatentes*, possam, no presente e no futuro, melhor refletir sobre a ampla complexidade do tema, evitando que, através de persistentes decisões condenatórias "genéricas", acabem por inviabilizar o próprio sistema de saúde das Forças Armadas, tornando-o, em última análise, totalmente ineficaz, sob a ótica econômico-financeira, e igualmente efetiva para o seu fim precípuo, ou seja, a prestação do atendimento médico-hospitalar, não somente para os próprios militares da ativa e da inatividade (seus pensionistas e dependentes), mas como bem assim para os próprios *ex-combatentes* e seus respectivos pensionistas e dependentes, em prejuízo final de toda a Sociedade brasileira.

PANORAMA BRASILEIRO DA TUTELA DE URGÊNCIA CONTRA O ESTADO

BRUNO FRANCISCO CABRAL AURÉLIO
Mestrando em Direito Administrativo pela PUC/SP.
Membro do Instituto de Direito Administrativo Paulista (IDAP). Advogado em São Paulo.

RAFAEL RAMIRES ARAUJO VALIM
Mestrando em Direito Administrativo pela PUC/SP.
Membro do Instituto de Direito Administrativo Paulista (IDAP).
Conselheiro da Comissão Justiça e Paz de São Paulo. Advogado em São Paulo.

1. Introdução: delimitação do objeto e considerações metodológicas. 2. As tutelas de urgência: 2.1 Controle jurisdicional da Administração Pública no Brasil: aspectos constitucionais; 2.2 Significado e alcance da expressão "tutela de urgência"; 2.3 Pressupostos e eficácia. 3. Tutela de urgência em face do Poder Público: 3.1 Tutela antecipatória contra o Poder Público; 3.2 Tutela de urgência em face do Poder Público mediante ações judiciais específicas: 3.2.1 Mandado de Segurança; 3.2.2 Ação Popular; 3.2.3 Ação Civil Pública. 4. Leis restritivas à concessão de tutelas de urgência contra o Estado. 5. Síntese conclusiva.

1. Introdução: delimitação do objeto e considerações metodológicas

1. Com a presente investigação, como seu título já está a indicar, pretende-se abordar, de modo panorâmico e sistemático, o tema das tutelas de urgência contra o Estado no Brasil. Quer-se com isso dizer que se tratará da aludida temática de modo perfunctório, sem *aprofundar* o exame dos mecanismos processuais preordenados à defesa de direitos em face do Poder Público, o que, naturalmente, desbordaria os propósitos e os limites deste artigo.

2. Oportuno observar que se cuida de estudo de Direito Administrativo, sob cuja ótica serão analisados os institutos de Direito Processual Civil. Não se objetiva realizar um estudo de Direito Processual, senão avaliar brevemente a instrumentalização dos direitos dos administrados.

3. É de se encarecer ainda que se assuma uma postura dogmática ante o objeto de estudo, sem embargo de pontuais considerações de ordem sociológica que permeiam o texto. Estas considerações são feitas a fim de que o leitor desconhecedor da realidade social brasileira possa compreender a transcendental importância que adquire no Brasil a problemática tratada.

4. Nesse contexto, aliás, forçoso salientar que em países de tradição autoritária como o Brasil, toda e qualquer construção teórica no âmbito do Direito Público tem de, inelutavelmente, visar ao aprimoramento dos mecanismos de proteção da liberdade e da dignidade do indivíduo, em detrimento daquelas concepções obsequiosas com o poder, as quais acabam por resultar, na luminosa expressão de Eduardo García de Enterría, em "imunidades do Poder".[1] Ao se pretender fazer um *Direito da Administração* renuncia-se a fazer Direito. No dizer de Agustín Gordillo, "é ser conselheiro e assessor do soberano: o mau conselheiro que lhe dirá que é Direito tudo aquilo que lhe agrada".[2]

5. Segue-se que, dada a *relação de instrumentalidade* das normas de direito processual em relação às de direito material – no sentido de que aquelas devem ser concebidas a partir das necessidades apresentadas por estas[3] –, assim como o Direito Administrativo é o Direito de defesa dos administrados, também devem sê-lo os expedientes processuais que efetivam esse mesmo Direito.

6. Sob essa perspectiva, consentânea à mundividência ínsita à noção de Estado de Direito, debruçar-se-á sobre o regime jurídico das medidas de urgência no Brasil.

2. As tutelas de urgência

2.1 Controle jurisdicional da Administração Pública no Brasil: aspectos constitucionais

7. Com o advento da Constituição Federal de 1988, funda-se no Brasil, em termos jurídicos, um Estado Democrático de Direito, cujo cerne axiológico é a valorização da dignidade da pessoa humana e em torno da qual gravitam inúmeros direitos e garantias fundamentais. Dentro desse modelo, valorizam-se os deveres do Estado, em desabono de seus poderes. O Estado é concebido tão-somente como *meio* para satisfação de interesses coletivos e cujos poderes são titularizados na exata medida dos correlatos deveres a que está, *de iure*, obrigado a cumprir.

8. Em reescritura reduzida, toda a atividade do Estado "é exercida no cumprimento do *dever* de alcançar o interesse público, mediante o uso dos poderes instrumentalmente necessários conferidos pela ordem jurídica".[4] Nessa linha, a atividade administrativa, à luz de lição corrente, nos quadrantes de um Estado de Direito, deve estrita obediência à lei,[5] produto da vontade popular, com menoscabo de qualquer iniciativa personalista de poder. Tal submissão constitui não só uma relação de não-contraste, como também de conformidade à lei, como nas célebres palavras de Michel Stassinopoulos, segundo quem a Administração, além de não poder agir *contra legem* ou *praeter legem*, deve agir *secundum legem*.[6]

9. Entre os princípios constitucionais que informam o regime jurídico-administrativo brasileiro, dois interessam mais de perto, dada a temática de que se ocupa, a saber: o *princípio da legalidade* (art. 5º, II, 37, *caput*, 84, IV, da Constituição Federal) e o *princípio da inafastabilidade do controle judicial* (art. 5º, XXXV, da Constituição Federal).

10. Não se dispensará maior atenção à elucidação do conteúdo desses princípios, sen-

1. *La Lucha contra las Inmunidades del Poder*, Madri, Civitas, 1983.

2. Essa é a lição de Agustín Gordillo: "Si se quiere hacer un *derecho de la administración*, entonces se está renunciando a hacer derecho (...). Es ser consejero y asesor del soberano del soberano: el mal consejero que le dirá que es derecho todo lo que al príncipe le plazca" (*Tratado de Derecho Administrativo*, t. I, 7ª ed., Belo Horizonte, Del Rey, 2003, pp. I-10 e 13).

3. José Roberto dos Santos Bedaque, *Direito e Processo: Influência do Direito Material sobre o Processo*, 4ª ed., São Paulo, Malheiros Editores, 2006, p. 65.

4. Celso Antônio Bandeira de Mello, *Curso de Direito Administrativo*, 21ª ed., São Paulo, Malheiros Editores, 2007, p. 29.

5. Ao se referir à "lei", naturalmente se alude à *ordem jurídica*. A Administração não é súdita apenas da lei em sentido formal, mas também e, sobretudo, das normas e princípios que emanam da Constituição.

6. *Traité des Actes Administratifs*, Athenas, Librairie Sirey, 1954, p. 69.

do suficiente advertir-se para o fato de que não basta a formulação de inúmeras sujeições para a Administração, em favor da liberdade dos administrados, sem que estes últimos tenham à disposição os meios processuais adequados e idôneos para a atuação daquelas peias impostas à Administração Pública. Portanto, forçoso que, a par da consagração do princípio da legalidade, reconheça-se o direito a uma proteção judicial *efetiva* contra violações a esse princípio. Como apostila Lourival Vilanova, "norma primária (oriunda de normas civis, comerciais, administrativas) e norma secundária (oriunda de normas de direito processual objetivo) compõem a bimembridade da norma jurídica: *a primária sem a secundária desjuridiciza-se; a secundária sem a primária reduz-se a instrumento, meio, sem fim material, a adjetivo sem o suporte do substantivo*".[7]

11. Por isso, ao lado do generoso catálogo de direitos fundamentais previsto na Constituição de 1988, entre os quais figura o mandamento de que "ninguém é obrigado a fazer ou deixar de fazer algo senão em virtude de lei", consagra-se, no art. 5º, inciso XXXV, o *princípio da inafastabilidade do controle judicial*, nos seguintes termos: "a lei não excluirá do Poder Judiciário lesão ou *ameaça* a direito". *De supino relevo notar-se que nesse dispositivo a menção à "ameaça" a direito amplia sobremaneira o direito de ação dos administrados, estendendo-o, ineludivelmente, à tutela jurisdicional preventiva dos direitos subjetivos*.[8]

12. Nesse ponto, cumpre fazer alguns esclarecimentos. O primeiro deles consiste em que, diferentemente de muitos países, *no Brasil a jurisdição é una*, cumprindo tão-somente ao Poder Judiciário resolver, com definitividade,[9] todo e qualquer litígio, em despeito das partes envolvidas ou da relação jurídica controvertida. Assim, ao Judiciário compete, com exclusividade e quando provocado, amparar o direito do administrado contra as ações ou omissões antijurídicas da Administração Pública.

13. O outro ponto a merecer consideração e que, salvo raríssimas exceções, recebe sofrível tratamento pela doutrina e jurisprudência nacionais, são os *direitos passíveis de proteção judicial*. Conforme preleciona o eminente professor Celso Antônio Bandeira de Mello, ante a unidade de jurisdição que vigora no Brasil, não há que se cogitar da noção de *interesse legítimo*, importada por alguns, de modo disparatado, do Direito Italiano.[10] Deve-se, segundo o alumiado professor, ampliar a noção vetusta de direito subjetivo, descendente do Direito Privado, para que se torne compreensiva do universo de relações do Direito Público. Assim, tratar-se-á de direito subjetivo, *ergo* sindicável, quando: "(a) a ruptura da legalidade cause ao administrado um agravo pessoal do qual estaria livre se fosse mantida íntegra a ordem jurídica ou (b) lhe seja subtraída uma vantagem a que acederia ou a que pretenderia aceder nos termos da lei e que pessoalmente desfrutaria ou faria jus a disputá-las se não houvesse ruptura da legalidade, *nada importando que a ilegalidade argüida alcance a um ou a um conjunto de indivíduos conjuntamente afetados, por se encontrarem na situação objetiva e abstrata*".[11]

14. Em estreita relação com os direitos sindicáveis põe-se a questão do objeto da tutela de urgência, é dizer, quais comportamentos da Administração Pública desafiariam controle jurisdicional. Em certa medida, com o vocábulo "comportamentos" acima empregado já se adianta a reposta, porquanto, à luz do

7. *Causalidade e Relação no Direito*, 4ª ed., São Paulo, Ed. RT, 2000, p. 190.

8. José dos Santos Bedaque, *Tutela Cautelar e Tutela Antecipada: Tutelas Sumárias e de Urgência (Tentativa de Sistematização)*, 3ª ed., São Paulo, Malheiros Editores, 2003, p. 82.

9. Os efeitos da sentença judicial transitada em julgado são imutáveis, por força da garantia constitucional da coisa julgada, prevista no art. 5º, XXXVI, da Constituição Federal.

10. Ob. cit., p. 906. Assim também o professor Cândido Rangel Dinamarco (*Fundamentos do Processo Civil Moderno*, 5ª ed., Malheiros Editores, 2002, p. 863).

11. Ob. cit., p. 907.

texto Constitucional brasileiro, toda e qualquer ameaça a direito está sujeita a censura do Poder Judiciário, independentemente de seu *invólucro*. Assim, ante qualquer comportamento administrativo, qualificável ou não por normas jurídicas,[12] que trouxer ameaça direta de lesão a direito, abre-se a via jurisdicional na modalidade tutela de urgência a fim de salvaguardar o direito ameaçado. Logo, no Direito brasileiro, para efeito de controle, *enfatiza-se o direito subjetivo ameaçado e não o veículo da ação administrativa*.[13]

15. Não é supérfluo dizer que tais esclarecimentos, embora a muitos possam afigurar óbvios ou mesmo desprovidos de interesse prático, são de subida importância, pois que de sua adequada abordagem, em conformidade com a Constituição Federal, depende a garantia dos direitos dos administrados. Recorde-se, por exemplo, que num passado próximo só era dado contrastar a atividade administrativa inserida no conceito de ato administrativo, restando os demais comportamentos da Administração ao largo do controle jurisdicional.[14]

2.2 Significado e alcance da expressão "tutela de urgência"

16. O Brasil, a exemplo de inúmeros países, sejam eles cêntricos ou periféricos,[15] padece atualmente de uma intolerável morosidade judiciária, o que sobreleva a importância das medidas de urgências, tendentes que são a evitar a ocorrência de danos previsíveis e iminentes. Note-se que, embora as causas do fenômeno da morosidade variem de acordo com o sistema jurídico em exame,[16] as conseqüências dele decorrentes, em termos gerais, são as mesmas em todos os sistemas.

17. Não demanda muito esforço imaginar que os males do retardamento da Justiça resultam, em última análise, na *corrosão dos direitos subjetivos*, o que pode se dar de três formas, seguindo a lição do professor Cândido Rangel Dinamarco: o processo chega ao fim e o provimento de mérito é emitido quando o mal temido já está consumado e nada mais se pode fazer; a segunda situação é representada pela tutela jurisdicional demorada, que é prestada depois de uma espera além do razoável e de muito sofrimento e privações impostas ao titular do direito; a terceira categoria de situações é a do processo que deixa de dispor dos meios externos indispensáveis para sua correta realização ou para o exercício útil da jurisdição. No primeiro caso, não terá havido tutela jurisdicional; no segundo, há tutela jurisdicional, porém intempestiva; no terceiro, o processo mal aparelhado será incapaz de fornecer uma tutela jurisdicional adequada.[17]

18. E é para combater essa ação nefasta do "tempo-inimigo"[18] que se consagra no Direito brasileiro a tutela de urgência, a qual dá concretude ao mandamento constitucional que, conforme já visto, prevê a defesa não só

12. É disseminada a noção de que o regulamento é *mediato* em relação ao administrado e que, nessa medida, não poderia causar gravame, por si, aos administrados (André Gonçalves Pereira, *Erro e Ilegalidade do Ato Administrativo*, Lisboa, Ática, 1962, p. 82). Nada mais errôneo. Como ensina o professor Renato Alessi, quando uma norma geral e abstrata proíbe ou obriga um comportamento ela atua de modo *imediato* em relação aos seus destinatários (*Principi di Diritto Amministrativo*, vol. 1, Milão, Giuffrè, 1966, p. 8).

13. Assim se posiciona o mestre Celso Antônio Bandeira de Mello (Sérgio Ferraz (coord.), *Mandado de Segurança*, Porto Alegre, Fabris Editor, 1986, p. 37).

14. Agustín Gordillo, ob. cit., pp. III-3.

15. A morosidade judiciária é um fenômeno mundial, sendo de todo equivocado imaginar que se trata de apanágio da Justiça brasileira (José Carlos Barbosa Moreira, *Temas de Direito Processual*, 9ª série, São Paulo, Saraiva, 2007, p. 370).

16. São incipientes ainda no Brasil as estatísticas sobre a duração dos processos judiciais.

17. Cândido Rangel Dinamarco, *Nova Era do Processo Civil*, 2ª ed., São Paulo, Malheiros Editores, 2007, pp. 66 e 67.

18. Expressão cunhada por Francesco Carnelutti (*Diritto e Processo*, Nápoles, Morano, 1958, p. 354). Vale notar que com a Emenda Constitucional n. 45, de 2004, consagrou-se no Brasil o direito "à razoável duração do processo", no art. 5º, LXXVIII.

contra a lesão, mas também contra a "ameaça" a direitos.

19. Furtando-se da interminável disputa terminológica que grassa no Brasil acerca da tutela da urgência,[19] pode-se afirmar que no ordenamento jurídico nacional duas são as espécies de tutela de urgência: a tutela cautelar e a tutela antecipatória, as quais, como se verá, ostentam afinidade de regime jurídico que habilita seu tratamento conjunto. Ademais, tal classificação, dada sua *operatividade*, vem em abono a uma visão contemporânea da ciência processual civil voltada à efetividade do processo, aos resultados práticos que por meio dele se busca alcançar.[20]

20. A *tutela cautelar* compreende medidas destinadas a evitar que o transcurso do tempo prive o processo de algum meio exterior que eventualmente pode ser útil ao exercício da jurisdição. Já a *tutela antecipatória* preordena-se à satisfação do autor da demanda, antes do julgamento final e exauriente da causa, por meio do oferecimento do bem em litígio ou de utilidade dele derivada. Aquelas seriam, nesse contexto, medidas de *apoio ao processo*, enquanto que estas, de *apoio às pessoas*.[21]

21. Portanto, à expressão "*tutela de urgência*" *empresta-se o significado largo compreensivo das medidas judiciais acautelatórias e antecipatórias destinadas a evitar que o transcurso do tempo vulnere direitos subjetivos.*

2.3 Pressupostos e eficácia

22. Reconhecer, ao menos em linhas gerais, a compostura jurídica que assume a tutela de urgência no Brasil é condição necessária à aproximação ao tema específico da tutela de urgência contra o Poder Público. Por conseguinte, procedida a uma breve elucidação do conceito de "tutela de urgência", assinando-lhe o significado e alcance, pode-se passar a análise das principais características do regime jurídico incidente sobre esse conceito jurídico, sem, entretanto, descer a minúcias sobre os procedimentos das medidas de urgência.

23. Já se adiantou que convém uma visão unitária da tutela cautelar e da tutela antecipatória sob o gênero designado "tutela de urgência". Sugere com eloqüência tal orientação o art. 273, § 7º, do Código de Processo Civil, prescrevendo a *fungibilidade bidirecional* das medidas cautelares e antecipatórias, ou seja, se o autor da ação judicial pleitear, por exemplo, a título de antecipação de tutela, providência de natureza cautelar, deverá o juiz, presentes os pressupostos desta, concedê-la em caráter incidental. O mesmo vale para a hipótese de pedido de providência cautelar, a título de antecipação de tutela.

24. Partindo-se dessa premissa, analisar-se-ão os pressupostos habilitantes da tutela de urgência e, em seguida, a singular eficácia dos provimentos daí decorrentes. Antes, assinale-se que em vista da finalidade que anima a tutela de urgência, qual seja, acautelar um direito subjetivo *afirmado* contra uma ação ou omissão antijurídicas, sua *cognição* é *sumária*, fundada em juízo de probabilidade, verossimilhança, e não de certeza. Procura-se evitar que o tempo necessário para a tutela definitiva comprometa a higidez de um direito subjetivo.[22] Pode-se, inclusive, em certas situações, *protelar-se* a garantia do contraditório para depois de proferida a decisão em sede de urgência (arts. 797 e 804 do Código de Processo Civil).

25. Os pressupostos da tutela de urgência – quer antecipatória ou acautelatória[23] – são

19. José dos Santos Bedaque, ob. cit., p. 121.

20. Cândido Rangel Dinamarco, ob. cit., p. 69.

21. Cândido Rangel Dinamarco, ob. cit., p. 68. Aponta-se como um dos principais traços distintivos entre essas medidas a *necessidade de pedido* do autor na *medida antecipatória* (art. 273, *caput*, do Código de Processo Civil), diferentemente da *medida acautelatória*, cuja concessão pode se dar *de ofício* (art. 978 do Código de Processo Civil).

22. Ugo Rocco, *Trattato di Diritto Processuale Civile*, V, 2ª ed., Turim, UTET, 1966, p. 76.

23. Alguns autores afirmam, no tocante ao *fumus boni iuris*, que a medida cautelar se apartaria da medida antecipatória, em função da distinta

o *periculum in mora* e o *fumus boni iuris*, os quais constituem o objeto da cognição sumária antes mencionada e conformam, em rigor, o *mérito* da tutela de urgência. De vez que consistem em categorias da Teoria Geral do Direito Processual, de geral sabença, limitar-se-á a dizer que o *periculum in mora*, elemento de maior significado da tutela de urgência, traduz-se no *perigo* ou, em outros termos, no fundado receio de que um direito subjetivo venha a periclitar se não lhe for dado imediato resguardo. O *fumus boni iuris*, por sua vez, ligado à cognição sumária de que já se fez menção, dessume-se do juízo de probabilidade sobre a existência do direito afirmado. Cuida-se da plausibilidade, aparência do direito alegado.

26. Cumpre observar que, a exemplo dos demais processos de aplicação do direito, a cognição sumária exercida na tutela de urgência deve ser presidida por uma ponderação, à base do Direito positivo e das circunstâncias do caso concreto, dos valores envolvidos na contenda, de molde a amparar aquele de maior envergadura. Deve, portanto, a decisão judicial se fundar numa *lógica do razoável*, nos termos de Recaséns Siches[24] vez que, em confronto com os direitos que se afirmam ameaçados estão princípios constitucionais, como o do contraditório e da ampla defesa, os quais, como já dito, podem sofrer na tutela de urgência, em alguns casos, mitigação (art. 5º, LV, da Constituição Federal).

27. No que tange à eficácia dos provimentos de urgência, é lícito assinalar como seus principais traços a *provisoriedade*, *revogabilidade* e a *mandamentalidade*.

28. O primeiro traço revela que os provimentos de urgência não são idôneos para regular, com definitividade, a relação de direito material controvertida, servindo, na maioria dos casos, apenas de instrumento assecuratório de provimento ulterior definitivo. Por isso, alguns estudiosos asseverarem que a eficácia do provimento de urgência tem como termo *ad quem* o provimento satisfativo.[25] Afigura-se natural que assim o seja, tendo em vista a sumariedade da cognição que antecede a tutela de urgência, baseada, repita-se, em juízo de probabilidade e não de certeza. Importa ainda averbar que, relacionado ao atributo da provisoriedade e como decorrência dele, veda o Código de Processo Civil, em seu art. 273, § 2º, a concessão de medidas antecipatórias, se irreversíveis.

29. Vinculado ao traço da provisoriedade tem-se a revogabilidade do provimento de urgência, segundo a qual ao juiz é dado, em decisão fundamentada, modificar ou revogar, a qualquer tempo, o provimento exarado em sede de urgência (arts. 273, § 4º, e 807, do Código de Processo Civil).

30. A última característica, designada de mandamentalidade, deflui da própria natureza da tutela de urgência. Como as medidas de urgência se preordenam à concreta e imediata eliminação de uma situação de perigo, não podem elas se sujeitar às delongas do processo executivo, sob pena de comprometimento de sua finalidade. Por essa razão, superando-se a inflexibilidade da parêmia romana *nulla executio sine titulo*, os provimentos de urgência são concebidos como *ordens* emanadas pelo juiz e desde logo exeqüíveis, sem necessidade de instauração de processo executivo específico.[26] Segundo se verá, esse traço da tutela de urgência gera algumas implicações quando se está

dicção legal relativa a cada qual. Naquela faz-se somente referência à exposição sumária do direito ameaçado e nesta à existência de prova inequívoca que convença o juiz da verossimilhança da alegação (Humberto Theodoro Júnior, *Curso de Direito Processual Civil*, vol. II, Rio de Janeiro, Forense, 2007, p. 756). No entanto, não colhe o argumento, pois o essencial é a *suficiência da probabilidade* (Cândido Rangel Dinamarco, ob. cit., p. 74). Trata-se, portanto, de normas cujos revestimentos verbais são distintos, mas que resultam em hipóteses semelhantes (Lourival Vilanova, *Estruturas Lógicas e o Sistema do Direito Positivo*, 3ª ed., São Paulo, Noeses, 2005, p. 91).

24. *Nueva Filosofia de la Interpretación del Derecho*, 2ª ed., México, Porrúa, 1973, pp. 277 e ss.

25. José dos Santos Bedaque, ob. cit., p. 147.

26. Pontes de Miranda, *Tratado das Ações*, t. VI, São Paulo, Ed. RT, 1976, p. 3.

em face do Estado, sendo relevante, ademais, a modalidade da obrigação em causa.

31. Duas últimas considerações se impõem. A primeira tange a possibilidade de exigência de caução, tanto nas medidas antecipatórias quanto acautelatórias,[27] a fim de que se assegure o *status quo ante* em caso de se verificar mais adiante, em cognição exauriente, que ao requerente não assistia razão. Desta sorte, ao juiz cumprirá examinar a pertinência da caução e o valor da garantia a ser prestada, levando em conta o risco imposto ao demandado.

32. Por fim, é de se considerar que no Direito brasileiro a responsabilidade do beneficiário da medida urgente é *objetiva*, bastando para sua caracterização a ocorrência do dano e sua relação de causalidade com o provimento de urgência. Destarte, o lesado é dispensado da prova da culpa ou do dolo do requerente da medida. Valendo-se desse entendimento, leciona o professor Galeno Lacerda: "Quem tem interesse, para sua conveniência (cômodo), em executar a cautela ou a sentença provisória, suporta a inconveniência (incômodo) de indenizar o prejuízo causado, se decair da medida ou for vencido na ação. Nada mais certo e justo. *Tudo não passa de responsabilidade objetiva, decorrente de livre avaliação do risco*".[28]

3. Tutela de urgência em face do Poder Público

33. Feitas todas as essenciais considerações que circundam o objeto em análise, cabe iniciar a exposição da legislação regente do tema no Brasil. Para tanto, é necessário reiterar que esse estudo se presta ao exame da legislação à luz do Direito Administrativo, com vistas à proteção dos administrados, não tendo qualquer pretensão de descrever ou travar as mesmas discussões lotadas no campo do Direito Processual Civil.

34. Para a consecução dessa pretensão, será retomada a disciplina da tutela de urgência contida no Código de Processo Civil, além de apresentadas outras leis que regulam diversas ações manejáveis contra o Estado. Tirante esses temas, também serão descritos os instrumentos e as normas que visam a limitar ou, ao menos, a delimitar a amplitude desses expedientes processuais, incluída a posição de nossa Corte Suprema sobre essas questões.

3.1 Tutela antecipatória contra o Poder Público

35. Antes de adentrar na análise específica do objeto de estudo, cabe pontuar que, pelos motivos já trazidos, nessa parte do trabalho ater-se-á à apreciação dos instrumentos processuais que ostentam finalidade satisfativa dos interesses daquele que os utilizam, em outras palavras, a tutela de urgência que efetivamente proteja *as pessoas* – mesmo que de maneira provisória – de eventuais desmandos estatais.

36. Por tal razão, e amparado pelo próprio ordenamento jurídico pátrio que estabeleceu a mencionada regra da *fungibilidade*, as mencionadas medidas acautelatórias[29] não serão tratadas nesse momento. Tal justificativa, como supracitado, confirma-se no fato de que as medidas acautelatórias, por sua natureza, têm a finalidade de garantir o processo em si, e não diretamente o direito material em litígio.

37. Definidas as bases de observação, cabe iniciar o pretendido.

38. Retomando a análise dos pressupostos da tutela de urgência, agora especificamente da

27. Regula a caução das medidas antecipatórias o art. 273, § 3º, c/c o art. 475-O do Código de Processo Civil, ao passo que a caução das medidas acautelatórias encontra fundamento expresso no art. 804 do mesmo diploma legal.

28. *Comentários ao Código de Processo Civil*, vol. III, t. I, 7ª ed., Rio de Janeiro, Forense, 1998, p. 313.

29. Como mencionado acima, no Brasil, as medidas acautelatórias são regidas pelos arts. 796 e ss. do Código de Processo Civil.

tutela antecipatória, os requisitos legais para a concessão desta se resumiriam na existência de um pedido da parte; na prova de sentido inequívoco que conduza à verossimilhança do direito alegado (*fumus boni iuris*); no fundado receio de dano irreparável ou de difícil reparação (*periculum in mora*) e; na não existência do perigo de irreversibilidade do provimento antecipatório.[30]

39. Entretanto, essa não é a única realidade que deve ser aplicada quando se demanda contra o Poder Público. Haja vista que o Direito deve ser interpretado e aplicado de forma sistemática, a análise dos requisitos para o requerimento e, principalmente, para a concessão da antecipação de tutela não se reduz aos termos constantes do art. 273 do Código de Processo Civil.

40. Outros elementos devem ser analisados previamente à concessão dessa tutela de urgência, os quais se referem à própria natureza mandamental da antecipação de tutela que, quando analisada em conjunto com outras disposições constitucionais e legais, resulta em algumas restrições. Além disso, deverão ser consideradas as limitações genéricas oriundas de leis específicas, algo a ser tratado em tópico próprio.

41. De qualquer forma, pode-se afirmar que, preenchidos os requisitos do art. 273 do Código de Processo Civil, a antecipação de tutela sempre poderá ser deferida se o seu mandamento impuser um *facere*[31] ou um *non facere* ao Poder Público. Contudo, a decisão que antecipa os efeitos da tutela jurisdicional, poderá retratar *três* modalidades obrigacionais: *fazer*, *não-fazer* ou *dar*. No tocante a esta última, ou seja, naqueles casos em que a decisão pode vir a impor ao Estado uma obrigação de *dar*, a medida deverá ser analisada de modo mais cuidadoso, sendo necessário apartar a obrigação de *dar uma quantia em dinheiro* daquela cujo objeto seja *coisa diversa de dinheiro*. Isso porque o pagamento de somas em dinheiro sofre o influxo da regra prevista no art. 100 da Constituição Federal e complementada pelo art. 730 do Código de Processo Civil.[32]

42. Prescreve o aludido dispositivo da Constituição Federal que o pagamento das dívidas em dinheiro da Fazenda Pública, em virtude de sentenças judiciais, far-se-á por meio de Precatórios[33] ou de Requisição de Pequeno Valor,[34] sendo que ambas as situações exigem o trânsito em julgado de sentença condenatória, conforme os §§ 1º e 3º do mesmo artigo.

43. Em vista de tal regra, constata-se ser constitucionalmente vedado que uma decisão antecipatória, em algumas circunstâncias deferidas sem o início do contraditório e sempre antes do julgamento final da ação, determine que o Poder Público imediatamente *dê* qualquer quantia em dinheiro a determinada pessoa, contrariando o procedimento dos Precatórios ou da Requisição de Pequeno Valor.[35]

30. Embora não integre o objeto de estudo, cumpre ressalvar que a ordem jurídica brasileira também prevê medidas antecipatórias no caso de caracterização de abuso de defesa ou manifesto propósito protelatório do réu (art. 273, inciso II, do Código de Processo Civil).

31. Arts. 247 e ss. do Código Civil brasileiro.

32. Esse artigo, mesmo incipiente, busca operacionalizar a regra do art. 100 da Constituição Federal, assim dispondo: "Art. 730. Na execução por quantia certa contra a Fazenda Pública, citar-se-á a devedora para opor embargos em 10 (dez) dias; se esta não os opuser, no prazo legal, observar-se-ão as seguintes regras: (*v. Lei n. 9.494, de 10.9.1997*) I – o juiz requisitará o pagamento por intermédio do presidente do tribunal competente; II – far-se-á o pagamento na ordem de apresentação do precatório e à conta do respectivo crédito".

33. Precatório é o procedimento de requisição de pagamentos de quantias em dinheiro derivada de decisões judiciais condenatórias da Fazenda Pública. Em linhas gerais, os pagamentos são realizados na ordem cronológica de apresentação dos precatórios.

34. Enuncia o art. 100, § 3º, da Constituição: "O disposto no caput deste artigo, relativamente à expedição de precatórios, não se aplica aos pagamentos de obrigações definidas em lei como de pequeno valor que a Fazenda Federal, Estadual, Distrital ou Municipal deva fazer em virtude de sentença transitada em julgado".

35. Nesse sentido, o Supremo Tribunal Federal (Embargos de Declaração (EDcl) no Recurso Extra-

44. Reitere-se, por oportuno, que essa restrição[36] somente é aplicada à obrigação de *dar* relativa a *quantia certa em dinheiro*.[37] Desse modo, a ressalva não valerá em outras situações em que apenas aparentemente há uma obrigação de dar relativa à quantia certa em dinheiro, tendo lugar, em verdade, uma obrigação de fazer ou não-fazer ou ainda de dar coisa diversa de dinheiro, mesmo que, por via de conseqüência, ou seja, de forma *mediata*, venha a materializar-se um dispêndio pecuniário do Estado.[38]

45. Nas decisões que determinam um *fazer* ou um *não-fazer* ao Estado e naqueles em que há obrigação *dar coisa diversa de dinheiro*, o art. 100 da Constituição Federal não é aplicável, visto que se trata de situações nas quais o Poder Público efetivamente deverá praticar ou deixar de praticar algum efetivo ato e não simplesmente entregar determinada quantia em dinheiro. Alguns exemplos podem ajudar a elucidar essa situação: *1.* o Estado é obrigado a emitir certo ato administrativo vinculado que desencadeará na inscrição do indivíduo num programa de assistência social (*decisão imediata de fazer*), tendo como resultado o recebimento pelo autor de determinado valor pecuniário mensal (*conseqüência mediata*); *2.* o Estado é obrigado a não retirar determinada pessoa de uma lista de beneficiados da Previdência Social (*decisão imediata de não-fazer*), o que a manterá recebendo certa quantia em dinheiro (*conseqüência mediata*) até que uma posterior decisão jurisdicional, eventualmente, revogue essa ordem; ou *3.* o Estado é obrigado a fornecer medicamentos (*decisão imediata de dar coisa diversa de dinheiro*), o que representará emprego de certa quantia do orçamento (*conseqüência mediata*).[39]

46. Portanto, alcança-se uma primeira conclusão. O instrumento da antecipação da tutela jurisdicional, constante do art. 273 do Código de Processo Civil, é, em regra, amplamente aplicável em face do Poder Público. Entretanto, deverá o juízo, lastreado no direito posto, considerar as peculiaridades do caso *sub judice*, pois em certas circunstâncias não lhe será permitido concedê-la, eis que contrariará frontalmente outras regras que formam a engrenagem do sistema jurídico.

47. Mesmo que essa conclusão seja amplamente favorável ao direito dos indivíduos, como forma de garantia e manutenção

ordinário (RE) n. 463.936-PR, j. 23.5.2006) e o Superior Tribunal de Justiça (Recurso Especial (REsp) n. 791.896-PA, j. 18.5.2006) pronunciaram-se vedando a execução provisória contra o Estado após a redação dada ao mencionado art. 100 da Constituição pela Emenda Constitucional n. 30/2000, algo que, reflexamente aplica-se ao caso em tela.

36. Corroborando o disposto, pronunciaram-se Francisco Vieira Lima Neto e Jader Ferreira Guimarães: "Se o demandante formula uma pretensão referente a uma obrigação de dar, especificamente, entrega de dinheiro, isso pressupõe que se deseja uma condenação da Fazenda, ou seja, o autor foi a juízo pretendendo obter uma sentença de natureza condenatória. Se essa é a hipótese, então não resta dúvida que não poderá ser concedida a tutela de urgência e, acrescentamos, a execução somente se fará após o trânsito em julgado da sentença e a quitação se dará somente por intermédio de precatório ou de requisição de crédito de pequeno valor (RPV)" ("As tutelas de urgência contra a Fazenda Pública na jurisprudência atual do STF", *Revista de Processo* 143/166-167).

37. Nos termos do art. 315 do Código Civil brasileiro: "As dívidas em dinheiro deverão ser pagas no vencimento, em moeda corrente e pelo valor nominal, salvo o disposto nos artigos subseqüentes".

38. Valioso critério de distinção entre as obrigações de *dar* e de *fazer* oferece o professor Washington de Barros Monteiro: "O *substractum* da diferenciação está em verificar se o dar ou o entregar é ou não conseqüência do fazer. Assim, se o devedor tem de entregar alguma coisa, não tendo, porém, de fazê-la previamente, a obrigação é de dar; todavia, se primeiramente, tem ele de confeccionar a cosia para depois entregá-la, se tem ele de realizar algum ato, do qual será mero corolário o de dar, tecnicamente a obrigação é de fazer" (*Curso de Direito Civil*, vol. 4, São Paulo, Saraiva, 2001, p. 89).

39. Há copiosa jurisprudência favorável à concessão de antecipação de tutela nesse caso, sendo comum, inclusive, a imposição de *multas* contra o Estado para forçar o cumprimento da obrigação (REsp 853.880-RS, Ministro Castro Meira; REsp 852.084-RS, Ministro Humberto Martins; AgRg no REsp 888.325-RS, Ministro Luiz Fux).

da efetividade da tutela jurisdicional dentro do atual quadro de morosidade do Poder Judiciário, essa análise não deve ser encerrada nesse momento, pois, infelizmente, muitas leis foram aprovadas na tentativa de restringir esse dever do juízo, criando vedações absolutas e apriorísticas à concessão da tutela de urgência, conforme adiante se abordará.

48. No entanto, antes de se iniciar o tratamento das regras restritivas, é forçosa uma sintética apresentação de algumas legislações específicas que igualmente regulamentam ações judiciais protetivas do indivíduo ou da coletividade. Isso se justifica pelo fato de que as referidas restrições legais também englobam o instituto da tutela de urgência contido nessas ações específicas.

3.2 Tutela de urgência em face do Poder Público mediante ações judiciais específicas

49. Passado em revista o regime geral da tutela de urgência previsto no Código de Processo Civil, aplicável tanto ao Direito Público quanto ao Direito Privado, cumpre agora tratar brevemente de algumas ações judiciais específicas intentáveis contra ações ou omissões do Poder Público e por meio das quais se é possível conceder *providências antecipatórias*.

50. A partir de um corte epistemológico, foram eleitas três dessas ações judiciais específicas, quais sejam, o Mandado de Segurança, a Ação Popular e a Ação Civil Pública.[40] A escolha dessas ações ajusta-se ao propósito do presente artigo de traçar um panorama do instituto da tutela de urgência no Brasil à luz do Direito Administrativo, especificamente, da defesa dos direitos dos administrados frente à Fazenda Pública.

3.2.1 *Mandado de Segurança*

51. O Mandado de Segurança é uma ação de construção brasileira,[41] cuja origem remonta à Constituição da República dos Estados Unidos do Brasil de 1934.[42] Nos tempos atuais, trata-se de garantia constitucional insculpida nos incisos LXIX[43] (ação individual) e LXX[44] (ação coletiva), do art. 5º, da Constituição Federal de 1988, e disciplinada pela Lei n. 1.533/1951.

52. Segundo o professor Hely Lopes Meirelles:[45] "Mandado de segurança é o meio constitucional posto à disposição de toda pessoa física ou jurídica, órgão com capacidade processual, ou universalidade reconhecida por lei, para a proteção de direito individual ou coletivo, líquido ou certo, não amparado por '*habeas corpus*'[46] ou '*habeas data*',[47] lesado ou ameaçado de lesão, por ato de autoridade, seja de que categoria for e sejam quais forem as funções que exerça (...)".

40. Preleciona o professor Cândido Rangel Dinamarco: "São antecipatórias da tutela jurisdicional, e não cautelares, as medidas urgentes, ou liminares, autorizadas em leis extravagantes e referentes ao mandado de segurança, à ação popular, à ação direita de inconstitucionalidade, a ação civil pública, ao processo do consumidor etc" (*Nova Era do Processo Civil*, pp. 63 e 64).

41. Segundo Manoel Gonçalves Ferreira Filho, entre as fontes influenciadoras da formação do atual Mandado de Segurança se encontram os vários *writs* do direito anglo americano, assim como o *recurso de amparo* Mexicano (*Comentários à Constituição Brasileira de 1988*, vol. 1, 3ª ed., São Paulo, Saraiva, p. 74).

42. Art. 113, item 33.

43. Art. 5º. LXIX: "conceder-se-á mandado de segurança para proteger direito líquido e certo, não amparado por 'habeas corpus' ou 'habeas data', quando o responsável pela ilegalidade ou abuso de poder for autoridade pública ou agente de pessoa jurídica no exercício de atribuições do Poder Público".

44. Art. 5º. LXX: "o mandado de segurança coletivo pode ser impetrado por: a) partido político com representação no Congresso Nacional; b) organização sindical, entidade de classe ou associação legalmente constituída e em funcionamento há pelo menos um ano, em defesa dos interesses de seus membros ou associados".

45. *Mandado de Segurança*, 28ª ed., São Paulo, Malheiros Editores, 2005, pp. 21 e 22.

46. Garantia constitucional instituída pelo art. 5º, LXVIII, da Constituição Federal de 1988, cuja finalidade é proteger a liberdade (direito) de locomoção.

47. Garantia constitucional instituída pelo art. 5º, LXVII, da Constituição Federal de 1988, com o

53. Rapidamente mencionado o regime jurídico e exposto o conceito do Mandado de Segurança apenas com o propósito de apresentar a sua natureza, convém agora retornar ao objeto desse estudo, ou seja, ao instrumento de tutela de urgência instituído e regulado pelo art. 7º, II, da Lei n. 1.533/1951.

54. Esse artigo dispõe que ao magistrado caberá conceder liminarmente[48] uma medida antecipatória – destinada a suspender a eficácia do ato de autoridade impugnado – acaso estejam presentes os requisitos que, *mesmo sob rótulos distintos*, regem as tutelas de urgência no país, quais sejam: o relevante e plausível fundamento do pedido (*fumus boni iuris*); e receio de que o ato impugnado possa resultar a ineficácia da decisão definitiva, se procedente (*periculum in mora*).

55. Visto isso, cabe consignar que, preenchidos os requisitos para sua impetração, o Mandado de Segurança é a garantia constitucional conferida aos administrados de maior efetividade contra os atos de autoridade. Ademais, diante do atual cenário de morosidade do Poder Judiciário, a tutela de urgência acaba assumindo toda a função da ação em si, pois, caso sua concessão seja denegada, na maioria das vezes, a lesão se consolidará, de nada valendo o eventual provimento definitivo favorável.

56. Por tais razões, corroboradas pela grande efetividade dessa tutela contra a atuação do Poder Público, muitas leis buscaram e continuam buscando amesquinhar a possibilidade de sua concessão ou, no mínimo, instituem instrumentos de maior controle e ingerência sobre as decisões dos juízos monocráticos. As restrições *a priori* e genéricas sobre a possibilidade de concessão da tutela de urgência serão tratadas posteriormente em tópico próprio; dessa forma, será imediatamente descrito o instrumento criado para controle das *decisões já concedidas*.

57. Em meio à ditadura que havia se instaurado no Brasil, no malsinado ano de 1964, foi publicada a Lei n. 4.348, que traz em seu bojo (art. 4º) o instrumento comumente denominado de "suspensão de segurança", até hoje vigente em nosso ordenamento e reproduzido, com pequenas diferenças, no art. 4º, da Lei 8.437, de 30 de junho de 1992, que o estendeu para todas as "ações movidas contra o Poder Público e seus agentes".

58. Por meio desse específico instituto, independentemente da utilização dos recursos processuais já aplicáveis contra a decisão que defere a medida urgente, a pessoa jurídica de direito público interessada, sob o argumento de evitar grave lesão à ordem, à saúde, à segurança e à economia popular, poderá requerer que o Presidente do Tribunal competente suspenda a execução da liminar ou da própria sentença do Mandado de Segurança.

59. Ou seja, com base em conceitos jurídicos de intolerável elastério como *ordem*, *segurança* e *economia pública*, criou-se um instrumento de grande ingerência sobre a tutela de urgência do Mandado de Segurança, alterando-se o procedimento normal dessa ação ao se criar mais uma instância de reapreciação desse juízo de efetividade, independente dos diversos provimentos anteriores.

60. Frente a essas constatações e embora o Supremo Tribunal Federal tenha reconhecido a constitucionalidade desse expediente,[49] é de se julgar que tal medida remonta a tempos históricos não democráticos – na qual a regra vigente era a da restrição da liberdade e imposição da autoridade e da força – não tendo espaço em nossa atual ordem constitucional, visto que coloca em xeque uma garantia constitucional, de sorte a vulnerar a atuação do Judiciário como meio efetivo de controle da Administração e, por conseguinte, de proteção dos administrados.

61. A propósito, procedentes são as palavras do professor Cássio Scarpinella Bueno: "Em verdade, tudo aquilo que for

objetivo de que o indivíduo possa obter ou retificar informações pessoais (direito à informação).

48. O termo "liminar" é indicativo de decisão proferida no início do processo, antes mesmo da citação do réu.

49. Suspensão de segurança n. 432, Rel. Ministro Sydney Sanches, *RTJ* 144/98-113.

criado pelo legislador infraconstitucional para obstaculizar, dificultar ou empecer a plenitude da eficácia do mandado de segurança agride sua previsão constitucional. Nesse sentido, não há como admitir a constitucionalidade do instituto, independentemente de qual seja sua natureza jurídica".[50]

62. Portanto, mesmo sendo de grande efetividade a tutela de urgência presente no Mandado de Segurança, é comum o movimento, patrocinado pelo Poder Executivo, de restrição de sua amplitude e ingerência sobre sua efetividade, algo a ser combatido frente às autoridades.

3.2.2 *Ação Popular*

63. A ação que será agora tratada concretiza um mecanismo de participação popular na vida política do país, permitindo ao cidadão[51] exercer diretamente a função de fiscalizador da coisa pública, conforme se pode extrair do art. 5º, LXXIII, da Constituição Federal,[52] e da Lei n. 4.717/1965.

64. A finalidade imediata da Ação Popular[53] é, em síntese, proteger a coletividade contra atos lesivos de autoridade (ou de quem lhe faça as vezes) ao patrimônio público ou de entidade de que o Estado faça parte; ao meio ambiente; à moralidade administrativa; e ao patrimônio histórico e cultural.

65. Relativo à tutela de urgência, a supramencionada Lei n. 4.717/1965, em seu art. 5º, § 4º, prevê a possibilidade do Juízo *liminarmente* suspender o ato lesivo impugnado.

66. Todavia, essa legislação regulamenta de forma peculiar a possibilidade de deferimento da tutela de urgência, pois, diferentemente das demais situações já tratadas nesse estudo, a sua concessão não está *expressamente* atrelada ao preenchimento dos requisitos de urgência (*periculum in mora*) e à demonstração da substância do direito alegado (*fumus boni iuris*).

67. Não obstante esse fato, resulta incorreto o entendimento de que a falta de menção à necessidade de preenchimento dos referidos pressupostos afasta o dever do juízo de efetivamente ter de considerá-los antes de seu pronunciamento. Tal assertiva tem fundamento na própria justificativa que abstratamente permite ao Poder Judiciário conceder essa tutela de urgência, observado que a busca pelo interesse público primário – corolário da Ação Popular – já vincula o magistrado ao dever de explanar as razões que ensejam sua decisão, sendo o perigo da demora e a plausibilidade do direito alegado elementos essenciais desse quadro.

68. Ademais, se outra fosse a sua atitude, incorreria o juízo em ilegalidade, pois sem qualquer fundamento estaria anulando a presunção de legalidade de determinado ato de um poder estatal diverso, algo que, por via reflexa, poderia configurar em uma indevida invasão do espectro de competência de outro Poder.

69. Portanto, verifica-se que essa ação constitucional prevê expressamente o instrumento da tutela de urgência contra a Fazenda

50. *Mandado de Segurança*, 4ª ed., São Paulo, Saraiva, 2008, p. 244.

51. A palavra *cidadão* é utilizada nessa frase em seu conceito jurídico, qual seja, do nacional no gozo de seus direitos políticos, conforme se infere do § 3º, art. 1º, da Lei n. 4.717/1965, que exige como requisito para comprovação da capacidade processual a apresentação do documento que comprove a situação eleitoral do autor.

52. Art. 5º, LXXIII: "qualquer cidadão é parte legítima para propor ação popular que vise a anular ato lesivo ao patrimônio público ou de entidade de que o Estado participe, à moralidade administrativa, ao meio ambiente e ao patrimônio histórico e cultural, ficando o autor, salvo comprovada má-fé, isento de custas judiciais e do ônus da sucumbência".

53. Segundo José Afonso da Silva, a Ação Popular é o "instituto processual civil, outorgado a qualquer cidadão como garantia político-constitucional (ou remédio constitucional), para a defesa do interesse da coletividade, mediante a provocação do controle jurisdicional corretivo de atos lesivos ao patrimônio público, da moralidade administrativa, do meio ambiente e do patrimônio histórico e cultural" (*Curso de Direito Constitucional Positivo*, 20ª ed., São Paulo, Malheiros Editores, 2002, p. 462).

Pública, porém, entende-se que o § 4º, do art. 5º, da Lei n. 4.717/1965, dispõe aquém do devido, cabendo ao magistrado ponderar a situação fática com vistas aos correntes requisitos que pressupõem essas tutelas, sob pena de sua decisão incorrer em ilegalidade.

3.2.3 *Ação Civil Pública*

70. Esse instituto processual, seguindo a metodologia adotada, é mais um instrumento criado para a proteção dos indivíduos contra atos atentatórios ao interesse público, mesmo que, a par das demais ações judiciais já descritas, também possa tutelar interesses difusos e coletivos transindividuais ou individuais homogêneos.[54] Essa ação é mencionada no art. 129, III, do Texto Constitucional e diretamente regulada pela Lei n. 7.347, de 1985.

71. Trata-se de ação destinada à proteção, *preventiva e repressiva*, do meio ambiente, do consumidor, da ordem urbanística, dos bens e direitos de valor artístico, estético, histórico, turístico ou paisagístico, da ordem econômica, da economia popular, dos deficientes físicos, dos investidores em mercado de capitais e das crianças e dos adolescentes.

72. Na linha do que se afirmou no tocante à Ação Popular, o art. 12 da Lei n. 7.347/9185[55] prevê que o magistrado poderá conceder "mandado liminar" sem mencionar a necessidade de que, para tanto, seja imprescindível o preenchimento de algum pressuposto. Desse modo, ante o já exposto, entende-se que para a concessão da tutela de urgência é imperativa a presença e a demonstração do perigo e da respectiva verossimilhança do direito alegado.

73. Demais disso, cabe mencionar que no Brasil a Lei de Ação Civil Pública e o Código de Defesa do Consumidor (Lei n. 8.078/1990) "*se interpenetram mediante recíproca aplicação das normas de um processo regido pelo outro*",[56] conforme disposto no art. 21[57] daquela e o art. 90[58] desta. Por tal razão, os requisitos fixados no art. 84, § 3º, do Código do Consumidor ("*relevante fundamento da demanda*" e "*justificado receio de ineficácia do provimento final*") devem ser observados pelo juiz ao conceder a tutela de urgência na Ação Civil Pública, independentemente de seu objeto, a fim de evitar qualquer irregularidade no provimento.

74. Examinada a disciplina da tutela de urgência em diversas legislações brasileiras protetivas do indivíduo, cabe partir à demonstração das recentes leis nacionais promulgadas com a função de restringir a possibilidade de concessão dessas medidas.

4. Leis restritivas à concessão de tutelas de urgência contra o Estado

75. Nos termos já trazidos ao presente estudo, tem-se por pressuposto que o ordenamento jurídico brasileiro permite, em regra, a fruição pelos administrados do imprescindível instituto da tutela de urgência contra o Poder Público, como corolário do princípio da inafastabilidade do controle jurisdicional, o qual exige não só o direito à prestação jurisdicional, mas, sobretudo, o direito à *adequada* prestação jurisdicional.

76. Esse entendimento é extraído da Constituição Federal, tendo de se observar

54. Art. 81 do Código de Defesa do Consumidor – Lei n. 8.078/1990.

55. Art. 12: "Poderá o juiz conceder mandado liminar, com ou sem justificação prévia, em decisão sujeita a agravo".

56. Cândido Rangel Dinamarco, *Nova Era do Processo Civil*, p. 99.

57. Art. 21 da Lei n. 7.347/1985: "Aplicam-se à defesa dos direitos e interesses difusos, coletivos e individuais, no que for cabível, os dispositivos do Título III da lei que instituiu o Código de Defesa do Consumidor".

58. Art. 90 do Código de Defesa do Consumidor: "Aplicam-se às ações previstas neste título as normas do Código de Processo Civil e da Lei n. 7.347, de 24 de julho de 1985, inclusive no que respeita ao inquérito civil, naquilo que não contrariar suas disposições".

que, no contexto atual, a tutela de urgência tornou-se o meio pelo qual se pode atribuir efetividade ao processo judicial no Brasil. Assim, afirmar a impossibilidade de utilização desses instrumentos contra a Fazenda Pública é assumir um completo desamparo ao particular ameaçado de qualquer lesão ou já lesado pelo Estado, esvaziando-se por completo o conteúdo do art. 5º, inciso XXXV, da Constituição Federal.[59]

77. Além disso, ponderando-se a questão à luz dos correntes parâmetros que justificam e habilitam a concessão da tutela de urgência no sistema jurídico nacional, a saber: o *fumus boni iuris* e o *periculum in mora*, chega-se à seguinte conclusão, muito bem exposta por Luis Guilherme Marinoni: "Dizer que não há direito à tutela antecipatória contra a Fazenda Pública em caso de fundado receio de dano é o mesmo que afirmar que o direito do cidadão pode ser lesado quando a Fazenda Pública é a ré".[60]

78. Entretanto, assim não tem entendido o legislador nacional que, divorciado do entendimento acima exposto, há muito promulga leis tendentes a restringir – delimitar ou mesmo limitar – a possibilidade de utilização da tutela de urgência quando o Estado figurar no pólo passivo da ação judicial.

79. Para facilitar a compreensão do quanto se afirmou, segue a descrição cronológica das famigeradas leis preordenadas à cercear o direito de ação dos particulares:

• *Lei n. 2.770*, de 4.5.1956: proibia a concessão de medida liminar nas ações e procedimentos judiciais de qualquer natureza que visassem à liberação de mercadorias, bens ou coisas de procedência estrangeira que tivessem sido apreendidas com base em indícios de contrabando;

• *Lei n. 4.348*, de 26.6.1964: proíbe a concessão de medida liminar em mandados de seguranças impetrados visando à reclassificação ou equiparação de servidores públicos, ou à concessão de aumento ou extensão de vantagens. Ademais, determinou que as decisões obtidas por essa ação somente seriam executas após o trânsito em julgado de sua sentença;

• *Lei n. 4.357*, de 16.7.1964: proibia a medida liminar em matéria fiscal contra a Fazenda Nacional;[61]

• *Lei n. 5.021*, de 9.6.1966: proíbe a concessão de medida liminar que defira o pagamento de vencimentos e vantagens pecuniárias.

• *Lei n. 7.969*, 22.12.1989: estendia aos processos cautelares e para quaisquer liminares oriundas de procedimentos ordinários a assinalada proibição constante da Lei n. 4.348/1964;

• *Lei n. 8.076*, de 23.8.1990: suspendeu pelo prazo de 2 (dois) anos a possibilidade de ser concedida medida liminar em ações cautelares e nos Mandados de Segurança que questionassem a legislação[62] referente ao Plano Collor;[63]

• *Lei 8.437*, de 30.6.1992: proíbe o deferimento de liminares em procedimentos

59. "O direito de acesso à justiça, albergado no art. 5º, XXXV, da Constituição Federal, não quer dizer apenas que todos têm o direito a recorrer ao Poder Judiciário, mas também quer significar que todos têm o direito à tutela jurisdicional efetiva, adequada e tempestiva" (Luis Guilherme Marinoni, *A Antecipação da Tutela*, 10ª ed., São Paulo, Malheiros Editores, 2008, p. 261).

60. Ob. cit., p. 261.

61. A Lei n. 4.862, de 29.11.1965, revogou a proibição imposta pela Lei n. 4.357/1964, permitindo a admissão da medida liminar contra a Fazenda Nacional sob o prazo limite de 60 (sessenta) dias.

62. Nos termos de seu art. 1º. "Nos mandados de segurança e nos procedimentos cautelares de que tratam os *arts. 796 e seguintes do Código de Processo Civil*, que versem matérias reguladas pelas disposições das Leis ns. 8.012, de 4 de abril de 1990, 8.014, de 6 de abril de 1990, 8.021, 8.023, 8.024, 8.029, 8.030, 8.032, 8.033, 8.034, todas de 12 de abril de 1990, 8.036, de 11 de maio de 1990, e 8.039, de 30 de maio de 1990, fica suspensa, até 15 de setembro de 1992, a concessão de medidas liminares".

63. O Plano Collor foi um conjunto de medidas econômicas implantadas pelo governo federal no ano de 1990, sob a batuta do ex-Presidente Fernando Collor de Mello, cuja principal função era conter o nível de inflação. Procedeu-se ao bloqueio dos numerários depositados nos bancos, situação que gerou uma imensa quantidade de ações judiciais, motivação da referida Medida Provisória.

cautelares ou quaisquer outras ações de natureza cautelar ou preventiva quando essa providência não pudesse ser adotada em Mandado de Segurança. Destarte, vedou a concessão de medidas liminares que esgotassem em todo ou em parte o objeto da ação; e,

• *Lei n. 9.494*, de 10.9.1997: estendeu a proibição advinda da Lei n. 4.348/1964 e da Lei n. 8.437/1992 ao instituto da tutela antecipatória, haja vista que o Judiciário apenas estava proibido de conceder medidas liminares em Mandado de Segurança e em processo cautelar, eis que essa tutela de urgência apenas ingressou no ordenamento brasileiro no ano de 1994, por meio da Lei n. 8.952.

80. Tal panorama legislativo deu ensejo a inúmeras discussões doutrinárias, sobretudo em relação às leis promulgadas depois do advento da Constituição Federal de 1988.

81. Parte da doutrina vota pela inconstitucionalidade de toda e qualquer medida que vede a possibilidade de concessão de tutela de urgência contra o Poder Público, *mesmo que veiculada por lei.*[64] Essa doutrina se traduz, como já disse, na idéia de que qualquer ato que pretenda obstar a concessão de tutela de urgência, mostrando-se contrário ao princípio da inafastabilidade do controle jurisdicional, vulnera a Lei Fundamental.[65] Esse raciocínio é complementado por José dos Santos Bedaque, que assevera: "Não fosse assim, sucumbiria o particular diante do Poder Público, ainda que, a final, seu direito viesse reconhecido em sede jurisdicional".[66]

82. Por outro lado, parte minoritária da doutrina se posiciona em sentido diverso, sob o fundamento de que a tutela de urgência não haure sua força do Texto Constitucional, mas sim de norma infraconstitucional.[67] Dessa forma, a mesma legislação apta a instituir a tutela de urgência poderia vedar ou limitar o seu campo de incidência.

83. Em meio a essa discussão doutrinária, decisões do Supremo Tribunal Federal vêm, lamentavelmente, sufragando restrições legislativas à concessão de provimentos de urgência contra o Estado,[68] não obstante honrosos votos em contrário, a respeito dos quais teceremos breves comentários a seguir.

84. A primeira decisão nesse sentido foi o indeferimento da medida liminar pleiteada na Ação Direta de Inconstitucionalidade (ADI) n. 223-DF, de relatoria do Ministro Sepúlveda Pertence, no bojo da qual foi contestada a Medida Provisória n. 173/1990, logo convertida na referida Lei n. 8.076/1990. Nesta decisão se manteve a norma que suspendia por 2 (dois)

64. Assim se posicionam: Lúcia Valle Figueiredo, Sérgio de Andréa Ferreira, Nelson Nery Júnior, Luiz Rodrigues Wambier, Sérgio Seiji Shimura, Luiz Alberto Gurgel de Faria, Luiz Guilherme Marinoni, Cândido Rangel Dinamarco, José dos Santos Bedaque, entre outros.

65. Nesse sentido, a lição de Nelson Nery Júnior, "pelo princípio constitucional do direito de ação, todo têm o direito de obter do Pode Judiciário a tutela jurisdicional adequada. Não é suficiente o direito à tutela jurisdicional. É preciso que essa tutela seja adequada, sem o que estaria esvaziado de sentido o princípio. Quando a tutela adequada para o jurisdicionado for urgente, o juiz, preenchidos os requisitos legais, tem de concedê-la, independentemente de haver lei autorizando, ou, ainda, que haja lei proibindo a tutela urgente. Isto ocorre casuisticamente no direito brasileiro, com a edição de medidas provisórias ou mesmo de leis que restringem ou proíbem a concessão de liminares, o mais das vezes contra o poder público. Essas normas têm de ser interpretadas conforme a Constituição. Se forem instrumentos impedientes de o jurisdicionado obter a tutela jurisdicional adequada, estarão em desconformidade com a Constituição e o juiz deverá ignorá-las, concedendo a liminar independentemente de a norma legal proibir essa concessão" (*Princípios do Processo Civil na Constituição Federal*, 8ª ed., São Paulo, Ed. RT, 2004, pp. 132 e 133).

66. *Tutela Cautelar e Tutela Antecipada: Tutelas Sumárias e de Urgência (Tentativa de Sistematização)*, p. 87.

67. Comungam desse entendimento, entre outros, Athos Gusmão Carneiro e J. Calmon de Passos.

68. STF, Pleno, ADI-MC 223-DF, Rel. Ministro Sepúlveda Pertence, *DJU* 29.6.1990; STF, Pleno, ADI-MC 975-DF, Rel. Ministro Carlos Velloso, *DJU* 20.6.1997; STF, Pleno, ADI-MC 295-DF, Rel. Ministro Marco Aurélio, *DJU* 22.8.1997; STF, Pleno, ADC-MC 4-DF, Rel. Ministro Sydney Sanches, *DJU* 21.5.1999; STF, Pleno, ADI-MC 1.576-DF, Rel. Ministro Marco Aurélio, *DJU* 6.6.2004.

anos a possibilidade de concessão de medida liminar contra as normas instituidoras do Plano Collor.

85. Também pode ser citada, na mesma linha, a Ação Direta de Constitucionalidade (ADC) n. 4-DF, em que o Supremo Tribunal Federal decidiu pela constitucionalidade da mencionada Lei n. 9.494/1997. Com isso, a Corte Suprema, de forma vinculante e *erga omnes*,[69] admitiu que à lei é dado estabelecer restrições genéricas à tutela de urgência em face da Fazenda Pública.

86. Entretanto, é de rigor ressalvar que mesmo em tais decisões o Supremo Tribunal Federal, ao mesmo tempo em que se posicionou a favor das aludidas limitações também definiu que essas leis devem ser interpretadas e aplicadas restritivamente. Dessa forma,[70] a Constituição Federal de 1988 admitiria a limitação, por meio de lei, da concessão de tutela de urgência em face do Poder Público, mas, como regra, a ordem jurídica prevê e permite a concessão de tutela de urgência contra o Poder Público.

87. Não obstante toda esta celeuma, e em despeito da decisão vinculante do Supremo Tribunal Federal, é de se entender que qualquer restrição imposta, de maneira apriorística e genérica, à possibilidade de concessão da tutela de urgência em face do Estado é contrária à Constituição Federal. Este, aliás, foi o entendimento esposado pelos Ministros Celso de Mello e Carlos Velloso, cujos votos merecem ligeira transcrição. Apostila o Ministro Celso de Mello na ADI 223-DF: "A proteção jurisdicional imediata, dispensável a situações jurídicas expostas a lesão atual ou potencial, não pode ser inviabilizada por ato normativo de caráter infraconstitucional que, vedando o exercício liminar da tutela jurisdicional cautelar pelo Estado, enseje a aniquilação do próprio direito material". Assim também o Ministro Carlos Velloso, em voto na ADI 295-DF: "Convém não esquecer que a Constituição, ao cuidar do princípio da inafastabilidade do conhecimento do Poder Judiciário de qualquer lesão a direito, estabelece, também, que a ameaça a direito não pode ser subtraída do conhecimento do Judiciário (CF, art. 5º, XXXV). Ora, de regra, somente através da medida liminar é que seria possível coibir ameaça a direito".

88. Com efeito, tratando-se de um garantia constitucional, sua limitação é em si arbitrária, subtraindo do Judiciário a aferição da própria "ameaça a direito". O Legislativo ou o Executivo (no caso de medidas provisórias), em franca violação ao princípio da separação de poderes, decide de plano, sem considerar as peculiaridades de cada caso, algo que, diretamente, irá colocar em perigo no mínimo dois direitos subjetivos do particular: o direito material controvertido e o direito a uma tutela jurisdicional efetiva. Tal situação decreta a vitória da prepotência estatal sobre os direitos dos particulares.

89. Não se pode perder de vista, por fim, que é função essencial da lei delimitar os confins dos direitos, impedindo que o seu titular os utilize de maneira arbitrária. Por tal razão, ponderando as situações descritas, *pode-se chegar à conclusão de que o legislador, mesmo não podendo estabelecer restrições apriorísticas sobre a possibilidade da concessão da tutela de urgência, deverá estabelecer critérios objetivos que orientem o magistrado na decisão do caso concreto que está sob seu julgamento.*

90. Segue-se daí que à lei apenas caberá a configuração de parâmetros em vista dos quais o juízo deverá analisar o feito e deferir ou não a tutela de urgência – como faz o Código de Processo Civil –, pois, dessa maneira, nenhum direito fundamental será esvaziado de plano e nenhuma arbitrariedade estará cometendo o legislador.

69. Conforme o parágrafo único do art. 28 da Lei n. 9.868/1999.

70. Esse entendimento pode ser extraído das seguintes decisões: Reclamação (Rcl) n. 1.578-RS, de 2002; 578-RS, de 2002; Rcl n. 2.482-SP, de 2005; Rcl no AgRg n. 3.483, de 2006 (decisão unânime proferida pelo Plenário do STF); e, Súmula n. 729: "A decisão da ação direta de constitucionalidade n. 4 não se aplica à antecipação de tutela em causas de natureza previdenciária".

5. Síntese conclusiva

91. Espera-se que com essas colocações se tenha oferecido uma visão geral da tutela de urgência contra o Estado no Direito brasileiro, expondo-se, mesmo que de passagem, a compostura desse sistema e como ele vem sendo (des)aplicado.

92. Com efeito, no Brasil, ante a textura aberta do art. 5º, inciso XXXV, da Constituição Federal, que consagra o princípio da inafastabilidade do controle jurisdicional, *nenhuma* lesão ou *ameaça* a direito pode ser subtraída da apreciação do Poder Judiciário, ao qual, como já averbado, atribui-se o monopólio da jurisdição. Qualquer medida tendente a limitar ou quebrantar esse mandamento, independentemente das razões de Estado de que venha acompanhada, será *inconstitucional*. Não há ordem pública superior a Constituição Federal, fonte de toda positividade jurídica.

93. Nessa ordem de idéias, estão em contraste com a Constituição Federal todas as normas veiculadas com o fito de limitar, aprioristicamente, a concessão de provimentos de urgência contra o Poder Público, e a merecer, portanto, expulsão do sistema jurídico. Recorde-se que, lamentavelmente, não foi esse o entendimento do Supremo Tribunal Federal.

94. Cumpre à legislação infraconstitucional tão-somente *balizar* o exame das circunstâncias que habilitam a tutela de urgência, em ordem a que o juiz, *in concreto*, verifique o cabimento da tutela e empreste efetividade ao processo judicial. Eventuais abusos no manejo da tutela de urgência – os quais devem ser devidamente reprimidos mediante contracautelas e respectiva responsabilização civil do demandante – não são prestantes a conduzir ao amesquinhamento do *direito constitucional de ação*.

95. Derradeiramente, é de se notar que tais conclusões nada têm de "ousado" ou de "inédito". *São elas decorrências óbvias do Texto Constitucional brasileiro e se inspiram na própria razão de existir do Direito, cuja incidência na realidade visa à coincidência das condutas – aqui incluída a conduta do Estado – ao padrão de comportamento que prescreve. O Direito jamais prestigiará sua própria violação e aqui reside a importância transcendental da tutela de urgência, cuja função é evitar a ruptura da ordem jurídica ou, em outras palavras, garantir o Estado de Direito.*

A APLICAÇÃO DA TEORIA DA DESCONSIDERAÇÃO DA PESSOA JURÍDICA ÀS SANÇÕES ADMINISTRATIVAS

ANGÉLICA PETIAN

Especialista em Direito Administrativo pela PUC/SP.
Mestranda em Direito do Estado pela PUC/SP.
Membro do Instituto de Direito Administrativo Paulista.

1. Introdução. 2. Responsabilidade da pessoa jurídica. 3. Conceito e natureza jurídica da desconsideração da pessoa jurídica. 4. Pressupostos para a desconsideração da pessoa jurídica. 5. Da desconsideração da pessoa jurídica no Direito Administrativo. 6. Competência da Administração Pública para desconsiderar a pessoa jurídica na aplicação de sanções administrativas. 7. Pressupostos para a desconsideração da pessoa jurídica pela Administração Pública. 8. Conclusão.

1. Introdução

A Administração Pública, no exercício de seu dever-poder sancionador, aplica sanções administrativas às pessoas que com ela mantém uma relação jurídica, seja com base no vínculo geral de poder, que a relaciona aos cidadãos, seja com base nos vínculos especiais que trava com sujeitos especificados, mas, com certa freqüência, estas sanções não revelam aptidão para coibir a reincidência do infrator.

A experiência na aplicação de sanções administrativas, especialmente aos licitantes e contratados, tem demonstrado a ineficácia social das sanções, como forma de evitar que novas condutas ilícitas sejam praticadas.

A Administração Pública precisa valer-se de instrumentos que dotem de maior efetividade as sanções aplicadas. Dentro deste enfoque, propomos a aplicação da teoria da desconsideração da pessoa jurídica às sanções administrativas, como meio de coibir a reincidência de infrações e vedar o "abuso da pessoa jurídica", também, no campo do Direito Administrativo.

2. Responsabilidade da pessoa jurídica

O Direito moderno apresenta duas principais correntes sobre a natureza da pessoa jurídica. A primeira defende a idéia de que a pessoa jurídica existe antes e independentemente do Direito, sendo que este apenas reconhece a personalidade, já constituída naturalmente. Entre os diversos expoentes desta teoria, destaca-se Karl Larenz. A segunda corrente, por sua vez, desenvolvida por Savigny, reduz a pessoa jurídica a uma realidade exclusivamente jurídica, reconhecendo-a como criação do Direito.

A pessoa jurídica não é, como pretende a teoria da realidade objetiva, um ser pré-jurídico, pelo contrário, é uma criação do Direito que, por esta razão, pode ser desconsiderada.

A personificação da reunião de pessoas físicas destinadas a realizar certa atividade é um fenômeno que surge como forma de incentivar e fomentar o desenvolvimento econômico.

O reconhecimento pelo Direito, da autonomia e independência da pessoa jurídica em relação aos sócios que a constituem, tem reflexo direto no campo patrimonial. O patrimônio da pessoa jurídica não se confunde com o de seus membros, ou seja, a pessoa jurídica é responsável pelas obrigações por ela contraídas, assim como, pelos danos que, porventura, cause a outrem.

O Código Civil de 2002, ao tratar das pessoas jurídicas, não apresentou um conceito sobre o instituto, limitando-se a classificá-las em pessoas de direito público, interno ou externo, e de direito privado. O Código Civil de 1916, por sua vez, dispunha expressamente no art. 20 que "as pessoas jurídicas têm existência distinta da dos seus membros". Essa disposição, embora singela, teve o condão de orientar o desenvolvimento da doutrina nacional sobre a matéria.

Não obstante a ausência de um conceito legal de pessoa jurídica, o seu regime jurídico é identificado pela legislação civil, especialmente pelo art. 52 do Código Civil que estabelece, no que couber, a extensão da proteção dos direitos da personalidade às pessoas jurídicas.

São direitos da personalidade os a ela inerentes, como um atributo essencial à sua constituição, a exemplo do direito de ser livre, de ter livre iniciativa, na forma da lei.

Se à pessoa jurídica são garantidos os direitos da personalidade, tais como, direito ao nome e à preservação da imagem, é certo que o Direito, também, confere-lhes uma carga de deveres, cujo descumprimento fará irromper as respectivas sanções.

Se, na esfera penal, a responsabilidade das pessoas jurídicas, ainda, desperta fervorosos debates, no Direito Administrativo a responsabilidade é, de sempre, reconhecida.

Fábio Medina Osório posiciona-se:

"O Direito Administrativo, muito mais próximo à realidade social e à necessidade de tutela do interesse público, depara com o concreto problema gerado por pessoas jurídicas que atuam ilicitamente em detrimento de importantes valores tutelados e protegidos pela ordem jurídica. Essa atuação, essa objetiva capacidade de atuar, resulta da personalidade jurídica dessas entidades, que podem, portanto, manifestar uma específica vontade juridicamente relevante, embora fictícia, na vida de relações, sem que se identifiquem, muitas vezes, as pessoas físicas que realmente comandam e ditam essas decisões com pleno domínio doa fatos e seus desdobramentos. A pessoa jurídica, por essa realista perspectiva, atua ilicitamente, pratica fatos objetivamente proibidos pela ordem jurídica.

"É natural, portanto, que o Direito Administrativo Sancionador reaja e disponha de instrumentos eficazes na luta contra pessoas jurídicas que praticam fatos ilícitos" (*Direito Administrativo Sancionador*, 2ª ed., rev. atual. e ampl., São Paulo, Ed. RT, 2006, p. 343).

Trilhando este caminho, a Constituição Federal de 1988 prescreveu, no art. 173, § 5º, que, a lei estabelecerá a responsabilidade da pessoa jurídica por infrações contra a ordem econômica e financeira e contra a economia popular. No mesmo sentido é o disposto no art. 225, § 3º, que imputa responsabilidade às pessoas jurídicas por danos ambientais.

Diante do exposto, não há como negar a responsabilidade das pessoas jurídicas, inclusive no que diz respeito às infrações administrativas.

3. Conceito e natureza jurídica da desconsideração da pessoa jurídica

Embora o ordenamento jurídico garanta a autonomia da pessoa jurídica em relação aos membros que a compõem, esse não é um preceito absoluto. A par desta garantia, o sistema normativo impõe, de forma sistematizada, que a pessoa jurídica seja utilizada para o atingimento de finalidade lícita, isto é, não atentatória contra o Direito.

Por esta razão, a teoria da desconsideração da pessoa jurídica foi, paulatinamente, construída como instrumento apto a evitar a utilização da pessoa jurídica de forma abusiva ou fraudulenta.

A origem do instituto é disputada pela doutrina americana e inglesa. Embora o desenvolvimento da teoria realmente se deva ao trabalho doutrinário, o nascedouro da desconsideração da pessoa jurídica está na jurisprudência anglo-saxônica. Em seus primórdios, essa teoria apresenta-se como uma construção dos tribunais, sem nenhum amparo de lei expressa, destinada a coibir a utilização nociva da pessoa jurídica.

Embora a doutrina noticie o tratamento da questão, ainda que de forma incidental, por um tribunal norte-americano, em 1809,[1] o desenvolvimento da teoria da desconsideração da pessoa jurídica foi inaugurado pelo caso *Salomon vs. Salomon & Co.*, ocorrido na Inglaterra. Em decisão inédita o Juiz Vaughan Williams J., da *Court of Appeal*, reconheceu a identidade patrimonial entre a sociedade mercantil e seu sócio majoritário, determinando que a satisfação dos credores se desse pelo patrimônio do sócio, dada a situação de insolvência da pessoa jurídica.

Esse foi o início de uma longa e bela construção jurisprudencial sobre a teoria da desconsideração, que acabou, tempos depois, sendo incorporada pela legislação de diversos países.

Nos Estados Unidos e na Inglaterra, a desconsideração é denominada de *disregard of legal entity* ou *disregard doctrine*, termo comumente utilizado pela doutrina brasileira, para significar a desconsideração episódica da pessoa jurídica para satisfação de obrigações por ela assumidas, por meio do patrimônio dos sócios que a integram.

No Brasil, a construção da desconsideração da pessoa jurídica também se deveu à jurisprudência. A criação jurisprudencial ocorreu, especialmente, em relação à matéria falimentar, ainda, sob a égide da antiga Lei de Falências – Decreto-lei 7.661/1945. Embora este Decreto-lei não estabelecesse a aplicação da teoria da desconsideração da pessoa jurídica, trazia dispositivo[2] que permitiu o desenvolvimento jurisprudencial da matéria.

A doutrina cita como precursora a sentença proferida, em 1960, pelo Juiz Antônio Pereira Pinto, no rumoroso caso da Predial Corcovado S/A,[3] cuja ementa foi escrita nos seguintes termos: "O juiz, entendendo que a estrutura formal da pessoa jurídica foi utilizada de maneira abusiva, prescindirá da regra fundamental que estabelece a separação radical entre a sociedade e os sócios, a fim de que não

1. Trata-se do caso *Bank of United States vs. Deveaux*, no qual o Juiz Marshall, apreciando a competência das Cortes federais (a Constituição americana limita a jurisdição federal às controvérsias entre cidadãos de diferentes estados) sobre as *corporations*, decidiu que, para os efeitos de fixação de competência, o elemento de conexão seria a cidadania estadual dos indivíduos que compusessem a sociedade, fixando-se a competência federal.

2. Dispunha o Decreto-lei n. 7.661/1945:

"Art. 5º. Os sócios solidária e ilimitadamente responsáveis pelas obrigações sociais não são atingidos pela falência da sociedade, mas ficam sujeitos aos demais efeitos jurídicos que a sentença declaratória produza em relação à sociedade falida. Aos mesmos sócios, na falta de disposição especial desta lei, são extensivos todos os direitos e, sob as mesmas penas, todas as obrigações que cabem ao devedor ou falido.

"Parágrafo único. O disposto neste artigo aplica-se ao sócio de responsabilidade solidária que há menos de dois anos se tenha despedido da sociedade, no caso de não terem sido solvidas até a data da declaração da falência as obrigações sociais existentes ao tempo da retirada. Não prevalecerá o preceito, se os credores tiverem consentido expressamente na retirada, feito novação, ou continuado a negociar com a sociedade, sob a mesma ou nova firma."

3. A sentença, cuja leitura recomenda-se, está integralmente publicada na *Revista Forense* 188/269-282.

vingue o resultado contrário ao direito que se tem em vista. Existe um abuso quando se trata, com a ajuda da pessoa jurídica, de burlar a lei, violar obrigações contratuais ou prejudicar fraudulentamente terceiros".

Na doutrina faz-se referência ao pioneirismo de Rubens Requião[4] ao tratar da matéria, ainda incipiente em nosso ordenamento jurídico.

Com o passar do tempo, a *disregard doctrine* foi sendo conhecida e aplicada pelos tribunais brasileiros, apesar da inexistência de expressa previsão legal que a contemplasse. Passaram-se muitos anos, até que a legislação infraconstitucional encampou essa idéia.

Foi a Lei n. 8.078/1990, que institui o Código de Defesa do Consumidor, o primeiro diploma a romper com o rígido esquema de autonomia da pessoa privada. O *caput* e § 5º do art. 28 estabeleceram a possibilidade de o juiz desconsiderar a pessoa, quando, em detrimento do consumidor, houver abuso de direito, excesso de poder, infração à lei, fato ou ato ilícito ou violador dos estatutos ou contratos social, bem como, sempre que a pessoa jurídica revelar-se um entrave ao ressarcimento de prejuízos causados aos consumidores.

A Lei n. 8.884/1994, também, normatizou a teoria da desconsideração da pessoa jurídica, prevendo a possibilidade de se ignorar a autonomia patrimonial da pessoa jurídica diante de infração à ordem econômica, praticada com abuso de direito, excesso de poder e os demais vícios já citados pelo Código de Defesa do Consumidor. Acresceu a essas hipóteses, seguindo a orientação jurisprudencial de há muito vigente, a possibilidade de desconsiderar a pessoa jurídica no caso de falência,[5] estado de insolvência, encerramento ou inatividade da pessoa jurídica provocados por má administração, conforme redação do art. 18.

Outro diploma que adotou esta idéia foi a Lei n. 9.605/1998 que, ao dispor sobre as sanções penais e administrativas derivadas de condutas e atividades lesivas ao meio ambiente, estabeleceu, em seu art. 4º, a exemplo do que fez o Código de Defesa do Consumidor, a possibilidade da desconsideração toda vez que a pessoa jurídica for obstáculo ao ressarcimento de prejuízos causados à qualidade do meio ambiente.

Com a entrada em vigor do novo Código Civil (Lei n. 10.406/2002) foi adotada, também, pela legislação civil a teoria da desconsideração da pessoa jurídica. Seguindo-se a tradição jurisprudencial e doutrinária acerca da matéria, o Código Civil impôs como requisitos para a desconsideração a constatação de abuso da pessoa jurídica, caracterizado pelo desvio de finalidade ou pela confusão patrimonial.[6]

A inserção da teoria da desconsideração da pessoa no Código Civil visa impedir práticas ilícitas por parte daqueles que a compõem e fazem uso dos privilégios legais a ela conferidos para ferir o patrimônio de credores ou mesmo causar dano maior à ordem econômica.

Mais do que isso, o Código Civil, seguindo a tendência mundial, previu, também, a possibilidade de constrição patrimonial dos bens dos administradores não sócios, desde

4. Em célebre conferência proferida na Universidade do Paraná e publicada na *RTT* 410, 1969, sob o título "Abuso de direito e fraude através da personalidade jurídica", o autor assentou algumas importantes premissas sobre a desconsideração da pessoa jurídica.

5. "Falência. Desconsideração da personalidade jurídica. Duas razões sociais, uma só pessoa jurídica. Quebra decretada de ambas. Inexistência de afronta ao art. 460 do CPC. O juiz pode julgar ineficaz a personificação societária, sempre que for usada com abuso de direito, para fraudar a lei ou prejudicar terceiros. Consideradas as duas sociedades como sendo uma só pessoa jurídica, não se verifica a alegada contrariedade ao art. 460 do CPC. Recurso Especial não conhecido" (STJ, REsp 63.652-SP, Rel. Ministro Barros Monteiro, 13.6.2000).

6. "Art. 50. Em caso de abuso da personalidade jurídica, caracterizado pelo desvio de finalidade, ou pela confusão patrimonial, pode o juiz decidir, a requerimento da parte, ou do Ministério Público quando lhe couber intervir no processo, que os efeitos de certas e determinadas relações de obrigações sejam estendidos aos bens particulares dos administradores ou sócios da pessoa jurídica."

que haja culpa por partes destes no desempenho das funções que lhes foram atribuídas.[7]

No mesmo sentido é a previsão da nova Lei de Falências (Lei n. 11.101/2005), como afirma Maria Odete Duque Bertasi: "De se considerar, ainda, que com a inclusão, no ordenamento civil pátrio, da teoria da desconsideração da personalidade jurídica (*disregard doctrine*), albergada anteriormente no Código de Defesa do Consumidor (Lei 8.078/1990), art. 28, tudo indica que poderá haver a constrição de bens particulares dos administradores não-sócios sempre que tiver havido uso abusivo da empresa, caracterizado pelo desvio de finalidade ou pela confusão patrimonial imputável ao administrador" (*Comentários à Nova Lei de Falências e Recuperação de Empresas*, São Paulo, Quartier Latin, 2006, p. 126).

A legislação pátria tem experimentado uma recente evolução em relação à desconsideração da pessoa jurídica que a torna mais facilmente aplicável, não obstante a jurisprudência já se valia desse instituto mesmo sem expressa previsão legal.

A desconsideração da pessoa jurídica não acarreta a dissolução da sociedade, tampouco a despersonificação da entidade jurídica, como ensina Maria Helena Diniz: "Subsiste o princípio da autonomia subjetiva da pessoa coletiva, distinta da pessoa de seus sócios, mas tal distinção é afastada, provisoriamente, para dado caso concreto, estendendo a responsabilidade negocial aos bens particulares dos administradores ou sócios da pessoa jurídica" (*Código Civil Anotado*, 8ª ed., São Paulo, Saraiva, 2002, pp. 65-66).

O que ocorre, em verdade, é a suspensão temporária da autonomia da pessoa jurídica, para fazer frente aos danos por ela causados ou aos débitos assumidos. A teoria da desconsideração da pessoa jurídica consagra a máxima *pacta sunt servanda*, ao revelar-se como um dos principais instrumentos para a satisfação dos credores, garantindo com isso, o cumprimento integral das obrigações assumidas.

Dentre os diversos conceitos de desconsideração da pessoa jurídica apresentados pela doutrina, vale destacar o formulado por Marçal Justen Filho: "É a ignorância, para casos concretos e sem retirar a validade de ato jurídico específico, dos efeitos da personificação jurídica validamente reconhecida a uma ou mais sociedades, a fim de evitar um resultado incompatível com a função da pessoa jurídica" (*Desconsideração da Personalidade Societária no Direito Brasileiro*, São Paulo, Ed. RT, p. 57).

A desconsideração é, pois, a forma de adequar a pessoa jurídica aos fins para os quais a mesma foi criada.

Sobre a natureza jurídica desse instituto, a doutrina tem feito alguns ensaios que, apontam para a mesma como uma forma de ineficácia. A decretação da desconsideração faz com que, episodicamente, o estatuto ou contrato social celebrado, ato jurídico perfeito, deixe de produzir efeitos.

A ineficácia é reconhecida, exatamente, pela sustação dos efeitos do estatuto social, que permitirá alcançar os bens dos sócios, tornando insubsistente, ainda que episodicamente, a autonomia patrimonial da pessoa jurídica.

Marçal Justen Filho (*Desconsideração da Personalidade Societária no Direito Brasileiro*, São Paulo, Ed. RT, p. 85), acompanhado por Fábio Ulhoa Coelho,[8] afirma que a inefica-

7. O art. 1.011 do Código Civil estatui que "o administrador da sociedade deverá ter, no exercício de suas funções, o cuidado e a diligência que todo homem ativo e probo costuma empregar na administração de seus próprios negócios". Já o art. 1.016 dispõe que: "Os administradores respondem solidariamente perante a sociedade e os terceiros prejudicados, por culpa no desempenho de suas funções".

8. "A teoria da desconsideração da personalidade jurídica torna, pois, episodicamente ineficaz o ato constitutivo da pessoa jurídica sem discutir a validade deste ato. Essa característica da *disregard doctrine* é, inclusive, a sua grande vantagem sobre as demais soluções imaginadas pelo Direito para coibir as fraudes e os abusos perpetrados através da pessoa jurídica, justamente por preservar todos os demais atos e negócios não-fraudulentos, referentes ou praticados pela sociedade, redundando em

cia, neste caso, é relativa, pois embora o ato jurídico produza efeitos, não são efeitos válidos perante terceiros e de forma ilimitada.

A desconsideração, por ter a natureza de ineficácia relativa, não tem o condão de desconstituir a pessoa jurídica, mas apenas de obstar a eficácia de seu ato constitutivo em relação a determinados credores e por certo tempo.

4. Pressupostos para a desconsideração da pessoa jurídica

Sendo a regra a prevalência da autonomia patrimonial, a desconsideração da pessoa jurídica deve ser encarada como uma medida excepcional, que só terá cabimento, diante da presença de certos pressupostos.

O primeiro pressuposto é que o ato que enseja a desconsideração tenha sido praticado por pessoa jurídica,[9] e que não se trate de responsabilização direta do sócio por ato próprio.

O segundo pressuposto é que se configure a fraude ou o abuso de direito relacionado à autonomia ou à confusão patrimonial. Defende a doutrina majoritária,[10] que a desconsideração da pessoa jurídica somente poderá ser realizada diante do desvio de finalidade da pessoa jurídica, caracterizado pela fraude ou abuso de direito.

Retomando a legislação, tratada anteriormente, podemos constatar que, como regra geral, os diplomas legais exigem a ocorrência de fraude, abuso do direito ou confusão patrimonial para a desconsideração da pessoa jurídica.

Este pressuposto é, em verdade, a razão lógica da desconsideração da pessoa jurídica, pois o instituto foi desenvolvido para coibir atos fraudulentos das pessoas físicas, protegidas pelo manto da pessoa jurídica.

A jurisprudência pátria manifestou-se, em diversas oportunidades, sobre a exigibilidade desse pressuposto para a aplicação da teoria da desconsideração da pessoa jurídica.[11]

A evolução da legislação tem, contudo, apontado para outra direção. Há uma tendência em se afirmar o cabimento da desconsideração sempre que a pessoa jurídica revelar-se um entrave ao ressarcimento de prejuízos causados. Disposições nesse sentido são encontradas no Código de Defesa do Consumidor e na Lei sobre Crimes e Infrações Ambientais.

Até pouco tempo atrás, a leitura do art. 28, § 5º, do Código de Defesa do Consumidor era feita com bastante cautela. O entendimento corrente era o de que o prejuízo sofrido pelo consumidor, sem que o ato praticado caracterizasse fraude ou abuso de direito, não era suficiente para ensejar a aplicação da teoria da desconsideração da pessoa jurídica.

Esse entendimento foi alterado e consagrado por recente decisão do Superior Tribunal de Justiça que conferiu interpretação autônoma ao § 5º do art. 28 em relação ao seu *caput*, admitindo a desconsideração da pessoa jurídica sem que reste provada uma das causas ali arroladas, *in verbis*:

> Responsabilidade civil e direito do consumidor. Recurso especial. *Shopping*

benefício desta, de seus sócios e das partes com que ela se relaciona, inclusive empregados e o público consumidor, que merecem, sempre, atenção especial do direito" (*Desconsideração da Personalidade Jurídica*, São Paulo, Ed. RT, p. 50).

9. Para Fábio Ulhoa Coelho "pessoa jurídica é o sujeito de direito incorpóreo personalizado" (*Desconsideração da Personalidade Jurídica*, São Paulo, Ed. RT, p. 83).

10. Entre os autores destacam-se Fábio Ulhoa Coelho e Marçal Justen Filho.

11. "Doutrina da desconsideração da personalidade jurídica. Art. 28 do Código de Defesa do Consumidor. Precedentes. 1. Não desqualificada a relação de consumo, possível a desconsideração da personalidade jurídica, provada nas instâncias ordinárias a existência de ato fraudulento e o desvio das finalidades da empresa, ainda, mais quando presente a participação direta do sócio, em proveito próprio. 2. Recurso Especial não conhecido" (STJ, REsp 252.759-SP, Rel. Ministro Carlos Alberto Menezes Direito, 12.9.2000).

Center de Osasco-SP. Explosão. Consumidores. Danos materiais e morais. Ministério Público. Legitimidade ativa. Pessoa jurídica. Desconsideração. Teoria maior e teoria menor. Limite de responsabilização dos sócios. Código de Defesa do Consumidor. Requisitos. Obstáculo ao ressarcimento de prejuízos causados aos consumidores. Art. 28, § 5º.

– Considerada a proteção do consumidor um dos pilares da ordem econômica, e incumbindo ao Ministério Público a defesa da ordem jurídica, do regime democrático e dos interesses sociais e individuais indisponíveis, possui o Órgão Ministerial legitimidade para atuar em defesa de interesses individuais homogêneos de consumidores, decorrentes de origem comum.

– A teoria maior da desconsideração, regra geral no sistema jurídico brasileiro, não pode ser aplicada com a mera demonstração de estar a pessoa jurídica insolvente para o cumprimento de suas obrigações. Exige-se, aqui, para além da prova de insolvência, ou a demonstração de desvio de finalidade (teoria subjetiva da desconsideração), ou a demonstração de confusão patrimonial (teoria objetiva da desconsideração).

– A teoria menor da desconsideração, acolhida em nosso ordenamento jurídico excepcionalmente no Direito do Consumidor e no Direito Ambiental, incide com a mera prova de insolvência da pessoa jurídica para o pagamento de suas obrigações, independentemente da existência de desvio de finalidade ou de confusão patrimonial.

– Para a teoria menor, o risco empresarial normal às atividades econômicas não pode ser suportado pelo terceiro que contratou com a pessoa jurídica, mas pelos sócios e/ou administradores desta, ainda que estes demonstrem conduta administrativa proba, isto é, mesmo que não exista qualquer prova capaz de identificar conduta culposa ou dolosa por parte dos sócios e/ou administradores da pessoa jurídica.

– A aplicação da teoria menor da desconsideração às relações de consumo está calcada na exegese autônoma do § 5º do art. 28, do CDC, porquanto a incidência desse dispositivo não se subordina à demonstração dos requisitos previstos no *caput* do artigo indicado, mas apenas à prova de causar, a mera existência da pessoa jurídica, obstáculo ao ressarcimento de prejuízos causados aos consumidores.

– Recursos especiais não conhecidos (STJ, REsp 279.273-SP, Rel. Ministro Ari Pargendler, 4.12.2003).

De acordo com a jurisprudência do Superior Tribunal de Justiça, o Direito do Consumidor e o Direito Ambiental acolhem a teoria menor da desconsideração da pessoa jurídica, sendo, portanto, possível, a aplicação desta teoria sem o cumprimento do pressuposto da fraude ou abuso de direito. Neste caso, o pressuposto será, tão-somente, o obstáculo ao ressarcimento.

Considerando, assim, toda a construção doutrinária e jurisprudencial sobre essa teoria, ao lado desta nova tendência, entendemos que a desconsideração da pessoa jurídica tem cabimento diante das hipóteses de fraude, abuso de direito e confusão patrimonial, conforme expressa previsão do Código Civil. Não obstante, admitimos a possibilidade de aplicação desta teoria, ausentes estes pressupostos, quando houver expressa previsão legal que justifique a medida excepcional em razão do bem jurídico tutelado.

É assim, perfeitamente, possível a aplicação da teoria da desconsideração da pessoa jurídica no caso estabelecido pelo art. 4º da Lei n. 9.605/1998 porque o bem jurídico por ela protegido – meio ambiente, deve ser privilegiado em relação à garantia da autonomia patrimonial das pessoas jurídicas.

Domingos Afonso Kriger Filho, citado por Marlon Tomazette ("A desconsideração da personalidade jurídica: a teoria, o Código de Defesa do Consumidor e o novo Código Civil", *RT* 794/76-94, São Paulo, ano 90, dez./2001, p. 79), afirma que: "Quando o interesse ameaçado é valorado pelo ordenamento jurídico como mais desejável e menos sacrificável do que o interesse colimado através da personificação societária, abre-se oportunidade para a desconsideração sob pena de alteração da escala de valores".

A possibilidade ora aventada deve decorrer de expressa previsão legal, já que a teoria da desconsideração, em sua essência, exige a constatação da fraude ou do abuso de direito, para que a mesma seja aplicada.

O último, mas não menos importante pressuposto, é o que exige que a decretação da desconsideração da pessoa jurídica seja feita por decisão judicial. Uma breve análise nas disposições do Código Civil e do Código de Defesa do Consumidor sobre o assunto permite verificar que a competência para tornar ineficaz episodicamente o estatuto da pessoa jurídica foi conferida tão-somente ao Poder Judiciário.

Essa mesma afirmação não pode ser feita se consideradas as disposições das Leis ns. 8.884/1984 e 9.605/1998.

Embora a doutrina seja muito tímida em admitir essa hipótese, entendemos possível a decretação da desconsideração da pessoa jurídica pela Administração Pública, quando o ato dela decorrente tiver efeitos na esfera administrativa e não judicial. Exemplifiquemos. Se uma pessoa jurídica atuar de forma fraudulenta contra a ordem econômica, incorrendo em uma das infrações tipificadas pelo art. 20 da Lei n. 8.884/1994, o CADE – Conselho Administrativo de Defesa Econômica, entidade administrativa que tem a função de julgar as infrações à ordem econômica, poderá desconsiderar a pessoa jurídica da infratora, para satisfazer a sanção aplicada diretamente com o patrimônio dos seus sócios.

A esta possibilidade nos ateremos, com mais vagar, nas linhas subseqüentes.

5. Da desconsideração da pessoa jurídica no Direito Administrativo

Não obstante haja diversas leis que tratam da desconsideração da pessoa jurídica no direito brasileiro, com exceção do Código Civil, são diplomas setoriais ou leis especiais, que cuidam de matérias limitadas e por isso não irradiam seus efeitos para outras disciplinas.

O Código Civil, por sua vez, não tem aplicação imediata no Direito Administrativo, razão pela qual, os estudiosos da matéria admitem inexistir legislação que autorize a aplicação desta teoria neste ramo do Direito.

Há que se fazer uma ressalva. A Lei n. 9.605/1998, que dispõe sobre os crimes e as infrações administrativas contra o meio ambiente tem típica feição administrativa. Talvez esse seja o primeiro diploma legal que prescreva a aplicação da teoria da desconsideração no Direito Administrativo, pelo caminho do Direito Ambiental.

Há, contudo, outros e mais fortes argumentos que autorizam a aplicação desta teoria no Direito Administrativo. Vejamos.

A *disregard doctrine* é um instituto da Teoria Geral do Direito, uma vez que permite desconsiderar a pessoa jurídica em toda e qualquer situação que houver fraude ou abuso de direito em relação à autonomia patrimonial da pessoa jurídica.

Não há razão para excluir a teoria da desconsideração das relações jurídicas regidas pelo Direito Administrativo, tampouco, exigir, para sua aplicação, expressa autorização legal.

Ao tratar da possibilidade de desconsiderar a pessoa jurídica, em qualquer sub-área do Direito, Diógenes Gasparini afirma: "É instituto que se afeiçoa a qualquer ramo do Direito, pois o abuso pode ser praticado pela pessoa jurídica com vista a lesar credores, a prejudicar o Fisco, a ludibriar direitos dos familiares dos sócios, a escapar de sanções administrativas, a fazer tábula rasa do interesse público, a ignorar direitos do consumidor, a vilipendiar os direitos dos trabalhadores e a burlar a lei, por exemplo, tendo como objetivo favorecer seus sócios. É instituto, pode-se afirmar, da Teoria Geral do Direito" (*"Disregard" Administrativa. Estudos em Homenagem ao Professor Adilson Abreu Dallari*, Belo Horizonte, Del Rey, 2004, pp. 181-210, p. 187).

Assim como é certo que a Administração, no exercício da função administrativa, está subordinada ao princípio da legalidade, também o é, que ela é a legítima tutora do interesse público, não podendo dele dispor em nenhuma hipótese. Por esta razão, toda vez que a Administração deparar-se com uma situação na qual a pessoa jurídica envolvida fizer uso das prerrogativas a ela conferidas para praticar fraude e, com isso, impedir a satisfação do interesse público, será possível aplicar-se a teoria da desconsideração da pessoa jurídica, para fazer com que o gravame imposto pelo Estado seja suportado, diretamente, pelos sócios da empresa.

O silêncio legislativo acerca dessa possibilidade não impede a aplicação da teoria. Para Fábio Ulhoa Coelho (*Desconsideração da Personalidade Jurídica*, São Paulo, Ed. RT, 1989, p. 54) a desconsideração permite a suspensão episódica da eficácia do ato constitutivo da pessoa jurídica, se verificar que ela foi utilizada como instrumento para a realização de fraude ou abuso de direito. Não há, segundo o autor, necessidade de expressa previsão legal.

O próprio regime jurídico-administrativo autoriza, segundo nosso entendimento, a aplicação da teoria da desconsideração da pessoa jurídica às relações por ele regidas.

A supremacia do interesse público sobre o privado não permite que a Administração mantenha-se inerte diante da ameaça ou lesão ao interesse público, caracterizada por fraude ou abuso de direito por parte de pessoa jurídica. No mesmo sentido é a prescrição[12] do princípio da indisponibilidade do interesse público que veda à Administração qualquer conduta, comissiva ou omissiva, atentatória contra o interesse que a lei lhe confiou.

Assim, diante de um caso que coloque em posição contrária o princípio da indisponibilidade do interesse público e o princípio da autonomia patrimonial da pessoa jurídica, estamos certos que o Direito tende a privilegiar o primeiro, permitindo a desconsideração da pessoa jurídica.

De acordo com Marianna Montebello: "Como resultado, o administrador público que, ciente da utilização irregular ou abusiva de uma sociedade por parte de seus membros, deixa de adotar a providência adequada – *no caso, deixa de superar a personalidade jurídica para atingir o patrimônio pessoal dos sócios administradores* –, omite-se, quando tinha o poder-dever de agir, exatamente para evitar que fossem vulnerados parâmetros fundamentais de atuação administrativa que ostentam dignidade constitucional" ("Os Tribunais de Contas e a *disregard doctrine*", *Fórum Administrativo – Direito Público – FA* 49/5.238-5.255, Belo Horizonte, ano 5, mar./2005, p. 5.252).

Para nós é claro que a teoria da desconsideração da pessoa jurídica tem lugar do Direito Administrativo, no entanto, entendemos que, para harmonizar sua aplicação com o princípio da legalidade, é necessário que haja previsão no contrato ou no regulamento que discipline o vínculo especial travado entre as partes.

Assim, a ausência de previsão legal impede a aplicação da desconsideração da pessoa jurídica em relações de sujeição geral, mas não tem o mesmo efeito nas relações de sujeição especial, nas quais é possível que as partes sujeitem-se à desconsideração, por autorização de cláusula contratual ou regulamentar.

Outro argumento que milita a favor da aplicação da teoria da desconsideração da

12. No atual estágio do Direito, o caráter normativo dos princípios, ao lado de suas funções integradora e interpretativa, é aceito pela maioria da doutrina. As diferenças entre princípios e normas jurídicas em sentido estrito centram-se no grau de abstração de cada um (os princípios são normas com elevado grau de abstração, enquanto as normas em sentido estrito apresentam maior concretização), na estrutura lógico-jurídica (as normas em sentido estrito apresentam, necessariamente, uma hipótese e um conseqüente, o que permite sua aplicação imediata. Os princípios não obedecem a esse mesmo esquema) e, por fim, nos meios de solucionar a colisão de normas (quando há colisão entre princípios a solução se dá pela via da ponderação. Um dos princípios deve ceder frente ao outro, de acordo com o peso relativo de cada um face ao bem protegido. A antinomia entre as normas em sentido estrito, por sua vez, será solucionada pela eliminação de uma das duas do sistema jurídico).

pessoa jurídica no Direito Administrativo é a aplicação subsidiária da legislação civil a institutos deste ramo do direito. É o que ocorre, por exemplo, com os contratos administrativos, de acordo com a redação do art. 54 da Lei n. 8.666/1993.

Para Alice Gonzalez Borges ("Reflexo do Código Civil nos contratos administrativos", *Revista Zênite de Licitações e Contratos* 143/5, Curitiba, ano XIII, jan./2006), o novo Código Civil estendeu a aplicação da teoria da desconsideração da pessoa jurídica aos demais contratos empresariais, além das relações de consumo, para abranger, também, os contratos celebrados com órgãos públicos.

Por fim, há que se ressaltar os avanços legislativos e jurisprudenciais nesse sentido.

As Leis ns. 9.433/2005, do Estado da Bahia,[13] e 15.608/2005,[14] do Estado do Paraná, consagraram a aplicação da teoria da desconsideração da pessoa jurídica no Direito Administrativo, ao impedir a pessoa jurídica constituída por membros de sociedade apenada com a suspensão do direito de licitar e contratar ou declaradas inidôneas de participar de licitações e celebrar contratos com órgãos públicos.

Esse mesmo caminho tem sido percorrido pelo Tribunal de Contas da União, conforme trechos de uma decisão a seguir transcritos:

Restou cabalmente caracterizada a ocorrência de fraude e desobediência à Lei n. 8.666/1993 nos Convites n. 11, 13 e 20/2001 da Prefeitura Municipal de Baía Formosa-RN, como bem demonstrou a Unidade Técnica, amparada em farta documentação constante do processo. As três licitações visaram à aquisição de alimentos para o programa de merenda escolar do Município, com recursos Federais do Programa Nacional de Alimentação Escolar – PNAE, do Programa de Educação de Jovens e Adultos, do Projeto de Erradicação do Trabalho Infantil – PETI, do Projeto Atenção à Pessoa Idosa – API e do Programa de Atenção a Crianças de 0 a 6 anos – PAC.

(...) Diante de tudo isso, concordo com as propostas da Unidade Técnica de apenar as seis empresas e o Sr. Samuel Monteiro da Cruz, responsáveis pelas fraudes ocorridas nas licitações públicas, prática que atentou contra os princípios da legalidade, da impessoalidade, da moralidade e da probidade administrativa, insculpidos no art. 3º da Lei de Licitações e Contratos, e, ainda, o Sr. Samuel Monteiro da Cruz pela adjudicação e homologação das licitações eivadas de irregularidades.

(...) Ao se verificar que as notas fiscais apresentadas como prova da boa e regular aplicação do dinheiro público estão inquinadas, deve-se imputar débito, tornando-se necessária, portanto, a imediata conversão do presente processo em tomada de contas especial, para citação dos responsáveis, mantendo-se o sigilo do processo quando à identidade do denunciante.

Devem ser citados solidariamente o Sr. Prefeito e as empresas vencedoras da licitação, ante os indícios de conluio entre eles a fim de lesar o erário. Ademais, tendo em vista a suposta ação dolosa das empresas fornecedoras, deve-se, de acordo com a jurisprudência dos Tribunais pátrios, inclusive desta Corte, aplicar, desde a fase do contraditório, a doutrina da desconsideração da personalidade jurídica. Desse modo, devem ser citados solidariamente, além do prefeito e das empresas, os sócios-cotistas destas (TCU, TC-006.069/02-8, Rel. Ministro-Substituto Lincoln Magalhães da Rocha, 3.3.2004).

A evolução legislativa, doutrinária e jurisprudencial, corroborando o entendimento

13. "Art. 200. Fica impedida de participar de licitação e de contratar com a Administração Pública a pessoa jurídica constituída por membros de sociedade que, em data anterior à sua criação, haja sofrido penalidade de suspensão do direito de licitar e contratar com a Administração ou tenha sido declarada inidônea para licitar e contratar e que tenha objeto similar ao da empresa punida."

14. "Art. 158. Estendem-se os efeitos da penalidade de suspensão do direito de contratar com a Administração ou da declaração de inidoneidade: I – às pessoas físicas que constituíram a pessoa jurídica, as quais permanecem impedidas de licitar com a Administração Pública enquanto perdurarem as causas da penalidade, independentemente de nova pessoa jurídica que vierem a constituir ou de outra em que figurarem como sócios; II – as pessoas jurídicas que tenham sócios comuns com as pessoas físicas referidas no inciso anterior."

de que a desconsideração da pessoa jurídica é instituto afeto à Teoria Geral do Direito, tem caminhado no sentido de reconhecer a sua aplicação a todos os ramos do Direito, incluindo, por óbvio, o Direito Administrativo. Essa afirmação pode ser comprovada pela inclusão no Projeto de Lei n. 32/2007,[15] que objetiva alterar a Lei n. 8.666/1993, de dispositivo que institui a proibição de licitar ou contratar com a Administração Pública para pessoa jurídica cujos proprietários e diretores, inclusive quando provenientes de outra pessoa jurídica, tenham sido punidos com suspensão do direito de licitar, ainda que sejam pessoas físicas ou jurídicas integrantes de outra pessoa jurídica, bem como, mesma proibição aos proprietários e diretores das pessoas jurídicas, ou os que atuarem em substituição a outros, para burlar as sanções.

6. Competência da Administração Pública para desconsiderar a pessoa jurídica na aplicação de sanções administrativas

A doutrina da desconsideração da pessoa jurídica cabível, como vimos, em todos os ramos do Direito é de especial importância na aplicação das sanções administrativas, especialmente a licitantes e contratados apenados nos termos dos incisos III e IV do art. 87 da Lei n. 8.666/1993. A dificuldade reside no fato de que, comumente, os sócios das empresas impedidas de licitar e contratar com a Administração ou declaradas inidôneas, constituem novas sociedades, com os mesmos membros, idêntico objeto social e por vezes até na mesma sede social da pessoa jurídica apenada. Como contra essa nova empresa não há nenhum impedimento, ela poderá participar das licitações, bem como celebrar contratos administrativos, beneficiando, assim, as mesmas pessoas físicas que atentaram contra a Administração.

A aplicação da teoria da desconsideração da pessoa jurídica nestas hipóteses seria apta a vedar a reincidência dos infratores que, valendo-se do disfarce da nova pessoa jurídica, continuam a obrar contra a Administração Pública, e, conseqüentemente, contra o interesse público.

Não temos dúvida de que o Poder Judiciário, sensível ao problema vivido e, com fundamento na ordem jurídica, decretaria a desconsideração da pessoa jurídica se restasse cabalmente demonstrada a ocorrência de fraude ou abuso do direito. A questão que se coloca, no entanto, é se a própria Administração tem competência para desconsiderar a pessoa jurídica e estender os efeitos das sanções administrativas aos respectivos sócios.

Entendemos que, sendo a desconsideração um instituto pertencente à Teoria Geral do Estado, poderá ser aplicada, desde que presentes os pressupostos autorizadores, pela autoridade que tenha competência para decidir o processo, seja na esfera judicial, seja na esfera administrativa.

Por ser o Estado o tutor legal do interesse público, tendo o dever de realizá-lo, deve lançar mão de todo e qualquer instrumento juridicamente consagrado para atingir esse objetivo.

Se, a desconsideração da pessoa jurídica é um instrumento apto a dotar de maior eficácia as sanções administrativas aplicadas aos licitantes e contratados, entendemos que, diante de um caso de fraude ou abuso de direito em relação à autonomia patrimonial da pessoa jurídica, a Administração tem o dever-poder de desconsiderá-la para estender os efeitos da sanção aos membros da pessoa jurídica.

Este é o magistério de Diógenes Gasparini, apresentado em forma de resposta a uma questão prática: "Recentemente escrevemos

15. Na Câmara de Deputados, o texto foi aprovado, com alterações, no dia 2.5.2007, tendo a sua redação final naquela Casa sido consolidada no Projeto de Lei 7.709-A. No Senado Federal, a proposição recebeu o número de Projeto de Lei n. 32/2007. Ele foi aprovado pela Comissão de Constituição, Justiça e Cidadania em 30 de maio, e pela Comissão de Ciência, Tecnologia, Inovação, Comunicação e Informática no dia 12 de junho e encaminhado à Comissão de Assuntos Econômicos (CAE), em 28 de junho.

um trabalho a respeito dessa problemática, sustentando caber a decretação por ato administrativo da desconsideração da pessoa jurídica envolvida em fatos dessa natureza. Portanto, se a pessoa jurídica praticou uma ilegalidade e por isso foi apenada, por exemplo, com a suspensão para licitar e contratar por dois anos e seus sócios, para fugir a essa punição, criam outra entidade, com a desconsideração da pessoa jurídica alcançam-se os sócios e, via de conseqüência, a nova sociedade que também não poderá licitar e contratar por aquele prazo. Essa doutrina só tem arrimo no Direito Privado, pois está prevista no art. 50 do Código Civil, no Direito do Consumidor, cujo art. 28 do Código de Defesa do Consumidor a prevê e em outros ramos do Direito. Não há a tal respeito no Direito Administrativo, cabendo justificá-la com base em princípios que prestigiam a administração pública e o interesse público" ("Decretação da desconsideração da pessoa jurídica – Práticas de gestão", *Fórum de Contratação e Gestão Pública – FCGP* 32/4.181, Belo Horizonte, ano 3, ago./2004).

De fato, se o silêncio legislativo dificulta a aplicação da teoria, pois requer um esforço interpretativo maior, não se pode considerá-lo como óbice à desconsideração da pessoa jurídica pela própria Administração, mormente no campo das relações especiais.

Como dissemos, importante passo nesse sentido foi dado pela Lei baiana n. 9.433/2005 que, de forma, pioneira positivou a *disregard doctrine* no campo das licitações e contratos administrativos. O reconhecimento da competência da Administração para desconsiderar a pessoa jurídica no caso de aplicação de sanções administrativas não demorará a constar de norma de caráter geral. Mas, enquanto isso não ocorre, a permissão deve ser retirada do sistema jurídico como um todo e, especialmente, dos princípios que regem o Direito Administrativo.

Em importante decisão, que pode ser considerada como precedente da aplicação da desconsideração da pessoa jurídica às sanções administrativas, o Superior Tribunal de Justiça fundamentou o posicionamento adotado nos princípios da moralidade administrativa e da indisponibilidade do interesse público, conforme ementa a seguir:

> Administrativo. Recurso Ordinário em Mandado de Segurança. Licitação. Sanção de inidoneidade para licitar. Extensão de efeitos à sociedade com o mesmo objeto social, mesmos sócios e mesmo endereço. Fraude à lei e abuso de forma. Desconsideração da personalidade jurídica na esfera administrativa. Possibilidade. Princípio da moralidade administrativa e da indisponibilidade dos interesses públicos.
>
> – A constituição de nova sociedade, com o mesmo objeto social, com os mesmos sócios e com o mesmo endereço, em substituição a outra declarada inidônea para licitar com a Administração Pública Estadual, com o objetivo de burlar à aplicação da sanção administrativa, constitui abuso de forma e fraude à Lei de Licitações Lei n. 8.666/1993, de modo a possibilitar a aplicação da teoria da desconsideração da personalidade jurídica para estenderem-se os efeitos da sanção administrativa à nova sociedade constituída.
>
> – A Administração Pública pode, em observância ao princípio da moralidade administrativa e da indisponibilidade dos interesses públicos tutelados, desconsiderar a personalidade jurídica de sociedade constituída com abuso de forma e fraude à lei, desde que facultado ao administrado o contraditório e a ampla defesa em processo administrativo regular.
>
> – Recurso a que se nega provimento (RMS 15.166-BA, Rel. Ministro Castro Meira, 7.8.2003).

Como se extrai da leitura da ementa do julgado,[16] o Superior Tribunal de Justiça, com fulcro nos princípios da moralidade e da indisponibilidade do interesse público, afirmou a possibilidade de a Administração Pública desconsiderar a pessoa jurídica, sem recorrer ao Poder Judiciário, consagrando o entendimento de que esta teoria tem aplicação irrestrita, sempre que houver a prática de fraude ou abuso de direito em relação à autonomia patrimonial das pessoas jurídicas.

16. Recomenda-se a leitura da íntegra do acórdão, não apenas pelo tratamento de que foi dado ao instituto como, especialmente, pelo ineditismo da decisão.

Na fundamentação de seu voto do Ministro Relator Castro Meira asseverou:

> A concepção moderna do Princípio da Legalidade não está a exigir, tão-somente, a literalidade formal, mas a intelecção do ordenamento jurídico enquanto sistema. Assim, como forma de conciliar o aparente conflito entre o dogma da legalidade e o Princípio da Moralidade Administrativa é de se conferir uma maior flexibilidade à teoria da desconsideração da personalidade jurídica, de modo a permitir o seu manejo pela Administração Pública, mesmo à margem de previsão normativa específica (RMS 15.166-BA, Rel. Ministro Castro Meira, 7.8.2003).

Reconhecida a competência da Administração para desconsiderar a pessoa jurídica passaremos à análise dos pressupostos para tanto.

7. Pressupostos para a desconsideração da pessoa jurídica pela Administração Pública

Por ser a desconsideração da pessoa jurídica uma medida excepcional, já que a regra é que permaneça a autonomia patrimonial conferida, por lei, às pessoas jurídicas, a sua decretação, pela Administração Pública, dependerá do cumprimento de três pressupostos.

O primeiro pressuposto é que a investigação sobre eventual conduta fraudulenta ou ato abusivo da pessoa jurídica seja feita no bojo de um processo administrativo, instaurado e conduzido nos termos da lei.

A jurisprudência tem chancelado o posicionamento de que a existência do contraditório é indispensável, não obstando a possibilidade da materialização incidental. O Superior Tribunal de Justiça decidiu:

> A desconsideração da pessoa jurídica é medida excepcional que só pode ser decretada após o devido processo legal, o que torna a sua ocorrência em sede liminar, mesmo de forma implícita, passível de anulação (AgREsp 422.583-PR, Rel. Ministro José Delgado, 20.6.2002).

Neste processo administrativo, como em todos os demais, o princípio do devido processo legal deverá ser respeitado, concedendo-se à empresa investigada todas as oportunidades de defesa cabíveis. Por se tratar de processo cujo resultado pode importar severa restrição de direitos à pessoa jurídica e aos sócios que a compõem, todos devem ser citados, solidariamente, para participar do processo administrativo.

Não há necessidade, contudo, de que o processo administrativo que tem por objetivo desconsiderar a pessoa jurídica seja instaurado autonomamente ou independentemente do procedimento originário. Assim, por exemplo, se no curso da execução de um contrato administrativo houver indícios da prática de conduta fraudulenta ou abusiva por parte dos membros da empresa, prescinde-se da abertura de novo processo para a adoção das providências com vistas a desconsiderar a pessoa jurídica.

Este pressuposto é de tamanha importância que mereceu destaque no voto do relator, proferido no julgamento do Recurso Ordinário em Mandado de Segurança n. 15.166-BA:

> Convém, registrar, por oportuno, que a aplicação desta teoria deve estar precedida de processo administrativo, em que se assegure ao interessado o contraditório e a mais ampla defesa, exatamente como realizado no caso dos autos. Ao prejudicado restará sempre aberta a porta do Judiciário, para que então possa provar, perante um órgão imparcial, a ausência de fraude à lei ou de abuso de forma, afastando, por conseguinte, a aplicação da teoria da desconsideração da personalidade jurídica (RMS 15.166-BA, Rel. Ministro Castro Meira, 7.8.2003).

A decisão proferida pela Administração poderá, em qualquer caso, ser questionada perante o Poder Judiciário, que terá competência não apenas para analisar a legalidade do processo administrativo concluído, bem como a razoabilidade e proporcionalidade do gravame imposto.

O segundo pressuposto, sem o qual a decisão administrativa será inválida, é a cabal e inquestionável prova de que a atuação da pessoa jurídica caracterizou fraude ou abuso de direito. Como afirmamos anteriormente, inexistindo disposição legal específica que trace as regras para a desconsideração da pessoa jurídica no âmbito administrativo, devemos nos valer das características essenciais do instituto para aplicá-lo às sanções administrativas. Assim, a desconsideração somente será possível se restar comprovado o desvio no uso da pessoa jurídica.

Rubens Requião, citando Pedro Batista Martins apresenta um conceito de abuso de direito centrado na função social que todo ato ou negócio jurídico deve atender: "O titular de um direito que, entre vários meios de realizá-lo, escolhe precisamente o que, sendo mais danoso para outrem, não é o mais útil para si, ou mais adequado ao espírito da instituição, comete, sem dúvida, um ato abusivo, atentando contra a justa medida dos interesses em conflito e contra o equilíbrio das relações jurídicas" ("Abuso de direito e fraude através da personalidade jurídica", *RT*, vol. 58, n. 410, pp. 12-24, São Paulo, dez./1969, p. 16).

A caracterização da fraude dependerá da prova de que o ato ou negócio jurídico foi tramado para prejudicar credores, em benefício da parte ou de terceiro.

Qualquer que seja a hipótese, a aplicação da teoria da desconsideração da pessoa jurídica às sanções administrativas dependerá de prova, produzida nos autos do processo administrativo.

O último pressuposto a ser cumprido é a prolação de uma decisão administrativa que atenda a todos os elementos e pressupostos do ato administrativo.

A decisão da Administração que desconsidera a pessoa jurídica e, com isso, permite o ingresso no patrimônio dos membros que a constituem, tem natureza jurídica de ato administrativo, o que exige, por conseguinte, o atendimento de todos os pressupostos do ato.

Dentre esses pressupostos, que condicionam a existência e a validade do ato administrativo merece destaque o motivo. A decisão que desconsidera a pessoa jurídica deve indicar com clareza os motivos pelos quais o faz. Somente a análise dos motivos que levaram à aplicação desta medida excepcional permite verificar se a decisão atendeu a parâmetros de razoabilidade e proporcionalidade.

A decisão deverá, ainda, indicar seu fundamento, seja ele uma previsão legal, regulamentar ou contratual, estas duas exclusivas somente para as relações regidas por vínculo de sujeição especial.

Cumpridos esses pressupostos, a decisão administrativa que impõe a penalidade será perfeita e válida e estará pronta para produzir os efeitos a que se destina.

8. Conclusão

Não obstante o Direito Administrativo não apresente previsão específica e expressa quanto à aplicação da *disregard doctrine* aos seus institutos, vislumbramos essa possibilidade por entender que a doutrina da desconsideração da pessoa jurídica pertence à Teoria Geral do Direito, sendo, portanto, de ampla aplicação, independentemente de expressa previsão legal.

A Administração Pública, como tutora do interesse público, deve valer-se de todos os instrumentos jurídicos, no esforço de cumprir as finalidades que a lei lhe atribuiu. Por esta razão, não afastamos a possibilidade da Administração Pública, por decisão administrativa desconsiderar a pessoa jurídica e estender os efeitos da sanção aplicada aos seus sócios.

Assim, a Administração Pública, independentemente da atuação do Poder Judiciário, poderá valer-se desse importante instrumento na coibição da prática de infrações administrativas, bem como de sua reincidência.

A aplicação desta teoria pela Administração Pública deve, contudo, atender a certos pressupostos: (*i*) instauração de processo administrativo no qual sejam asseguradas, ao interessado, as garantias do contraditório e da ampla defesa; (*ii*) comprovação inequívoca da prática de ato fraudulento ou abusivo por parte da pessoa jurídica que objetive beneficiar a si ou a terceiros; e (*iii*) a prolação de decisão administrativa que atenda a todos os elementos e pressupostos dos atos administrativos, merecendo destaque a indicação dos motivos que levaram à aplicação da medida excepcional.

DA NECESSIDADE DE MOTIVAÇÃO NA DISPENSA DOS EMPREGADOS PÚBLICOS DAS EMPRESAS PÚBLICAS E SOCIEDADES DE ECONOMIA MISTA EXPLORADORAS DE ATIVIDADE ECONÔMICA

DÉBORA DE BRITO LOUSANO

Procuradora da Fazenda Nacional.
Especialista em Direito Administrativo e Direito Processual Civil pela PUC/SP.

1. Introdução. 2. Da empresa pública e da sociedade de economia mista prestadoras de atividade econômica: 2.1 Dos aspectos gerais; 2.2 Da empresa pública; 2.3 Da sociedade de economia mista; 2.4 Da atividade econômica; 2.5 Da qualificação como ente da administração indireta. 3. Da natureza e do regime jurídico das empresas públicas e sociedades de economia mista prestadoras de atividade econômica: 3.1 Da natureza; 3.2 Da hibridez do regime jurídico; 3.3 Do significado do art. 173, § 1º, II, da Constituição Federal. 4. Da necessidade de motivação do ato de dispensa do empregado público: 4.1 Dos aspectos gerais; 4.2 Do princípio da publicidade e do princípio democrático; 4.3 Do princípio da motivação; 4.4 Da extensão da necessidade de concurso público – Dos princípios da impessoalidade e moralidade; 4.5 Dos princípios do devido processo legal, contraditório e ampla defesa. 5. Do procedimento da dispensa dos empregados públicos e de sua inobservância: 5.1 Da necessidade de processo administrativo; 5.2 Das hipóteses de dispensa; 5.3 Da possibilidade de reintegração. 6. Da jurisprudência. 7. Conclusão. Referências.

1. Introdução

A questão da dispensa dos empregados públicos das empresas públicas e sociedades de economia mista prestadoras de atividade econômica nos despertou a atenção diante da constatação de que inúmeras decisões do Supremo Tribunal Federal e do Tribunal Superior do Trabalho entendem que este tema é regido pela Consolidação das Leis do Trabalho, possibilitando uma dispensa imotivada dos empregados públicos.

Com efeito, a Suprema Corte em diversos julgados afirmou a possibilidade de dispensa imotivada dos mencionados empregados, pois que se aplicariam as normas de dispensa trabalhista aos empregados de pessoas jurídicas de direito privado, em consonância com o disposto no § 1º do art. 173 da Lei Maior.[1]

1. Este é o conteúdo dos seguintes julgados, dentre outros: AI-AgR 648.453, j. 20.11.2007; AI-AgR 546.435-2, j. 8.8.2006; AI-AgR 469.189-RS, j. 29.11.2005; AI-AgR 507.326, j. 20.11.2005 e RE 363.328-DF, j. 5.8.2003.

Por sua vez, o Tribunal Superior do Trabalho comungou em várias decisões da posição acima apontada,[2] havendo inclusive uma Orientação Jurisprudencial da SBDI-1 de n. 247, com a seguinte redação: "Servidor público celetista concursado. Despedida imotivada. Empresa pública ou sociedade de economia mista. Possibilidade".

Com o devido respeito que merecem as decisões de nossos Tribunais, discordamos veementemente deste posicionamento, uma vez que o art. 173, § 1º, II, da Carta Magna não possui a extensão que esses julgados pretendem dar, além do que existem inúmeras regras caracterizadoras do regime jurídico de direito público, aplicáveis às entidades mencionadas, que impedem a conclusão vislumbrada por esta parte da jurisprudência.

Considerando serem infindáveis as questões que podem ser suscitadas dentro do tema proposto, fez-se necessária a delimitação do objeto do presente estudo.

A análise apenas recaiu sobre as empresas públicas e sociedades de economia mista exploradoras de atividade econômica, não incluindo outras entidades da Administração indireta ou as prestadoras de serviço público, já que apenas aquelas são mais constantemente objeto da equivocada jurisprudência e isso porque os julgados são fundamentados na literalidade do art. 173, § 1º, II, da Constituição Federal.

Ainda, esclarecemos que trataremos somente das empresas públicas e sociedades de economia mista exploradoras de atividade econômica de *âmbito federal*. De qualquer modo, nosso estudo não adentra a legislação dos diversos entes federativos, se concentrando na Constituição da República, já que entendemos que as principais questões encontram solução em suas normas.

Ademais, apenas trataremos dos empregados públicos concursados, já que os empregados temporários e os exercentes de cargo de confiança possuem um regime jurídico muito distinto do regime dos primeiros. Portanto, quando durante o texto nos reportarmos aos empregados públicos, estamos apenas abreviando a expressão "empregados públicos concursados".

A partir deste enfoque, o estudo se inicia pela análise do conceito de empresas públicas e sociedades de economia mista prestadoras de atividade econômica.

Em seguida, estudamos a natureza jurídica e o regime jurídico das mencionadas entidades, com a finalidade de entendermos qual o tratamento que a Constituição Federal deferiu a elas, especialmente levantando quais as regras que lhes são aplicáveis; concluindo pela natureza jurídica de auxiliares do Poder Público, bem como pela hibridez de seu regime jurídico.

Diante da mencionada conclusão, constatamos que a regra do art. 173, § 1º, II, da Carta Magna não poderia ser aplicada da forma que pretendem as citadas decisões dos Tribunais e procuramos encontrar o verdadeiro sentido da mencionada norma.

Em seqüência, expusemos os argumentos que fundamentam nossa posição de que é necessária a motivação da dispensa dos empregados públicos concursados das aludidas pessoas jurídicas, que podem ser resumidos em: (i) princípio da publicidade e princípio democrático; (ii) princípio da motivação; (iii) extensão da exigência de concurso público – princípios da impessoalidade e moralidade; e (iv) devido processo legal, contraditório e ampla defesa.

Também dedicamos uma seção à análise, ainda que de maneira sucinta, da forma pela qual a dispensa dos empregados públicos deve ocorrer e a conseqüência da inobservância desta.

Por fim, realizamos um apanhado da evolução jurisprudencial do tema, comprovando sua atualidade, para finalmente concluirmos o presente estudo.

2. V., por todas: RR 2155/2001-014-01-00, *DJ* 8.2.2008; RR 63/2002-066-01-00, *DJ* 8.2.2008; AC 181899/2007-000-00-00, *DJ* 19.9.2007; AC 182399/2007-000-00-00, *DJ* 30.8.2007 e AIRR 244/2003-001-18-00, *DJ* 23.6.2006.

2. *Da empresa pública e da sociedade de economia mista prestadoras de atividade econômica*

2.1 Dos aspectos gerais

As empresas públicas e as sociedades de economia mista surgiram no século XVI, durante o período mercantilista, para desempenhar funções que estavam a cargo do Estado, mas apenas no século passado obtiveram grande desenvolvimento, principalmente a partir da Primeira Guerra Mundial.[3]

A descentralização das funções estatais era tradicionalmente realizada mediante concessões a pessoas de direito privado, estranhas ao aparelho estatal,[4] de modo que a prestação de serviços públicos essenciais ocorria sem a necessidade de inverter recursos do Tesouro e sem correr os riscos econômicos de uma exploração industrial.

No entanto, segundo nos ensina Bilac Pinto,[5] a figura da concessão sofreu grande desprestígio a partir do momento em que o Estado se viu obrigado a participar das perdas da exploração do serviço público concedido, como conseqüência da inclusão nos contratos de concessão de cláusulas de garantia de juros e da aplicação da teoria da imprevisão.

Desse modo, diante das desvantagens que foram surgindo à prestação de serviços públicos através de concessões, as empresas públicas e sociedades de economia mista tornaram-se um instrumento estatal mais atraente.

Além disso, o aumento da participação do Estado na vida social, expressão do abandono do modelo de Estado Liberal, também contribuiu para o desenvolvimento das entidades acima tratadas.

De fato, o Estado passou a entender que havia uma quantidade maior de serviços que seriam essenciais à coletividade e que, portanto, deveriam ficar a seu cargo, ampliando o conjunto de serviços considerados públicos e gerando ao Poder Publico dificuldades em prestá-los satisfatoriamente através de sua organização burocrática.

Este movimento de transformação do Estado foi amplo, refletindo também na postura do Poder Público perante o processo econômico.[6]

No campo econômico houve a consciência de que certas indústrias possuíam vital importância econômico-estratégica, de forma que o Estado teria de geri-las e essa condução teria que ocorrer na conformidade da técnica de direito privado, ou para assegurar maior eficiência, ou porque a natureza peculiar da atividade não se compatibilizaria com outro meio.[7]

Especialmente nos países subdesenvolvidos, a importância de determinadas atividades surgiu da necessidade de suprir a insuficiência do setor privado e de garantir constante fornecimento em áreas suscetíveis de influência perturbadora internacional.[8]

Desse modo, podemos concluir que o declínio da figura da concessão, como forma de descentralização das funções estatais, somado ao abandono das diretrizes do modelo liberal de Estado, fez com que as empresas públicas e as sociedades de economia mista se consolidassem como instrumentos essenciais de atuação do Poder Público.

2.2 Da empresa pública

A empresa pública federal é definida legalmente no Decreto-lei 200, art. 1º, inc. I, com as alterações imprimidas pelo Decreto-lei 900, como:

3. Eros Roberto Grau, "Considerações a propósito das sociedades de economia mista", *Revista de Direito Público* 17/125.

4. Celso Antônio Bandeira de Mello, *Prestação de Serviços Públicos e Administração Indireta*, 2ª ed., p. 87.

5. Bilac Pinto, "O declínio das sociedades de economia mista e o advento das modernas empresas públicas", *Revista de Direito Administrativo* 32/3.

6. Durante o Estado Liberal, o Poder Público apenas assegurava as condições para o livre desenvolvimento da atividade econômica sob as leis de mercado.

7. Celso Antônio Bandeira de Mello, *Prestação de Serviços Públicos e Administração Indireta*, pp. 88-89.

8. Ibid., p. 89.

(...) entidade dotada de personalidade jurídica de Direito Privado, com patrimônio próprio e capital exclusivo da União, criada por lei para a exploração de atividade econômica que o Governo seja levado a exercer por força de contingência ou conveniência administrativa, podendo revestir-se de qualquer das formas admitidas em Direito.

Embora a definição legal tenha utilidade, principalmente porque nos traz respostas a diversos pontos debatidos pela doutrina, como a necessidade de autorização em lei para a criação da mencionada entidade e a sua natureza de pessoa jurídica de direito privado, o conceito não deve ser adotado como o melhor, tendo em vista que outras normas e a própria tradição do instituto nos leva a discordar de alguns pontos apresentados.

Em primeiro lugar, o citado Decreto-lei 900, em seu art. 5º, determina que se admita a participação de outras pessoas jurídicas de direito público interno, bem como de entidades da Administração indireta da União, dos Estados, Distrito Federal e Municípios, desde que a maioria do capital votante permaneça de propriedade da União. Portanto, a definição legal fica desmentida pelo próprio decreto que introduziu alterações no conceito de empresa pública.

Com efeito, ao determinar a possibilidade de participação de outras pessoas jurídicas de direito público interno ou entidades da Administração indireta na formação da empresa pública federal, fica claro que não é necessário que o capital seja integralmente pertencente à União.

Além disso, mesmo que a maioria do capital votante não pertença à União, mas à entidade da Administração indireta desta, sobre remanescente de capital da União, Estado ou Município ou Administração indireta destes dois últimos, a entidade continua sendo uma empresa pública.

De fato, como nos ensina Celso Antônio Bandeira de Mello,[9] embora em um primeiro momento pudéssemos pensar que nesse caso estaríamos diante de uma sociedade de economia mista, uma vez que esta é conceituada no Decreto-lei 200 como entidade cujas ações com direito a voto pertençam em sua maioria à União ou a entidade da Administração indireta desta, o conceito tradicional de sociedade de economia mista sempre trouxe como traço marcante ser o remanescente do capital de propriedade de particular, o que não ocorre no caso aqui tratado.

Ademais, as empresas com a formação acima mencionada não devem ser consideradas sociedades de economia mista porque desta forma seriam excluídas da regra constitucional que determina foro privilegiado.

De fato, dispunha a Constituição vigente à época do Decreto-lei 200 (norma repetida pela Constituição atual) que as ações que envolvessem empresas públicas federais seriam de competência da Justiça Federal, enquanto que as ações relacionadas às sociedades de economia mista iriam para a Justiça Comum.

Como argumenta Celso Antônio Bandeira de Mello,[10] seria um contra-senso que a Justiça Federal julgasse os feitos em que fosse parte empresa cujo capital votante pertencesse, por exemplo, 51% à União e 49% a uma autarquia federal, mas não julgasse as empresas com capital votante exatamente inverso, já que em ambos os casos o capital formador teria advindo majoritariamente da esfera federal.

Considerando que a Carta Maior criou o foro privilegiado para proteger o capital dos entes da Administração indireta, forma, aliás, de resguardar em última análise o patrimônio da coletividade, o legislador ordinário não poderia criar noção de empresa pública que ferisse um propósito constitucional.

Desse modo, é suficiente que a supremacia acionária pertença a ente da esfera federal e que o remanescente provenha de outras esferas governamentais para estarmos diante de uma empresa pública federal.[11]

9. Celso Antônio Bandeira de Mello, *Curso de Direito Administrativo*, 21ª ed., p. 180.

10. Celso Antônio Bandeira de Mello, *Curso de Direito Administrativo*, p. 181.

11. Ibid., p. 182.

Por fim, o conceito legal apresenta ainda outro problema, qual seja, o fato de que as empresas públicas não prestam apenas atividade econômica.

Para alguns autores, a expressão *atividade econômica* possui um sentido amplo no qual se enquadraria a prestação de serviço público, de modo que a letra da lei estaria correta.[12]

No entanto, para Celso Antônio Bandeira de Mello,[13] essa mesma expressão foi utilizada apenas para indicar que a atividade por elas desenvolvida se efetua mediante prestações remuneradas e não para excluir as prestadoras de serviços públicos.

Concordamos com o posicionamento deste último autor, mesmo porque a primeira posição insere em uma mesma classificação duas atividades que envolvem regimes jurídicos completamente distintos.

Além disso, podemos afirmar que as empresas públicas podem prestar serviços públicos, uma vez que interpretação que excluísse esta atividade do âmbito daquelas entidades colidiria com a sua vocação natural, já que, conforme mencionamos no início da seção, elas surgiram em um primeiro momento exatamente para prestar serviços públicos, bem como conflitaria com a realidade, que apresenta casos de empresas públicas que prestam serviços públicos.[14]

De todo o exposto, concluímos que as empresas públicas podem prestar serviços públicos, seja porque a expressão atividade econômica não foi empregada para excluir a citada prestação, seja porque a prestação de serviço público é a vocação natural de tais entidades, bem como o que ocorre na realidade.

Por fim, pegamos de empréstimo definição proposta por Celso Antônio Bandeira de Mello, que embora mencione a natureza jurídica (tema que será ainda analisado) coaduna-se com as considerações acima realizadas. Portanto, empresa pública federal:[15] "(...) é a pessoa jurídica criada por lei como instrumento de ação do Estado, com personalidade de Direito Privado, mas submetida a certas regras especiais decorrentes de ser coadjuvante da ação governamental, constituída sob qualquer das formas admitidas em Direito e cujo capital seja formado unicamente por recursos de pessoas de Direito Público interno ou de pessoas de suas Administrações indiretas, com predominância acionária residente na esfera federal".[16]

2.3 Da sociedade de economia mista

A sociedade de economia mista também possui um conceito legal no Decreto-lei 200, art. 5º, inc. II, alterado pelo Decreto-lei 900, segundo o qual esta sociedade é:

> (...) a entidade dotada de personalidade jurídica de direito privado, criada por lei para a exploração de atividade econômica, sob a forma de sociedade anônima, cujas ações com direito a voto pertençam em sua maioria à União ou entidade da Administração Indireta.

Cabem aqui as observações feitas para as empresas públicas no que tange à utilidade do conceito legal e à amplitude da expressão atividade econômica.

Apenas acrescentamos que também para essas entidades existe um argumento de ordem prática que comprova a possibilidade destas prestarem serviços públicos, qual seja, o fato de nosso ordenamento já ter comportado empresas públicas como a Rede Ferroviária

12. Eros Roberto Grau, *A Ordem Econômica na Constituição de 1988*, 6ª ed., p. 134, e Maria Sylvia Zanella Di Pietro, *Direito Administrativo*, 10ª ed., p. 85.

13. Bandeira de Mello, ob. cit., p. 183.

14. Citamos como exemplo a Empresa Brasileira de Correios e Telégrafos que presta serviços públicos, cf. art. 21, X, Constituição Federal.

15. Lembramos que, conforme delimitado na introdução, trataremos apenas das empresas públicas federais; portanto, a definição apresentada por Celso Antônio que trata destas entidades de âmbito federal não necessitou de adaptação (Celso Antônio Bandeira de Mello, *Curso de Direito Administrativo*, p. 179).

16. Celso Antônio Bandeira de Mello, *Curso de Direito Administrativo*, p. 179.

Federal, a Embratel, a Eletrobrás e o Lóide Brasileiro.[17]

Além disso, o conceito legal não destaca que o capital remanescente deve ser privado. No entanto, conforme argumentamos no tópico acima, se o remanescente pertencesse a ente da Administração indireta estaríamos no âmbito das empresas públicas.

Por fim, embora destacando aspecto que será tratado na próxima seção, qual seja, a natureza jurídica, uma vez mais tomamos de empréstimo definição de Celso Antônio Bandeira de Mello que abrange todos os argumentos acima apontados. Para o citado autor: "(...) sociedade de economia mista federal[18] há de ser entendida como a pessoa jurídica criada por lei, como um instrumento de ação do Estado, dotada de personalidade de Direito Privado, mas submetida a certas regras especiais decorrentes desta sua natureza auxiliar da atuação governamental, constituída sob a forma de sociedade anônima, cujas ações com direito a voto pertençam em sua maioria à União ou entidade de sua administração indireta, sobre remanescente acionário de propriedade particular".[19]

2.4 Da atividade econômica

As entidades aqui tratadas podem ser classificadas em prestadoras de serviços públicos ou exploradoras de atividade econômica, com importantes reflexos nos respectivos regimes jurídicos.

Neste estudo, como já adiantamos no próprio tema, voltaremos nossa atenção à dispensa dos empregados públicos das empresas públicas e sociedades de economia mista que prestam atividade econômica; portanto, procuraremos identificá-las, separando-as das prestadoras de serviço público.

De acordo com o art. 173, *caput*, da Constituição Federal "(...) ressalvados os casos previstos nesta Constituição,[20] a exploração direta de atividade econômica pelo Estado só será permitida quando necessária aos imperativos da segurança nacional ou a relevante interesse coletivo, conforme definidos em lei".

Como já observamos nos itens acima, os instrumentos do Estado na realização direta da atividade econômica são as empresas públicas e as sociedades de economia mista, de modo que podemos afirmar que estas apenas prestam atividade econômica em caráter excepcional, ou seja, quando necessário aos imperativos da segurança nacional ou a relevante interesse coletivo.

Se a prestação de atividade econômica pelo Estado é a exceção, a regra pode ser tida como a exploração da citada atividade pelos particulares.

Com efeito, a Carta Magna, art. 170, *caput*, e parágrafo único, determina que a atividade econômica pode ser explorada por qualquer pessoa na medida em que afirmam, respectivamente, que a ordem econômica é fundada na livre iniciativa e que "(...) é assegurado a todos o livre exercício de qualquer atividade econômica, independentemente de autorização de órgãos públicos, salvo nos casos previstos em lei".

Por outro lado, podemos afirmar que para o Poder Público a regra é a prestação de serviço público, uma vez que a Constituição Federal (1988) em seu art. 175 reza que "(...) incumbe ao Poder Público, na forma da lei, diretamente ou sob o regime de concessão ou permissão, sempre através de licitação, a prestação de serviços públicos".

17. Celso Antônio Bandeira de Mello, *Prestação de Serviços Públicos e Administração Indireta*, p. 183.

18. Apenas lembramos que, conforme expusemos na Introdução deste trabalho, só trataremos das empresas públicas e sociedades de economia mista federais, portanto, embora no decorrer do texto não especifiquemos que se trata de ente federal, a omissão será proposital para facilitar a fluência da leitura.

19. Celso Antônio Bandeira de Mello, *Curso de Direito Administrativo*, p. 116.

20. Essa ressalva é feita pela Constituição Federal tendo em vista os casos de monopólio, que constituem hipóteses em que o Estado presta atividade econômica por determinação expressa daquela.

Desse modo, as empresas públicas e sociedades de economia mista que prestam atividade econômica são aquelas que desempenham atividades que não são qualificadas como serviço público e que, embora o texto Constitucional atribua aos particulares, são consideradas por lei necessárias aos imperativos da segurança nacional ou a relevante interesse coletivo, ressalvados os casos previstos na própria Constituição.[21]

2.5 Da qualificação como ente da administração indireta

Por fim, antes de estudarmos o regime jurídico das empresas públicas e sociedades de economia mista prestadoras de atividade econômica, cumpre-nos enfatizar o enquadramento destas como entes da Administração indireta para justificar o porquê de aplicamos a elas regras constitucionais que se dirigem à mencionada espécie de Administração, como os princípios do *caput* do art. 37 da Carta Magna.

Essa questão se impõe, uma vez que parcela considerável da doutrina relaciona o conceito de Administração indireta à descentralização administrativa, ou seja, desempenhar as atividades administrativas típicas do Estado (fomento, polícia administrativa e serviço público)[22] o que excluiria as empresas públicas e sociedades de economia mista que exploram atividade econômica.[23]

Ocorre que o Decreto-lei 200 conceituou Administração indireta fundado em critério subjetivo, mencionando expressamente que dela fazem parte as autarquias, as empresas públicas, as sociedades de economia mista e as fundações públicas; portanto, em momento algum fez qualquer distinção baseada na atividade por elas prestada.

Embora sob críticas, esse conceito passou a ser utilizado por doutrinadores e julgadores, de tal modo que em razão da promulgação da Constituição Federal, esta definição já estava consagrada. Além disso, não há no texto constitucional qualquer elemento que indique a intenção de se afastar do conceito do Decreto-lei.

Com efeito, afirma Maria Sylvia Zanella Di Pietro que há de se entender que as empresas públicas e as sociedades de economia mista foram incluídas no conceito constitucional de "Administração Indireta", prestem serviços públicos ou exerçam atividade econômica porque é nesse sentido que se vulgarizou a expressão, tendo em vista a redação do Decreto-lei 200.[24]

Uma nova Constituição Federal, salvo hipóteses de revolução radical, tem o processo de criação limitado pela inserção da nova Carta num sistema histórico que não é totalmente abolido, de modo que em muitos pontos as normas constitucionais devem ser entendidas e aplicadas em função do sistema legislativo ordinário que permanece em vigor.[25]

Desse modo, concluímos que a expressão Administração indireta deve compreender os entes elencados pelo art. 5º do Decreto-lei 200, quais sejam, as autarquias, empresas públicas, sociedades de economia mista e fundações públicas, independentemente da atividade que prestem.

3. Da natureza e do regime jurídico das empresas públicas e sociedades de economia mista prestadoras de atividade econômica

3.1 Da natureza

Uma vez entendido em que sentido utilizamos as expressões empresa pública e

21. Celso Antônio Bandeira de Mello, *Curso de Direito Administrativo*, p. 656.

22. Maria Sylvia Zanella Di Pietro, *Direito Administrativo*, 13ª ed., pp. 59-60.

23. V. Toshio Mukai, "Empresa pública na nova Constituição", *Revista de Direito Público* 93/129.

24. Di Pietro, ob. cit, pp. 353-354.

25. Fábio Konder Comparato, *Direito Público: Estudos e Pareceres*, p. 162.

sociedade de economia mista prestadoras de atividade econômica, passemos a analisar sua natureza jurídica.

As aludidas entidades, conforme já mencionamos na seção anterior, prestem serviços públicos ou intervenham no domínio econômico, são pessoas jurídicas de direito privado concebidas pelo Estado como instrumentos de sua atuação.

Conforme nossa Constituição Federal, art. 1º, o Brasil é um Estado Democrático, o que significa, segundo ensinamentos de Lincoln, lembrado por José Afonso da Silva, que o governo é "do povo, pelo povo e para o povo". Diz-se *do povo* porque o povo é o titular do poder; *pelo povo*, uma vez que o povo voluntariamente consentiu à autoridade, legitimando o exercício do poder e, ainda, *para o povo*, pois o Estado deve visar garantir aos anseios populares.[26]

Se o Estado deve servir ao povo, facilmente concluímos que todos os seus atos devem buscar o interesse da coletividade. Como as entidades aqui estudadas são sujeitos auxiliares do Estado, é evidente que também devem ter como meta esse mesmo interesse.

Com efeito, seguindo as lições de Celso Antônio Bandeira de Mello,[27] na medida em que esses sujeitos não passam de auxiliares do Estado, suas finalidades, as diretrizes a que devem se ajustar e o controle para aferir seu procedimento são, evidentemente, públicos. Ademais, não se poderia chegar a outra conclusão, uma vez que os recursos que os embasam são, no todo ou em sua parte majoritária, originários de fonte pública.

Enquanto as empresas estatais devem buscar o interesse da coletividade, as empresas privadas visam ao interesse de seus proprietários, que pode ser resumido, de forma geral, ao lucro e, para obtê-lo, podem fazer tudo o que não esteja vedado pela lei.

Isso porque nas relações particulares vigora o princípio da autonomia da vontade (art. 5º, II, CF), ao passo que o Poder Público deve cumprir função, o que implica no respeito ao princípio da legalidade estrita, não podendo agir *contra* ou *praeter legem*, mas apenas *secundum legem*.[28]

Acrescenta Celso Antônio Bandeira de Mello[29] que as empresas públicas e as sociedades de economia mista, embora criadas sob o figurino privado, se distinguem das outras pessoas de direito privado por sua razão de existir, fins em vista dos quais são criadas, recursos econômicos que manejam e interesses a que servem, concluindo o mencionado autor que estas diferenças já seriam suficientes para se observar que os entes objeto deste estudo não poderiam, de fato, submeterem-se a mesma disciplina jurídica das outras pessoas de direito privado.

Desse modo, é tão relevante a qualidade de auxiliar do Poder Público que caracteriza as empresas públicas e as sociedades de economia possuem regime jurídico distinto daquele das empresas privadas, embora pessoas jurídicas de direito privado.

Destacamos, ainda, que as próprias empresas públicas e sociedades de economia mista apresentam uma diferença de regime conforme se tratem de prestadoras de serviço público ou exploradoras de atividade econômica, mas, de qualquer modo, nenhum destes regimes é semelhante ao das empresas privadas.

A natureza de auxiliar do Estado reflete não só no regime jurídico, como em diversos outros aspectos desses entes, uma vez que a natureza deve guiar a interpretação de qualquer norma que a eles se refiram.

Resume esta idéia notável lição de Celso Antônio Bandeira de Mello, segundo a qual:

26. José Afonso Silva, *Curso de Direito Constitucional Positivo*, 19ª ed., pp. 138-139.

27. Celso Antônio Bandeira de Mello, "Sociedades mistas, empresas públicas e o regime jurídico de direito público", *Revista de Direito Publico* 97/30, 43.

28. Michel Stassinopoulos, *Traité des Actes Administratifs*, p. 69, *apud* Bandeira de Mello, ob. cit., p. 98.

29. Celso Antônio Bandeira de Mello, "Sociedades mistas, empresas públicas e o regime jurídico de direito público", *Revista de Direito Publico* 97/30, 43.

"(...) o traço nuclear das empresas estatais, isto é, das empresas públicas e sociedades de economia mista, reside no fato de serem coadjuvantes de misteres estatais. Nada pode dissolver este signo insculpido em suas naturezas. Dita realidade representa o mais certeiro norte para a intelecção destas pessoas. Conseqüentemente, aí está o critério vetor para a interpretação dos princípios jurídicos que lhes são obrigatoriamente aplicáveis, pena de converter-se o acidental – suas personalidades de Direito Privado – em essencial, e o essencial – seu caráter de sujeitos auxiliares do Estado – em acidental".[30]

Desse modo, tendo em vista a natureza das empresas públicas e sociedades de economia mista, o regime que a estas corresponde não pode ser simplesmente o mesmo das empresas privadas, devendo sofrer alterações em atenção a suas peculiaridades.

3.2 Da hibridez do regime jurídico

A natureza de auxiliares do Poder Público dos entes aqui tratados foi reconhecida pela Constituição Federal, na medida em que seu texto trouxe inúmeras regras a eles aplicáveis, mas as quais não se submetem às empresas privadas.

São tantas as normas constitucionais que caracterizam o regime público e que incidem sobre o regime de direito privado fixado no art. 173, § 1º, inc.II da Carta Maior, que podemos afirmar seu resultado híbrido.

Considerando que o eixo central deste trabalho é o reflexo da hibridez do regime especificamente na extinção dos contratos de trabalho entre empresas estatais prestadoras de atividade econômica e seus empregados, não explicitaremos detalhes do regime destas entidades, mesmo porque este já mereceria ser objeto de um estudo autônomo devido a sua complexidade; apenas vamos seguir destacando regras constitucionais que comprovam a afirmada hibridez.

Neste ponto, acompanhamos integralmente as lições do professor Celso Antônio Bandeira de Mello, razão pela qual a exposição a seguir é, na verdade, um resumo de seu raciocínio.[31]

Inicialmente podemos mencionar o art. 5º, LXXIII, que possibilita a propositura de ação popular para anular atos lesivos ao patrimônio público ou de entidade de que o Estado participe, à moralidade administrativa, ao meio ambiente e ao patrimônio histórico e cultural. As empresas públicas e sociedades de economia mista entram na expressão "*entidade de que o Estado participe*", conclusão esta que além de lógica, está expressa no art. 1º da Lei 4.717, de 29.6.1965.

O art. 14, § 9º, da Constituição Federal prevê a fixação, através de lei complementar, de casos de inelegibilidade e prazos para a sua cessação, com o intuito de vedar o abuso no exercício de cargo, emprego ou função na Administração direta e indireta.

Por sua vez, o art. 37, em seu *caput*, determina que a Administração direta, *indireta* e fundacional se submeterá aos princípios da legalidade, impessoalidade, moralidade, publicidade e eficiência. O inc. II fixa a necessidade de aprovação prévia em concurso público para a investidura em cargo ou *emprego público*. Além disso, o inc. XVII, associado ao inc. XVI, veda a cumulação de empregos e funções nas autarquias, empresas públicas, sociedades de economia mista e fundações públicas; enquanto que o inc. XIX impõe a necessidade de lei específica para autorizar a criação de empresa pública e sociedade de economia mista.

Já o art. 49, inc. X, fixa regra que é clara conseqüência da participação do capital público nas empresas públicas e sociedades de economia mista, qual seja, ter o Congresso Nacional competência exclusiva para fiscalizar e controlar os atos do Poder Executivo, incluídos os atos da *Administração indireta*.

30. Celso Antônio Bandeira de Mello, *Curso de Direito Administrativo*, p. 187.

31. Celso Antônio Bandeira de Mello, "Sociedades mistas, empresas públicas e o regime jurídico de direito público", *Revista de Direito Publico* 97/35, 43.

O art. 52, inc. VII, determina competir de forma privativa ao Senado Federal dispor sobre limites globais e condições para as operações de crédito externo e interno das entidades controladas pelo Poder Público federal.

Ainda, o art. 54, nos seus incisos I e II, veda a deputados e senadores, desde a expedição do diploma, firmar ou manter contratos com empresas públicas e sociedades de economia mista, bem como aceitar ou exercer cargo, função ou emprego naquelas entidades, além de ocupar cargo ou função de que sejam demissíveis *ad nutum* nas entidades já referidas, desde a posse.

O art. 70 determina que o Congresso Nacional e o controle interno de cada Poder exercerão a fiscalização contábil, financeira, orçamentária e patrimonial das entidades da administração indireta, quanto à legalidade, legitimidade, economicidade e aplicação das subvenções e renúncias de receitas; conforme o art. 71, incs. II, III e IV, também sob a Administração indireta, dentre outros entes, compete ao Tribunal de Contas, auxiliando o Poder Legislativo no controle externo, julgar as contas dos administradores e responsáveis por bens ou valores públicos; apreciar, para fins de registro, a legalidade dos atos de admissão de pessoal; realizar inspeções e auditorias contábil, financeira, orçamentária, operacional e patrimonial.

O art. 165, § 5º, determina que a lei orçamentária anual compreenderá os orçamentos fiscal, de investimento e da seguridade social dos entes da Administração indireta, dentre outros entes.

O art. 169, § 1º, fixa que a concessão de qualquer vantagem ou aumento de remuneração, a criação de cargos, empregos e funções ou alteração de estrutura de carreiras, bem como a admissão ou contratação de pessoal, a qualquer título, pelos órgãos e entidades da Administração indireta, só poderão ser feitas se houver prévia dotação orçamentária, suficiente para atender às projeções de despesa de pessoal e aos acréscimos dela decorrentes.

Por fim, o art. 173, § 1º, inc. III, determina expressamente a necessidade de licitação para as empresas públicas e sociedade de economia mista prestadoras de atividade econômica.

A aplicação do *caput* do art. 37 e a regra que determina a necessidade de concurso público serão examinadas em separado, tendo em vista sua influência na conclusão a que pretendemos chegar neste trabalho.

Diante de todo o exposto, concluímos, ainda na esteira dos ensinamentos de Celso Antônio Bandeira de Mello, que é clara a aproximação do regime jurídico das empresas públicas e sociedades de economia mista prestadoras de atividade econômica do regime de direito público, especialmente verificável através (i) da submissão daqueles entes ao controle público, (ii) da utilização de instrumentos de direito público sob os meios humanos e materiais e (iii) dos instrumentos públicos para a obtenção de bens, obras ou serviços e alienações.

Portanto, o regime jurídico dos entes estudados não é o mesmo aplicável às empresas privadas, pois recebe influência de normas enquadráveis no regime jurídico de direito público, propiciando que a regra do art. 173, § 1º, da Carta Magna fique de tal forma atenuada que nos permita classificar o regime jurídico desses entes como híbrido.

Apenas lembramos que algumas normas do regime de direito público que incidem sobre as entidades analisadas podem ser afastadas, excepcionalmente, nos casos em que o interesse público assim o exigir.

De fato, ainda seguindo o já citado autor, observamos que é possível afastar da exigência de licitação às empresas públicas e às sociedades de economia mista que explorem atividade econômica quando as aquisições e as alienações se refiram ao próprio objetivo destas entidades e desde que tais atos demandem a rapidez da vida negocial, sob pena de comprometimento da boa realização da finalidade dos citados entes.[32]

Também é possível afastar a necessidade de concurso público nos casos em que sua rea-

32. Celso Antônio Bandeira de Mello, *Curso de Direito Administrativo*, p. 51.

lização obste alguma necessidade de imediata admissão de pessoal ou quando se trate de contratar profissionais de maior qualificação, que não teriam interesse em se submeter a um concurso público ou, ainda, que são avidamente absorvidos pelo mercado, uma vez que nessas situações a exigência de concurso impediria que os entes estatais atingissem a finalidade para qual foram criados.[33]

Desse modo, afastam-se as normas do regime de direito público nos casos em que a submissão a elas for incompatível com o cumprimento da finalidade para a qual foram criadas as aludidas entidades, uma vez que quem quer os fins não pode negar os indispensáveis meios.[34] A situação aqui registrada é exceção e, portanto, confirma a regra.

3.3 Do significado do art. 173, § 1º, II, da Constituição Federal

Embora nos pareça muito clara a hibridez do regime jurídico que incide sobre as empresas públicas e as sociedades de economia mista prestadoras de atividade econômica, parte da doutrina e da jurisprudência entende que o regime dos citados entes é o mesmo das empresas privadas, uma vez que a Constituição Federal em seu art. 173, § 1º, inc. II, determina que "(...) a lei estabelecerá o estatuto jurídico da empresa pública, da sociedade de economia mista e de suas subsidiárias que explorem atividade econômica de produção ou comercialização de bens ou de prestação de serviços, dispondo sobre a sujeição ao *regime jurídico próprio das empresas privadas, inclusive quanto aos direitos e obrigações civis, comerciais, trabalhistas e tributários*" (grifo nosso).

Ocorre que a conclusão acima é fruto de interpretação literal e isolada da citada norma e que, portanto, não pode prevalecer sobre interpretação teleológica e sistemática que leva em conta a natureza dos entes tratados, sob pena de nos levar a absurdos e contradições. Seguindo as lições de Carlos Maximiliano "(...) deve o Direito ser interpretado inteligentemente, não de modo a que a ordem legal envolva um absurdo, prescreva inconveniências, vá ter a conclusões inconsistentes ou impossíveis".[35]

Como explicamos nos tópicos acima, embora o art. 173, § 1º, inc. II, determine a aplicação do mesmo regime das empresas privadas às empresas públicas e sociedades de economia mista prestadoras de atividade econômica, inúmeras outras normas constitucionais integrantes do regime jurídico de direito público incidem sobre elas, de modo que a citada regra não possui a extensão que uma leitura descuidada faz parecer.

Em primeiro lugar, a redação atual do tratado art. 173 é fruto de acréscimo realizado pela Emenda Constitucional 19/1998. Na redação original, o § 1º não possuía incisos determinando que as empresas públicas, sociedades de economia mista e outras entidades que explorassem atividade econômica sujeitar-se-iam ao regime jurídico próprio das empresas privadas, inclusive quanto às obrigações trabalhistas e às tributárias.

Destacamos que tanto a redação original da Constituição (1988), quanto a redação atual são expressas no que tange à aplicação às empresas públicas e sociedades de economia mista prestadoras de atividade econômica do regime jurídico *trabalhista* das empresas privadas, que é o que nos interessa mais de perto.

Ressaltamos, ainda, que o art. 173, § 1º, apenas se aplica às empresas publicas e às sociedades de economia mista prestadoras de atividade econômica, na medida em que esta expressão está sendo utilizada em sentido estrito, conclusão extraída do fato de que o *caput* do artigo refere-se à intervenção direta do Poder Público no domínio econômico, em contraposição à prestação de serviço público, tratada no art. 175 da Carta Magna.

33. Ibid., pp. 212-213.

34. Ibid., p. 514.

35. Carlos Maximiliano, *Hermenêutica e Aplicação do Direito*, 2ª ed., p. 183.

Além disso, enquanto diversas normas da Constituição se referem às empresas públicas e às sociedades de economia mista de forma genérica, o mencionado parágrafo é específico ao destacar as prestadoras de atividade econômica. Portanto, nos casos em que a Constituição quis englobar também as prestadoras de serviços públicos, ela não fez especificações e nos casos em que quis se referir apenas às prestadoras de atividade econômica, ela fez constar esta expressão. De qualquer modo, não seria razoável imaginar que a Constituição, ao especificar, teria se utilizado de palavras inúteis.

Vê-se que tanto para os compartilhadores de nosso entendimento, quanto para os entendedores de que o art. 173 significa aplicação integral do regime jurídico de direito privado, esta norma só atingiria as prestadoras de atividade econômica.

Observado que o art. 173, § 1º, inc. II, não tem o condão de atribuir a empresas públicas e sociedades de economia mista exploradoras de atividade econômica regime jurídico igual ao das empresas privadas, buscamos a correta intelecção da norma em estudo, através de uma interpretação sistemática e harmônica da Constituição Federal.

O art. 170, *caput*, e inc. IV, da Carta Magna dispõe que a ordem econômica é regida por diversos princípios, dentre os quais o da livre concorrência, que garante a liberdade de competição entre aqueles que disputam a clientela.

Com efeito, a livre concorrência, de um ponto de vista político, é o princípio que garante oportunidades iguais a todos os agentes mercadológicos, sendo uma forma de desconcentrar o poder.

Se as empresas públicas e sociedades de economia mista possuíssem benefícios não extensíveis ao setor privado, não seria difícil concluir que a livre concorrência estaria comprometida, vez que estas entidades poderiam oferecer produtos e serviços mais baratos, em decorrência de um fato absolutamente sem relação com sua capacidade de desenvolver um produto de melhor qualidade e, portanto, estariam deslealmente albergando uma maior parcela do mercado consumidor.

Portanto, estes entes devem pagar os mesmos tributos que as empresas privadas, não podem obter empréstimos com maiores facilidades, devem pagar os mesmos direitos a seus trabalhadores etc.

Nesse sentido é que se submeterão as mesmas regras tributárias que as empresas privadas, as mesmas normas que tratam de empréstimos bancários e as mesmas normas que regem a relação trabalhista, dentre outras.

Desse modo, o art. 173, § 1º, II, não tem a intenção de atribuir o mesmo regime das empresas privadas às empresas públicas e às sociedades de economia mista prestadoras de atividade econômica, mas sim o sentido de não estender a estas benefícios não usufruídos pelas empresas privadas, o que geraria uma concorrência desleal.

Lembramos que impedir uma concorrência desleal não só é forma de fazer valer o princípio da livre concorrência, mas também forma de garantir outro princípio constitucional da ordem econômica, qual seja, a defesa do consumidor (previsto no art. 170, inc. V).

De fato, um mercado equilibrado, com uma concorrência saudável entre seus agentes, permite que haja uma disputa de preço e qualidade que é de interesse dos consumidores.

Portanto, concluímos, seguindo os ensinamentos de Celso Spitzcovsky e Fábio Nilson Soares de Moraes, que: "(...) ao determinar a necessidade das empresas públicas e das sociedades de economia mista que explorarem atividade econômica de se submeterem ao mesmo regime jurídico das empresas privadas, inclusive quanto às suas obrigações trabalhistas, o constituinte teve por intenção impedir que elas, por competirem com empresas privadas, pudessem ser aquinhoadas por qualquer privilégio a infirmar o princípio da livre concorrência".[36]

36. Celso Spitzcovsky e Fábio Nilson Soares de Moraes, *A Inconstitucionalidade das Demissões Imotivadas em Empresas Públicas e Sociedades de*

Desse modo, observamos que a Constituição Federal em nenhum momento determinou que fossem única e exclusivamente aplicadas as regras da Consolidação das Leis Trabalhistas – CLT às relações entre os empregados públicos e as empresas públicas e sociedades de economia mista exploradoras de atividade econômica, mas sim que fossem aplicadas enquanto necessárias à manutenção do equilíbrio concorrencial.

Seguindo o raciocínio acima apontado, não há na Carta Maior nenhum comando que torne de rigor a obediência à CLT no que tange à extinção do contrato de trabalho através de dispensa imotivada, uma vez que sua inobservância não gera benefício aos entes estatais de modo a lhes propiciar vantagens não extensíveis às empresas privadas.

Se por um lado não há nada que obrigue a adoção da dispensa imotivada, por outro, inúmeras regras constitucionais nos levam à conclusão oposta, qual seja, de que o ato de dispensa deve ser motivado, como adiante demonstraremos.

De todo o exposto, concluímos que o art. 173, § 1º, II, da Constituição Federal, quando reza a necessidade de que empresas públicas e sociedades de economia mista exploradoras de atividade econômica se submetam ao regime jurídico das empresas privadas visou, na verdade, a impedir que os citados entes estatais gozassem de privilégios não extensíveis às empresas privadas, para evitar violações à livre concorrência, e não obrigou a que se aplicassem regras do regime jurídico de direito privado, que em nada protegem as empresas privadas de um tratamento inferiorizado.

4. *Da necessidade de motivação do ato de dispensa do empregado público*

4.1 Dos aspectos gerais

Na seção 3, observamos que o art. 173, § 1º, inc. II, da Constituição Federal não possui o sentido que pretendem dar alguns julgados, uma vez que não tem o condão de determinar que se aplicam necessariamente às empresas publicas e às sociedades de economia mista exploradoras de atividade econômica as normas a que se submetem as empresas particulares, dentre as quais as normas contidas na Consolidação das Leis Trabalhistas, mais especificamente a que permite a dispensa imotivada dos empregados.

Isso porque a natureza jurídica de auxiliares do Poder estatal das mencionadas entidades se reflete em toda a Constituição, nos inúmeros artigos que a elas se aplicam como integrantes da Administração indireta, fazendo-nos concluir que a interpretação adequada para a citada regra do art. 173 é a de que as aludidas entidades não podem desfrutar de privilégios não extensíveis às empresas privadas, prejudicando a livre concorrência.

Portanto, não há norma na Constituição Federal que determine a aplicação do sistema de dispensa imotivada previsto na Consolidação das Leis Trabalhistas.

A partir de agora pretendemos demonstrar que, além de inexistir norma que determine a possibilidade de dispensa imotivada, existem normas que nos levam a conclusão exatamente inversa, qual seja, a de que é de rigor a motivação da dispensa dos empregados públicos concursados das empresas públicas e sociedades de economia mista exploradoras de atividade econômica.

4.2 Do princípio da publicidade e do princípio democrático

Em primeiro lugar, destacamos que dentre as regras aplicáveis às entidades em estudo podemos observar o princípio da publicidade, uma vez que o art. 37, *caput*, determina, *in verbis*, que: "a administração pública direta e indireta de qualquer dos Poderes da União, dos Estados, do Distrito Federal e dos Municípios obedecerá aos princípios da legalidade, impessoalidade, moralidade, publicidade e eficiência (...)".[37]

Economia Mista Exploradoras de Atividade Econômica, disponível em *www.jusnavegandi.com.br*, acesso em 15.9.2006.

37. Lembramos que, como já estudamos na segunda seção deste trabalho, as empresas públicas e

O princípio da publicidade obriga a Administração Pública a agir de modo transparente, expondo os comportamentos que lhe digam respeito para que se confira certeza às condutas estatais e segurança aos direitos individuais e políticos dos Administrados.

A publicidade não só leva ao conhecimento do cidadão os atos de quem detém o poder, mas também permite o controle externo destes atos, uma vez que é através da divulgação que observamos se a Administração Pública respeitou as diversas normas de nosso ordenamento, agindo conforme o interesse público.[38]

Neste ponto fica clara a relação entre o princípio da publicidade e o princípio democrático, uma vez que sem controle não se pode garantir que o interesse do povo, verdadeiro titular do poder, seja respeitado.

De fato, a publicidade resulta do princípio democrático segundo o qual, sendo o poder do povo e, conseqüentemente, sendo, o Estado, o próprio povo reunido e constituído sob determinado modelo de Direito, para atingir seus objetos definidos sistematicamente, tudo o que a pessoa estatal faça ou deixe de fazer, enfim, todos os seus comportamentos devem ser de conhecimento público.

Nossa Constituição da República abraça o princípio democrático ao determinar em seu art. 1º, *caput*, e § 1º, respectivamente, que "(...) a República Federativa do Brasil (...) constitui-se em Estado Democrático de Direito (...)" e que "(...) todo o poder emana do povo, que o exerce por meio de representantes eleitos ou diretamente, nos termos desta Constituição".

Norberto Bobbio enfatiza a relação entre a democracia e a publicidade ao afirmar "(...) que pertence à natureza da democracia o fato de que nada pode permanecer no espaço do mistério (...)".[39]

Nossa democracia conta com a participação direta dos cidadãos, seja através de plebiscito, referendo ou iniciativa de leis (previstos na Constituição Federal, art. 14, I, II e III, respectivamente), seja fiscalizando e reprimindo atos abusivos da Administração Pública, por exemplo, através de ação popular (prevista na Carta Maior, art. 5º, LXXIII).

No que tange especificamente à fiscalização, observamos que se não nos fosse dado o conhecimento do que se passa no Estado, não poderíamos constatar ilegalidades ou imoralidades e, conseqüentemente, este direito político não seria exercitável.

Desse modo, a falta de publicidade é evidente prática antidemocrática, já que impossibilita o controle popular do exercício do poder em nome de seu verdadeiro detentor (o povo) e na busca do interesse daquele (o interesse público).

Destacamos que não basta que a Administração torne público que praticou determinado ato, é necessário que o Poder Público explicite os motivos que o levaram a determinada prática, sob pena de apenas possuirmos uma transparência formal, que ainda não permite o controle. Este aspecto será melhor explicado ao tratarmos do princípio da motivação.

Acrescentamos, ainda, que a experiência comum nos leva a concluir que a falta de transparência é um convite a ações ilegais, pessoais e imorais.[40]

De fato, se as ações estatais não forem motivadas, não teremos como impedir que um empregado seja dispensado por questões particulares como inimizades, falta de empatia, inveja etc. É bem verdade que outros princípios que devem ser seguidos pela Administração, como o da moralidade e o da impessoalidade,

sociedades de economia mista, exploradoras de atividade econômica, integram o conceito de Administração Pública, de modo que a elas se aplicam os artigos que se referem àquela expressão.

38. Marcos Juruena Villela Souto e Flávio Amaral Garcia, "Premiação para empregados de empresa estatal", *Revista de Direito Administrativo* 234/177-193.

39. Norberto Bobbio, *O Futuro da Democracia: uma Defesa das Regras do Jogo*, 4ª ed., pp. 83-84.

40. Celso Antônio Bandeira de Mello lembra diversos casos de favoritismos e liberalidades praticados com recurso públicos em seu *Curso de Direito Administrativo*, p. 491, nota 34.

já seriam suficientes para macular uma atuação fincada nos motivos acima apontados; no entanto, sem transparência a fiscalização destes últimos princípios estaria fortemente comprometida.

Além disso, lembramos as lições de Norberto Bobbio[41] que afirmou que "(...) todas as ações relativas ao direito de outros homens cuja máxima não é suscetível de se tornar pública são injustas".

Por fim, Celso Spitzcovsky e Fábio Nilson Soares de Moraes,[42] ao tratarem especificamente da dispensa dos empregados públicos, explicam que interpretar o art. 173, § 1º, inc. II, da Constituição Federal de modo a concluir que as empresas públicas e as sociedades de economia mista exploradoras de atividade econômica não têm necessidade de motivar seus atos mostra-se um grande absurdo, vez que colocaria o Administrador Público acima do bem e do mal, pois os seus atos não poderiam mais ser apreciados quanto ao aspecto da sua legalidade, além do que se abriria precedentes muito perigosos, já que o administrador poderia, como se fosse um particular a cuidar dos seus próprios interesses, tomar quaisquer atitudes em relação aos seus servidores e demais particulares, os quais ficariam completamente à sua mercê.

Portanto, observamos que o princípio da publicidade, além de garantir o conhecimento das ações estatais, tem uma função fundamental no controle da aplicação de todos os outros princípios que garantem a obtenção do interesse público, especialmente os princípios da legalidade, impessoalidade e moralidade, expressos no próprio *caput* do art. 37 da Constituição Federal.

Desse modo, tendo a Carta Magna determinado que nosso país se constitui em um Estado Democrático e que a Administração Pública se submete ao princípio da publicidade, as empresas públicas e sociedades de economia mista devem tornar públicos e motivar seus atos para que seja possível verificar que estes foram realizados no interesse dos titulares do poder, bem como para se verificar a correta aplicação de outros princípios, também fixados para melhor se atingir o interesse público.

4.3 Do princípio da motivação

O princípio da motivação também tem como escopo a realização de um Estado transparente, uma vez que significa que os atos da Administração Pública devem ser justificados através da descrição dos fatos, dos fundamentos jurídicos e da correlação lógica entre as diversas situações e a solução jurídica aplicada.

Os cidadãos possuem o direito de conhecer os motivos que levaram a Administração à prática de determinado ato, uma vez que esta exerce um poder cuja titularidade pertence ao povo.

Celso Antônio Bandeira de Mello[43] esclarece que a obrigação de motivar encontra seu fundamento no art. 1º, inc. II, e parágrafo único, da Constituição Federal, já que estes afirmam que a cidadania é fundamento da República, bem como que todo o poder emana do povo.

No âmbito infraconstitucional, a necessidade de motivação foi regulada pela Lei n. 9.784/1999, que discorre sobre os processos administrativos na área federal, especificamente em seu art. 2º ao determinar que "(...) a Administração Pública obedecerá, dentre outros, aos princípios da legalidade, finalidade, motivação, razoabilidade, proporcionalidade, moralidade, ampla defesa, contraditório, segurança jurídica, interesse público e eficiência".

Por fim, mais uma vez seguindo as lições de Celso Antônio Bandeira de Mello,

41. Norberto Bobbio, *O Futuro da Democracia*, 1992.

42. Celso Spitzcovsky e Fábio Nilson Soares de Moraes, *A Inconstitucionalidade das Demissões Imotivadas em Empresas Públicas e Sociedades de Economia Mista Exploradoras de Atividade Econômica*, cit.

43. Celso Antônio Bandeira de Mello, *Curso de Direito Administrativo*, p. 109.

lembramos que a motivação é necessária nos atos que restringem direitos, mas também nos que os amplia, principalmente em um país que pratica favoritismo ou liberalidades com os recursos públicos.[44]

4.4 Da extensão da necessidade de concurso público – Dos princípios da impessoalidade e moralidade

Como já reiteramos exaustivamente, as empresas públicas e sociedades de economia mista que exploram atividade econômica visam ao interesse público, já que são auxiliares do Estado e, portanto, devem observar certas regras que não se impõem ao setor privado.

O administrador de empresa privada ao se deparar com a necessidade de comprar um equipamento ou de contratar um empregado pode se utilizar de suas convicções e preferências para contratar, por exemplo, um parente, ou adquirir um produto de qualquer empresa, inclusive inidônea.

Por sua vez, o administrador público, diante de uma mesma necessidade e considerando a busca pelo interesse público indisponível, está vinculado à forma que a lei determinou para a realização daquelas mesmas atividades, qual seja, selecionar pessoas ou coisas através de procedimento de competição pública.

Este procedimento não só garante que será respeitada a supremacia do interesse público (selecionar o mais habilitado e, portanto, o melhor para a coletividade), como também que todos terão igual acesso às contratações, garantindo o respeito ao princípio da igualdade de tratamento dos administrados pela Administração e garantindo a moralidade administrativa, vez que se impedirá favoritismos.

Os dois procedimentos de seleção que merecem maior destaque são a licitação, nos casos de contratação de particulares para a realização de obras, serviços, compras e alienações, conforme o art. 37, XXI, da Constituição Federal e o concurso público, para a investidura em cargos e empregos públicos, na forma do art. 37, II, do mesmo diploma.

Seguindo as lições de Márcio Cammarosano,[45] concurso público e licitação possuem grande semelhança, vez que ambos são procedimentos administrativos impostergáveis pelas pessoas governamentais, em razão do princípio da isonomia, com o objetivo de possibilitar que a Administração realize o negócio mais vantajoso e assegurar aos administrados disputar entre si a participação nos negócios que as pessoas administrativas realizam com particulares.

A importância destes dois procedimentos de seleção foi reconhecida através de suas inserções na Constituição Federal, art. 37, incisos II (concurso) e XXI (licitação).

No que tange especificamente ao concurso público, determina a Carta Maior que:

> (...) a aprovação prévia em concurso público é requisito essencial para investidura em cargo ou emprego público na Administração Pública Direta Indireta e Fundacional, ressalvadas as nomeações para cargo em comissão declarado em lei de livre nomeação e exoneração.[46]

Para uma parte da doutrina, a mencionada regra não se aplicaria às empresas públicas e às sociedades de economia mista exploradoras de atividade econômica, uma vez que de acordo com o art. 173, § 1º, II, da Carta Magna, os entes citados devem se submeter ao regime

44. Idem, p. 491, nota 34.

45. Márcio Cammarosano, "Admissão de pessoal nas empresas estatais em face da Constituição", *Revista de Direito Público* 91/2.

46. Como exceção, o concurso público pode ser legitimamente dispensado diante de certas hipóteses concretas em que a realização de um concurso público possa vir a tornar-se obstáculo insuperável à obtenção dos fins de uma empresa pública ou de uma sociedade de economia mista exploradora de atividade econômica. Essa é a situação que destacamos quando tratamos da interpretação do art. 173, § 1º, inc. II, da Constituição Federal. De qualquer modo, lembramos que apenas estudaremos a dispensa dos empregados públicos concursados.

jurídico das empresas privadas,[47] além do que, ao se utilizar da expressão *público* para qualificar emprego, a Constituição Federal ter-se-ia referido somente às pessoas jurídicas de direito público.

Quanto ao primeiro argumento, lembramos que foi objeto da seção anterior o regime jurídico das aludidas entidades, de forma que entendemos que ficou demonstrado que o mencionado art. 173, § 1º, ao ser interpretado em consonância com o sistema constitucional, não autoriza que se apliquem as mesmas normas que regem as empresas privadas em todos os casos, razão pela qual o regime pode ser tido como híbrido, não afastando a incidência do concurso para os entes citados.

Já no que tange à expressão *emprego público*, ressaltamos que o adjetivo público não se refere à natureza jurídica do ente empregador, mas ao fato de que são empregos em pessoas integrantes do aparelho estatal.[48]

Notamos que foi utilizado o mesmo raciocínio empregado na criação da expressão *empresa pública*, uma vez que *pública* não se refere à natureza do ente, pessoa jurídica de direito privado, mas ao fato destas empresas comporem o aparelho estatal.[49]

Além disso, a exigência de concurso público está vinculada ao *caput* do art. 37 da Carta Maior que se refere à Administração direta e indireta como um todo, deixando claro que a regra do concurso deve ser aplicada aos empregos públicos de qualquer dos mencionados entes.[50]

47. Esta foi a posição defendida por Toshio Mukai, "Empresa pública na nova Constituição", *Revista de Direito Público* 93/126.

48. Celso Antônio Bandeira de Mello, *Regime Constitucional dos Servidores da Administração Direta e Indireta*, p. 45.

49. Márcio Cammarosano, "Admissão de pessoal nas empresas estatais em face da Constituição", *Revista de Direito Público* 91/41.

50. Neste ponto recordamos que as empresas públicas e sociedades de economia mista, independentemente da atividade prestada, integram a Administração Indireta, conforme expusemos na seção anterior.

Desse modo, a Constituição Federal, ao exigir concurso público para o ingresso em emprego público, alcançou os empregos em todas as pessoas da Administração, incluindo, portanto, empresas públicas e sociedades de economia, independente da atividade que exerçam, o que engloba as exploradoras de atividade econômica.

Adicionamos a isso, seguindo o caminho de uma interpretação sistemática, que o art. 71, inc. III, da Constituição Federal atribui ao Tribunal de Contas da União a competência para apreciar a legalidade dos atos de admissão de pessoal da Administração direta e indireta, ressalvados os cargos de livre provimento. Se fosse livre a contratação pelas empresas públicas e sociedades de economia mista prestadoras de atividade econômica não haveria porque mencionar expressamente a Administração indireta, já que não haveria processo seletivo que assegurasse a ampla acessibilidade aos empregos para ser fiscalizado, ficando sem objeto a mencionada função da Corte de Contas.[51]

A respeito da necessidade de concurso público nas empresas públicas e sociedades de economia prestadoras de atividade econômica, o Tribunal de Contas da União editou a Súmula 231, afirmando que:

> (...) a exigência de concurso público para a admissão de pessoal se estende a toda a Administração Indireta, nela compreendidas as Autarquias, as Fundações instituídas e mantidas pelo Poder Público, as Sociedades de Economia Mista, as Empresas Públicas e, ainda as demais entidades controladas direta ou indiretamente pela União, mesmo que visem a objetivos estritamente econômicos, em regime de competitividade com a iniciativa privada.

Desse modo, a contratação de pessoal pelas empresas públicas e sociedade de economia mista, inclusive aquelas dedicadas à exploração de atividade econômica, não prescinde da efetivação de concurso público.

Além da previsão expressa, a exigência de concurso público é reflexo da aplicação de

51. Márcio Cammarosano, "Admissão de pessoal nas empresas estatais em face da Constituição", *Revista de Direito Público* 91/42.

diversos princípios que regem a Administração Pública e, portanto, podemos afirmar que se amolda por inteiro a uma interpretação sistemática da Constituição.

Com efeito, notamos a aplicação do princípio da impessoalidade, vez que o concurso adota um procedimento que proporciona as mesmas oportunidades de acesso a cargos e empregos públicos para todos os interessados que atendam aos requisitos legais, inclusive utilizando critérios objetivos na seleção, bem como a aplicação do princípio da moralidade, na medida em que se impede que o administrador pratique favoritismos, obtendo-se a melhor escolha possível.[52]

Patente a necessidade de concurso público, observamos que de nada adiantaria esta exigência se fosse possível dispensar empregados sem qualquer critério; estar-se-ia, por vias transversas, burlando a regra expressa na Constituição Federal.

Com efeito, afirmam Jouberto de Quadros Pessoa Cavalcante e Francisco Ferreira Jorge Neto,[53] citando trecho de decisão do Supremo Tribunal Federal, da relatoria de Néri da Silveira, que a exigência constitucional do concurso se tornaria inócua se o administrador público pudesse admitir num dia e dispensar, a seu talante, imediatamente no outro dia, fraudando a ordem de classificação dos candidatos.

Ademais, se é necessário um critério para ingressar nos quadros da Administração Pública, faz-se necessário um critério para se extinguir aquele vínculo. A lógica aqui aplicada seria a mesma do princípio da equivalência da forma de criação e extinção dos institutos. Dizemos que se um determinado ente é criado por lei, sua extinção deve ser por lei; da mesma forma, se o ingresso aos quadros da Administração se dá através de seleção, que se utiliza de critérios objetivos, a extinção do vínculo deve se dar através de critérios objetivos.

Nesse sentido leciona Celso Antônio Bandeira de Mello, ao afirmar que: "(...) posto que não é livre a admissão de pessoal nas entidades de direito privado, pertencentes à Administração indireta, também não é irrestritamente livre o desligamento de seus servidores. Embora não disponham da garantia da estabilidade após dois anos, característica do regime de cargo, próprio da Administração direta, autárquica e fundações públicas, não podem ser dispensados ao bel-prazer dos dirigentes destas entidades, para serem desligados é preciso que haja uma causa de interesse público demonstrável".[54]

A motivação da dispensa é a única forma de observarmos que o desligamento dos empregados públicos se deu através de critérios objetivos que respeitem o interesse público.

Portanto, a necessidade de concurso público não é mera forma de seleção, é regra que em sua extensão compreende o sentido de que também é necessário critério objetivo para desfazer o vínculo empregatício com a Administração Pública, sendo que a motivação do ato de dispensa é o meio de verificar o respeito ao interesse público.

4.5 Dos princípios do devido processo legal, contraditório e ampla defesa

O princípio do devido processo legal teve sua primeira referência na Magna Carta de João Sem-Terra, do ano de 1215, na parte em que esta introduziu a denominada *Law of the Land* (art. 39), como uma forma de proteger os nobres dos abusos da coroa inglesa, na medida em que este princípio trouxe a idéia de que ninguém pode ser privado de sua

52. José Eduardo Martins Cardozo, "As empresas públicas e as sociedades de economia mista e o dever de realizar concursos públicos no Direito brasileiro", *Jus Navigandi* 17, disponível em *http://jus2.uol.com.br/doutrina/texto.asp?id=386*, acesso em 4.12.2006.

53. Jouberto de Quadros Pessoa Cavalcante e Francisco Ferreira Jorge Neto, *O Empregado Público*, p. 190.

54. Celso Antônio Bandeira de Mello, *Regime Constitucional dos Servidores da Administração Direta e Indireta*, pp. 42-43.

liberdade, propriedade e vida sem julgamento por seus pares.

O mencionado princípio evolui e atualmente possui um sentido formal, qual seja, a garantia de efetivo acesso da parte à justiça, deduzindo pretensão e defendendo-se do modo mais amplo possível, e um sentido substancial, que pode ser entendido como um limite ao Poder Legislativo, no sentido de que as leis devem ser elaboradas com justiça e dotadas de razoabilidade e de racionalidade.[55]

Dessa forma, poderíamos afirmar que o devido processo legal é o princípio segundo o qual ninguém será privado de sua vida, liberdade e propriedade, sem um julgamento com a aplicação de leis justas e seguindo um processo prévio e legalmente previsto.

Observamos que em seu sentido material o princípio do devido processo legal traz como desdobramentos o princípio do contraditório e da ampla defesa, uma vez que envolve o real acesso à justiça e a defesa do modo mais amplo possível.

De fato, o princípio do contraditório é constituído pela informação e pela reação, ou melhor, realiza-se o contraditório quando se toma conhecimento de uma situação e tem-se a possibilidade de tomar a atitude que se entende correta em resposta àquela situação.[56]

Por sua vez, a ampla defesa garante que a reação não seja apenas formal, mas que englobe os mais diversos meios previstos no ordenamento.

Todos os princípios acima citados possuem previsão constitucional, conforme observamos da leitura do art. 5º, inc. LIV (devido processo legal) e inc. LV (contraditório e ampla defesa).

Além disso, observamos que esses princípios desempenham um papel essencial na redução dos riscos de ingerências indevidas sobre os direitos dos administrados, uma vez que o Estado, na busca pelo interesse público, pode impor restrições aos bens individuais e que, para que estas restrições não sejam arbitrárias elas devem exatamente se submeter a um processo, com contraditório e ampla defesa.

No que tange especificamente ao ato de dispensa de empregado público, caso este ato não seja motivado, o empregado não terá conhecimento das razões que levaram o Administrador a agir daquela determinada maneira e, portanto, qualquer defesa fica prejudicada.

Nesta seara, Celso Spitzcovsky e Fábio Nilson Soares de Moraes afirmam que: "(...) a prevalecer a tese da não-motivação, resulta clara a agressão ao art. 5º, LV, da CF, que assegura aos litigantes em processo judicial e administrativo e aos acusados em geral o contraditório e a ampla defesa, uma vez que, sem a competente fundamentação, o servidor atingido não terá como se insurgir contra o ato arbitrário, e o Judiciário não terá como efetivar um controle de legalidade".[57]

Portanto, a motivação do ato de dispensa de empregado público é uma das formas de fazer valer os princípios do devido processo legal, contraditório e ampla defesa, uma vez que apenas conhecendo as razões do ato administrativo o empregado poderá escolher a reação que entende mais adequada e defender-se satisfatoriamente.

5. *Do procedimento da dispensa dos empregados públicos e de sua inobservância*

5.1 Da necessidade de processo administrativo

Demonstrado que é necessário motivar o ato administrativo de dispensa do empregado público, cumpre-nos tecer breves considera-

55. ADI 1.511-7-DF, Medida Liminar, j. 14.8.1996.

56. Ada Pellegrini Grinover, Antônio Carlos de Araújo Cintra e Cândido Rangel Dinamarco, *Teoria Geral do Processo*, p. 57.

57. Celso Spitzcovsky e Fábio Nilson Soares de Moraes, *A Inconstitucionalidade das Demissões Imotivadas em Empresas Públicas e Sociedades de Economia Mista Exploradoras de Atividade Econômica*, cit.

ções sobre a forma pela qual esta dispensa deve ocorrer.

A dispensa de um empregado público possui inegável caráter restritivo, de modo que não pode se efetivar sem que o empregado tenha conhecimento deste procedimento[58] e tenha a oportunidade de contestar seus termos.

Com efeito, a Constituição Federal, art. 5º, LV, determina que "(...) aos litigantes, em processo judicial ou administrativo, e aos acusados em geral são assegurados o contraditório e ampla defesa, com os meios e recursos a ela inerentes".

Portanto, o processo administrativo é a forma encontrada por nosso ordenamento jurídico para garantir o exercício dos princípios constitucionais do devido processo legal àqueles que sofrem qualquer forma de acusação.

Em defesa não só da motivação, mas da possibilidade de discutir a dispensa do empregado público, ensina Lúcia Valle Figueiredo o que segue: "(...) não se pense, também, que a dispensa de empregados regidos pela Consolidação das Leis do Trabalho – CLT (claro que não estamos a nos referir aos contratos por tempo determinado, *ex vi* do art. 37, IX, da Constituição), possa se dar sem qualquer motivação ou sem que lhes seja dada qualquer possibilidade de contraditar a dispensa".[59]

Ademais, sabendo-se que as empresas públicas e as sociedades de economia mista são auxiliares do poder estatal e que, portanto, seus atos administrativos devem buscar o interesse público, o processo administrativo é importante instrumento na constatação de que o ato de dispensa do empregado é realmente expressão daquele interesse e que não abraça favoritismos ou perseguições.

Além disso, o processo administrativo possibilita que a Administração Pública constate eventuais desvios de poder e corrija-os, sem a necessidade que o empregado público ingresse no Poder Judiciário, evitando que este tenha o já grande volume de ações inutilmente aumentado, bem como impedindo que a Administração sofra maiores prejuízos advindos de eventuais condenações.

Celso Antônio Bandeira de Mello também se posiciona a favor de um processo anterior à dispensa do empregado público ao afirmar que "(...) para despedir um empregado é preciso que tenha havido um processo regular, com direito à defesa, para apuração da falta cometida ou de sua inadequação às atividades que lhe concerne".[60]

O processo administrativo é exigência constitucional expressa nos casos de servidores estatais detentores de cargos públicos de provimento efetivo, conforme art. 41, § 1º, II, da Carta Magna, ao dispor que "(...) o servidor público estável só perderá o cargo mediante processo administrativo em que lhe seja assegurada a ampla defesa".

Leciona Romeu Felipe Bacellar Filho, ao tratar da ampla defesa, que esta garantia é princípio norteador de todo o processo administrativo, inclusive o disciplinar, e que para que esta garantia seja aplicada é "irrelevante a categoria do servidor – detentor de cargo, *emprego* ou função (...)"[61] (grifo nosso).

Desse modo, a dispensa dos empregados públicos deve ocorrer por intermédio de um processo administrativo que possibilite o contraditório e a ampla defesa, garantias constitucionais indispensáveis para que se verifique a existência de interesse público e a regularidade do ato de dispensa.

5.2 Das hipóteses de dispensa

A dispensa dos empregados públicos pode ocorrer por ato a eles atribuíveis ou por circunstâncias externas.

58. Não ingressaremos na querela entre processo e procedimento, utilizando indistintamente estes termos, tal qual já o fez Celso Antônio Bandeira de Mello (*Curso de Direito Administrativo*, 2006).

59. Lúcia Valle Figueiredo, *Curso de Direito Administrativo*, 2ª ed., p. 398.

60. Celso Antônio Bandeira de Mello, *Curso de Direito Administrativo*, p. 213.

61. Romeu Felipe Bacellar Filho, *Processo Administrativo Disciplinar*, p. 297.

Nos casos em que a dispensa ocorrer por ato atribuível ao empregado, como nas hipóteses dos art. 482 da CLT, também lembrado pela Lei federal 9.962/2000, em seu art. 3º, que disciplina o regime de emprego público do pessoal da Administração federal direta, autárquica e fundacional, o processo administrativo deve ter por objeto a apuração da irregularidade supostamente praticada pelo empregado.

Nos casos em que os motivos invocáveis forem de ordem econômica, faz-se necessária a prévia exposição de critérios objetivos que serão utilizados na dispensa, uma vez que, como já afirmamos, se não é livre a contratação dos empregados públicos, também não pode ser livre a dispensa. Os critérios devem ser tais que possibilitem que a dispensa dos empregados não viole a impessoalidade e a moralidade, garantindo a prevalência do interesse público.

Se por um lado, não haverá necessidade de um processo administrativo examinando o comportamento do empregado, já que este não cometeu ato contrário à ordem jurídica, será necessário um processo que demonstre que aquele empregado se enquadra nos critérios objetivos previamente fixados para a dispensa.

Neste ponto lembramos que a própria Constituição Federal fixa hipótese de dispensa de servidor estatal fundada em motivos econômicos, em seu art. 169, § 3º, II, e § 4º, ao determinar que nos casos em que os entes federativos excederem os limites de despesa com pessoal ativo e inativo poder-se-á exonerar servidores não estáveis e, posteriormente, servidores estáveis.

No sentido do que expusemos, José Eduardo Martins Cardozo, em trabalho que estuda a necessidade de concurso público, afirma que a dispensa de empregados *concursados* de empresas públicas e sociedades de economia mista apenas podem ocorrer nos seguintes casos: "(i) prática pelo empregado de ato irregular, ilícito ou capaz de revelar a sua inadequação ao exercício das funções que lhe são pertinentes, capaz de configurar uma justa causa para o seu desligamento. Nesse caso deverá ser promovida uma apuração regular e objetiva do ato ou do comportamento do empregado, estabelecendo-se o contraditório e a ampla defesa e exigindo-se ainda a motivação obrigatória da decisão e (ii) razões de política de pessoal, como a redução do quadro de empregados ou a extinção de unidades da empresa. Nestas hipóteses a definição dos empregados desligados deve ser pautada por critérios objetivos, isonômicos, e devem sempre ensejar motivação obrigatória do ato de dispensa".[62]

Uma vez que a rescisão unilateral dos contratos de trabalho só terá legitimidade se incidir sobre as hipóteses acima relacionadas, observamos ser de rigor a explicitação dos motivos causadores da demissão, já que só assim poder-se-á estabelecer um controle de legalidade desses atos.

5.3 Da possibilidade de reintegração

Embora a Administração apenas possa dispensar os empregados públicos de forma motivada, através de processo administrativo e nos casos em que este empregado cometa alguma ilicitude ou assim o exija motivo de ordem econômica, sempre como resultado do interesse público,[63] trabalharemos com a hipótese de o Poder Público violar a regra acima.

Tanto a falta de motivação como a inobservância de processo administrativo são graves violações ao nosso ordenamento jurídico, uma vez que ambas as exigências, como já expusemos neste trabalho, decorrem de normas constitucionais.

62. José Eduardo Martins Cardozo, "As empresas públicas e as sociedades de economia mista e o dever de realizar concursos públicos no Direito brasileiro", cit.

63. Esclarecemos que interesse público está sendo utilizado no sentido empregado por Celso Antônio Bandeira de Mello, qual seja, "(...) interesse do todo, do conjunto social, é a dimensão pública dos interesses individuais, ou seja, dos interesses de cada

Levando em conta a profundidade das agressões aqui em análise, o pagamento de indenização seria insuficiente para compensar o prejuízo causado ao empregado público dispensado irregularmente, de modo que entendemos que o correto é a reintegração deste a seu emprego.

Com efeito, ensina Celso Antônio Bandeira de Mello que: "Perante dispensas ilegais, o empregado terá direito à reintegração no emprego, e não meramente indenização compensatória, pois não estão em pauta interesses puramente privados, mas sobretudo o princípio da legalidade da Administração, o qual é garantia de todos os cidadãos e ao qual, portanto, todos fazem jus".[64]

Ainda, as decisões dos tribunais que defendem a necessidade de motivação da dispensa dos empregados públicos e sua ocorrência através de processo administrativo seguem concluindo pela reintegração daqueles.[65]

Portanto, dispensado empregado público sem que haja interesse público ou descumpridos os requisitos formais para a realização da dispensa, esta será considerada nula, possibilitando que o empregado pleiteie a sua reintegração no emprego.

Desse modo, a dispensa de empregado público deve ser precedida de processo administrativo em que se garanta o contraditório e a ampla defesa, podendo ocorrer nos casos em que haja interesse público, nos casos em que há a prática pelo empregado de ato ilícito ou capaz de revelar a sua inadequação ao exercício das funções que lhe são pertinentes e por razões de política pessoal, nesta hipótese pautada por critérios objetivos e isonômicos.

Em todos os casos a legalidade será verificada através da motivação e, não ocorrendo o desligamento na forma da lei, este será considerado nulo, possibilitando que o empregado pleiteie a sua reintegração ao emprego.

6. *Da jurisprudência*

As discussões judiciais a respeito da necessidade de motivação na dispensa dos empregados públicos concursados, das empresas públicas e sociedades de economia mista exploradoras de atividade econômica, iniciaram-se após a edição da Emenda Constitucional 19/1998.

Isso porque, antes da citada emenda, os debates se concentravam na possibilidade de aplicação do art. 41 da Constituição Federal aos já citados empregados, o que significa que se discutia a existência de estabilidade para os empregados públicos.

Existiam julgados no sentido de que a estabilidade só incidia para os servidores estatutários (STF, Ag. Reg. 232.462, Rel. Ministro Moreira Alves, *DJ* 6.8.1999; TRT-1ª R., 3ª T., RO 19.634/91, Rela. Juíza Nídia de Assunção Aguiar, *DORJ* 23.5.1995), e julgados que defendiam que a estabilidade se aplicava aos servidores públicos, gênero cuja espécie era tanto o servidor público estatutário, como o servidor público celetista (TST, 1ª T., RR 224.870/95-1, Rel. Ministro João Orestes Dalazen, *DJU* 17.10.1997).

O Supremo Tribunal Federal (STF), pacificando a questão, decidiu no Mandado de Segurança n. 21.236-DF, que:

> A garantia constitucional da disponibilidade remunerada decorre da estabilidade no serviço público, *que é assegurada não apenas aos ocupantes de cargos, mas também aos de empregos públicos, já que o art. 41 da CF se refere genericamente a servidores* (grifo nosso).

Reconhecida a estabilidade, não havia espaço para se discutir sobre a necessidade de motivação na dispensa do empregado público, vez que a estabilidade implicava na necessidade de decisão judicial ou de proces-

indivíduo enquanto partícipe da Sociedade (entificada juridicamente no Estado), nisto se abrigando também o depósito intertemporal destes mesmos interesses, vale dizer, já agora, encarados eles em sua continuidade histórica, tendo em vista a sucessividade das gerações de seus nacionais" (Celso Antônio Bandeira de Mello, *Curso de Direito Administrativo*, p. 57).

64. Celso Antônio Bandeira de Mello, *Curso de Direito Administrativo*, p. 270.

65. Vejam-se os julgados colacionados na próxima seção.

so administrativo para a desvinculação dos empregados, o que sempre culminava numa decisão motivada.

Com a promulgação da Emenda Constitucional 19/1998 a redação do art. 41 passou de "(...) são estáveis, após dois anos de efetivo exercício, os servidores *nomeados em virtude de concurso público*" para "são estáveis após três anos de efetivo exercício os servidores *nomeados para cargo de provimento efetivo em virtude de concurso público*" (grifo nosso).

A partir da nova redação, o STF consagrou o entendimento de que a estabilidade não mais se aplicava aos empregados públicos, vez que estes não exerciam cargos de provimento efetivo (neste sentido, v. a decisão do STF no AgRg na AI 546.435, publicada no *DJ* de 1.9.2006, onde há a citação de outros precedentes da Corte Constitucional com o mesmo entendimento).

Baseado no entendimento do STF, o Tribunal Superior do Trabalho (TST) editou a Súmula 390, com o seguinte conteúdo:

> Súmula 390 do TST – Estabilidade. Art. 41 da CF/1988. Celetista. Administração direta, autárquica ou fundacional. Aplicabilidade. Empregado de empresa pública e sociedade de economia mista. Inaplicável (conversão das Orientações Jurisprudenciais 229 e 265 da SDI-1 e da Orientação Jurisprudencial 22 da SDI-2) – Res. 129/2005 – *DJ* 20.4.2005.
>
> I – O servidor público celetista da administração direta, autárquica ou fundacional é beneficiário da estabilidade prevista no art. 41 da CF/1988 (ex-OJ 265 da SDI-1 – Inserida em 27.9.2002 e ex-OJ 22 da SDI-2 – Inserida em 20.9.2000).
>
> II – Ao empregado de empresa pública ou de sociedade de economia mista, ainda que admitido mediante aprovação em concurso público, não é garantida a estabilidade prevista no art. 41 da CF/1988 (ex-OJ 229 – Inserida em 20.6.2001).

Concluído que o empregado público das empresas públicas e sociedades de economia mista não possuía estabilidade, iniciou-se nova discussão, qual seja, sobre o modo pelo qual os empregados públicos concursados de empresas públicas e sociedades de economia mista poderiam ser dispensados; originando duas posições principais.[66]

A primeira corrente defende que a dispensa dos empregados públicos concursados deve ocorrer nos termos da Consolidação das Leis do Trabalho (CLT), não sendo necessária a motivação, pois se aplicaria o art. 173, § 1º, II, da Constituição Federal, que determina a subsunção das empresas públicas e sociedades de economia mista exploradoras de atividade econômica ao regime das empresas privadas.

Essa posição conta com a Orientação Jurisprudencial n. 247 da Seção de Dissídios Individuais, Subseção I (SDI-I) do TST: "Servidor público celetista concursado. Despedida imotivada. Empresa pública ou sociedade de economia mista. Possibilidade", e é atualmente a posição majoritária.[67]

Expressam esse pensamento os seguintes julgados do TST, dentre outros:

> Sociedade de Economia Mista. Empregado concursado. Despedida sem justa causa. Provimento que se impõe em face da possível violação do art. 173, § 1º, II, da Constituição da República. Recurso de Revista. Readmissão. Despedida sem justa causa. Sociedade de Economia Mista. Dicção do art. 173, § 1º, da Constituição da República no sentido de que a empresa pública e a sociedade de economia mista se sujeitam ao regime próprio das empresas privadas, notadamente quanto às obrigações trabalhistas e tributárias (TST, 6ª T., RR 232/2002-017-01-40.9 C).
>
> 1. Nulidade por negativa de prestação jurisdicional. O recorrente não aponta quais os pontos que não foram abordados pelo regional mesmo após instado a fazê-lo através dos embargos de declaração,

66. Esclarecemos que não repetiremos aqui toda a argumentação de cunho dogmático-legal, já desenvolvida em seções anteriores, nas quais defendemos a necessidade de motivação e criticamos a posição contrária, mas sim observaremos como o tema vem sendo recebido pelos nossos tribunais.

67. RR 2155/2001-014-01-00, *DJ* 8.2.2008; RR 63/2002-066-01-00, *DJ* 8.2.2008; AC 181899/2007-000-00-00, *DJ* 19.9.2007, e AC 182399/2007-000-00-00, *DJ* 30.8.2007.

impossibilitando esta Corte de aferir a existência ou não da alegada negativa da prestação jurisdicional. Não conheço.

2. Sociedade de economia mista. Dispensa imotivada. Possibilidade. Esta Corte já sedimentou o entendimento, consubstanciado na OJ n. 247 da SDI-1 do TST, no sentido de que as sociedades de economia mista, por estarem submetidas à regra do art. 173 da Constituição Federal, sujeitam-se ao regime jurídico das empresas privadas, razão pela qual a dispensa de seus empregados pode ser imotivada. Não conheço. Recurso de Revista não conhecido (TST, 3ª T., RR 739035/2001, *DJ* 22.9.2006).

Por outro lado, há outra posição a qual defende que, na esfera do Direito do Trabalho, o Administrador não está adstrito aos casos arrolados no art. 482 da CLT, que tratam da dispensa por justa causa, podendo demitir os empregados públicos por motivos outros que não os da legislação trabalhista; não obstante, na esfera do Direito Administrativo, terá que publicizar os motivos que o levaram a tomar tal atitude, e demonstrar aos empregados demitidos e a toda sociedade que aquele ato é o que melhor atende ao interesse público.

Os principais argumentos a favor da necessidade de motivação da dispensa dos empregados públicos são a observância dos princípios da impessoalidade, moralidade, publicidade e motivação dos atos administrativos.

Neste diapasão, colacionamos os seguintes julgados do TST:

I – Servidor público celetista. Dispensa sem justa causa. Ausência de fundamentação. Nulidade. A opção em admitir servidores sob a égide da CLT é uma faculdade que impõe à Administração Pública, além dos direitos e deveres inerentes a todo empregador, temperamentos de Direito Administrativo. A dispensa imotivada está dentre as opções possíveis à Administração; mas, assim como está sujeita a controles financeiros, em razão de aporte de verbas públicas, a extinção do contrato de trabalho, também em razão das conseqüências financeiras do ato, tem a validade ditada pela necessária indicação dos fundamentos que levaram à dispensa. Não bastassem os controles financeiros a que está sujeita a Administração Pública, a motivação da dispensa decorre da observância dos princípios da impessoalidade e publicidade. II – Acidente de trabalho. Empregado aposentado. Vedação de cumulação de prestação continuada. Estabilidade do art. 118 da Lei n. 8.213/1991 garantida. A vedação de cumulação de benefícios de prestação continuada (art. 124 da Lei n. 8.213/1991) é norma que visa assegurar a higidez financeira do sistema previdenciário. O núcleo de proteção do art. 118 da Lei de Benefícios é o empregado acidentado. A impossibilidade de receber o auxílio-doença, em razão da aposentadoria, não retira a rede de proteção social ao empregado que sofreu o infortúnio (Processo 20050228000, j. 11.10.2005).

Demissão sem justa causa. É dever do órgão administrativo, com poder de decisão sob pena de nulidade, explicitar os motivos de fato e de direito dos atos administrativos que expedir e que tenham por objeto: a) o provimento, a dispensa, a exoneração, a demissão, a disposição e a disponibilidade. Recurso de revista conhecido e não provido (TST, 7ª R., 5ª T., acórdão n. 278.233-CE, RR n. 278.233, Rel. Ministro Francisco Caninde Pegado do Nascimento, v.u., j. 30.9.1998, *DJU* 20.11.1998, p. 286).

No inteiro teor deste último acórdão transcrito, reputamos relevante destacar os seguintes trechos:

Demissão sem justa causa. Motivação do empregador. Comungo com a tese regional. Com efeito, é certo que as empresas públicas, as sociedades de economia e outras entidades que exploram atividades econômicas sujeitam-se ao regime jurídico próprio das empresas privadas, inclusive quanto às obrigações trabalhistas e tributárias, conforme disposto no § 1º do art. 173 da Constituição Federal de 1988. Contudo, as empresas públicas e as sociedades de economia mista fazem parte da administração indireta que, por determinação constitucional, submetem-se aos princípios da legalidade, impessoalidade, moralidade e publicidade (art. 37, *caput*).

Ademais, na hipótese, trata-se de dispensa sem justa causa por *empresa pública*, em inobservância, por parte do administrador, a um dos princípios que confere ao ato administrativo legalidade, que seja, *o da motivação*, previsto pelo Decreto estadual n. 21.325/1991, aplicável à espécie, *verbis*: "É dever do órgão administrativo, com poder de decisão sob pena de nulidade, explicitar os motivos de fato e direito dos atos administrativos que expedir e que tenham por objeto: a) o provimento, a dispensa, a exoneração, a demissão, a disposição e a disponibilidade" (fl. 131).

Nego, pois, provimento ao recurso (TST, 7ª R., 5ª T., acórdão n. 278.233-CE, RR n. 278.233, Rel. Ministro Francisco Caninde Pegado do Nascimento, v.u., j. 30.9.1998, *DJU* 20.11.1998, p. 286) (grifo nosso).

Além desses, no sentido da segunda posição: RO 01546/99, TRT, 1ª Região, 5ª Turma, *DO/RJ/III* 19.10.2000 e o RO 02569/97, TRT, 6ª Região, 2ª Turma, publicado no *DOE-PE* 6.9.1997, dentre outros.

Muitos dos julgados ainda afirmam que o empregado público tem direito a ser reintegrado quando for dispensado sem motivação, como os que destacamos:

Reintegração. Demissão sem motivo praticado por órgão da Administração pública. O mesmo princípio moralizador que impõe a prévia aprovação em concurso público para acessibilidade aos cargos e empregos públicos obsta que os órgãos da Administração pública direta ou indireta de todos os entes da federação pratiquem demissão imotivada. Ainda que a empresa demitente tenha a natureza jurídica de Direito privado e se sujeite ao regime jurídico das empresas privadas, a ela se aplicam os princípios da Administração pública, dentre eles os da moralidade administrativa, da supremacia do interesse Público sobre o particular e, especificamente, da motivação. Assim cabe declarar a nulidade da rescisão e condenar o ente paraestatal a reintegrar o empregado demitido imotivadamente (TRT-SC-RO-V-4109/00, Rel. Juiz Idemar Antônio Martini, *DJSC* 23.10.2000).

Empresa pública. Dispensa. Reintegração Administração Pública Indireta. Dispensa imotivada. Art. 37 CRFB/1988. Ato nulo. Reintegração. A Impetrante – Empresa Pública – está adstrita a respeitar os princípios basilares da Administração Pública, incluindo-se dentre estes o da motivação dos atos, que, aliás, era o cerne da denunciada Convenção 158 da OIT – estabelecimento de critérios objetivos para os distratos de iniciativa do empregador, a demonstração da necessidade de dispensa. Os princípios da legalidade, impessoalidade, moralidade, publicidade, eficiência (Emenda Constitucional n. 20/1998) devem nortear os atos praticados pelos agentes da Administração Pública direta, indireta ou fundacional de qualquer dos poderes da União, dos Estados, do Distrito Federal e dos Municípios. Não é lícito à impetrante despedir imotivadamente o seu empregado. A demissão somente seria possível se houvesse justa causa ou razão de ordem econômico-financeira, ou de ordem técnica, devidamente fundamentada no ato de dispensa (TRT, 1ª R., MS n. 427/1999-RJ, Rel. Juiz Alberto Fortes Gil, j. 22.2.2001, *DORJ* 20.3.2001).

No que tange ao âmbito dos julgados do STF, notamos que este Tribunal ainda não enfrentou diretamente a questão da motivação do ato de dispensa dos empregados públicos desvinculada da questão da estabilidade.

Com efeito, embora em muitos julgados o Supremo Tribunal Federal afirme que é possível a dispensa imotivada dos empregados públicos, ele o faz como se isso fosse conseqüência lógica da não aplicação da estabilidade do art. 41 da Constituição Federal àqueles empregados, uma vez que afirma que não havendo estabilidade, a relação do empregado com o ente da Administração indireta deve se dar nos termos da CLT.

Demonstramos o que foi acima dito pelo teor de parte do voto da Relatora Ministra Ellen Gracie, no RE 363.328-DF, de 19.9.2003:

No tocante ao mérito, tanto o Tribunal Superior Trabalhista, quanto o Regional entenderam que, ante o fato de a demissão da recorrida ter sido sem justa causa, a rescisão do contrato de trabalho pelo recorrente revelou-se ato administrativo viciado (art. 37, *caput*, da CF/1988), tornando-o nulo, a provocar a readmissão da recorrida.

Deve-se ponderar, entretanto, que *a relação entre as partes se deu no âmbito da Consolidação das Leis Trabalhistas e, portanto, as disposições constitucionais que regem os atos administrativos não podem ser invocadas para estender aos funcionários de sociedade de economia mista uma estabilidade aplicável somente aos servidores públicos*, estes sim, submetidos a uma relação de direito administrativo (grifo nosso).

Portanto, o STF em momento algum adentra na questão da aplicação dos princípios da Administração Pública ao ato de dispensa do empregado público, diferentemente dos julgados do TST.

Não obstante, observamos em um de seus julgados, que ainda trata da inexistência do direito à estabilidade para os empregados públicos da Administração indireta, a sinalização de atenuações ao regime das empresas privadas quando aplicado às empresas públicas e às sociedades de economia mista prestadoras de atividade econômica. Afirma a ementa do mencionado julgado:

> Empresas públicas e mistas: regime de pessoal. Ainda que da integração das empresas de economia mista na Administração do Estado possa advir peculiaridades no regime jurídico da dispensa de seus empregados, não lhes é aplicável o art. 41 da Constituição Federal (AI 387.498-AgR, Rel. Ministro Sepúlveda Pertence, *DJ* 16.4.2004).

Assim dispõe o Ministro Relator Sepúlveda Pertence em seu voto:

> Em hipótese análoga à presente, assim decidiu esta Turma (RE 289.108, Moreira Alves, 1ª T., *DJ* 21.6.2002):
>
> "A 1ª Turma dessa Corte, ao julgar o AgRAg 24.23, decidiu:
>
> "Agravo regimental.
>
> "– Está correto o despacho agravado que assim afasta as alegações dos ora agravantes: 1. Inexistem as alegadas ofensas à Constituição. Com efeito, tratando-se de empregado de sociedade de economia mista, não se aplica a ele o disposto no artigo 41 da Constituição Federal que somente disciplina a estabilidade dos servidores públicos civis. Por outro lado, por negar, corretamente, essa estabilidade a empregado de sociedade de economia mista, e por entender que o regulamento interno de pessoal do Banco em causa não confere estabilidade em favor de seus empregados, não ofendeu o acórdão recorrido o art. 37, II, da Constituição, que diz respeito a investidura por concurso público, nem o *caput* desse mesmo artigo por haver aplicado, também corretamente, as normas de dispensa trabalhista que se aplicam aos empregados de pessoas jurídicas de direito privado, em consonância, aliás, com o que preceitua o art. 173, § 1º, da Carta Magna. 2. Em face do exposto, nego seguimento ao presente agravo."
>
> No mesmo sentido o AgRAg 232.462.
>
> Desse orientação não divergiu o acórdão recorrido.
>
> Em face do exposto, não conheço do presente recurso.

E segue encerrando com a seguinte afirmação:

> Ponho-me na linha desse entendimento, ainda que sem negar, de logo, que, *da integração das empresas estatais, na Administração do Estado, possam advir peculiaridades no regime jurídico de sua dispensa*, sem, contudo, atrair a regência do art. 41, CF, de manifesta impertinência.
>
> Nego provimento ao agravo regimental: é o meu voto (grifo nosso).

Desse modo, observamos que embora em nenhum momento o relator do citado voto tenha entrado no mérito da questão da motivação da dispensa dos empregados públicos, afirmou que é possível que haja peculiaridades no regime jurídico da dispensa dos mencionados empregados em relação ao regime jurídico das empresas privadas, qual seja, o regime da CLT.

Em suma, podemos afirmar que atualmente prevalece no TST o entendimento de que é possível a dispensa imotivada dos empregados públicos, posição que conta com a Orientação Jurisprudencial n. 247, ainda sendo possível afirmar que permanece a divergência quanto ao tema, haja vista a atualidade dos julgados colacionados neste capítulo, em especial um julgado de 22.9.2006, a favor da dispensa imotivada e um julgado de 8.2.2008, em sentido inverso.

Por sua vez, o STF se posiciona no sentido de que é possível a dispensa imotivada, sem adentrar na questão da aplicação dos princípios da Administração Pública ao ato de dispensa do empregado público, como se esta dispensa fosse conseqüência lógica da perda da estabilidade.

7. Conclusão

As empresas públicas e as sociedades de economia mista são pessoas jurídicas de direito privado, concebidas pelo Estado como instrumento de sua atuação e, portanto, devem buscar o interesse da coletividade; já as empresas privadas visam ao interesse de seus proprietários, resumido, de forma geral, ao lucro, podendo, para obtê-lo, fazer tudo que não esteja vedado pela lei.

Tendo em vista a diferença entre os interesses almejados, o regime jurídico das empresas públicas e sociedades de economia mista exploradoras de atividade econômica não pode ser simplesmente o mesmo das empresas privadas, devendo sofrer alterações exatamente em atenção a suas peculiaridades.

A despeito disso, parte da doutrina e da jurisprudência entende que o regime dos citados entes é o mesmo das empresas privadas, fruto de interpretação literal e isolada art. 173, § 1º, inc. II, da Carta Maior.

No entanto, essa afirmação não procede, vez que a Constituição Federal traz em seu texto inúmeras regras aplicáveis às empresas públicas e às sociedades de economia mista que não se aplicam às empresas privadas, o que nos possibilita afirmar a hibridez de regime jurídico daquelas.

A aproximação do regime jurídico das empresas públicas e sociedades de economia mista ao regime de direito público é especialmente verificável através (i) da submissão dos entes estudados ao controle público; (ii) da utilização de instrumentos de direito público sob os meios humanos e materiais, e (iii) dos instrumentos públicos para a obtenção de bens, obras ou serviços e alienações.

Desse modo, a correta intelecção do art. 173, § 1º, II, da Constituição Federal, fruto de uma interpretação sistemática e harmônica desta, é a de que as empresas públicas e sociedades de economia mista exploradoras de atividade econômica não podem gozar de prerrogativas não extensíveis às empresas privadas, em respeito à livre concorrência e aos direitos dos consumidores.

Portanto, a Constituição Federal não determinou que se aplicassem regras do regime jurídico de direito privado, que em nada protegem as empresas privadas de um tratamento inferiorizado, como seria o caso das regras de dispensa imotivada fixadas na Consolidação das Leis Trabalhistas – CLT, ao revés, inúmeras regras constitucionais nos levam a conclusão exatamente inversa, qual seja, de que o ato de dispensa deve ser motivado.

E isso por conta do princípio democrático, da publicidade, da legalidade, da impessoalidade e da moralidade.

Assim, tendo a Carta Magna determinado que nosso país se constitui em um Estado Democrático e que a Administração Pública se submete ao princípio da publicidade, as empresas públicas e sociedades de economia mista devem motivar seus atos para que seja possível verificar que estes foram realizados no interesse dos titulares do poder, bem como para que seja possível verificar a correta aplicação de outros princípios, também fixados para melhor se atingir o interesse público.

A necessidade de motivação do ato de dispensa dos empregados públicos também encontra fundamento na obediência que deve a Administração ao princípio da motivação, que determina que os atos da Administração Pública devem ser justificados através da descrição dos fatos, dos fundamentos jurídicos e da correlação lógica entre as diversas situações e a solução jurídica aplicada.

Ainda, os empregados públicos dependem de prévia aprovação em concurso público como requisito essencial para investidura em emprego público na Administração Pública.

A exigência de concurso público, a despeito de prevista expressamente pela Constituição Federal, é reflexo da aplicação de diversos princípios que regem a Administração Pública.

Com efeito, notamos a aplicação do princípio da impessoalidade, vez que o concurso adota um procedimento que proporciona as mesmas oportunidades de acesso a cargos e empregos públicos para todos os interessados que atendam aos requisitos legais, inclusive utilizando critérios objetivos na seleção, bem como a aplicação do princípio da moralidade, na medida em que se impede que o administrador pratique favoritismos, obtendo-se a melhor escolha possível.

Observemos que a regra do concurso se tornaria inócua se o administrador público pudesse admitir num dia e dispensar, a seu talante, imediatamente no outro dia; portanto, uma vez que não é livre a admissão de pessoal nas entidades de direito privado pertencentes à Administração indireta, também não é livre o desligamento, sendo necessário um critério para extinguir aquele vínculo.

A motivação da dispensa dos empregados públicos é a única forma de observarmos que esta se deu através de critérios que respeitem o interesse público.

Por fim, a motivação do ato de dispensa é fundamental para que o servidor atingido possa se insurgir contra ato arbitrário e para que o Poder Judiciário tenha como efetivar um controle de legalidade.

Neste aspecto a necessidade de motivação decorre do devido processo legal, princípio segundo o qual ninguém será privado de sua vida, liberdade e propriedade, sem um julgamento com a aplicação de leis justas e seguindo um processo prévio e legalmente previsto, bem como do princípio do contraditório, que basicamente se preocupa com a possibilidade de reação, e do princípio da ampla defesa, que garante que a reação não seja apenas formal, englobando os mais diversos meios previstos no ordenamento.

Para que se verifique a existência de interesse público em um ato de dispensa de empregado público e para que a Administração evite incidir em irregularidades que poderiam ser discutidas posteriormente nas vias judiciais, a dispensa dos empregados públicos deve ocorrer por intermédio de um processo administrativo que possibilite o contraditório e a ampla defesa.

A dispensa dos empregados públicos pode ocorrer por atos a eles atribuíveis ou por circunstâncias externas.

Nos casos em que a dispensa ocorre: (i) por ato atribuível ao empregado, o processo administrativo deve ter por objeto a apuração da irregularidade supostamente praticada e (ii) quando os motivos invocáveis forem de ordem econômica, faz-se necessário a prévia exposição de critérios objetivos que serão utilizados na dispensa, uma vez que se não é livre a contratação dos empregados públicos, também não pode ser livre a dispensa, sendo que os critérios devem ser tais que possibilitem provar que a dispensa dos empregados não violou a moralidade e a isonomia.

Neste último caso, não haverá necessidade de um processo administrativo examinando o comportamento do empregado, mas será necessário um procedimento que demonstre que aquele empregado se enquadra nos critérios objetivos previamente fixados para a dispensa.

Dispensado empregado público sem que haja interesse público ou descumpridos os requisitos formais para a realização da dispensa, esta será considerada nula de pleno direito, possibilitando a reintegração no emprego.

As discussões judiciais a respeito da necessidade de motivação na dispensa dos empregados públicos concursados das empresas públicas e sociedades de economia mista exploradoras de atividade econômica se iniciaram após a edição da Emenda Constitucional 19/1998, uma vez que, antes desta, as discussões giravam em torno da aplicabilidade da estabilidade aos empregados públicos.

A partir da nova redação do art. 41 da Carta Magna, o STF consagrou o entendimento de que a estabilidade não mais se aplicava aos empregados públicos, vez que estes não exerciam cargos de provimento efetivo, iniciando-se uma discussão sobre o modo pelo qual os empregados públicos concursados de empresas públicas e sociedades de economia mista poderiam ser dispensados, surgindo duas correntes.

Para a primeira, a dispensa dos empregados públicos concursados deveria ocorrer nos termos da Consolidação das Leis do Trabalho (CLT), não sendo necessária a motivação, pois se aplicaria o art. 173, § 1º, II, da Constituição Federal, que determina a subsunção das empresas públicas e sociedades de economia mista exploradoras de atividade econômica ao regime das empresas privadas.

Já para a outra, o Administrador não estaria adstrito aos casos arrolados no art. 492 da CLT que tratam da dispensa por justa causa, podendo demitir os empregados públicos por motivos outros que não os da legislação trabalhista, tendo que publicizar os motivos que o levaram a tomar tal atitude, em observância aos princípios da impessoalidade, moralidade, publicidade e motivação dos atos administrativos.

Vislumbramos as duas correntes expostas nas decisões atuais do TST, embora haja a Orientação Jurisprudencial n. 247 a favor da primeira.

O STF se posiciona no sentido de que é possível a dispensa imotivada, sem adentrar na questão da aplicação dos princípios da Administração Pública ao ato de dispensa do empregado público, como se esta dispensa fosse conseqüência lógica da perda da estabilidade.

Referências

BACELLAR FILHO, Romeu Felipe. *Processo Administrativo Disciplinar.* São Paulo, Max Limonad, 2003.

BANDEIRA DE MELLO, Celso Antônio. *Curso de Direito Administrativo*. 21ª ed., São Paulo, Malheiros Editores, 2006.

______. *Prestação de Serviços Públicos e Administração Indireta.* 2ª ed., São Paulo, Ed. RT, 1987.

______. *Regime Constitucional dos Servidores da Administração Direta e Indireta.* São Paulo, Ed. RT, 1991.

______. "Sociedades mistas, empresas públicas e o regime jurídico de direito público". *Revista de Direito Publico* 97/35, 43, jan.-mar./1991.

BOBBIO, Norberto. *O Futuro da Democracia: uma Defesa das Regras do Jogo*. Trad. Marco Aurélio Nogueira. 1ª ed., São Paulo, Paz e Terra, 1992.

CAMMAROSANO, Márcio. "Admissão de pessoal nas empresas estatais em face da Constituição". *Revista de Direito Público* 91/2, jul.-set./1989.

CARDOZO, José Eduardo Martins. "As empresas públicas e as sociedades de economia mista e o dever de realizar concursos públicos no Direito brasileiro". *Jus Navigandi* 17, Teresina, ano 1, ago./1997. Disponível em *http://jus2.uol.com.br/doutrina/texto.asp?id=386*, acesso em 4.12.2006.

CAVALCANTE, Jouberto de Quadros Pessoa, e JORGE NETO, Francisco Ferreira. *O Empregado Público*. São Paulo, LTR, 2002.

COMPARATO, Fábio Konder. *Direito Público: Estudos e Pareceres*. São Paulo, Saraiva, 1996.

DI PIETRO, Maria Sylvia Zanella. *Direito Administrativo*. 10ª ed., São Paulo, Atlas, 1998; 13ª ed., São Paulo, Atlas, 2001.

FIGUEIREDO, Lúcia Valle. *Curso de Direito Administrativo*. 2ª ed., São Paulo, Malheiros Editores, 1995.

GRAU, Eros Roberto. "Considerações a propósito das sociedades de economia mista". *Revista de Direito Público* 17/125, out.-dez./1971.

______. *A Ordem Econômica na Constituição de 1988*. 6ª ed., São Paulo, Malheiros Editores, 2001.

GRINOVER, Ada Pellegrini, CINTRA, Antônio Carlos de Araújo, e DINAMARCO, Cândido Rangel. *Teoria Geral do Processo*. São Paulo, Malheiros Editores, 2002.

MAXIMILIANO, Carlos. *Hermenêutica e Aplicação do Direito*. 2ª ed., Porto Alegre, Globo, 1933.

MUKAI, Toshio. "Empresa pública na nova Constituição". *Revista de Direito Público* 93/129, jan.-mar./1990.

PINTO, Bilac. "O declínio das sociedades de economia mista e o advento das modernas empresas públicas". *Revista de Direito Administrativo* 32/3, abr.-jun./1953.

SILVA, José Afonso. *Curso de Direito Constitucional Positivo*. 19ª ed., São Paulo, Malheiros Editores, 2001.

SOUTO, Marcos Juruena Villela, e GARCIA, Flávio Amaral. "Premiação para empregados de empresa estatal". *Revista de Direito Administrativo* 234/177-193, Rio de Janeiro, out.-dez./2003.

SPITZCOVSKY, Celso, e MORAES, Fábio Nilson Soares de. *A Inconstitucionalidade das Demissões Imotivadas em Empresas Públicas e Sociedades de Economia Mista Exploradoras de Atividade Econômica*. Disponível em *www.jusnavegandi.com.br*, acesso em 15.9.2006.

STASSINOPOULOS, Michel. *Traité des Actes Administratifs*. Athenas, Librairie Sirey, 1954.

JURISPRUDÊNCIA COMENTADA

STF – ADI n. 173-6-DF – Sessão Plenária – Rel. Min. Joaquim Barbosa – Requerente: Confederação Nacional da Indústria/CNI – Requerido: Congresso Nacional – Requerido: Presidente da República.

Ementa: Constitucional – Direito fundamental de acesso ao Judiciário – Direito de petição – Tributário e política fiscal – Regularidade fiscal – Normas que condicionam a prática de atos da vida civil e empresarial à quitação de créditos tributários – Caracterização específica como sanção política – Ação conhecida quanto à Lei federal n. 7.711/1988, art. 1º, I, III e IV, e §§ 1º a 3º, e art. 2º.

1. Ações diretas de inconstitucionalidade ajuizadas contra os arts. 1º, I, II, III e IV, e §§ 1º a 3º, e 2º da Lei n. 7.711/1988, que vinculam a transferência de domicílio para o exterior (art. 1º, I), registro ou arquivamento de contrato social, alteração contratual e distrato social perante o registro público competente, exceto quando praticado por microempresa (art. 1º, III), registro de contrato ou outros documentos em cartórios de registro de títulos e documentos (art. 1º, IV, "a"), registro em cartório de registro de imóveis (art. 1º, IV, "b") e operação de empréstimo e de financiamento junto a instituição financeira, exceto quando destinada a saldar dívidas para com as Fazendas Nacional, Estaduais ou Municipais (art. 1º, IV, "c") – estas três últimas nas hipóteses de o valor da operação ser igual ou superior a 5.000 OTNs –, à quitação de créditos tributários exigíveis, que tenham por objeto tributos e penalidades pecuniárias, bem como contribuições federais e outras imposições pecuniárias compulsórias.

2. Alegada violação do direito fundamental ao livre acesso ao Poder Judiciário (art. 5º, XXXV, da Constituição), na medida em que as normas impedem o contribuinte de ir a juízo discutir a validade do crédito tributário – Caracterização de sanções políticas, isto é, de normas enviesadas a constranger o contribuinte, por vias oblíquas, ao recolhimento do crédito tributário.

3. Esta Corte tem historicamente confirmado e garantido a proibição constitucional às sanções políticas, invocando, para tanto, o direito ao exercício de atividades econômicas e profissionais lícitas (art. 170, parágrafo único, da Constituição), a violação do devido processo legal substantivo (falta de proporcionalidade e razoabilidade de medidas gravosas que se predispõem a substituir os mecanismos de cobrança de créditos tributários) e a violação do devido processo legal manifestado no direito de acesso aos órgãos do Executivo ou do Judiciário tanto para controle da validade dos créditos tributários, cuja inadimplência pretensamente justifica a nefasta penalidade, quanto para controle do próprio ato que culmina na restrição.

É inequívoco, contudo, que a orientação firmada pelo STF não serve de escusa ao deliberado e temerário desrespeito à legislação tributária. Não há que se falar em sanção política se as restrições à prática de atividade econômica objetivam combater estruturas empresariais que têm na inadimplência tributária sistemática e consciente sua maior vantagem concorrencial. Para ser tida como inconstitucional, a restrição ao exercício de atividade econômica deve ser desproporcional e não-razoável.

4. Os incisos I, III e IV do art. 1º violam o art. 5º, XXXV, da Constituição, na medida em que ignoram sumariamente *o direito do contribuinte de rever em âmbito judicial ou administrativo a validade de créditos tributários. Violam também o art. 170, parágrafo único, da Constituição, que garante o exercício de atividades profissionais ou econômicas lícitas.*

Declaração de inconstitucionalidade do art. 1º, I, III e IV, da Lei n. 7.711/1988 – Declaração de inconstitucionalidade, por arrastamento, dos §§ 1º a 3º e do art. 2º do mesmo texto legal.

Constitucional – Tributário – Sanção política – Prova da quitação de créditos tributários no âmbito de processo licitatório – Revogação do art. 1º, II, da Lei n. 7.711/1988 pela Lei n. 8.666/1993 – Explicitação do alcance do dispositivo – Ação direta de inconstitucionalidade não conhecida quanto ao ponto.

5. Ação direta de inconstitucionalidade não conhecida em relação ao art. 1º, II, da Lei n. 7.711/1988, na medida em que revogado, por estar abrangido pelo dispositivo da Lei n. 8.666/1993 que trata da regularidade fiscal no âmbito de processo licitatório.

6. Explicitação da Corte no sentido de que a regularidade fiscal aludida implica "exigibilidade da quitação quando o tributo não seja objeto de discussão judicial" ou "administrativa".

Ações diretas de inconstitucionalidade parcialmente conhecidas e, na parte conhecida, julgadas procedentes.

ACÓRDÃO – Vistos, relatados e discutidos estes autos: Acordam os Ministros do Supremo Tribunal Federal, em Sessão Plenária, sob a presidência do Min. Gilmar Mendes, na conformidade da ata do julgamento e das notas taquigráficas, por unanimidade e nos termos do voto do Relator, em conhecer parcialmente da ação direta e, na parte conhecida, julgá-la procedente para declarar a inconstitucionalidade do art. 1º, incisos I, III e IV, e §§ 1º, 2º e 3º, da Lei n. 7.711/1988, explicitando-se a revogação do inciso II do art. 1º da referida lei pela Lei n. 8.666/1993, no que concerne à regularidade fiscal.

Brasília, 25 de setembro de 2008 – *Joaquim Barbosa*, relator.

RELATÓRIO – *O Sr. Min. Joaquim Barbosa*: Trata-se de duas ações diretas de inconstitucionalidade, de ns. 173 (ajuizada pela Confederação Nacional da Indústria) e 394 (ajuizada pelo Conselho Federal da OAB), contra os arts. 1º e 2º da Lei n. 7.711/1988 e contra o Decreto n. 97.834/1989. Os textos impugnados têm o seguinte teor:

"Art. 1º. Sem prejuízo do disposto em leis especiais, a quitação de créditos tributários exigíveis, que tenham por objeto tributos e penalidades pecuniárias, bem como contribuições federais e outras imposições pecuniárias compulsórias, será comprovada nas seguintes hipóteses: I – transferência de domicílio para o exterior; II – habilitação e licitação promovida por órgão da Administração Federal direta, indireta ou fundacional ou por entidade controlada direta ou indiretamente pela União; III – registro ou arquivamento de contrato social, alteração contratual e distrato social perante o registro público competente, exceto quando praticado por microempresa, conforme definida na legislação de regência; IV – quando o valor da operação for igual ou superior ao equivalente a cinco mil Obrigações do Tesouro Nacional – OTNs: a) registro de contrato ou outros documentos em cartórios de registro de títulos e documentos; b) registro em cartório de registro de imóveis; c) operação de empréstimo e de financiamento junto a instituição financeira, exceto quando destinada a saldar dívidas para com as Fazendas Nacional, Estaduais ou Municipais.

"§ 1º. Nos casos das alíneas 'a' e 'b' do inciso IV, a exigência deste artigo é aplicável às partes intervenientes.

"§ 2º. Para os fins de que trata este artigo, a Secretaria da Receita Federal, segundo normas a serem dispostas em Regulamento, remeterá periodicamente aos órgãos ou entidades sob a responsabilidade das quais se realizarem os atos mencionados nos incisos III e IV relação dos contribuintes com débitos que se tornarem definitivos na instância administrativa, procedendo às competentes exclusões, nos casos de quitação ou garantia da dívida.

"§ 3º. A prova de quitação prevista neste artigo será feita por meio de certidão ou outro documento hábil, emitido pelo órgão competente.

"Art. 2º. Fica autorizado o Ministério da Fazenda a estabelecer convênio com as Fazendas Estaduais e Municipais para extensão àquelas esferas de governo das hipóteses previstas no art. 1º desta Lei."

Sustenta-se, em síntese, que as normas impugnadas violam o direito fundamental ao livre acesso ao Poder Judiciário (art. 5º, XXXV, da Constituição), na medida em que impedem o contribuinte de ir a juízo discutir a validade do crédito tributário. Segundo entendem, trata-se de *sanções políticas*, isto é, de normas enviesadas a constranger o contribuinte, por vias oblíquas, ao recolhimento do crédito tributário (violação do livre exercício de trabalho, ofício ou profissão – art. 5º, XIII e XV, da Constituição).

A medida cautelar requerida foi indeferida pela Presidência da Corte, exercida pelo eminente Min. Carlos Madeira. Não obstante, o Plenário da Corte não referendou a decisão de S. Exa., e suspendeu a eficácia dos dispositivos impugnados.

O referido acórdão porta a seguinte ementa:

"Ação direta de inconstitucionalidade – Pedido de liminar – Ocorrência, no caso, da relevância jurídica do pedido e do *periculum in mora*.

"Não referendado o despacho indeferitório da liminar, foi ela concedida com relação ao art. 1º da Lei n. 7.711, de 22.12.1988, para suspender, *ex nunc*, sua eficácia, concessão, essa, que, por via de conseqüência, suspendera a eficácia do decreto regulamentador desse dispositivo legal."

As informações foram prestadas (fls. 47-49 e 57-74 dos autos da ADI n. 173). O Advogado-Geral da União apresentou defesa (fls. 78-84). O Procurador-Geral da República opina pela perda de objeto da ação em relação ao art. 1º, II, da Lei n. 7.711/1988 e, no mérito, pela declaração de inconstitucionalidade do art. 1º, *caput*, I, II, IV, e §§ 1º, 2º e 3º, da mesma lei. É o relatório.

Distribuam-se, oportunamente, cópias do relatório às Sras. e Srs. Ministros da Corte.

VOTO – *O Sr. Min. Joaquim Barbosa* (relator): Firmo a perda do interesse processual no prosseguimento do controle concentrado e abstrato de constitucionalidade em relação ao Decreto n. 97.834/1989, já que foi revogado pelo Decreto n. 99.476/1990.

Também entendo que as ações diretas de inconstitucionalidade perderam o objeto no que tange ao art. 1º, II, da Lei n. 7.711/1988. A norma obrigava a comprovação da quitação de créditos tributários exigíveis, para que fosse permitida a participação do contribuinte em processo de habilitação ou licitação promovida por órgão da Administração direta. Atualmente, a Lei n. 8.666/1993 possui norma semelhante (art. 27), que exige dos interessados à habilitação em licitação a comprovação de regularidade fiscal.

Passo ao exame da validade constitucional dos arts. 1º e 2º da Lei n. 7.711/1988.

O STF possui uma venerável linha de precedentes que considera inválidas as *sanções políticas*. Entendem-se por "sanção política" as restrições não-razoáveis de atividade econômica *desproporcionais* ao exercício de atividade econômica ou profissional lícita, utilizadas como forma de indução ou coação ao pagamento de tributos.

Como se depreende do perfil apresentado e da jurisprudência da Corte, as sanções políticas podem assumir uma série de formatos. A interdição de estabelecimento e a proibição total do exercício de atividade profissional são apenas os exemplos mais conspícuos.

Um dos motivos determinantes da orientação firmada pela Corte consiste no risco posto pelas sanções políticas ao exercício do direito fundamental ao controle administrativo ou judicial da validade dos créditos tributários, como se vê, desde logo, no RMS n. 9.698 (rel. Min. Henrique D'Ávila, Pleno, *RTJ* 24/21), do qual transcrevo a ementa e o seguinte trecho do voto-vogal, proferido pelo Min. Pedro Chaves:

"*Ementa:* Não é lícito ao Fisco interditar estabelecimentos comerciais com o propósito de os compelir ao pagamento de impostos ou multas. Os contribuintes têm o direito de impugnar a legitimidade dos débitos fiscais quando convocados, pelos meios regulares, a satisfazê-los – Recurso de mandado de segurança – Seu provimento.

"(...).

"VOTO – *O Sr. Min. Pedro Chaves*: Sr. Presidente, o Fisco já goza de muitos favores e privilégios de ordem processual e de ordem legal: cobra os seus créditos mediante certidão de inscrição do lançamento; inicia pela penhora, e ainda pretende mais. Pretende evitar, inconstitucionalmente, que a parte se defenda em Juízo, ameaçando de fechar o estabelecimento.

"Eu não posso deixar de acompanhar o eminente Sr. Ministro-Relator e conceder a segurança."

Pondero que o acesso aos mecanismos que consubstanciam o devido processo legal é o direito fundamental mais suscetível de ser amesquinhado pela aplicação de uma sanção política.

A sanção política coloca desafios de duas ordens ao controle da restrição. A primeira ordem de desafios se refere ao controle da validade da própria restrição. Como as restrições ao exercício profissional e à atividade econômica podem comprometer a própria existência da empresa ou o desempenho empresarial, a sanção política pode pôr um fim abrupto ao processo administrativo ou judicial de controle da validade da própria sanção política. Não é difícil conceber que uma empresa, acossada pelo risco de fechamento, opte por se submeter à exigência que asseguraria seu funcionamento, dado o caráter capital da pena aplicada.

Ademais, ainda que o contribuinte opte por insistir no exame da validade da norma que fundamentou o fechamento de seu estabelecimento, é inequívoco que a interrupção das atividades econômicas coloca um óbice pragmático relevante à manutenção do processo administrativo ou judicial que tenha por objetivo examinar a validade da sanção.

Na segunda ordem de desafios, a sanção política desestimula, pelo mesmo modo, o controle da validade da constituição de créditos tributários. A interdição de estabelecimento ou a submissão do contribuinte a regime mais gravoso de apuração tributária pode impedir a discussão administrativa ou judicial sobre matéria tributária, pois é incontestável que uma empresa fechada terá menos recursos para manter um processo administrativo ou judicial.

Dito de outro modo, a sanção política viola o direito de acesso ao Estado, seja no exercício de suas funções administrativa ou judicial, para que ele examine tanto a aplicação da penalidade como a validade de tributo.

A sanção política também viola o *substantive due process of law*, na medida em que implica o abandono dos mecanismos previstos no sistema jurídico para apuração e cobrança de créditos tributários (*e.g.*, ação de execução fiscal), em favor de instrumentos oblíquos de coação e indução. Esse aspecto foi registrado pelo eminente Min. Celso de Mello, em voto-vogal proferido nos autos do RE n. 413.782:

"A circunstância de não se revelarem absolutos os direitos e garantias individuais proclamados no texto constitucional não significa que a Administração Tributária possa frustrar o exercício da atividade empresarial ou profissional do contribuinte, impondo-lhe exigências gravosas, que, não obstante as prerrogativas extraordinárias que (já) garantem o crédito tributário, visem, em última análise, a constranger o devedor a satisfazer débitos fiscais que sobre ele incidam.

"O fato irrecusável, nesta matéria, como já evidenciado pela própria jurisprudência desta Suprema Corte, é que o Estado não pode valer-se de meios indiretos de coerção, convertendo-os em instrumentos de acertamento da relação tributária, para, em função deles – e mediante interdição ou grave restrição ao exercício da atividade empresarial, econômica ou profissional –, constranger o contribuinte a adimplir obrigações fiscais eventualmente em atraso."

A orientação firmada pela Corte também invoca o direito fundamental ao exercício profissional e de atividade econômica lícita e rechaça a aplicação de sanções políticas tributárias independentemente da forma que as restrições possam tomar.

Com efeito, por ocasião do julgamento do RE n. 413.782 (rel. Min. Marco Aurélio, *DJU* 3.6.2005), o Pleno do STF reputou inconstitucional regime de apuração do ICMS que submetia a Varig – Viação Aérea Rio-Grandense à emissão, negócio a negócio, de nota fiscal avulsa. A restrição era aplicada pois aquele contribuinte possuía débitos perante a Fazenda do Rio Grande do Sul, cuja exigibilidade não estava suspensa. Como se lê no voto do eminente Ministro-Relator, Marco Aurélio, a obrigação para que fosse extraída uma nota a cada negócio praticado pela empresa inviabilizava a dinâmica própria à atividade econômica desenvolvida pelo contribuinte.

Já no RE n. 434.987, o eminente Min. Cézar Peluso examinou situação na qual a autoridade fiscal exigia que os débitos tributários fossem garantidos, como condição para que lhe fosse permitida a impressão de documentos fiscais. S. Exa. deu provimento ao recurso extraordinário para determinar que o Fisco autorizasse a impressão de documentos fiscais, independentemente da prestação de garantias, na linha do que ficara decidido no RE n. 115.452-ED (rel. Min. Carlos Velloso, Pleno, *DJU* 16.11.1990).

O entendimento já consolidado no âmbito do STF também pode ser recuperado da orientação enunciada nas Súmulas ns. 70, 232 e 547, assim redigidas: "Súmula 70. É inadmissível a interdição de estabelecimento como meio coercitivo para cobrança de tributo"; "Súmula 323. É inadmissível a apreensão de mercadorias como meio coercitivo para pagamento de tributos"; "Súmula 547. Não é lícito à autoridade proibir que o contribuinte em débito adquira estampilhas, despache mercadorias nas alfândegas e exerça suas atividades profissionais".

A orientação firmada pela Corte tem se mantido constante, como se extrai da leitura dos seguintes precedentes: RE n. 424.061 (rel. Min. Sepúlveda Pertence, *DJU* 31.8.2004), RE n. 409.956 (rel. Min. Carlos Velloso, *DJU* 31.8.2004), RE n. 414.714 (rel. Min. Joaquim Barbosa, *DJU* 11.11.2004), RE n. 409.958 (rel. Min. Gilmar Mendes, *DJU* 5.11.2004), *v.g.*

Em suma, a Corte tem historicamente confirmado e garantido a proibição constitucional às sanções políticas, invocando, para tanto, o direito ao exercício de atividades econômicas e profissionais lícitas (art. 170, parágrafo único, da Constituição), a violação do *substantive due process of law* (falta de proporcionalidade e razoabilidade de medidas gravosas que se predispõem a substituir os mecanismos de cobrança de créditos tributários) e a violação do devido processo legal manifestado no direito de acesso aos órgãos do Executivo ou do Judiciário tanto para controle da validade dos créditos tributários, cuja inadimplência pretensamente justifica a nefasta penalidade, quanto para controle do próprio ato que culmina na restrição.

É inequívoco, contudo, que a orientação firmada pelo STF não serve de escusa ao deliberado e temerário desrespeito à legislação tributária. Não há que se falar em sanção política se as restrições à prática de atividade econômica objetivam combater estruturas empresariais que têm na inadimplência tributária sistemática e consciente sua maior vantagem concorrencial. Para ser tida como inconstitucional, a restrição ao exercício de atividade econômica deve ser desproporcional e não-razoável.

As normas impugnadas operam, inequivocamente, como sanções políticas.

O art. 1º, I, obriga a comprovação de regularidade fiscal nas hipóteses de transferência de domicílio para o exterior. Trata-se de obstáculo injustificado ao direito constitucional fundamental de locomoção. Ao contrário do que sugere o texto impugnado, a Constituição rechaça veementemente o condicionamento do livre arbítrio do indivíduo no que se refere à escolha do local onde deseja residir, ao sucesso econômico e à submissão ao entendimento da autoridade fiscal quanto à legalidade dos créditos tributários. Não há previsão constitucional que permita vincular o direito de locomoção do indivíduo ao território administrado pelo Estado em relação ao qual exista relação jurídica tributária.

Assim, declaro inconstitucional o art. 1º, I, da Lei n. 7.711/1988.

O art. 1º, III, da Lei n. 7.711/1988 vincula o registro ou arquivamento de contrato social e atos similares à quitação de créditos tributários. Novamente, o texto impugnado parece pressupor existir *obrigação constitucional ao sucesso financeiro* e *obrigação constitucional à submissão e concordância ao entendimento fiscal sobre a validade dos créditos tributários*. É possível conceber situação em que o contribuinte, submetido a quadro de revés econômico que não seja exclusivamente atribuível à sua conduta, necessite realizar operações societárias para tentar manter sua atividade econômica e reverter a situação de penúria. A norma em exame ignora o direito fundamental ao livre exercício de atividade econômica e profissional em tais casos. Ademais, a exigência da quitação dos créditos também não leva em consideração o direito do contribuinte à discussão judicial da validade das normas que instituem o tributo e permitem sua cobrança.

Declaro, também, a inconstitucionalidade do art. 1º, III, da Lei n. 7.711/1988.

O art. 1º, IV, da Lei n. 7.711/1988 tem sentido semelhante ao art. 1º, III, mas especifica-se em função do tipo e do valor da operação de registro ou financeira. Pelas mesmas razões apontadas anteriormente, declaro inconstitucional o art. 1º, IV, da Lei n. 7.711/1988.

Tanto os §§ do art. 1º quanto o art. 2º da Lei n. 7.711/1988 são normas que somente têm sentido se fosse mantida a constitucionalidade do *caput* e incisos do art. 1º. Tais normas dispõem sobre a realização de convênios entre os entes federados para fiscalização do cumprimento das restrições ou lhes estabelecem detalhes.

Ante o exposto, *conheço parcialmente das duas ações diretas da inconstitucionalidade*, e, na parte conhecida, *declaro a inconstitucionalidade do art. 1º, I, II, IV, e § 1º a 3º, da Lei n. 7.711/1988*. Fica confirmada, portanto, a medida cautelar anteriormente concedida.

É como voto.

O Sr. Min. Cézar Peluso: V. Exa. não está declarando do inciso II?

O Sr. Min. Joaquim Barbosa (relator): O inciso II, na verdade, tenho dúvidas, porque ele é repetido na Lei de Licitações, que exige a regularidade fiscal.

O Sr. Min. Cézar Peluso: A regularidade fiscal não significa necessariamente quitação. Pode ser exigência de caráter administrativo, inscrições etc.

A Sra. Min. Cármen Lúcia: Não, mas o art. 29, inc. III...

O Sr. Min. Gilmar Mendes (presidente): No mais, V. Exa. declara a inconstitucionalidade de todos.

O Sr. Min. Cézar Peluso: Não, acho que o inciso II seria bem discutível.

A Sra. Min. Cármen Lúcia: Os arts. 27, IV, e 29, III, da Lei n. 8.666 não restringem a regularidade fiscal exclusivamente a esse tipo de obrigação. Então, causa-me alguma estranheza declarar a inconstitucionalidade quando a própria Constituição, em seu art. 37, manda que a lei estabeleça quais as condições para quem quer se habilitar para a licitação. Porque o problema que se põe constitucionalmente pela legislação administrativa é a possibilidade de contratar com o Estado alguém que não esteja com a quitação devida e depois façam a licitação de uma compra ou de uma obra às vezes até urgente, e depois a pessoa não consegue cumprir o contrato em detrimento do interesse público. Daí por que os arts. 27 e 29 explicitam a comprovação das condições de regularidade fiscal – e, aí, é expresso – com a Fazenda Pública Federal, Estadual e Municipal, em termos que a própria legislação também pode alterar.

O Sr. Min. Eros Grau: O inciso XXI do art. 47.

A Sra. Min. Cármen Lúcia: É. Exatamente.

O Sr. Min. Menezes Direito: O Min. Ricardo Lewandowski estava ponderando que a diferença é a seguinte: se prevalecer essa idéia, de que é preciso comprovar a quitação, o fato de o contribuinte, por exemplo, estar em juízo com o mandado de segurança ou uma liminar impede que ele se habilite para a licitação. Ao passo que, se se entender, como está na Lei das Licitações, a regularidade fiscal, pode-se considerar regular quando ele está na Justiça e obtém uma liminar. E, aí, ele não tem a quitação fiscal, mas ele está em situação regular, porque está questionando o débito na Justiça.

O Sr. Min. Celso de Mello: Ou seja, a norma inscrita na Lei Geral de Licitações revela-se perfeitamente compatível com esses princípios constitucionais, especialmente aqueles que regem a atividade econômica.

O Sr. Min. Menezes Direito: E torna compatível a exigência constitucional dos critérios para a contratação com a Administração Pública.

O Sr. Min. Celso de Mello: Aqui, o inciso II é mais drástico.

O Sr. Min. Cézar Peluso: Mas acho que temos que dar interpretação conforme, dispondo "salvo pendência judicial".

A Sra. Min. Cármen Lúcia: Porque isso já é o que se pratica hoje. Nas licitações, quando estamos compondo a comissão de licitação, a quitação equivale à comprovação pelo candidato, pelo interessado, de que ele está discutindo e, portanto, ele não está quite com a Fazenda. Então, se houver a interpretação conforme, eu penso que não se elimina e se garante tanto a empresa quanto o interesse público.

O Sr. Min. Menezes Direito: Se nós deixarmos pura e simplesmente como está, a Administração pode entender em sentido contrário. Pode-se entender que é necessária a quitação, quando não é necessária.

O Sr. Ministro Joaquim Barbosa (relator): Na verdade, eu entendo que esse dispositivo foi revogado pela lei superveniente.

A Sra. Min. Cármen Lúcia: Não. Porque a regularidade pode ser interpretada de forma diferenciada.

O Sr. Min. Marco Aurélio: A regularidade fiscal alcança – ela é mais abrangente – a quitação, não estar em débito para com o Fisco. Daí ter-se, a meu ver, o prejuízo quanto à ação ajuizada há muitos anos contra essa lei substituída por uma específica – a Lei das Licitações.

Agora, preocupa-me muito a evolução na jurisprudência quanto à coação política para receber-se impostos, logo sob a égide de uma Constituição democrática, como a de 1988. Não há como contemporizar, não há como permitir que o Estado exercite essa coação e apenas abrindo margem ao afastamento desse mecanismo com o ajuizamento de ação individual pelo cidadão.

Creio que temos três verbetes revelando uma vetusta jurisprudência. Qualquer ato que implique forçar o cidadão a recolhimento de imposto é inconstitucional. E não vejo, nem na cláusula do art. 37, quanto à licitação, na remessa à lei, a possibilidade de contrariar-se esse princípio, que é implícito na Constituição de 1988, ou seja, o vedador do exercício de coação política, e não a execução do que devido, para ter-se o recolhimento do tributo. Existem, repito, três verbetes, como se ressaltou da tribuna, que tornam estreme de dúvidas essa jurisprudência. Refiro-me aos verbetes ns. 70, 323 e 547. Nesse campo da coação política, para fazer-se caixa, não há como tergiversar, não há como mitigar o princípio vedador da assunção, pelo Estado, de postura que acabe, na via indireta, levando o contribuinte ao recolhimento do tributo.

O Sr. Min. Celso de Mello: E é por isso mesmo que a própria jurisprudência constitucional do STF (AI n. 637.272-SP, rel. Min. Celso de Mello, *v.g.*) *vem reafirmando* o conteúdo desses enunciados sumulares e *repelindo* essas práticas – *evidentemente* inconstitucionais – estabelecidas na legislação tributária editada pelas três instâncias de poder em que se estrutura o Estado Federal brasileiro: "*Sanções políticas* no direito tributário – *Inadmissibilidade* da utilização, pelo Poder Público, *de meios gravosos e indiretos* de coerção estatal *destinados* a compelir o contribuinte inadimplente a pagar o tributo (Súmulas ns. 70, 323 e 547 do STF) – *Restrições estatais* que, *fundadas* em exigências *que transgridem* os postulados da razoabilidade e da proporcionalidade em sentido estrito, *culminando por inviabilizar*, sem justo fundamento, o exercício, pelo sujeito passivo da obrigação tributária, de atividade econômica ou profissional lícita – *Limitações arbitrárias* que não podem ser impostas pelo Estado ao contribuinte em débito, *sob pena* de ofensa ao *substantive due process of law* – *Impossibilidade constitucional* de o Estado legislar de modo abusivo ou imoderado (*RTJ* 160/140-141, *RTJ* 173/807-808, *RTJ* 178/22-24). O *poder de tributar* – que encontra *limitações essenciais* no próprio texto constitucional, instituídas *em favor* do contribuinte – 'não pode chegar à desmedida do poder de destruir' (Min. Orozimbo Nonato, *RDA* 34/132). A prerrogativa estatal de tributar *traduz* poder cujo exercício *não pode comprometer* a liberdade de trabalho, de comércio e de indústria do contribuinte – *A significação tutelar*, em nosso sistema jurídico, do 'estatuto constitucional do contribuinte' – *Doutrina* – *Precedentes* – Recurso extraordinário *conhecido e provido*" (RE n. 374.981-RS, rel. Min. Celso de Mello, in *Informativo/STF* 381/2005).

O Sr. Min. Marco Aurélio: Chegou-se ao ponto, nessa lei, de se proibir a saída do país!

O Sr. Min. Menezes Direito: De todos os modos, retornando ao inciso II, que é o que estava em discussão basicamente, se explicitarmos, como parece que o eminente Ministro-Relator vai fazer, que esse artigo está revogado pela Lei das Licitações, que é mais abrangente e que, portanto, inclui também essa hipótese, ficaria resolvida a questão. O que não pode é nós simplesmente assentarmos o prejuízo com relação a esse dispositivo.

Como disse também o eminente Min. Marco Aurélio, é necessário fazer uma repressão imediata e dura com relação a esse tipo de exigência, porque o contribuinte fica completamente a descoberto.

O Sr. Min. Gilmar Mendes (presidente): O Min. Menezes Direito está propondo que se averbe a revogação do inciso II.

O Sr. Min. Cézar Peluso: Não apenas a revogação, mas a revogação com a explicitação de que esta hipótese está abrangida pela nova lei.

O Sr. Min. Marco Aurélio: A expressão "regularidade tributária".

O Sr. Min. Cézar Peluso: Regularidade fiscal implica exigibilidade da quitação quando o tributo não seja objeto de discussão judicial.

A Sra. Min. Cármen Lúcia: Ou administrativa, que, às vezes, eles fazem.

O Sr. Min. Menezes Direito: Mas não temos condições de fazer urna revogação sem essa explicitação. Então, ficaria assim; o eminente Relator faria esse acréscimo.

O Sr. Min. Joaquim Barbosa (relator): Sim. A minha proposta era essa, com outras palavras.

RETIFICAÇÃO DE VOTO – *O Sr. Ministro Joaquim Barbosa* (relator): Sr. Presidente, agora fica pendente o art. 2º.

O Sr. Min. Cézar Peluso: Vai por arrastamento

O Sr. Min. Joaquim Barbosa (relator): É. Por arrastamento. Então, a proclamação seria a seguinte: conheço parcialmente das duas ações diretas e, na parte conhecida, declaro a inconstitucionalidade do art. 1º, incisos I, III e IV, e §§ 1º a 3º, da lei. E não conheço do inciso II do art. 1º, porque ele foi revogado, por estar abrangido pelo dispositivo da Lei n. 8.666, que trata da regularidade fiscal.

A PROIBIÇÃO DE IMPOSIÇÃO DE SANÇÕES POLÍTICAS E A REGULARIDADE FISCAL COMO REQUISITOS DE HABILITAÇÃO PARA PARTICIPAR DE LICITAÇÕES

COMENTÁRIOS AO ACÓRDÃO DO STF NA ADI N. 173 (e 394)

por

MAURÍCIO ZOCKUN

Professor de Direito Administrativo na PUC/SP. Doutor em Direito Administrativo pela PUC/SP. Mestre em Direito Tributário pela PUC/SP. Advogado.

1. O tema objeto de discussão nas ADI ns. 173 e 394

1. Nos primeiros meses após o nascimento do novo Estado Republicano, o Congresso Nacional publicou a Lei 7.711, de 22.12.1988, cujo art. 1º prevê que "a *quitação* de créditos tributários exigíveis, que tenham por objeto tributos e penalidades pecuniárias, bem como contribuições federais e outras imposições pecuniárias compulsórias, será comprovada nas seguintes hipóteses: I – transferência de domicílio para o exterior; II – habilitação e licitação promovida por órgão da administração federal direta, indireta ou fundacional ou por entidade controlada direta ou indiretamente pela União; III – registro ou arquivamento de contrato social, alteração contratual e distrato social perante o registro público competente, exceto quando praticado por microempresa, conforme definida na legislação de regência; IV – quando o valor da operação for igual ou superior ao equivalente a 5.000 (cinco mil) obrigações do Tesouro Nacional-OTNs: a) registro de contrato ou outros documentos em Cartórios de Registro de Títulos e Documentos; b) registro em Cartório de Registro de Imóveis; c) operação de empréstimo e de financiamento junto a instituição financeira, exceto quando destinada a saldar dívidas para com as Fazendas Nacional, Estaduais ou Municipais".

Para dar eficácia a estas prescrições, o art. 1º, § 2º, daquela lei prevê que a Secretaria da Receita Federal – atual Secretaria da Receita Federal do Brasil[1] – elaboraria uma relação com os nomes dos contribuintes em débito com a Fazenda Federal, remetendo-a às Juntas Comerciais, às Serventias Notarias e Registrais e às instituições financeiras. E

1. Lei federal 11.457/07.

isso de modo a impedir que as pessoas em estado de inadimplência praticassem atos cotidianos da vida em sociedade sem que, antes, quitassem as obrigações pecuniárias devidas em favor da União.

Além deste expediente, para habilitar-se em licitações promovidas pelo Poder Público federal, o particular deveria comprovar o pagamento dessas obrigações por meio da apresentação de certidão expedida pelo órgão ou pessoa competente.

2. Criava-se, assim, uma "lista negra" contendo o nome dos maus pagadores de certas obrigações pecuniárias federais, impedindo-se, por força disto, que os seus integrantes praticassem uma série de atos dependentes da atuação do Poder Público ou de delegados de função pública sem que, antes, fosse comprovada a quitação destes débitos.

No ponto que interessa ao presente estudo, a Lei federal 7.711/88 prevê que a quitação de obrigações pecuniárias compulsórias federais passou a figurar como um requisito de habilitação em licitações promovidas no âmbito federal.

3. A Ordem dos Advogados do Brasil e a Confederação Nacional das Indústrias ajuizaram, respectivamente, as ADI ns. 394 e 173, pugnando pela inconstitucionalidade das limitações veiculadas no art. 1º da Lei n. 7.711/88.

O Min. Joaquim Barbosa, relator das duas ações, firmou entendimento no sentido de que elas perderam objeto em relação à exigência de apresentação de prova de quitação de obrigações pecuniárias federais compulsórias para fins de habilitação em licitações promovidas na esfera federal. Isso porque, segundo aquele Ministro, os arts. 27 e 29 da Lei federal 8.666/93 veiculam semelhante limitação para a mesma hipótese e, com isso, teriam revogado o art. 1º, II, da Lei federal 7.711/88.[2]

O Min. Cezar Peluso, todavia, impugnou a validade desta afirmativa ao argumento de que a Lei federal 7.711/88 prevê que a *quitação* de obrigações pecuniárias com a União é condição de habilitação; já a Lei federal 8.666/93 exige, para este mesmo propósito, a demonstração de *regularidade fiscal*. Partindo deste pressuposto, o Min. Cezar Peluso afirmou que *regularidade fiscal* e *quitação* de tributos não são expressões que fazem referência a idênticos objetos jurídicos, pois "regularidade fiscal não significa necessariamente quitação".

A partir disto iniciou-se um debate entre os Ministros do STF. Alguns entenderam que se deveria interpretar o art. 1º, II, da Lei 7.711/88 em conformidade com a Constituição, sem, contudo, declará-lo inconstitucional, de modo que a quitação dos referidos valores pudesse ser exigida dos particulares, salvo quando a exação fosse objeto de discussão judicial.[3] Outros advogaram a idéia de que a exigência contida nos arts. 27 e 29 da Lei federal 8.666/93 é compatível com a Constituição da República, o mesmo não se podendo dizer em relação ao art. 1º, II, da Lei federal 7.711/88, que veicula "exigência mais drástica".[4]

2. O Min. Joaquim Barbosa, implicitamente, fez referência ao art. 27, IV, c/c art. 29, III e IV, todos da Lei federal 8.666/93. De acordo com estes dispositivos, poderão participar de licitações os interessados que, dentre outras exigência, demonstrem sua "regularidade fiscal", o que se dá por meio de apresentação de CND (cuja emissão está prevista nos arts. 205 a 208 do CTN) e do Certificado de Regularidade Fiscal junto ao FGTS (cuja emissão está disciplinada na Lei federal 8.036/90). Os Mins. Marco Aurélio e Menezes Direito de pronto aderiram a este pensamento.

3. Essa foi a opinião do Min. Cezar Peluso que, mesmo admitindo a possibilidade de revogação do art. 1º, II, da Lei federal 7.711/88 pela Lei federal 8.666/93, assentou que a nova lei contemplaria em seu bojo o dever de o particular comprovar a quitação das obrigações tributárias com o Estado para fins de habilitação em licitações, salvo na hipótese de "discussão judicial" sobre a matéria.

4. Esta foi a opinião dos Mins. Celso de Mello e Cármen Lúcia, mas que, ao final, reajustaram seu pensamento para acolher a tese da revogação.

De toda sorte, ao final restou decidido que os arts. 27 e 29 da Lei federal 8.666/93 revogaram o art. 1º, II, da Lei federal 7.711/88, em acórdão assim ementado:

Ementa: *Constitucional – Direito fundamental de acesso ao Judiciário – Direito de petição – Tributário e Política Fiscal – Regularidade fiscal – Normas que condicionam a prática de atos da vida civil e empresarial à quitação de créditos tributários – Caracterização específica como sanção política – Ação conhecida quanto à Lei federal 7.711/1988, art. 1º, I, III e IV, par. 1º a 3º, e art. 2º.*

1. Ações diretas de inconstitucionalidade ajuizadas contra os arts. 1º, I, II, III e IV, par. 1º a 3º, e 2º da Lei 7.711/1988, que vinculam a transferência de domicílio para o exterior (art.. 1º, I), registro ou arquivamento de contrato social, alteração contratual e distrato social perante o registro público competente, exceto quando praticado por microempresa (art. 1º, III), registro de contrato ou outros documentos em Cartórios de Registro de Títulos e Documentos (art. 1º, IV, *a*), registro em Cartório de Registro de Imóveis (art. 1º, IV, *b*) e operação de empréstimo e de financiamento junto a instituição financeira, exceto quando destinada a saldar dívidas para com as Fazendas Nacional, Estaduais ou Municipais (art. 1º, IV. *c*) – estas três últimas nas hipóteses de o valor da operação ser igual ou superior a cinco mil Obrigações do Tesouro Nacional – à quitação de créditos tributários exigíveis, que tenham por objeto tributos e penalidades pecuniárias, bem como contribuições federais e outras imposições pecuniárias compulsórias.

2. Alegada violação do direito fundamental ao livre acesso ao Poder Judiciário (art. 5º, XXXV, da Constituição), na medida em que as normas impedem o contribuinte de ir a juízo discutir a validade do crédito tributário. Caracterização de sanções políticas, isto é, de normas enviesadas a constranger o contribuinte, por vias oblíquas, ao recolhimento do crédito tributário.

3. Esta Corte tem historicamente confirmado e garantido a proibição constitucional às sanções políticas, invocando, para tanto, o direito ao exercício de atividades econômicas e profissionais lícitas (art. 170, par. ún., da Constituição), a violação do devido processo legal substantivo (falta de proporcionalidade e razoabilidade de medidas gravosas que se predispõem a substituir os mecanismos de cobrança de créditos tributários) e a violação do devido processo legal manifestado no direito de acesso aos órgãos do Executivo ou do Judiciário tanto para controle da validade dos créditos tributários, cuja inadimplência pretensamente justifica a nefasta penalidade, quanto para controle do próprio ato que culmina na restrição.

É inequívoco, contudo, que a orientação firmada pelo Supremo Tribunal Federal não serve de escusa ao deliberado e temerário desrespeito à legislação tributária. Não há que se falar em sanção política se as restrições à prática de atividade econômica objetivam combater estruturas empresariais que têm na inadimplência tributária sistemática e consciente sua maior vantagem concorrencial. Para ser tida como inconstitucional, a restrição ao exercício de atividade econômica deve ser desproporcional e não-razoável.

4. Os incisos I, III e IV do art. 1º violam o art. 5º, XXXV da Constituição, na medida em que ignoram *sumariamente* o direito do contribuinte de rever em âmbito judicial ou administrativo a validade de créditos tributários. Violam, também o art. 170, par. ún., da Constituição, que garante o exercício de atividades profissionais ou econômicas lícitas.

Declaração de inconstitucionalidade do art. 1º, I, III e IV da Lei 7.711/1988. Declaração de inconstitucionalidade, por arrastamento dos parágrafos 1º a 3º e do art. 2º do mesmo texto legal.

Constitucional. Tributário. Sanção política. Prova da quitação de créditos tributários no âmbito de processo licitatório. Revogação do art. 1º, II da Lei 7.711/1988 pela Lei 8.666/1993. Explicitação do alcance do dispositivo. Ação Direta de Inconstitucionalidade não conhecida quanto ao ponto.

5. Ação direta de inconstitucionalidade não conhecida, em relação ao art. 1º, II, da Lei 7.711/1988, na medida em que revogado, por estar abrangido pelo dispositivo da Lei 8.666/1993 que trata da

regularidade fiscal no âmbito de processo licitatório.

6. Explicitação da Corte, no sentido de que a regularidade fiscal aludida implica "exigibilidade da quitação quando o tributo não seja objeto de discussão judicial" ou "administrativa".

Ações Diretas de Inconstitucionalidade parcialmente conhecidas e, na parte conhecida, julgadas procedentes.

4. Neste contexto, alguns profissionais e certos meios de comunicação de massa noticiaram a ocorrência destes julgamentos com a seguinte *chamada*: "Empresas livres de apresentar CND para participar de licitações".[5] Em nosso juízo esta *chamada* não retrata com rigor o sentido, conteúdo e alcance das noticiadas decisões do Supremo Tribunal Federal.

2. *O acerto formal da decisão do Supremo Federal*

5. O Supremo Tribunal Federal aproveitou o julgamento destas ADIs para reafirmar o seu posicionamento a respeito da ilegitimidade da imposição de sanções políticas como meio de coerção tendente a obrigar o particular a cumprir obrigações pecuniárias, mormente de natureza tributária. Ademais, andou bem o Supremo ao assinalar que a Lei federal 8.666/93 revogou o art. 1º, II, da Lei federal 7.711/88 que exigia a quitação de obrigações pecuniárias federais para fins de habilitação em licitações federais.

6. Com efeito, o art. 1º, II, da Lei federal 7.711/88 prevê: "Art. 1º. Sem prejuízo do disposto em leis especiais, a quitação de créditos tributários exigíveis, que tenham por objeto tributos e penalidades pecuniárias, bem como contribuições federais e outras imposições pecuniárias compulsórias, será comprovada nas seguintes hipóteses (...) II – habilitação e licitação promovida por órgão da administração federal direta, indireta ou fundacional ou por entidade controlada direta ou indiretamente pela União".

A leitura deste dispositivo assinala que, para habilitação em licitações no âmbito federal, exigia-se prova de quitação de (i) obrigações tributárias principais e penalidade decorrentes do descumprimento de obrigações tributárias principais ou acessórias, (ii) contribuições federais e (iii) outras imposições pecuniárias compulsórias.

Sob o conceito de "imposições pecuniárias compulsórias", alojava-se um plexo de encargos financeiros imponíveis aos particulares que não guardava similitude com a figura dos tributos.[6] Neste conceito, por exemplo, estão insertas sanções pecuniárias desvinculadas do cumprimento de obrigações tributárias,[7] condenações judiciais em pecúnia impostas aos particulares em favor do Estado, *foro* e *laudêmio*[8] etc.

Assim, à luz do art. 1º, II, da Lei federal 7.711/88 a quitação exigida para fins de habilitação em licitação no âmbito federal não estava restrita às obrigações tributárias e às penalidades decorrentes do seu descumprimento.

5. Leia-se a reprodução destas notícias nos seguintes endereços eletrônicos: *www.oscarmendonca.com.br/novidades_d.jsp?codigo=1239199596562* ou *www.nms.com.br/noticias/id/empresas-livres-de-apresentar-cnd-para-licitacoes-200*.

6. Em nossa visão, tributo é gênero que comporta três espécies tributárias, a saber: impostos, taxas e contribuições de melhoria. Neste sentido é, aliás, a lição de Roque Antônio Carrazza (*Curso de Direito Constitucional Tributário*, São Paulo, Malheiros Editores, 25ª ed., 2009).

7. Como, por exemplo, multas eleitorais, multas impostas pelos órgãos de defesa da concorrência, multas impostas pelas denominadas agências reguladoras, multas impostas pela prática de crime e contravenções penais, multa civil prevista na lei de improbidade administrativa, por danos ambientais etc.

8. O pagamento destes valores em favor do Estado, pelo domínio útil de bem público ou pela sua cessão a terceiro, decorrem de expressa previsão legal. Seu nascimento, contudo, não deriva da lei (hipótese em que seriam qualificáveis como tributos), mas de previsão legal à qual o particular voluntariamente se submeteu. Mas isso não afasta o seu caráter compulsório (decorrente de acordo de vontades e não *ope legis*).

7. A Lei federal 8.666/93 também dispôs sobre a habilitação em licitações em vista da situação do licitante no cumprimento de obrigações pecuniárias em face do Estado (e não apenas em face da União como cominava a Lei federal 7.711/88[9]).

Ao assim prever, a Lei federal 8.666/93 deu novo tratamento ao tema em detrimento do regime até então fixado pelo art. 1º, II, da Lei federal 7.711/88. Houve, pois, revogação.

Sob certo aspecto, a Lei federal 7.711/88 veiculava prescrição mais gravosa do que a ditada pela Lei federal 8.666/93, pois nela se condicionava a habilitação em licitações à comprovada pontualidade do particular no cumprimento de um plexo de obrigações pecuniárias (e não apenas em relação às obrigações tributárias e penalidades delas decorrentes como fez a Lei federal 8.666/93).

Com efeito, os arts. 27, II, e 29, III, da Lei federal 8.666/93 exigem, para habilitação em licitação, "prova de regularidade para com a Fazenda Federal, Estadual e Municipal do domicílio ou sede do licitante, ou outra equivalente, na forma da lei".

Mas o que significa *Fazenda*? Que parcela do Estado é representada por este vocábulo? Qual relação jurídica terá, em um dos seus pólos, a Fazenda? E, ao final, o que se deve entender com a expressão "regularidade para com a Fazenda"?

Nas oportunidades em que o Texto Constitucional utiliza o vocábulo *Fazenda* e expressões que lhe são sinônimas[10] indica-se (i) um vínculo jurídico formado com o Estado por meio do qual alguém se vê na contingência de pagar ou receber determinada quantia ou, ainda, (ii) um encargo estatal de adotar medidas de salvaguarda do erário público.

Logo, em um primeiro lance de olhos, qualquer espécie de valor devido em favor do Estado sempre integrará, ao final, o erário público. Por esta razão toda relação que imponha o dever de o particular entregar determinada quantia ao Estado formará, sob esta ótica, uma relação com a Fazenda.

Ocorre que o termo *Fazenda* é utilizado pelo Texto Constitucional para identificar as hipóteses nas quais o recebimento ou pagamento de importâncias decorre de uma atividade *precípua* do Estado. Como a tributação é, por excelência, a atividade precípua[11] desempenhada pelo Estado para arrecadação de recursos financeiros,[12] a prova

9. Alerte-se que tal circunstância ensejaria um questionamento adicional de ordem formal (não examinado pelo STF), a saber: ao prever um requisito de habilitação aplicável *apenas* às licitações realizadas pelo Poder Público federal, teria a Lei federal 7.711/88 atentado contra o art. 22, XXI, da Constituição da República? Cremos que sim, pois o art. 37, XXI, exige que o tema afeto à habilitação seja regrado e observado de modo uniforme pelos entes obrigados a licitar. Isso porque, se o art. 37, XXI, é regra de competência que confere à lei a possibilidade de eleger certos requisitos de habilitação em licitações públicas, a incidência deste comando é nacional. Volvido, portanto, a todos os entes da República, mormente porque ali não se assinalou um especial âmbito de abrangência.

10. "Administração fazendária" (art. 37, XVII), "ação fazendária" (art. 144, §1º, II), "interesses fazendários nacionais" (art. 237).

11. Não procede a afirmativa no sentido de que a imposição de multas seria uma atividade precípua do Estado. O Poder Público deve fiscalizar o desempenho da atividade particular, de modo a apurar se a liberdade e a propriedade estão sendo exercidas nos limites prescritos pela ordem jurídica. A imposição de sanção é uma conduta estatal decorrente da fiscalização, sendo-lhe, pois, indiretamente vinculada. Logo, não se pode dizer que os valores decorrentes de sanções pecuniárias decorrem de atividade precípua do Estado.

12. Prova disto encontra-se estampada no Anexo 3 à Lei federal 4.320/64. Dentre a multiplicidade de receitas previstas naquele anexo, as tributárias compõem a esmagadora maioria numérica. Entretanto, o que pretendemos demonstrar vai além da singela constatação numérica do rol de receitas estatais; examina-se o conteúdo econômico que estas cifras revelam no financiamento do Estado.

Assim, tome-se em conta que o art. 2º da Lei federal 11.451/07 estimou as receitas federais de 2007 em R$ 1.575.880.625.693,00, sendo que a receita decorrente da tributação foi estimada em R$

de regularidade a que fazem referência os arts. 27, II e 29, III, da Lei federal 8.666/93, se faz por meio da apresentação da CND e do Certificado de Regularidade Fiscal junto ao FGTS.[13]

Sob esta premissa, constata-se que a exigência de comprovação do estado de adimplência prescrita no art. 1º, II, da Lei federal 7.711/88 é substancialmente mais abrangente do que a indicada nos arts. 27, II, e 29, III, da Lei federal 8.666/93. Mas não é só.

Além disto, o art. 1º, II, da Lei federal 7.711/88 veicula obrigação substancialmente mais rigorosa do que a imposta nos arts. 27, II, e 29, III, da Lei federal 8.666/93, como, aliás, bem notou o Min. Celso de Mello ao manifestar-se no curso do julgamento ora comentado.

8. Deveras, a Lei federal 7.711/88 exigia, para fins de habilitação, prova de quitação das obrigações pecuniárias nela arroladas. E por quitação entende-se pagamento.[14] Daí, inclusive, o alerta do Min. Cezar Peluso no sentido de que não se deveria julgar inconstitucional o art. 1º, II, da Lei federal 7.711/88, se a exigência de quitação fosse afastada em razão de discussão judicial ou administrativa.[15]

Por outro lado, a prova de regularidade a que faz alusão o art. 29, II, da Lei federal 8.666/93 não equivale à demonstração de quitação de tributo. Isso porque, ao lado de certidão que, de fato, representa esta situação de pontualidade do licitante (CND), há outra que representa a impontualidade juridicamente justificada (CND positiva com efeitos de negativa[16]).

Daí porque, neste ponto, foi acertado o pensamento do Min. Cezar Peluso ao identificar dessemelhança entre as situações prescritas nesses dois diplomas. Em rigor as exigências formuladas na Lei federal 7.711/88 eram, tirante os entes públicos acolhidos por suas disposições, mais abrangentes e gravosas do que as veiculadas no art. 29, II, da Lei federal 8.666/93.

572.330.750.917,00. Ou seja, 36% de todas as receitas federais estimadas decorrem de tributação.

Já as operações de crédito – consistente na tomada de empréstimo e no refinanciamento da dívida pública federal – somavam R$ 810.827.402.391,00. Isso significa dizer que 52% de todas as receitas federais estimadas decorrem de empréstimo e refinanciamento de empréstimo.

Ainda que não seja o escopo deste trabalho, subtraindo-se os empréstimos tomados e refinanciados pela União, 74% das receitas da União decorrem da tributação. Esta atividade, portanto, goza de invulgar relevância na manutenção do Estado. Não é por outra razão, aliás, que o art. 37, XXII, da Constituição da República, qualifica a Administração Tributária como atividade essencial ao funcionamento do Estado, atribuindo-lhe, outrossim, precedência sobre os demais setores administrativos (art. 37, XVIII).

13. Ocorre que certos valores oriundos de vínculo não-tributário são inscritos em dívida ativa e cobrado pelas Procuradorias das Fazendas, como, por exemplo, ocorre em relação às multas aplicadas com base na legislação eleitoral. Em uma visão cartesiana, estes valores (não-tributários) não poderiam impedir a emissão de CND para fins de habilitação em licitações, pois escapam da noção de Fazenda acolhida pela Constituição da República. Todavia, como mais adiante adiantaremos, não vemos ilegitimidade nesta conduta.

14. Neste sentido o art. 130 do CTN é didático ao prescrever que: "Art. 130. Os créditos tributários relativos a impostos cujo fato gerador seja a propriedade, o domínio útil ou a posse de bens imóveis, e bem assim os relativos a taxas pela prestação de serviços referentes a tais bens, ou a contribuições de melhoria, subrogam-se na pessoa dos respectivos adquirentes, salvo quando conste do título a prova de sua quitação".

15. A inserção da suspensão desta exigência em razão de discussão administrativa foi oportunamente argüida pela Ministra Cármen Lúcia.

16. Expedida nos termos do art. 206 do CTN, na hipótese de (i) a impugnação ou recurso administrativo suspender os efeitos do lançamento efetuado pela autoridade administrativa, conforme vier a dispor a lei de processo administrativo da pessoa política competente ou (ii) houver suspensão da exigibilidade do crédito tributário no curso de processo judicial, nos termos do art. 151 do Código Tributário Nacional. Enfim, a CND será emitida nos termos do art. 206 do CTN se o crédito tributário estiver com a sua exigibilidade suspensa.

3. As sanções políticas: conceito, amplitude, antijuridicidade e pensamento do STF

9. Define-se *sanção política* como a conduta do Estado que, atuando em desvio de finalidade, impõe ao particular uma limitação à liberdade e à propriedade para, com isso, exigir-lhe o cumprimento de uma obrigação cuja satisfação forçada não poderia ser implementada sem a interferência do Poder Judiciário.

Assim, sob o manto do desempenho de uma conduta lícita (exercício regular do poder de polícia) o Poder Público pretende, em rigor, exigir do particular certo comportamento que só seria possível (i) por ato voluntário ou (ii) por determinação judicial, após o pleno exercício do contraditório a da ampla defesa. Exerce-se uma competência em vista de uma finalidade distinta daquela para a qual ela foi concebida, o que revela prática de desvio de poder, abuso de poder ou desvio de finalidade.

10. Daí porque a jurisprudência do STF é firme no sentido da ilegitimidade das sanções políticas, como se pode verificar pela leitura das suas Súmulas 70, 323 e 547, ainda que, recentemente, elas tenham sido aparentemente esquecidas em rumoroso caso em que se admitiu a interdição de estabelecimento destinado ao fabrico de produtos tabagistas. E isso ao fundamento de que a contumaz inadimplência daquele particular no cumprimento de obrigações tributárias federais ensejava, no caso concreto, burla à livre concorrência, dentro outros aspectos prestigiados pela ordem econômica.[17]

17. STF, Tribunal Pleno. Medida Cautelar na Ação Cautelar n. 1.657, rel. para acórdão Min. Cezar Peluso, *DJU* 27.6.2007, vencidos Mins. Joaquim Barbosa, Marco Aurélio, Celso de Mello e Sepúlveda Pertence. Alguns Ministros, como o caso de Cármen Lúcia e Carlos Britto, não qualificaram a situação concreta como sendo uma sanção política para, com isso, escapar da proibição estampada nos mencionados verbetes.

4. Regularidade fiscal para fins de habilitação não é sanção política

11. A regularidade fiscal, como condição para contratação com o Poder Público, é expressamente prevista em, pelo menos, uma oportunidade pelo Texto Constitucional (art. 195, § 3º).

Ao tratar das condições para participação em licitações, o art. 37, XXI, da Constituição da República outorga ao legislador competência para exigir do interessado prova de "qualificação técnica e econômica indispensáveis à garantia do cumprimento das obrigações" que vierem a ser avençadas com o Poder Público.

Inspirada neste permissivo (que é mais um dever-poder do que propriamente uma faculdade[18]), a Lei federal 8.666/93 exige do licitante a apresentação de CND e Certificado de Regularidade Fiscal (negativo ou positivo com efeito de negativo).

12. A exigência destes documentos, tal como argutamente observou Celso Antônio Bandeira de Mello,[19] é compatível com a ordem jurídica se, por meio deles, ficar demonstrado que as obrigações pecuniárias do particular em face do Estado podem comprometer a satisfação do objeto licitado, caso ele vença o certame.

Daí porque engrossamos fileiras ao pensamento do mesmo jurista quando ele assinala que a simples falta de apresentação de CND ou Certificado de Regularidade Fiscal não acarreta, *de per si*, a inabilitação do licitante. É que, nestas hipóteses (de falta de apresentação de CND ou de Certificado de Regularidade Fiscal), a entidade licitante deve apurar se os valores em atraso comprometem a saúde financeira e econômica do particular e, com isso, verificar se ele conseguirá adimplir o objeto do contrato caso vença esta disputa pública.

18. Pois estas exigências legais teriam por propósito acautelar a boa satisfação do interesse público.

19. *Curso de Direito Administrativo*, São Paulo, Malheiros Editores, 26ª ed., 2009, p. 582 (item 106).

Esta é a medida a ser tomada em consonância com os primados que inspiram a atividade administrativa protetiva do interesse público, especialmente em vista do primado da razoabilidade e da proporcionalidade.

13. Sob idêntica inspiração pensamos ser insuficiente a extensão da exigência de regularidade pecuniária formulada nos arts. 27, II, e 29, III, da Lei federal 8.666/93.

Não são raras as oportunidades em que o Poder Público, por força da atividade de fiscalização, impõe multas milionárias a particulares[20] ou eles se vêem às voltas com condenações judiciais de similar envergadura.[21] Nestas circunstâncias, a emissão de CND ou Certificado de Regularidade Fiscal poderá não retratar com fidelidade a saúde econômico-financeira da empresa licitante ou contratada.

Daí porque, sob este aspecto, o rol de obrigações pecuniárias encartadas no art. 1º, II, da Lei federal 7.711/88, para fins de habilitação econômico-fiscal, conferia maior proteção ao interesse público do que a atual previsão veiculada na Lei de Licitações.

14. A despeito disto, não vemos óbice para que as entidades licitantes abarquem no conceito de habilitação econômica a exigência de demonstração, pelo interessado, de exigibilidade ou não de valores devidos ao Estado de natureza não-tributária.

Isso porque, ao prever os requisitos para qualificação econômico-financeira do particular, o art. 31, § 4º, da Lei federal 8.666/93, confere à Administração a possibilidade de dele exigir "(...) a relação dos compromissos assumidos pelo licitante que importem diminuição da capacidade operativa ou absorção de disponibilidade financeira, calculada esta em função do patrimônio líquido atualizado e sua capacidade de rotação".

Este dispositivo confere à Administração a possibilidade de apurar a existência de outras espécies de obrigações capazes de comprometer a saúde financeira do interessado para, com isso, apurar sua real capacidade de cumprir o objeto do contrato e satisfazer o interesse público.

Ora, se a Administração pode exigir que o interessado revele os compromissos particulares capazes de comprometer a sua saúde financeira, com maior razão poderá fazê-lo se estes encargos advieram de imposição estatal.

Afinal, deve o exegeta se apegar ao espírito e à finalidade da norma quando pretende edificar-lhe o conteúdo e sentido. Daí porque empobrece o espírito da lei e enfraquece a proteção constitucional do interesse público a interpretação que privilegie o meio através do qual se dá o comprometimento financeiro (por meio de acordo de vontades) e não o resultado advindo desta limitação (redução da capacidade financeira de o particular cumprir o objeto contratado).

Inúmeras são as razões que se conjugam para afastar a interpretação literal (e pedestre) de todo e qualquer dispositivo legal. Carlos Maximiliano abona este ideal ao assinalar que "A interpretação verbal fica ao alcance de todos, seduz e convence os indoutos, impressiona favoravelmente os homens de letras, maravilhados com a riqueza de conhecimentos filológicos e primores da linguagem ostentados por quem é, apenas, um profissional do Direito. Como toda meia ciência, deslumbra, encanta, e atrai; porém fica longe da verdade as mais das vezes, por envolver um só elemento de certeza, e precisamente o menos seguro".[22]

20. Verifique-se, a propósito, que recentemente a ANATEL impôs multa de quatro milhões de reais contra duas operadoras de telefonia (*www.internetsul.com.br/2007_dinamico/noticias_detalhes.php?id=438*). Ou, ainda, a antológica multa de trezentos e cinqüenta e dois milhões de reais aplicada contra a AMBEV (*www.conjur.com.br/2009-jul-22/cade-aplica-multa-352-milhoes-ambev-programa-fidelizacao*).

21. *www.conjur.com.br/2009-abr-27/justica-aplica-multa-29-milhoes-oi-telemar*.

22. *Hermenêutica e aplicação do Direito*, Rio de Janeiro, Forense, 1979, 9ª ed., p. 112.

Do que restou dito acima percebe-se que há muito se encontra suplantando o brocardo segundo o qual "in claris cessat interpretatio",[23] já que, segundo Ulpiano, "verbum *ex legibus*, sic accipiendum est: tam ex legum sententia, quam ex verbis".[24]

Aliás, Celso assinalava, na mesma trilha, que "scire leges non est verba aerum tenere, sed vim ac potestatem".[25]

Outras tantas passagens remansosas assinalam que a interpretação literal é o início de interpretação. E, sozinha, não goza de qualquer valia na identificação do sentido, conteúdo e alcance das disposições normativas que versem sobre determinado instituto jurídico.

Daí porque, na Segunda Epístola de São Paulo aos Coríntios, tornou-se clássica a passagem segundo a qual "littera occidit; spiritus vivificat".[26]

Isso significa dizer que não erra aquele exegeta que, sempre, procura o fim querido pela lei. Segue-se daí que as palavras são os meios necessários à identificação do seu espírito. Todavia, como não se confundem os meios (palavras) com os fins (*ratio legis*), esses prevalecem sobre aqueles.[27]

15. A despeito de firmamos entendimento largo na interpretação do referido dispositivo da Lei federal 8.666/93, a simples situação de inadimplência não pode ensejar a singela inabilitação da pessoa interessada.

É necessário apurar se tais débitos têm o condão de comprometer a satisfação do interesse público na hipótese de este particular ser contratado.

16. Ocorre que as certidões atualmente emitidas pelo Poder Público se limitam a indicar a situação de regularidade ou irregularidade fiscal do licitante. Na hipótese de a situação do administrado ensejar a emissão de certidão indicando sua inadimplência, este documento público também deveria apontar os valores supostamente devidos pelo particular, sob pena de, em nosso juízo, caracterizar ofensa ao direito à informação na extensão prescrita no art. 5º, XXXIII e XXXIV, "b", da Constituição da República.

Desse modo, seja na extensão prescrita nos arts. 27, II, e 29, III, da Lei federal 8.666/93, ou no art. 1º, II, da Lei federal 7.711/88, a certidão indicando o estado de inadimplência do licitante deve, por imperativo constitucional, apontar a importância por ele supostamente devida. É que somente por meio deste expediente a Administração terá informações capazes de revelar se o administrado goza de saúde financeira capaz de honrar o objeto contratado, acaso venha a se sagrar vencedor da licitação.

23. Disposições claras não comportam interpretação.

24. O sentido das leis se deduz, tanto do espírito como da letra respectiva (*Digesto*, liv. 50, título 16 – *de verborum significatione*, frag. 6, § 1º).

25. Saber as leis é conhecer-lhes, não as palavras, mas a força e o poder (*Digesto*, liv. 1, título 3, fragmento 17).

26. A letra mata, o espírito vivifica.

27. Podendo as Cortes, ao ensejo de edificar o sentido e alcance das normas, laborarem em interpretação integrativa, como, aliás, fez a Ministra Cármen Lúcia ao julgar o HC 89.417.

STF – MC em Rcl n. 6.207-4 (865)-AM – Rela. Min. Cármen Lúcia – Reclamante: União Federal – Reclamada: Juíza Federal da 1ª Vara Federal de Manaus (MS n. 2008.32.00.002332-9) – Interessado: Unafisco Sindical-Sindicato Nacional dos Auditores Fiscais da Receita Federal.

Decisão:

Reclamação – Constitucional – Administrativo – Movimento grevista – Desconto dos dias não trabalhados – Alegado descumprimento da STA n. 229-RS – Liminar indeferida – Providências processuais.

1. Reclamação, com pedido de medida liminar, ajuizada pela União, em 20.6.2008, contra ato do Juízo da 1ª Vara Federal de Manaus/AM que, nos autos do MS n. 2008.32.00.002332-9, teria descumprido o que decidido pelo STF na Suspensão de Tutela Antecipada/STA n. 229-RS.

O caso

2. Em 13.5.2008 o Sindicato Nacional dos Auditores Fiscais da Receita Federal – Unafisco Sindical, ora interessado, impetrou o MS Coletivo n. 2008.32.00.002332-9 contra ato do Delegado da Receita Federal do Brasil em Manaus/AM com o objetivo de "impedir/reparar os descontos das faltas imputadas aos substituídos em face da participação destes em movimento paredista" (fls. 3).

Em 19.5.2008 o Juízo da 1ª Vara Federal de Manaus/AM deferiu a medida liminar pleiteada para "determinar às autoridades coatoras que se abstenham de efetuar descontos das faltas imputadas aos substituídos, na próxima folha de pagamento, qual (...) seja, a do mês de maio, até ulterior decisão deste Juízo" (fls. 17).

Contra essa decisão a União ajuíza a presente reclamação.

3. A reclamante argumenta que o STF, "nos autos da STA n. 229, [*teria*] determina[*do*] a suspensão da decisão proferida pelo Juízo da 4ª Vara Federal de Porto Alegre na qual se concluía pela legalidade do movimento grevista dos auditores fiscais e impedia o corte de ponto dos servidores participantes" (fls. 3-4).

Sustenta que, "além de suspender a decisão daquele Juízo *a quo*, o Min. Gilmar Mendes [*teria*] autoriza[*do*] o desconto dos dias não trabalhados pelos grevistas" (fls. 7).

O art. 4º, § 9º, da Lei n. 8.437/1992, segundo entende, estabeleceria que, "uma vez acolhido o pedido de suspensão, a sustação da eficácia da decisão liminar ou antecipatória 'vigorará até o trânsito em julgado da decisão de mérito na ação principal'" (fls. 7), razão pela qual o Juízo reclamado não poderia ter "emitido *decisum* em relação ao movimento paredista dos auditores fiscais da Receita Federal do Brasil" (fls. 8). Alega que a fumaça do bom direito adviria "da já demonstrada afronta à decisão proferida por essa Suprema Corte no âmbito da STA n. 229" (fls. 9) e que o perigo da demora decorreria da "efetiva possibilidade de dano irreparável ao interesse público, pois não ha[*veria*] qualquer garantia de que a importância a ser paga aos servidores grevistas retornar[*ia*] aos cofres públicos caso o pleito [*viesse*] a ser julgado improcedente ao final" (fl. 9).

Requer, liminarmente, "seja suspensa a decisão reclamada, proferida nos autos do MS n. 2008.32.00.002332-9 pelo Juízo da 1ª Vara Federal de Manaus/AM" (fls. 9). No mérito, pede seja julgada procedente a reclamação, para cassar a decisão reclamada.

4. Em 1.7.2008 o Ministro-Presidente do STF solicitou informações (fls. 30), prestadas pelo Juízo Federal da 1ª Vara Federal de Manaus/AM, em 28.7.2008, no sentido de que não teria havido descumprimento da decisão proferida nos autos da STA n. 229-RS porque, "no caso concreto, não houve a abertura de um procedimento de apuração para verificar os reais partícipes do movimento grevista, de modo que um desconto direto sem a garantia de ampla defesa e do contraditório, a serem efetivados por um procedimento administrativo, fere a garantia constitucional do devido processo legal" (fls. 35).

5. Em 23.9.2008 o Min. Gilmar Mendes asseverou:

"*O objeto específico da STA n. 229 consistiu na ocorrência de grave lesão à ordem pública, ante o fato de que a continuidade do movimento paredista analisado poderia gerar danos à fiscalização do cumprimento das obrigações tributárias, à arrecadação de tributos e ao comércio exterior, bem como ao combate à sonegação e ao contrabando, o que certamente causaria prejuízos à economia nacional como um todo. E, de forma complementar, considerou-se a possibilidade de desconto do pagamento dos dias não trabalhados, o que só não se justificaria em casos excepcionais.*

"*Dessa forma, percebe-se que a decisão reclamada é de Juízo distinto do da decisão que foi suspensa pela STA n. 229, a qual também tem objeto específico e diferente da questão colocada na decisão reclamada.*

"*Assim, embora a decisão reclamada e a decisão proferida na STA n. 229 estejam, de forma geral, relacionadas ao tema geral 'greve dos auditores fiscais federais', isto não possibilita erigir a STA n. 229 à condição de parâmetro para a presente reclamação.*

"*Em primeiro lugar porque o seu objeto é distinto das considerações da decisão reclamada, oriunda de mandado de segurança coletivo e referente a procedimentos específicos de desconto de valores de dias não trabalhados pelos servidores grevistas. Em segundo lugar, todas as considerações fáticas da decisão reclamada são distintas e posteriores àquelas consideradas pela decisão suspensa pela STA n. 229.*

"*Em conseqüência lógica, entendo que seria o caso de negativa de seguimento à presente reclamação, considerada a impossibilidade de a decisão na STA n. 229 servir de seu parâmetro de análise.*

"*Por outro lado, toda a fundamentação da STA n. 229 se referiu ao disposto no julgamento dos MI n. 670-ES, n. 708-DF e n. 712-PA, que trataram da regulação provisória do exercício do direito de greve pelos servidores públicos estatutários.*

"*Assim, a despeito de a decisão na STA n. 229 ter sido apontada como parâmetro da reclamação, o efetivo parâmetro de controle nesta reclamação se refere ao esquema formulado naqueles julgados de mandado de injunção, que provisoriamente estabeleceu a previsão de regulação constitucional e processual da greve pelos servidores públicos estatutários.*

"*A tendência hodierna é de que a reclamação assuma cada vez mais o papel de ação constitucional voltada à proteção da ordem constitucional como um todo. Os vários óbices à aceitação da reclamação em sede de controle concentrado de constitucionalidade, inclusive, já foram superados, estando o STF em condições de ampliar o uso desse importante e singular instrumento da jurisdição constitucional brasileira.*

"*A ordem constitucional necessita de proteção por mecanismos processuais céleres e eficazes. Esse é o mandamento constitucional, que fica bastante claro quando se observa o elenco de ações constitucionais voltadas a esse mister, como o* habeas corpus, *o mandado de segurança, a ação popular, o* habeas data, *o mandado de injunção, a ação civil pública, a ação direta de inconstitucionalidade, a ação declaratória de constitucionalidade e a argüição de descumprimento de preceito fundamental.*

"A reclamação constitucional – sua própria evolução o demonstra – não mais se destina apenas a assegurar a competência e a autoridade de decisões específicas e bem delimitadas do STF, mas também constitui-se como ação voltada à proteção da ordem constitucional como um todo. A tese da eficácia vinculante dos motivos determinantes da decisão no controle abstrato de constitucionalidade, já adotada pelo Tribunal, confirma esse papel renovado da reclamação como ação destinada a resguardar não apenas a autoridade de uma dada decisão, com seus contornos específicos (objeto e parâmetro de controle), mas a própria interpretação da Constituição levada a efeito pela Corte.

"A ampla legitimação e o rito simples e célere, como características da reclamação, podem consagrá-la, portanto, como mecanismo processual de eficaz proteção da ordem constitucional, tal como interpretada pelo STF.

"E, conforme o entendimento que vem se consolidando nesta Corte, quanto à consideração de uma causa de pedir aberta nas reclamações, nada impede a ampliação da análise do presente pedido, para considerar diretamente os fundamentos dos referidos mandados de injunção, ainda que o parâmetro formal de violação apontado pelo reclamante tenha sido a decisão na STA n. 229.

"Isto porque, conforme afirmado no julgamento dos referidos mandados de injunção, esta Corte passou a promover significativas alterações neste instituto, conferindo-lhe, assim, conformação mais ampla, para dotá-lo de efeito erga omnes. *Nesse sentido é que se asseverou, naqueles julgamentos, uma sinalização para uma nova compreensão deste instituto e a admissão de uma solução 'normativa' para a decisão judicial.*

"O que se evidencia é a possibilidade de as decisões nos referidos mandados de injunção surtirem efeitos não somente em razão dos interesses jurídicos de seus impetrantes, mas também estenderem os seus efeitos normativos para os demais casos que guardem similitude e demandem a aplicação daquele esquema provisório de regulação do exercício do direito de greve pelos servidores públicos estatutários, como parece ocorrer na presente reclamação.

"Tendo em vista a impossibilidade de a decisão na STA n. 229 servir de parâmetro para a presente reclamação, dado que os MI n. 670-ES, n. 708-DF e n. 712-PA são efetivamente os parâmetros de análise do pedido, a hipótese em questão resolver-se-ia pela negativa de seguimento ao pedido no âmbito desta Presidência.

"Contudo, diante das considerações já expendidas, do fundamental papel da reclamação para a preservação da ordem constitucional e da amplitude que pode ser conferida atualmente a este instituto, vislumbro, a princípio, a possibilidade de o STF vir a permitir a consideração direta dos fundamentos contidos nos mencionados mandados de injunção para a apreciação do presente pedido, o que deslocaria a competência desta Presidência.

"Diante do exposto e da possibilidade aventada, determino a redistribuição do presente feito" (fls. 42-45 – grifos nossos).

Examinados os elementos havidos nos autos, *decido*.

6. O que se põe em foco na presente reclamação é se seria possível, juridicamente, valer-se a reclamante desse instituto para questionar eventual descumprimento da decisão do STF proferida pelo Min. Gilmar Mendes nos autos da STA n. 229-RS, decorrente da decisão do Juízo da 1ª Vara Federal de Manaus/AM.

7. Conforme asseverado no respeitável despacho do Ministro-Presidente Gilmar Mendes, não parece existir identidade entre a decisão proferida nos autos da STA n. 229-RS, apontada como paradigma na presente reclamação, e o ato reclamado. Na espécie em pauta, o reclamante requer o deferimento

da medida liminar para obter a suspensão da "decisão reclamada, proferida nos autos do MS n. 2008.32.00.002332-9 pelo Juízo da 1ª Vara Federal de Manaus/AM", o que resultaria na autorização para o desconto na folha de pagamento dos dias não trabalhados pelos auditores fiscais da Receita Federal lotados no Estado do Amazonas.

Apesar de o nobre Ministro-Presidente sugerir a possibilidade de se reconhecer "causa de pedir aberta nas reclamações", com a conseqüente adoção da teoria dos fundamentos determinantes, entendo que a ponderação de interesses de ambas as partes exige um estudo cuidadoso da matéria pelo órgão plenário do Supremo Tribunal, já que resultaria em importante alteração dos contornos que atualmente prevalecem no processamento e julgamento das reclamações constitucionais. Acrescente-se a isso a circunstância de a União dispor de outros instrumentos jurídicos para reaver dos servidores grevistas o que eventualmente for pago indevidamente.

8. Pelo exposto, sem prejuízo de reapreciação da matéria no julgamento do mérito, *indefiro o pedido de medida liminar*.

9. Vista ao Procurador-Geral da República (art. 16 da Lei n. 8.038/1990 e art. 160 do RISTF).

Publique-se.

Brasília, 28 de fevereiro de 2009 – *Ministra Cármen Lúcia*, relatora.

COMENTÁRIOS AO ACÓRDÃO DO STF NA MC em Rcl 6.207-4 (865)-AM

por

Rafael Valim

Mestre em Direito Administrativo pela PUC/SP. Professor do Curso de Especialização em Direito Administrativo da PUC/SP.
Membro do Instituto de Direito Administrativo Paulista/IDAP.
Advogado em São Paulo.

Caso: Determinação para desconto, em folha, de categoria que entrou em greve.

Questão: Saber se há necessidade de devido processo legal para realização desses descontos.

1. Cuida-se de reclamação ordenada sob o n. 6.207, com pedido de medida liminar, ajuizada pela União Federal contra ato do Juízo da 1ª Vara Federal de Manaus/AM que, nos autos do MS n. 2008.32.00.002332-9, teria descumprido decisão do STF na STA n. 229-RS.

O aludido mandado de segurança foi impetrado contra ato do Delegado da Receita Federal de Manaus que, sem prévio processo administrativo, ordenou o desconto, em folha de pagamento, das faltas imputadas a determinados servidores em razão de movimento grevista.

Ao deferir a liminar – decisão que ensejou a reclamação –, assim consignou o Juízo Federal da 1ª Vara Federal de Manaus/AM: "No caso concreto, não houve abertura de um procedimento de apuração para verificar os reais partícipes do movimento grevista, de modo que um desconto direto sem a garantia de ampla defesa e do contraditório, a serem efetivados por um procedimento administrativo, fere a garantia constitucional do devido processo legal".

2. É exatamente sobre este excerto da decisão do Juízo de primeiro grau que versarão nossos comentários, até porque na apreciação do pedido liminar a eminente Min. Cármen Lúcia Antunes Rocha não ingressou no mérito da ação.

Eis, portanto, a síntese da questão sobre a qual discorreremos: haveria necessidade de instauração de processo administrativo para realizar-se o desconto, em folha de pagamento, da categoria que entrou em greve? Interessa-nos, à luz da ordem jurídica nacional, em cuja cúspide situa-se a Constituição Federal, dar resposta a esta indagação, avaliando o acerto ou desacerto da solução adotada no caso concreto.

3. No Direito Brasileiro, lamentavelmente, há apenas alguns lustros atinou-se para a importância do processo administrativo.[1] Durante muito tempo sustentou-se que tão-somente às funções legislativa e, sobretudo, jurisdicional se aplicaria a noção de processo, enquanto à função administrativa bastaria o controle de seu resultado, ou seja, do ato administrativo. Os antecedentes do ato administrativo constituiriam assunto intestino da Administração, destituído de relevância jurídica.[2]

Nem é preciso acentuar, no contexto atual, quão equivocada é esta orientação. Nos quadrantes do Estado de Direito, não só os *fins* a serem perseguidos pela Administração Pública são estabelecidos pela ordem jurídica, senão que também os *meios* para alcançá-los – o que concorre, ao mesmo tempo, na lição do professor Celso Antônio Bandeira de Mello, para a salvaguarda dos direitos dos administrados e para uma atuação mais clarividente da Administração Pública.[3] Com efeito, mediante o processo administrativo não só se abre a oportunidade para que o administrado exponha suas razões *antes* da decisão da Administração Pública, como também se possibilita que esta tome decisões mais acertadas, à vista dos elementos trazidos pelo administrado.

Nos albores do século XX o eminente jurista Adolf Merkl, de modo pioneiro, já compreendia o processo como um fenômeno comum a todas as funções estatais, nos seguintes termos: "Administrar es un obrar humano, consciente. En todo obrar se distingue un *fieri* y un *factum* o, teleológicamente, un camino y una meta. Todas las funciones estatales y, en particular, todos los actos administrativos son metas que no se pueden alcanzar sino por determinados caminos. Así, la ley es la meta a que nos lleva la vía legislativa, y los actos judiciales y administrativos son metas a que nos conducen el procedimiento judicial y el administrativo".[4]

4. Entretanto, cumpre observar que a consagração do processo é condição necessária porém insuficiente para o resguardo dos administrados. Também o autoritarismo pode valer-se do processo, como anota judiciosamente a professora Cármen Lúcia Antunes Rocha.[5]

Por isso, para que o processo administrativo atenda ao desiderato para o qual foi precipuamente concebido – instrumento de defesa dos direitos dos administrados –, deve revestir-se das garantias deduzidas do *princípio do devido processo legal*,[6] o qual, na abrangente compilação formulada pelo professor Celso Antônio Bandeira de Mello, enfeixa os seguintes subprincípios:[7] princípio

1. Carlos Ari Sundfeld, "A importância do procedimento administrativo", *RDP* 84/64-74.

2. Odete Medauar, *A Processualidade no Direito Administrativo*, 2ª ed., p. 18.

3. Celso Antônio Bandeira de Mello, *Curso de Direito Administrativo*, 26ª ed., pp. 490-491.

4. Adolf Merkl, *Teoría General del Derecho Administrativo*, p. 272.

5. Cármen Lúcia Antunes Rocha, "Princípios constitucionais do processo administrativo no Direito Brasileiro", *RTDP* 17/6-8.

6. Tomamos em consideração o sentido *processual* do devido processo legal, sem olvidar o sentido *substantivo* que alguns estudiosos atribuem ao mesmo princípio, traduzido nos princípios da razoabilidade e da proporcionalidade. Sobre o tema, consultar: Carlos Roberto Siqueira Castro, *O Devido Processo Legal e os Princípios da Razoabilidade e da Proporcionalidade*, 4ª ed., pp. 29-66.

7. A generalidade dos autores salienta a *função sistemática* do princípio do devido processo legal, sob cujo pálio aglutinam-se inúmeros subprincípios.

da audiência do interessado; princípio da acessibilidade aos elementos do expediente; princípio da ampla instrução probatória; princípio da motivação; princípio da revisibilidade; princípio da representação e assessoramento; princípio da lealdade e boa-fé; princípio da verdade material; princípio da celeridade processual; princípio da oficialidade; princípio da gratuidade; princípio do informalismo.[8]

Naturalmente não minudenciaremos o conteúdo destes subprincípios – o que desbordaria dos limites angustos destes comentários –, convindo, contudo, assinalar o fato de que o princípio do devido processo legal, cuja forma primígena alcançava apenas o processo penal, teve seu raio de incidência ampliado inicialmente para o processo civil e, mais recentemente, para o processo administrativo,[9] figurando, de modo explícito, no art. 5º, LIV, da CF, em sua formulação clássica: "ninguém será privado da liberdade ou de seus bens sem o devido processo legal".

Ademais, os subprincípios arrolados têm sua aplicação condicionada às diversas espécies de processo administrativo, o que nos conduz à fundamental distinção entre *processos ampliativos de direitos* e *processos restritivos de direitos*.[10] Os princípios da gratuidade e da oficialidade não se aplicam obrigatoriamente aos processos ampliativos, enquanto o princípio do informalismo não se aplica aos procedimentos concorrenciais.

5. Por meio dessa classificação, têm-se, de um lado, os *processos ampliativos*, por meio dos quais se concedem ou reconhecem direitos, faculdades, poderes, de modo a produzir o alargamento da esfera jurídica do destinatário. Subdividem-se ainda os processos ampliativos segundo dois critérios: iniciativa e caráter competitivo. Assim, teremos *processos administrativos ampliativos a pedido do interessado* e *de iniciativa da Administração* e *procedimentos ampliativos concorrenciais* e *não-concorrenciais*.

De outro lado, colocam-se os *processos restritivos*, mediante os quais se impõem deveres, obrigações, encargos, sanções ou se reduzem direitos, poderes ou faculdades. Também são subdivididos em dois grupos: *procedimentos meramente restritivos* e *sancionadores*, a diferençá-los o fato de que os procedimentos sancionadores são instaurados como conseqüência de uma infração administrativa,[11] ao passo que o procedimento meramente restritivo – de que é exemplo a revogação de um ato administrativo –, malgrado produza um amesquinhamento da esfera do administrado, não é decorrência de uma infração administrativa.

6. A esta altura já temos condições de abordar o cerne da questão suscitada no acórdão do STF, qual seja: *em que hipóteses é obrigatória a instauração de processo administrativo*?

Como sói suceder, acompanhamos na matéria o magistério do professor Celso Antônio Bandeira de Mello, para quem a

Ensina Nelson Nery Jr.: "Em nosso parecer, bastaria a norma constitucional haver adotado o princípio do *due process of law* para que daí decorressem todas as conseqüências processuais que garantiriam aos litigantes o direito a um processo e a uma sentença justa. É, por assim dizer, o gênero do qual todos os demais princípios constitucionais são espécies" (*Princípios do Processo Civil na Constituição Federal*, 8ª ed., p. 60).

8. Celso Antônio Bandeira de Mello, *Curso de Direito Administrativo*, cit., 26ª ed., pp. 494-495.

9. Carlos Roberto Siqueira Castro, *O Devido Processo Legal e os Princípios da Razoabilidade e da Proporcionalidade*, cit., 4ª ed., pp. 404-405; Dinorá Adelaide Musetti Grotti, "Devido processo legal e o procedimento administrativo", *RTDP* 18/35; Odete Medauar, *A Processualidade no Direito Administrativo*, cit., 2ª ed., pp. 85-86.

10. Celso Antônio Bandeira de Mello, *Curso de Direito Administrativo*, cit., 26ª ed., pp. 491-493.

11. *Infração administrativa*, na valiosa definição do professor Celso Antônio Bandeira de Mello, "é o descumprimento voluntário de uma norma administrativa para o qual se prevê sanção cuja imposição é decidida por uma autoridade no exercício da função administrativa – ainda que não necessariamente aplicada nesta esfera" (*Curso de Direito Administrativo*, cit., 26ª ed., p. 840).

adoção de processo administrativo formalizado é obrigatória nos seguintes casos: quando o administrado provocar a manifestação administrativa, uma vez que, se à Administração fosse dado simplesmente indeferir ou arquivar o pedido do interessado, esvaziar-se-ia por completo o direito de petição consagrado no art. 5º, XXXIV, "a", da CF; *quando se tratar de providência de que possa resultar restrição à esfera jurídica do administrado* (procedimentos meramente restritivos e sancionadores), mercê tanto da explícita cláusula do devido processo legal, estampada no art. 5º, LIV, da CF, quanto do art. 5º, LV, que preceitua: "aos litigantes, em processo judicial ou administrativo, e aos acusados em geral são assegurados o contraditório e ampla defesa, com os meios e recursos a ela inerentes"; finalmente, nos casos em que a Constituição, a lei ou ato administrativo o exigirem.[12]

Não é despiciendo salientar que, ao sustentarmos a obrigatoriedade, em determinados casos, da instauração de processo para a edição de um ato administrativo, queremos com isso dizer que a inobservância de tal exigência implica a invalidade do ato administrativo,[13] o qual, porque insuscetível de convalidação, categoriza-se como *nulo*.[14]

Aliás, a reforçar necessidade de adoção de processo administrativo perante providência administrativa de que possa resultar amesquinhamento da esfera jurídica do administrado, cite-se este precioso voto da lavra do Min. Celso de Mello, cujos termos seja-nos permitido reproduzir: "A imposição de restrições de ordem jurídica, pelo Estado, quer se concretize na esfera judicial, quer se realize no âmbito estritamente administrativo (como sucede com a inclusão de supostos devedores em cadastros públicos de inadimplentes), supõe, para legitimar-se constitucionalmente, o efetivo respeito, pelo Poder Público, da garantia indisponível do *due process of law*, assegurada pela Constituição da República (art. 5º, LIV) à generalidade das pessoas, inclusive às próprias pessoas jurídicas de direito público, eis que o Estado, em tema de limitação ou supressão de direitos, não pode exercer a sua autoridade de maneira abusiva e arbitrária. A Constituição estabelece, em seu art. 5º, LIV e LV, considerada a essencialidade da garantia constitucional da plenitude de defesa e do contraditório, que ninguém pode ser privado de sua liberdade, de seus bens ou de seus direitos sem o devido processo legal, notadamente naqueles casos em que se viabilize a possibilidade de imposição, a determinada pessoa ou entidade, seja ela pública ou provada, de medidas consubstanciadoras de limitação de direitos. A jurisprudência dos Tribunais, notadamente a do STF, tem reafirmado a essencialidade do princípio da plenitude de defesa, nele reconhecendo uma insuprimível garantia que, instituída em favor de qualquer pessoa ou entidade, rege e condiciona o exercício, pelo Poder Público, de sua atividade, ainda que em sede materialmente administrativa ou no âmbito político-administrativo, sob pena de nulidade da própria medida restritiva de direitos, revestida, ou não, de caráter punitivo".[15]

7. A partir do oferecimento deste pequeno repertório de conceitos da dogmática jurídico-administrativa, sentimo-nos autorizados a avaliar a decisão prolatada pelo Juízo Federal da 1ª Vara Federal de Manaus.

Em verdade, depois do breve percurso tomado para se aproximar do tema, nenhuma

12. Celso Antônio Bandeira de Mello, *Curso de Direito Administrativo*, cit., 26ª ed., pp. 504-505.

13. A invalidade funda-se na ausência de um dos pressupostos objetivos do ato, consistente nos *requisitos procedimentais*.

14. Seguindo a classificação tricotômica das invalidades do ato administrativo formulada pelo professor Celso Antônio Bandeira de Mello, à luz da qual teríamos *atos inexistentes*, *atos nulos* e *atos anuláveis*, apresenta-se a possibilidade de convalidação como o critério mais operativo para apartar o ato nulo do ato anulável. Estes são convalidáveis, ao passo que aqueles são inconvalidáveis.

15. STF, QO em Ação Cautelar 2.032-8-SP, rel. Min. Celso de Mello, *DJU* 20.3.2009

dúvida ou entredúvida remanesce a propósito da absoluta correção da decisão judicial objeto de nossa análise.

Com efeito, o desconto em folha de pagamento das faltas dos servidores constitui nítido ato administrativo restritivo de direito,[16] porquanto apequena o direito à remuneração do servidor público. *Donde, por se tratar de providência restritiva de direito, revela-se a adoção de processo administrativo condição de sua válida produção.*

Derradeiramente, note-se que, no caso em comento, o descumprimento do devido processo legal impede que servidores que comprovadamente compareçam ao serviço nos dias de greve demonstrem, na via administrativa, a assiduidade e previnam a violação ao seu direito subjetivo. Isto enseja uma situação literalmente antitética à que objetiva o processo administrativo, por meio do qual, conforme dissemos, permite-se ao administrado aduzir suas razões *antes* de ser afetado pela decisão da Administração Pública. Isto, aliás, não fugiu ao crivo do Juízo Federal da 1ª Vara Federal de Manaus, como se depreende deste trecho da decisão liminar: "No caso concreto, não houve abertura de um procedimento de apuração para verificar os reais partícipes do movimento grevista (...)".

Portanto, à luz destes breves comentários, conclui-se pela correção da decisão judicial que, fundada no princípio do devido processo legal, suspendeu ato administrativo restritivo de direito editado sem prévio processo administrativo.

Referências bibliográficas

BANDEIRA DE MELLO, Celso Antônio. *Curso de Direito Administrativo*, 26ª ed. São Paulo, Malheiros Editores, 2009.

DALLARI, Adilson Abreu, e FERRAZ, Sérgio. *Processo Administrativo*. 2ª ed. São Paulo, Malheiros Editores, 2007.

ENTERRÍA, Eduardo García de, e FERNÁNDEZ, Tomás-Ramón. *Curso de Derecho Administrativo*. 12ª ed. Madri, Civitas, 2005.

FERNÁNDEZ, Tomás-Ramón, e ENTERRÍA, Eduardo García de. *Curso de Derecho Administrativo*. 12ª ed. Madri, Civitas, 2005.

FERRAZ, Sérgio, e DALLARI, Adilson Abreu. *Processo Administrativo*. 2ª ed. São Paulo, Malheiros Editores, 2007.

GROTTI, Dinorá Adelaide Musetti. "Devido processo legal e o procedimento administrativo". *RTDP* 18: 34-43. São Paulo, Malheiros Editores, 1997.

MEDAUAR, Odete. *A Processualidade no Direito Administrativo*. 2ª ed. São Paulo, Ed. RT, 2008.

MERKL, Adolf. *Teoría General del Derecho Administrativo*. Granada, Comares, 2004.

MOREIRA, Egon Bockmann. *Processo Administrativo*. 3ª ed. São Paulo, Malheiros Editores, 2007.

NERY JR., Nelson. *Princípios do Processo Civil na Constituição Federal*. 8ª ed. São Paulo, Ed. RT, 2004.

ROCHA, Cármen Lúcia Antunes. "Princípios constitucionais do processo administrativo no Direito Brasileiro", *RTDP* 17/5-33. São Paulo, Malheiros Editores, 1997.

SIQUEIRA CASTRO, Carlos Roberto. *O Devido Processo Legal e os Princípios da Razoabilidade e da Proporcionalidade*. 4ª ed. Rio de Janeiro, Forense, 2006.

SUNDFELD, Carlos Ary. "A importância do procedimento administrativo". *RDP* 84/64-74. São Paulo, Ed. RT.

16. Na esfera federal autoriza o desconto de falta do servidor o art. 44 da Lei 8.112/1990: "Art. 44. O servidor perderá: I – a remuneração do dia em que faltar ao serviço, sem motivo justificado; (...)".

JURISPRUDÊNCIA

STJ – AgR no REsp n. 1.090.695-MS (2008/0209122-1) – 2ª Turma – Rel. Min. Herman Benjamin – Agravante: Coesa Engenharia Ltda. – Agravada: Agência Estadual de Gestão de Empreendimentos do Estado de Mato Grosso do Sul-Agesul.

Ementa: Processual civil – Recurso especial – Arts. 129 e 730 do CPC – Execução de título judicial – Ordem dos precatórios – Princípios da eqüidade, moralidade e impessoalidade – Acordo extrajudicial não homologado – Transação revogada – Perda do objeto – Valor dos pareceres de juristas e de procuradores do órgão público.

1. Cuida-se, originalmente, de agravo de instrumento contra decisão que, nos autos da execução de sentença, indeferiu a homologação judicial do acordo celebrado entre as partes, destinado ao pagamento parcelado de crédito reconhecido em sentença transitada em julgado, cujo valor foi apurado em processo de execução já consumado.

2. O objeto do recurso especial cinge-se à pretensão da empresa credora, Coesa Engenharia Ltda., de que seja homologado judicialmente o acordo firmado com a autarquia (Agesul).

3. A Agesul noticia que, em conseqüência da recusa judicial em homologar o acordo entre as partes, procedeu administrativamente à sua rescisão, por estar eivado de ilegalidade.

4. Incumbe ao juiz, nos termos do art. 129 do CPC, recusar-se a homologar acordo que entende, pelas circunstâncias do fato, ter objeto ilícito ou de licitude duvidosa; violar os princípios gerais que informam o ordenamento jurídico brasileiro (entre os quais os princípios da moralidade, da impessoalidade, da isonomia e da boa-fé objetiva); ou atentar contra a dignidade da Justiça.

5. No ordenamento brasileiro a ordem cronológica dos precatórios é valor formal absoluto, incompatível com qualquer ato ou procedimento que, aberta ou veladamente, ponha em risco os princípios e garantias da impessoalidade, da eqüidade, da transparência e da boa-fé objetiva, que o informam.

6. É ilegal e, portanto, insuscetível de homologação judicial a transação entre a Administração e o particular que viola a seqüência dos precatórios, mesmo se o credor renuncia a parte (in casu, parte ínfima) do crédito, vedação, essa, que incide tanto se já há precatório como em momento anterior à sua expedição.

7. Descabe à Fazenda Pública realizar composição que envolva quantia certa em processo judicial de execução de sentença, nos moldes do art. 730 do CPC, cujo rito culmina com a expedição de precatório. Admitir esse tipo de transação seria, por via transversa, violar a ordem cronológica de pagamento de precatórios.

8. É absurdo pretender que, quando o credor abre mão de parte ínfima de seu crédito, a Fazenda Pública saia favorecida. Trata-se de tese que, na essência, nega a aplicabilidade da isonomia e da impessoalidade ao universo de credores, já que alguns destes, se oferecido o mesmo benefício, em vez de aguardarem, respeitosa e pacientemente, sua vez na ordem cronológica, por certo prefeririam composição nas mesmas condições.

9. Ao contrário do que sustenta a empresa, a rescisão do acordo se deu em virtude de a própria autarquia ter reconhecido a nulidade da avença, e não por estar "judicializada" a questão.

10. Rescindido o "Termo de Acordo" que a parte pretendia ver homologado judicialmente, tem-se configurada a perda do objeto do recurso. Não havendo mais transação, o Juízo da execução nada poderá homologar. A pretensão da empresa passa a ser o reconhecimento judicial de negócio jurídico controverso, o que demandaria processo de conhecimento.

11. Pareceres de juristas e da própria Procuradoria-Geral do órgão público não têm o condão de transformar o que é ilícito, irregular ou viciado em ato administrativo legal, nem dispensam, extirpam, reduzem ou compensam a responsabilidade dos administradores no sentido de zelar pelo patrimônio público e pelos princípios que regem a Administração.

12. Agravo regimental não provido.

ACÓRDÃO – Vistos, relatados e discutidos os autos em que são partes as acima indicadas: Acordam os Ministros da 2ª Turma do Superior Tribunal de Justiça: "A Turma, por unanimidade, negou provimento ao agravo regimental, nos termos do voto do do(a) Sr(a). Ministro(a) Relator(a)".

Os Srs. Mins. Mauro Campbell Marques, Eliana Calmon, Castro Meira e Humberto Martins votaram com o Sr. Ministro Relator.

RELATÓRIO – *O Exmo. Sr. Min. Herman Benjamin*: Cuida-se de agravo regimental interposto contra decisão que negou seguimento ao recurso especial por entender que, "não mais havendo a transação a comportar a homologação pretendida pela recorrente, tem-se configurada a perda do objeto do seu apelo" (fls. 833).

A agravante sustenta, em suma, que "a questão relativa ao acordo está judicializada, razão pela qual revela-se desinfluente e totalmente despropositado o singelo pedido unilateral de perda do objeto do recurso especial". Ademais, requer o provimento do recurso especial para fins de homologação do acordo "porquanto demonstrado não ser o caso de quebra de ordem cronológica de pagamento de precatório" (fls. 847).

Pleiteia a reforma da decisão agravada. É o relatório.

VOTO – *O Exmo. Sr. Min. Herman Benjamin* (relator): Os autos foram recebidos neste Gabinete em 22.6.2009.

Cuida-se, originalmente, de agravo de instrumento contra decisão que, nos autos da execução de sentença contra a Fazenda Pública do Estado do Mato Grosso do Sul, indeferiu homologação judicial do acordo celebrado entre as partes, destinado ao pagamento parcelado de crédito reconhecido em sentença transitada em julgado, cujo valor foi devidamente apurado em processo de execução já consumado.

Na decisão agravada, o douto Juiz da 2ª Vara de Fazenda Pública e de Registros Públicos da comarca de Campo Grande/MS, Dr. Carlos Alberto Garcete, rejeitou, por decisão cuidadosa e irretocável, a homologação do acordo celebrado entre a empresa credora, Coesa Engenharia Ltda., e a autarquia, Agência Estadual de Gestão de Empreendimentos do Estado de Mato Grosso do Sul/Agesul, nos seguintes termos (fls. 479-486):

"Vistos etc. Extrai-se dos autos que a empresa Coesa Engenharia Ltda. move ação de execução em face da Agência Estadual de Gestão de Empreendimentos/Agesul, por intermédio da qual esta foi citada e deixou transcorrer *in albis* o prazo para oferecimento de embargos (certidão de fls. 536), pelo quê se sucede a expedição dos precatórios respectivos (fls. 537-538).

"Estranhamente, nessa fase, as partes envolvidas atravessaram petição a este Juízo, comunicando a realização de composição extrajudicial e requerendo a sua homologação, para que surtisse seus regulares efeitos (fls. 542-546).

"Para tanto, carrearam aos autos pareceres jurídicos das lavras dos professores Adilson Abreu Dallari (fls. 550-579) e Floriano Azevedo Marques Neto (fls. 617-638), além de parecer oferecido pelo então Procurador-Geral do Estado, José Wanderley Bezerra Alves (fls. 640-649).

"Em seguida, este Juízo determinou a manifestação da Procuradoria-Geral do Estado e do Tribunal de Contas, o que foi feito a fls. 917-921 e 930-948, respectivamente.

"O Ministério Público Estadual opinou pela homologação do acordo (fls. 952-955).

"É o relatório. Decido.

"A propósito do *thema decidendum*, tenho entendimento de que não é possível à Fazenda Pública realizar composição que envolva quantia certa em processo judicial de execução de sentença, nos moldes do art. 730 do CPC, cujo rito culmina com a expedição de precatório.

"Admitir esse tipo de transação seria, por via transversa, violar a ordem cronológica de pagamento de precatórios àqueles que não são assim beneficiados e acabam por seguir o procedimento regular previsto para tanto.

"Nem se objete que esse raciocínio não teria subsistência quando ainda não houve expedição de precatório. É que, se o precatório não foi expedido, a situação piora ainda mais, porque o credor, nesse contexto, receberia o que a Fazenda Pública lhe deve, sem maiores delongas.

"Nesse sentido, é de observar a total falta de logicidade em certo trecho do parecer oferecido pelo professor Adilson Abreu Dallari, após ter sido contratado para tanto, ao dizer: '(...). Nem se diga que o pagamento imediato da importância acordada prejudicaria os beneficiários de precatórios, pois a dotação orçamentária destinada ao pagamento de precatórios não será afetada. No fundo, a liquidação dessa pendência sem a emissão de precatório acaba beneficiando os credores de precatórios mais recentes, que, indiretamente, avançam uma posição na fila' (*sic* – v. fls. 709).

"Em outras palavras, o ilustre professor da PUC/SP sustenta que aqueles que seguiram o procedimento regular de recebimento de seus créditos por precatórios, aguardando por vários anos, em nada sofrem prejuízo, porque: em primeiro lugar, a dotação orçamentária lhes garante o recebimento; em segundo lugar, há algo positivo em algum credor receber primeiro que os outros: o preterido avança uma posição na fila!

"Sem comentários.

"Por outro lado, ao contrário do asseverado pelo eminente Procurador-Geral do Estado a fls. 641, no sentido de que precatório nada mais é que carta de sentença, é de se lembrar que o precatório é a forma exclusiva pela qual a Fazenda Pública paga seus débitos decorrentes de sentença judicial condenatória transitada em julgado. Assim o diz o *caput* do art. 100 da CF: "À exceção dos créditos de natureza alimentícia, *os pagamentos devidos pela Fazenda Pública Federal, Estadual ou Municipal, em virtude de sentença judiciária, far-se-ão exclusivamente na ordem cronológica de apresentação dos precatórios e à conta dos créditos respectivos* (...)" (grifei).

"Fato curioso é que o Procurador-Geral Adjunto, Adalberto Neves Miranda, instado por este Juízo a manifestar se é comum a Fazenda Pública realizar 'acordos' como o feito neste autos, respondeu: 'A Administração direta do Estado não tem por praxe realizar acordos em processos judiciais, com ou sem sentença. Tratando-se de crédito reconhecido em processo judicial com sentença transitada em julgado, ao que se sabe, este é o primeiro caso colocado à apreciação da Procuradoria-Geral do Estado, e, ainda assim, oriundo da Administração indireta'.

"Assim, a resposta à indagação é negativa, haja vista que não há qualquer registro de pagamentos com violação à ordem cronológica de pagamentos de precatórios em outros processo judiciais (...) – fls. 920.

"Ora, chama à atenção, então, que esta é a primeira vez que a própria Procuradoria-Geral do Estado tem conhecimento de acordo desse jaez.

"Isso leva a refletir acerca do incomum empenho da Agesul no acordo noticiado nos autos, inclusive com a contratação de juristas para emissão de parecer favorável, quando o caminho comum, regular, amiúde, é seguir a expedição de precatório.

"Se esse fosse o tratamento dispensado a todos os credores, até se poderia cogitar do cumprimento do princípio constitucional da impessoalidade.

"Feito, contudo, de maneira inusitada, não há como se dizer o mesmo. Aliás, porque não se trata de praxe da Fazenda Pública Estadual, é de se concluir que o acordo também arranha o princípio constitucional da moralidade. Quanto ao argumento de que o acordo é feito de maneira incomum porque o credor abriu mão de parte se seu crédito, hipótese que seria favorável à Fazenda Pública, sobreleva dizer que o argumento é, no mínimo, sofismático. *In casu*, o valor executado é R$ 10.071.837,57, enquanto a composição foi feita por R$ 9.150.000,00, a ser pago em seis parcelas imediatas.

"É dizer: o credor renuncia a parte ínfima do crédito e, em contrapartida, recebe rapidamente esse valor. Se assim o é, qualquer credor de precatório que aguarda a sua vez na ordem cronológica, se tivesse a mesma oportunidade, incontestavelmente teria interesse nesse tipo de composição. Por que, então, não se dar a mesma oportunidade a todos, em nome do princípio da impessoalidade?

"No que se refere ao parecer do Tribunal de Contas do Estado – órgão de controle externo do Poder Legislativo –, sua análise deve se restringir ao aspecto da legalidade extrínseca do contrato administrativo que antecedeu o acordo, e não à legalidade de eventual transação no bojo de execução movida em face da Fazenda Pública. Assim, também não deve ser considerado no exame desta composição.

"Quanto aos pareceres coligidos aos autos e subscritos por festejados professores da PUC e da USP de São Paulo, com todo o respeito que deve ser dispensado a tais juristas, reputo que pareceres jurídicos contratados e pagos com quantias vultosas são de nenhum valor. É evidente que qualquer pessoa que paga um valor altíssimo por esse tipo de trabalho determina qual deve ser a conclusão. Ninguém paga um, dois ou três milhões, *ad exemplum*, para receber um parecer desfavorável ao seu interesse.

"Portanto, penso, com a devida vênia, que parecer pago (caro) por contratante para ser elaborado em determinado sentido é perda de dinheiro, porque de nenhum valor em juízo.

"Com todos esse contornos, desacolho o parecer ministerial e *rejeito a homologação do acordo celebrado entre as partes* desta execução em face da Fazenda Pública e, por conseqüência, determino o prosseguimento do procedimento *in executivis*.

"Intimem-se (inclusive o Ministério Público Estadual)."

Por sua vez, o Tribunal de origem deixou de chancelar a avença por entender: "Composição extrajudicial que viola a seqüência dos precatórios não pode ser homologada" (fls. 616).

Irresignada, a empresa interpôs o recurso especial de fls. 642-668, no qual sustenta que houve, além de dissídio jurisprudencial, ofensa ao art. 730 do CPC e ao art. 840 do CC brasileiro.

O objeto do recurso especial cinge-se à pretensão da empresa credora, Coesa Engenharia Ltda., de que seja homologado judicialmente o acordo firmado com a autarquia, Agência Estadual de Gestão de Empreendimentos do Estado de Mato Grosso do Sul/ Agesul. Eis o pedido constante no final do recurso (fls. 668, grifei): "(...) requer a V. Exa. se digne determinar o processamento e a admissão do presente recurso especial, com a sua conseqüente remessa ao egrégio STJ, para o fim, de acatando os seus termos, *reformar o v. acórdão censurado, em conseqüência, e determinar a homologação do acordo em questão, tal como almejado pela recorrente e pela recorrida* (...)".

Em petição a fls. 797-800 dos autos, a autarquia estadual Agesul noticia que procedeu administrativamente à rescisão do acordo que se busca homologar neste processo, por estar eivado de ilegalidade, e requer a extinção do presente recurso especial pela perda do objeto. Junta, em anexo, cópia do ato administrativo de rescisão do Termo de Acordo, bem como da Manifestação PGE/CJUR/AGESUL n. 43/2008, que subsidiou o referido ato.

Diante desse contexto, por decisão monocrática, neguei seguimento ao apelo em função da *perda do objeto*, considerando não mais existir a transação que a recorrente pretendia ver homologada.

No presente agravo regimental a agravante sustenta que "a questão está judicializada, razão pela qual revela-se desinfluente e totalmente despropositado o singelo pedido unilateral de perda do objeto do recurso especial". Afirma que "o pedido de desistência do acordo é decorrente, segundo a Agesul, da não homologação em razão do *equivocado fundamento de quebra de ordem de precatório*, cujo tema está submetido à análise da Corte Superior, exatamente por meio do recurso especial que indevidamente se proclama como prejudicado" (fls. 837, grifo no original).

Ao contrário do que sustenta a empresa, a rescisão do acordo se deu em virtude de a própria autarquia ter reconhecido, como lhe era lícito fazer, a nulidade da avença por vício de ilegalidade, e não pelo fato de a questão estar "judicializada".

Com efeito, rescindido o "Termo de Acordo" que a parte pretendia ver homologado judicialmente, tem-se configurada a perda do objeto do recurso.

Não havendo mais acordo, o Juízo da execução nada poderá homologar, pois não se homologa como ato bilateral negócio jurídico que conta com o consentimento de apenas uma das partes. A pretensão da empresa passa a ser o reconhecimento judicial de negócio jurídico controverso, o que demandaria processo de conhecimento.

Destaque-se que as demais questões suscitadas no agravo regimental dizem respeito ao mérito do recurso especial – compatibilidade do acordo com o art. 730 do CPC – e, portanto, ficam, no essencial, prejudicadas ante a constatação da perda de seu objeto.

Ainda que assim não fosse, ressalto que não prosperaria a alegação de que o Juiz estaria obrigado a homologar o acordo formalizado entre as partes.

De acordo com a jurisprudência firmada no STJ, "se o negócio jurídico da transação já se encontra concluído entre as partes, impossível é a qualquer delas o arrependimento unilateral. Sendo válido o acordo celebrado, obriga-se o juiz à sua homologação, *salvo se ilícito o seu objeto*, incapazes as partes ou *irregular o ato*" (REsp n. 670320-PR, rel. Min. Franciulli Netto, 2ª Turma, j. 16.12.2004, *DJU* 2.5.2005, p. 312 – grifei). No mesmo sentido, confiram-se os precedentes:

> "Recurso especial – Execução – Acordo – Mandatário com poderes para realizar transação – Homologação – Validade.
>
> "1. Firmado acordo em sede de execução por mandatário com poderes para transacionar, sua validade somente pode ser contestada em ação própria, com a comprovação da ocorrência de um dos vícios elencados no art. 849 do CC.
>
> "2. *Efetuada a transação, sua homologação é de rigor, exceto quando contaminada por defeito insanável* – Precedentes.
>
> 3. A execução permanece suspensa até o cumprimento do acordo e, caso desrespeitados seus termos, deve prosseguir pelos valores originários (art. 792 do CPC).
>
> "4. Recurso especial conhecido e provido" (REsp n. 1.034.264-DF, rel. Min. Fernando Gonçalves, 4ª Turma, j. 11.11.2008, *DJe* 11.5.2009 – grifei).

> "Direito civil e processual civil – Ação de separação judicial e conversão em divórcio – Transação não homologada

– Denúncia de uma das partes – Nulidade decretada – Ausência de vício de vontade ou de defeito insanável.

"São causas de anulabilidade da transação, conforme dispõe o art. 1.030 do CC/1916, *[correspondência: art. 849,* caput, *do CC/2002]* o dolo, a violência, *[a coação, conforme terminologia do CC/2002]* ou o erro essencial quanto à pessoa ou coisa controversa. Tais vícios de vontade devem ser invocados por uma das partes em ação própria.

"Efetuada e concluída a transação, é vedado a um dos transatores a rescisão unilateral, como também é obrigado o juiz a homologar o negócio jurídico, desde que não esteja contaminado por defeito insanável (objeto ilícito, incapacidade das partes ou irregularidade do ato).

"A não adoção de escritura pública no tocante aos bens imóveis não acarreta defeito insanável, porquanto a transação não tem o condão de constituir, modificar, transferir ou transmitir direitos reais sobre imóveis. Ela apenas declara ou reconhece direitos, nos termos do art. 1.027 do CC/1916. *[correspondência: art. 843 do CC/2002]*

"A nulidade poderia ser decretada tão-só se ausente escritura pública em contrato constitutivo ou translativo de direitos reais sobre imóveis, a teor do art. 134, II, do CC/1916, *[correspondência: art. 108 do CC/2002]* o que não se coaduna com o caso em julgamento.

"A dispensa de alimentos, matéria pacífica no STJ, não comporta ilicitude de objeto da transação.

"*A transação efetuada e concluída entre as partes sem qualquer mácula, seja vício de consentimento, seja defeito ou nulidade, é perfeitamente válida, o que torna inevitável sua homologação.*

"Recurso especial de C. M. V. parcialmente provido, para validar e homologar a transação, extinguindo-se o processo, com julgamento do mérito" (REsp n. 650.795-SP, rela. Min. Nancy Andrighi, 3ª Turma, j. 7.6.2005, *DJU* 15.8.2005, p. 309 – grifei).

No presente caso, o atento e dedicado Juiz monocrático rejeitou a homologação do acordo celebrado entre as partes ao argumento de que a avença encontrava-se eivada de ilegalidade. Nessa circunstância, conforme jurisprudência desta Corte, o Juiz não estava obrigado a homologar o negócio jurídico. Ao contrário, era seu dever recusar-se a fazê-lo. Aliás, é exatamente essa a determinação do art. 129 do CPC: "Convencendo-se, pelas circunstâncias da causa, de que autor e réu se serviram do processo para praticar ato simulado ou conseguir fim proibido por lei, o juiz proferirá sentença que obste aos objetivos das partes".

Conseqüentemente, incumbe ao juiz recusar-se a homologar acordo que entende, pelas circunstâncias do fato, ter objeto ilícito ou de licitude duvidosa e violar os princípios gerais que informam o ordenamento jurídico brasileiro (entre os quais os princípios da moralidade, da impessoalidade, da isonomia e da boa-fé objetiva), ou atentar contra a dignidade da Justiça. É exatamente o caso da preservação da ordem cronológica dos precatórios.

No ordenamento brasileiro tal seqüência é *valor formal absoluto*, incompatível com qualquer ato ou procedimento que aberta ou veladamente ponha em risco os princípios e garantias da impessoalidade, da eqüidade, da transparência e da boa-fé objetiva, que a informam. É ilegal e, portanto, insuscetível de homologação judicial a transação entre a Administração e o particular que viola a seqüência dos precatórios, mesmo se o credor renuncia a parte (*in casu*, parte ínfima) do crédito, vedação, essa, que incide tanto se já há precatório como em momento anterior à sua expedição.

Compartilho do entendimento de que o instituto da transação não se aplica à ação de execução por quantia certa contra a Fazenda Pública, que deve seguir o procedimento previsto nos arts. 730 e 731 do CPC. Com efeito, nos explícitos termos do art. 841 do CC, *in verbis*: "Só quanto a direitos patrimoniais de caráter privado se permite a transação".

Nesse sentido, colho a lição de Nelson Nery Jr. (*Código de Processo Civil Comen-*

tado, 10ª ed., São Paulo, 2007) ao examinar o art. 731 do CPC: "2. Transação. O acordo celebrado entre a Fazenda Pública e a parte contrária não é admissível, pois viola o princípio constitucional da ordem cronológica e de preferência dos precatórios (CF-100), implicando escolha ilegítima do credor a pagar em primeiro lugar".

Também ensina Vicente Greco Filho que "a partir do trânsito em julgado da sentença o pagamento de qualquer credor, ainda que em virtude de transação, caracteriza escolha ilegítima, viola o direito de precedência e autoriza o seqüestro, salvo se a Fazenda oferecer igual acordo para todos os credores e todos aceitarem, pagando-se na ordem de entrada dos precatórios" (*Da Execução Contra a Fazenda Pública*, Saraiva, São Paulo, 1986, p. 91).

Daí que descabe à Fazenda Pública realizar composição que envolva quantia certa em processo judicial de execução de sentença, nos moldes do art. 730 do CPC, cujo rito culmina com a expedição de precatório. Admitir esse tipo de transação seria, por via transversa, violar a ordem cronológica de pagamento de precatórios.

É absurdo pretender que quando o credor abre mão de parte ínfima de seu crédito a Fazenda Pública saia favorecida. Trata-se de tese que, na essência, nega a aplicabilidade da isonomia e da impessoalidade ao universo de credores, já que alguns destes, se oferecido o mesmo benefício, em vez de aguardarem respeitosa e pacientemente sua vez na ordem cronológica, por certo prefeririam composição nas mesmas condições.

Finalmente, diga-se que pareceres de juristas e da própria Procuradoria-Geral do órgão público não têm o condão de transformar o que é ilícito, irregular ou viciado em ato administrativo legal, nem dispensam, extirpam, reduzem ou compensam a responsabilidade dos administradores no sentido de zelar pelo patrimônio público e pelos princípios que regem a Administração.

Ausente, pois, a comprovação da necessidade de retificação a ser promovida na decisão agravada, proferida com fundamentos suficientes e em consonância com entendimento pacífico deste Tribunal, não há prover o agravo regimental que contra ela se insurge.

Por tudo isso, *nego provimento ao agravo regimental*. É como voto.

***

STJ – REsp n. 383.196-RS (2001/0152037-3) – 2ª Turma – Rel. Min. Herman Benjamin – Recorrente: Fazenda Nacional – Recorrido: Grêmio *Foot-Ball* Porto-Alegrense.

Ementa: Tributário – Imposto de renda – Cessão de direito sobre passe de atleta – Ganho de capital configurado – Art. 554, I, do Decreto n. 85.450/1980 e arts. 682 e 685 do Decreto n. 3.000/1999 – Incidência.

1. Cinge-se a questão à incidência de imposto de renda sobre operação de remessa de valor à Espanha em decorrência da aquisição de passe de atleta profissional de futebol.

2. Incide imposto de renda na fonte sobre rendimentos e ganhos de capital provenientes de contribuintes situados no Brasil quando recebidos por pessoas físicas ou jurídicas residentes ou domiciliadas no exterior (art. 554, I, do Decreto n. 85.450/1980 e arts. 682 e 685 do Decreto n. 3.000/1999).

3. Na hipótese em tela, houve ganho de capital do Grêmio Foot-Ball Porto-Alegrense com a aquisição de direitos sobre o passe do jogador.

4. Recurso especial provido.

ACÓRDÃO – Vistos, relatados e discutidos os autos em que são partes as acima indicadas: Acordam os Ministros da 2ª Turma do Superior Tribunal de Justiça: "A Turma, por unanimidade, deu provimento ao recurso, nos termos do voto do(a) Sr(a). Ministro(a) Relator(a)".

Os Srs. Mins. Mauro Campbell Marques, Eliana Calmon, Castro Meira e Humberto Martins votaram com o Sr. Ministro Relator.

Brasília, 15 de setembro de 2009 – *Ministro Herman Benjamin*, relator.

RELATÓRIO – *O Exmo. Sr. Min. Herman Benjamin*: Trata-se de recurso especial interposto, com fundamento no art. 105, III, "a", da Constituição da República, contra acórdão assim ementado:

"Tributário – Mandado de segurança – Imposto de renda sobre a compra de passe de atleta profissional.

"1. Não há incidência de imposto de renda em quantias remetidas ao exterior em função de compra de passe de atleta profissional.

"2. Remessa oficial e recurso improvido" (fls. 12).

A recorrente sustenta ter havido violação do art. 554, I, do Decreto n. 85.450/1980 (RIR/1980). Alega, em suma, que, na hipótese dos autos, "ocorre a sujeição passiva por substituição tributária, o que se verifica sempre que uma norma jurídica coloca pessoa diversa no lugar do contribuinte de fato" (fls. 77).

As contra-razões foram apresentadas (fls. 83-87). É o relatório.

VOTO – *O Exmo. Sr. Ministro Herman Benjamin* (relator): Cinge-se a questão à incidência de imposto de renda sobre operação de remessa de valor ao exterior em decorrência da compra de passe de atleta profissional de futebol.

O Tribunal de origem manteve a sentença de procedência da demanda sob a seguinte fundamentação:

"Tenho que por este fato não ocorreu o fenômeno da subsunção tributária que revestiria o ato impugnado como legal, pois não houve um acréscimo patrimonial ao clube Grêmio, ou seja, não houve lucro pela aquisição do passe do atleta.

"A hipótese de incidência que fundamentou a notificação prevista no art. 554, I, do RIR/1980 não ficou evidenciada no presente caso, pois o referido artigo combinado com o art. 557 determinam que tenha havido ganho de capital, o que efetivamente não ocorreu. Ora, o clube adquiriu um atleta profissional, não houve nenhum rendimento por parte deste clube neste ajuste, houve um negócio jurídico de compra e venda do 'passe' do jogador" (fls. 70).

O art. 554, I, do Decreto n. 85.450/1980 dispõe: "Estão sujeitos ao imposto na fonte, de acordo com o disposto neste Título, os rendimentos e os ganhos de capital provenientes de fontes situadas no país quando percebidos: I – pelas pessoas físicas ou jurídicas residentes ou domiciliadas no exterior; (...)".

O dispositivo foi repetido no Decreto n. 3.000/1999:

> "Art. 682. Estão sujeitos ao imposto na fonte, de acordo com o disposto neste Capítulo, a renda e os proventos de qualquer natureza provenientes de fontes situadas no país, quando percebidos: I – pelas pessoas físicas ou jurídicas residentes ou domiciliadas no exterior (Decreto-lei n. 5.844, de 1943, art. 97, alínea 'a'); (...).
>
> "(...).
>
> "Art. 685. Os rendimentos, ganhos de capital e demais proventos pagos, creditados, entregues, empregados ou remetidos, por fonte situada no país, a pessoa física ou jurídica residente no exterior estão sujeitos à incidência na fonte (Decreto-lei n. 5.844, de 1943, art. 100, Lei n. 3.470, de 1958, art. 77, Lei n. 9.249, de 1995, art. 23, e Lei n. 9.779, de 1999, arts. 7º e 8º): I – à alíquota de 15%, quando não tiverem tributação específica neste Capítulo, inclusive: a) os ganhos de capital relativos a investimentos em moeda estrangeira; b) os ganhos de capital auferidos na alienação de bens ou direitos; c) as pensões alimentícias e os pecúlios; d) os prêmios conquistados em concursos ou competições; II – à alíquota de 25%: a) os rendimentos do trabalho, com ou sem vínculo empregatício, e os da prestação de serviços; b) ressalvadas as hipóteses a que se referem os incisos V, VIII, IX, X e XI do art. 691, os rendimentos decorrentes de qualquer operação, em que o beneficiário seja residente ou domiciliado em país que não tribute a renda ou que a tribute à alíquota máxima inferior a 20%, a que se refere o art. 245.

"§ 1º. Prevalecerá a alíquota incidente sobre rendimentos e ganhos de capital auferidos pelos residentes ou domiciliados no País, quando superior a quinze por cento (Decreto-lei n. 2.308, de 1986, art. 2º, e Lei n. 9.249, de 1995, art. 18).

"§ 2º. No caso do inciso II, a retenção na fonte sobre o ganho de capital deve ser efetuada no momento da alienação do bem ou direito, sendo responsável o adquirente ou o procurador, se este não der conhecimento, ao adquirente, de que o alienante é residente ou domiciliado no exterior.

"§ 3º. O ganho de capital auferido por residente ou domiciliado no exterior será apurado e tributado de acordo com as regras aplicáveis aos residentes no país (Lei n. 9.249, de 1995, art. 18)."

Na hipótese em tela, é inequívoco que houve ganho de capital do Grêmio *Foot-Ball* Porto-Alegrense com a aquisição de direitos sobre o passe do jogador.

Assim, o aresto recorrido não conferiu solução adequada à lide, razão pela qual deve ser reformado.

Diante do exposto, *dou provimento ao recurso especial. Inversão do ônus sucumbencial*. É como voto.

***

STJ – REsp n. 707.623-RS (2004/0171269-2) – 2ª Turma – Rel. Min. Herman Benjamin – Recorrente: Estado do Rio Grande do Sul – Recorrida: Ana Júlia Mascarenhas Nassif (Interessados: Indústria de Plásticos Pacaembu Ltda. e Eduardo Mansur).

Ementa: Processual civil e tributário. Execução fiscal. Penhora – Poupança vinculada diretamente à aquisição do bem de família – Impenhorabilidade.

1. O Tribunal de origem indeferiu a penhora de dinheiro aplicado em poupança, por verificar a sua vinculação ao financiamento para aquisição de imóvel caracterizado como bem de família.

2. Embora o dinheiro aplicado em poupança não seja considerado bem absolutamente impenhorável – ressalvada a hipótese do art. 649, X, do CPC –, a circunstância apurada no caso concreto recomenda a extensão do benefício da impenhorabilidade, uma vez que a constrição do recurso financeiro implicará quebra do contrato, autorizando, na forma do Decreto-lei n. 70/1966, a retomada da única moradia familiar.

3. Recurso especial não provido.

ACÓRDÃO – Vistos, relatados e discutidos os autos em que são partes as acima indicadas: Acordam os Ministros da 2ª Turma do Superior Tribunal de Justiça: "A Turma, por unanimidade, negou provimento ao recurso, nos termos do voto do(a) Sr(a). Ministro(a) Relator(a)".

Os Srs. Mins. Mauro Campbell Marques, Castro Meira e Humberto Martins votaram com o Sr. Ministro Relator. Ausente, justificadamente, a Sra. Min. Eliana Calmon.

Brasília, 16 de abril de 2009 – *Ministro Herman Benjamin*, relator.

RELATÓRIO – *O Exmo. Sr. Min. Herman Benjamin*: Trata-se de recurso especial interposto, com fundamento no art. 105, III, "a", da Constituição da República, contra acórdão assim ementado:

"Agravo – Bloqueio de conta vinculada a financiamento de imóvel visando a saldar débito de ICMS – Único imóvel – Residência familiar – Art. 1º da Lei n. 8.009/1990 – Direito à moradia.

"I – A contar da Lei n. 8.009/1990 o imóvel residencial próprio do casal ou da entidade familiar é impenhorável e não responde por qualquer tipo de dívida civil, comercial, fiscal, previdenciária ou de outra natureza, salvo nas hipóteses previstas.

"II – O Direito é um sistema de disciplina fundado na natureza humana, razão por que muitas vezes as fórmulas gerais com que a lei se concretiza, transmitindo-se à aplicação do Direito, excedem a capacidade de previsão do legislador de incluir todos os casos ocorrentes, todas as circunstâncias particulares que os cercam. Por isso, a aplicação rígida da fórmula geral, sem atentar para casos não previstos, revestidos de modalidades ou circunstâncias especiais, pode importar injustiça. Sendo assim, impossível o bloqueio de conta-poupança vinculada ao financiamento do único imóvel destinado à moradia da unidade familiar. Agravo desprovido."

O recorrente alega violação do art. 1º da Lei n. 8.009/1990.

Foram apresentadas as contrarazões. É o relatório.

VOTO – *O Exmo. Sr. Min. Herman Benjamin* (relator): Preenchidos os requisitos de admissibilidade, passo ao exame do mérito.

O Tribunal *a quo* indeferiu o pedido de penhora de dinheiro aplicado em poupança, ao argumento de que se trata de recurso vinculado à aquisição de imóvel caracterizado como bem de família. Transcrevo o seguinte excerto do voto-condutor:

"Com efeito, dúvida não há seja o imóvel o único pertencente à agravada, como dão conta a Declaração de Ajuste Anual Simplificada – 2001, fornecida pela Secretaria da Receita Federal (fls. 20-22), e as certidões negativas de propriedade expedidas pelos serviços registrais de imóveis desta Capital (fls. 62-69). A par deste imóvel, possui somente a conta-poupança. Assim, a importância tem especial destinação – a de adquirir o bem para a residência da família –, que por isso merece a proteção da Lei n. 8.009/1990.

"(...).

"No caso, o imóvel é o único de que dispõe a unidade familiar para residir, não estando plenamente quitado, posto ter sido acordado o financiamento em 180 meses, vencendo o primeiro encargo somente em 26 de julho (Cláusula 3ª da Escritura Pública de Venda e Compra e Mútuo com Pacto Adjeto de Hipoteca e outras Obrigações – fls. 47v.).

"(...).

"Por isso, como vinculada a conta-poupança ao financiamento do único imóvel da residência familiar, tenho que impossível o bloqueio pretendido" (fls. 101-103).

O recorrente afirma que a violação do art. 1º da Lei 8.009/1990 decorre de sua má aplicação ao caso concreto. Entende que somente o imóvel caracteriza o bem de família, hipótese inconfundível com o dinheiro aplicado em poupança. Sem prejuízo, contesta a vinculação dessa forma de investimento à aquisição do imóvel, asseverando que se trata de mera obrigação contratual destinada a comprovar, perante o agente econômico, a capacidade de honrar o financiamento concedido.

Verifico que a Fazenda Pública fundamentou sua tese sob duas vertentes.

Quanto à primeira, é importante esclarecer que o Tribunal local jamais afirmou que o dinheiro aplicado em poupança constitui bem absolutamente impenhorável, na forma do art. 1º da Lei n. 8.009/1990. O que houve foi a compreensão de que o dinheiro aplicado em poupança estava vinculado à aquisição do bem de família, e que a autorização para a penhora, com a finalidade de quitar débito de ICMS, acarretaria a perda do imóvel, única moradia da família.

Nesse aspecto, pode-se afirmar ter ocorrido extensão do benefício da impenhorabilidade ao bem que garante a aquisição do bem de família. Em questão que guarda pontos de semelhança com a hipótese ora versada, a 2ª Turma decidiu, por unanimidade, no REsp n. 515.770-RS (*DJe* 27.3.2009), de minha relatoria, que a parcela do soldo (bem absolutamente impenhorável, nos termos do art. 649, IV, do CPC) aplicada em poupança preserva a condição de impenhorabilidade, haja vista a finalidade de proceder ao sustento próprio e familiar. Eis a respectiva ementa:

"Processual civil e tributário – Execução fiscal – Penhora – Poupança alimentada por parcela do soldo – Art. 649, IV, do CPC – Bem absolutamente impenhorável – Extensão.

"1. O art. 649, IV, do CPC dispõe serem absolutamente impenhoráveis os soldos.

"2. Na hipótese dos autos, o beneficiário utilizou parte do soldo para aplicar em poupança, a qual foi objeto de constrição em execução fiscal.

"3. A poupança alimentada exclusivamente por parcela da remuneração prevista no art. 649, IV, do CPC é impenhorável – mesmo antes do advento da Lei n. 11.382/2006 –, por representar aplicação de recursos destinados ao sustento próprio e familiar.

"4. Recurso especial não provido."

Adaptado o julgamento à questão presente, verifico que o Tribunal de origem concluiu estar o dinheiro aplicado em poupança diretamente vinculado à aquisição do bem de família. Registro, por oportuno, que o próprio recorrente menciona, nas razões recursais, que *os recursos* (da poupança, destaco) *serão destinados para amortização do saldo devedor ou antecipação de prestações vincendas* (fls. 112). Não vejo, dessa forma, motivo para reformar o acórdão hostilizado.

Anoto, a esse respeito, que a autorização para a penhora esvaziaria a possibilidade de quitação do saldo devedor, abrindo ensejo ao agente fiduciário para imediata realização de leilão do imóvel adquirido, na forma do Decreto-lei n. 70/1966.

Sob a segunda vertente – contraditória, inclusive, com a afirmação do recorrente acima referida –, o recurso especial não ultrapassaria a barreira da admissibilidade. Com efeito, segundo o Estado do Rio Grande do Sul, a abertura de conta-poupança não está vinculada ao pagamento das prestações da casa própria, mas tem o objetivo exclusivo de comprovar a capacidade do contratante para honrar o financiamento do imóvel.

Cuida-se, como se vê, de argumento que refuta a premissa adotada pelo Tribunal de origem e que demandaria o revolvimento do acervo fático-probatório, mediante interpretação das cláusulas do contrato firmado entre o agente econômico e a mutuária, esbarrando nos óbices das Súmulas ns. 7/STJ e 5/STJ, respectivamente.

Com essas considerações, *nego provimento ao Recurso Especial*. É como voto.

***

STJ – REsp n. 729.485-SC (2005/0033031-6) – 2ª Turma – Rel. Min. Herman Benjamin – Recorrente: Município de Curitiba – Recorridos: Edith Érica Katzinsky e outros (Interessada: Cia. de Desenvolvimento de Curitiba/Curitiba S/A).

Ementa: Processual civil – Execução promovida contra sociedade de economia mista – Responsabilidade apenas subsidiária do controlador – Município-controlador que não participou da ação ordinária nem foi citado na execução – Emissão de precatório – Inviabilidade.

1. A responsabilidade do Município-controlador em relação aos débitos da sociedade de economia mista é subsidiária, nos termos do art. 242 da Lei das S/A (revogado pela Lei 10.303/2001).

2. Em execução ordinária promovida exclusivamente contra a sociedade de economia mista é inviável a emissão de precatório contra o Município-controlador que não tenha sido sequer citado para apresentar embargos, nem participado da anterior ação condenatória.

3. Recurso especial provido.

ACÓRDÃO – Vistos, relatados e discutidos os autos em que são partes as acima indicadas: Acordam os Ministros da 2ª Turma do Superior Tribunal de Justiça: "A Turma, por unanimidade, deu provimento ao recurso, nos termos do voto do(a) Sr(a). Ministro(a) Relator(a)".

Os Srs. Mins. Mauro Campbell Marques, Eliana Calmon, Castro Meira e Humberto Martins votaram com o Sr. Ministro Relator.

Brasília, 20 de agosto de 2009 – *Ministro Herman Benjamin*, relator.

RELATÓRIO – *O Exmo. Sr. Min. Herman Benjamin*: Trata-se de recurso especial interposto, com fundamento no art. 105, III, "a" e "c", da Constituição da República, contra acórdão assim ementado (fls. 198-199):

"Execução – Dívida de empresa pública municipal – Legitimidade do Município seu sócio controlador para responder pelos débitos daquela (Lei n. 6.404/1976, art. 242) – Acordo formulado na fase de execução de ação expropriatória não cumprido pela desapropriante – Apelos providos em parte.

"A empresa pública promovente da desapropriação de área pertencente ao apelado avençou, com este, acordo na fase de execução, obrigando-se a restituir área certa, de que, na verdade, não dispunha, daí sua obrigação de cumprir a obrigação em dinheiro, mediante execução por quantia certa, já que previamente estabelecidos a medida da área e o valor respectivo. Na atualização do valor não é autorizada a utilização do IGP-DI, mas sucessivamente a ORTN, OTN, BTN, INPC, IPCR e média do INPC/IGPI/FGV, com expurgos inflacionários."

O Município aponta dissídio jurisprudencial e ofensa: a) ao art. 21, *caput*, do CPC, pois a sucumbência da empresa controlada (Cia. de Desenvolvimento de Curitiba) foi mínima (fls. 336); b) ao art. 267, VI, do CPC, já que o Município não tem legitimidade passiva, pois não foi parte na ação ordinária, nem citado na execução (fls. 342); c) ao art. 730 do CPC, porquanto impossível a emissão do precatório contra o Município sem que tenha tido a oportunidade de embargar a execução; d) ao art. 632 do CPC, uma vez que não foi fixado prazo para a restituição do imóvel ao particular (fls. 345); e) ao art. 130 do CPC, porque é imprescindível a realização de prova pericial na hipótese dos autos (fls. 346); e f) aos arts. 586 e 618 do CPC, pois não há liquidez e certeza no título apresentado à execução (fls. 349).

O recurso foi admitido na origem (fls. 571).

O Ministério Público Federal opinou pelo não provimento ao recurso (fls. 580).

É o relatório.

VOTO – *O Exmo. Sr. Min. Herman Benjamin* (relator): A Cia. de Desenvolvimento de Curitiba, sociedade de economia mista controlada pelo Município daquela Capital, expropriou imóvel dos recorridos e firmou acordo judicial em 1978, no bojo da expropriatória, concordando em pagar uma parcela em dinheiro (o que já ocorreu) e devolver 2,5 alqueires do imóvel que não seria utilizado.

Essa parcela de 2,5 alqueires nunca foi restituída aos particulares e acabou ocupada por terceiros, impossibilitando a devolução do imóvel.

Os presentes autos referem-se à execução promovida pelos expropriados, requerendo o pagamento de indenização pelos 2,5 alqueires.

Os particulares pretendiam receber R$ 11.203.614,07, e a empresa ofereceu R$ 2.262.128,07. O Tribunal de Justiça reduziu o montante pretendido a valor bem próximo do oferecido pela executada, determinando o pagamento de R$ 2.711.109,29 (ou seja, complementação de R$ 448.981,22 em relação à oferta da empresa).

Ocorre que o Juiz sentenciante determinou a emissão de precatório a ser pago pelo Município, controlador da empresa executada, sem que tenha participado da ação ordinária ou sido citado na presente execução.

Essa questão implicaria, segundo o recorrente, ofensa aos arts. 267, VI, e 730 do CPC, pois é inviável a emissão de precatório contra Município que não foi parte na demanda (nem citado na execução).

Analisarei esse ponto recursal, pois prejudica todos os demais.

De fato, é impossível que, em execução ordinária promovida contra a empresa, seja determinada a emissão de precatório a ser pago pelo Município-controlador, que não teve sequer oportunidade de opor embargos à execução.

O Tribunal de origem afastou o pleito do recorrente com base no art. 242 da Lei n. 6.404/1976, pois o Município, como sóciocontrolador, tem "obrigação de responder pelo débito da empresa" (fls. 214).

Ocorre que o art. 242 da Lei das S/A, revogado pela Lei 10.303/2001, previa expressamente a responsabilidade apenas subsidiária do controlador de sociedade de economia mista: "Art. 242. As companhias de economia mista não estão sujeitas a falência mas os seus bens são penhoráveis e executáveis, e a pessoa jurídica que as controla responde, subsidiariamente, pelas suas obrigações".

Como se verifica pela simples leitura do dispositivo legal, os exeqüentes deveriam promover a penhora dos bens da Cia. de Desenvolvimento de Curitiba, e somente em caso de insuficiência requerer o redirecionamento em desfavor do Município-controlador.

Ademais, é cediço que a execução contra a Fazenda Pública e a emissão de precatório devem observar o disposto no art. 730 do CPC.

O dispositivo legal deixa claro que a emissão de precatório pressupõe a citação do ente público para que tenha a oportunidade de embargar a execução: "Art. 730. Na execução por quantia certa contra a Fazenda Pública, citar-se-á a devedora para opor embargos em dez dias; se esta não os opuser, no prazo legal, observar-se-ão as seguintes regras: *[v. Lei n. 9.494, de 10.9.1997]* I – o juiz requisitará o pagamento por intermédio do presidente do tribunal competente; II – far-se-á o pagamento na ordem de apresentação do precatório e à conta do respectivo crédito".

Nada disso ocorreu, o que implica nulidade da execução em relação ao Município, por ausência de citação e oportunidade para os embargos, e torna insubsistente precatório eventualmente emitido em desacordo com o art. 730 do CPC.

Diante do exposto, *dou provimento ao recurso especial*. É como voto.

***

STJ – AgR no AgR no REsp n. 1.080.670-RJ (2008/0173722-6) – 2ª Turma – Rel. Min. Herman Benjamin – Agravante: Caixa Econômica Federal-CEF – Agravado: Wilson do Nascimento.

Ementa: Processual civil – Preclusão – Competência relativa – Distribuição por prevenção.

1. Cuida-se de agravo regimental contra decisão que determinou a condenação em honorários advocatícios em demanda em que se discute correção monetária de ativos financeiros aplicados em poupança.

2. A incompetência da Turma não foi suscitada em tempo oportuno, ou seja, na primeira oportunidade em que a parte teve de se manifestar nos autos. Impossível apreciá-la, ante a preclusão operada – Precedentes do STJ.

3. Verificada a distribuição do recurso por prevenção, em virtude do julgamento anterior do REsp n. 518.207-RJ pelo Min. Francisco Peçanha, não há falar em nulidade da decisão, por ausência de competência.

4. Agravo regimental não provido.

ACÓRDÃO – Vistos, relatados e discutidos os autos em que são partes as acima indicadas: Acordam os Ministros da 2ª Turma do Superior Tribunal de Justiça: "A Turma, por unanimidade, negou provimento ao agravo regimental, nos termos do voto do(a) Sr(a). Ministro(a) Relator(a)".

Os Srs. Mins. Mauro Campbell Marques, Eliana Calmon, Castro Meira e Humberto Martins votaram com o Sr. Ministro Relator.

Brasília, 3 de setembro de 2009 – *Ministro Herman Benjamin*, relator.

RELATÓRIO – *O Exmo. Sr. Min. Herman Benjamin*: Cuida-se de agravo regimental interposto contra decisão que deu parcial provimento ao agravo regimental para restabelecer a fixação de honorários advocatícios determinada na sentença (10% sobre o valor da execução).

A agravante, em recurso (fls. 159-160), "requer seja declarada a nulidade da decisão proferida, remetendo-se os autos à redistribuição para que seja o feito processado por uma das Turmas de Direito Privado (fls. 160)". É o relatório.

VOTO – *O Exmo. Sr. Min. Herman Benjamin* (relator): Os autos foram recebidos neste Gabinete em 13.8.2009.

Não merece prosperar a irresignação.

Trata-se de condenação em honorários em demanda em que se discute correção monetária de ativos financeiros aplicados em poupança. Em sendo o caso de nulidade relativa, cabe à parte suscitá-la na primeira oportunidade para se manifestar nos autos. Tendo sido notificada da decisão que negou seguimento ao recurso especial, posteriormente reconsiderada no agravo regimental, a ora agravante deixou precluir seu direito de alegar a nulidade, porquanto não absoluta. Nesse sentido:

> "Direito civil – Contrato – SFH – Correção de saldo devedor – Aplicação da TR – Possibilidade – Questão de direito material, afeta a competência às Turmas de Direito Público e de Direito Privado – Inexistência, no entanto, de dissídio jurisprudencial a ser dirimido – Questão pacificada no STJ – Aplicação da súmula n. 168/STJ, *in casu*.
>
> "I – Nada obstante possa causar estranheza a existência de dissídio de direito material entre a 3ª e a 2ª Turmas desta colenda Corte, as quais cuidam, respectivamente, de direito privado e direito público, fato é que ambas julgam recursos especiais relativos ao reajustamento de prestações e de saldo devedor de contratos vinculados ao Sistema Financeiro de Habitação e ao Plano de Equivalência Salarial, sendo distribuído para uma ou outra o processo, a depender da existência, apenas, de cláusula FCVS no contrato, o que, na hipótese vertente, não influência a questão de mérito.
>
> "II – É legal a correção monetária do saldo devedor do contrato vinculado ao SFH pelo mesmo índice aplicável ao reajuste das cadernetas de poupança, já que o PES não constitui índice de correção monetária, mas apenas critério para reajustamento das prestações.
>
> "III – Se no contrato comprometese o mutuário em pagar o saldo devedor observando a sua atualização pela TR, tal deve ser cumprido, inexistente qualquer ilegalidade a comprometer o pacto. Esta a hodierna jurisprudência deste egrégio Tribunal, tanto das Turmas de Direito Público quanto das de Direito Privado.
>
> "IV – Aplicação da Súmula n. 168/STJ, na espécie.
>
> "V – Precedentes citados: REsp n. 656.083/DF, 1ª Turma, rel. Min. José Delgado, in *DJU* 1.7.2005; REsp n. 695.906-CE, 2ª Turma, rel. Min. João Otávio de Noronha, in *DJU* 20.6.2005; REsp n. 576.638-RS, 4ª Turma, rel. Min. Fernando Gonçalves, in *DJU* 23.5.2005.
>
> "VI – Agravo regimental desprovido" (AgRg nos EREsp n. 772.260-SC, rel. Min. Francisco Falcão, Corte Especial, j. 7.2.2007, *DJU* 16.4.2007, p. 152).

> "Agravo regimental – Agravo de instrumento – Precatório complementar – Competência das Turmas da 1ª Seção – Matéria de direito público – Apresentação da conta pelo exeqüente – Ausência de prequestionamento.
>
> "Conquanto o título executivo judicial que motivou a expedição do precatório tenha se originado de demanda relativa a servidor público, não se deve olvidar que a matéria, tal como tratada no recurso especial e no agravo de instrumento interposto pela Fazenda do Estado de São Paulo, é de direito administrativo, em sentido amplo, e se amolda perfeitamente à competência desta 2ª Turma.
>
> "*Se nulidade houvesse, esta não seria absoluta, diante da regra pela qual aos Tribunais compete organizar a forma como se reunirão as Turmas e Seções em relação aos diversos tipos de feitos e matérias.*

"Uma vez distribuído o agravo a este signatário, caberia à recorrente, se assim entendesse, argüir eventual violação ao Regimento Interno deste STJ. Nada obstante, preferiu a Fazenda do Estado de São Paulo esperar o resultado do julgamento para, somente então, acusar a pecha.

"A recorrente se limita a discorrer genericamente sobre a exigência do prequestionamento, sem procurar demonstrar que, de fato, estava prequestionada a matéria discutida no recurso especial, razão pela qual é inviável a apreciação do presente agravo regimental no particular.

"Agravo regimental a que se nega provimento" (AgR no Ag n. 422.905-SP, rel. Min. Franciulli Netto, 2ª Turma, j. 18.2.2003, *DJU* 26.5.2003, p. 334 – grifei).

"Processual civil – Embargos de declaração – Inexistência de indicação de irregularidades na decisão impugnada – Preclusão da questão relativa à incompetência, a qual não possui natureza absoluta.

"1. Inocorrência de irregularidades no acórdão quando a matéria que serviu de base à interposição do recurso foi devidamente apreciada no aresto atacado, com fundamentos claros e nítidos, enfrentando as questões suscitadas ao longo da instrução, tudo em perfeita consonância com os ditames da legislação e jurisprudência consolidada. O não acatamento das argumentações deduzidas no recurso não implica cerceamento de defesa, posto que ao julgador cumpre apreciar o tema de acordo com o que reputar atinente à lide.

"2. Não está obrigado o magistrado a julgar a questão posta a seu exame de acordo com o pleiteado pelas partes, mas, sim, com o seu livre convencimento (art. 131 do CPC), utilizando-se dos fatos, provas, jurisprudência, aspectos pertinentes ao tema e da legislação que entender aplicável ao caso concreto.

"3. *A questão da incompetência da Turma não foi suscitada em tempo oportuno. Impossível apreciá-la em sede de embargos de declaração, especialmente quando o caso não é de natureza absoluta.*

"4. Pedido alternativo não apreciado por ter se examinado o que lhe antecedia.

"5. Embargos conhecidos, porém rejeitados" (ED no REsp n. 475.044-SP, rel. Min. José Delgado, 1ª Turma, j. 5.6.2003, *DJU* 15.9.2003, p. 241 – grifei).

"Processual civil – Agravo regimental. Improvimento.

"1. *Após o julgamento ter terminado não cabe à parte prejudicada alegar incompetência da Turma que apreciou, sem qualquer impugnação, o seu recurso.*

"2. Incompetência relativa – Preclusão para ser suscitada.

"3. Agravo improvido" (AgR no REsp n. 440.094-RS, rel. Min. José Delgado, 1ª Turma, j. 25.2.2003, *DJU* 31.3.2003, p. 156 – grifei).

"Penal e processual penal – Recurso ordinário em *habeas corpus* – Art. 121, §§ 3º e 4º, do CP – Alegação de inobservância de regra regimental relativa à competência – Nulidade relativa – Não demonstração de prejuízo – Apontada inépcia da denúncia – Inexistência – Exordial acusatória que atende aos requisitos do art. 41 do CPP.

"I – É da jurisprudência do Pretório Excelso que é relativa a incompetência resultante de infração às regras legais da prevenção, ocorrendo a preclusão se não alegada em momento oportuno (HC n. 81.134-RS, 1ª Turma, rel. Min. Sepúlveda Pertence, *DJU* 6.9.2007). Assim, a inobservância da prevenção regimental implica em nulidade relativa, e não absoluta (HC n. 73.556-SP, 2ª Turma, rel. Min. Maurício Corrêa, *DJU* 4.10.1996). Ainda, o reconhecimento dessa nulidade só é possível quando evidenciado o prejuízo para a defesa, que, no caso, não restou demonstrado (HC n. 83.086-MG, 2ª Turma, rel. Min. Carlos Velloso, *DJU* 12.3.2004).

"II – A peça acusatória deve conter a exposição do fato delituoso em toda a sua essência e com todas as suas circunstâncias (HC n. 73.271-SP, 1ª Turma, rel.

Min. Celso de Mello, *DJU* 4.9.1996). Denúncias genéricas, que não descrevem os fatos na sua devida conformação, não se coadunam com os postulados básicos do Estado de Direito (HC n. 86.000-PE, 2ª Turma, rel. Min. Gilmar Mendes, *DJU* 2.2.2007). A inépcia da denúncia caracteriza situação configuradora de desrespeito estatal ao postulado do devido processo legal.

"III – Na hipótese dos autos, tenho que a exordial acusatória descreve de maneira satisfatória fato, ao menos em tese, delituoso que se adequa *[sic]* ao tipo penal previsto no art. 121, §§ 3º e 4º, do CP (homicídio culposo). Com efeito, de acordo com a denúncia: 'A responsabilidade dos autores consistiu na negligência de não instalar adequadamente a rede elétrica, resultando o crime de inobservância de regra técnica de profissão e na imprudência de mantê-la abaixo do nível de segurança exigido por lei, inobservado o dever de cuidado que lhes incumbe' (fls. 28). Assim, não há como se acolher a alegação de inépcia da proemial. De qualquer forma, as alegações trazidas pelos recorrentes para fundamentar o pedido, neste ponto, demandam a análise aprofundada dos elementos constantes dos autos, inviável na via eleita, pois o que se pretende, em verdade, é a antecipação do mérito da ação penal, medida, a toda evidência, incabível, no caso.

"Recurso desprovido" (RHC n. 22.007-SP, rel. Min. Félix Fischer, 5ª Turma, j. 27.3.2008, *DJe* 2.6.2008).

Ademais, compulsando os autos, verifico que o presente recurso foi a mim distribuído por prevenção, em virtude do julgamento do REsp n. 518.207-RJ pelo Min. Francisco Peçanha. Dessarte, não há falar em nulidade da decisão.

Ausente a comprovação da necessidade de retificação a ser promovida na decisão agravada, proferida com fundamentos suficientes e em consonância com entendimento pacífico deste Tribunal, não há prover o agravo regimental que contra ela se insurge.

Por tudo isso, nego provimento ao agravo regimental. É como voto.

***

GRÁFICA PAYM
Tel. (011) 4392-3344
paym@terra.com.br